EL CONCEPTO DE ESPAÑA
EN LA EDAD MEDIA

JOSE ANTONIO MARAVALL

De la Real Academia de la Historia

EL CONCEPTO DE ESPAÑA

EN LA

EDAD MEDIA

4.ª edición

CENTRO DE ESTUDIOS CONSTITUCIONALES

MADRID

1997

1.ª edición: 1954
2.ª edición: 1963
3.ª edición: 1981
4.ª edición: 1997

Colección Historia de la Sociedad Política

NIPO: 005-97-008-0
ISBN: 84-259-0650-4
Depósito legal: TO-723-1997

INDICE

PROLOGO A LA SEGUNDA EDICION

Los estudios de Historia del pensamiento político en España, a los que venimos entregándonos desde hace muchos años, nos llevaron a ocuparnos de una época crítica en la que se configura la actitud española ante el mundo moderno. Esa Historia del pensamiento, como hemos explicado otras veces, no tiene para nosotros como tarea propia ocuparse de las teorías políticas, más o menos valiosas intelectualmente, que se han producido o desarrollado en España, como un sector particular acotado en el campo de la filosofía política. Esa Historia trata de aclarar, de hacer, explícita ante la conciencia de hoy, la urdimbre de ideas, creencias, sentimientos, aspiraciones, etc., con que se ha tejido nuestra Historia de españoles. Pero al proyectar una investigación de este tipo sobre nuestros siglos XVI y XVII, de cuyos parciales resultados hemos dado cuenta en otros libros y publicaciones diversas, llegamos a la conclusión de que ciertas particularidades de la Historia española —equivalentes, aunque distintas, a las que otros pueblos occidentales ofrecen— dependían, por lo menos en parte, de la propia visión que de su convivencia política tuvieron los españoles, a través de los siglos medievales en que se fraguaron las comunidades políticas de la Europa moderna.

El historiador inglés D. Hay ha sostenido que «al transmitir a ciertas grandes regiones nombres en torno a los cuales, siglos después, se organizaron verdaderos programas políticos, ha sido cómo los romanos han ejercido mayor influencia sobre los acontecimientos políticos ulteriores». El problema que nos llevó a los trabajos de investigación que dieron lugar a este libro, no fue otro que el de tratar de comprender cómo el corónimo antiguo de Hispania, a través de nuestra Historia medieval, se había transformado en el programa político de la moderna comunidad española en cuanto tal. Tiene razón. Hoy, el nombre que Roma diera a la Península hubo de convertirse en todo un programa político.

Solamente en la medila en que se relacionan con esta cuestión son tratados los diferentes temas que en el índice del libro se enuncian. No pretendemos desarrollar una completa Historia del pensamiento político español antes del 1500, sino basarnos en el enfoque de ciertos hechos y documentos políticos que tal disciplina nos proporciona, para contemplar, desde ese nuevo punto de vista, un aspecto fundamental, eso sí, de nuestra Edad Media. Sobre el derecho visigodo o el dominio musulmán en la Península, sobre la figura del Rey o las relaciones entre rey y vasallos, etc., no tocamos más que aquella parte en que tales materias afectan al proceso de formación del sentimiento de comunidad hispánica. Y con el mismo criterio de limitación —criterio que es siempre un principio constitutivo de todo trabajo de investigación— nos servimos de las fuentes de muy variada naturaleza que el lector verá empleadas en el texto. Naturalmente, el grado de interés que para nosotros pueden tener las diversas clases de fuentes, no ha de ser el mismo que el que presenten en tareas historiográficas organizadas desde otras perspectivas.

Tal vez la novedad del enfoque a que se somete en estas páginas nuestra documentación medieval, tan enriquecida por el benemérito trabajo de nuestros especialistas, y al mismo tiempo la no menor novedad de muchos de los resultados interpretativos que se consiguen, haya sido motivo de la favorable acogida que este libro obtuvo desde su primer momento entre historiadores y público. Colegas a los que tan altamente estimamos, como Ramón de Abadal, Luis Díez del Corral, Luis García de Valdeavellano, José María Lacarra, F. López Estrada y otros que no podemos seguir citando por no alargar impropiamente esta lista, publicaron críticas de este libro que nos han sido muy útiles y que nos han llevado a corregir, matizar o ampliar algún punto concreto. No obstante, las líneas generales de la interpretación se mantienen las mismas en esta segunda edición que, agotada la primera hace algún tiempo, aparece ahora.

Las Navas de Riofrío (Segovia).

Septiembre de 1963.

PROLOGO A LA TERCERA EDICION

Se publica de nuevo este libro, algo más de un cuarto de siglo después de su primera aparición (1954). En esta ocasión falto a lo que habitualmente he hecho en las sucesivas ediciones de otras de mis obras, en las que he procurado siempre incorporar algunos pasajes o revisar otros, añadir algunas referencias bibliogáficas no conocidas antes o algún dato nuevo. El texto que tiene ante sí el lector es exactamente el que quedó establecido en la segunda edición (1964), agotada como la primera en breve plazo tras su salida. Por lo que el libro es en sí, si es que se estima que es algo, por las circunstancias que hoy se dan en nuestra sociedad, pienso que constituye, aunque sea en modestas proporciones, un «documento» por su contenido y por el modo como fue en su día concebido. Considerándolo como tal, he aceptado la amable propuesta del Centro de Estudios Constitucionales de reimprimirlo.

Si en determinados años de mi tarea de historiador me decidí a preparar y a escribir este libro fue porque me hacía falta aclararme el problemático tema de que se ocupa, antes de seguir adelante en mis otros trabajos históricos; pero también por una razón que afecta al sentido personal de mi existencia y de la de tantos de mis contemporáneos.

En atención a lo primero, interrumpí mis trabajos sobre la formación del Estado moderno en España, porque no podía, en vista del proceso histórico que iba divisando y de las diferencias respecto a otros casos parecidos, aceptar que la moderna figura del Estado, con los perfiles con que se la contempla en el fondo del panorama del Renacimiento, se redujera a un fenómeno en la Historia de la formación de la burocracia, según un gran historiador italiano y otro francés pretendían. Pensaba yo, observando los materiales reunidos, que no había Estado moderno sin una comunidad política, con sentimiento de tal, que apoyara en su base a aquél. Por otra parte, parecía obvio que esa comunidad no podía asimilarse, desde luego, a la forma que se ha dado o con que se ha ido configurando la misma en el mundo contemporáneo, esto es, a la forma de nación. Tal vez uno de los más firmes resultados de la investigación histórica haya sido en tiempos relativamente recientes que no se puede hablar de nación plenamente antes de fines del siglo XVIII. Cualquier otro uso tiene un mero carácter propagandístico de una u otra actitud, de afirmación o de negación de determinadas pretensiones, cuyo valor no cabe plantear científicamente y bajo otros aspectos puede resultar dudoso. Ni siquiera el radical intento de restaurar la plena vigencia de la forma nacional, lanzado con tanta pasión en el tercer mundo, ha dado otros resultados. Con feudalismo o régimen señorial no hubo naciones; con partido único y dictadores, tampoco puede haberlas, más que, a lo sumo, conservándose en estado latente.

Pero no por eso el Estado moderno renacentista y también el reino corporativo bajomedieval dejaron de tener otra base comunitaria política. Lógicamente, sin embargo, ya en el siglo XVI aparecen matices que permitirían reconocer a posteriori lo que sería más adelante la nación. Por eso, para distinguir a ese tipo de comunidad, propuse para designarlo un neologismo que ha tenido cierta fortuna: hablé, en un trabajo de 1960, de comunidad «protonacional», fórmula que algunos han utilizado también después. Las páginas del libro presente permiten observar el proceso histórico a lo largo del cual el Medievo —cuyo legado es herencia forzosa para la Modernidad— llevó a los grupos peninsulares al nivel de las amplias y caracterizadas comunidades, que se muestran ya interiorizadas en la conciencia de sus miembros, pero sin que hubieran solidificado fuertemente con el carácter excluyente del tipo de nación posterior a 1789. Ello dio lugar a un fenómeno que muchos quizá no entienden hoy: en la comunidad protonacional destaca su condición de planos de coexistencia superponibles, su complejo de relaciones de poderes distintos y más o menos formalmente articulados; en definitiva, su ineludible pluralismo. No hay ninguna formación política extensa en Europa que presente otros caracteres, como no sea, en dirección opuesta, la de algún pequeño rincón arcaizante. Pero tampoco ningún Estado, en su primera fase, adelanta más. Y aunque, con patente ligereza, algún eminente historiador peninsular, hoy desaparecido, y otros que le han seguido sin hacerse cuestión del tema, han afirmado rotundamente, por ejemplo, una figura de la Francia de los Valois que se confunde con la de Clemenceau, observemos que, refiriéndose a los siglos XVI y XVII, R. Mousnier advierte que la Monarquía francesa, como cualquiera otra en la época, no era sino una Monarquía pluralista y federativa. Y si nos preguntamos en dónde estaba el plano federal y el protonacional, en tales casos (en la medida en que pudieran separarse para un análisis crítico), habrá que reconocer que en el XVI y en el XVII es imposible distinguirlos en las formaciones del tiempo. Es curioso advertir el contraste de que en época posterior en Norteamérica se optara por reconocer la condición de Estados a las partes miembros y de nación a la Unión, frente a la solución bismarkiana en la que el vínculo general se haría residir en el Estado (ni más ni menos que ulteriormente en la fórmula stalinista del Estado-partido).

Todas esas cualidades que antes he señalado, en el tipo de «protonación», ya anunciadas en la primera Modernidad, y que, a su vez, se despliegan en un rico repertorio de variedades, son absorbidas en el modelo moderno, post-revolucionario, de nación, el cual aparece así como llevándolas a un límite excluyente y reductor. Sin duda, fue ésta una fórmula cuya interna cohesión representaría una condición sumamente favorable para el desarrollo de las democracias decimonónicas, y es más, a diferencia de lo que con frecuencia se supone, para el propio liberalismo, en su línea de coincidencia con la democracia —y así lo vio J. Stuart Mill—. En alguna ocasión, no se dejó también de observar (lord Acton) la presencia de una forma de pluralidad nacional cohesionada firmemente bajo un Estado plurinacional.

Ello quiere decir que el proceso histórico de integración nacional conoce una primera fase (ese citado período protonacional) de fecundo pluralismo en la vida europea. Y también que en el siglo y medio que va de la Revolución francesa al final de la última guerra mundial, predomina un tipo absoluto y excluyente de nación, de cuyos positivos rasgos no se trata ahora de hacer el recuento de sus aportaciones (largas y, en fin de cuentas —aunque algunos crean lo contrario—, liberadoras en la que fue su concreta situación). Esto nos hace comprender —si nos fijamos en el plazo que acabo de indicar— que los más amplios períodos de la historia, de fecunda capacidad innovadora muchos de ellos, transcurrieron sin haber granado, ni mucho menos, el tipo político de nación. Y significa también que, después de un período último (cuyo relieve es fácil medir atendiendo a las hondas transformaciones que la fuerza creadora de las comunidades del tipo Estado-nación han promovido en el mundo contemporáneo), no es aventurado suponer que esa forma de convivencia evoluciona y se renueva dentro de ella misma. Pero paralelamente, si el observador se atiene a un análisis, críticamente conducido, del proceso de integración de las comunidades humanas, es de suponer advierta que éstas ampliarán su radio, en la medida que permite la técnica de las comunicaciones, la intensificación de las relaciones, su planetarización. Al mismo tiempo, ese fenómeno de integración ampliada se dará en la

*medida que exige la amenazadora expansión que alcanzan proble-
mas y conflictos, acompañados, eso sí, de una tranquilizante mayor
posibilidad de superarlos, la cual sólo juega —en mi opinión—
apoyada sobre un sistema de grandes espacios. No cabe tampoco
dejar de advertir una tendencia que viene a enriquecer ese espacio
político tan amplio que se tiene hoy ante sí: la renovación actualizada de formas comunitarias que se encuentran más hondas, próximas a la cotidianeidad de los individuos, los cuales no pueden
ni deben renunciar a ellas, teniéndolas como parte de su autenticidad humana; seguramente son, al presente, irrenunciables esos
grupos más reducidos y de más íntima relación, al contrario de
lo que se pudo esperar hace dos siglos, en una etapa histórica de
centralismo, hecho, en el caso español, tanto desde Madrid como
desde la periferia peninsular. Y en medio quedarán probablemente
durante siglos, porque se hallan muy ligados a procesos de larga
duración, los grupos territoriales que han sido la invención social
más característica del hombre moderno, preparada por una multisecular época precedente: en ellos se plantean (y ninguno lo podrá evitar, si no es que quiera dejar de atenderlos) problemas
ineludibles para los hombres; se reúnen en ese plano fuerzas de
enérgica cohesión, y ahí se encuentran posibilidades de acción
para determinado nivel de cuestiones vitales —lo que no quiere
decir que no se puedan destruir, como también siempre es posible
la renuncia a existir—.*

*Ciertamente, este libro que ahora vuelve a aparecer no se ocupa
del largo proceso a que en los párrafos anteriores he aludido. Es
una investigación llevada a cabo con la mayor precisión y minu-
ciosidad que me fueron posibles, en la cual creo haber llegado a
una conclusión que apoya, eso sí, lo que antes he dicho. Si, por
una parte, con los resultados obtenidos pude asegurarme en mi
supuesto básico para seguir en el estudio de la formación del Estado moderno (en el sentido de que una resistente y solidaria
comunidad política se integraba al mismo tiempo por debajo de
aquélla), por otra parte se me reveló diáfanamente que una comunidad política es siempre cambiante, y que, sobre su permanencia
en continua variación, puede recibir una amplia sucesión de mode-
laciones diferentes. De éstas cabe afirmar, según yo pienso, que
están relacionadas con el tamaño de las empresas a realizar, ni
más ni menos que sucede en el orden económico. El tamaño varía
de unos programas de acción a otros, lo cual no quiere decir que
sea equivalente en sus proporciones o en su importancia, pero sí
que ese tamaño es el necesario en cada caso a los modos de vida
del grupo. Se desprende que para una acción conjunta, social, más
aún, para una vida común plena y fecunda, esos superpuestos
planos comunitarios que el proceso enunciado en las páginas anteriores pudo haberme revelado, son necesarios en su transforma-*

*ción. Se quiere decir con esto que el reino corporativo medieval,
las nuevas Monarquías, el Estado nacional, no se detuvieron al
alcanzar ciertos límites por azar, sino por interna determinación
del tipo. Pero que tampoco esto anula otras estructuras, por debajo
o por encima, que en su plano continúan permaneciendo o que
pueden vislumbrarse para el futuro.*

*Formaciones políticas de otra etapa quedaron con vida propia,
por debajo de la plataforma sobre la que se levantó la nación post-
revolucionaria, conocida ésta por su carácter excluyente, tan absoluto que, al definirla, uno de los más relevantes escritores vascos
de la época de la «Ilustración» proponía borrar en España esos
nombres históricos que subsistían enraizados. Aun en 1811, en que
su autor la formula, esa pretensión de Valentín de Foronda era
irrealizable. Claro está que algunas de esas formulaciones pueden
desaparecer, pueden ver cambiada su figura, pueden confundirse
con otras, además de su lazo en una moderna estructura nacional
propiamente dicha. De la misma manera, otras formaciones surgen sobre las de este segundo tipo, no ya sin que éstas no se
deshagan, sino, al contrario, vigorizándose en muchos aspectos.
Una cosa está clara: que la organización de tipo nacional adquiere
hoy un carácter distinto y revela su condición mucho más mol-
deable de lo que en un momento dado pudo suponerse, y se convierte en una estructura pluralista, articulada en varios planos.*

*No lo sé; creo que para cualquiera es difícil de saber cómo,
con esa fórmula de pluralismo que en el presente español se llama
«Estado de autonomías», quedará éste definitivamente edificado.
Pienso que será necesario para mantener una organización viable,
capaz de futuro, jugar una vez más, y conforme a las circunstancias
del tiempo, con los tres planos que he querido dejar afirmados.
Mi opinión es que sería causa de un empequeñecimiento de nuestra
vida común, tal vez para milenios, no acertar a insertarse en las
capas más generales, y basta para pensarlo así reflexionar un poco
sobre los discutibles resultados del arrinconamiento y estéril neu-
tralidad practicada en el último siglo de nuestra historia; no menos
ahogaría energías necesarias para entrar en el nuevo modelo de
vida social que se va a ir imponiendo, no saber fortalecer y animar
las fuerzas que proceden de las formaciones de radio más corto,
cuando todo llama a buscar, en el conjunto, los máximos niveles
de . participación del mayor número y el autogobierno en esferas
definidas. Pero nada de ello llegaría a resultados válidos y todo
lo estimables que permiten esperar los recursos españoles de toda
clase, si, mientras se lleva adelante el colosal esfuerzo que se necesita para instalarnos en el futuro inmediato, no se llevara a cabo
también, paralelamente, el de aprender a vivir de nuevo la unión,
en la forma actualizada que requiere en el momento toda formación nacional, muy lejana de haber agotado sus posibilidades.*

Si hablo de todo esto se debe a que el libro que publiqué en la ya lejana fecha de diciembre de 1953, a mi juicio ayuda a poner en claro la experiencia que en siglos medievales llevaron a cabo los españoles, a través del más variado repertorio de peripecias, para lograr vivir, armonizándolos, en esos superpuestos planos de comunidad política. El caso es hoy muy otro, ciertamente, pero una experiencia histórica no se desvanece y llegado el momento puede ser útil reconsiderarla. Nunca se la podrá repetir y sería infructuosa tarea, por fortuna, tratar de reproducirla en cualquiera de sus peculiares aspectos. Sería un grave error, ante las generaciones futuras, buscar en aquélla una legitimación del presente. Pero una experiencia del pasado, como esa del pluralismo que los españoles, libre o constreñidamente, hemos vivido siempre, nos proporciona información para construir nuestro mañana.

(Xátiva, octubre de 1981.)

INTRODUCCION

CAPITULO PRIMERO

LOS ORIGENES MEDIEVALES DEL SENTIMIENTO DE COMUNIDAD HISPANICA

De una extensión puramente geográfica no cabe narrar una historia, como no sea la que, incurriendo en una estupenda *contradictio in adjecto,* venimos llamando una historia natural. Pero la historia a secas es cosa de hombres, es algo que acontece y que sólo puede contarse de un grupo o de unos grupos humanos a los cuales les pasa algo en común, lo que permite construir sobre esa base un relato histórico dotado de sentido. Ese grupo humano, objeto de una historia —porque aunque se trate de grupos, en la medida en que pueden ser reunidos en un mismo destino histórico, aparecen formando un grupo superior—, por el hecho de ser a su vez sujeto de un acontecer en conjunto, toma un carácter de comunidad, al que se corresponde el carácter unitario del espacio en que se encuentra instalado. La unidad de ese que propiamente más que espacio es ámbito, resulta precisamente del hecho indicado: de ser el escenario en que mora un grupo humano al que algo le sucede en común.

Cuando Orosio dice de Braga o de Barcelona que son ciudades de España, emplea esta última palabra como nombre de lugar, estrictamente geográfico; pero cuando, al hacer la cuenta —pese a su romanismo agustiniano— de las crueldades con que Roma ha fundado su poder, exclama: "¡Que dé España su opinión!" —"edat Hispania sententiam suam!"— y, con gesto declamatorio, quiere preguntar a ésta "quid tunc de suis temporibus sentiebat?" (1), da al nombre de España un valor histórico

_____

(1) "Historiarum adversus paganos libri VII", ed. de Zangemeister, Leipzig, 1889; V, 1, 6; pág. 142.

como nombre de un grupo reunido, y, en tanto que reunido, asentado en un ámbito que, por esa razón, se convierte necesariamente en unitario, porque es rigurosamente el marco en que se desenvuelve una existencia colectiva —en el caso de que tratamos, la existencia de un grupo al cual le acontece ser sujeto de un común sentimiento de dolor, por la sangre que entre ellos ha esparcido la opresión romana—. Por consiguiente, aparece en mayor o menor grado, pero siempre de alguna manera, la posibilidad de hechos que conjuntamente alcancen a cuantos viven en el interior de ese círculo. Recordemos aquel pasaje en que Orosio, al aludir a la acción desleal de un pretor, comenta: "Universae Hispaniae propter Romanorum perfidiam causa maximi tumultus fuit" (2).

Comunidad y territorio aparecen en ese testimonio de Orosio, en el cual una y otro llevan el mismo nombre, unidos necesariamente por la dialéctica del acontecer histórico. Por eso, "Hispania" y "pars Hispanorum" se emplean como términos equivalentes, recíprocamente reemplazables —incluso en ocasiones simplemente "Hispania" e "hispani" (3). Hasta llegar a la plenitud del momento isidoriano, el hecho de que el grupo de los hispanos se represente hipostáticamente en el nombre de España, da al concepto de ésta un contenido histórico, propiamente humano: España no es sólo una tierra, sino que es el espacio en que se da una vida colectiva, con sus valores propios, con sentimientos y aún méritos privativos, no ya porque estos últimos, por ejemplo, sean poseídos *uti singuli* por cuantos habitan en tierra de España, sino porque bastan los merecimientos de unos pocos, para que por su vinculación solidaria se difundan sobre todos. Por eso cantó Prudencio, celebrando la virtud de tres mártires de Tarragona:

> Hispanos Deus aspicit benignus
> arcem quandoquidem potens Hiberam
> trino martyre Trinitas coronat (4).

Hispanos son, para Prudencio, gentes que ocupan la tierra de Iberia y la pertenencia a ella les es necesaria; pero que viven en ella de modo tal que se encuentran vinculados en una existencia colectiva. En el primero de los Himnos del "Peristephanon" escribió el mismo Prudencio: "felix per orbem terra Hibera" (5). ¿Qué quiere decir esto de llamar

---

(2) Ob. cit., IV, 21, 10, pág. 138.

(3) Ob. cit., III, 20, 2, pág. 87. Otras referencias análogas: IV, 9-1 y 13-1; págs. 115 y 121, respectivamente.

(4) Peristephanon, VI, 4-6; texto y trad. francesa de Lavarenne, París, "Les Belles Lettres", vol. IV, pág. 95.

(5) Ob. cit., vol. cit., pág. 22.

feliz o gloriosa a una tierra? ¿Cómo se ha de concebir ésta para poderle imputar conjuntamente un honor? El tema de los laudes de España ha sido estudiado desde el punto de vista de la Historia literaria, pero interesa que hagamos algunas observaciones sobre su sentido propiamente histórico.

Una primera serie de manifestaciones de esta literatura laudatoria fue recogida y publicada por Schulten, extraída de escritores de la Antigüedad clásica (6). Pomponio Mela y Marcial, nacidos ambos en suelo peninsular, escriben sendas alabanzas de Hispania, las cuales se encuentran también en historiadores y geógrafos de origen no hispánico. Pero, en general, estos primeros laudes tienen un carácter parcial y se refieren a cosas que se encuentran, se producen o proceden de España. Algo más son, ciertamente, los elogios de Trogo Pompeyo, Plinio, Pacato, Claudiano, enlazados por un interesantísimo hilo evolutivo, que, al aparecer citados en algunas de las más bellas páginas del maestro Menéndez Pidal, se han hecho muy conocidos en nuestros días (7). Pero no cabe duda de que es del famoso prólogo de San Isidoro a su "Historia de los godos", de donde arranca la gran fuerza histórica del tema.

Los elogios de ciudades, tierras, países, gentes, constituyen un tópico, en el sentido riguroso de la palabra, muy usado por la literatura medieval. Como tal ha sido señalado por Curtius y Ghellinck lo destacó como un aspecto en el "renacimiento" del siglo XII (8). Sin más pretensión que la de dar algunos ejemplos ilustrativos, recordemos la muy antigua "De laude Pampilona epistola", que su reciente editor, Lacarra, estimó pudiera ser de época visigoda (9). En la baja Edad Media el género se desarrolla y hallamos el elogio de Castilla en el "Poema de Fernán González" y el "Speculum Regum" de Alvaro Pelayo (9 bis), el de

---

(6) "Hispania" (trad. Bosch Gimpera y Artigas), Barcelona, 1920, páginas 124-126. Por lo que se refiere a los escritores de la Antigüedad —de la Edad Media sólo aparece recogido Alfonso X—, la materia ha sido completada y sistematizada por la señorita Fernández Chicarro, en su libro "Laudes Hispaniae", Madrid, 1948.

(7) Prólogo al vol. II de la "Historia de España", dirigida por M. Pidal, Madrid, 1935, págs. XI-XXXI.

(8) Curtius, "Literatura latina y Edad Media europea", pág. 228; Ghellinck, "L'essor de la littérature latine au XIIᵉ siècle", II, pág. 222.

(9) "Textos navarros del Códice de Roda", en "Estudios de Edad Media de la Corona de Aragón", vol. I, pág. 268.

(9 bis) Ed. de Zamora Vicente, en "Clásicos Castellanos", Madrid, 1946; pág. 48. Del "Speculum", de A. Pelayo, ver ed. de Lisboa, 1955; pág. 22 y ss.

Valencia en Eiximenis (10), el de Cataluña en Muntaner (11), el de Aragón en Vagad (12) y otros muchos. Con la retórica encomiástica del humanismo se multiplican estos escritos, que toman, además, las dimensiones de libros enteros.

Pero, sin pretender que sea un caso único, aunque lo es ciertamente en el ámbito español, el elogio de San Isidoro destaca por su especial fortuna, es decir, por lo que ha representado en nuestra historiografía medieval. Claro está que para apreciar esto hay que empezar por darse cuenta de lo que en sí mismo entraña. El P. Madoz ha hecho el análisis histórico-literario de esta pieza (13). De él resulta que en el texto de San Isidoro hay una serie de elementos tomados de Justino, Solino, Silio Itálico, Claudiano y otros escritores latinos, bien ya por aquellos referidos a España o cuya aplicación a ésta lleva a cabo San Isidoro. Una serie de elogios de cosas concretas, que ya había sido hecho con anterioridad —sus metales preciosos, sus caballos, su río Tajo, su clima moderado, sus guerreros valerosos y fieles, la grandeza de sus emperadores— se funde en la síntesis isidoriana. En el caso particular de la entrañable expresión "mater Hispania", ésta había sido empleada en el "Panegírico", de Teodosio el Grande, pronunciado ante el Senado romano en 389. Más tarde, el propio P. Madoz ha encontrado la fuente de los conceptos amorosos dedicados por San Isidoro a la madre España, en una obra de San Cipriano de Cartago sobre los méritos de las vírgenes (14). Recientemente, José Luis Romero ha señalado la inmediata dependencia del laude isidoriano respecto al elogio de Italia por Virgilio (15), dato que si puede hacer perder parte de su valor literario al texto en cuestión, no afecta decisivamente a lo que el mismo significa desde nuestro punto de vista.

---

(10) "Regiment de la cosa pública". Ed. del P. Molins de Rei; Barcelona, 1927; págs. 22 y ss.

(11) "Crónica", ed. de E. Bagué. Barcelona, 1927; vol. I, pág. 68.

(12) "Crónica", Zaragoza, 1499; prólogo segundo: "Sobre las tantas alabanzas del reino de Aragón".

(13) "De laude Spanie. Estudio sobre las fuentes del prólogo isidoriano", en "Razón y Fe", núm. 116, marzo de 1939; págs. 247 y ss.

(14) Ecos del saber antiguo en las letras de la España visigoda", en "Razón y Fe", núm. 122, 1941; págs. 228 y ss.

(15) Ver su estudio sobre "San Isidoro de Sevilla. Su pensamiento histórico-político y sus relaciones con la historia visigoda", en "Cuadernos de Historia de España", núm. VIII, pág. 57. Hace alusión con ello el autor citado al libro II de las "Geórgicas", que si constituye, sin duda, un antecedente importante, como algunos de los otros que han sido también señalados, no anula el peculiar giro que la idea toma en San Isidoro. El hecho mismo de que éste se haya ido a·

Lo extraordinario de San Isidoro no está en la utilización de los elementos singulares de encomio de que se sirve, ni siquiera en la suma de ellos, sino en la síntesis a que se alza. Ahí radica su interés para nuestro tema del concepto de España. Recordemos que el propio San Isidoro había escrito otro más breve laude, de tipo habitual, en sus "Etimologías" (14-V-28): "Es riquísima por la salubridad de su cielo, por su fecundidad en todo género de frutos y por la abundancia de gemas y metales". Casi textualmente se reproduce el párrafo en la "Miscelánea preliminar" de la "Crónica Albeldense" (16) y sus tres elementos reaparecen, unidos a otros en forma variable, en las obras posteriores medievales que insisten en el tema. Pero este "laude" menor tiene poco interés para nosotros. En el otro, en cambio, en el que se da como prólogo de la "Historia de regibus Gothorum", llama la atención, por de pronto, la amplia reunión de ingredientes particulares que, aunque algunos, y aun muchos de ellos, sean préstamo de autores anteriores, nunca se habían agrupado con igualada extensión. Pero lo más importante es señalar el tono en que esa síntesis se presenta, que podemos caracterizar por las siguientes notas: a) La exaltación del sentimiento, para cuya expresión se sirve no tanto de medios de encomio, como de conceptos de amor, tomados en parte de la literatura religiosa amorosa, siempre especialmente cálida. b) El aspecto comparativo y superlativo de los elogios, poniendo de relieve que se trata de un sentimiento exclusivo en su orden, como es manifiestamente el patriotismo. c) La apropiación del sujeto de quien se predican tan singulares méritos por el mismo que escribe, respondiendo a una solidaridad en la virtud y en el valor de las gentes que pertenecen a su país, pertenencia o derivación que es esencial a la condición de esas gentes, como lo es al hijo su nexo con la madre. d) La referencia específica al elemento humano, constituido no solamente por los reyes, como en tantos casos de retórica oficial o cortesana, sino por el grupo de las gentes sobre las que conjuntamente se proyecta el elogio y que se representan bajo la unidad del nombre de España. e) La visión humanizada, personalizada de ésta, que hace posible atribuirle sentimientos humanos como el de felicidad; y f) La utilización —y es en esto en lo que radica la más importante novedad— de ese elogio como acicate

---

fijar en el patriotismo de Virgilio, tiene su valor al querer traspasar a España lo que la tradición clásica había hecho de Italia.

(16) Ed. del P. Flórez, en "España Sagrada", XIII, págs. 433-434; se suprime aquí la referencia al clima y se reproducen, en cambio, las líneas que en el texto isidoriano preceden a las citadas sobre la denominación de España y su situación geográfica.

para la acción futura, es decir, para esforzar a la conservación ,de la gloria y del honor (17).

El carácter básico que la obra isidoriana tiene en la cultura de nuestra Edad Media da a su concepción hispánica un valor excepcional (17 bis). Actúa, con otros tantos, como un factor de integración en nuestro disperso Medievo y es una de las razones, entre otras muchas, por las que en nuestra Edad Media subsiste, a pesar de las fuerzas contrarias, un sentimiento de comunidad. Lo vemos presente y activo, poco después de la invasión, en la "Crónica mozárabe del 754", cuya parquedad en este punto es extrema, pero sin que por eso deje de manifestarse una conciencia análoga a la que hemos visto revela el laude isidoriano (18). Pero la "Mozárabe" añade una novedad nacida de la triste situación desde la que su anónimo autor escribe: la lamentación por la pérdida de España. De este tema nos ocuparemos especialmente al tratar de la idea de Reconquista.

Al constituirse una historiografía española propiamente tal, mediado el siglo XIII, el antiguo "De laude Hispaniae" reaparece y, en íntima correspondencia con la "lamentatio", constituirá un lugar común de nuestros historiadores. Entre los escritores hispano-musulmanes se había cultivado también ampliamente el tópico, como puede verse en el estudio de la poesía clásica de los árabes hispánicos de H. Perès; pero en los escritores cristianos el tema viene de la fuente isidoriana (18 bis). La materia toma un gran desarrollo, literariamente enriquecida, en el "Chronicon Mundi", de don Lucas de Tuy. El proemio de esta obra está dedicado a una exposición "De excellentia Hispaniae", en donde, a los ingredientes tomados de San Isidoro —es sabido que el Tudense reproduce la obra de este último en cabeza de la parte original de la suya— se añaden otros nuevos, consistentes en datos y argumentos sacados por el obispo don Lucas

---

(17) Ed. íntegra del texto en M. G. H., Sec. Auctorum Antiquissimorum, XI, Chronica minora; ed. Mommsen, vol. II, pág. 267.

(17 bis) Dentro y fuera de la península, debido a la expansión de la cultura isidoriana en los países del occidente europeo por obra de los hispanos, que la llevan consigo a otras partes. Ver Menéndez Pidal, "San Isidoro y la cultura de Occidente", 1962. Todos esos personajes que M. Pidal recuerda, difunden también el concepto isidoriano de España, entre los nuevos pueblos germánicos, ajenos hasta entonces a la cultura clásica.

(18) Ed. de Mommsen en "Chronica minora", II, pág. 353. Recoge el fragmento que nos interesa Vázquez de Parga en su excelente antología "Textos históricos en latín medieval. Siglos VIII-XIII". Madrid, C. S. I. C., Escuela de Estudios Medievales, 1952; págs. 14-16.

(18 bis) Ver "La poésie classique arabe en Espagne", págs. 115 y ss.

de la historia romana y cristiana —entre otros, la referencia a los emperadores hispanos dados a Roma: "Hispania Romae dedit Imperatores strenuos" (19). El tópico de la lamentación se encuentra de una manera difusa
y desordenada todavía, al ocuparse el autor del tiránico reinado de Vitiza
y de la "ruina" de España, caída en manos de los sarracenos. Mucho más
sistemáticamente y en forma más desarrollada aparece la correspondencia
de las dos partes en el arzobispo Don Rodrigo. El Toledano, al terminar la
etapa de los visigodos y tras narrar las primeras entradas de los moros,
sus luchas con aquéllos y su decisiva victoria sobre el rey Rodrigo, coloca
todo un capítulo (el XXI del libro III) dedicado al elogio de España,
que aparece escrito fundamentalmente en presente y con el que se ar-
ticula el capítulo siguiente dedicado a la circunstancial "Deploratio Hispaniae" (20). La "Estoria de Espanna" de Alfonso X o "Primera Crónica
General" recoge lo que ya quedaba constituido como un tópico de nuestra historiografía, ocasión permanente de recuerdo por parte de nuestros
historiadores de la unidad moral de España, de la misma manera que
el otro tema, el de la "lamentación" o "duelo", como en esta historia
alfonsina se dice, había de recordarles instantemente su unidad política
perdida. En el texto de la "Primera Crónica", tantas veces reproducido,
se dan los elementos consabidos, si bien se eliminan las referencias, tan
frecuentes en el Tudense, a nombres personales, es decir, a españoles
en cuyos méritos individuales estimaba este último fundado el honor,
para hacer de la razón del aventajamiento de España un motivo general
que, en definitiva, implica a todos los españoles anónimamente. En esta
historia alfonsina se hace hincapié en el aspecto de los valores humanos
que a todos tocan: "Espanna sobre todas es engennosa, atrevuda et mucho esforçada en lid, ligera en affan, leal al sennor, affincada en estudio,
palaciana en palabra, complida de todo bien; non a tierra en el mundo
que la semeje en abondança, nin se eguale ninguna a ella en fortalezas
et pocas a en el mundo tan grandes como ella. Espanna sobre todas es
adelantada en grandez et mas que todas preciada por lealtad. ¡Ay Espanna! non a lengua nin engenno que pueda contar su bien" (21).

Una visión histórica hispánica se ha constituido, con caracteres fijos
y comunes, en la época de Alfonso el Sabio, merced a la difusión y
aceptación general de la obra del Toledano. Como en la misma "Crónica
General" del Rey, esa visión se recoge en los curiosos escritos del

(19) "Chronicon Mundi", ed. de Schott, en "Hispania illustrata", tomo IV,
págs. 2-4.

(20) "De rebus Hispaniae", ed. de "Hisp. Illust.", vol. II, págs. 65 y ss.

(21) Ed. preparada por Menéndez Pidal, N. B. A. E., Madrid, 1906; pág. 311.

obispo Juan Gil de Zamora. A éste, esa construcción histórica se le convierte enteramente en un panegírico, y de los materiales que le proporcionan las Historias Generales que han precedido su obra, compone Gil de Zamora un extenso "Liber de Praeconiis Hispaniae". Comenzando por el tema ya consabido de la primera población de España y leyendas del rey Hispán, en tratados sucesivos se ocupa de la fertilidad, liberalidad, fortaleza y valor, santidad y virtud, etc., de España y los españoles. El elemento personal aparece abundantemente recogido —desarrollando el método del Tudense— y haciendo la historia de reyes y emperadores, santos, etc. —con amplia parte dedicada a los godos y con pleno desenvolvimiento de otra pieza historiográfica esencial: la rebelión de Pelayo en Asturias—, sin olvidar a los filósofos y doctores. Y en el tratado VIII se perfila el ámbito del "praeconium" ocupándose "de locis regni Legionis", "Castelle", "Portugali", "Aragonia", "de Carpentania et locis Navarre ac Provintie" (22). Esta obra de Fray Juan Gil de Zamora nos demuestra la íntima relación que se da, como estimamos nosotros, entre el tema del "laude" y la concepción de España como objeto de una historiografía.

La expansión de la Historia de Don Rodrigo por toda la Península dio lugar, como causa inmediata del fenómeno, aparte de lo que pudo ayudar a ello la lectura directa del mismo San Isidoro por nuestros escritores medievales, a una difusión general del tema del elogio y secundariamente de la pérdida de España. Se encuentra, como es fácil comprender, en las traducciones de dicha Historia, del latín a las lenguas peninsulares, y también suele conservarse la parte del texto que trata del tema en cuestión, en forma más o menos alterada respecto al original, en abreviaciones y refundiciones del Toledano. Pero no sólo esto, sino que igualmente se recoge aquél en obras simplemente influidas por el Toledano o que cuentan con la "Historia Gótica" de éste entre sus fuentes. Claro está que en estos últimos casos las transformaciones del texto de Don Rodrigo llegan a ser profundas, separándose en algunas ocasiones por completo del modelo, pero sin que deje de ser perfectamente recognoscible esa pieza historiográfica común en que llega a convertirse el "laude". Este no se da, naturalmente, en las crónicas particulares. Como de ordinario se inserta en relación con los godos, aparece en las obras que tienen un cierto carácter general, excluyendo la llamada "Crónica Pinatense". Bien es cierto que esta última, en relación con la

---

(22) Ver Cirot, "De operibus historicis Johannis Aegidii Zamorensis", Feret, Burdeos, 1913; págs. 18 y ss. Actualmente, el P. M. de Castro ha hecho una excelente ed. crítica.—Madrid, 1955—, por la que citamos, ver págs. 213 y ss.

fase anterior a la Reconquista, es sumamente breve y de ordinario remite a lo que se dice de ella en las Crónicas de Castilla —"in chronicis Castellae in alio volumine" (23)—, curioso caso de reconocimiento de la conexión e interdependencia entre la labor que esta Crónica, ordenada por Pedro IV, representa y la realizada por los historiadores castellanos.

En la versión al catalán, abreviada y añadida en otras partes, del Toledano, conocida con el nombre de "Crónicas de Mestre Rodrigo de Toledo", se dedica un capítulo a tratar de "com entre les altres partides e provincies del mon sia Spanya en Nobleida de moltes riqueses o de grans nobleses de que fa testimoni un philosoff apellat Lucha" (24). Con más razón, por cuanto se sigue más fielmente el texto traducido, el tema aparece también en Ribera de Perpejá. Pero más interesante es comprobar la subsistencia del mismo aún en Turell, a pesar de la brevedad de su relato, cuando apenas comenzado éste hallamos la referencia a tanta "bella obra como se mostra en Spanya" (25). Que el famoso falsificador Roig, inteligente autor del "pseudo-Boades", entremezclando esos mismos sentimientos, haga una gran parte en sus páginas al encomio de la gloria y honor de godos y españoles (26), puede ser prueba de lo enraizado que se consideraba el tema en los métodos historiográficos, hasta el extremo de estimarse obligado Roig, para dar color de época a su falsificación, a acoger en ella esa pieza ya en su tiempo de retórica declinante (27).

En Castilla la materia adquiere un desarrollo extraordinario y apare-

---

(23)   Ed. de Ximénez Embun, Zaragoza, 1876; pág. 18, final del cap. III. La referencia se repite en el cap. siguiente, pág. 19. Aunque no en términos tan significativos, alusión análoga se encuentra en la "Crónica del rey Juan I", de López de Ayala, en donde, como prueba de una opinión, se aduce la experiencia de lo que puede verse "por coronicas e libros de los fechos de España" (B. A. E., LXVIII, pág. 126). Y sabido es que Ayala no confunde ni identifica nunca a España con Castilla. Aunque se trate, pues, en ese caso de hechos castellano-leoneses, por su sentido el canciller los ve proyectados sobre el fondo histórico común, son: "hechos de España", y tiene razón, puesto que habla de los males de la repartición de reinos entre los hijos.

(24)   Citado por Massó Torrents, "Historiografía de Catalunya en catala durant l'época nacional", Revue Hispanique, XV, 1906, pág. 592.

(25)   "Recort", ed. de E. Bagué, en "Els nostres classics"; Barcelona, 1950; pág. 40.

(26)   Bernat Boades, "Libre de feyts d'armes de Catalunya", ed. "Els nostres classics"; Barcelona, 1939; vol. I, págs. 105 y ss.

(27)   Suscitada por Giménez Soler la sospecha sobre la inautenticidad de dicha crónica, utilizada como fuente fidedigna por tantos historiadores, la cuestión ha sido resuelta definitivamente, dándola por falsa, en un estudio de Coll y Alentorn, publicado en la ed. cit.

ce con inigualada riqueza en un historiador de altos vuelos literarios de pre-humanista —una de las más interesantes figuras de nuestro siglo xv, proyectada en el marco de Europa—, Rodrigo Sánchez de Arévalo. De él es el más largo y sistemático elogio. Sus fuentes no tienen gran novedad, pero en los tres capítulos que dedica al tema tiene interés destacar el amplio desenvolvimiento del aspecto personal, es decir, del elogio de los españoles, de los que asegura que, entre otras virtudes, son poco dados a delicias que afeminen el ánimo (28). En tierra de Navarra, el obispo de Bayona, Fray García de Euguí, escribe en su "Crónica" un cálido elogio ("la tierra que Dios bendijo..."), con elementos tomados a la tradición, pero con una elaboración muy literaria, no olvidando a continuación el tópico del lamento por la pérdida bajo el poder de los moros (29). Y lo mismo hay que decir del aragonés Fernández de Heredia, en cuya voluminosa "Crónica", tan ligada a las historias castellanas, se desenvuelve abundantemente la materia, dando un minucioso tratamiento a la que sigue llamando "lamentación" (30). El cronista de los reyes de Aragón, Vagad, es el caso extremo y también final, de exaltación del tema. En su obra, el prólogo primero (tiene tres largos prólogos la obra) está dedicado a "las tantas noblezas y excelencias de la Hespaña", exaltando en ella "los príncipes tan altos y antiguos, tan sabios y famosos despaña que, antes que hoviesse turcos, antes que sonasse ni cesar ni alixandre ya por inmortal fama arreavan toda la europa"—, y estas líneas son una muestra del nuevo tono que adquiere el "laude".

Vagad, que habla de "nuestra España", de "nuestros hespañoles" —con una h inicial latinizante, de gusto humanista, para entroncar con la Hispania romana—, es el último de la serie de los que podemos considerar continuadores del ya lejano antecedente isidoriano y de su renovación por obra del Tudense. Con él esa pieza de nuestra historiografía medieval se extingue para dar paso a las nuevas formas de reglamentado énfasis propias de la literatura encomiástica que introduce entre nosotros, como producto netamente humanista, a partir de ese momento, el italiano Lucio Marineo Sículo. Los poetas del siglo xv, como Juan de Padilla, al cantar a "España la clara", constituyen una fase de transición. Después el tema es reelaborado por los humanistas.

Este tema tan particular del "De laude Spania" prueba la pervivencia de un concepto de España en nuestros historiadores y hace posible, a su

----

(28) "Historiae Hispanicae partes quatuor", en "Hispania Illustrata", I, páginas 121 y ss.

(29) B. N. ms. 1.524, folios 104 y 105.

(30) B. N. ms. 10.133-34, final de la primera parte.

vez, la concepción de España como un objeto historiográfico, según las condiciones a que empezamos refiriéndonos: un ámbito en el que a los hombres que en él existen les acontece conjuntamente alcanzar unos méritos, o poseer unos sentimientos, o encarnar unos valores, o, llegado el caso, sufrir una caída que debe hacerles llorar de dolor, como Turell quiere —"plora, doncs, Spanya"— hasta en los siglos siguientes. Ese concepto está en vigor en los siglos medievales y constituye a su vez un factor de viva acción sobre la idea política de España. Es conocido el fenómeno, y lo dicho hasta ahora nos lo muestra claramente, de la transposición del elogio de la tierra al plano de la comunidad humana poseedora de aquélla y, en consecuencia, su interiorización en el sentimiento de honor y de prestigio comunes que es propio del grupo y que constituye uno de los factores de configuración del mismo. En ese estadio se nos revela el "laus Hispaniae" contenido en el "Poema de Fernán González" (31).

> Com ella es mejor de las sus vezindades,
> as(s)y sodes mejores quantos aqui morades,
> omnes sodes sesudos, mesura heredades,
> desto por tod el mundo(muy) grran(d) preçio ganades.

y ello da lugar a ese aspecto esencial del concepto de España —España como ámbito de honor—, del que nos ocuparemos en el último capítulo de este libro. Ese sentimiento nos permite hablar lícitamente de una "historiografía hispánica", cualquiera que sea la dosis de particularismo de que tantas veces se ha acusado a nuestros historiadores y el comprobarlo así nos hará salvar a éstos de tal imputación, porque sus obras, de una u otra manera, se dan siempre en el marco general de la idea de España.

Naturalmente, no pretendo llevar esta afirmación, en forma plena y total, hasta los primeros siglos de la Edad Media, entre otras razones porque apenas si puede hablarse de labor historiográfica con referencia a ellos. Es cierto que los dos llamados "Laterculi Regum Visigothorum", utilizados por Flórez y Villanueva y más recientemente por Mommsen, los epítomes perdidos hoy de los que habla como de obra propia el anónimo autor de la "Crónica mozárabe de 754", más otro "Laterculus regum ovetensium", le hacían decir al P. García Villada que "son un indicio de que no se interrumpió en modo alguno la labor isidoriana y nos abren la puerta para suponer con fundamento que tanto Alfonso III como el Albeldense, debieron de tener algún predecesor común" (32). La sos-

---

(31) V. 155 a - d.

(32) "Notas sobre la Crónica de Alfonso III", en "Revista de Filología Española", 1921, VIII, págs. 264-266.

pecha de este trabajo de conservación de noticias del pasado, que no de
otra manera podemos llamarlo, se había suscitado, incluso, mucho antes
del mencionado artículo del P. García Villada y por vía también muy diferente. Fernández y González sostuvo que las referencias que se encuentran en textos de historiadores árabes prueban la existencia de fuentes
cristianas diferentes de las conocidas y anteriores a ella (33) y el argumento que hace años podía oponerse a la tesis, sosteniendo la incomuni-
cación entre los historiadores árabes y los posibles historiadores cristianos
del norte, hoy no tiene validez porque parece seguro que esa incomunica-
ción no se dio según ha demostrado Barrau-Dihigo (34). La existencia
de una historiografía cristiana anterior al ciclo de Alfonso III, se precisa
cada vez más. Hoy se centra en torno a Alfonso II, que aparece en tantos
aspectos como un efectivo restaurador, y Sánchez Albornoz ha llegado a
concretar las razones que abonan la creencia en una Crónica primitiva,
hoy desaparecida.

LA CONTINUIDAD DE LA HISTORIOGRAFIA Y LA VISION HISTORICA DE ESPAÑA

La continuidad de la concepción historiográfica, haciendo que
unos relatos pasen a integrarse en las narraciones siguientes —hecho
sólo posible cuando éstas se consideran referidas a un objeto que
por su parte es también continuo— se ha traducido de tal modo en
la permanencia de una labor historiográfica, que de ella ha derivado la
posibilidad de reconstruir, en algunos casos, y en otros por lo menos precisar, la existencia de obras hoy desgraciadamente perdidas. De esta manera, Sánchez Albornoz ha llegado a la conclusión de una "Crónica latina
asturiana" de la época de Alfonso II. Parte S. Albornoz de las concordan-
cias, que no pueden explicarse por dependencia directa, entre la "Crónica Albeldense" y la "de Alfonso III": se fija en el grupo de noticias de
los primeros reinados asturianos que aparece en los anales gallegos y por-

---

(33) "La Crónica de los reyes francos por Gotmaro II, obispo de Gerona",
en B. R. A. H., 1877, I, pág. 456.

(34) "Deux traditions musulmanes sur l'expédition de Charlemagne en Espagne", en Métanges Ferdinand Lot; París, 1925; págs. 169 y ss. El autor
muestra aquí, en relación al episodio de Zaragoza, que esas dos versiones árabes
se corresponden con sendos grupos de crónicas cristianas. Sobre el tema ver
ahora R. Abadal "La expedición de Carlomagno a Zaragoza en 778", en el
vol. "Coloquios de Roncesvalles", Barcelona, 1956

tugueses, según el tipo que ofrecen los primeros pasajes que encabezan el "Chronicon complutense", editado por Flórez; y hace especial hincapié en la relación que se observa entre las noticias de aquellas dos Crónicas citadas y la obra de Al-Razi, tal como ha sido conservada por Al-Atir, a cuyo esclarecimiento tan fundamentalmente ha contribuido el propio Sánchez Albornoz, relación que, en la forma en que se da, tampoco puede derivar de una dependencia directa entre el escritor árabe, el monje de Albelda y el rey historiador, puesto que Al-Razi muestra no conocer bien más que hasta el reinado de Alfonso II, hecho inexplicable si la fuente de que se hubiera servido Al-Razi fuera una de las dos mencionadas Crónicas, ya que éstas recogen más extensamente los reinados posteriores al del Rey Casto. La circunstancia de que lo común entre "el moro Rasis", la Albeldense y Alfonso III no sean noticias meramente analíticas, exige que se trate de una verdadera Crónica latina del tiempo de Alfonso II. Finalmente, el mejor latín de ciertos fragmentos de Alfonso III, así como la frase "ut supra dixi" que aparece en uno de ellos, sin conexión con lo que en el texto precede, hace pensar que se trata de trozos tomados de esa Crónica perdida. El ambiente cultural de la época, según observa Sánchez Albornoz, garantiza la posibilidad de esa labor historiográfica (35). La continuidad de esta labor respondería a la de la misma concepción histórica que servía, concepción histórica que, enlazando con la España visigoda, se encuentra testimoniada por el famoso propósito de conservar la tradición goda en el orden político y en el eclesiástico, como más adelante veremos. Y así debieron considerarlo los primitivos historiadores del ciclo de Alfonso III, los cuales, al servirse del legado historiográfico y goticista de Alfonso II y continuarlo, atribuyeron a este rey su renovación.

Poco más podemos basar, en relación con nuestro objeto, sobre los indicios de esa probable Crónica perdida, cuyo contenido es difícil de precisar. Sabemos, sí, que en la "Crónica mozárabe" y en los Crónicas del período de Alfonso III se da inequívocamente el concepto total de España. Es más, Menéndez Pidal interpreta la Historiografía del reinado de Alfonso III como consciente y planeada continuación de la labor isidoriana. Según ello, la "Crónica de Alfonso III", en cualquiera de sus dos versiones, es la correspondiente a una Crónica de España —es decir, a la "Historia de los reyes godos", de San Isidoro—; mientras que la "Crónica Albeldense", con las partes que en el códice preceden al cuerpo estricto de la Crónica, viene a ser como un epítome universal —en la línea del llamado "Chronicon" isidoriano—, en cuya línea general se inserta

---

(35) "¿Una Crónica asturiana perdida?", en "Revista de Filología Hispánica", VII, 2, abril-junio 1945; págs. 105-139.

la historia española. Una y otra, acentuando la tesis de la herencia o de la continuación visigoda e hispánica, ocúpanse del aspecto cultural y de la organización política tanto como de la militar, con la pretensión manifiesta de mostrar que en las montañas de los cristianos se recogía la disciplina y la ciencia toledanas, a pesar de la protesta de Elipando contra Beato: "Nunca fue oído que los de Liébana enseñaran a los de Toledo" (36).

Se ha hablado del particularismo de estas primeras Crónicas y de toda nuestra Historiografía medieval, en general, y ello parece innegable. Pero ¿qué quiere decir ese particularismo? Parece, efectivamente, como si desde la caída de la tradición antigua —dicho, claro está, en términos muy relativos y sin echar en olvido la conocida subsistencia de aquélla en la cultura de los nuevos pueblos germánicos— el espíritu humano fuera reduciéndose cada vez más en sus posibilidades de atender a un gran ámbito. Incluso los que pretenden continuar a los antiguos, como el Biclarense, al perder el socorro de las fuentes legadas por aquéllos, automáticamente se limitan en su visión. Pero es más; al entrar en los siglos alto-medievales, ese achicamiento, ese particularismo se hace norma, hasta tal punto que el transgresor tiene que explicar y justificar su proceder. Por eso, cuando Richer, al terminar el siglo x, escribe su "Historia de Francia", advierte que en su obra, "si alguna vez se refiere a detalles concernientes a otros pueblos, no lo hago más que incidentalmente y por no haberlo podido evitar" (37).

Entre nosotros, la Historia Silense es la primera que formula una visión completa de España como objeto de la labor de los historiadores, aunque luego en ningún momento —salvo en el episodio de los godos— esa visión se proyecte sobre la ejecución de la obra: "Cum olim Hispania omni liberali doctrina ubertim floreret ac in ea studio literarum, fontem sapientiae sitientes, passim operam darent, inundavit barbarorum fortitudine, studium cum doctrina funditus evanuit. Hac itaque necessitudine incongruente, et scriptores defuere et Yspanorum gesta silentio preteriere" (38). Este párrafo inicial, que, escrito casi cuatro siglos antes de la renovación cultural del Renacimiento, podría pasar por la lamentación de un humanismo ilustrado contra la "gotica lues", muestra un sentimiento de solidaridad en el honor y en el buen nombre del grupo propio, cuyo

---

(36) "La Historiografía medieval sobre Alfonso II", en "Estudios sobre la monarquía asturiana"; Oviedo, 1949; págs. 1-33.

(37) "Histoire de France" (Historiarum libri IIII), ed. del texto latino y versión francesa de Latouche. París, 1930; vol. I, pág. 5.

(38) Ed. preparada por Santos Coco. Centro de Estudios Históricos. Madrid, 1921; pág. 1.

brillo se anhela, sentimiento que lleva a ver la historia, por lo menos en su enunciado, como una concepción total de ese grupo —los "gesta hispanorum"—, aunque luego no podamos encontrar en el texto que sigue la realización práctica de esa idea. Es necesario esperar a la llamada "Crónica latina de los Reyes de Castilla" o a los Cronicones catalano-aragoneses que brotan de los centros respectivos de Ripoll y Roda, representados especialmente por el "Chronicon Rivipullense", el primero, y por el que Villanueva llamó "Alterum Chronicon Rotense", el segundo, para encontrar abundantes noticias de las otras partes de la península diferentes de aquéllas en que esos textos se escriben. Noticias más desenvueltas y ricas, claro es, en la "Crónica latina", cuya forma es efectivamente la de una narración seguida y matizada que no en las secas anotaciones analíticas a que se atienen los mencionados Cronicones.

Como programa expresamente formulado —lo que tampoco quiere decir que su desenvolvimiento sea rigurosamente ajustado a ello, ni mucho menos— la concepción historiográfica de España, madura en las grandes obras que siguen inmediatamente a la "Crónica latina". No olvidemos el antecedente más próximo del Cronicón Villarense, señalado por Lacarra, mas lo que en éste se debe a un puro resultado de hecho, en las siguientes se debe a toda una concepción. Nos referimos a la gran trilogía constituida por el "Chronicon mundi" de Lucas de Tuy, el "De Rebus Hispaniae" del arzobispo Rodrigo Jiménez de Rada y la "Primera Crónica general" o "Estoria de Espanna", mandada componer por Alfonso X.

Basándose en una acertada observación de Amador de los Ríos, Cirot escribió sobre esta materia unas líneas cuyo recuerdo es interesante traer al presente. Según él, en la redacción de tantas obras históricas como tiene lugar a partir del XIII, en las que, de manera más o menos sumaria, se trataba de comprender todo el pasado de España, "buscábase reunir para el lector, en un volumen relativamente reducido, la materia dispersa en innumerables escritos antiguos y modernos, y en crónicas especiales. Pero la idea, el deseo de la unidad histórica dominaba esta materia y trazaba, en cierta forma, el plan y los límites. Hay que hacer constar la influencia que en ello tuvieron los eruditos: de ellos procede, al parecer, la tendencia unionista que se constata muy tempranamente, mucho antes de la unificación de las nacionalidades o, por lo menos, de las monarquías españolas. Cuando los eruditos se remontaban a los orígenes, el gran recuerdo de Hispania venía a reconstituir retrospectivamente la unidad moral de la Península. Lo que ha existido alguna vez parece seguir existiendo, y cabe, por ello, pensar que para un castellano algo instruido de los siglos XIV y XV, Hispania no había dejado de existir. Los historiadores españoles estaban tan habituados a esta manera de ver que uno de ellos, Gon-

zalo de Hinojosa, según la traducción de Jean Goulain, se asombraba de
que nuestros historiadores no obraran del mismo modo respecto a la Galia. La idea de la unidad primera dominaba sobre el fraccionamiento coetáneo (39). Con todo, Cirot acentúa después el particularismo, en los mismos castellanos y, sobre todo, en los no castellanos, especialmente en los
catalanes (40).

Hay que observar, sin embargo, que la concepción histórica global de
España no es cosa nacida por vía de erudición, la cual impusiera esta idea
desde fuera, en un momento dado, sobre una situación política ajena a
esa visión conjunta. Antes que el Tudense, como historiador, están Sancho III el Mayor, Alfonso VI, Alfonso I el Batallador, Alfonso VII y tantos otros, como actores del efectivo acontecer histórico. Es más, siempre
había sido conocida la obra isidoriana y siempre se había conservado una
viva relación con ella y a ninguno de los eruditos anteriores al Tudense
se le había ocurrido utilizarla en el pleno sentido en que éste lo hizo, como
tampoco ninguno sintió la necesidad de remontarse hasta entroncar con
los primeros pobladores de esa Hispania constante. En uno y otro caso, es
una idea histórica y, hasta si se quiere, política, la que plantea su exigencia a la erudición y de cuya ejecución se encarga ésta. Sólo así se explica
la rápida y general maduración de esta manera de ver, que una simple
novedad erudita no justificaría. Sólo las obras que van con las necesidades del tiempo alcanzan la aceptación de que gozó especialmente la Historia del Toledano.

LA OBRA DE LOS GRANDES HISTORIADORES DEL SIGLO XIII. LA HISTORIOGRAFIA CATALANA Y CASTELLANA EN LA BAJA EDAD MEDIA. LA IDEA DE UNA HISTORIA ESPAÑOLA

La obra del Tudense renueva el sentido hispánico de nuestra historiografía, aunque sea un poco por yuxtaposición, al entroncar materialmente
con la labor isidoriana, reproduciendo a San Isidoro en el libro I de su
Chronicon. La segunda de las grandes obras que antes mencionamos, la

(39) "Les Histoires Générales d'Espagne entre Alphonse X et Philippe II".
Burdeos, 1905; pág. 19.

(40) Cirot no conoció bien la historiografía catalana, cuyo estudio fue radicalmente renovado al año siguiente de aquel en que apareció su obra, por el famoso artículo de Massó Torrents ("Historiografía de Catalunya") ya citado. No
sólo el conocimiento que Cirot poseía era incompleto, forzosamente, sino que a
veces parece indirecto.

"Historia" del Toledano, dota sistemáticamente a ese objeto histórico que es España de una continuidad que no se quiebra desde los orígenes hasta su momento presente. Desde entonces, España aparece como un todo en el tiempo, como un largo proceso seguido, que tiene un mismo comienzo y un desarrollo común. Ser españoles no es sólo, desde la gran creación del Toledano, habitar un mismo suelo, ni siquiera tener un lazo de parentesco con la comunidad actual de gentes, sino, a través de un largo desenvolvimiento, venir de una fuente única de la que incluso procede, para cuantos derivan de ella, el nombre común de españoles. Las leyendas e invenciones con que el Toledano construyó el sustrato remoto de la historia común de esos españoles se difundieron por todas partes. Por esta razón, se hace general en nuestros historiadores esa manera de componer sus obras, que consiste en presentar la primera parte de su narración unitariamente, desde los orígenes hasta los godos, abriéndose tras éstos, con la invasión árabe, un paréntesis que, por su propia condición de tal, postulaba que un día había de ser cerrado. Creo, sinceramente, que la gran figura del navarro-castellano Jiménez de Rada es uno de los factores de integración de la unidad moderna de España.

Esta concepción histórica que el ilustre arzobispo expande, a causa de la irradiación de la influencia de su obra por toda España, da su primer fruto en la "Primera Crónica General", con la que esa nueva visión historiográfica se solidifica. Alfonso X explica ese nuevo planteamiento de la historia: "Ca esta nuestra estoria de las Espannas general la levamos, nos, de todos los reyes et de todos los sus fechos que acaescieron en el tiempo pasado, et de los que acaescen en el tiempo present en que agora somos, tan bien de moros como de cristianos et aun de judios si y acaesciere (41). Antes ha dicho que se ocupará de los reyes de Castilla y de León, de Portugal, de Aragón y de Navarra. No cabe duda de que es mucho más que una razón de espacio o de proximidad la que lleva a hacer pensar que pueda escribirse y que efectivamente haya que escribir una historia conjunta de todos esos reyes y, en cambio, de ninguno de los otros que estén fuera de esa comunidad cuyo vivo sentimiento se nos revela en esa misma manera de ver. Sin embargo, esos reyes estaban entre sí tan separados, desde un punto de vista formal o legal, como pudieran estarlo cada uno de por sí respecto a los reyes de ultra puertos. ¿Por qué, pues, ese lazo? ¿Por qué constituían un ámbito unitario desde el punto de vista de la labor historiográfica? Francamente me arriesgo a afirmar que porque se hacía luz una honda realidad de la que, con todo, hasta ese momento no se tenía clara conciencia, y que, dado el precedente estado de postra-

---

(41) Ed. cit. de M. Pidal, pág. 653.

ción de las letras, no había podido ser alumbrada convenientemente: la comunidad de un grupo humano que aparece conjuntamente como objeto de la mirada del historiador. Esto no se había podido manifestar antes porque, sencillamente, la labor del historiador se reducía, primero, a prestar atención tan sólo a los reyes —aparte del caso de los santos con la hagiografía— y todo lo que estaba a su alrededor se minimizaba, a la manera de esos escultores y pintores románicos que representaban diminutos a los apóstoles y más aún a los demás hombres junto a un Cristo de grandes dimensiones. Relativamente pronto, es cierto, grandes personajes suscitan historias particulares, como Gelmírez la "Historia Compostelana" o el Cid la "Historia Roderici". Sólo más tarde, en ese fecundo siglo XIII, se cae en la cuenta, aunque sea mínimamente, de ese nuevo protagonista histórico que es el grupo como tal, el pueblo. Por eso entonces, y no antes, aparece Hispania como objeto historiográfico, y con ella los "hispani". En una interesante enunciación de la materia historiográfica que hace el mismo Alfonso X —y la coincidencia apoya nuestra interpretación— aparece ya citado ese nuevo personaje colectivo, en una posición aún muy modesta; pero, con todo, atribuyéndosele un lugar propio: "Et fizieron desto muchos libros que son llamados estorias e gestas en que contaron de los fechos de Dios y de los prophetas, e de los santos, et otrosí de los reyes, et delos altos omnes e delas cavallerías e delos pueblos" (42). Es esta nueva visión del pueblo la que permite extender la concepción historiográfica más allá de los alrededores de un rey. No hace falta decir que la palabra pueblo no tiene ni lejanamente el sentido moderno, pero no deja de ser una comunidad, con algo que la une y algo que la separa de las demás. Esto quiere decir que no a todos los pueblos les acontece lo mismo; por tanto, que tiene cada uno su historia propia y que la labor del historiador, para ser completa, ha de extenderse al ámbito entero del que le ocupa.

No quiere sostenerse con esto que desaparezca, ante esta idea nueva, la manera anterior de hacer historia, en tanto que relato de los hechos de los reyes. Es frecuente, en cualquier orden de actividad humana, que de una imperfección salga precisamente una norma, un principio que se formula como rector en la esfera de esa actividad. Y así es como de la precedente insuficiencia en la labor de historiar, que no presta atención más que a lo que a los reyes atañe, se desprende un principio que forma parte de la preceptiva a la que debe someterse el historiador. Leemos en la "Crónica de Alfonso XI": "Et como quier que las corónicas fueran fechas por contar los fechos de los Reyes, pero porque este riepto de estos

---

(42) "General Estoria", publicada por Solalinde. Madrid, 1930, prólogo.

dos caballeros fué dicho por cosa que tañía a la persona del Rey, el Estoriador escribiólo en este libro" (43). A pesar de la genial intuición que Alfonso X enuncia, que sus predecesores inmediatos vislumbraron ya, todavía un siglo después el anónimo autor de la "Crónica de Alfonso XI" se considera obligado por aquella limitación ancestral —que no deriva de una mera práctica, como a veces se ha creído, sino de una consciente preceptiva que se considera como un proceder normal, aunque tampoco luego, de hecho, el autor se atenga a tan estrecha preceptiva y se aproveche de la nueva amplitud que al trabajo del historiador abrieron los grandes escritores del siglo XIII.

A estos tres historiadores, el Tudense, el Toledano y Alfonso X, sobre todo al segundo, se debe la expansión por la Península de la nueva concepción. Por la inmediata influencia de ellos y singularmente, en gran desproporción a su favor, por la del arzobispo Jiménez de Rada, aparecen en todas partes manifestaciones de una historiografía española, cuyo objeto propio es España, cualquiera que sea el más o menos valioso resultado que en la ejecución de la obra se consiga, cualesquiera que sean las desviaciones en que se incurra, debidas a mayor o menor torpeza en el desenvolvimiento de aquella idea inicial o por otras razones.

Sánchez Alonso da la noticia de que, según Hogberg, en la Biblioteca Real de Estocolmo se encuentra un manuscrito que contiene una versión romance del Tudense, probablemente de fines del XIII o principios del XIV, que por los rasgos del lenguaje parece de procedencia catalano-aragonesa (44). La difusión e influencia del Tudense fue oscurecida por la del Toledano, a través del cual pasa aquél. Existe también, de Lucas de Túy, una versión castellana tardía, publicada por Puyol (45), que prueba la directa utilización de la obra hasta fines de la Edad Media, lo que confirma el hecho de que determinados pasajes de Sánchez de Arévalo, procedan de aquélla como de fuente inmediata. De la "Primera Crónica General" parte una serie de refundiciones, la cual hoy es bien conocida merced a las investigaciones del maestro Menéndez Pidal (46). Gracias a ella, la concepción historiográfica alfonsina, con los caracteres que hemos dicho, no se pierde, aunque sufra algún eclipse transitoriamente. El mismo M. Pidal estudió las versiones portuguesas de la "Crónica General", que derivan, no de su versión primitiva, sino de la por él llamada "Crónica

---

(43) B. A. E., vol. LXVI, pág. 337. El párrafo citado se repite en la pág. sig.

(44) "Historia de la Historiografía Española". Madrid, 1947; vol. I, pág. 126.

(45) Ediciones de la R. Academia de la Historia. Madrid, 1926.

(46) "Catálogo de la Real Biblioteca. Manuscritos. Crónicas generales de España". Madrid, 1898.

del año 1344". Lo curioso es que estas versiones portuguesas, aunque sus variantes muestren que son independientes entre sí, coinciden en un especial interés por la historia castellana más reciente, prolongándose hasta los reinados posteriores (47). En manos de Pedro IV de Aragón estaba la "Crónica Alfonsina", y a ella se refiere, tal vez, cuando, junto a otros libros de Historia (Tito Livio, Plutarco, una crónica de Grecia y un libro sobre los Emperadores), cita una "Chronicam magnam Hispaniae" (48). El hecho de que Pedro IV fuese buen aficionado, y aun traductor de algún fragmento, de otras obras de Alfonso el Sabio y, sobre todo, la circunstancia de que esos libros habían pertenecido al maestro Fernández de Heredia, que tan ampliamente se sirvió de la Crónica alfonsina, permiten aventurar esa identificación. Con todo, puede tratarse de la propia Crónica de Fernández de Heredia, y el caso es casi igual, puesto que esta Crónica, directamente, pertenece a la familia de las derivadas de la Historia de Alfonso X. Incluso los historiadores hispano-musulmanes conocen y utilizan la "Primera Crónica General", de la que se ha podido señalar la existencia de una traducción al árabe, estudiada por el P. Antuña (49).

De la "De Rebus Hispaniae" hay una abundante serie de versiones parciales o completas, más o menos interpoladas, de abreviaciones, de adaptaciones y de continuaciones, que se prolongan a reinados posteriores de los que esa Historia comprende. Y hay, finalmente, un gran número de obras que han recogido muchos de los elementos que aquélla ofrece. Todo ello en leonés, castellano y catalán (50). Massó Torrents señaló y dio interesantes datos, por lo que al catalán se refiere, de muchos de los casos de esa influencia del Toledano. De su estudio destaca la "Crónica de Espanya", de Ribera de Perpeja, y la versión extractada de los seis primeros libros de aquél, titulada "Crónicas de mestre Rodrigo de Toledo", continuada hasta el XV (51). Barrau-Dihigo hizo observar que la primera parte del prólogo de los "Gesta Comitum Barcinonensium", y también otros muchos pasajes del texto de la misma obra, proceden del "De rebus Hispaniae", influencias que se dan no sólo en la redacción latina definitiva,

---

(47) "Sobre la traducción portuguesa de la Crónica general de España de 1344", en "Revista de Filología Española", 1921, VIII, págs. 390 y ss.

(48) Rubió y Lluch. "Documents per a l'historia de la Cultura Catalana mitgeval", I, pág. 386.

(49) P. Melchor M. Antuña, "Una versión árabe compendiada de la "Estoria de Espanna", de Alfonso el Sabio", Al-Andalus, 1933, I, págs. 105-154.

(50) Ver Sánchez Alonso, "Las versiones en romance de las Crónicas del Toledano", en Homenaje a Menéndez Pidal". Vol. I, págs. 341-354.

(51) "Historiografía de Catalunya", págs. 498 y ss. y 591 y ss.

sino, en parte ya, en la primitiva (52). Creo que en estrecha relación con esto se halla la concepción de España que se revela en los "Gesta", a la que volveremos a aludir a lo largo de nuestras páginas. En esta gran creación historiográfica catalana que es la redacción definitiva de la Crónica en cuestión, España y sus varios reyes aparecen en una vinculación de la más íntima familiaridad, distinta por completo del tono de cosa extranjera que presenta cuanto se encuentra más allá de los Pirineos —de ahí la ardiente polémica con los galos, de tan distinto carácter en comparación con las que se consideran disensiones de Alfonso II o de cualquier otro rey catalano-aragonés, con "los otros reyes de España", discordias fraternales que en los "Gesta" no alcanza nunca a los pueblos; de ahí, también, que dejando aparte los Reyes y Condes de la tierra, sólo para los reyes de Castilla hay calificativos, como algo que interesa y que por ser próximo y en cierta medida propio, exige opinión (en el texto catalán se les llama reiteradamente, el *gran,* el *noble,* el *bo*). Y creo que esta concepción de España venga del Toledano, en la medida en que éste haya podido fortalecerla, mas no en el sentido de que él sea la causa, puesto que hay que observar que si se utiliza el Toledano es porque la concepción histórica previa de que se partía lo hacía así posible, y aun lo exigía. La influencia de una obra es, por lo menos al empezar, más bien efecto, que no causa, de una situación social.

Un excelente estudio de Coll y Alentorn precisó los varios e importantes puntos en que la Historia del arzobispo don Rodrigo repercutió en la "Crónica" de Desclot, debiendo tenerse en cuenta que, por lo menos indirectamente, los elementos que en esta última proceden de Ribera de Perpeja hay que ponerlos también en la cuenta de aquél, del cual el trabajo de Ribera, como llevamos dicho, fue una adaptación (53). En otro estudio enumera el mismo Coll las obras en las que la influencia del Toledano se observa, y a las ya indicadas añade la "Crónica Pinatense" o "Crónica dels reys d'Aragó e comtes de Barcelona" —la cual, como ya vimos antes, postula expresamente ser completada por las crónicas castellanas, a las que de forma explícita remite— y las obras de Domenech, Francesc, Tomich, Marquilles (54).

Encuentro todavía un recuerdo del Toledano en la "Passio Sancti Se-

---

(52) Ed. de Barrau-Dihigo y Massó Torrents; Barcelona, 1925. Ver el estudio preliminar del primero, en donde se precisan los lugares que están en relación con la obra del Toledano.

(53) El estudio de Coll y Alentorn, a que nos acabamos de referir forma el vol. I de su ed. de la "Crónica" de Desclot, de la que nos servimos.

(54) "La llegenda d'Otger Catalo i els nou barons". Barcelona, 1947-1948; págs. 3-4.

veri episcopis barcinonensis", que figura en un breviario impreso en Barcelona en 1540, y que fue publicado por Flórez (55). Todavía en su prólogo se utiliza el que puso el Toledano al frente de su "Historia gótica", expresión de la teoría historiológica de la baja Edad Media: "Fidelis antiquitas et antiqua fidelitas, primaevorum doctrix, magistraque posterum" (56). Esta idea, en el fondo, es antigua y se recoge en el momento en que los que escriben los recuerdos del pasado superan la forma analítica y aun cronística de los primeros siglos medievales, para volver a hacer Historia. Por eso se encuentra ya en la "Historia Compostellana" (57); pero es del arzobispo don Rodrigo de donde arranca su renovación y transmisión en la forma concreta que hemos citado.

El interés de la difusión del Toledano no está en préstamos singulares —cuyo inventario en las obras de los historiadores posteriores sería inacabable—, sino en una influencia más de conjunto. En el último estudio suyo que hemos citado, Coll escribía: "El arzobispo Rodrigo... atraía por primera vez la atención de los catalanes hacia los episodios, ciertos o imaginarios, de nuestra Edad Antigua". Es decir, proporcionó a todos la visión de una continuidad, y sobre esa base se va a construir la historiografía en los distintos reinos peninsulares. Por el lado de Castilla, la Historia de España de Alfonso X y la secuela de Crónicas generales que derivan de ella son su fruto. Por el lado de Cataluña, aun a trueque de repetirnos en parte, veamos cómo presenta el tema tan experto conocedor del mismo como lo es Jorge Rubió: terminada en el año 1243, rápidamente la Historia de D. Rodrigo "fué no sólo conocida, sino adaptada a Cataluña"; fue traducida y arreglada en catalán en el siglo XIII, se seguía utilizando y fue interpolada en el XIV y se empalmó con la Historia de los Reyes-Condes de Barcelona, que en unas versiones llega hasta el rey Martín y, en otras, hasta Alfonso V. "Por tanto, las historias del arzobispo fueron utilizadas como soporte de una historia de Cataluña". Cuando se trata de hacer de la Historia una cosa más completa que una simple cronología, la idea inspiradora se basa en el prólogo de don Rodrigo y el estímulo de éste repercute aún en la gran obra historiográfica de Pedro IV, no sólo prestando materiales, sino hasta la concepción de una verdadera Historia general, muy alejada del viejo cronicón y superior

---

(55) "España Sagrada", XXIX, pág. 368.

(56) Este aforismo aparece ya en los "Gesta", procedente también del Toledano. En la forma que acabamos de citar es idéntica a la dada por éste, sin más que cambiar por "magistraque" la palabra "genitrix", que es la empleada por el Toledano.

(57) "España Sagrada", vol. XX, prólogo al Libro II.

a él (58). Ello inclina, pues, en todas partes, a nuestros historiadores hacia la concepción de una continuidad y comunidad de la historia peninsular.

Tenemos un testimonio fehaciente de cómo es vista la obra del Toledano y del interés que en ella se pone. Tomich escribe este párrafo: "Segons alguns savis philosophs han scrit en especial lo gran Archabisbe Toledà que molt treballaba en scriure veritat de les historias spanyolas, lo primer poblador de Hispanya fou Thubal" (59). Tomich busca, pues, en él —y vemos la elevada estimación que su obra le merece —la "historia espanyola". La Historia de Cataluña se escribe, como la de las restantes partes, sobre el tronco de la historia de España.

Es cierto que en un momento dado los historiadores catalanes —y esto viene también del Toledano— establecen una relación con la historia franca, concretamente con el episodio carolingio. Se trata de un injerto en el tronco español. Y significa lo mismo que la referencia a los romanos, por ejemplo, en todos los historiadores españoles. Veamos cómo se presenta el hecho en Turell —por elegir uno de los menos claramente hispánicos, aunque en definitiva no lo sea menos que los demás—. Se ocupa, nos dice, de cuatro grandes temas: población de España, reyes de España y Francia y condes de Barcelona (60). La referencia a los reyes francos se contrae a los orígenes de Carlomagno, a éste y a Luis el Piadoso, para enlazar con la restauración cristiana de la propia tierra. ¿Por qué, en cambio, presentar la línea de los reyes de España? Porque es el tronco al que corresponde esa rama restaurada. Y por ello, Turell, desde el punto de vista humano, se ocupa sólo de la población de España; y este último es, naturalmente, nombre de una tierra, pero de una tierra con una misma historia de población, lo cual no deja de ser decisivo para su concepto (61).

---

(58) "La versió llatina de la Cronica general de Catalunya y Aragó", en "Homenatje a Rubió y Lluch", I, "Estudis Universitaris Cataláns", 1936, XXI, págs. 343 y ss.

(59) "Histories e Conquestes", folio III. Cito por la tercera edición; Barcelona, 1534.

(60) "Recort", págs. 37 y ss.

(61) Cirot (ob. cit., loc. cit.) escribió de este autor, erróneamente, "il s'interesse à la France beaucoup 'plus qu'a la Castille", y afirmaciones de este tipo se vienen repitiendo sin comprobación suficiente. Descontando el episodio carolingio, totalmente fantaseado y sin otra fuente que el pseudo-Filomena, el cual necesita insertar como arranque de la leyenda de Otger Cataló, no hay en el resto del texto más que tres referencias a Francia, mientras que aparecen catorce a Castilla y cerca de cincuenta a España. La elocuencia de este dato estadístico es tal, que no es necesario entrar en más pormenores.

Este esquema es normal en cuantos ejemplos de una historia completa de Cataluña se producen, desde la Crónica Pinatense, a Tomich, a Turell —aunque sea de todos el menos favorable a nuestra tesis—, a la obra anónima que el conde de Guimerá, poseedor del manuscrito, llamó "Memorias historiales de Cataluña" (62), y a cuantos con carácter análogo citó Massó.

Esto lleva consigo el desarrollo de un sentimiento de honor de la propia historia conjunta, de la historia de España que afirmativamente se quiere conservar y realzar. En este sentido los testimonios de los historiadores catalanes son sumamente expresivos y toman un aire de empeño honroso y hasta polémico. La Crónica llamada "Sumari d'Espanya", del pseudo-Berenguer de Puigpardines —escrita, contra lo que apócrifamente se asegura en su texto, durante la segunda mitad del xv—, se declara compuesta por el acicate de querer exaltar esa historia del tronco común, a la vez que de la rama particular catalana; es a saber, por la razón de que "los actes seguits en Espanya hi en lo principat de Catalunya se van oblidant, posat ni haja alguns llibres", en los que la noticia de esos hechos se conserve (63). Sólo un sentimiento de implicación en su existencia, en su destino, puede llevar a esforzarse por evitar que no se tengan presentes los hechos de España. Y no es este el único caso. Más enérgico aún es el propósito, y más solidaria aún su fundamentación, en el anónimo autor del "Flos Mundi". Se lamenta de que la "Ystoria de Spanya", por haber estado en manos de extranjeros, no se haya hecho, como era de esperar, más que superficialmente: "Yo empero, qui son spanyol, texiré e reglaré la dita istoria" (64).

Todavía el estudio de Massó Torrents nos permite recoger unos datos secundarios que tienen interés innegable. Escrita en la primera mitad del xv (la dedicatoria se fecha en 1438), la obra de Tomich se conoció con el título de "Histories y conquetes del reyalme d'Aragó e principat de Catalunya". Sin embargo, uno de los manuscritos conservados que Massó estima de fines del xv, comienza así: "Esta es la taula del present libre lo quall es appellat les Conquestes despanya, en lo qual libre resita largament tots los actes fets per aquells gloriosos comtes... etc.". Y otro manuscrito de la misma obra, algo posterior a juicio del mismo erudito, se titula "Les Ystories de Espanya". Ello nos hace advertir que el sentido hispánico de la obra no escapaba a las gentes de la época y,

---

(62) B. N. ms. núm. 2.639. Todavía en ella se recoge que la región de Celtiberia, entre Ebro y Pirineos, por ser en ella rey Espan, pasó a llamarse España.

(63) Massó Torrents, ob. cit., pág. 587.

(64) Massó Torrents, ob. cit., pág. 580.

por otra parte, que un texto que se ocupaba preferentemente de Cataluña y de sus condes-reyes se consideraba propio llamarlo Historia de España. Este último hecho se repite en el "Dietario de un capellán de Alfonso V", que empieza bajo la rúbrica "Canoniques (es decir, crónicas) de Espanya dels Reys de Aragó e dels Comptes de Barcelona (65).

Naturalmente, todo esto se realiza con vacilaciones, con isuficiencias graves, con faltas de sistema, defectos comunes a toda la labor historiográfica medieval, dentro y fuera de España, con olvido frecuente del plan enunciado y con reincidencias prolongadas en manifiesto particularismo. La herencia de éste se arrastra, como dijimos, desde los orígenes de la Edad Media y en todas partes se conserva largo tiempo, de modo que la vida social entera del Medievo, en su desarrollo, es la historia de la superación del pluralismo particularista. Pero esto no puede entenderse si no se advierte que sobre él planea y es su esencial reverso, una idea de totalidad. No se entiende, como efectivamente no se ha entendido en más de un caso, la historia del régimen feudal sin la idea del Imperio; no se comprende, y ciertamente las faltas de comprensión han sido graves en muchas ocasiones, nuestra pluralidad medieval sin la instancia superior de España. Hemos citado antes unas breves palabras del "Sumari d'Espanya" atribuido a Puigpardines que, completadas con las que les siguen, se nos permitirá repetir: pretendiendo hacer creer que escribe en tiempos de Ramón Berenguer III —sabido es que falsamente—, afirma que este príncipe pensó que, puesto "que los actes seguits en Espanya hi en lo principat de Catalunya se van oblidant, posat ni haja alguns llibres, pero per quant lo dit senyor volria que fosse en memoria, principalment los actes de Catalunya", de donde queda claro el carácter que estos últimos tienen de parte —"principal", como es propio, dado el ángulo visual en que está colocado el autor—, de los hechos de España. Los "fechos de España", los "fets d'Espanya", constituyen una experiencia histórica común y general, dentro de la que se articulan las demás, y de la cual cabe alcanzar un conocimiento válido en los asuntos que atañen a varios reinos. En la "Crónica de Jaime I", el rey de Navarra dice al de Aragón: "Rey, en los fets d'Espanya tinch jo molt a saber" (66).

La tensión entre ese doble aspecto de totalidad y particularidad no desaparece en ningún momento de la Edad Media; tal vez, por completo, no desaparecerá nunca. Por eso, junto a la línea alfonsina de las Crónicas generales se dan las reincidencias en el particularismo, más de una vez. Por eso, también el canciller López de Ayala, que quiere mirar hacia

---

(65) Massó Torrents, ob. cit., págs. 599-600 y 609.
(66) Ed. de Barcelona, 1905; vol. I, pág. 166.

lo que pasa fuera de la tierra de los reyes cuyos reinados relata, se considera obligado a dar una explicación. Es cierto que nos presenta el hecho como una práctica habitual y en parte, dada la época en que escribe, tiene ya razón. Pero ello mismo indica cómo la tensión con la tendencia particularista no había desaparecido todavía. "Segund la buena ordenanza de las Crónicas, dice el canciller Ayala, es usado e acostumbrado que en fin del año, desque la Historia es acabada, se cuenten algunos fechos notables e grandes que acaescieron por el mundo en otras partidas en aquel año; por ende nos queremos tener aquí este estilo e ordenanza, e cada que el año se cumpla contaremos en fin dél lo que acaesció en otras partes: ca bien es que se sepan los tales fechos" (67).

Ahora bien, en el orden de los hechos, a pesar del particularismo real que se da en la vida medieval y aunque, desde un punto de vista jurídico-formal, la separación que se da entre los reinos peninsulares pueda ser igual a la que cada uno de ellos mantiene respecto a los reinos ultrapirenaicos, sin embargo, las relaciones entre sí de sus reyes y entre éstos y los súbditos de los otros reyes vecinos son muy distintas de las que unos y otros sostienen con reyes y reinos de fuera. Paralelamente, en el orden de la historia que se escribe, y a pesar también de ese particularismo historiográfico que hemos señalado, es absolutamente diferente la posición en que, en las crónicas castellanas y catalanas, aparecen los otros grupos peninsulares, de aquélla en que se muestran los pueblos extra-hispánicos. A este resultado se llega por diferentes lados: por la narración de empresas comunes, cuya importancia vital no se corresponde nunca con nada parecido en casos de participación en hechos de más allá de los Pirineos; en la estimación de un interés común que se observa hasta en los que no participan en ciertas acciones, al ser éstas desarrolladas tan sólo singularmente por uno de los reinos peninsulares; en la frecuente referencia a dificultades surgidas del impedimento de consanguinidad en las relaciones matrimoniales de reyes, grandes y poderosos; en la tendencia a salvar a los pueblos de la responsabilidad por guerras promovidas por algunos reyes contra sus vecinos particulares; en el carácter episódico y de rencilla doméstica con que la hostilidad recíproca se manifiesta en los casos de estas guerras internas; por la frecuencia con que determinadas situaciones importantes —de peligro, de necesidad de defensa, de misión frente a los de fuera, de compromiso de honor o, en general, de comunidad en el acontecer histórico—, se proyectan sobre el ámbito total de E s p a ñ a ; reiteradamente la aparición de un rey u otro personaje de los restantes reinos produce en el cronista juicios ca-

---

(67) "Crónica del rey Don Pedro", en B. A. E., LXVI, pág. 424.

lurosos dictados como por un sentimiento de cosa propia, favorables o adversos.

Cualquiera que haya frecuentado simultáneamente las crónicas castellanas y catalano-aragonesas, ha sacado la impresión de una proximidad familiar entre ellas que nada tiene de semejante en las referencias a gentes o tierras extrapeninsulares. Puede hallarse respecto a todo esto, claro es, alguna excepción, como sucede, por ejemplo, en ciertas parte de la "Historia Compostelana"; pero en este caso se da la coincidencia de ser un texto debido a un autor extranjero. El conjunto de nuestros historiadores medievales responde a ese sentimiento, sobre todo desde el momento en que la labor del historiador adquiere un desarrollo literario que permite plantear respecto a ella problemas de tal condición, esto es, en Castilla desde la "Crónica latina", en Cataluña desde los "Gesta Comitum".

Un testimonio interesante en relación con la materia que estudiamos es el que nos proporciona el ya citado "Libre de feyts d'armes de Catalunya". Presentada como escrita por un cierto Bernat Boades y como terminada en 1420, en realidad es obra compuesta en el siglo XVII por un clérigo de Blanes, Juan Gaspar Roig, falsificador tan inteligente que su engaño, a pesar de la crítica caída sobre los falsos cronicones en los últimos siglos, no ha sido descubierto hasta fecha reciente, como llevamos dicho. Pues bien, en esta obra, dentro de una relación familiar constante con aragoneses y castellanos, sólo en tres momentos se manifiesta una oposición a estos últimos —episodio de Alfonso el Batallador, guerra de los dos Pedros y cuestión de la sede primada—, tres temas de oposición que lo serían igualmente hasta entre las partes más íntimamente relacionadas de un todo indiscutible. Pero aun contando con que la guerra interna y las enemistades que de ella nacen son fenómenos constantes en toda Edad Media europea, escribe Coll, de cuyo estudio tomamos esta observación, que "en aquest cas l'historiador té cura de descarregar de responsabilitat els castellans i de carregar-la damunt llur rei" (68). En cambio, sigue diciendo Coll, no hay más que animadversión para los franceses, griegos, genoveses y sarracenos. Y lo interesante del caso no está en las opiniones del falsificador Roig, en cuanto tales, sino que lo especialmente significativo de su obra radica en lo siguiente: Primero, que escribiendo en tales tonos considerara el pseudo-Boades que podía hacer pasar su mixtificación como una obra auténtica del siglo XV; y segundo, que esto no haya chocado a nadie, como cosa rara, hasta nuestros días. Por otra parte, confirma lo anterior algo que en otro lugar observa-

_____

(68)   Ver ed. cit. vol. V. pág. 161.

remos en diferentes textos históricos. Son cosas absolutamente diferentes la oposición momentánea entre partes, cuando en ellas surge una colisión episódica de intereses, a la hostilidad permanente, sólo posible frente a pueblos extraños. Esta última es la que se observa contra las tierras y reinos del otro lado de los Pirineos, "les parts de França Narbonea que sempre e tós temps és stada mala vehina de Spanya" (69). Señalemos el empleo en esta frase —que tampoco ningún erudito moderno había juzgado imposible de escribir a comienzos del xv— de la palabra España, no precisamente como un concepto geográfico, sino como una indiscutible entidad política, capaz de un interés conjunto frente al permanentemente contrapuesto de la tierra que, siendo vecina, pertenece a entidad política diferente.

Insistamos en que, aparte del valor que tenga encontrar en el siglo XVII la manera de pensar que en toda esta materia representa el pseudo-Boades, lo que hace especialmente significativa la obra para nosotros es el hecho de que ante rigursoos eruditos haya pasado como una obra fechada en 1420.

La existencia de la línea historiográfica hispánica, tal como hemos tratado de ponerla de manifiesto, desde la redacción de la "Estoria de Espanna", mandada componer, revisada y corregida por Alfonso X (70), no ofrece problema alguno en la zona castellana. De la etapa que precede la obra de Alfonso el Sabio ya nos ocupamos antes. Del período que la sigue, la obra de Sánchez Alonso que, como compilación informativa ha anulado, a este respecto, los trabajos anteriores, proporciona abundantes datos sobre la materia. Hay que hacer observar en el siglo XIV castellano un cierto recrudecimiento de particularismo e incluso algunas de las obras cuyos títulos, no siempre dados originariamente por el autor, hacen referencia a España, se ocupan sólo de alguno de los varios reinos peninsulares. Esta circunstancia y algún otro testimonio análogo pueden llevar a la impresión de una tendencia a la apropiación exclusiva, por el lado castellano, del nombre de España, tendencia a la que correspondería paralelamente la que parecen señalar los títulos que algunos manuscritos dan, según llevamos visto, a la obra de Tomich. Pero la impresión ésta se anula si se tienen en cuenta tantas otras pruebas de que lo que existe

---

(69) Ed. cit., vol. I, pág. 145.

(70) Sobre la manera que el Rey y sus colaboradores tuvieron de componer las obras y en particular la que nos ocupa, ver G. Menéndez Pidal, "Cómo trabajaron las escuelas alfonsíes", en "Nueva Revista de Filología Hispánica", V, 1951, 4; págs. 363 y ss.

es, propiamente, la pretensión de asumir la representación principal, no exclusiva, del todo hispánico.

Por otra parte, para nuestro objeto, tiene un valor secundario la posible disminución en número o en importancia de las Crónicas generales, porque en la Crónica particular de un reinado o de un personaje, los hechos narrados pueden aparecer articulados sobre un fondo hispánico, de manera más decisiva e intencionada, según las características que antes hemos señalado, que en una Crónica general; ejemplos particularmente valiosos de ello son las magnas crónicas de López de Ayala y de Muntaner.

De todos modos, desde fines del XIV, los ejemplos de historias de amplitud hispánica se suceden: Alonso de Cartagena, Sánchez de Arévalo, Diego de Valera y algunos otros, con logro más o menos fiel y cumplido, pretenden elevarse a ese enfoque general. Y la rica tradición alfonsina da, fuera del marco de Castilla, dos obras del mayor interés para nosotros: la Crónica del obispo de Bayona, Fray García de Euguí, y la del gran Maestre de Rodas, Fernández de Heredia. En qué medida otra famosa crónica, navarra también como la primera de las dos que acabamos de citar, la del Príncipe de Viana, se contiene dentro de un neto encuadramiento hispánico tendremos ocasión de comprobarlo en numerosas referencias posteriores. No parece admisible incluir, en la línea de estas obras, tratando de completar con ellas lo antes dicho sobre la literatura historiográfica catalana, el llamado "Libre de les nobleses dels Reys", contra lo que Cirot afirma, si nos basamos en el minucioso análisis de esa obra que dio Coll Alentorn (71).

Esa línea de pensamiento, cuyo origen arranca de Idacio, al haber fijado éste su atención de historiador en el marco peninsular de Hispania, cuya consolidación se alcanza rápidamente con Juan de Biclaro, después de un largo proceso en el que esa intuición fundamental no se pierde nunca, sino que se va gradualmente enriqueciendo, culmina con la obra de otro obispo de Gerona, como lo había sido el Biclarense: Juan Margarit. Lo que de su plan llegó a dejarnos realizado Margarit es suficiente para poder afirmar que aquél entrañaba la más plena concepción de la Historia de España que se hubiera dado, superada después en cuanto a su ejecución desde el punto de vista de la crítica histórica, pero no en el aspecto de su total visión hispánica.

Contemplando desde fuera la obra de nuestros historiadores medievales, un excelente conocedor de nuestras letras, Entwistle, al par que sos-

_____

(71) "El libre de les Nobleses dels Reys", en "Estudios Universitaris catalans", XIII, 1928, pág. 185 y ss.

tenía la existencia de una verdadera "historiografía española" en la Edad Media, llegaba a caracterizarla de la siguiente manera: En cualquier historiador de allende el Pirineo se pueden encontrar datos sobre hechos españoles, pero al tratar de ellos "los cronistas castellanos, catalanes y portugueses se ocupan, cada uno de por sí, de una cuestión doméstica. Y ·sucede de este modo porque más allá de los intereses particulares de Castilla, Cataluña y Portugal, todos los cronistas conservan una entidad más amplia, España, o si se quiere, las Españas". Dentro de esa comunidad se mueven también los historiadores arábigo-españoles, con caracteres, por otra parte, tan próximos a los de la restante historiografía española y tan diferentes de los de los otros historiadores árabes: por ejemplo, como Dozy señaló, los egipcios. Y, en consecuencia, sostiene Entwistle, no hay otra historiografía europea que presente en la Edad Media un conjunto como López de Ayala, Muntaner, Fernando Lopes y Aben Jaldún (72).

En un estudio general sobre nuestros cronistas medievales, Russell, según él mismo advierte, aplica las características comunes de la Historiografía de la Edad Media, tal como se muestran en el libro de Lane Poole "Chronicles and Annals", a las obras españolas, extremando las conclusiones de aquél (73). En el estudio de Russell habría que revisar más de un punto. De las cuatro líneas historiográficas que señala: la de la tradición cristiano-clásica, la monástica, la de los escritores árabes y la de las Crónicas reales, Russell la que conoce mejor es la última. Todas ellas aparecen integradas, según él, en el cuerpo de una verdadera historiografía española, y ello tiene innegable interés, muy particularmente en relación con la última parte de su estudio, que es la más valiosa. Esto nos permite comprobar que no sólo por su ámbito, sino por su fundamental actitud, por su evolución y por sus características comunes, existe esa historiografía española, lo que reafirma, desde otro punto de vista, nuestra tesis. Porque, en definitiva, si existe una historiografía española, existe también, como el cronista catalán Tomich la llamó, una "Historia española".

Pero si en este caso, como en cualquier otro, la historia es posesión de un pasado común, es también proyección de ese pasado hacia adelante y entraña, constitutivamente, incluso una cierta elección de ese futuro. Cuando, siguiendo el desarrollo sistemático de nuestro plan, nos ocupemos, en el capítulo correspondiente, de la idea de Reconquista, nos

---

(72) "El concepte de historiografia espanyola", en "Homenatje a Rubió y Lluch", I; E. U. C., 1936, XXI; págs. 141 y ss.

(73) "Chroniclers of medievel Spain", en "Hispanic Review", VI, julio 1938; págs. 218-235; en especial, 227 y ss.

encontraremos con esa nueva dimensión que España, como realidad histórica, presenta. Y precisamente, en la Edad Media, ese carácter proyectivo, dinámico, del concepto de España, resulta muy intensamente acusado. La imagen de una historia en marcha pocas veces se habrá dado con tal claridad y generalidad como en nuestra Edad Media.

De ese peculiar aspecto, como hemos dicho, nos volveremos a ocupar; pero hemos de hacer aquí todavía una observación. En relación con el sentido proyectivo de la vida política, como de todo cuanto es existencia humana, se produce en la baja Edad Media un fenómeno especial: el desarrollo de corrientes de profetismo. Dentro de la atmósfera espiritualista, más o menos teñida de heterodoxia, que se da ampliamente en aquella época, surgen unas oscuras creencias proféticas que, nacidas en Europa, penetran en el área de la Península Ibérica (74). Llama la atención, por de pronto, el hecho de que esa penetración tenga lugar, sobre toda España, en fechas próximas y con características muy parecidas (75). Pero, además, es notable que en esas profecías se dé con la mayor frecuencia una visión total de España, y a España, como entidad histórica dotada de un mañana único, se refieren muchas de ellas, entrelazando los diferentes reyes y las gentes de sus varios reinos en una misma responsabilidad de futuro y en un mismo destino. Se trate de Castilla o se trate de Aragón y Cataluña, lo que constantemente está en juego es España. Así puede comprobarse en algunas de las que ha estudiado Bohigas, no sólo cuando tales profecías se refieren a los Trastamara aragoneses, sino, con anterioridad, en alguna alusiva a Pedro III el Grande (76).

---

(74) Presentar las manifestaciones de profetismo y tendencias análogas que se dan en nuestro siglo xv, como una peculiaridad de la historia española, es un profundo error, porque esos movimientos presentan en España un mero carácter derivado, de contaminación, cuya difusión y fuerza son siempre mucho menores que en otras partes del Occidente europeo. Esta corriente del final de la Edad Media, a la que hacemos referencia, no ofrece lazo de continuidad ninguno con otra muy anterior línea de profetismo representada por la llamada "Crónica Profética" y probablemente por el "Libro Pariticino" que en ella se menciona y que hoy es desconocido. Los primeros éxitos del reino astur, de Alfonso II a Alfonso III, darían lugar al desenvolvimiento de esta creencia, desarrollada también en el lado musulmán según el interesante dato que recoge Sánchez Albornoz, "Orígenes del feudalismo", II, págs. 103 y ss. (en especial nota 169, de la página 104). También en este momento se da un enfoque de la totalidad de España.

(75) Ver el estudio de Tarré, "Las profecías del sabio Merlín y sus imitaciones", en "Analecta Sacra Terraconensia", vol. XVI, 1943, págs. 135 y ss.

(76) "Profecies catalanes dels segles xiv y xv", en "Butlletí de la Biblioteca de Catalunya", 1925, págs. 24 y ss. La que atañe a Pedro III, en pág. 25.

En el lado castellano, unos de los ejemplos de mayor interés se encuentra en la aplicación, por el canciller López de Ayala, de las profecías de Merlín, famosas en la época, al desdichado reinado de Pedro I, de tal modo que, siendo éste un rey particular castellano, lo profetizado en torno a su figura repercute y se proyecta sobre toda España (77). Lo mismo puede decirse respecto a aquel de los pseudo-profetas que, al final de la Edad Media, influyen más entre nosotros: Juan de Rocatallada (78).

Este tipo de profetismo penetra desde muy pronto en las mismas cortes reales. Considerándose personalmente aludido, la visión de un fraile minorita le lleva a creer a Jaime I, según le atribuye su *Crónica* particular, que "un Rey ho ha tot a restaurar y a defendre aquell mall que no vinga a Espanya" (79). Ese "tot" es, sencillamente, toda España. Probablemente, en las profecías que cunden por la Península desde fines del siglo XIII, se encuentra formulada, por primera vez, la aspiración a una restauración de la unidad española. Textos recogidos por Morel-Fatio, de los que nos ocuparemos más adelante, son claramente expresivos a este respecto.

España es, para nuestros historiadores medievales, una entidad humana asentada en un territorio que la define y caracteriza y a la cual le sucede algo en común, toda una historia propia. Para indagar cuál sea el concepto de España en la Edad Media hemos de resolver, si ello es posible, un doble problema: en qué consiste esa entidad histórica y cuáles son los aspectos fundamentales de lo que en común le acontece. Confesemos que, con sólo lograr que el planteamiento de ambas cuestiones quedara hecho con alguna claridad, nos daríamos por satisfechos en nuestra labor.

---

(77) B. A. E., LXVI, págs. 587 y ss.

(78) En la mayor parte de los libros de este curioso pseudo-profeta aparece obsesivamente la alusión a España, como un tema cardinal de la situación de la época: en el "Liber secretorum eventuum", en el "De oneribus orbis", en el "Vademecum in tribulatione"; en todos ellos, la referencia, en íntima conexión, a los reyes de Castilla y de Aragón, se reitera, hablándose de los reyes y del "reino" de España. Ver Bignami-Odier. "Etudes sur Jean de Roquetaillade". París, 1952.

(79) Ed. cit., vol. II, pág. 132.

PRIMERA PARTE

HISPANIA UNIVERSA

CAPITULO II

DE LOS NOMBRES DE ESPAÑA Y DE SUS PARTES

El nombre de España en la Edad Media y el concepto de una realidad histórico-geográfica que en él se expresa son el resultado de una tradición romana y goda. En medio del naufragio, como con patética metáfora decía la "Crónica mozárabe", que trajo consigo la invasión de los árabes, ese legado queda a flote merced a la subsistencia de las obras de Orosio y de San Isidoro, que no serán olvidadas en ningún momento. De ambos escritores deriva no solamente la noticia de que en el Occidente de Europa existe una Península de forma y de área determinadas —esa "Hispania triangulata", de que habla todavía la "Historia pseudoisidoriana"—, sino la conciencia más o menos desarrollada, de que una vida humana se da en ella conjuntamente, como un lazo que liga en semejanza de condiciones, de posibilidades, de quehaceres, de propósitos, a cuantos en aquélla se comprenden y con un sentimiento que traduce la manera de experimentar la pertenencia a esa tierra común.

Para el geógrafo, si le fuera posible reducirse a un aspecto tan parcial del objeto de su conocimiento, los nombres de lugar, los nombres que designan los espacios en que habitan unos u otros grupos humanos, podrán no significar más que puras realidades físicas. Esta abstracción no fue conocida de los antiguos, para los cuales "la idea de país es inseparable de la de sus habitantes" (1), ni es propia tampoco de los escritores de la Edad Media. Pero, en cualquier caso, cuando esos nombres geográficos entran en la vida de los hombres, se ligan de tal manera a ésta, que su contenido significativo se transforma radicalmente para convertirse en realidad histórica. Las tierras que con ellos se designan no son una mera extensión sobre la corteza del planeta, sino soporte inmediato de una

---

(1) Vidal de la Blanche, "Príncipes de Géographie humaine". París, 1948; pág. 3.

existencia humana, escenario de sus empresas, conjunto de medios y dificultades para su acción; en suma, punto de referencia de una complejísima red de conexiones vitales, punto de partida también de llamadas que vigorosamente reclaman una respuesta de los hombres a los que van dirigidas.

Cuando ese soporte, ámbito o escenario tiene un nombre único, como esta unidad deriva de su relación con la existencia humana que en aquél se da, quiere decirse que esa existencia misma tiene, en determinada medida, en ciertos aspectos por lo menos, un sentido conjunto, un carácter de unidad.

No es nuestro objeto hacer la historia de la idea de Hispania en el mundo antiguo, sobre lo que se ha publicado algún estudio interesante en los últimos años, como el de Miguel Dolç sobre Marcial (2). No sólo la palabra Hispania se desarrolla y precisa en los escritores latinos, sino que correlativamente se da el fenómeno de atribuir a sus gentes, a los hispanos, modos de obrar o de sentir. Puede verse algo de esto ya en Tito Livio. Pero hay textos interesantes que muestran el despertar de una actitud general frente a Roma. Por ejemplo, Salviano dice que los hispanos no quieren ser romanos —"ut nolint esse Romani" (3)—. Lacarra ha estudiado esta honda crisis de la romanidad y de pérdida del sentimiento de la misma, que, con diferencias de matiz, se da en los siglos IV y V, antes de que se establezca un ideal hispánico y como preparación al mismo, en un proceso que va desde Orosio a San Isidoro. Cuando en 550 los bizantinos se presenten en las costas hispánicas serán considerados como extraños (4). Esta fase "hispánica" de apartamiento de la romanidad, recogiendo, sin embargo, la herencia de la misma, prepara la concepción de la Hispania del período godo y la formación del pueblo de los hispanos.

La palabra Hispania, y con ella la de hispanos que aquélla postula y de la que va acompañada siempre, representan el fondo común de la existencia colectiva que, en el ámbito territorial al que el corónimo Hispania se aplica, tiene lugar y a la que proporciona, por esa razón, una forma de vida que la define. De este modo, la palabra Hispania es, durante varios siglos, la llamada a la Reconquista, lanzada en forma presionante a los que sobre su suelo habitan —dicho esto en síntesis, cuyo

---

(2) "Hispania y Marcial", Barcelona, 1953.

(3) Cit. por R. Abadal, "Del reino de Tolosa al reino de Toledo", Madrid, 1960, pág. 41.

(4) "Il tramonto della romanità in Hispania", Cuadernos de la Escuela Española de Historia y Arqueología en Roma, XI, 1961, págs. 17 y ss.

desarrollo constituye el tema del presente libro—. La contestación a esa exigencia es la actitud histórica de los españoles en la Edad Media, de cuyo sentido único y múltiple a la vez se desprende el verdadero significado de la palabra España.

Atribuye Orosio al rey de los visigodos, Ataúlfo, el propósito ambicioso de heredar plenamente en el orden político lo que Roma había sido y todavía seguía siendo, aunque en forma tan declinante, en el mundo antiguo. Al encontrarse en el ámbito romano —no simple extensión física, sino realidad viviente que le insta insoslayablemente a tomar una actitud—, Ataúlfo pretende borrar el nombre de Roma, reemplazar por el Imperio godo el romano y él convertirse en un nuevo César Augusto. Es una completa respuesta a la interrogante situación de los pueblos de la cultura romana, la que el rey visigodo lanza: "Gothia quod Romania fuisset". En qué manera ese propósito no tuvo continuación es cosa sabida y no precisamos meternos ni siquiera a recordarlo (5). Pero avanzando en su progresión hacia Occidente, los godos llegan a una tierra sobre la que los romanos habían difundido y precisado su nombre de vieja raíz: Hispania. Y de esa provincia romana, los godos hacen el espacio de un poder único y total sobre su entero ámbito, independiente y apoyado sustantivamente sobre sus propios recursos. Los nombres de Idacio, Juan de Biclaro y San Isidoro jalonan ese proceso de formación histórica, de penetración o intimización de la tierra peninsular en la existencia de un grupo humano, que, como es sobradamente conocido, San Isidoro enuncia, con cálida expresión antropomórfica, valiéndose de la relación maternal: "Oh sacra semperque felix, mater Hispania". La respuesta de Ataúlfo falló; pero, menos pretenciosa, había de quedar esa otra respuesta histórica que desde entonces sintetiza el nombre de Hispania. De una tradición romana y goda arranca el concepto histórico de España y, bajo la presión de éste, se perfila y fija el concepto geográfico y el nombre con que se le designa. El español de la Edad Media recoge ese concepto doble —ámbito al que se liga su existencia y lugar donde se desenvuelve su empresa colectiva— y lo conserva como fondo sobre el que se proyecta el acontecer en el que se ve implicado por pertenecer a la tierra hispana. Luego veremos cómo relaciones de la vida humana,

---

(5) "Historiarum adversum paganos", VII, 43-5; pág. 300. Sobre los conceptos históricos de Gotia y Romania que aparecen formulados a la vez, en estrecha correspondencia, durante el siglo IV, ver Giunta, "Jordanes e la cultura dell'alto Medievo", Palermo, 1952. En ese mismo siglo el concepto de Hispania adquiere un nuevo valor en Orosio. Y sobre fenómenos paralelos en las Galias ver Sestan, "Stato e Nazione nell'alto Medievo". Nápoles, 1952; págs. 107 y ss.

en el orden moral, eclesiástico, religioso, artístico, social, jurídico, militar, político, etc., etc., de cuantos tienen conciencia de vivir en el ámbito histórico de España, se refieren a ese fondo común. Pero tratemos primero de ver cómo se precisa esa base geográfica en el sentir de los hombres de la época.

Por de pronto constatemos que se conservan en nuestra Edad Media, sobre todo en diplomas, más que en textos literarios, nombres que, sobre el total de la Península, o sobre alguna de sus partes, se emplearon en tiempo pasado, en la Antigüedad; nombres que responden en algunos casos a divisiones antiguamente establecidas, sin correspondencia con las dadas en la Edad Media, en la cual, sin embargo, emergen esas denominaciones como un lejano recuerdo. Esos cultismos, porque con tal carácter se manifiestan, tienen en general poca fuerza, pero, no obstante, muestran, como una comprobación marginal y secundaria, la subsistencia de la vieja tradición.

En relación a la totalidad de la tierra peninsular nada es comparable al uso general de la voz "Hispania", con una grafía vacilante, como es fácil comprender, pero siempre recognoscible. Sin embargo, en raras ocasiones aparecen nombres anteriores. Si Teodulfo de Orleáns, hispano, obispo de Carlomagno, emplea la expresión "hespera turba" (6) para designar los que él llama sus consanguíneos, con el mismo carácter de retórica culta, propia de eclesiásticos, el término se encuentra en la epístola de la iglesia de Vich, año 1046, contestando a los monasterios de Ripoll y San Miguel de Cuixá sobre la muerte del ilustre Oliba: "Quem quidam fugandis tuis tenebris, o quondam felix Hesperia, divina cessit clementia?" (7). La llamada "Historia Compostellana" nos testifica que todavía más tarde y también en medios eclesiásticos, la voz "Hesperia" se ha conservado (8). El Toledano asegura haber visto empleado en diplomas de Alfonso VI el título de "Imperator Hesperiae". Y, al final de la Edad Media, recordando los pretendidos vaticinios adversos que anunciaron el reinado de Pedro el Cruel, Sánchez de Arévalo, con cierto sentido, puesto que pone la expresión en labios de un consejero de Alfonso XI, del cual dice que era un sabio griego, escribe en tono de lamen-

---

(6) "Paraenesis ad iudices", 139, en "Thedulfi Aurilianensis episcopi opera". París, 1646; pág. 135.

(7) Villanueva, "Viaje"; VI, pág. 305.

(8) "España Sagrada", XX, pág. 17. Se refiere a la promoción del abad de Cardeña para la Sede de Santiago, que por consejo de los suyos acuerda Alfonso VI, "Rex autem Adefonsus comuni consilio sapientum virorum Hesperiae"... (cap. 3, del libro I).

tación: "o misera Hesperia" (9). Todo ello, aparte, claro está, de los casos en que la misma palabra aparece en los historiadores que a partir de don Rodrigo Jiménez de Rada comienzan a ocuparse de los primeros tiempos de la península. Estos mismos historiadores dieron cuenta de que aquélla había sido también llamada Iberia, y documentos de época anterior nos ponen de manifiesto, igualmente, un cierto grado de conservación de este mismo nombre. Efectivamente, en la "Crónica mozárabe" se conserva, en algún pasaje, la expresión Iberia. En una curiosa escritura de donación realizada por el conde Borrel, en 988, y que constituye un caso extrañamente culto, ya que en ella, con su latín bárbaro, no se llama al hombre *homo*, sino *antropo*, el citado conde se titula "ego, Borello, gratia Dei hibereo duci atque marchiso" (10). El famoso monje Gerberto, luego Papa Silvestre II, amigo del conde Borrell, bajo cuya protección pasó unos años estudiando en Cataluña, menciona la Hiberia —con la misma *h* latinizante de otros documentos medievales— en carta a Nitardo, abad de Mettlach, en 986. Pocas décadas después, el obispo abad Oliba se dirige a Sancho el Mayor de Navarra llamándole "rege iberico" (11) y todavía en 1110, un diploma de Alfonso el Batallador, comienza así: "Adefonsus, totius Hiberiae monarchia tenens..." (12). El corónimo Iberia y el étnico iberos aparecen con reiteración en la "Historia Compostellana", en la que unas veces parece abarcar aquél toda la extensión de la península y otras reducirse a la parte occidental —en una ocasión parece ser el "regnum Hiberum", tan sólo el de doña Urraca—, mas como emplea dicha expresión, por rara coincidencia, refiriéndose en todos los casos a la época de la citada reina y de Alfonso I, época en la que tierras y súbditos aparecen tan mezclados, resulta difícil de determinar, en frases como "duces omnesque Hiberiae heroes" o "Hiberos proceres" o "ad Hiberos misso" (alude a un legado pontificio) u "omnes quos Hiberia continet", hasta dónde se extiende esa tierra ibérica (13).

Procedentes del mismo fondo de la antigüedad aparecen a veces usa-

---

(9) "Hisp. Illust.", II, págs. 109 y 111; "Hisp. Illust.", I, pág. 207.

(10) Cartulario de San Cugat, ed. de Mr. Rius Serra, C. S. I. C. Madrid, doc. núm. 217.

(11) Havet, "Lettres de Gerbert (983-997)". París, 1889; pág. 68, y "España Sagrada", XXVIII, pág. 280.

(12) Citado por Ramos Loscertales, en "La sucesión de Alfonso VI", A. H. D. E., XIII, 1936-1941, pág. 66.

(13) "España Sagrada", XX; I. I, c. 64, pág. 118; I. I, c. 79, pág. 138; y 140; I. II, c. 20, pág. 298; I. II, c. 34, pág. 319; I. II, c. 53, pág. 367.

dos —y, claro está, nos referimos a ejemplos de un uso en presente, no a los casos en que se habla de tiempos pasados— términos que designaron algunas de las partes de la Península. Así, la "Chronica Gothorum" portuguesa o Cronicón lusitano, al dar la noticia de la toma de Toledo por Alfonso VI, emplaza la ciudad en la "provintia Carthaginis" (14). Para la "Historia Silense", Navarra es el "Cantabriensium regnum" (15). Y la misma obra, al contar que Fernando I llevó la guerra hacia la parte de Valencia, dice "ad Celtiberie provincie" (16). La Historia Compostelana llama a Alfonso I de Aragón "Celtiberus" (17). Ese nombre de provincia antigua alcanza una cierta aceptación. Desplazándolo hacia el extremo nordoriental de la Península, el arzobispo Jiménez de Rada hace posible que se lo apropien algunos escritores catalanes para designar su propia tierra, en donde el recuerdo de la Tarraconense se pierde para un posible empleo actual y en donde el nombre moderno de Cataluña carece del valor de lo antiguo. Carlomagno, afirma el Toledano —y con ello difundía en nuestra historiografía medieval el tema carolingio—, conquistó "partem Celtiberiae quae Catalonia dicitur" (18). Y, precisando los contornos de esa parte, la llamada "Crónica Pinatense" decía: "Celtiberia, terra illa quae est inter montes Pirineos et rivum Iberis" (19). Pero ya en estas últimas palabras, como en algunos otros ejemplos del final de la Edad Media, lo que se advierte es la tendencia a servirse del nombre de Celtiberia para designar, en su conjunto, las tierras principales que pertenecen a la Corona de Aragón, el núcleo en que se funden sus más antiguas pertenencias. En un ambiente de pre-humanismo, el abad de Montserrat Marcos de Villalba, contestando a la "proposición" o discurso de la reina María, en Cortes de Tortosa de 1421, le dice: "vos qui tenits lo ceptre en la regió de Celtiberia" y, párrafos después, refiriéndose a la gente del país, los llama "los de Celtiberia" (20). También en las "Memorias historiales de Cataluña", se llama Celtiberia a las tierras catalano-aragonesas entre el Ebro y los Pirineos.

Con la antigua tradición, no propiamente geográfica, sino histórica, de "Hispania", está relacionada la idea de sus provincias, entre las que se incluye la Tingitania, y esa tradición, como ocurre en tantos otros

---

(14) Texto publicado por David, "Etudes historiques sur la Gallice et le Portugal". París, 1947; pág. 299.

(15) Ed. cit. de Santos Coco, págs. 63 y 65.

(16) Ed. cit., pág. 89.

(17) Ed. cit., lib. I, c. 64, pág. 117.

(18) "De rebus Hispaniae", ed. cit., pág. 74.

(19) Ed. cit. de Ximénez Embun, pág. 9 y 10.

(20) "Parlaments a les Corts Catalanes", Barcelona, 1928; págs. 142 y 148.

aspectos de la Edad Media, cobra un valor normativo. "Hispania", para Alonso de Cartagena, comprende esa Tingitania, que es pertenencia o "adherencia" suya, dicho en términos de la época, como se encuentra afirmado, dice el obispo de Cartagena, en "quamplures cum de divisione terrarum loquuntur", en especial en San Isidoro y en el "Catholicon", de Juan, sin que sea obstáculo a ello que esté situada en otra parte del planeta —"nihil facem ad rem quod sit in Europa vel in Affrica. Nam multi principatus in mundo fuerunt qui habuerunt terras in diversis plagis mundi", tal como se vio en el caso de Roma, del emperador de los tártaros, del sultán de Babilonia, etc. (21). Ello demuestra lo que en el concepto espacial de Hispania hay de contenido histórico-humano y no geográfico. Más adelante volveremos a ocuparnos de esta idea. Señalemos ahora sólo que su difusión nos permite encontrarla en textos poéticos en los que se presenta como algo de lo que todos tienen noticia. "Vi las provincias de España", dice Juan de Mena, y esas provincias no son los reinos peninsulares coetáneos del poeta, sino los de la tradición clásica —y entre ellos la Tingitania (22).

Desde el siglo XIII se expande una forma de expresión que aparece perfectamente asimilada en el Tudense, que desde entonces no deja de usarse y que en los comienzos del humanismo, respondiendo a la tendencia arcaizante y al gusto por los cultismos de procedencia latina, se generaliza en gran medida. Me refiero a las denominaciones de España citerior y ulterior. Indudablemente su recuerdo no se había borrado. Aparece conservado en la "Crónica mozárabe". Y si el historiador franco Richer ve al conde Borrell como "citerioris Hispaniae ducem" (23), de la misma denominación se sirve en 1077, el conde Bernardo de Besalú, cuando, refiriéndose a un Concilio celebrado en su condado cinco años antes, dice: "in citeriori Hispania videns exterminationem Simonis Magi" (24). En el Decreto de restauración de la Iglesia Tarraconense, sobre 1128, se llama a ésta "citerioris Hispaniae caput" (25). Siguiendo el hilo de la tradición culta, Lucas de Tuy recuerda también la vieja división y se refiere a la provincia de "Hispaniae quæ citerior dicitur" y atribuye al

(21) "Allegationes... super conquista Insularum Canarie contra Portugalenses", publicado por Martins da Silva, "Descobrimentos portogueses", vol. I, páginas 300-307.

(22) "El laberinto", 48; ed. de Blecua, Madrid, 1943; pág. 30.

(23) "Histoire de France", ed. cit.; vol. II, pág. 50.

(24) "Liber Feudorum Maior", ed. de F. Miguel. Barcelona, 1945; doc. núm. 501.

(25) Villanueva, "Viaje", VI, pág. 338.

conde Julián la funesta maquinación de que "incitavit Francos ut expugnarent Hispaniam citeriorem" (26). En el Toledano y en la "Primera Crónica General" se conservan también las dos denominaciones.

El uso de las expresiones España citerior y ulterior sigue manifestándose en los siglos de la baja Edad Media, siempre con escasísima frecuencia y, desde luego, respondiendo a una preocupación de puro carácter erudito. Con ellas es manifiesto que se designan partes de un todo, y por eso siempre se habla a la vez de España globalmente, hábito literario que, precisamente por su condición de tal y por la tendencia arcaizante a que responde, llega, con las mismas características que hemos dicho, hasta los humanistas. Si es cierto que Margarit, territorialmente habla de "utriusque Hispaniae", al mismo tiempo él es uno de los primeros en llamar a los Reyes Católicos "reges Hispaniae".

Por otra parte, esa manera de designar a las dos partes de España, de la tradición romana, no podía tener sentido cuando los que se servían de aquélla se encontraban dentro de España y desde ella hacían la historia o la escribían. Colocados "in interiori Hispania", dicho con frase del Tudense, la impropiedad de aquellas formas era evidente y de aquí que surjan otros modos de llamarlas. La "Crónica" de Desclot habla de "la prefonda Espanya", donde se hallan castellanos y gallegos, y el editor de esta Crónica, Coll y Alentorn, al anotar ese pasaje, señala la existencia de un manuscrito posterior, de comienzos del xv, en el que se trata de "quala es apellada la primera Spanya e qual la segona e qual la terça Spanya", ya que "Spanya si era e és divisa en tres partides", "e (en) la darrera Espanya cau tota Galicia, e Biscaya e Castella la Veylla, e s'en va fins a Bordeu", idea que se encuentra también recogida en la compilación de carácter histórico llamada "Flos Mundi", cuya fecha es de 1407 (27). También en el xv, la traducción al romance de la "Crónica" del Tudense, a la vez que habla impropiamente de "España la más cercana", guerreada por los franceses, usa para designar a la otra parte la denominación de "la España más de dentro" (28). En la misma línea hay que citar la expresión "la ultima Espanya" que aparece empleada en el "Tirant lo Blanc" (29). Estas denominaciones no son más que traducción libre de las antiguas formas latinas. Y si nos detenemos en ellas es, como

(26) "Chronicon Mundi", Hisp. Illust., vol. IV, págs. 58, 70, etc.

(27) Desclot, "Cronica". Barcelona, 1949; vol. III, pág. 64.

(28) "Crónica de España de Don Lucas de Tuy", publicada por Julio Pujol. Madrid, 1926; pág. 267.

(29) Ed. preparada por J. M. Capdevila (fragmentaria); vol. IV. Barcelona, 1928; pág. 260.

llevamos dicho, por cuanto constituyen una prueba complementaria del fuerte peso de la tradición antigua en lo relacionado con el concepto de España, de modo tal que hay casos en que esa tradición se impone a la realidad presente. Y esa fuerza del legado antiguo es un dato importante en la vida española medieval (y probablemente aún en la contemporánea).

Como supervivencia de la forma bipartita, aparece en San Isidoro la de la "España superior" e "inferior". Eurico, escribe San Isidoro, sometió a su potestad la "Hispaniam superiorem", enviando un ejército a Pamplona y Zaragoza (30). Y con un interesante desplazamiento, en la "Crónica Gothorum pseudo-isidoriana", entre fines del x y comienzos del xi, esa España superior aparece trasladada al norte de los Pirineos, haciendo a la vez equivalente a esta división la tradicional de citerior y ulterior; según dicha Crónica, se distinguen "duas Yspanias, superiorem scilicet et inferiorem vel citeriorem et ulteriorem, altera citima Mauris, altera plane ab illis remota"; cuál sea propiamente esa España superior nos lo dice la misma Crónica líneas después, expresando a un tiempo extraño y curioso sentimiento respecto a ella: "Superior Yspania Gallia braccata apellatur, ubi tanta est insolentia tantusque fastus nec non et arrogantia copiosa" (31). A esta distinción parece corresponder tardíamente la forma "Hispania alta e baixa" que se da igualmente en "Tirant lo Blanc" (32). Aunque, en definitiva, estas últimas son expresiones más o menos lejanamente derivadas también del antecedente romano.

El fenómeno de extraversión del nombre de España al otro lado de los Pirineos es frecuente en toda la Edad Media, y luego nos referiremos a él. Aquí nos interesa recoger aún, en relación con el problema de las partes y por la curiosa circunstancia de que encontrara un lejano eco en nuestros escritores de la baja Edad Media, el remoto testimonio de Fredegario. Cita éste los pueblos que proceden de Jafet y las tierras que les pertenecen; entre ellas aparecen la Ispanogallia, frente a Celtes-Gallia, y la "Hispania maior" (33). El término de Hispanogallia se pierde después; pero, en cambio, la división de España en mayor y menor, que hallamos en Fredegario, alcanza gran fortuna y recogida en la Historia de España de Alfonso X, continúa siendo ocasionalmente empleada hasta el final de nuestra Edad Media.

(30) "Historia Gothorum", ed. Mommsen, "Chronica minora" II, pág. 28.

(31) Ed. de Mommsen, "Chron. min.", II, pág. 378. Más adelante, al ocuparse de las provincias eclesiásticas en que Constantino dividió a España, identifica esa "Gallia braccata" con la de Narbona, pág. 382.

(32) Ed. cit. vol. III. Barcelona, 1927; pág. 120.

(33) M. G. H. Sec. Scriptorum rerum merovingicarum", II, pág. 22.

ESPAÑA LA MAYOR Y ESPAÑA LA MENOR. EL PLURAL "LAS ESPAÑAS". OTRAS FORMAS DE EXPRESION EN RELACION CON LA DIVERSIDAD TERRITORIAL PENINSULAR

Para la "Primera Crónica General" las dos partes de España son, efectivamente, España la mayor y España la menor. "Los grandes montes que son llamados Pirineos, que departen Espanna la mayor de la otra y estos montes comiençan se a la grand mar mayor cabo la villa que es llamada Bayona, que yaze en ese mar misma contra cierço e atraviessa toda la tierra fastal mar Mediterraneo e acabasse alli cab una villa que dizen Colibre". La otra España, la menor, para Alfonso X y sus colaboradores, es la región al Norte de los Pirineos, de tan fuerte tradición hispánica: "Vinieron los franceses correr y astragaron a Espanna la menor", cuyas ciudades son Narbona, Albi Rodez, Carcasona, Auch (34). En el poema provenzal de "Ronsasvals", la hermosa Alda, hermana de Oliveros y enamorada de Roldán, pregunta a un peregrino si viene de Santiago y si "Es vos passat per Espanha la grant" (V. 1.730), manera de expresarse que probablemente responde a la idea de esas dos Españas (35), así como también aquella de que se sirven Eiximenis y Tomich: "la gran Espanya" o "Hispanya la gran" (36). En Alvarez de Villasandino se encuentra "la grant España" y Alonso de Palencia escribe todavía "la más extendida España", con lo que hace referencia a Castilla (37). Diego Valera habla al rey castellano Juan II de "esta vuestra mayor España" (38). Mientras que en Palencia la significación de "España la menor" se había desplazado a la parte catalano-aragonesa, en Valera cabe pensar que subsiste la idea de Alfonso X (39).

Todas estas divisiones, como se ve, más que responder a la realidad

---

(34) Ed. cit.; págs. 6 y 264.

(35) Riquer, "Antologías de textos literarios románicos medievales. I. Cantares de gesta". Barcelona, 1950; pág. 107.

(36) "Histories", ed. cit., fol. VII.

(37) "Dos tratados", publicados por Fabié. Madrid, 1876; pág. 36 del "Tratado de la Perfección del Triunfo Militar". Y "Cancionero castellano del siglo xv", N. B. A. E., t. II, pág. 339.

(38) "Tratados y Epístolas", ed. Bibliófilos Españoles. Madrid, 1878; páginas 35 y 46.

(39) Ver en ed. de Carriazo de la "Crónica de los Reyes Católicos", de dicho autor. Madrid, 1927; pág. CX.

histórica de los siglos medievales, se conservan merced a la inercia del confuso recuerdo de la dominación romana y de la visigoda. Es necesario llegar al siglo XVI para encontrar en un escritor de sentido geográfico muy moderno, y muy libre, además, de la retórica humanista, Fernández de Enciso, el primer ejemplo de abandono de esas vagas reminiscencias antiguas, planteando en nueva forma eminentemente geográfica y no histórico-política, como es propio del carácter de su obra, la división de las partes de España: "Esta España —nos dice— se divide, según los pasados, en tres provincias, pero porque aquéllas no tienen hoy aquellos nombres, yo la divido en seis" —que son, según el autor, las vertientes de los cinco ríos principales (40).

El único problema que tiene un cierto interés en relación con las denominaciones aplicadas a España y sus partes, de procedencia antigua y de supervivencia debida a tradición, es el del plural "las Españas". Ese interés deriva, más que del uso real que de tal expresión se ha hecho en la Edad Media, de interpretaciones modernas. Sin embargo, esa fórmula de "las Españas" ni expresa de manera particular y con especial fuerza demostrativa una idea de pluralismo interior, ni mucho menos, contra lo que alguna vez se ha llegado inconcebiblemente a decir, aparece en relación con el problema de la construcción política de la dominación española en América. Es frecuente, en todo caso, querer dar a la expresión de "las Españas" un matiz significativo específico, como podemos comprobar en la cita que hicimos en el capítulo anterior de Entwistle. María Rosa Lida, en su magistral estudio sobre Juan de Mena, hace a este respecto una afirmación con la que no podemos estar de acuerdo: "A diferencia de Mena, dice, Santillana y Pérez de Guzmán emplean a veces la forma *Españas* (*Comedieta de Ponza*, 35, 42; *Himno a San Dionisio*, 1; *Loores...*, 287), plural que revela hasta qué punto ambos están lejos de concebir la unidad política de España" (41). No entremos ahora en la cuestión del sentido de la unidad en esos autores, pero hemos de rechazar la tesis de que, ni afirmativamente, ni negativamente, guarde relación con el problema de la unidad hispánica el empleo de la forma "las Españas".

Vamos a adelantar, en apretada síntesis, las conclusiones a que nos permite llegar el análisis de los datos que después expondremos: *a*) Como procedente de una tradición culta, el uso del plural "las Españas" se da con más frecuencia en medios eclesiásticos. *b*) Se emplea mucho más

_____

(40) "Suma de Geografía", ed. de Sevilla, 1580; folio XXIV a.

(41) "Juan de Mena, poeta del prerrenacimiento español". México, 1950; pág. 353, nota.

en la parte occidental que en la levantina, y en una y otra es incomparablemente inferior al uso del singular. *c*) Se emplea indistintamente con
la forma del singular, sin que quepa hacer ninguna precisión sobre los
casos en que se sigue una u otra forma, no respondiendo, en consecuencia, ninguna de las dos a una específica concepción histórico-política de
la realidad hispánica. *d*) Una denominación en plural de otros países se
usa a veces, y, con más frecuencia, se da el fenómeno de la división de
éstos en partes, con análogo sentido al que se encuentra en la expresión
"las Españas". *e*) Ese uso se produce por una tendencia al énfasis que
pretende prestigiar, por su número y diversidad, las tierras y, con ellas,
los títulos de quienes las señorean. *f*) Ese hecho se da sobre el fondo común de la conciencia de un ámbito unitario, cuya explanación trataremos
de exponer a lo largo de este libro. *g*) El corónimo "las Españas" se corresponde unívocamente con el étnico "hispanos", sin que los otros étnicos más particulares —gallegos, leoneses, castellanos, navarros, aragoneses, catalanes— se apliquen por entero a ninguna de aquellas partes de
España, de cuyo recuerdo deriva tal plural. *h*) El plural de "las Españas"
es usado en ocasiones para designar singularmente una cualquiera de esas
partes y a veces hasta un reducido fragmento de una de ellas.

La primera obra que inicia la historiografía propiamente peninsular,
el "Chronicon" de Idacio, se sirve ya reiteradamente de esa forma gramatical en cuestión: "Hispanias rex gothorum...", "...in Spanias conse-
debant", "Hispanias ingreditur imperator" (42). Es cierto que Juan de
Biclaro, el famoso obispo gerundense que, continuando la historia universal en el punto en que la dejaron sus predecesores, la centra por primera vez sobre el reino hispánico de los godos, usa siempre el singular
Hispania, aunque le es conocida la expresión romana de Hispania citerior,
causa ocasional del plural que estudiamos (43). San Isidoro responde a
las mismas características. Y desde muy temprana fecha el plural "las
Españas" parece haberse generalizado. Se encuentra en la ya citada "Crónica" de Fredegario, en una frase en la que conjuntamente enuncia el
contenido humano de esa tierra: "Hispaniarum autem gentes et inhabita-
tionis haec sunt: Tyranni, et Turrenorum, qui et Terraconensis, Lysitani,
Betici, Autriconi, Vascones, Gallici, qui et Astures" (44). A todos estos
grupos los sigue llamando luego Fredegario indistintamente "hispani".

---

(42)   Publicado por Mommsen, M. G. H., "Chronica minora", II.

(43)   Ed. del texto latino, según el establecido por Mommsen, y versión castellana de Alvarez Rubiano, "Analecta Sacra Tarraconensia", XVI, 1943, páginas 16 y ss.

(44)   Ed. cit. págs. 24-25.

Después de los historiadores visigodos mencionados y antes que Fredegario, Gregorio de Tours, se refiere a las varias Aquitanias, a la "Bélgica secunda", la "Italia maior" y la "Italia minor". Más tarde, Richer, en el siglo x, distingue la "Galia Bélgica", "Céltica" y "Aquitánica". Esta distribución en partes, como supervivencia erudita de antiguas divisiones, es, según vemos, un mero gusto literario muy viejo. Y ella determina esas consabidas formas en plural, de las que la de las Galias ha sido, tal vez, la más persistente.

En el lado catalano-aragonés, durante la primera parte de la Edad Media, el uso que se hace de esa fórmula es escasísimo. Si se conoce la tradición del nombre de España citerior, como hemos visto, veremos también más adelante, al ocuparnos del problema de la denominación de la tierra catalana, que para el conjunto se emplea casi exclusivamente el singular. En su "Vita Sanctae Eulaliae", que es una de las obras de más bella pretensión literaria de su época, Renallo gramático se sirve de las dos formas, al referirse a los tiempos de Diocleciano y Maximiano "sub quorum impiissima tyrannide tota tremebat Hispania", a la cual añade que llegó Daciano "accepta Hispaniarum praefectura", dispuesto a perseguir a los cristianos (45). Esta obra se fecha en 1106. Algo más tarde, un monje hagiógrafo también, del Monasterio de San Juan de la Peña, recuerda en su obra un hecho más próximo y se sirve de la expresión clásica en plural para retrotraernos a algo pasado en aquel "tempore quo saevitia Arabum dirutas Hispaniarum partes occupaverant" (46). En el "Oficio de San Raimundo", de la catedral ribagorzana de Roda (fines del siglo xii) aparece la alusión a cierto "more Yspaniarum", junto a otras dos menciones de "Yspania" en singular (47). Y los ejemplos de este tipo podrían reiterarse si nos fuéramos fijando en obras de tipo análogo al de las que acabamos de citar. Un texto de esta clase que parece pertenecer, por lo menos en su redacción conservada, a finales de la Edad Media, la "Passio Sancti Severi episcopi barcinonensis" se refiere a la "provincia Hispaniarum" (48). La provincia, por consiguiente, es una, aunque su nombre se diga en plural, análogamente al caso de esos sustantivos que, según enseña la gramática, carecen del número singular y se emplean siempre en el plural, aun cuando se quiera designar un ejemplar unitario del objeto que expresan. En el corónimo que nos ocupa, el número, en

(45) Flórez, "España Sagrada", XXIX, págs. 337 y 380.

(46) "Acta Sanctorum Fratrum Voti et Felices", por el monje pinatense Macario; "Esp. Sagrada", XXX, págs. 401 y ss.

(47) Villanueva, "Viaje", XV, págs. 324 y ss.

(48) Flórez, XXIX, pág. 368.

cuanto accidente gramatical, existe en sus dos formas, pero éstas son equivalentes y recíprocamente sustituibles.

En cambio, los textos analísticos, bien procedentes de Roda o de Ripoll, casi totalmente ignoran la forma en plural. De todos ellos, sólo una vez aparece ésta en uno de esos textos, en el llamado "Chronicon rivipullense". En este Cronicón se menciona en cinco ocasiones la voz Hispania, y de ellas sólo una vez se escribe en plural, al dar la fecha de la muerte de Alfonso VII, al que titula "imperator Yspaniarum" (49). Como este es un título que en esa forma se expandió por todo el territorio peninsular, hay que suponer que ese plural, tan usado por la cancillería del rey, penetró ya constituido en el centro historiográfico de Ripoll. Después de esto, ni en los "Gesta Comitum Barcinonensium", ni en las tan conocidas cuatro grandes crónicas, ni en la Pinatense, ni en los historiadores del xv, salvo rarísima excepción, se emplea aquella forma, que sólo reaparece al llegar el momento del humanismo. Desde luego, la forma de "las Españas" es algo más frecuente en los diplomas, sin ser nunca, ni remotamente, la habitual.

En la parte occidental de la Península, el uso de la forma plural es mucho más abundante, aunque conservándose siempre, sin posible comparación, muy por debajo estadísticamente del empleo del singular. Aparte de algún ejemplo aislado anterior, se nos ofrece reiteradamente en la "Historia Compostellana", obra muy particularmente inclinada a servirse de formas cultas y, por otra parte, netamente inserta en las corrientes literarias de los eclesiásticos. Aparece en esta Historia en muchas ocasiones que no es necesario, dado lo fácil de su comprobación, detenernos a recoger. En la mayor parte de los casos se emplea en la titulación de reyes castellano-leoneses, Alfonso VI, Alfonso VII y Doña Urraca. De ella podemos sacar, eso sí, un ejemplo del uso concomitante del singular y del plural especialmente claro: se ocupa de Alfonso VII y dice "postquam A. Hispaniarum Rex... Regnum Hispaniae obtinuit" (50). En el llamado por Flórez, que lo editó, "Chronicon ex Historiae Compostellanae Codice", se repite el caso: allí se habla de Alfonso VI y del "Hispaniarum Regnum", que, líneas después, y con sentido equivalente, se llama "Regnum Hispaniae" (51). A partir del momento a que esas partes de la "Compostelana" se refieren, es decir, desde la segunda mitad del xi y durante los reinados de los tres reyes citados, más Alfonso I de Aragón, en las cancillerías regias se repite, unido a los títulos de "rex", "regina" o "im-

(49) Villanueva, V, pág. 248.
(50) Ed. cit., lib. III, c. 12; págs. 493-494.
(51) "España Sagrada", XXIII; pág. 328.

perator", el enfático término "Hispaniarum". Basta coger cualquier colección documental, rica en diplomas de los mismos, para comprobarlo,
sin que, de todas formas, deje de ser mucho más normal el singular "Hispania". Fuera se propaga también el uso. Veremos a continuación unos
ejemplos de la cancillería pontificia (Gregorio VII, Urbano II, etc.) en
ese sentido. Y en un documento del Emperador Federico I llama éste a
su sobrina, viuda de Alfonso VII y vuelta a casar con un conde de Provenza, de la dinastía catalana, "neptis nostre Richildis Spaniarum regi-
ne" (52). Pero son éstos casos muy raros. Fernando II y Alfonso VIII siguen en algunas ocasiones sirviéndose del título de "Hispaniarum reges".

En la historiografía de nuestro siglo XIII, que supone tan radical innovación respecto a la anterior, el plural Españas se prodiga más, coincidiendo con el más rico desarrollo retórico de estas obras y respondiendo
a la práctica cancilleresca precedente. Hay que señalar que también es
mucho más frecuente el singular España y que de ordinario en todo autor, considerado en particular, esta segunda forma se emplea mayor número de veces que la primera. La "Crónica latina de los Reyes de Castilla" es tal vez excepción. En ella se dice que Alfonso VI no encontró
con quién casar a su hija Urraca "in yspaniis"; de Alfonso VII, que "lon-
go tempore regnavit in hyspaniis", y alude a un legado del Papa que fue
enviado "in Yspanias" (53). Dado el corto número de veces que la palabra España sale en esta Crónica, son tantas las que se escribe en singular
como las que se hace en plural. Mientras que para Lucas de Túy, si San
Isidoro es "doctor Hispaniarum", Doña Berenguela, madre de Fernando
III, "Hispaniarum regina", y así en alguna otra ocasión, el singular, en
cambio, aparece desde el proemio de la obra, al renovar el tema isidoriano
"De excellentia Hispaniae" (54), y casi no hay página de la obra en que
no se lea. Por su parte, Jiménez de Rada, el Toledano, emplea el plural
en algunas escasas ocasiones —"quod Euricus grate suscipiens Hispanias..., etc.—, mientras que habitualmente se atiene al singular (55). Hay
obras que desconocen por completo la forma del plural, mientras no sucede esto nunca con la otra forma. No pretendemos deducir ninguna
consecuencia especial de los ejemplos aducidos, en el sentido de que una
y otra forma se reservaran para unos u otros casos; en general, su empleo
es indiferente. Hay que observar, sin embargo, que al fijarse por influen-

---

(52) "Liber Feudorum maior", dipl. núm. 902, año 1162.
(53) Ver Cirot, "Une Chronique latine inédite des Rois de Castille", ed. del
"Bulletin Hispanique". Bordeaux, 1913; págs. 22 y 124.
(54) "Chronicon Mundi", Hisp. Illust. IV, págs. 1 a 4.
(55) "De rebus Hispaniae", ed. cit., pág. 46.

cia de los escritores últimamente citados los temas del elogio o "laude" y de la "pérdida" o "lamentación" de España que en nuestra historiografía, tanto en lengua catalana como castellana, se conservan, como hemos visto, hasta terminar la Edad Media, se usa la forma del singular.

Creo, en consecuencia, que el plural las Españas es un recurso retórico de carácter tradicional, empleado por clérigos-notarios, y que de ellos pasa a obras literarias, sin que responda a un sentimiento real de las cosas. Forma que se emplea de ordinario con el carácter de un cultismo, y coexiste, en todo momento, con el uso del singular, lo que hace perder a tal fenómeno cualquier otra significación. Y este resultado negativo a que llegamos creemos que se ratifica plenamente al tener en cuenta, con lo ya dicho, una nueva consideración que vamos a añadir. Efectivamente, tan es una mera fórmula literaria, procedente de un prurito de erudición, el uso de ese plural de "las Españas" que, y el hecho es realmente sorprendente, lo encontramos aplicado a partes singulares de la totalidad hispánica, sin que esto signifique ningún propósito de identificar con esta última el ámbito parcial a que, en cada caso, se alude. El rey de Navarra, Sancho III Garcés, se llama "Sancius rex Dei gratia Hyspaniarum" (56). En diferentes cartas del Papa Gregorio VII se les da por separado, a los reyes Alfonso VI de León-Castilla y Sancho I Ramírez de Aragón, el título de "rex Hispaniarum" (57). En otro escrito al cardenal legado Ricardo de San Víctor, el mismo Papa le habla de "legationem tibi commissam ad Hyspanias", lo que se repite en carta al también legado Gerardo de Ostia (58). El rey Pedro I de Aragón es llamado, en privilegio a él dirigido por el Papa Urbano II, "Ispaniarum regi excellentissimo" (59). Cuando doña Urraca, separada del Batallador, gobierna con más o menos discusión desde Castilla hacia el Occidente, la "Historia Compostellana" la llama "Hispaniarum regina" (60). Ramón Berenguer IV se atribuirá el título de "Hispaniarum marchio", según comprobaremos más adelante (61). Fernando II de León, que no pretende nunca un señorío sobre

---

(56)   "Colección diplomática de San Salvador de Oña", ed. de Del Alamo. Madrid, 1950; docs. núms. 19 y 26.

(57)   M. G. H., Sec. Epistolae Selectae, II, Register Gregor, VII; ed. de Caspar, fasc. I, págs. 119 y 193.

(58)   Ob. cit., fasc. II, pág. 468, y fasc. I, pág. 25.

(59)   "Liber Feudorum Maior", doc. núm. 5, año 1095. Este documento aparece recogido también en el cit. Carturalio de Oña, doc. núm. 105, y en el Cartulario de Santo Toribio de Liébana, ed. de Sánchez Belda. Madrid, 1948; número 103. Según Miquel —pág. 396, vol. II—, es apócrifo.

(60)   Ed. de Flórez, XX, pág. 387.

(61)   En el capítulo X nos ocuparemos de ésta y otras referencias análogas.

las demás tierras peninsulares, sin embargo, se llama constantemente "Hispaniarum rex", y se mencionan en tales casos como provincias sobre las que reina León, Extremadura, Galicia y Asturias (62). De igual manera se titula, por las mismas fechas, Alfonso VIII, y es interesante comprobar cómo, en documento en el que el rey empieza hablando "Ego, Ildefonsus Rex Hispaniarum", al final pasa a decir: "regnante me rege Ildefonso in Toleto et in tota Castella" (63).

Al ocuparnos antes de la historiografía castellana hemos dejado sin citar la obra de imprescindible referencia en esta materia como en tantas otras: la "Primera Crónica General", que es, sin duda, donde un mayor número de veces se hace uso del plural, ya romanceado, "las Españas". Adrede la hemos dejado aparte, buscando en ella la corroboración, por otro lado, de nuestra tesis de que ese uso no tiene significación política en sí, sino que responde a un gusto literario, de acuerdo con el énfasis retórico de la época. La "Primera Crónica General" nos ofrece, con el caso de "las Españas", otros muchos ejemplos de pluralización de nombres de país. De antigua procedencia era, conocido por todos los escritores medievales, el de las Galias; pero la Historia de España de Alfonso X nos presenta —con otros muchos, como "las Gasconnas", las "Panonias", etcétera, etc.— el ejemplo mucho más insólito de "las Francias", que insistentemente utiliza (64).

Hay un factor que de manera más inmediata actúa a favor de esa tendencia de pluralización: el deseo de prestigiar las tierras de los señoríos, haciéndolas variadas y numerosas, hecho que entre nosotros, sobre todo a partir de Alfonso VI, lleva a multiplicar la enunciación de las tierras en los títulos reales. Coincidiendo con esto, en cuanto a fecha y en cuanto a tendencia, se produce la máxima frecuencia en el uso del plural "las Españas" en los títulos reales. Y esto, que es honor del rey, pasa a ser honor de las tierras, de modo que, incluso para aquellas que son de nueva creación y que, en consecuencia, no tienen límites antiguos a los que hayan de contraerse, también esas tierras se distinguen en partes. Así pasa con Castilla y, algo más tarde, con Cataluña, en las que se produce el extraño caso de que se separen y pluralicen, distinguiéndose la vieja y

---

(62) "Cartulario del Monasterio de Vega, con documentos de San Pelayo y Vega de Oviedo"; ed. del P. L. Serrano. Madrid, 1927; docs. núms. 60 y 65 a 68, de los años 1168 a 1175.

(63) Publicado por A. Millares, en "La Cancillería Real en León y Castilla hasta fines del reinado de Fernando III", en A. H. D. E., 1926; pág. 303. Ver también "Col. Diplom. de Oña", núm. 239.

(64) Ed. cit., págs. 37, 41, 62, 64, 65, 67, 208, etc.

la nueva. En un documento de 1035 vemos que un señor afirma de sí mismo gobernar por el rey "totam Castellam Vetulam" (65).

Por otra parte, si Tomich había hablado ya de "Cathalunya la nova, de Llobregat en lla" (66), la separación que con esto nos presenta es completada por Turell, que distingue la Cataluña vieja del Llobregat a las montañas de Ribagorza, y la nueva o parte de las marinas "que fon la segona conquesta" (67), distinción ésta que debía ser ya muy conocida en el XIII, puesto que P. Albert habla de la misma (68). La distinción, no más que puramente verbal, de estas Castillas o Cataluñas, responde a un fenómeno social-literario con el que se relaciona también el nombre de uso frecuente a partir del XI, de las Españas. En escritores medievales, sobre todo en los de lengua catalana, se encuentran también otras formas en plural: las Mallorcas, las Menorcas, las Galicias, etc.

Como en Alfonso el Sabio, también en Juan Margarit el Gerundense aparece este énfasis multiplicador que le lleva al extremo de eliminar el nombre de Francia para citar en su lugar "Celtogallatia Aquitania, Celtogallatia Lugdunensis, Celtogallatia Belgica, Celtogallatia Narbonensis", así como habla también de "Germania magna et Germania parva", de las "Panonia superior", "Panonia inferior", etc. (69). En ello no hay nada que responda a la imagen política de la época. Son esas divisiones, cuando más, reminiscencias de un lejano pasado que se conserva como un recurso retórico. Hasta qué extremo no tiene nada que ver la forma plural de "las Españas" con las reales divisiones políticas de la Edad Media, nos lo demuestra el propio Margarit, para quien una de esas Españas, la citerior, va de Cartagena a Cantabria, cogiendo en medio a Murcia, Valencia, Cataluña, Aragón y Navarra, sin correspondencia alguna con los reinos medievales (70). El hecho de que el genitivo "Hispaniarum" tienda a figurar en medios eclesiásticos, de carácter más arcaizante y literario (en los títulos de los primados toledanos, legados pontificios y maestres de Ordenes militares extranjeras con filiales en España —Templarios, Hospitalarios—, etc.), comprueba nuestra interpretación. Confirma el carácter que señalamos el hecho de que los humanistas del XVI insistan en un uso que, en cambio, nunca se dará en el lenguaje hablado y cotidiano. Por las

---

(65) Publicado por Sánchez Albornoz en su nota sobre "Diviseros y propietarios", en "Cuadernos de Historia de España", vol. V., pág. 171.

(66) "Histories e Conquetes", folio XXII.

(67) "Recort", pág. 97.

(68) "Commemorations", en el vol. de "Usatges", publicado por Rovira Armengol. Barcelona, 1933; pág. 180.

(69) "Paralipomenon", Hisp. Illust., I, pág. 9.

(70) Ob. cit., pág. 12.

mismas razones, también es frecuente en el xvi ver escrito "les Ytalles" o "les Allemagnes" etc. (70 bis).

Otros dos fenómenos participan de un carácter análogo al que acabamos de estudiar. En primer lugar, el uso de la expresión "in" o "per totam", refiriéndose a una tierra como ámbito que cubre totalmente un señorío o en cuya extensión açontece o se encuentra algo de que se habla. Por sí, la fórmula "tota Hispania" no tiene el sentido de una excepcional y rarísima referencia a un todo que de ordinario sólo se conciba parcelado. Es una fórmula literaria común y sin significación política alguna, un medio más para realzar la fuerza de una expresión. Como tal, es un fenómeno que se da fuera y dentro de España, incluso en relación a tierras, a pequeñas comarcas, que nunca se han concebido divididas en partes separadas. "En toute France n'ot chevalier si grant" ("Raoul de Cambrai", V. 3.235): "De toute France eüssent seignorie" (Girat de Vienne, V. 18) (71). La "Crónica del obispo Don Pelayo", refiriéndose al reparto de Fernando I, emplea ya la fórmula tan usual "totam Castellam Nagaram et Pampilonam" (72). En el diploma de Alfonso VIII, que hemos citado antes, se llama "rex et dominus tocius Castelle". Un documento de 1191 usa de la expresión "tenentis Asturias totas" (73), donde hallamos un plural más que añadir a los anteriormente mencionados. En los textos analísticos de origen portugués, publicados por P. David, se dice frecuentemente "in toto Portugali" (74). En 1068, cuando restaurada la Iglesia de Roda, el Rey Sancho Ramírez le cede bienes pertenecientes al feudo real, los señala emplazados "in tota Riparcutia" (75), Ramón Berenguer IV, al suscribir un documento en 1149, dice gobernar sobre tierras aragonesas, provenzales "et in tota Barchinona" (76), texto que nos prueba que en un momento dado Barcelona está a punto de ser el nombre de país de la tierra catalana, aun en fecha en que el nombre de Cataluña existe ya; en cam-

---

(70 bis) Ver, entre tantos otros ejemplos, Jean Lemaire, "La concorde des deux langages", ed. de Frappier, París, 1947; pág. 5 y nota del editor. También Ortelius, Theatrum Orbis Terrarum (1570), señala tres Alemanias; ver A. Melón, "El ocaso de la Geografía clásica", Arbor, XXXI, 144, págs. 193 y ss.

(71) Riquel, "Antologías", vol. I., loc. cit.

(72) Ed. de Sánchez Alonso. Madrid, 1924; pág. 75.

(73) "Cartulario de San Vicente de Oviedo", ed. de Dom. L. Serrano. Madrid, 1929; núm. 313.

(74) Ob. cit.; pág. 298 y otras.

(75) Abadal, "Origen y proceso de consolidación de la sede ribagorzana de Roda", en "Estudios de Edad Media de la Corona de Aragón", vol. V, pág. 70.

(76) Lacarra, "Documentos sobre la repoblación del valle del Ebro", 2.ª serie. "Estudios de Edad Media de la Corona de Aragón", vol. III, núm. 251.

bio, en 1233 Jaime I se dirige a sus vicarios y bailíos "per totam Cataloniam constitutis" (77). Se habla también de "per totam Terraconensem provintiam" (78). La "Crónica latina de los Reyes de Castilla", emplea "totam Andaluciam". Cuando Berceo dice "toda Espanna" hay que entender que se trata de un mero recurso expresivo, al que no se añade ningún otro valor. Puede verse, también, en Antonio Canals que se sirve de las expresiones "Espanya" y "tota Espanya" con un sentido perfectamente indiferente entre uno y otro caso (79).

Finalmente, el otro fenómeno a que tenemos que referirnos es el de la enumeración del todo y la parte al mismo tiempo, según el tipo de los documentos que dicen "en León y España", "en España y Castilla", "en España y Cataluña", etc., forma de dicción que, tomándola impropiamente en el sentido en que hoy nos suena, ha sido interpretada con error, como una diferenciación o separación entre las tierras así mencionadas. "Mas Franssa, Peitau e Bairiu", dice un verso de Marcabrú, y las citaciones de esta clase, sólo en poemas de trovadores, son incontables, con la particularidad de que nunca son coincidentes, lo que demuestra que no son partes separadas y constituídas como tales de manera fija, sino que responden a una simple manera de hablar. En la famosa "Chanson de Sainte Foy", que, como es bien sabido, llama "espanesca" a la región pirenaica de uno y otro lado, leemos en un verso que el sarraceno "Hespainna reg e'ls Montz Cerdans" (v. 115), sin que esta mención de los montes cerritanos tengan más finalidad que destacar del conjunto una parte concreta cuya proximidad y probable conocimiento despierte en el auditorio un recuerdo más vivo y patente.

Con un sentido análogo se enumeran, en forma siempre cambiante, los lugares en que reinan nuestros reyes medievales, y con frecuencia aparecen, en esas listas de nombres geográficos que acompañan el nombre de los reyes, los de ciudades o pequeños lugares que están comprendidos en comarcas o territorios cuyos nombres se citan también. Si tomamos como base la documentación de Alfonso I de Aragón, y cualquiera otra nos hubiera podido servir lo mismo de ejemplo, llegamos a las siguientes conclusiones:

En algunos casos, un simple corónimo basta para designar el ámbito total a que se extiende su reinado: "Regnante rex Adefonsus in Aragon",

(77) "Cartulario de San Cugat del Vallés", ed. cit., núm. 1.318.

(78) Villanueva, "Viaje", vol. V, pág. 339.

(79) "Scipio e Aníbal", publicado por Riquer. Barcelona, 1935; págs. 47, 50, 66.

dice un diploma de noviembre de 1131 (80). Antes y después de esta fecha, la fórmula más habitual comprende cuatro nombres: "in Aragon et in Pampilona sive in Superarvi atque in Ripacurcia", a los cuales, en un gran número de documentos, se añade, durante la unión con Doña Urraca y hasta 1129, mucho después de su separación, "in Castella", cuyo puesto, en la quíntuple lista que de esta manera resulta, es variable. Pero junto a ello tenemos otros casos, en los que la nomenclatura no puede ser más variada (80 bis). En todos estos documentos, Alfonso I lleva o se le da (si se trata de escrituras particulares) el t í t u l o de "rex". Pues bien; frente a todos los de este tipo se oponen los que dicen escuetamente "rex in Hispania", así en dos de 1124, referentes a ventas entre particulares, o en otro, en Tudela, del mismo año y en un tercero, de 1125 —"regnante rege Adefonso in Ispania"— (81). Y si aquí el nombre de España, por la amplitud con que es usado, parece eliminar la referencia a todo otro lugar, sin embargo hay otro tipo de documentos en los que nos encontramos fórmulas como éstas: "rege in Hispania et in Cesaraugusta", en diploma de 1124; en otro de 1129, "rege Ildefonso in Cesaraugusta et in Spania", y más estupendo caso es el de una escritura de donación en 1134: "...in Aragone et in Pampilona, et in Ripacorza et in Aran et in Ispania" (82), en los que resulta evidente, si no para nosotros hoy, sí para el pensamiento de la época, la referencia simultánea al todo y la parte, como sucedía en algunos de los mencionados antes con los nombres de Aragón y de sus ciudades. Y es lo extraordinario que esto mismo se observa en aquellos documentos de titulación más enfática en los que se hace uso de la palabra "imperator".

Análogos aspectos presenta la cuestión en la parte occidental. Frente

---

(80) Lacarra, "Documentos sobre la repoblación del valle del Ebro", 2.ª serie, núm. 165.

(80 bis) "In Castella et in Pampilona et in Aragone, in Superarvi sive n Ripacurcia et in Tutelle", en diploma de 1124; en otro, de 1128, a los seis nombres del anterior se incorpora "in Cesaraugusta"; otro, del mismo año, suprime Zaragoza y añade "in Çecla et Molina"; en cambio, un documento de 1128, dado en Molina, y otro, de igual fecha, en Calatayud, simplifican la enumeración en estos términos: "in Aragon et in Pampilona"; en 1129, en Tudela, "rex in Aragon et Zaragoza et Tutela"; en 1129, "in Aragone sive in Pampilona, sive in Aran, sive in Pallares, et in Ripacurcia"; en 1131, se suprime de la lista Pallars y se añade "in Cireso", etc., etc.

(81) Lacarra, "Documentos...", 1.ª serie, "Estudios de Edad Media de la Corona de Aragón", vol. II, núms. 33, 35 y 42; y 3.ª serie, íd., íd., V, núm. 316.

(82) Lacarra, ob. cit., 1.ª serie, núm. 45; 2.ª serie, núm. 158, y 3.ª serie, núm. 333.

a tantos documentos que hablan de Asturias o del territorio asturiense, comprendiendo indudablemente Oviedo, uno del año 1086 alude a un personaje "qui est potestas in Asturiense et in civitas Obetense" (83). Si hay una tierra que incuestionablemente parece incluída en el nombre de España (hasta el extremo de poderse sostener que en algún caso se identifican el nombre de aquélla y el de ésta —así, en ciertos pasajes de la "Crónica Silense"—), es la de León, y, sin embargo, en relación con ella, tenemos uno de los más claros ejemplos de la práctica a que venimos refiriéndonos. Si Alfonso VI en diploma encabezado tras su nombre con la fórmula "sub gratia Dei Hispaniarum princeps", define su reino en estos términos: "rex in regno Spaniae regnante, scilicet in Toleto et in Legione" (84), su nieto, el emperador Alfonso VII, en quien el pensamiento político de la totalidad de España es tan manifiesto, hasta el extremo de ser quien mayor número de veces se sirve de ese solo nombre para designar su imperio, en alguno de sus documentos de 1136-1137 se emplea este ablativo: "rege Illefonso in Leone et in Ispania" (85). Según esto, de conformidad con el primer caso, ¿sólo España son León y Toledo? o, basándose en el segundo, ¿hemos de concluir que León precisamente no es España? Entonces, ¿sería esa España sólo Castilla? No hay fundamento alguno para verlo así y podemos comprobar que no es cierta esa solución si advertimos que del hijo del emperador mismo, Fernando II, que no fue rey de Castilla, se dice "regnante in Legione et Hispania" (86), ese rey Don Fernando, que a pesar del carácter parcial de su tierra se tituló más de una vez, como ya tuvimos ocasión de ver, "Hispaniarum rex". Observemos que en la "Primera Crónica General", en la que el sentido de totalidad del concepto geográfico-histórico de España es tan incuestionable, después de ocuparse en unos capítulos detenidamente de Fernando II, de Alfonso IX y del reino de León, al hablar a continuación de Alfonso VIII, a quien titula normalmente rey de Castilla y a quien llama reiteradamente "el noble rey don Alfonso de Espanna", le da, en repetida

---

(83) "Cartulario de San Vicente de Oviedo", ed. cit., núm. 98, año 1086. También Navarra y Pamplona son mencionadas a la vez, y, por tanto, con un grado relativo de separación, lo mismo que navarros y pamploneses. En qué medida puede ello depender de un diferente estado de romanización, puede verse en Menéndez Pidal, "Tres épocas de romanización en el nordeste", en "Toponimia prerrománica hispana", Madrid, 1952; págs. 39 y ss.

(84) "Cartulario de Arlanza", ed. del P. L. Serrano. Madrid, 1925; doc. núm. LXXXI, año 1089.

(85) "Cartulario del Monasterio de Vega", ed. cit., núm. 39, años 1136-1137.

(86) "Cartulario del Monasterio de Vega", núm. 22 del apéndice; año 1158.

ocasión, el título de "rey de Castilla et de Espanna" (87) y entonces la pregunta que antes nos hicimos se nos vuelve a plantear. Pero aun hay otro caso no menos curioso. En la "Crónica de Pedro IV", el autor sabe muy bien que quien cruza desde el Sur el Estrecho llega "en Spanya", que quien ese paso da se encuentra en la tierra en donde él escribe, es decir, "deca en Spanya", y páginas después escribe que el rey de Marruecos quería conquistas "tota Spanya e lo regne de Valencia" (88). Evidentemente esto no puede querer decir que el cronista pretendía apartar y diferenciar de la totalidad española precisa y únicamente el reino de Valencia.

También fuera de la Península se produce este sistema de citar el nombre de España con todas o algunas de sus partes a la vez. Se da con frecuencia, por ejemplo, en versos de trovadores, al estilo, como indicamos antes, de lo que se observa también respecto al nombre de Francia. Conocido es el verso de Marcabrú. "En Espagna e sai lo marqués", y, sin embargo, es evidente su concepción total de España, según el estudio que dedicó a la materia Boissonnade (89). Aparte de lo dicho por éste, veamos cómo concibe Marcabrú el "ops d'Espagne" y cómo en esa empresa está comprendida la tierra del marqués, Cataluña, que aparece contemplada en el conjunto de la siguiente manera:

> Ab la valor de Portegual
> e del rei navar atretal
> ab sol que Barsalona's vir
> vers Toleta l'emperial,
> segur poirem cridar: Reial/
> e paiana gen desconfir (90).

Pero fijémonos en un importante texto histórico de la Edad Media: el "Liber Pontificalis". En sus páginas a veces surge el nombre de España con otros de varias de las tierras peninsulares. Hablando de los que apoyaron el antipapa Luna, el "Liber" cita "Francia, Hyspania, Aragonia et rex Castelle"; antes, refiriéndose a las posesiones de los Templarios, da una lista de nombres de país aun mayor: "regnis Hispaniae, Castelle, Portugalie, et Aragonie et Maioricarum". Que sea aquí entendida España como una tierra junto a las otras, no es solución. Encontramos otros fragmentos en los que la alusión a las últimas, es decir, a las partes hispáni-

---

(87) Ed. Menéndez Pidal, págs. 692, 694 y 696.

(88) Ed. de A. Pagès, Toulouse, 1942; págs. 94, 103 y 255.

(89) Romania, XLVIII, 1922; págs. 207-242.

(90) Publicado por Riquer, "La lírica de los trovadores",. I Barcelona, pág. 61.

cas, desaparece totalmente. Según las noticias del "Liber", en el Concilio de Pisa de 1135 se convocó a "omnibus ecclesiarum prelatis de Yspania, Guascconia, Anglia, Francia, Burgundia, Alamannia, Ungaria, Lombardia et Tuscia", y en el Concilio de Constanza menciona la presencia de las gentes Itálica, Gállica, Germánica, Hispánica, Anglica (91).

De la "Historia Compostelana", tan rica, como es sabido, en diplomática pontificia, podemos entresacar fórmulas como éstas: de Gelasio II, "mist iraque nuntios suos in Aquitaniam, in Franciam, in Normaniam, in Flandriam, in Angliam..., in Hispaniam"; o de Inocencio II, "et alios religiosos ac sapientes viros Alamaniae, Lotharingiae, Franciae, Normaniae, Angliae, et Hispaniae"; mientras que refiriéndose a gentes internas de España los ejemplos son de tipo completamente distinto (92).

Lo extraordinario es que, pese a las divisiones internas en reinos y principados, se siga dentro y fuera, tan insistente y universalmente, haciendo referencia al nombre conjunto de España, incluso por gentes próximas, a las que la cercana visión de los diversos reinos no impide pensar en la totalidad. Es interesante comprobar cómo cuando Ademar de Chabannes narra el pretendido descubrimiento de la cabeza del Bautista, escribe que la noticia impresionó en todas partes y, por tanto, que "omnis Aquitania et Gallia, Italia et Hispania ad famam commota, ibi ocurrere certatim festinat" (93). Y en la misma ocasión, el llamado "Aquitaniae Historiae Fragmentum" cuenta que la emoción llegó "non solum Aquitania, verum etiam Francia et Burgundia Hispania et Britania atque Longobardia et cetera gentium diversitas" (94), párrafos en donde la singularidad de Hispania contrasta con la diversidad al norte de los Pirineos.

Antes hemos citado un verso de Marcabrú que menciona separadamente los nombres de Francia, Poitou y Berri. En el poema de "Girat de Vienne" (versos 5.104-5.105) se citan franceses, normandos, flamencos y del Berri; en el de "Raoul de Cambrai" (726-727), borgoñones, normandos, franceses; en el de Ronsalvals" (v. 1.614), franceses, bretones, provenzales, normandos. La enumeración podría multiplicarse cuanto quisiéramos. Y al tropezar con listas de nombres como las que hemos visto, la interpretación habitual se ha basado en un método eliminatorio,

---

(91) Duchesne "Le *Liber pontificalis*. Texte, introduction et commentaires". París, 1886-1892; vol. II, págs. 530, 477, 382 y 514, respectivamente.

(92) "España Sagrada", vol. XX; págs. 264, 525 y 530.

(93) "Ademari Cabannensis Chronicon"; ed. de Chavanon. París, 1897; página 180.

(94) Publicado como apéndice en el vol. cit. en la nota anterior, pág. 210.

tal como se nos revela en el ejemplo que vamos a dar a continuación. En su ya citada edición fragmentaria del "Tirant lo Blanc", Capdevila, al tropezar con un pasaje en el que Martorell escribe "Genovesos, italians e llombards", apostilla: "el nom Italia en el *Tirant* es refereix especialment a les regions centrals de la Península Apenina" (95), y esta interpretación a primera vista podría mantenerse en algún caso, como aquel en que el propio Martorell se refiere a potentados "d'Italia e de Llombardia". Al encontrarse con nombres de tierras separados y distintos, la solución elemental es la de entender que se trata también de tierras efectivamente distintas y separadas. Pero observaremos que hay veces en las que en el texto de Martorell se dice: "en Venecia, en Sicilia, en Roma o en Italia" (96). Por esta referencia a Roma, ¿habría, pues, que eliminar el nombre de Italia precisamente de las regiones centrales de la Península Apenina? Martorell no puede ignorar lo que desde antes y desde más lejos sabrían muy bien los que compusieron la "Primera Crónica General" respecto a Italia, "que es, se dice en ella, tierra de Roma et de Lombardia" (97). También sabe esto perfectamente el autor de la "Crónica de Alfonso XI", en cuyo texto se repite exactamente la frase anterior de la "Crónica General", y el hecho de que nos asegure que las partes de Roma y Lombardía componen el total de Italia, no obsta para que en la página siguiente leamos una de esas, en nuestra actual manera de ver, incongruentes relaciones: "la mayor parte de las gentes de Francia et los Italianos et de Lombardos" (98). No cabe duda de que el sentido de la frase corresponde al que hoy expresaríamos diciendo "lombardos y otros italianos". Similarmente diríamos hoy, en el caso de los ejemplos antes citados: "en León y en el resto de España", "en España y especialmente en Zaragoza", "los catalanes en relación a los otros españoles" u otras formas equivalentes. En otras ocasiones son meras formas imperfectas, vacilantes, de lenguaje que se corresponden o son, por el contrario, independientes del grado de claridad del pensamiento. Volviendo a la "Crónica General" de Alfonso X, encontramos que si en un lugar dice "avie y yentes de las Gallias, esto es de tierra de Francia" y aun antes ha advertido "Et Gallias dize aqui ell arzobispo por las Francias", ello no obsta para que hallemos en la misma obra un giro de dicción en virtud del cual pueda parecernos que se presenta a esas partes como distintas. Efectiva-

---

(95)   Ed. cit., vol. V, pág. 304.
(96)   Ed. cit., vol. III, pág. 95.
(97)   Ed. cit., pág. 690.
(98)   B. A. E., vol. LXVI, págs. 328 y 329.

mente, entre ambos pasajes citados y con escasas líneas de diferencia, lee-mos: "Aun vinieron et se ayuntaron... de las Gallias et de Francia" (99).

Las conocidas expresiones del tipo de "normandos y franceses" o "catalanes y españoles", indican que hay varios grupos, dentro del de ámbito más general, que son distintos, pero ello no rompe !a común per-tenencia a ese grupo más amplio. De mantener la apresurada, y en con-secuencia errónea, interpretación que algunos han dado a frases de ese tipo, ¿qué tendríamos que decir al encontrarnos con que, en Cortes de Valladolid de 1518, se pedía al Rey que "en su casa real quepan caste-llanos e españoles?" (99 bis). ¿Acaso puede pensarse que en el siglo XVI, los castellanos, por boca de sus procuradores instalados en Valladolid, no se sentían españoles? Aplicar el rigor lógico y gramatical del castellano o del catalán, etc., de hoy, para interpretar el sentido de frases que encon-tramos en t e x t o s medievales es un proceder ingenuo que puede llevar a contrasentidos historiográficos graves.

Por el procedimiento eliminatorio de que habitualmente se ha hecho uso llegaríamos a la conclusión de que no hay un palmo ae tierra al que se dé el nombre de Italia, de F r a n c i a o de España en la Edad Media. Y lo cierto es que, mencionados estos n o m b r e s en miles y miles de docucumentos medievales, constituyen el fondo permanente de la historia europea, sobre el cual nacen, se transforman o desaparecen los nombres de las tierras particulares. En el elogio del Conde Vifredo, es-crito con motivo de la participación de su muerte por los monjes de San Martín del Canigó, se le exalta celebrando "quantus vel qualis in dignitate seculi fuerit. Quod noverunt Italia, Gallia et Hispania" (100). Son los nombres de los países que han heredado, de una u otra manera, la tradi-ción de la Antigüedad y que siguen siendo la permanente base en que se desenvuelve la vida cristiana medieval, de forma tal que hasta en aquellos casos en los que esa tradición se diría cortada, como en los comienzos del dominio franco, acaba imponiéndose con fuerza incontrastable.

Llegados a este punto, es el momento de intentar precisar cuál es el concepto espacial a que responden tantas alusiones al nombre de España, como hemos visto y seguiremos viendo a lo largo de nuestras páginas, en los textos medievales. Este nuevo aspecto podríamos tratarlo a través de obras propiamente geográficas y con la simple utilización de unos cuantos de los conocidos resúmenes de cosmografía medieval podría quedar re-

---

(99) Ed. cit., págs. 689, 690 y 692.

(99 bis) "Cortes de León y Castilla", IV, pág. 263.

(100) Este conocido texto fue publicado por Montsalvatge, en "Noticias his-tóricas del condado de Besalú", vol. IX ap. IX.

suelto el problema que nos ocupa. Pero los conceptos geográficos, en esos escritos más o menos rudimentarios, se conservan y transmiten de unos en otros, por vía meramente de tradición erudita que no implica apenas conexión con la sociedad en torno. En cambio, cuando esos mismos conceptos aparecen empleados en analistas, historiadores, notarios, poetas, escritores de distinta clase, se puede sospechar que se está en presencia de una tradición viva, que todavía se encuentra difundida activamente entre las gentes. De todas formas, trataremos del tema muy sucintamente, porque no tiene otro interés para nosotros que proporcionarnos la referencia básica en la que se inserta el concepto histórico de España. No cabe duda de que esta distinción entre los conceptos geográfico e histórico de España es, de manera absolutamente rigurosa, insostenible. También la Geografía está hecha por hombres y se ocupa de tierras que son el ámbito en que grupos humanos viven.

Pero cabe, con un carácter auxiliar, instrumental, hacer esa diferenciación en el sentido que pretendemos. Y ese sentido es el siguiente: decimos concepto geográfico de España cuando se trata del de una tierra o espacio de modo tal que predomina en él un aspecto de extensión física, y decimos, en cambio, concepto histórico a aquél en que se contempla de manera inmediata el grupo de los que en ella habitan. Nos hallamos en la órbita del primero cuando leemos en el "Chronicon Lusitanum" la noticia de nuevos mahometanos "qui invaserant Hispaniam usque ad Alpes" (101); inversamente, nos las habemos con un concepto histórico, según nuestra circunstancial distinción, cuando en el "Poema de Almería" se nos dice que la llegada del rey navarro Don García a la hueste de su suegro Alfonso VII "gaudens Hispania tota" (102), o cuando vemos al rey Jaime I, gloriándose de sus conquistas, dirigirse a sus barones y a "tots aquells que en Espanya son" (103). Con todo, la separación entre ambos aspectos, insistimos en que es muy relativa y, dado el material de observación de que nos vamos a servir, huyendo del puro texto escolástico, la referencia geográfica se nos aparecerá de ordinario impregnada de sentimiento o contenido humano, cuya presencia trataremos de dilucidar.

---

(101)   Flórez, "España Sagrada", XIV, pág. 418.

(102)   Ed. y trad. castellana de Sánchez Belda, en apéndice a su ed. de la "Chronica Adefonsi imperatoris". Madrid, 1952; pág. 181.

(103)   "Crónica". Ed. cit., vol. II, pág. 24.

HISPANIA Y LAS REGIONES DEL NORDESTE PIRENAICO

Con el resumen que inicia sus "Historias", Orosio transmitió a la
Edad Media, directamente o a través de San Isidoro, la idea geográfica
antigua de Hispania. Según ella, España es un triángulo, cuyo ángulo
oriental se coloca en Narbona, el occidental en el consabido faro de Bri-
gantia, en Galicia, señalado ya por los antiguos, y el meridional en Cádiz.
Del lado de allá queda, y se describe como una región aparte, la Galia
Narbonnese. Y ni siquiera la situación de dominio político alcanzado por
los visigodos quiebra esa manera de ver. Desde el vértice de Gerona, el
obispo Juan de Biclaro, como distinguiendo en su conjunto la silueta
peninsular, escribe, haciendo alusión al momento de mayor esplendor
del reino visigodo que le fue dado contemplar: "Hispania omnis Gallia-
que Narbonensis in regno et potestate Leovigildi concurrit" (104). Esto
responde a la idea vigente al final de la época romana, inmediatamente
anterior a la invasión visigoda, de la cual podemos estimar representante
a Idacio. Según éste, que llegó a conocer y relatar los primeros tiempos
de la invasión Ataulfo "relicta Narbona, Spanias petiret". Y que esta tradición se mantiene viva después. lo demuestra la conservación, no ya de
la idea, sino de la misma frase en San Isidoro (105) y, a través de este
último, en Fredegario (106). La "Historia rebellionis Pauli", del arzobispo de Toledo, San Julián, inserta por el Tudense, más tarde, en su
"Chronicon", responde de la más plena forma a esa concepción, cuya
transmisión a los siguientes siglos medievales estaba asegurada. Pocos
años después de que San Julián escribiera su obra, el reino godo caía ante
el ímpetu de los sarracenos y esa Hispania, cuyo concepto geográfico es
tan claro y cuyo sentimiento es tan vigoroso y profundo en aquél, iba a
pasar por la dramática aventura de la que arranca fundamentalmente lo
que de problemático ha habido en su nombre—lo que de justificación
puede haber en el presente libro.

Con escasos años de diferencia, pero años éstos posteriores a la invasión
de los árabes, en una crónica que ya hemos citado, escrita probablemente
por un clérigo toledano, la llamada "Continuatio Hispana" o "Crónica mozárabe" del 754, vuelve a florecer, por primera vez después de la catás-
trofe, en documento escrito, el sentimiento hispánico. Allí, como es sa-

---

(104)   Ed. cit. en "Anal, Sac. Tarr", XVI, pág. 20.
(105)   Mommsen, "Chron. minora", II; pág. 19 (Idacio) y 275 (San Isidoro).
(106)   Ed. cit., pág. 71.

bido, se lamenta la pérdida de España y se exalta, como un bello recuerdo, la imagen de aquélla, antes de la invasión. Para ese anónimo cristiano que vivía en el inquieto ambiente de la Toledo mozárabe, esa España, infeliz en su tiempo y antes dichosa, no es una mera expresión geográfica, sino una realidad interiorizada en el sentimiento y en la vida de sus naturales y que no es necesario, para el autor, detenerse a definir —porque cuantos pueden leerle llevan dentro de sí esa España que, a pesar de todo, les pertenece y que por no hallarse en poder de los suyos es capaz, a su vez, antropomórficamente, de sentirse infeliz. Constantemente, la Crónica mozárabe habla de España, con la ruda grafía de su época, casi siempre en singular y con un sentido de totalidad, sentido que no rompe en ningún momento la conservación, como un pasaje demuestra, de la tradición romana de la España citerior y ulterior (107).

Es interesante observar que de ese sentimiento hispano, cuya madurez asombra descubrir tan tempranamente en la "Crónica mozárabe", se ha desgajado una parte que formó, bajo los godos, una unidad política y que sin embargo se muestra, se siente, mejor dicho, como algo ajeno a la unidad histórica, a la íntima realidad humana que se llama "Spania": la Galia narbonense. Demuestra este hecho que el sentimiento de España no arranca de un mero recuerdo del reino visigodo, por lo menos en su aspecto político, puesto que hay algo que perteneció a éste y, sin embargo, no entra en el dolor de aquélla, por tanto, en la realidad viva de aquélla. La "Crónica mozárabe" distingue en varias ocasiones "Spania" de la "Gallia Narbonensis", donde llegaron también los sarracenos y en donde éstos tropezaron con los francos (108).

¿Es esto la natural reducción del concepto de España a los límites de la Península? De acuerdo; pero de una península que no es un puro accidente geográfico, porque de un fragmento de geología no se llora la pérdida y no se le atribuye sentimientos de dolor y de gozo, como no se lo sienta en profunda conexión con una existencia humana. Unidas cincuenta años antes por un mismo poder político, unidas todavía a mediados del siglo VIII por un mismo destino de invasión, ¿por qué ese ámbito peninsular estaba tan claro en la mente y era tan honda su relación vital con el mozárabe autor de la crónica para reducir a él su consabida lamentación del "oh, infelicem Spaniam?".

Creo que el sentimiento que a esto responde se forma en el período de crisis de la Romania, entre los siglos IV y V. La acción del factor visigodo es, aunque muy importante, ocasional. Un sentimiento análogo

---

(107) Ed. de Mommsen ya cit., págs. 356 y ss.
(108) Idem íd., págs. 356 y 358.

se desarrolla en Italia, Galia y Africa, que ha sido estudiado por Sestan (108 bis). La breve y tardía instalación del dominio godo sobre la Península, como base principal y centro de su organización política, dio ocasión a que aquel sentimiento se manifestara con mayor fuerza y hasta tal vez esa configuración del dominio visigodo fue ya obra de ese sentimiento (109).

Cuando los cristianos libres del norte de la Península, cuya existencia desconocía la "Crónica mozárabe", tomen conciencia de su posición y el grupo de historiadores del reinado de Alfonso III, con el propio rey a la cabeza, lancen el que podemos considerar como programa político de nuestra Edad Media —tesis de la tradición goda, acción de Reconquista, idea de España—, nos encontraremos con que en la extraña miscelánea que en el Códice Vigilano precede a la "Crónica Albeldense", formando una como introducción al texto cronístico, su autor creerá necesario ocuparse de la "expositio Spaniae". Echa mano para ello de lo que se decía en las "Etimologías" de San Isidoro: "Sita est autem inter Africam et Galliam, a septentrione Pyrinaeis montibus clausa, reliquis partibus undique mari inclusa" (109 bis). Pero algo más tenemos que observar. Ocúpase a continuación, el autor de esas noticias variadas, en enumerar las provincias eclesiásticas de España y las sedes episcopales que las integran. Son aquéllas seis, la última de las cuales, la Tingitana, "est ultra mare". Y añade: "Gallia non est de provinciis Spaniae, sed sub regimine gothorum erat". Si el criterio político juega para afirmar que la Galia antes era de España y entonces no; si las otras partes estaban divididas, unas en poder de cristianos y otras de árabes, sin que quedaran ya restos siquiera de la anterior unidad eclesiástica, ¿qué profundo y extraño sentimiento de comunidad hispánica latía en el autor de este texto para no estimar rotos los lazos con la metrópoli de Tarragona o con la de Bética y sí, en cambio, con la Narbonense? Por su parte, la "Crónica de Alfonso III" muestra la viva voluntad, y la "Crónica Profética" la esperanza, de una próxima restauración de España. ¿Hasta dónde se extiende en ellas ese ámbito a reparar? Aunque los elementos que ambas obras nos proporcionan sean de escasa precisión, a ese respecto, la coetánea conservación de la concepción tradicional isidoriana, nos muestra la peculiar visión geográfica que se posee en ellas. A esta visión responde,

---

(108 bis)   Ver Sestan, "Stato e nazione nel'alto Medioevo", ya cit.

(109 bis)   Flórez, "España Sagrada", vol. XIII, pág. 434. También Huici, "Las crónicas latinas de la Reconquista", I, pág. 115.

(109)   Ver Abadal, "Del reino de Tolosa al reino de Toledo", ya cit.

con plena evidencia, la "Crónica pseudo-isidoriana", según pudimos ver antes.

Nos situamos con esto en los primeros años del siglo XI. Va a empezar la gran época que inaugura Sancho III Garcés de Navarra, con su efectivo y declarado señorío desde Barcelona hasta León. Este "rey ibérico", como el obispo Oliba le llamaba, y tras él sus descendientes de la dinastía navarra en León-Castilla y Aragón presiden una de las fases de mayor esplendor del sentimiento hispánico en nuestra Edad Media. El número de documentos, diplomas reales y particulares, junto a textos cronísticos y analísticos, que, a partir de esos momentos, mencionan la palabra Hispania, es incontable. Estos reyes se sirven de colaboradores extraídos de todas las tierras peninsulares, y su acción política se proyecta sobre toda España, esa "totius Hispaniae", de Crónicas y diplomas. Al mismo tiempo, en el monasterio de San Miguel de Cuixá, en estrecha dependencia respecto al de Ripoll, construido según una arquitectura que simboliza la penetración cultural desde el sur, bajo los arcos mozárabes que en los muros de las naves laterales se abren al exterior, el monje García, contemplando la misteriosa majestad del Canigó y del "suavissimi fluvioli" que corre por tan bello paraje, escribía al abad de Ripoll y obispo de Vich, el famoso Oliba, una epístola de "iniciis monasteri Cuxanensis et de sacris reliquiis in eo custoditis", y sabía muy bien que ese lugar tan magníficamente ornado se situaba "infra fines Galliae et Hispaniae" (110). La carta del monje García es de 1040, y poco después, en 1055, se traza en la abadía de Ripoll un mapamundi para un manuscrito que se conserva hoy en el Vaticano. En la leyenda que va al margen izquierdo de la figura se enumeran las tierras del occidente cristiano: "Hispania, quam quidam apellant Hiberiam... Galliae utreque... Italia tota...", y luego, analizando la figura, hallamos que Hispania cubre dos partes, "Gallicia" y "Terragonensis", a las cuales les separa del resto una gran cordillera, no apareciendo en su espacio más que una ciudad, debajo del Ebro, Toledo, como en las Galias sólo se señala otra, Sans. Vidier sostuvo que este mapamundi reproduce el que fue obra del obispo hispano de Orleáns, Teodulfo, y así lo afirman unas líneas en la propia figura, al paso que se copian dos fragmentos del poema en que aquél describía el que había hecho pintar en una sala de su palacio (111). Merece la pena destacar que casi al mismo tiempo —sólo con una diferen-

---

(110) Pedro de la Marca, "Marca Hispanica" sive limes hispanicus". París, 1689; doc. núm. CCXXII, cols. 1.072-1.082; la cita al pie de la col. 1.080.

(111) Vidier, "La Mappemonde de Théodulfe e Mappemonde de Ripoll". Bulletin de Geographie historique et descriptive, 1911; págs. 285 y ss.

cia de escasas décadas— se da un concomitante recuerdo de ese obispo carolingio, de origen español, en la parte occidental. En las actas, falsificadas por el obispo don Pelayo, de un primer Concilio de Oviedo, referido al reinado de Alfonso II, se da como presente a Teodulfo de Orleáns. Sea o no cierto el hecho (112), es notable esta alusión que, por tratarse del único obispo español, probablemente del lado catalán, entre los que confirman como testigos en el testamento de Carlomagno dado por Eginardo, no parece ser debida al azar, sino a un sentimiento de particular relación con él —que hay que suponer, por consiguiente, nacida de su condición de hispano, recordada casi a la vez en la parte oriental del Pirineo y en Asturias.

No tratemos ahora de aducir los innumerables testimonios que permiten afirmar que la concepción medieval de España cubría el ámbito que llevamos señalado. Dado que estas primeras páginas no persiguen más que, con un carácter introductivo, determinar el espacio de España según la geografía vivida, no escolar, de la época, no hace falta que recarguemos de referencias este comienzo y preferimos reservar los más de aquellos testimonios —una pequeña parte, de todos modos, de los muchísimos que podrían aportarse— para el momento de estudiar los problemas que plantea el contenido histórico, humano, de ese concepto de España. Estas páginas iniciales no tienen más valor que preparar el acceso a los capítulos siguientes.

Por obra de la tradición antigua y también por obra, contemporáneamente, de reyes y otros personajes, especialmente eclesiásticos, se conserva el recuerdo y se mantiene el sentimiento presente de esa totalidad de España en los siglos medievales. En un diploma de San Juan de la Peña se da en la datación esta referencia: "...postquam Carolus rex venit in Ispania" (113). En otro, perteneciente al diplomatario reunido por Lacarra sobre la repoblación del valle del Ebro, leemos, en análoga forma al anterior. "quando venit comes Pictavensis in Ispania" (114). El "Chronicon Rivipullense" nos da de la siguiente manera noticia de la llegada de los almorávides: "1087. Arabes venerunt in Ispania" (115), noticia que repite en los mismos términos el llamado por Villanueva "alterum

---

(112)   Defourmeaux, "Charlemangne et la Monarchie asturienne", en "Melanges Halphen, París, 1911; págs. 177 y ss.

(113)   Colección diplomática de San Juan de la Peña", ed. de Magallón, anexo de la Revista de Archivos, Bibliotecas y Museos, 1903-1904; docs. núms. VII y XI.

(114)   Lacarra, "Documentos..." 2.ª serie, núm. 114, año 1120. Noticia recogida en los "Annales Compostellani", "España Sagrada", XXIII, pág. 320.

(115)   Villanueva, "Viaje", V; pág. 246.

Chronicon Rotense" (116). Es la misma idea de la "Crónica del obispo don Pelayo", para quien esas gentes vinieron "ex Africa in Ispania" (117). Esta circunstancia de la invasión es motivo de que incontables veces, dentro y fuera de la Península, se piense en la totalidad de España, fundida en un mismo acontecer: los sarracenos ocuparon, dice Glaber, "universam Hispanie regionem" (118).

La "Crónica de don Pelayo" alude a un Cardenal legado que el Papa "in Ispania transmissit" (119). Efectivamente, los legados que, desde fines del XI —y, entre otros motivos, por la razón del culto mozárabe y de las pretensiones pontificias—, se multiplican, desde el momento en que se renuevan las relaciones de Roma con los reinos peninsulares, son enviados "in Hispania". ¿Y cuál era esa España? El cardenal Hugo Cándido, legado en España del Papa Alejandro II, organizador de la infructuosa acción sobre Barbastro, que tuvo alguna parte en la reforma legal de Cataluña y presidió con Ramón Berenguer I, el famoso Concilio de Barcelona de 1064, da en Sínodo de Gerona de 1068 un documento a favor de la iglesia de San Miguel de Fluviá. Se trataba de un monasterio enclavado entre Figueras y Gerona y por aquellos a quienes va dirigido el documento podemos ver en qué medida su autor consideraba que el asunto caía en España, interesaba en España y, eso sí, en toda España: "Hugo Candidus sancte Romane ecclesie cardinalis omnibus tocius Ispaniae principibus episcopis abbatibus ceterisque religiosis clericis vel laicis in fide Christe persistentibus..." (120). Desde Gerona brota, pues uno de los primeros ejemplos de esa fórmula "totius Hispaniae", que había de presidir el ambiente hispánico de la época que comienza a mediados del XI. Epoca, hasta la muerte de Alfonso VII, renovadora, inquieta, turbulenta en algún momento, inmatura, en la que, si había de fracasar el primer intento de unión de Castilla y Aragón, se había de llegar a contemplar la unión definitiva de Aragón y Cataluña. Epoca en la que los reyes peninsulares multiplican los enlaces matrimoniales entre sus descendientes, escandalizando a los eclesiásticos que les acusan tan reiteradamente de no respetar el impedimento de consanguinidad. Y época también de felices momentos de colaboración militar —Toledo, Almería, Valencia, Zaragoza. Toda esa política produce, claro está, perturbaciones al chocar con intereses o maneras de ver de más cortos alcances.

---

(116)   Idem íd., XV, pág. 334.
(117)   Ed. de Sánchez Alonso, ya citada; pág. 82.
(118)   "Historiarum libri V", ed. preparada por Prou. París, 1886; pág. 44.
(119)   Ed. cit., página 80.
(120)   Publicada por Kehr, "El Papat y el Principat de Catalunya", en "Estudis Universitaris Catalans", XV, 1930; pág. 6.

Y esas mismas alteraciones se contemplan con un sentimiento hispánico. Después de muerto Alfonso VI, la "Crónica del obispo don Pelayo", alude a las tribulaciones que "evenerunt Hispaniae" (121). Todavía el Tudense, al hablar de Doña Urraca y Alfonso I, las recordaba —"eo tempore facta est perturbatio magna in Hispania" (122). ¿Se refieren esos textos sólo a una parte de la Península? Nada autoriza a pensarlo así y, en cambio, en una epístola de Pascual II al mismo Alfonso I, a quien llama "Hispanorum rege", le dice: "principatus tui tempore multa mala et multa pericula in regno Hispaniae contingere" (123).

No tendría sentido prolongar en este lugar indefinidamente la lista de textos de contenido análogo a cuantos llevamos vistos. Recordemos sólo que los "Gesta comitum barcinonensium" (comienzo del texto latino primitivo), definen el núcleo originario del condado barcelonés en estos términos: Vifredo, después de dar muerte a Salomón, "eiusque comitatum a Narbona usque in Hispaniam solus, dum vixit, obtinuit". Ya tendremos, además, ocasión de examinar otros casos que, si bien serán tomados en consideración para precisar nuevos matices, podrán servirnos también para confirmar lo hasta aquí dicho.

Algo, no obstante, hemos de añadir al tema de la determinación espacial de España. Al aparecer nuestra gran historiografía del siglo XIII se mantiene la neta distinción entre las tierras al norte y sur de los Pirineos y el carácter hispánico de estas últimas. No puede contra ello el hecho de que esos historiadores del XIII sean los propagadores de la tesis de la herencia goda. Lucas de Tuy y Rodrigo Jiménez de Rada, aun ocupándose del tiempo de la dominación visigoda, cuando narran el episodio de la revuelta contra Wamba, en el que después será Mediodía francés, refieren que vencidos los sublevados y sus auxiliares francos, pacificada Narbona y tomadas las provincias del caso, el rey regresó a España: "directo itinere, dice el Tudense, ad Hispaniam commeavit" (124) y el Toledano escribe que "his omnibus provide ordinatis, disposuit in Hispaniam remeare" (125).

Pero una situación política nueva se ha producido en tanto. Ello trae, con mayor vigor que en ningún momento precedente, la inclusión en el ámbito hispánico del vértice Narbonense. Ciertamente que el "non est, sed erat", del "Codice Albeldense" no era la única manera de ver

---

(121) Ed. cit. pág. 83.
(122) "Chron, Mundi", His. Illust., IV. pag. 103.
(123) Villanueva, "Viaje", XV, pág. 287.
(124) "Choricon Mundi", pág. 66.
(125) "De rebus Hispaniae", ed. cit., pág. 59.

la cuestión. La tradición eclesiástica estaba en contrario, lo que hacía posible que los textos de la "pseudo-división de Wamba", de los monasterios de San Juan de la Peña y Montearagón, escrito el primero todavía en letra toledana y el segundo perteneciente a fines del XII, terminaran su enumeración de sedes españolas con estas palabras: "Hec sunt sedes ispanienses divise a Narbona usque Yspalim" (126). Y ese factor tradicional eclesiástico se une y, tal vez, fomenta las tendencias de la política expansionista de Cataluña y Aragón hacia el otro lado del Pirineo, que dan lugar —o por lo menos se implican mutuamente— al fenómeno de ensanchamiento del nombre geográfico de España por el otro lado de las montañas. Es interesante encontrar ya testimonios de geógrafos e historiadores de la Antigüedad que extienden los nombres de Hispania o Iberia hasta las fuentes del Ródano. Pero, creo que la renovación del hecho a que responden los nombres ya dichos —Hispanogallia, Hispania superior, E s p a ñ a la menor, etc.— se debe a la acción política concreta, desde el siglo XI, de condes catalanes, reyes aragoneses y primeros reyes castellanos de la dinastía navarra.

La larga y constante política llevada a cabo al norte de los Pirineos por los Condes de Barcelona, heredada después por los Reyes-Condes de Aragón y Cataluña, había ido absorbiendo de tal manera la vertiente septentrional del Pirineo, en victoriosa pugna con los condes de Tolosa y otros señores del Sur francés, que se renueva, con mayor fuerza que antes, la antigua situación del tiempo de los godos. Ya Ramón Berenguer I actuaba como señor al otro lado de la cadena pirenaica, enfeudando el condado de Carcasona a un Ramón de Bezièrs (127), y se conserva una larga lista de señores de la misma comarca que rinden homenaje feudal a dicho conde de Barcelona (128). El conde de Tolosa, don Beltrán, se reconoce vasallo del rey de Aragón y de Pamplona en 1116, por las ciudades de Tolosa, Rodez, Cahors, Albi, Narbona y Carcasona y con rigurosa terminología feudal se declara "homo de rege" (129). Por conducto de estos condes barceloneses y de los reyes de Aragón, que le han reconocido como superior, Alfonso VII de León y Castilla aparece como superior también de los señores de todos los principados pirenaicos, entre ellos del conde de Toulouse y del de Narbona, los cuales, en el in-

(126) Vázquez de Parga, "La división de Wamba", C. S. I. C., 1945; pág. 127.

(127) "Liber Feudorum Maior" doc. núm. 839, año 1068.

(128) "Cartulario", cit. núm. 832, año 1067.

(129) "Liber Feudorum Maior", dipl. núm. 2, año 1078. En el documento, al rey se le llama Alfonso Sánchez; por tanto la fecha no puede ser ésa. En el índice que se inserta al final del vol. II de la ed. cit., Miquel, sin ninguna advertencia, la cambia por la que damos en el texto.

vierno de 1134, acuden a Zaragoza a rendirle homenaje feudal. Esta posición la conserva el rey catalano-aragonés Alfonso II, en quien la antigua
política barcelonesa de matrimonios y relaciones familiares, como instrumento de hegemonía pirenaica, da sus frutos maduros. Los señores de
Montpellier, Bezièrs, Foix, Narbona, Rosellón, las tierras de Provenza,
y, más adentro de los Pirineos, Bigorre, Béarn, etc., le reconocen como
supremo señor, hasta el extremo de que por alguien ha sido llamado "emperador del Pirineo" (130). Es conocida la serie de señores del Rosellón
que le prestan homenaje (131); en su guerra contra el conde tolosano
ayuda al vizconde biterrense, calificándole de "homine meo" (132); como rey reconoce a Niza el sistema de gobernación comunal del consu-
lado, con la facultad de elección popular (133); los vizcondes de Béarn
préstanle vasallaje, en tres fechas diferentes, por las tierras de Béarn y
Gascuña (134). En diploma expedido en Castelnou de Salses, en 1192,
el propio Alfonso II libra de exenciones fiscales a los monjes de Bonneval en cualesquiera lugares de su tierra, así como les da el derecho de
apacentar ganados (135). Es de observar que Barrau-Dihigo, al hablar de
que los señoríos gascones se subordinaron a los ingleses, o hicieron acto
de homenaje a los condes de Tolosa, o prestaron vasallaje a los reyes de
Francia —y entre ellos cita los condados de Béarn, Comminges, etc.—,
olvidó señalar, a pesar de constar documentalmente y ser el hecho conocido, su dependencia feudal bajo los reyes de Aragón durante largos
años (136).

En relación con esta posición de Alfonso II, es del mayor interés el
pacto entre los condes Ramón de San Gil y Ramón Berenguer de Provenza, en 1165, en el que aquél dice que ayudará a éste contra todos,
"excepto rege Francorum", y el de Provenza promete una ayuda recíproca "excepto domino meo rege Aragonensi" (137). El hijo de Alfonso,
Pedro II, en el invierno de 1212-1213, se traslada a Toulouse y actúa
desde allí como rey y señor feudal superior de los condados transpire-

---

(130) Higounet. "La rivalité des maison de Toulouse et de Barcelone pour
la preponderance méridionale", en "Mélanges Halphen", págs. 313 y ss., en especial 320.
(131) "Liber Feudorum Maior", núm. 793, año 1172.
(132) "Liber Feudorum Maior", núm. 860, año 1179.
(133) "Liber Feudorum Maior", núm. 893, 1176.
(134) "Liber Feudorum Maior", núms. 19, 20 y 21; años 1170, 1187 y 1192.
(135) "Cartulaire de l'Albaye de Bonneval en Rourgue". Ed. de Verlaguet
y Rigal, Rodez, 1938; doc. núm. 85.
(136) "La Gascogne". París, 1905; págs 58-59.
(137) "Liber Feudorum Maior", núm. 898.

naicos occitanos. Sin apoyarse en ninguna otra jurisdicción inferior ni superior, ni la del mismo conde de Tolosa, por sí y ante sí, concede por diploma extendido en su Cancillería habitual la protección regia a los bienes de los Templarios de aquella ciudad y de Lardenne, así como realiza otros actos de naturaleza semejante (138). La defensa del conde tolosano y de los restantes señores del Mediodía francés, por Pedro II, se debe a que éste actúa como supremo señor feudal de aquéllos y sigue la política secular de su familia, de expansión más allá de los Pirineos, amenazada porque, después de siglos, la realeza francesa ha puesto su mirada en el Sur. "La estancia del rey de Aragón en Toulouse, ha dicho Higonnet, en enero de 1213 es, tal vez, el más alto momento de la empresa de dominación barcelonesa en el Mediodía francés". Unos meses después tendría su término ante las murallas de Muret (139).

A pesar de ese final, queda una repugnancia larga en los escritores catalanes a llamar Francia a esa tierra languedociana. "Ajudava al Comte de Tolosa contra els françesos", dice del mencionado Pedro II la "Crónica" de Ribera de Perpejá (140). Cuando cuenta que Felipe III preparaba la guerra contra el aragonés, Desclot insiste todavía en decir que aquél partióse de Francia y se dirigió a Tolosa (141). Queda siempre un fondo de actitud reivindicatoria durante toda la Edad Media. Miret y Sans reunió ya interesantes datos sobre caballeros catalanes que, después de Muret, siguen auxiliando en el Languedoc la resistencia a los invasores nórdicos (142). La misma actitud se observa en algún capítulo de la "Crónica" de Desclot, haciendo ver que los catalanes y los mismos tolosanos consideraban que el condado pertenecía a los reyes aragoneses (143).

Esa política catalano-aragonesa actualizó el viejo fondo de parentesco étnico y cultural de los pueblos del norte de los Pirineos con la Hispania del Sur. Desde muy antiguo había existido una constante corriente humana y cultural de Cataluña hacia el Norte. García Bellido ha dado interesantísimos testimonios de la Antigüedad, entre ellos una diáfana referencia de Strabon, que extienden el nombre de Iberia, nacido originariamente para designar una pequeña zona de la hoy provincia de Huelva, hasta el Ródano. Algunos otros de esos textos antiguos hablan de iberos

---

(138) Higounet, "Un diplôme de Pièrre II d'Aragón pour les Templiers de Toulousse", en "Annales u Midi", 1940; págs. 74 y ss.

(139) Higounet, art. cit. en "Mélanges Halphen", págs. 321-322.

(140) Citado por Massó Torrents; ob. cit., pág. 500.

(141) "Crónica"; vol. IV, pág. 65.

(142) "La expansión y dominación catalana en los pueblos de la Galia meridional", en B. R. A. B. L., Barcelona, 1900.

(143) Vol. II, pág. 19 y ss. y nota 2.ª de Coll y Alentorn a la pág. 19.

junto al citado río (144). Basándose en datos toponímicos, Aebischer sospecha la existencia de una emigración catalana hacia el Norte, de la que derivaría el nombre de Perpignan (145). La colonización, con sus hábitos, sus leyes y es de suponer que con su lengua, de los "hispani", mozárabes catalanes, en la Septimania, durante los primeros carolingios, es conocida. Antes de ésta, numerosos factores habían dado lugar a esa Hispanogallia de Fredegario que nos hemos ya encontrado y ese concepto geográfico que ya recogimos se nos ofrece lleno de sentido histórico. Por otra parte, Schulten menciona el caso del llamado "Cosmógrafo de Rávena", que a la parte entre el Garona y los Pirineos, la llama "Spanoguasconia" (146). Desde comienzos del XI, esa antigua relación se recrudece y son otra vez los catalanes los que la actualizan, iniciando, con medios que cabría llamar muy modernos, su expansión política. Resultado de esta acción desarrollada sistemáticamente durante los siglos XI y XII es esa catalanización del Sur francés, de la que da testimonio el conocido poema del trovador Alberto de Sistero en 1120:

> "Monges, digats, segón vostra sciença,
> qual valon mais, Catalan o Francés;
> et met de sai Guascuenha e Provença,
> e Limozin, Albernh e Vianés;
> e met de lai, la terra del dos res" (147)

Esos versos nos muestran, sin lugar a dudas, la existencia de un sentimiento catalán al otro lado de la Península. Y en la misma línea es sumamente revelador del mismo estado de espíritu el reiterado llamamien-

---

(144)   Ver García Bellido, "Los más remotos nombres de España", en la revista "Arbor", núm. 19, 1947, y también, del mismo autor, "La Península ibérica en los comienzos de su historia". Madrid, 1953, págs. 85-101.

(145)   "L'orige du nom de Perpignan et le gentilice Perperna", en "Bulletí de Dialectologia catalana". Barcelona, XIX, 1931; págs. 1-18.

(146)   "Hispania"; pág. 23.

(147)   Citado por Rajna, la estrofa que reproducimos ha sido también publicada por Rubio Balaguer, en "Literatura Catalana", "Historia de las literaturas hispánicas". Barcelona, 1940; vol. I, pág. 656. Rubió traduce y comenta: "Monje, decidme, según vuestra ciencia, quiénes valen más, si los catalanes o los franceses; y poned del lado de acá a Gascuña y Provenza, y Lemousin, Alvernia y el Vianés, y del lado de allá la tierra de los dos reyes" es decir, de los reyes de Francia y de Inglaterra, que, como es sabido, tenían dominios feudales en la tierra francesa".

to del trovador Peire Vidal al rey de Aragón para que vigile aquellas tierras y no deje perder la Provenza (148).

Teniendo en cuenta lo dicho no tiene nada de extraño que Dante considerara toda esa tierra al norte de los Pirineos habitación de los hispanos, como se deduce de lo que escribe en su "De vulgari eloquio": "Alii oc, alii oil, alii si affirmando locuntur, ut puta Yspani, Franci et Latini". Contra el uso que de las palabras estas de Dante hizo Rajna, sostiene Alfaric que no pretenden decir que cuantos dicen oc sean españoles (149). En todo caso, cabría observar más bien lo contrario, que no todos los españoles dicen oc; pero esto no tiene interés para nosotros.

Es, en cambio, interesante señalar que esa expansión catalana al norte de los Pirineos llevaba consigo la extensión del nombre de España hasta esa parte. Lo hemos visto así en el texto de Dante y prueba su aceptación por las mismas gentes de la otra vertiente pirenaica el hecho de que el anónimo cantor de la Santa Fe de Agen califique su canción de una "razon espanesca" (150). Rajna, ocupándose de este notable poema, que hoy se tiende a fechar a fines del siglo XI, aduce, con la ya mencionada frase de Dante, el pasaje de la "Chronica Adefonsi Imperatoris": "facti sunt termini regni Adefonsi regis Legionis a mare magno Occeano, quod est a Patrono Sancti Jacobi, usque ad fluvium Rodani" (151). Alfaric minimiza la importancia de esta cita, que considera única. Pero no es, ni mucho menos, la sola que responde a esa concepción histórico-geográfica. Aparte de la tradición antigua y de testimonios merovingios; aparte también de otros textos medievales ya citados, queda la referencia que se encuentra en la "Historia Silense": "Hispanici autem Reges a Rodano Gallorum maximo flumine usque ad mare quod Europam ab Africa separat... gubernaverunt" (152). Junto a los testimonios de la Silense y de la Crónica latina de Alfonso VII se halla el tal vez más valioso ejemplo: el que nos ofrece la "Crónica Pinatense". En ésta —una de las obras historiográficas dirigidas por Pedro IV de Aragón— no se afirma de uno u otro rey español que su reino llegara hasta el Ró-

---

(148) Se contiene en sus canciones núms. 16 y 23. Ver Hoepffner, "L'Espagne dans la vie et dans l'oeuvre du troubadour Peire Vidal", en "Mélanges 1945", publicaciones de la Univ. de Strasbourg, fas. 105; París, 1946, págs. 39 y siguientes.

(149) "La Chanson de Sainte Foy", publ. de la Universidad de Strasburg; volumen II, pag. 6.

(150) Verso 15 del poema, según la ed. de Hoepffner, en el vol. I de la obra citada en la nota anterior.

(151) En edic. de Sánchez Belda, ya citada; pág. 54.

(152) "España Sagrada", XVII, pág. 265.

dano, sino que se viene a dar ese límite a España: "tota Ispania occupata per sarracenos usque ad locum de Arleto Provintiae" (153). Todavía en la primera mitad del xv, desde Gerona se dirá: "Narbona, donde comienza España". Efectivamente, en el texto litúrgico del "Oficio de San Carlomagno", de la Catedral de Gerona, la "lectio I" recoge la leyenda del viaje del Emperador a Santiago y su propósito de conquistar España a los infieles y, puesto en ello, Carlomagno "capta vero civitate Narbona et munita in qua Ispania inchoatur, perveniens ad terram Rossilionis que est principum Cathalonie" (154). Los hechos que en este Oficio se narran son, como es sabido, completamente falsos, pero a nosotros nos interesa la idea geográfica expresada en esas palabras: en Narbona da comienzo España, de la que es una parte Cataluña, que sólo empieza en el Rosellón.

Probablemente, la situación creada por la política catalano-aragonesa, más que el lejano recuerdo visigodo y más también que la episódica amplitud del reino de Alfonso VII, hacen revivir en Castilla ese sentimiento hispánico con que se considera la tierra narbonense. Respondiendo a él, la "Primera Crónica General", como ya vimos, renueva los nombres, que usara ya Fredegario, de España la mayor y España la menor. Claro que, en definitiva, al Rey Sabio lo que le interesa es España la mayor; y aun la otra lleva también un nombre, según él, además del de España la menor, suficiente por sí para marcar la diferencia: "Demás es en esa Espanna la Galia Gotica que es la provincia de Narbona" (155). La "Primera Crónica General" nos ofrece en otro lugar una interesante enumeración de partes de España designándolas por sus nuevos nombres en romance: "en Gallizia et en Asturias et en Portugal et en ell Andaluzia et en Aragon et en Catalonna et en las otras partidas de Espanna" (156). Todavía a fines del XV, Diego de Valera trata de los reinos y regiones y provincias que "en la nación de España se contienen": la Francia gótica que es Lenguadoque, Narbona, Tolosa, Castilla, León, Aragón, Navarra, Granada, Portugal (157).

También al terminar la Edad Media, desde ese rincón de Gerona que hemos visto ya aparecer en varias ocasiones con testimonios decisi-

---

(153) Ver pág. 18, ed. cit.
(154) Coulet, "Etude sur l'Office de Girone en l'honneur de Saint Charlemagne". Montpellier, 1907; pág. 57.
(155) Ed. cit., pág. 6.
(156) Ed. cit., pág. 311.
(157) "Chronica de España" o "Crónica abreviada", cap. VI, fols. 4 y 5, citado por Carriazo en su ed. de la "Crónica de los Reyes Católicos", del mismo autor. Madrid, 1927; pág. CX.

vos, el Obispo Juan Margarit, al acometer la ejecución del más vasto plan de nuestra Historia, empieza por señalar los lindes de España, siguiendo una vieja tradición, en el Canigó y el Portus Veneris (Port Vendres), cuyo nombre suena desde tan antiguo en ese sentido; pero luego, refiriéndose a la autoridad de Strabon y de algún concilio tarraconense y analizando la estructura de los montes que parten del Canigó, sostiene que la frontera está en la Fuente de Salsas.

Con razón podía escribir años después Antonio de Nebrija: Entre hispanos y galos, para contener· su *cupiditas belligerandi,* la naturaleza colocó los abismos de los montes Pirineos, "ut utriusque populi se intra fines suos continerent". Sin embargo, fue tal el dominio sobre la Galia Narbonense antes del tiempo de los romanos, más adelante con éstos y ulteriormente con los godos, que "totus ille tractus Hispaniae annumeratus est" (158).

Mas, a pesar de cuanto llevamos dicho, si se descuentan los naturales fenómenos de ósmosis que en toda frontera se dan, lo cierto es que desde muy temprana fecha se produce y se conserva fuertemente, a pesar de los avatares de la situación política, un firme sentimiento de diferenciación entre uno y otro lado de la cordillera. Nada es quizá más elocuente que un hecho concreto de la historia política de Cataluña y Aragón: la distribución de sus tierras por Jaime I entre sus dos hijos. En manos de este rey se encuentran Aragón y Cataluña reunidas ya de atrás bajo la misma Corona; pero, además, Valencia, que acaba de ser conquistada por él, cuya unión a las otras dos partes no ha fraguado todavía en viejo hábito y que, según la tradición eclesiástica, no correspondía a la Tarraconense, sino a la metrópoli de Toledo; aparte de estos tres reinos, otras dos regiones, Mallorca y Rosellón, la primera enfrente y próxima a esa Valencia y, como ella, sin ningún pasado catalano-aragonés (por lo menos en cuanto a unión política), y el segundo, en cambio, con una ya larga relación de dependencia respecto a los condes de Barcelona. Y ante esta situación, lo que hace Jaime I es conservar unidas las tres partes o miembros del tronco hispánico y formar un segundo e inverosímil reino con las dos "adyacencias", que entrega a su segundo hijo, recortando para éste los flecos del tapiz hispánico, al que conserva unido en manos del hijo primero. Creo que sólo el juego fundamental del concepto de Hispania, que tanta fuerza tuvo, como más adelante veremos, en el pensamiento de Don Jaime, explica esta insostenible división. Efectivamente, tal hecho sólo dentro de una serie de testimonios coincidentes, se puede

---

(158) Nebrija, "De bello Navariense". Comienzo del prólogo. Ed. de Granada, 1545, fol. LXXIII.

entender. Aunque muchas piezas de esa serie nos son ya conocidas, fijémonos en dos ejemplos extremos.

Entre los hispanos, de procedencia goda o romana, que en la segunda mitad del siglo VIII emigraron al Norte y tomaron parte tan activa en la colonización de las tierras de Septimania, recién liberadas, figuraba el que luego había de ser famoso prelado del grupo carolingio, San Agobardo, arzobispo de Lyón. De él se conversa una nota biográfica que la crítica actual considera como manuscrito auténtico suyo, y en ella, con referencia al año 782, figura esta anotación: "Hoc anno ab Hispaniis in Galliam Narbonensem veni" (159). Por otra parte, en el último cuarto del siglo XIII, un interesante personaje, Guillermo de Aragón, médico y filósofo, autor de varias obras y entre ellas de un "Liber de nobilitate animi", de neta raigambre hispánica en sus tesis, da cuenta de haber estado "in terra Narbonensi et in quodam parte Hyspanie que dicitur Cathalonia" (160). En el hilo que va de uno a otro de estos dos cabos que acabamos de señalar se enhebra y cobra su pleno sentido el acto de reparto de Jaime I.

LA SEDE NARBONENSE EN LA TRADICION HISPANICA

Tenemos todavía que hacernos cuestión, antes de terminar este capítulo, de un problema cuyo aspecto cambia radicalmente en relación con los datos que hasta aquí llevamos ya reunidos. Conviene, de todas formas, que lo abordemos más de cerca. Se trata del problema de la relación entre la sede narbonense y los condados que formaran más tarde Cataluña.

Cuando la incursión de las tropas de Luis el Piadoso al sur de los Pirineos permite que los grupos refractarios a la dominación árabe se afiancen y organicen en esa zona, la vida eclesiástica que paulatinamente recomienza se vincula de hecho a la sede Narbonense, una de las pertenecientes a la Hispania visigoda, que, por ser limítrofe de la Tarraconense, recoge bajo su autoridad los restos de esta última que se han logrado salvar. Sin embargo, en muy temprana fecha se observa la hostilidad de los elementos eclesiásticos catalanes contra esa dependencia, bien porque el recuerdo de haber formado parte de otra provincia les impida

---

(159) Mr. Bressolles, "Saint Agobard, Evêque de Lyon". París, 1949; págs. 35 y ss.

(160) M. Thomas, "Guillaume d'Aragon, auteur du "Liber de nobilitate animae", en Bibliotheque de l'Ecole des Chartes". Vol. CVI, 1945-1946; pág. 77.

adaptarse a la nueva situación, bien porque se dé en ello una manifestación concreta de la lucha por no dejarse asimilar por los del otro lado de los Pirineos, buscando también aquí, circunstancialmente, un apoyo en la fuerza de los sarracenos o en el sentimiento de solidaridad de los restantes cristianos hispánicos.

En la misma época en que los condados catalanes nos ofrecen ya tantas muestras de efervescencia, época en la que la historia y la leyenda sitúan la figura de Vifredo el Velloso, es decir, hacia 874, un presbítero cordobés, llamado Tirso, ejercía funciones pastorales en Barcelona, contra la autoridad de los francos (161). Por el mismo tiempo —el documento que a ambos alude es de 878— otro eclesiástico indígena, "godus, nomine Recosindus", se había apropiado derechos del obispo barcelonés Juan, poseedor oficial de la mitra (162). Pocos años después, sobre 888, el monje Sclua, separándose y aun levantándose contra Narbona, se hizo consagrar obispo de Urgel por prelados gascones y, lo que es más extraordinario, atribuyéndose facultades de metropolitano consagró, en la indicada fecha, un obispo de Gerona, a pesar de que esta diócesis estaba ocupada por otro a quien había ordenado el arzobispo de Narbona. Y lo interesante, sobre todo, es que ese monje no procede aisladamente. Aparte de la solidaridad en su acción que le muestran los gascones, parece que fue ayudado por los obispos de Barcelona y Vich y por los condes de Barcelona-Urgel y Ampurias (163). Abadal, que recoge el caso anterior, se refiere también a un obispo Aton, hermano de los condes que poseen las tierras de Pallars, Ribagorza, Arán y Sobrarbe, sobre todas las cuales aquél ejerce su autoridad episcopal, autoridad en la que se había visto consagrado posiblemente por la misma vía que empleara, unas décadas antes, Sclua (164).

Desde mediados del siglo X este movimiento adquiere un nuevo aspecto, debido a la pretensión de separar legítimamente los obispados ca-

---

(161) Gómez Moreno, "Iglesias mozárabes", 1, pág. 42.

(162) Mateu Llopis, "De la Hispania terraconense visigoda a la Marca Hispánica carolina", en "Analecta Sacha Terraconensia", XIX, 1946; pág. 42. El diploma ha sido nuevamente publicado por Abadal, "Catalunya carolingia. II. Els diplomes carlingis". Ver núm. VII del apéndice, págs. 430-433. En ese documento se llama a Tirso "presbiter Cordubensis" y a Ricosindus y a un tal Madascius se les cita como "praefatis Gotis". Se aduce en el texto la autoridad de los Concilios visigodos de Braga (III) y Toledo (VII), los mismos Concilios recordados en capitular de Carlos el Calvo del año 844 (M. G.H., Leges, II, Capitularia regum francorum, II; pág. 256, doc. núm. 255).

(163) Abadal, "La sede ribagorzana de Roda"; pág. 19.

(164) Ob. cit.; pág. 24.

talanes de la Sede Narbonense, cuya autoridad no sólo, como hasta entonces, se olvida o rechaza de hecho, sino que se pretende eliminar por el eficaz procedimiento de elevar otra en su lugar, bajo la cual se reúna todo el ámbito de los condados subpirenaicos. Si tenemos en cuenta, primero, que este hecho se produce no sólo en relación al condado de Barcelona, sino también a los demás condados; segundo, que en algún caso la autoridad prevista queda fuera de la propia tierra barcelonesa; tercero, y finalmente, que en la época en que los hechos acontecen no se ha producido la unificación política de los condados catalanes, comprenderemos que la pretensión de un metropolitano propio no deriva de un sentimiento nuevo de independencia de un poder político que de ese modo trate de fortalecer su posición, sino del vivo recuerdo de la tradición hispánica tarraconense. Este aspecto queda efectivamente de manifiesto, con toda claridad, en el primero de los hechos que al caso se refieren: al empezar la segunda mitad del siglo x, el abad Cesáreo de Montserrat —que alguno de los documentos francos llama Cesáreo de Hispania—, apoyado por los leoneses, acude a Santiago y se hace consagrar arzobispo tarraconense. En 962 escribe al Papa Juan XII comunicándole que por los obispos de Galicia, y fundado el hecho en lo dispuesto por los cánones toledanos, ha sido consagrado "Archiepiscopus provinciae Tarraconae quae est fundata in Spania" (165). El hecho no tiene consecuencias prácticas y por eso unos años después se repite un intento análogo. Esta vez es el obispo de Vich, Aton, que había guiado los pasos en España del entonces monje y futuro Papa, Gerberto. Acompañado de éste y del propio conde Borrell, Aton se dirige a Roma y consigue del mismo Papa Juan XII el nombramiento de arzobispo de Ausona (Vich), metropolitano de las sedes pirenaicas. Tampoco esta vez la autoridad recién creada cobra efectividad. La resuelta oposición o la resistencia pasiva de los obispos comprovinciales impide que esta innovación grane, y me inclino a creer que ello es así por la razón de que el recuerdo de la tradición tarraconense pesa y se espera sea restaurada, ya que, en cambio, nadie pondrá dificultades cuando, más tarde, sea el arzobispo de la propia sede de Tarragona el que reciba la consagración como tal.

Hasta que este último momento llegue, la Sede Narbonense aparecerá como metropolitana de los obispados catalanes. Pero ¿qué real signifi-

---

(165)   Flórez, "España Sagrada"; vol. XIX, págs. 160 y 370. Ver sobre ese interesante episodio, desarrollado en el Concilio de Compostela de 959, en presencia de los mismos príncipes, el art. de Monseñor López Ortiz, "Las ideas imperiales en el medievo español", en la revista "Escorial", núm. 15, Madrid, 1942, y el folleto de Hüffer, "La idea imperial española". Madrid, 1933.

cación tiene esto? Se ha hecho uso de esta situación presentándola como un lazo de subordinación positiva y sólidamente trabada bajo un poder y una cultura extra-hispánicos, situación que arrastraría los condados catalanes hacia la órbita del Norte.

Acabamos de aducir numerosos datos en prueba de la idea que se tenía del límite pirenaico y de un cierto sentimiento de diferenciación respecto a las tierras de la parte oriental de la vertiente norte de la cordillera. Pero, no obstante, constituían éstas un ámbito en estrecha dependencia con las regiones al sur de los montes, y lo que a nadie se le hubiera ocurrido en la época es estimar a aquéllas comprendidas en el área cultural de los francos. Lindante con las Gallias, pero separada, contempla Gregorio de Tours la Septimania, "quae Galliis est propincua" (166), y aun al referirse a las devastaciones sufridas por España, añade que adquirieron su máximo rigor en Narbona. Si hemos reservado para este lugar la presente cita de Gregorio de Tours y no la hemos recogido antes al ocuparnos de la extensión del nombre de España, se debe a que en esas palabras el historiador de los merovingios nos da un claro testimonio de cómo era concebida, precisamente desde el lado franco, la situación de la Narbonense en vísperas de convertirse en sede del metropolitano pirenaico. Entre este momento y el fenómeno que consideramos queda, es cierto, la acción de Carlos Martel y el descenso hacia el Sur de los carolingios; pero de ello nos ocuparemos en el capítulo siguiente.

Por otra parte, el orden jerárquico eclesiástico es, sin duda, confuso e insuficiente en los siglos de la alta Edad Media. Los príncipes y señores, en sus testamentos y otros actos jurídicos, disponen de los obispados e iglesias como de bienes propios, y la elección —que cubre con frecuencia procedimientos de los más anormales— es base para los nombramientos, cuya regularización no siempre se lleva a cabo. El fenómeno de las iglesias propias se da frecuentemente en Cataluña, como en el resto de España, y hasta se conservan ejemplos de transmisión a mujer —se trata de derechos sobre las rentas que tienen muchas veces repercusión de hecho en las provisiones—. Berenguer Ramón I deja a su mujer "ipsum comitatum Ausonensem cum ipso episcopatu" (167). Torres López ha mostrado que no es una situación derivada del Derecho germánico, sino que se da ya en el Derecho romano tardío y también entre los musulma-

---

(166) "Historiae franchorum"; ed. de Collon, París, 1893; vol. II, pág. 71.

(167) Citado, con otros casos, por Kehr, "El Papat y el Principat de Catalunya", en "Estudis Universitaris Catalans", XIII, 1928; pág. 3.

nes (168). Nosotros nos referimos sólo a ella en la medida en que ayuda a comprender el cuadro de la disciplina eclesiástica en la época.

Dentro de la imprecisa canalización de la jerarquía eclesiástica se da siempre, salvo en un primer caso, un mismo hecho que tiene la mayor relevancia. Los Papas, al ocuparse de asuntos hispánicos, se dirigen con frecuencia al arzobispo de Narbona; pero nunca, si se han de dirigir al brazo secular, apelan a los reyes francos, sino al conde de Barcelona o a otro conde catalán correspondiente. Sin embargo, existe una excepción, que precisamente da todo su sentido a este proceder: Carlomagno, al empezar el dominio cristiano en Cataluña, sí intervino en la Iglesia de esta región en el asunto del legado Egila, y a él se dirige el Papa en la cuestión del adopcionismo y subsiguiente condena del obispo Félix de Urgel (169). Y a partir de ese momento, la relación con el rey franco desaparece en los documentos papales dirigidos sobre asuntos catalanes.

Hay también un dato a tener en cuenta que, en cierto aspecto, guarda correspondencia con el anterior. Los reyes francos que otorgan diplomas para iglesias y monasterios catalanes, ni se dirigen al metropolitano de Narbona, ni menos aún a sus súbditos de naturaleza francos. Cuando en 981 encontramos como ejemplo extraño en contrario un diploma de Lotario que se dirige a "tam episcopis quam abbatibus atque regni Francorum proceribus", descubrimos que se destina a Sant Genis les Fonts y está otorgado a petición del famoso Guidfred, "dux Rossilionensis (170).

Las numerosas confirmaciones pontificias que se dan en los cartularios catalanes comprueban lo que llevamos dicho. Si elegimos, puesto que la confrontación de todos ellos es imposible, uno de ellos, el de San Cugat, por ser el más rico y el que presenta a este respecto más documentos de fechas altas, vemos, empezando por la confirmación de Silvestre II, en 1002, siguiendo por la de Juan XVIII, en 1007, etc., que no se refieren para nada a la intervención de reyes francos ni la reclaman (171). En cambio, con ocasión de los pleitos y violencias que sobre los bienes del monasterio citado se produjeron, se acude, como auxiliares, a los condes. Así hace el mismo Urbano II, franco de nación, en 1091 ó 92 (172). Ni que decir tiene que en muchas ocasiones se suprime la intervención incluso del metropolitano narbonense. Y ello nos hace pen-

---

(168) "La doctrina de las iglesias propias en los autores españoles", A. H. D. E., II, 1925; pág. 402 y ss.

(169) Una magnífica exposición del tema en Abadal, "La batalla del adopcionismo en la desintegración de la Iglesia visigoda". Barcelona, 1949.

(170) Abadal, "Catalunya carolingia", pág. 211.

(171) Ver ed. de Ríus Serra, int., vol. I, pas. XV y XVI.

(172) Ed. cit., doc. núm. 744.

sar en lo que afirmaba Kehr: "Al comienzo, el Mediodía francés hace
de intermediario, pero muy pronto los príncipes, obispos y abades del
sur de los Pirineos descubren el camino directo de Italia y Roma. No hay
otro país en el que se pueda constatar una más rápida evolución en este
sentido. No se trata, sin embargo, de relaciones eclesiásticas y político-
eclesiásticas exclusivamente; las culturales debieron ser, sin duda, también muy importantes" (173).

Con la temprana fecha del año 906 figura en el Cartulario de San
Víctor de Marsella (174) un documento en el que vemos al metropolitano narbonense reunido con los obispos de Gerona, Vich, Urgel y Barcelona, "una cum precellentissimo principe et marchione Unifredo" —debe ser, sin embargo, Vifredo II— "apud Barcinonam civitatem". Los condes de la tierra presiden la vida eclesiástica. El famoso sínodo de Gerona
del año 1068 reúne, con el legado pontificio cardenal Hugo Cándido, al
arzobispo de Narbona y los obispos sufragáneos "sub praesentia domni
Remundi Barchinonensis Comitis" y de su mujer, "quorum cura et instancia haec Sinodus congregata est" (175). Y de igual manera acontece
en los sínodos o asambleas de diversa naturaleza que, presididos por legados y representantes de los Papas Alejandro II, Gregorio VII, Urbano II,
Pascual II, Inocencio II, durante los siglos XI y XII, se celebran, con
asistencia de metropolitanos, obispos, abades, magnates, etc., de ambos
lados del Pirineo, bajo la presidencia de los condes de Barcelona o de los
reyes de Aragón, hacia los cuales gravitan políticamente todas aquellas
sedes. Y lo mismo se observa en actos solemnes, como son las dotacio-
nes o consagraciones de nuevos templos importantes —Urgel, Ripoll,
Vich, etc.—, a los que acuden siempre, como señores temporales, los
condes de Barcelona, Urgel, Cerdaña, Pallars, etc., aunque la nueva iglesia no esté forzosamente en la tierra propia de cada uno de ellos, presentándose desde muy pronto el conde de Barcelona con una autoridad superior a la de los demás. Hasta en el momento de una violenta acción
disciplinaria contra el arzobispo de Narbona, excomulgado por el Papa,
es el príncipe del diminuto condado de Besalú el que acoge y preside el
Sínodo en su tierra (año 1077), con el legado de Roma, que en esta ocasión es el obispo de Olorón, Amado, y con la asistencia de los obispos
que siguen obedientes a la disciplina romana, los de Elna, Agde y Car-

(173) "El Papat y el Principat de Catalunya fins a l'unió amb Arago", en
"Estudis Universitaris Catalans", 1928, XIII; pág. 1.

(174) "Cartulaire de l'Abbaye de Saint Victor de Marseille" (2 vols.); ed.
por Guérard. París, 1857; doc. núm. 1.039.

(175) Villanueva, "Viaje", XIII; pág. 261-264; doc. núm. XXV.

casona, sin que se dé la intervención de ninguna otra autoridad temporal (176).

Todavía en 1158, un documento papal sobre la "protección de San Pedro", otorgada al rey de Aragón y Conde de Barcelona y a sus estados, se dirige a los arzobispos de Tarragona y Narbona, en época en que eran plenamente independientes y gozaban de plenos derechos metropolitanos una y otra sede. Las dos sedes, según de ello se desprende, quedaban por igual en el ámbito catalano-aragonés (177).

En todo caso, la relación con Narbona tiene un carácter doméstico, ajena a toda referencia a un orden político o cultural extraño. Deriva esa relación, no de la participación de las tropas de Luis el Piadoso en la Reconquista, sino del precedente de la organización eclesiástica en tiempos de los visigodos. Responde al conocido sistema de herencia entre una sede que ha sido ocupada por los invasores mahometanos y otra que se encuentra en territorio libre, como, entre otros ejemplos, Roda heredó a Lérida y Santiago a Mérida. La hispanización de la iglesia narbonense se acentuó con la emigración de tantos hispanos en la Septimania, en donde fundaron muchas iglesias, monasterios y células. La incorporación de Narbona a España en lo eclesiástico y, en consecuencia de ello, la adscripción a la sede narbonense de las tierras hispánicas inmediatas que habían quedado sin cabeza a resultas de la invasión, no era la renovación erudita de un lejano precedente olvidado, sino que respondía a la tradición viva —por lo demás, bien cercana—, presente en los numerosos catálogos de sedes episcopales españolas que se conservaban en la Alta Edad Media y cuyo ejemplo más famoso es la célebre "división de Wamba".

Creo que este neto carácter hispánico de la conexión con Narbona acaba de hacérsenos patente si tenemos en cuenta que de ordinario los legados pontificios para España incluyen la Galia Narbonense en su esfera. Sobre todo, la relación resulta innegable cuando en 1088 un papa, de origen franco, Urbano II, consagra a don Bernardo como arzobispo de Toledo y primado "in totis Hispaniarum regnis". Advertimos que entonces se entiende el espacio de su jurisdicción eclesiástica, con amplitud que responde a la tradición hispano-visigoda. Con este motivo, el Papa se dirige a los "Terraconensibus et ceteris Hispaniarum archiepiscopis et episcopis", demostrando qué extensión tenía para él, eclesiásticamente,

---

(176) El hecho se recoge en la epístola contenida en el "Liber Feudorum Maior", que hemos citado en la nota 24 de este capítulo. Ver sobre el tema Kehr, ob. cit., "Est. Univ. Cat.", XIII, 2 1928; págs. 294-295.

(177) Kehr, ob. cit., pág. 26.

España (178). El erudito P. Fita, que publicó este texto, dio interesantes datos sobre la presencia de don Bernardo en la parte catalana, su participación en la restauración de iglesias, en la organización de la acción militar y política contra los sarracenos. De nuevo, en carta del mismo Papa al arzobispo de Tarragona, don Berenguer, le habla del privilegio en que constituye a Toledo de hacer sus veces "in Hispania universa et in Narbonensi provincia", y don Bernardo, al protestar de que el Tarraconense haya convocado sínodo sin contar con su autoridad, se llama "apostolicae sedis vices, tam in tota Ispania quam etiam in Narbonensi provincia" (179). Juntando esas dos partes de su jurisdicción en una sola, el "liber Pontificalis" registra la noticia de que don Bernardo "regnisque Hispaniarum primas institutus est" (180). Es decir, que en el momento en que se vuelve a una situación normal de la Iglesia española, Narbona aparece en su órbita, lo que demuestra que es también en relación con esta antigua tradición eclesiástica, renovada plenamente en el último cuarto del siglo XI, como se había extendido y organizado hasta entonces la dependencia, respecto a la Sede Narbonense, de las tierras del norte catalán, en tanto que se hallaron huérfanas de su propia cabeza. Todavía, en fecha avanzada, el Mediodía francés —y no sólo de la parte narbonense— aparece vinculada eclesiásticamente al ámbito hispánico, en la jurisdicción de algunos maestres de Ordenes militares —así el caso de ese "Petrus de Rovera Magister Provinciae et cuyusdam partis Hispaniae", que asiste a la constitución y dotación del Temple, por Ramón Berenguer IV (181); o, en 1188, esta otra fórmula similar: "totius Provincie et in partibus Ispanie" (182)—, aunque lo habitual es que se llamen "in Hispaniae" y, menos frecuentemente, "in Hispaniis". La Crónica de Jaime I habla del Maestre del Hospital "qui era mestre en tota Espanya" (183).

Cuando el restablecimiento del poder de los cristianos en España permite que se sustraigan al metropolitano de Narbona sus sufragáneos catalanes, no surge problema político alguno con el rey franco, ni de los diplomas resulta que en ningún momento el asunto adquiriese un carác-

---

(178) Kehr, ob. cit., pág. 304.

(179) Ver P. Fita, "Sobre un texto del arzobispo don Rodrigo", en B. R. A. H., 1884, IV, pág. 382 y ss. La "Primera Crónica General" recoge esta situación. Ed. cit., pág. 542.

(180) Ed. de Duchesne, citada; vol. II, pág. 293.

(181) Marca, col. 1.293.

(182) "Cartulario del Monasterio de Poblet". Barcelona, 1938; doc. núm. 181; año 1188; pág. 108.

(183) Vol. II, pág. 188.

ter o tuviera alguna repercusión en el mundo propiamente francés. En cambio, debemos observar: primero, que al restablecerse la sede de Tarragona se delimita según el espacio tradicional hispánico que le correspondía (constituyéndose, incluso, como sufragáneas suyas, Pamplona y Calahorra); segundo, que no había habido una fusión con la "provincia narbonense" nacida de una pretendida fusión política con el reino franco, ya que al trazarse la frontera por los antiguos términos se demuestra que no había existido más que una dependencia transitoria, en espera de una restauración ulterior, idea de restauración que preside el efectivo restablecimiento de Tarragona ("antiquitis temporibus nobilior ceteris metropolitibus Hispaniarum", según se recordaba en el concilio de Saint-Gilles), lo que hay que poner en la cuenta del sentimiento de Reconquista; tercero, que interviene, en cambio, y reclama la restauración de la Iglesia tarraconense el castellano-leonés Alfonso VI, en relación con lo cual, debió estar el viaje a sus dominios, para entrevistarse con él, del arzobispo electo Berenguer de Vich.

Por consiguiente, toda la relación de la Sede de Narbona con los territorios al sur de los Pirineos deriva de la tradición de Hispania, tal como ésta se constituye en la época hispano-visigoda, de cuya supervivencia, en los altos siglos medievales, es una prueba evidente.

CAPITULO III

GOTIA E HISPANIA. LOS HISPANOS EN LAS FUENTES
CAROLINGIAS

En la Antigüedad, según los testimonios a que antes aludimos de Strabon y de otros; en la etapa de la monarquía visigoda; en los siglos medievales de expansión catalano-aragonesa, una corriente histórica se produce que, apoyada en la base de elementos étnicos, camina de sur a norte, traspasando los Pirineos y desarrollando una hispanización intensa del Mediodía francés. Ello trae como consecuencia la prolongación a la vertiente norte de la cordillera pirenaica del ámbito que cubre el nombre de España, hecho reiteradamente señalado ya en el capítulo precedente y que aquí volveremos a enfocar desde otro punto de vista.

Ahora bien, la invasión sarracena que, en un momento dado, cruza esos montes, la subsiguiente huida y ulterior retorno de nutridos grupos de visigodos e hispano-romanos, las correrías de los francos, ocasionan como un profundo remolino a ambos lados de aquella natural línea fronteriza y la corriente de influencias que pasa por ella no va siempre en el mismo sentido. Es ésta, como ha dicho acertadamente Lavedán, en cierta manera como un río, si se quiere conservar la metáfora de que tantas veces se ha usado para describir el curso de las influencias entre España y Francia, pero como un extraño río de corriente reversible, ascendente unas veces, descendente otras (1). Y una de las veces en que la vemos descender, corresponde al episodio de la conquista carolingia en tierras españolas. También esto tiene su repercusión problemática en nuestro tema del nombre de España y nos obliga a hacernos cuestión del nuevo estado de cosas.

Empecemos por analizar cómo se ve en los documentos de la época —capitulares de reyes francos, anales, epístolas, obras históricas— la tierra que queda al sur del Pirineo. No esperemos, desde luego, hallar una solución única, constante, perfectamente clara. Con frecuencia los nombres geográficos tienen en la Edad Media un valor aproximado, y de una

---

(1) "Histoire de l'Art", vol. 1, "Antiquité, Moyen Age". París, 1950; pág. 147. En relación con el tema, ver el libro, ponderado e inteligente, de Defourneaux, "Les français en Espagne aux XIe. et XIIe. siècles". París, 1950.

parte la ignorancia de quienes de ellos se sirven, y de otra —y aun esto es más importante—, la imprecisión real de los territorios de que se habla, que, naturalmente, no tienen tras sí tan larga tradición nacional como la que hoy les da su fisonomía actual, dan lugar a desplazamientos, confusiones o duplicación de nombres, circunstancias todas ellas que no permiten llegar a conclusiones demasiado firmes sobre el espacio a que corresponden algunos de ellos. Con el nombre de Galia sucede que unas veces se aplica aproximadamente a toda la tierra francesa; otras, y ello es lo más habitual, al Sur; pero se dan incluso casos de desplazamiento de este nombre —a pesar de ser ya entonces de antigua raigambre— como el que Havet señaló, al publicar las cartas del monje Gerberto (Silvestre II): éste, en alguna de sus epístolas, habla de la Galia como de la parte tan sólo que dependía del Imperio germánico, es decir, del reino de Lorena (2).

En nuestros documentos, el Sur hoy francés es normalmente Galia, vocablo que se extiende a veces también al Norte, mientras éste, más frecuentemente, se llama Francia. Para el "Códice de Roda", el nombre de Gallias conviene a la tierra en que se encuentra una villa por la parte de Orthez o Pau, distinta del Norte franco, en el que se halla Carlcmagno, para buscar al cual Aznar Galindo "perrexit... ad Fraziam (3). También para buscar al emperador Luis, un conde de Besalú, "perrexit idem comes Wifredus Francie" (4). A fines del x, un "Cronicón" de la zona ribagorzana cuenta que un obispo de Roda, hecho prisionero por los sarracenos, entre los que tuvo que dejar en rehenes a su sobrino, para allegar fondos con los que rescatarlo "pergens Franciam" (5). La distinción de francos y galos, de las Galias y Francia, se da en e' Tudense, mientras que unos y otros términos son intercambiables en los "Gesta comitum Barcinonensium" y en la "Primera Crónica General".

En la primitiva historiografía francesa (empleando esta palabra con su sentido actual, como es propio), se da una clara conciencia de aquella separación. La "Crónica de Moissac" se refiere a que Carlos Martel, tras destruir Maguelonne, Nimes, "reversus est in Franciam" (6). Refiriéndose al mismo hecho y con las mismas palabras, el "Cronicon Fontanellensis" dice de aquél que, cercada Narbona, "remeavit in Franciam".

(2) Havet, "Lettres de Gerbert"; París, 1889; pág. 34, nota 7. En otro lugar, Gerberto la señala como distinta de "Frantia"; carta 37, pág. 38 de la misma ed.

(3) Lacarra, "Textos navarros del Códice de Roda", en "Estudios de Edad Media de la Corona de Aragón"; vol. I, pág. 242.

(4) Abadal, "Catalunya carolingia", II; pág. 77.

(5) Abadal, "La sede ribagorzana de Roda"; pág. 40.

(6) M. G. H., Scrip., I; pág. 291.

Y aludiendo a más amplio territorio, los "Annales Bertiani", al ocuparse de la revuelta de Pepino II contra Carlos, dicen del emperador que, partiendo de Aquitania, "in Franciam ire praecepit", y después, "per alias partes Aquitaniae in Franciam revertente" (7). La misma diferenciación se observa en relación con esa tierra narbonense, respecto a España, como puede verse en la propia "Crónica de Moissac" o en la "Vita Caroli", de Eginardo (8).

El problema consiste, pues, en determinar cuál es esa zona de terreno que se extiende por el Sur francés y, en la medida de lo posible, cuál es su límite meridional, en dónde empieza España. Insistamos en que no nos sirve, para ello, el recurso a obras geográficas, sino que hemos de limitarnos a obras históricas que nos den los conceptos vividos por las gentes de la época.

Con motivo de la acción guerrera de Pipino contra la parte occidental de esa zona Sur, una serie de Anales nos dan noticia de sus conquistas. En el año 767 los "Anales Sancti Amandi" cuentan lo siguiente: "domnus Pipinus fuit in Wasconia in mense Martio et conquisivit Lemovicas civitatem" (9). Los "Anales Mosellani", que relatan lo habitual en este caso, se refieren también a la conquista de Limoges "et allias civitates in Wasconia" (10). Los "Anales Petaviani" y los "Laureshamenses" dicen que "perrexit in Wasconiam et adquisivit civitatem Bituricas"; se refieren en este caso al 762 (11). Los "Alamannici", en cambio, dicen "in Aquitaniam" (12).

Pero llega el momento en que, por esa punta occidental, Carlomagno desborda los Pirineos y aparece al sur de ellos. Desde ese momento surge en los textos el nombre de España. En la "Vita Caroli", de Eginardo, se cuenta el tema con muy curiosa sutileza, digna de la que hoy emplean los partes oficiales para disimular una acción adversa. Según este biógrafo oficial del gran Carlos, al terminar éste una campaña contra los sajones, tras guarnecer los confines, "Hispaniam quam maximo poterat belli apparatu adgreditur"; pero a la vuelta tuvo ocasión de experimentar la "Wasconicam perfidiam" (13).

Con más ruda sinceridad los "Anales Sangallenses" ofrecen la misma noticia, en versión poco utilizada por los historiadores del tema: "778.

---

(7) M. G. H., Scrip., I; pág. 245.
(8) Edición del texto latino y trad. francesa por Halphen. París, 1957; pág. 10.
(9) M. G. H., Scriptores, 1; pág. 13.
(10) M. G. H., Schiptores, XVI; pág. 496.
(11) M. G. H., Scripo, I; pág. 11.
(12) Loc. cit.; pág. 28.
(13) Ed. cit., pág. 28.

hoc anno domus rex Carolus perrexit in Spania et ibi dispendium habuit grande" (14). Pero no todos tienen esta franqueza, aunque todos o casi todos están concordes en el nombre de esa región que Carlomagno ataca. Los "Anales Laureshamenses" dicen de la empresa militar del 778 que Carlos fue a España, conquistó Pamplona y llegó hasta Zaragoza, grupo de noticias que se repite en los·"Anales Laurissenses minores" (15). También los "Mossellani" dicen "in Spania" (16). Y coincidiendo, como es normal en ellos, incluso en la breve redacción de la frase, los "Anales Sancti Amandi" y los "Laubacenses", anotan en la citada fecha: "Carlus rex fuit in Hispania ad Caesaraugusta" (17). Los "Anales Petaviani" son más extensos y aparece en ellos una novedad que luego volveremos a encontrar: una cierta inclinación que se dará también en historiadores árabes, a dar el nombre de Galicia a la mitad occidental de la Península, pareciéndose reservar la denominación de España para la mitad oriental: "dominus rex Karollus cum magno exercitu venit in terram Galliciam, et adquisivit civitatem Papalona; deinde accepit obsides, in Hispania de civitatibus Abitauri atque Ebilarbii, quorum vocabulum est Osca et Barzelona"; otro manuscrito añade .necnon et Gerunda" (18). También la "Vita Hludowici Imperatoris", en otra ocasión al referirse a la guerra de España, alude a Huesca, Lérida, Barcelona (19). De todos modos, también es normal llamar España a toda esa otra zona occidental de la empresa de Carlomagno, en donde aparecen Pamplona, Zaragoza, Huesca. Por eso los ya citados "Anales reales" o de Eginardo volverán a decir, refiriéndose a una nueva acción del 806, que "in Hispania vero Navarri et Pampiloneses qui superioribus annis ad Saracenos defecerant, in fidem recepti sunt" (20).

Pero la historiografía carolingia tiene muy pronto noticia de que por esa parte occidental hay un rey amigo y espléndido, rey de una región que se llama Galicia y Asturias. Quizá porque esa región tiene esos nombres propios que la designan enteramente se la denomina preferentemente con ellos, mientras que a la parte oriental de la tierra subpirenaica se la nombra con el mismo término que engloba la totalidad. Los "Anales reales" conocen el hecho de los regalos enviados a Carlomagno deferente-

---

(14) M. G. H., Scriptores, I; pág. 63.
(15) M. G. H., Scriptores, I; págs. 31 y 118.
(16) M. G. H., Scriptores, XVI; pág. 496.
(17) M. G. H., Scriptores, I; págs. 12 y 13.
(18) M. G. H., Scriptores, I; pág. 16.
(19) M. G. H., Scriptores, II; pág. 611.
(20) M. G. H., Scriptores, I; pág. 193.

mente por Alfonso II, "regis Asturiae atque Galleciae" (21), y Eginardo, en la "Vita Caroli Magni", habla también de ello, dando al rey el mismo título (22). El anónimo autor, conocido por "el Astrónomo", de la "Vita Ludovici", le llama "Galleciarum princeps" (23), sirviéndose de un plural más que añadir a la lista de ejemplos de este tipo que en el capítulo precedente dábamos.

En el "De gestis Caroli Magni", del llamado poeta Sajón, se conoce la historia de Zado, la toma de Barcelona y el asedio de Huesca, y salen también a relucir los regalos de Alfonso "Asturiae regis", llevados hasta las lejanas tierras de Carlos por unos legados (24). El hecho debió dejar impresión en la época, a juzgar por el número de veces que se repite la noticia, aproximadamente en los mismos términos. Con ese obsequio, Alfonso II quiso testimoniar, como se desprende, entre otras fuentes, de los "Annales Laurissenses" —para los que una vez más es aquél "rex Galleciae et Asturiae"—, su éxito bélico contra los sarracenos, arrancándoles Lisboa, "ultima Hispaniae civitate" (25). Pero aunque ese rey sea de Asturias y Galicia, según todos le llaman, también todos saben que, como afirman los "Annales Einhardi" o "Anales reales", sus legados "venerunt de Hispania" (26). Y, sin embargo, en los historiadores del otro lado del Pirineo quedó grabado ese nombre de Galicia sobre la zona occidental. Para Adémar de Chabannes, Alfonso V, que murió cercando Viseo, es "rex Gallitianus" (27). Para Orderic Vital, Alfonso VI es "rex Galliciae", y los vasallos de su hija Urraca, que la ayudan contra el Batallador, son los "galicii" (28). Y todavía Froissart habla de cuando "le roy Charlemaine ot accompliz son voiage et acquittié Gallice et Espaigne" —luego se refiere a "le roy Henry (Enrique II) de Castille et d'Espaigne" (29).

Ese tipo de confusión es poco frecuente en el ámbito mismo occidental español. Puede relacionarse con ello la fórmula de un documento apócrifo en el que el rey Alfonso II declara "regni totius Gallecie et seu

---

(21) Ed. cit.; pág. 183; la misma mención en los "Anales Laurissenses", íd., íd.; pág. 184.
(22) Ed. cit.; pág. 44.
(23) M. G. H., Scriptores, 1; pág. 611.
(24) M. G. H., Scriptores, I; pág. 253.
(25) Ed. cit.; pág. 184.
(26) M. G. H., Scriptores, I; loc. cit.
(27) Chronica; ed. cit.; págs. 194-195.
(28) "Ecclesiasticae Historiae, libri XIII"; vol. V; pág. 14.
(29) Ed. Kervyn de Lettenhove, XII; págs. 225 y 228.

Hispaniae suscepi culmen" (30). Encontramos también un diploma de un obispo Fluminio donando unos bienes a su iglesia de León, "in civitate quae vocatur Legio, territorio Galleciae" (31). La provincia romana de Galicia llegaba hasta Sahagún, sobre el río Cea, y Menéndèz Pidal ha probado la subsistencia de esta idea en textos medievales (32). A veces incluso desborda esos límites, como en un pasaje que antes citamos de los "Anales de Poitou". Para la "Compostelana", el reino de España es Galicia y lo que con Galicia está, aunque en una ocasión demuestre tener conciencia clara de que España empieza en los Pirineos (33). En el llamado "Chronicon Iriense" se encuentra la distinción entre "Hispania" y "Galletia" (34), si bien se trata, como en otros tantos casos equivalentes de la "Compostelana", de la mención del todo y de la parte, según la forma que ya consideramos en el capítulo anterior. Sólo esto explica que aquel "Chronicon", como la "Historia Compostelana", hablen de España en ocasiones en que se ocupan de asuntos o tierras de Galicia.

Esta forma de denominación se atribuye al hábito de los árabes. Efectivamente, es frecuente entre ellos. Luego nos ocuparemos del caso, al tratar de la relación de los árabes con la tradición del nombre de España. Recordemos tan sólo aquí, por vía de ejemplo, al geógrafo-historiador Al Munim, para quien todavía Castilla es una parte de Galicia, Alfonso VI rey de los gallegos y Zamora la capital del reino de los mismos (35). Sin embargo, no es de origen árabe ese uso de denominar Galicia a la parte occidental cristiana, sino que viene, como cuantos fenómenos estamos observando, de la tradición de la Antigüedad. En ésta el nombre de España, originariamente y con general empleo por los escritores clásicos, se aplica a la zona costera del Sur y Levante, y sólo por una propagación gradual va penetrando hacia el interior, en dirección Noroeste. En ese estado de progresiva expansión en la dirección indicada hallamos en Polibio el nombre de España, en la forma correspondiente empleada por los griegos, Iberia, nombre con que se designan, nos dice aquél, las regiones que dan sobre el mar Mediterráneo, mientras que la parte occidental "no tiene nombre común a toda ella a causa de haber sido reconocida recien-

---

(30) Doc. núm. 1 de los reunidos por A. Pimenta en su estudio: "A palavra Hispania nos documentos medievais", en el vol. del autor, "Idade Media. Problemas e soluções". Lisboa, 1946.

(31) Risco, "España Sagrada", vol. XXXIV; pág. 429.

(32) "El Imperio Hispánico y los cinco reinos". Madrid, 1950; págs. 61-62.

(33) Lib. II, cap. XX, pág. 298.

(34) "España Sagrada", XX; pág. 600.

(35) Ver trad. francesa y texto árabe en Levy-Provençal, "La Péninsule iberique au Moyen Age", págs. 120-122.

temente" (36). Los romanos dan normalmente el nombre de Hispania a la Península toda, aunque el hecho mismo de que alguno de sus escritores recalque esa aplicación a todo el espacio peninsular demuestra ser reciente el uso. En Orosio ha alcanzado ya la costa del Norte: "Cantabros atque Astures, duas fortissimas Hispaniae gentes", y dentro de ella, Galicia aparece como una denominación parcial —"Cantabria et Astures Gallaeciae provinciae portio sunt" (37).

De tal progresión en marcha del nombre de España, algunos pasajes de escritores visigodos parecen probarnos que éstos retrocedieron a una fase de evolución anterior. El hecho debió apoyarse en la circunstancia de instalarse en Galicia un pueblo diferente, el de los suevos, con un rey propio. Así, el Biclarense distingue la "provincia Galleciae" de la "provincia Gothorum", y aunque luego dice que Leovigildo redujo aquella provincia de los godos, más adelante, al dar la noticia de un Concilio de Toledo, dice que acudieron a él los Obispos "totius Hispaniae, Galliae et Galleciae" (38).

De una como congelación de una fase precedente de la tradición clásica proceden este antecedente visigodo, los ejemplos carolingios que hemos recogido y el uso habitual y extemporáneo que se da entre los árabes. Los cristianos españoles olvidan esta forma de denominación muy pronto, sin que nunca haya sido entre ellos frecuente. Y si las referencias particulares a Galicia, como mención de parte separada de otras, se conservan en algunas ocasiones, es porque van ligadas al prestigio y a la concreta alusión a Santiago: "ad S. Jacobum Gallicie", dicen una y otra vez los documentos (39). A la irradiación de este prestigio se debe el insólito caso de que en documento de Alfonso II de Aragón, en 1184, se llame al rey de la parte occidental "rex Compostellanus" (40). Sin embargo, en toda la Edad Media la inagotable literatura que alude a Santia-

---

(36) García Bellido, "Los más remotos nombres de España"; en el vol. "Historia de España". Estudios publicados en la revista "Arbor"; Madrid, 1953; pág. 35.

(37) "Historiarum", VI; 21-1; ed. cit., pág. 228.

(38) Ed. cit., IV-4 y XVII-1, págs. 19 y 27; XIX-2, pág. 29; XXIV-1, pág. 33.

(39) Sólo en el "Cartulario de San Cugat" pueden verse docs. núms 494 (de 1024); 526 (de 1032) y 964 (de 1145), etcétera.

(40) Acuerdo militar entre el rey aragonés y el conde de Tolosa, en el que se excluyen de la obligación de ayuda mutua los casos contra "regem Franchorum, regem Compostellanum et comitem Foricalquerii" (este último es un pariente). "Liber Feudorum Maior", núm. 900.

go hará insistentemente referencia con este motivo a España, según figura en el propio oficio litúrgico del Santo.

Pasemos ahora a fijarnos en el otro costado de la Península. Tenemos allí una acción militar paralela a la que antes hemos tomado como base, llevada a cabo esta vez por Carlos Martel, la cual sitúan de ordinario los Anales en el 737. De este año dicen los "Annales Petaviani": "quando Karolus bellum habuit contra saracenos in Gozia" (41). Los "Annales Sancti Amandi" y los "Laubacenses" dan noticia análoga (42). En los "Annales Laureshamenses" y los "Alamannici" leemos: Carlos luchó contra sarracenos "in Gotia in dominica die" (43). Estas breves anotaciones analísticas aluden a la invasión sarracena vencida por Carlos Martel cerca de Narbona, junto al río Berre. Sobre el mismo tema los "Annales Mettenses" son más explícitos: "Nunciatum est invicto Karolo principi, quod saeva gens Sarracenorum, obtenta Septimania et Gothia, in partes iam Provinciae irruissent". Carlos pasa el Ródano. "Gothorum fines penetravit", y cercó Narbona con su rey. "Haec audientes maiores natu Sarracenorum qui morabantur in regione Hispaniae" acudieron al socorro y fueron aniquilados, quedando "depopulata Gothia" (44). Lo mismo repiten los "Gesta Abbatum Fontanellensium" (45). Aparecen aquí los nombres de Hispania, Gotia, Septimania, Provenza, que se van a repetir en numerosos documentos carolingios, unas veces confundidos, algunas superpuestos y en los más de los casos distinguidos con bastante precisión.

Refiriéndose al mismo momento histórico anotado en los textos precedentes, Adémar de Chabannes nos da algún dato interesante: "Carolus regionem Gothicam depopulat et civitates famossissimas, Narbonam et Nemansum, Agatem et Beteris funditus destruunt... Franci et omnia castra et suburbana ejusdem regionis exterminaverunt" (46). Con anterioridad, en la obra de Richer hallamos escrito: "ex Gothia, Tholosanos atque Nemansinos" (47). Conocemos, con esto, una serie de ciudades cuyo emplazamiento nos sitúa la región de Gotia.

Todavía un grupo de noticias alusivas a la incursión sarracena, fechada en 793, nos viene a proporcionar nuevas menciones de esa Gotia. En

---

(41)   M. G. H., Scriptores, I; pág. 9.

(42)   Loc. cit.; pág. 8.

(43)   —Loc. cit.; pág. 26.

(44)   M. G. H., Scriptores, I; pág. 326. Estos Anales añaden que en tal ocasión se expulsó a los sarracenos de "tota Gothia".

(45)   M. G. H., Scriptores, II; pág. 284.

(46)   "Chronica", ed. cit.; pág. 54.

(47)   "Histoire de France", ed. cit; vol. I, pág. 20.

ese año, cuentan los "Annales Laurenhamenses" que "Sarracini qui in Spaniis erant... agressi sunt de finibus suis in aliquam partem Gothiae et coniugentes se ibi ad nostros" (48). Y añadiremos sólo que los "Annales Fuldenses" en la misma fecha anotan la campaña victoriosa de los sarracenos contra los francos "in Gothia" (49).

Los llamados "Annales Guelferbytani" dan cuenta de que, terminada la campaña de Sajonia, Carlos despidió a sus hijos y envió a Luis "in Spania". El hecho se sitúa en el año 797. ¿Se refiere el término España, en esta ocasión, a la Aquitania que Luis gobernaba o fue enviado éste directamente al rincón noreste de España, propiamente tal? (50). Adémar recogería después la noticia de esta forma: "Ludovici in Hispanias reverti fecit" (51).

Hemos de acudir a otras fuentes para aclararnos ahora el sentido de este nombre. Los Anales de Fulda figuran entre los que nos han conservado la noticia, perteneciente a ese año 797, de la entrega de Barcelona, por su rey moro a los francos: Zado rindió a éstos "Barcinona Hispaniae civitas" (52). Los "Anales Xantenses" (53) y los "Laurissenses maiores" repiten la noticia (54), que se conserva, aproximadamente con la misma redacción y con la misma referencia a Barcelona como ciudad de España, en el "Chronicon" de Adémar de Chabannes (55). Siglos antes, un hispano como Orosio, al narrar la muerte de Ataúlfo, había dejado escrito que ésta tuvo lugar "apud Barcinonam Hispaniae urbem" (56). Esta indicación erudita de Orosio hace fortuna, y durante la alta Edad Media constantemente, cuando el nombre de Barcelona brota, lleva detrás esas palabras. Y así los "Anales de Fulda", al dar cuenta, en el 801, de la toma de la ciudad, volverán a llamarla "ciudad de España".

Naturalmente, el grupo de noticias referente a la penetración al sur de los Pirineos de Luis, hijo de Carlomagno, nos proporciona una larga serie de referencias al carácter hispánico de esa tierra. Es cierto que en una ocasión, excepcionalmente, el autor anónimo de la "Vita Ludovici Imperatoris", conocido por el nombre de El Astrónomo, nos dice que los francos se fortificaron "in finibus Aquitanorum", donde se encuentran las

---

(48) M. G. H., Scriptores, I; pág. 35.
(49) Loc. cit, pág. 351.
(50) M. G. H., Scriptores, 1; pág. 45.
(51) Ed. cit., pág. 88.
(52) Ed. cit., págs. 351-352.
(53) M. G. H., Scriptores, II; pág. 223.
(54) M. G. H., Scriptores, I; pág. 182-183.
(55) Ed. cit., pág. 87.
(56) "Historiarum", V; ed. cit., pág. 559.

ciudades de Vich, Caserras, Cardona, etc.; pero al hablar de la campaña de su protagonista contra los infieles, la coloca en España y, allí, la conquista de Barcelona: "bellico apparatu in Hispaniam proficiscitur, profetusque per Barcinonam..." (57). Aludiendo a su conquista, los "Anales reales" o "Annales Einhardi", dicen: "Ipsa aetate capta est Barcinona, civitas in Hispania iam biennio obsessa" (58), frase que textualmente se reproduce en Adémar de Chabannes, quien se sirve abundantemente, como es sabido, de los "Anales reales" (59). Mucho tiempo después de la conquista, cuando varios gobernadores de los reyes francos se habían sucedido y la inquietud producida por el afán de independencia contra aquéllos había dado lugar a otras revueltas, el "Chronicon Fontanellensis", ocupándose una vez más de ese extraño y revuelto rincón, cuenta la nueva rebeldía de Guillermo, hijo de Bernardo de Septimania: "isto anno (849) Wihelmus filius Bernardi ducis, Barcinonam urbem Hispaniae munitissimam cepit per dolum" (60).

La conquista de Barcelona a nombre del rey franco había creado un lazo de esta tierra al sur de los Pirineos con la situada al norte de la misma, renovando la relación que entre ellas hubo con los godos y en los años de dominio musulmán. Esa tierra meridional, como lo había sido hasta entonces, según hemos visto, siguió siendo para los francos una parte de España. Hay, ciertamente, algunas vacilaciones; pero lo que llama la atención es lo escasísimas que son en relación a lo confuso de la época y, en cambio, la constancia incomparable con que se reitera el nombre de España al ocuparse en anales, diplomas y capitulares, de Barcelona y su tierra. Recogeremos las excepciones y señalaremos algunos de los incontables ejemplos de lo que es normal.

En 823, Luis el Piadoso concede su protección al monasterio de Santa María de Sentereda, "sicut cetera monasteria infra Septimania"; en la misma fecha, a San Andrés de Soreda (que a nuestro objeto tiene poco interés), "quemadmodum alia monasteria infra Septimania"; en 860, Carlos el Calvo da un precepto para Urgel, "sicut alie ecclesie Septimanie" (61).

En un capitular del año 806, cuando la situación aún no está clara —en la medida en que puede decirse así, puesto que clara no lo estará nunca—, Carlomagno promulga una "Divisio regnorum", tipo de docu-

---

(57) Ed. Duchesne, en "Historiae franchorum", II; págs. 290-291.
(58) M. G. H., Scriptores, I; pág. 190.
(59) Ed. cit., pág. 92.
(60) Ed. Duchesne; ob. cit., II; pág. 338.
(61) Abadal, "Catalunya Carolingua", II; págs. 251, 269 y 288, respectivamente.

mento que se repetirá con frecuencia entre los carolingios, sin mención, en ninguno de los otros casos, salvo en este primero, de las tierras pirenaicas. En él da a Luis toda Aquitania y Wasconia, excepto Tours, et quidquid inde ad occidentem atque Hispaniam respicit", y, señalando las tierras de aquél por el Sur, dice "usque ad mare vel usque ad Hispanias continetur", enumerando "Burgundiae et Provinciam ac Septimaniam vel Gothiam", y luego vuelve a repetir "Burgundiae... cum Provincia et Septimania sive Gothia usque ad Hispaniam" (62). No se puede decir nada seguro sobre hasta dónde extiende la Gotia en su pensamiento Carlomagno, puesto que la relación en esa fecha con las tierras subpirenaicas es tan escasa que muy bien pueden haberse dejado fuera. Las demás particiones carolingias tienen aún para nosotros menos interés o, más bien, ninguno. Sin embargo, en el texto de un "Breviarium regum francorum", que su editor estima procedente de un monje de Agde, se hace constar que en el reparto de 840 le tocó a Pipino "Aquitaniam, Hispaniam, et Wasconiam et Gothiam" (63), en donde la distinción de estas cuatro tierras no puede ser más categórica, como siempre que se trata de documentos emanados de ellas y no redactados por escritor o notario, según el caso, ajeno a las mismas.

Existe un precepto de Carlos el Simple, en 899, para la iglesia de Elna, en el que se habla de "in omni regno nostro Goticae sive Hispaniae" (64), y otro precepto del mismo rey —sobre cuya irrisoria autoridad y alejamiento de esas tierras da idea cualquier historia de los carolingios— destinado esta segunda vez a la iglesia de Gerona, en 922, confirmándole los bienes que adquiera o pueda adquirir, dice el texto, "infra fines Goziae vel Hispaniae" (65). Las iglesias de Elna y de Gerona, por su proximidad a la cadena pirenaica, podían tener y de hecho tuvieron bienes a uno y otro lado; pero más bien parece tratarse del uso de dos nombres intercambiables de una misma tierra, como hace pensar el uso de la conjunción disyuntiva "vel". Finalmente, en 968, el rey Lotario otorga un precepto que nos confirma en esa última opinión: va destinado al monasterio de San Feliu de Guixols, a petición de su Abad Sunyer, "a partibus Gothici regni advenientem" (66). La única vez que el nombre exclusivo de Gotia aparece en documento expedido en zona española, se da en un diploma

(62) M. G. H., Sec. Legum, II. "Capitularia regum Franchorum", I; doc. 45-1 y 4; páginas 127-128.

(63) M. G. H., Scriptores, II; pág. 329.

(64) "Marca Hispánica", col. 832. Reproducido por Abadal, ob. cit., pág. 110.

(65) "Marca Hispánica", col 843.

(66) Udina, "El Archivo condal de Barcelona". Madrid, 1952; doc. núm. 169; págnia 341.

del conde Bernardo de Besalú, fechado el año 1000, y se refiere a San Miguel de Cuixá "in provincia Gociae", diócesis de Narbona, que, como es sabido, está del otro lado del Pirineo (67).

Como puede observarse de los textos que llevamos citados, en los que se barajan los nombres de Hispania, Septimania y Gotia, resulta que se trata de regiones que coetáneamente se consideran comprendidas en el ámbito hispánico, según vimos páginas atrás. Por tanto, el uso del nombre de Septimania no excluye el de España, sino que más propiamente lo postula, y ello explica los casos en que ambos se citan como sustituibles. Lo mismo puede decirse, incluso, del de Aquitania, cuyo empleo es mucho más raro. Los "Anales Xantenes", con referencia al año 832, dicen: "rediens imperator ad Hispaniam, capere filium suum Pippinum, sed non potuit" (68). Se trata de una expedición de Luis el Piadoso a Aquitania, que para esos Anales lleva el nombre de España. Obsérvese, por otra parte, que nunca esos textos dicen Septimania, Gotia, Aquitania "o Francia", ni siquiera "o Galia". Es evidente que todo ello constituye un espacio hispánico y que, por tanto, no sólo no contradice su mención el nombre de España cuando se citan juntos, ni aun siquiera en los rarísimos casos en que se dice sólo Septimania o Aquitania. Y siendo esto así y existiendo cientos de documentos, diplomas y textos cronísticos en los que con referencia a esas tierras pirenaicas se habla sólo de España, la solución del problema —que casi ni se puede llamar así— es evidente.

Algo análogo sucede con el nombre de Gotia. Hay que tener en cuenta que no sólo la denominación de "provintia gothorum", sino expresamente la de *Gotia,* se da en fuentes anteriores a esa etapa carolingia, aplicada a toda la Península, comprendida su extensión nord-pirenaica. Así aparece en el mismo Gregorio de Tours, y el hecho es conocido y hace tiempo fue señalado por A. Jacobs en su estudio sobre la Geografía de aquél (69). Ello explica esas formas de "Gothia sive Hispania" y el hecho bien elocuente de que diplomas que empiezan con esa doble mención sigan luego hablando simplemente de "Hispania", fenómeno correlativo al que se produce con los dos términos de "Goti vel hispani", como luego veremos. Es incuestionable que en los textos carolingios la región pirenaica oriental lleva el nombre que le dan las crónicas de la época, es decir, Hispania. En los diplomas emanados propiamente de tierra catalana es clara la conciencia de un límite hispánico y de que la Septimania queda de

---

(67) "Marca Hispánica", col. 954.

(68) M. G. H., Scriptores, II; pág. 225.

(69) Se publicó como apéndice de la trad. por Guizot de la Histoire de France". París, 1862; vol. II, pág. 370.

la otra parte, aunque se dé un estrecho parentesco. "Tam Septimaniae quam Ispaniae", dice en 914 el acta de elección y consagración del obispo de Vich, Jorge. Y respecto a la Gotia, nombre que no dan a España las fuentes españolas, el caso es el mismo: "tota Hispania atque Gotia", dicen, distinguiéndolas claramente, las actas de un Concilio de Barcelona de 906 (70).

El nombre de Gotia, que aparece formado en el siglo IV, se va desplazando desde las tierras danubianas orientales hacia el Occidente europeo, a medida que se traslada hacia éste el asiento de los visigodos. En escritores merovingios se dan ya numerosos ejemplos de aplicación a España y se hace equivalente del de reino o provincia de los godos. Cuando en textos francos lo encontramos empleado para designar el país en que se halla situado algún lugar de la zona que luego será llamada Cataluña, es de imperdonable ligereza suponer que es a ésta a la que el corónimo en cuestión se aplica. El solo dato de que en el antes citado precepto del rey Lotario, en 968, se emplee la expresión "regnum gothorum" prueba cuál era el ámbito de esa "Gotia" —nombre cuyo uso es equivalente al del caso anterior—, ya que no se llamó nunca "reino de los godos" a otras tierras que a la Península entera. Por lo demás, ello revela que, a pesar del desgarramiento que la invasión árabe produce sobre el suelo peninsular, subsiste como recuerdo vivo, la memoria de la unidad histórica alcanzada por los godos en esa Hispania.

Pero más que este último recuerdo lo que domina es la tradición clásica de Hispania en su forma más neta, y como ésta se impone a los peninsulares, se impone también finalmente del otro lado del Pirineo. Por esa razón el nombre de Gotia queda para la parte entre el Ródano y los Pirineos que, no siendo aún Francia, y habiendo sido tierra de los godos, tampoco es propiamente España. En virtud de este proceso, poco a poco la distinción se va haciendo más clara, precisamente en los lugares fronterizos, lo que es un dato elocuente. La Hispania propiamente tal se delimita con más rigor.

En el año 916, el obispo de Elna, al consagrar la iglesia y atribuirle unos bienes, cita entre ellos "citra clusas Spaniae proprietatis meae quem Monasteriolum vocant et coniacet in comitatu Barchinonense in ipsa maritima" (71). En diploma de la iglesia de Urgel, del año 1010, aparecen numerosos obispos junto al metropolitano de Narbona, Ermengaudo o Armengol. Allí firman con él los de Carcasona, Bézièrs, Maguelonne, Tolosa, Nimes, Uzés, etc., y, siguiendo la enumeración, el texto añade: "et His-

(70) Villanueva, "Viaje", VI, págs. 269 y 262, respectivamente.
(71) Marca, col. 840.

panorum simul suffraganeorum pradicti Ermengaudi quorum nomina sunt, Petrus Gerundensis, Borrellus Ausonensis, et qui cis montes Pirenaeos est Oliba Helenensis atque Deudedit Barchinonensis, necnon et Aimericus Rupecurcensis" (72). No cabe más clara determinación del nombre que a esas sedes y a sus territorios corresponde y es curiosa la extensión, una vez más, del mismo a Elna, haciéndose constar que ello es así a pesar de caer esa ciudad del otro lado de los montes. De la misma manera se distinguen los españoles de los de Gotia en las actas de un Concilio de Sant-Thibery, en 1050. Refiriéndose a ellas y sacando la lección en esta materia de la rica documentación que manejaron De Vic y Vaissette, contra lo afirmado ligeramente por otros (Flach), llegan a la conclusión de que "se daba entonces el nombre de Gothia a la parte de la provincia eclesiástica det Narbona que estaba al lado de acá de los Pirineos, y que comprendía la Septimania, y el de España a la otra, es decir, a la Cataluña o Marca de España situada más allá de las montañas" (73). El hecho de que los hispanos de la región catalana no aceptaran el nombre, formado fuera, de Gotia, ni lo admitieran tampoco los restantes peninsulares, la circunstancia de su empleo simultáneo con otros, en los documentos, unidos a veces con conjunciones que se prestaban a hacerlos entender como distintos y la activa conciencia de separación que entre las tierras de una y otra vertiente del Pirineo se daba, produjo —y el proceso puede darse por terminado en el siglo x— la diferenciación de ambos nombres en el sentido que ya De Vic y Vaissette señalaron.

Proyectando sobre los diplomas carolingios un hecho que se da en fuentes cristianas españolas, primero de la parte occidental y más tarde de la parte catalana, se ha pretendido sostener que la palabra España en aquéllos designa la tierra de moros, frente a la llamada Marca Hispánica. Empecemos fijándonos en el texto básico referente a aquellos "hispani" que, incurriendo en manifiesto círculo vicioso, se quiere considerar como gentes llegadas de tierra musulmana por ser llamadas de esa manera y que se consideran al mismo tiempo procedentes de tierra de moros porque su denominación deriva de Hispania, nombre con que esa tierra se afirma fue designada.

El capitular de 815, conocido con el título de "Constitutio de Hispanis", se dirige a "omnibus fidelibus sancte Dei ecclesiae ac nostris, praesentibus scilicet et futuris, partibus Aquitaniae, Septimaniae, Provinciae et Hispaniae". Los fieles del rey que lo dicta se extienden, pues, entre otras, por esas partes, allí habitan los "hispani", acogidos al derecho de

---

(72)   Marca, col. 977.
(73)   "Histoire Générale du Languedoc". Toulouse, 1872; vol. III, pág. 311.

aprisión que los reyes les reconocen, "in Septamania atque in ea portione Hispaniae", que ha sido dominada por sus marqueses (74). Un capitular del año siguiente se ocupa de esos aprisionistas que llegan al rey "de partibus Hispaniae", que son "de Hispania venientes", lo cual no quiere decir que procedan de tierras extrañas, sino que llegan hasta él, hasta la persona del rey, procedentes de tierra suya que se llama de esa manera. Luego veremos algunos casos de personas a quienes se designa de esa forma y sabemos positivamente que llegaban de esa tierra catalana. El rey habla claramente de sus fieles vasallos que habitan en esa España. Por otra parte, el citado texto del 815, al regular el deber de los "hispani" establecidos en sus aprisiones, entre otras cosas dispone se atienda con posada y se den caballos a los legados del rey o de su hijo o a los que se les enviaran de España —"legatis qui de partibus Hispaniae ad nos transmissi fuerint"—. No podían ser estos "missi", cuyo servicio obligaba a disponer de una prestación de esa naturaleza, los legados que esporádicamente, rarísimamente, enviaran o les fueran enviados de tierras de moros o de Asturias, sino que por su frecuencia han de ser legados de tierra barcelonesa. Que, efectivamente, esos envíos eran frecuentes nos lo asegura un capitular posterior de Carlos el Calvo, en 844 —del que nos ocuparemos detenidamente después—, el cual reproduce en primer lugar el párrafo primero del de 815, donde se contiene la disposición que comentamos y, a continuación, recoge la queja formulada por los que soportaban esa obligación, contra los que no devolvían o dejaban perder los caballos prestados y obliga a los que así procedan a restitución o a reparación del daño causado (75).

Nos referimos antes a los que se presentan ante los reyes francos como procedentes de España. Un diploma del rey Luis de Ultramar para el monasterio de Roda, en 947, caracteriza en estos términos a quienes llegan a él procedentes de ese monasterio: "a regione Hispaniae nostram adeuntes" (76), y no cabe duda de que los residentes en ese cenobio estaban muy lejos de poder ser tomados por habitantes de la España musulmana, cuyo yugo, si alguna vez había sido efectivo en ese lugar, enclavado en los mismos montes, hacía más de dos siglos que había desaparecido. Vasallos suyos que habitan en España, parte o región suya de España: no cabe duda de que con ello los reyes francos no se refieren a la tierra de dominio musulmán, sino a aquella que estiman sujeta a su vasallaje en el norte de la Península. Otro precepto del rey que acabamos de citar, al año siguiente, dado sobre el convenio entre los monasterios de Roda y Banyo-

---

(74) "Capitularia regum Franchorum", I; núms. 132 y 133; págs. 261 y ss.
(75) Ver más adelante nota 118 de este capítulo.
(76) "Marca Hispánica", col. 858 y 859.

les, a instancias del abad de éste, Acfredo, afirma que éste se dirigió hasta el rey "a regione Yspaniae" (77). Y en 951, cuando el abad Cesario, el mismo que tendría la estupenda pretención de ser nombrado arzobispo acudiendo a Santiago, pide al rey Luis un documento de confirmación de los bienes del monasterio de Santa Cecilia de Montserrat, en el diploma que se le extiende se le llama "nomine Cesario, de Yspania" (78). Un diploma de la zona norte del Pirineo, en el que se habla de un conde gascón que estuvo en la expedición de Luis el Piadoso y regresó a su tierra, se dice: "quomodo venisset de Hispania" (79). Hispania, por tanto, es el lugar en el que los reyes francos estiman haber constituido una dependencia política, y de ahí llegan, no de tierra musulmana, las gentes de las que los diplomas dicen "de Hispania venientes".

Lo que los Anales y los preceptos reales carolingios nos han mostrado, se comprueba también por epístolas y otros documentos de carácter eclesiástico. Si Alcuino habla de Gothia como del país de los godos por donde cunde la herejía arriana —de forma que parece aludir, según los casos que antes estudiamos, a toda España y Narbona (80)—; si escribe a otros clérigos "in provincia Gothorum" o a los monjes en "Gothiae sive Septimaniae" (81), en cambio, cuando trata del adopcionismo y reiteradamente escribe a Elipando y más aún a Félix de Urgel, emplea la expresión, hablando de lumbreras de la Iglesia, de Padres y otros eclesiásticos, etc., "in partibus Hispaniae" (82), puesto que allí es donde esos empedernidos herejes se encuentran. Para Alcuino, toda la cuestión del adopcionismo, se refiera a Urgel o a Toledo, se sitúa indistintamente "in Hispania", cuyo nombre por esa misma razón escribe con la mayor frecuencia. Recuérdese lo que antes hemos citado de otro importante personaje de la Iglesia carolingia, San Agobardo de Lyón (83), y alusiones análogas se encuentran en

---

(77)   Abadal, ob. cit.; pág. 230.

(78)   Abadal, ob. cit.; pág. 256.

(79)   "Cartulaire de Saint Vincent de Lucq", publ. por Barrau-Dihigo. Pau, 1905; doc. único del apéndice.

(80)   "Alcuinii Epistolae", en M. G. H. "Epistolae aevi Karolini", II; carta número 182; página. 303.

(81)   Ob. cit., epístolas 137 y 138.

(82)   Ob. cit., epíst. 166; pág. 272, etcétera.

(83)   Ver nota 159 del capítulo anterior. Después de la anotación del manuscrito de San Agobardo que hemos citado en ese lugar, se dice: "792, Hoc anno Lugdunum a Gotia primum", con lo que conjugando las dos referencias Gotia queda identificada con la Narbonense y distinguida de España.

las epístolas de Claudio de Turín, otro eclesiástico carolingio de probable procedencia hispana (84).

Especial interés tiene, aunque sea algo más tardío, el testimonio del Papa Gerberto, quien, procedente del monasterio de Aurillac, estuvo en los condados catalanes aprendiendo la ciencia más autorizada de la época. Gerberto acompañó durante algún tiempo al conde Borrell —entre otras ocasiones, en su viaje a Roma— y debió conocer las ciudades de más nombre en la tierra catalana —Vich, Ripoll, Barcelona, etc.—. Años después de haberla abandonado se refiere a ella en su correspondencia, llamándola siempre España, o Iberia en una ocasión (85). Nada de extraño tiene que el historiador que fue su acompañante y en cierto modo su biógrafo, Richer, cuente todo el episodio en relación con el conde Borrell, situándolo en España y designando de esta manera en todo momento la tierra de dicho conde.

Los textos carolingios de cualquier tipo, al igual que vimos antes en los documentos cristianos peninsulares, designan la Península al sur de los Pirineos, desde uno a otro extremo de estos montes, con el nombre de España. Excepcionalmente, en contadísimos casos, aparecen otros nombres, pero aun entonces se trata de denominaciones ligadas a la peculiar historia de la Península —Iberia, Gotia—. Y cuando se emplean nombres de más reducida extensión, con los que designa tan sólo una comarca —Navarra, condado de Barcelona, etc.—, son más que suficientes los testimonios existentes que prueban cómo estos corónimos parciales se consideraban comprendidos bajo el nombre general de España. Y ello es así incluso en relación con tierras de la vertiente septentrional de la cordillera, próximas a ella —como en el caso de Septimania, Aquitania, etc.—. Si bien, cada vez más, la barrera pirenaica se constituye como límite de la tierra propiamente hispánica, quedando, a lo sumo, inserto en ella el pequeño rincón rosellonés.

Y cabe preguntarse entonces si ese nombre de España es tan solo una denominación de tipo geográfico. En rigor, decir esto es una abstracción que en la realidad carece de sentido. Pero, además de esta objeción de carácter general, que nos impide considerar el nombre de un país cualquiera —y más, si cabe, en los textos medievales, dentro del pensamiento finalista de la época— como un mero término de geografía, en el caso del nombre de España lo cierto es que si, al llegar al límite de la región pire-

---

(84) M. G. H., Epistolae Karolini aevi, II. "Claudii Taurinensis Episcopi Epistolae", carta XII, pág. 610.

(85) Havet, "Letres de Gerbert", ed. cit., cartas núm 45, pág. 43 y 217, página 217.

naica surge aquél, no es porque se estime haber llegado a un espacio físico diferente, sino porque toda una realidad humana distinta aparece desde ese momento. Por eso, con el nombre de Hispania se corresponde siempre el de hispanos. Vamos a tratar de explicarnos cómo, desde la región en que se presenta aquel corónimo, se nos aparece inmediatamente una entidad histórica caracterizada. Y el hecho de que en toda clase de documentos de la época se conserven claros testimonios de haber sido visto así, prueba hasta qué punto se trataba de un fenómeno conocido, del que se tiene manifiestamente conciencia.

EL ELEMENTO HISPANO-ROMANO-VISIGODO EN CATALUÑA. SU RELACION CON LOS FRANCOS

La integración de una zona situada al noreste de los Pirineos en el reino visigodo conservó en ella un elemento humano de esta condición, que más tarde iba a ser fuertemente incrementado por la presencia de los nutridos grupos que huían de la invasión árabe en España. Ese elemento dio nombre a la población de aquellas tierras, que, sin discriminación entre godos y galo-romanos, pasa a ser llamada la gente de los godos en las fuentes históricas de la época. Muy pronto esas mismas fuentes empiezan a hablar, por esa región, de "hispani", y de Hispania, y ello nos obliga a hacernos cuestión de lo que en ella acontece y de cómo esos dos nombres, de gentes uno, de país el otro, son empleados y qué relación tienen con lo que sucederá algunos decenios después en la otra vertiente pirenaica.

Hay que partir del hecho de que esa población, al sufrir la invasión musulmana y soportar después la llegada de los francos, que tratan de cortar militarmente el avance de aquélla, conserva, entre los dos flancos, una actitud de mantenimiento de su propia integridad, la cual se manifiesta en desconfianza y aun en rebeldía contra aquellas dos fuerzas extrañas. Desde el lado franco, los "Annales Laurissenses minores" nos han dejado testimonio de esa inquietud contra los francos, al dar a la presencia de éstos un carácter de imposición. Esos Anales hacen el elogio de los éxitos de Carlos Martel. Su acción la describen, coincidiendo con otras fuentes históricas, como una penetración en tierra extraña: "Gothorum fines penetravit"; allí luchó Carlos Martel contra los sarracenos, destruyó algunas ciudades hasta sus cimientos y despobló la tierra. Todo esto se pasaba en 732. Algo después, en 740, al dar cuenta los Anales de que el rey franco vivió en paz sus últimos años y murió en esa fecha, añaden que esa tranquilidad fue conseguida sobre "Gothos superatos, Saxones et Fresones subactos, Sarracenos expulsos, Provinciales receptos..." (86). La reacción de los indígenas fue, contra esta presencia franca, la de apoyarse en los árabes, a los que por negociaciones amistosas permitieron entrar en Arles, Avignon, Marsella y otras ciudades. De esta conducta quedó un lejano recuerdo en la épica francesa, en cuyos cantares se da, como un personaje conocido, el del señor meridional que traiciona a los cristianos y favorece a los sarracenos: tal el "Girart de Fraite" (87).

Es cierto que años después se observa un relativo cambio de actitud, cuando el mundo carolingio atrae las miradas de las poblaciones cristianas que sufren la dominación árabe. Entonces son los godos de Narbona los que entregan la ciudad al rey franco, tomándola ellos previamente y matando a los sarracenos que están en su interior. Pero aun entonces lo hacen asegurados de conservar su ley, de modo tal que algún titubeo en este punto crea serias dificultades y está a punto de impedir que la entrega se efectúe. Es de interés, a este respecto, la narración de la "Crónica de Moissac" (88). Y esta Crónica, en relato mucho más sobrio, nos permite suponer una entrega en forma análoga de la ciudad de Gerona, por los "gerundenses homines" (89). El recuerdo de este episodio se conserva en el "Chronicon Rivipullense", y la semejanza en los testimonios hace pensar en una dependencia de éste respecto a la Crónica de Moissac": "Gerundam civitatem homines tradiderunt rege Karolo" (90).

De estos dos casos cabe desprender un manifiesto espíritu de insumisión a los árabes que lleva a negociar, conservando una posición propia, el apoyo de los francos. Pero, además, esos dos ejemplos nos dicen también que evidentemente quedaban en manos de los indígenas y emigrados del Sur, unas posibilidades de acción que fueron empleadas con eficacia en su momento. Es decir, que un espíritu de rebeldía, una cierta organización y unos medios de acción bélica seguían siendo poseídos por los que habitaban la región.

Está documentada la existencia de personajes que, en las zonas indecisas del norte de la Península o desplazándose entre ambas vertientes de los Pirineos, mantienen una actividad bélica contra los invasores. Sabemos de un "Iohannes Hispanus" que, en diploma de 793-795, recibe po-

---

(86)   M. G. H., Scriptores, I; pág. 115.
(87)   Ver. R. Lejeune, "De l'histoire à la legènde", en "Le Moyen Age", LVI, 1950, núm. I-II; págs. 1-28, en especial, pág. 16.
(88)   Ed. cit., pág. 294.
(89)   Ed. cit., pág. 297.
(90)   Villanueva, "Viaje", V; pág. 242.

sesiones en tierra narbonense por donación de Carlomagno, en premio a sus constantes correrías contra los sarracenos "in pago Barchinona" (91). Este dato confirma nuestras deducciones en relación con lo que Ermoldo Nigelo, según vamos a ver, cuenta acerca de las luchas de Bera con los sarracenos en la fase comprendida entre la invasión sarracena y el ataque dirigido por los francos. Otra figura similar a la de Juan Hispano y a la de Bera, es la de otro hispano también, Aznar, más hacia Occidente (92). Y dado el carácter con que estos hechos se presentan, es necesario pensar que tales personajes no eran únicos ni iban solos.

Estos hispanos están, desde el primer momento, desplegando una viva hostilidad contra los sarracenos, frente a los cuales solicitan la ayuda de los reyes francos, aunque después, cuando éstos se aproximan, la inquietud de los hispanos se vuelva contra ellos. Conocido es el caso de Barcelona, que ya citó Gómez Moreno (93). De sentido muy semejante es el ejemplo de Zaragoza, cuya entrega se ofrece al lejano rey Carlos y se le niega, en cambio, cuando, respondiendo a la llamada que se le ha dirigido, el emperador llega a las puertas de la ciudad. Cualesquiera que sean los detalles coincidentes o discrepantes en los relatos cronísticos que se conservan del episodio, una cosa queda clara, tanto en las fuentes árabes como en las cristianas: el mal recibimiento que, al llegar, se dispensa al emperador, dando lugar al fracaso de la expedición (94). Es una afirmación infundada de la historiografía oficial, tan desarrollada entre los carolingios, la del Monje de San Gal en su "De Gestis Karoli Imperatoris", cuando dice que, atraídos por la magnificencia del glorioso Carlos, los galos, los aquitanos, los alemanes, etc., "et Hispani", se preciaban de estar en servidumbre de los francos (95).

Por otra parte, en la más minuciosa relación de la toma de Barcelona por Luis el Piadoso, contenida en el poema encomiástico sobre los hechos de éste, cuyo autor es conocido por el nombre de Ermoldo el Negro, se

---

(91) De Vic et Vaissete, "Histoire Générale du Languedoc", II, preuves, pág. 12, col. 59-60. Confirmación por Luis el Piadoso, en 815; ídem íd., p. 33, col. 100-101. Ver también Auzias. "L'Aquitanie carolingienne". Toulousse, 1937, pág. 27. El interés de esta acción militar de los hispanos se revela en el propio diploma de 793: "Johannes ipse super hereticos sive Sarracenos infideles nostros, magnum certamen certavit in pago Barchinonensi, ubi superavit eos in locum ubi dicitur ad Pontes et occidit iam dictos infideles et cepit de ipsos spolia".

(92) Auzias, ob. cit.; pág. 89.

(93) Gómez Moreno, "Iglesias mozárabes". Madrid, 1919; vol. I, pág. 42.

(94) Barrau-Dihigo, "Deux traditions musulmanes sur l'expedition de Charlemagne en Espagne". Mélanges Loi, págs. 169-179.

(95) M. G. H., Scriptores, II; pág. 735.

dice que entre las tropas del rey franco iban vascos, godos y aquitanos (96).
La enumeración coincide en gran parte con la de la ya citada "Crónica
Moissiacense" (97). Pero lo que para nosotros tiene particular interés está
en que del relato de Ermoldo se deducen dos cosas: primera, que esos
godos que vuelven a la conquista de la tierra guardan, como decíamos antes, alguna forma de organización, con un jefe político-militar, porque a
esto último equivale el término príncipe que el autor emplea al decir que
se encontraba en el ejército "Bero princeps ille gothorum" (verso 356).
Se trata del famoso personaje Bera, godo de naturaleza, que, como luego
veremos, debió guardar un fuerte sentimiento de independencia, y que,
precisamente por ser de antemano el jefe constituido sobre los godos que
luchaban frente a Barcelona, fue designado conde de la región una vez
conquistada. La segunda observación que cabe hacer sobre el texto que comentamos se refiere a que, según el autor, los moros se impresionan al
saber que es el rey Luis el atacante y no, como otras veces, el jefe godo
solamente, cuya acción hasta entonces siempre habían rechazado aquéllos
con su lanza, "quae totiens pepulit lancea nostra procul" (98). Hasta
ahora no sé que nadie haya llamado la atención sobre estos dos pasajes del
poema de Ermoldo, que al ser puestos en conexión con los datos que
antes hemos dado, cobran un particular relieve.

Por consiguiente, si unas gentes que las Crónicas llaman godas y que
habrá que considerar más propiamente como naturales del país, con mezcla de hispano-godos e hispano-romanos, refugiados en la zona extrema
montañosa, sabemos que desde allí constantemente habían hostigado al
invasor árabe y mantenían una cierta organización militar, tomando parte
activa en la lucha por la conquista de la ciudad, nada de extraño tiene
que, conseguida ésta, fueran ellos los que en ella quedaran. Hemos visto
que al frente de la tierra se colocó el llamado por Ermoldo "princeps gothorum", y a éstos quedó entregada la custodia de la ciudad. El rey Luis
regresó a su reino y quedó Bera "ad custodiam relicto cum gothorum
auxiliis", según dice, con referencia al año 805, la "Vita Hludovici Imperatoris" (99). Adviértase que el "relicto" da a la forma en que la ciudad
les fue dejada casi el sentido de abandonada.

Aludiendo a fecha posterior a la conquista de Barcelona, esos historiadores carolingios, y concretamente la "Vita Ludovici", vuelven a ocu-

----

(96) Ermold le Noir, "Poême sur Louis le Pieux et Epitres au roi Pepin,
texto y traducción de Faral. París, 1932, pág. 28, verso 313.

(97) Ed. cit.; pág. 307.

(98) Ed. cit; pág. 32.

(99) M. G. H., Scriptores, II; pág. 613.

parse del conde Bera. Acusado de infidelidad (y ello es un claro testimonio de su estado de espíritu) por un individuo llamado Sanila, godo como aquél, se enfrentan ambos en duelo judicial: "cum eodem, secundum legem propriam, utpote quia uterque Gothus erat, equestri praelio congressus est et victus". También Ermoldo se ocupa del caso: presenta a los dos protagonistas como godos y cuenta que el primero, es decir, el acusado, pidió como merced al rey, puesto que pertenecía a un grupo diferente con usos propios, luchar según su costumbre y con sus armas habituales, "more tamen nostro liceat residere caballum armaque ferre mea" (100); y después de describir Ermoldo, como cosa extraña, las monturas y armas de los contendientes, declara que esa manera de pelear —"more suo"— era nueva para los francos —"Arte nova Francis antea nota minus" (verso 1.859) (101).

Muy pocos años después, la región barcelonesa se vuelve a inquietar. Se trata de la rebeldía de otro personaje, calificado también de godo, el cual, sintiéndose, como estaba sucediendo con los de Barcelona, extraño a unos y otros, se apoya circunstancialmente en los sarracenos contra los francos. "Aizo Gothus" le llaman los Anales de Fulda (102). Y también esta vez "El Astrónomo" nos da unos datos de interés. Unese a los rebeldes el hijo de Bera, y el emperador envía contra ellos dos condes con los suyos. "Qui precedentes —sigue diciendo la *Vita Ludovici*— iunctis sibi Gothorum Hispanorumque copiis, illorum proterviae pertinaciter restiterunt" (103). Una vez más son las tropas de godos e hispanos las que andan por la tierra, las que habían quedado armadas después de la conquista y, sin duda, ya lo estaban antes, conservando sus hábitos y sus medios de guerra. La noticia toma un sesgo curioso en los "Annales Einhardi", que refiriéndose a esta sublevación de 827, hablan del abad Helisachar y de medidas "ad sedandos et mitigandos Gothorum atque Hispanorum in illis finibus habitantium animos" (104), población ésta, pues, que no había

---

(100) Ed. cit.; pág. 138; versos 1.818-1.819.

(101) Esta estupenda extrañeza de Ermoldo por un duelo que se desarrolla a caballo, puede ponerse en conexión con los datos acerca del número inverosímilmente escaso de caballería de que disponen los reyes francos —según Lot, en su obra "L'Art militaire et les armées au Moyen Age", vol. I—. Como dato de valor secundario sobre la rareza del caballo para el guerrero franco puede interesar también lo que el propio Ermoldo cuenta del caballero que se niega a entregar el caballo en que monta, a cambio de su madre prisionera de los moros, sin que la negativa presente específicamente un carácter de sacrificio heroico.

(102) M. G. H. Scriptores, I; pág. 359.

(103) Ed. cit.; pág. 630.

(104) M. G. H., Scriptores, I; pág. 216.

sido asimilada y mantenía una constante inquietud. Todavía el "Chronicon Fontanellensis", al ocuparse de una nueva rebelión, referida al año 850, la de Guillermo, hijo del conde Bernardo, hablará de Barcelona, "Gothorum capitalem", que fue castigada —"subiit paenam". Desde antes de la conquista, la línea histórica es clara y continua. Y no nos interesa sólo mostrar la existencia de un sentimiento de independencia —no digamos, en modo alguno, un sentimiento nacional—, aspecto del que en varias ocasiones se ha ocupado Calmette (105), sino la conservación de leyes y costumbres, modos bélicos, jefes, que son los de la tierra, es decir, toda una realidad de vida humana conjunta a la que precisamente se le da, una y otra vez, el nombre de España.

De todo ello importa destacar esto último, o sea, no tanto la existencia de determinados actos de rebeldía, que se dan en todo el mundo feudal abundantemente, como ese estado de espíritu a que tales actos responden: repulsa de extraños por las gentes que se consideran de la tierra ("El Astrónomo" dice de la rebeldía de Aizón "contra nos"); tradición en leyes, costumbres, modos guerreros, tradición gótico-hispánica ajena a la de los señores nórdicos; fuerza bélica efectiva del elemento indígena; conservación de jefes y organización propia. Es curioso observar que, según la "Crónica de Moissac", el ejército conquistador de Barcelona está constituido por meridionales —tropas de Aquitania, Provenza, Borgoña, Vasconia, Gotia—, los cuales, nos dice la Crónica, llamaron al rey Luis cuando dominaron la ciudad (106).

Vimos que en la entrega de Narbona a los francos los indígenas exigieron conservar la ley propia; por otra parte, que Bera, conde de Barcelona, reclama obrar "secundum legem propriam"; sabemos que el mismo Luis el Piadoso, a los mozárabes de Mérida que le piden ayuda, y a los cuales invita a que se le unan, les ofrece que "et non aliam legem, nisi qua ipsi vivere volueritis, vos tenere jubemus" (107). Estas referencias a la ley tienen un alcance mucho mayor del que supondría el valor estrictamente jurídico de la expresión. Los términos "ius" o "lex" equivalen con frecuencia, cuando menos, al conjunto del gobierno y de la vida social. Un pueblo que conserva su ley, quiere decir que guarda sus formas socia-

---

(105) "Le sentiment national à la Marche d'Espagne au IXᵉ. siècle"., Mélanges Lot". París, 1925; págs. 103 a 110, y también "El feudalisme i els origens de la nacionalitat catalana", en "Quaderns d'estudi", 1921, págs 147-160 y 205-231, disparatado intento de aplicar la vieja teoría planetaria de Laplace al fenómeno de formación de lo que el autor llama nada menos que nacionalidades, a partir de la nebulosa carolingia.

(106) M. G. H., Scriptores, I; pág. 307.

(107) Flórez, "España Sagrada", XIII; pág. 417.

les propias, mientras que la sumisión plena a otros se expresa con frecuencia diciendo que se se sujetó al "ius" o a la "lex" de los dominadores.
Así, el Biclerense cuenta que, asaltada y sometida por Leovigildo la
ciudad de Asidonia (?), "urbem ad Gothorum revocat iura" (108). En
cambio, en la Narbonense y en el noreste de España la conservación,
no sólo de las propias leyes, sino del derecho a dárselas autónomamente,
fue una situación conseguida con negociaciones y revueltas. Cauvet dio
una interesante interpretación de esto y del sentido de la frase "legem
suam habere", que emplea la "Crónica de Moissac". La "Crónica de
Uzès", que por su fecha avanzada no es muy de fiar en sus datos, pero
que sirve para hacernos comprender los conceptos de la época, transforma la antedicha frase de la "Moissiacense" en estos términos, que no
dejan lugar a dudas: "demitterent eos regere" (109).

LOS "HISPANI" EN LOS DIPLOMAS DE LOS REYES FRANCOS

Esta situación de la zona Norte de la que luego será región catalana,
creada a raíz de la invasión sarracena y de la subsiguiente conquista
cristiana de la tierra, que quedó en manos de godos e hispanos, se traduce en una activa pululación de estos grupos, primero al norte de los
Pirineos, en donde se refugiaron, y después en la vertiente sur de los
mismos, donde emprendieron una trabajosa labor de restauración. Un
gran número de capitulares y preceptos de reyes carolingios hace referencia a ellos y son interesantes de analizar, porque al hablarnos de los
"hispani" nos hablan de Hispania.

Los documentos nos dan la imagen de una gran masa de "hispani"
que emigran hacia el Norte y se encuentran por las comarcas de Narbona, Carcasona, Béziers y el Rosellón, desenvolviendo una actividad colo-
nizadora que da lugar a una forma jurídica especial de la pertenencia
de tierra: la "aprisión" (110). El fenómeno se extiende después hacia

---

(108) Ed. cit., pág. 19.

(109) Ver su "Etude historique sur l'etablissement des espagnols dans la
Septimanie au VIIIᵉ. et IXᵉ. siècles". Bulletin de la Commission Archéologique
et Littéraire de Narbonne, 1, 1876-1877; págs. 384 y ss.

(110) Empleamos adrede el término de "pertenencia" desprovisto de una significación jurídica específica, para no entrar en el problema, ajeno a nuestro tema,
de la naturaleza de la "aprisión", que en todo caso juzgamos no puede estimarse
como un tipo de propiedad. Sobre este tema ver el estudio de Cauvet citado en
la nota anterior; Melchior, "Les établissements des espagnols dans les Pyrinées
mediterranéens aux VIIIᵉ. et IXᵉ. siècles", tesis de la Facultad de Derecho. Mont-

el Sur, hasta alcanzar Barcelona y sus alrededores, cuando bajan de nuevo los emigrados, cuya participación en la Reconquista de esa zona pirenaica había sido tan intensa, según nos hacen suponer los datos ya analizados. En algunos textos se habla de "Gothi" y de "hispani", y éste es, desde el punto de vista de nuestro estudio, uno de los problemas de mayor interés que ofrece el fenómeno a que ahora nos referimos, es decir, el grupo numeroso de diplomas carolingios que hablan de aquéllos.

El primer documento de esta naturaleza es la famosa concesión a Juan de la villa yerma de Fontes (Fontjoncouse), por diploma de Carlomagno en 795 y en pago de sus expediciones o correrías contra los sarracenos en Barcelona. Este acto es objeto de confirmación en 815, otorgada por Luis el Piadoso. Y es en otros documentos posteriores que todavía se dan con relación a la misma, en los que a este personaje se le llama Hispano (111). Con carácter general, la primera medida de concesión a los hispanos de tierras yermas para colonizar se contiene en diploma, todavía de Carlomagno, de 812. Este diploma concede una confirmación real de las aprisiones, hechas por los "hispani" treinta o más años atrás. (112). Por consiguiente, él nos permite fijar los comienzos de la emigración en las primeras décadas del dominio árabe, en cualquier caso con anterioridad al año 780. Ese diploma se dicta para resolver la reclamación de un grupo de esos colonizadores presentada ante el rey. Tres de ellos llevan nombres mozárabes; los más, nombres godos y muchos nombres hispano-romanos. El rey los caracteriza como gentes que son "ad nostram fiduciam de Hispania venientes"; pero hay que prestar atención al hecho, decisivo para entender rectamente la frase, de que son emigrantes que se encuentran al otro lado de los Pirineos. También en otra ocasión veremos hablar de los personajes "de partibus Spaniae venientes" (113); pero también entonces los encontraremos, como dice el propio escrito, "in Septimania". Cuando, en cambio, el diploma del que a continuación nos ocuparemos, dado por Carlos el Calvo en 844, se haga cargo de la situación de los nuevos aprisionistas en tierra barcelonesa, se pasará a hablar de los hispanos que ya residen en ella o de los que a ella acuden.

Entre esos hispanos los había nobles —"maiores et potentiores"— y no nobles libres —"minores et infirmiores"—. Aquéllos llegaban al

---

pellier, 1919; I de la Concha, "La presura", Instituto de Estudios Jurídicos. Madrid.

(111) Ver Cauvet, pág. 478. El autor recoge otros muchos datos sobre el carácter español de estos emigrantes.

(112) De Vic y Vaissete, ob. cit., II; preuves, 20; cols. 73-74.

(113) Cit. por Cauvet; ob. cit., pág. 440.

otro lado del Pirineo, como dice alguna de las escrituras, "cum servis et libertis", y constituyeron con los hombres libres a su servicio una relación de patronato, que Cauvet interpretó asimilando su situación a la de los "bucellarii" (114). La masa de estos "hispani" alcanza tales proporciones, que ya en 812 Carlomagno encarga de reglamentar su estado a su hijo, el titulado rey de Aquitania.

En dos capitulares de Luis el Piadoso, de 815 y 816, se sistematiza el régimen jurídico de estos hispanos colonizadores. Es interesante en el segundo observar se dispone especialmente se conserve una copia del documento en siete ciudades —Narbona, Carcasona, Rosellón, Ampurias, Barcelona, Gerona y Béziers—. Todavía estos textos siguen hablando exclusivamente de los hispanos. En ellos, todos los colonos que después del hundimiento provocado por la invasión vencida, roturan las tierras yermas, son considerados hispanos y nada más. Pero lo que tiene para nosotros particular relieve es que el primero de estos dos documentos, por una parte, se dirige a los súbditos reales que habitan en Aquitania, Septimania, Provenza y España, y, por otra parte, se refiere a los que se encuentran en Septimania o "in ea portione Hispaniae" dominada por sus marqueses, de modo que vemos claramente que el étnico de "hispani" aplicado a estos aprisionistas o colonos no deriva de una alusión a lejanas tierras, sino del nombre del país mismo en que se hallan o, por lo menos, de uno de esos países, netamente distinguido de los otros y en el que moran, como en los otros dos, súbditos del Emperador. Para acabar de caracterizar a estas gentes, medio agricultores, medio guerrilleros, sirve últimamente el acta de un juicio sobre posesión de unas tierras, publicada por los dos benedictinos historiadores del Languedoc: en ella se trata de un "hispanus" y los jueces aplican la "lex gothorum" (115). Todavía un diploma, en 837, de Pipino I de Aquitania, vuelve a referirse sólo a los "spani", confirmando los bienes que éstos han dado al monasterio de La Grasse (116). Y tras ello llegamos a los importantes diplomas de Carlos el Calvo.

Un edicto del rey últimamente citado, en 844, 19 de mayo, confirma y protege las aprisiones y otras heredades de unos "hispani in comitatu Biterrensi consistentes ac in nostrae proprietatis praediis commanentes" (117), sin añadir nada nuevo a lo que hasta ahora llevamos visto. La

---

(114) Ob. cit., págs. 478 y ss.

(115) Este texto y los dos anteriores en De Vic y Vaissete; ob. cit.; vol. cit.; pruebas, 33; cols. 97-100; 40, cols. 109-111, y 90, cols. 194 y ss.

(116) De Vic y Vaissete; ob. cit., vol. cit; prueba 95; col, 208.

(117) De Vic y Vaissete; ob. cit., vol. cit.; prueba 110, col. 228.

importancia capital la reviste otro capitular del mismo año, 11 de junio de 844. Se dirige a los fieles que habitan en "partibus Aquitaniae, Septimaniae sive Ispaniae", y reproduce el capitular de Luis el Piadoso de 815, a que ya nos referimos, con inserción de algunos párrafos nuevos (118). Empecemos por observar la fiel correspondencia entre el nombre del país, "Ispania", y el nombre gentilicio de los que habitan en éste, "ispani". Por primera vez, en el comienzo de este diploma aparecen mencionados los godos, "Gotos sive Ispanos". Pero después de esta ocasión inicial no vuelven a ser nombrados los godos en el resto del documento para nada. Minuciosamente, y dando mayor precisión a las disposiciones del capitular del 815, recogiendo algunas de las consecuencias nacidas de lo establecido en éste —así, en lo referente a la obligación de dar caballos y posada a los "missi" de España que a los reyes se dirigen o que éstos envían—, el nuevo texto crea un régimen de derechos y deberes, respecto al cual, sin volver a acordarse de los godos, sólo habla de los españoles. Forzosamente tenemos que reconocer que unos y otros son los mismos o casi los mismos, hasta el extremo que el nombre de unos puede abarcar a los otros. "Gotos sive Ispanos intra Barchinonam famosi nominis civitatem vel Terracium castellum quo habitantes simul cum his omnibus qui infra eundem comitatum Barchinonam Hispani extra civitatem quoque consistunt, quorum progenitores crudelissimum jugum inimicissime christiani nominis gentis Sarracenorum evitantes ad eos fecere confugium et eandem civitatem illorum magnipotencie libenter condonarunt seu tradiderunt et ab eorundem Sarracenorum potestate se subtrahentes eorum nostroque dominio libera et promta voluntate se subjecerunt". Y luego, con ocasión de disponer sobre su estatuto fiscal: "sed liceat tam histis Ispanis qui presenti tempore in predictis locis resident quam his qui adhuc ad nostram fiden de iniquorum potestate fugiendo confluxerint", tras lo que el texto sigue refiriéndose, con un solo y único sentido, a estos "hispanos".

Este es, sin duda, el texto más importante que contiene la doble mención de godos e hispanos. Y aún siendo así, es imposible de hallar en él una base de distinción. Parece, sí, encontrarse ésta en las primeras frases transcritas del documento: los hispanos habitan fuera de la ciu-

---

(118) Dado el especial interés de este documento, nos habíamos servido para estudiarlo de la edición dada por Lot y Tessier en su "Recueil des actes de Charles le Chauve"; vol. I (840-860). París, 1943. Ver doc. núm. 46; págs. 127-132. También en este "Recuil" hemos comprobado el de 19 de mayo (ver págs. 108-110, doc. número 40) y algunos otros. Posteriormente han sido publicados también por Abadal, en su magistral "Catalunya carolingia".

dad, en el condado de Barcelona —lo que hay que entender referido al conjunto de los condados catalanes—, y los godos en el interior de la ciudad. Ya por sí esto resulta absurdo e inadmisible. Pero vemos, además, que los hispanos también habitan en la ciudad. Quedaría entonces sólo que de los godos no hay ninguno en el resto del condado, lo que no tiene sentido. Pero es más; de unos y otros se señala la misma procedencia: descendientes de gentes que huyeron del yugo sarraceno y entregaron la ciudad —ambos grupos, pues, moraban ya de antemano en ella—, sometiéndose al rey franco, libre y espontáneamente—, y el hecho es ya de lejana fecha, puesto que se refiere a los progenitores de los contemporáneos de Carlos el Calvo. En todo lo restante del precepto se habla de un único sistema de derechos y obligaciones, de una situación social absolutamente única para todas esas gentes acogidas al régimen de la aprisión. Pero lo curioso y decisivo es que, tratando de ese "status", se repite varias veces la mención de los "hispani", como hemos visto, sin que vuelvan a ser recordados los "goti", cuya existencia se esfuma por completo. Esta última observación es válida igualmente para los otros casos, no solamente en diplomas, sino también en crónicas, cuando incidentalmente reaparece la referencia dual a aquellos dos grupos que, como resulta de todo ello, en rigor son tan solo uno.

Otra interpretación de la distinción entre godos e hispanos nos había parecido en un principio posible. Teniendo en cuenta que el otro diploma de Carlos el Calvo, del mismo año que ya hemos citado con anterioedad, se refiere solamente a hispanos en relación con tierras en el condado de Béziers, y, en cambio, el siguiente, que se refiere, como hemos visto, a Barcelona, es el que menciona godos e hispanos, cabe pensar si esos godos serían los naturales de la Septimania, que en su propio país habían conservado un régimen normal de propiedad de las tierras y, por lo tanto, no tenían por qué ser aludidos en normas sobre el régimen extraordinario de la "aprissio", aplicable sólo a los extraños hispanos emigrados al Norte; pero más tarde, reconquistadas las tierras del Sur, esos godos de Septimania, en un proceso migratorio inverso, bajarían a enriquecerse con las nuevas tierras libres, y por esa razón serían mencionados con los naturales hispanos. Pero esta interpretación no puede mantenerse porque, si es cierto que hay otro diploma, de Carlos el Calvo también, en 847, que vuelve a referirse únicamente a hispanos, en relación con bienes en el condado de Narbona (119), un nuevo precepto del mismo rey, de confirmación de bienes precedentemente adquiridos por aprisión, a dos personajes, Sumnoldo y Riculfo, nos descubre la presencia de gentes califica-

---

(119)   Lot y Tessier, "Recueil", doc. núm. 145.

das de godos al norte de los Pirineos, "gotis... in pago videlicet Elenensi et in comitatu Roscilionensi" (120). Por consiguiente, también los godos son citados en tierras de là Septimania y se acogen al mismo régimen de la aprisión. Por otra parte, un último diploma de Carlos el Calvo, de concesión de inmunidad al monasterio de San Julián del Munt, en el pago bisuldunense, se refiere a las apriones, a los campos yermos que fueron cultivados y en los que se hicieron edificaciones, por "Gotis et Guasconibus" (121), en donde no se habla de los "hispani", presentes en todos los demás casos, y que desde el primer momento se encuentran en tierras de Gerona. Ello hace sospechar, una vez más, la asimilación entre éstos y los godos. En 871, 878 y 886, tres nuevos diplomas hablan igualmente de los españoles, "aprehensiones Yspanorum", "spani homines", etc. (122). No vuelven a ser citados más los godos, a pesar de que el tema sigue dando lugar a nuevos preceptos. En 881, un diploma de Carlomán para la iglesia de Narbona se refiere a los "homines hostolenses vel Hispani" (123). Estos colonos o españoles aparecen de nuevo identificados con los que, en conjunto, desplegaron la intensa actividad roturadora que dio lugar al régimen jurídico especial de la "aprissio". Y esto se convierte en la forma habitual o general, repitiéndose la misma frase en diplomas de Eudes, en 890, y Carlos el Simple, en 898, 899 y 922 (124). Cualquiera que recorra los numerosos diplomas referentes a esta colonización de los aprisionistas quedará interesado por el hecho de que no se tiene en cuenta más que a los hispanos, y sólo se habla de ellos —tan raras y efímeras son las otras menciones—, dando la impresión de que son ellos las gentes que normalmente se encuentran en los condados, como creo positivamente que así es, ya que a cualquiera que pertenezca a la población indígena de los condados catalanes se le considera en principio hispano. Y no cabe pretender que el hecho se deba a que la aprisión sea una forma jurídica de relación con la tierra exclusivamente aplicada a ellos y no a los godos, puesto que se trata de un sistema en vigor desde Germania hasta León, y hemos visto que esos rarísimos diplomas que aluden a godos mencionan sus aprisiones, mientras, por otra parte, hay documentos que, en relación a los hispanos y ocupándose sólo de ellos,

---

(120)   Lot y Tessier, ob. cit.; doc. núm. 164, año 854. Análogos los que van señalados por los núms. 94 y 210, de los años 847 y 859, respectivamente.

(121)   De Vic y Vaissete, ob. cit.; vol. cit.; prueba 166; cou 342. Publicado nuevamente por Abadal, "Catalunya Carolingia, pág. 220.

(122)   Abadal; ob. cit.; págs. 177 y 140.

(123)   De Vic y Vaissete, ob. cit.; vol. V; prueba 3; col. 70.

(124)   De Vic y Vaisste, ob. cit.; vol. V; prueba 13; col. 86; prueba 20; col. 96; prueba 46; col. 144.

hablan, en cambio, de aprisión o de otros modos de posesión de tierras. Carlos el Calvo, en 847, otorga unos bienes en el condado de Narbona, exceptuando aquellos que sean ya poseídos por españoles: quod Hispani in aprisione sive alio quoqumque modo ividem abere noscuntur" (125). Este documento nos permite una nueva observación: al procederse a hacer una concesión de bienes y querer dejar a salvo los derechos de terceros, la mención de éstos se reduce a la de los hispanos, circunstancia que se repite también en 878, precepto del rey Luis, que al conceder unos bienes lo hace "excepto quod Spani homines de eremo traxerunt" (126). La forma de aludir al fenómeno de la colonización, en cuanto que se trata de cosa por todos conocida, es siempre la de atribuirla a los hispanos: "aprhensiones Yspanorum", vuelve a decir otro diploma del rey Carlos el Calvo al monasterio de San Aniol (127). Esos "hispani" son los que sirven siempre de referencia común, ellos ofrecen el tipo general sobre el que se regulan todos los demás, son la gente que normalmente se encuentra en el país. Y así disponen dos preceptos, uno de 886 y otro de 899, referentes a concesiones de villas, que sus hombres presten tal "obsequio" y servicio a los obispos como el que a los condes "facere consueverunt tam Spani quam ceteri" (128).

Recogiendo muy superficialmente la noticia de este fenómeno de colonización hispánica, sin pararse, porque no era su objeto, en un análisis de los documentos para penetrar en su sentido y con una vaga referencia al libro de Melchior, que no se ocupa de este aspecto del problema. Calmette, lanzó una interpretación de la doble denominación de godos e hispanos, dualidad de denominaciones que él presenta como si fuera de uso normal. Sobre base tal afirmó que godos eran llamados los habitantes indígenas de la Marca e hispanos los emigrantes a aquélla que huyeron de los musulmanes (129), palabras que han sido repetidas después por algún otro historiador. No hay el más mínimo apoyo, como muestra el estudio de los diplomas que hemos llevado a cabo, en que mantener esa tesis que parece un error encadenado con el que originariamente supone el hecho de no advertir, contra lo evidente, que en toda la historiografía y la diplomática carolingias, para designar la zona subpirenaica oriental, el nombre que en todos los casos se conoce y se em-

---

(125) Lot y Tessier, "Recueil", vol. I, núm. 145.
(126) Abadal, "Catalunya Carolingia", pág. 71.
(127) Abadal, ob. cit.; pág. 177.
(128) Abadal, ob. cit.; págs. 140 y 146.
(129) "Le sentiment national a la Marche d'Espagne", ed. cit.; pág. 103, nota 3.

plea es el de España. Todo ello encuadrado en la impropia concepción de la llamada Marca como una provincia organizada de un Imperio administrativo, provisto de fronteras claramente trazadas. Cualquiera otra solución al problema del empleo de aquellos dos étnicos podría ser ensayada, menos ésa. Basta con caer en la cuenta de lo que esa distinción tiene de absolutamente excepcional y pasajera, más bien meramente incidental. Es más que rarísimo su empleo en alguno tan sólo de los más de treinta diplomas que de una u otra manera se ocupan de la colonización de los aprisionistas (130). Salvo en el texto de 844, cuando en algún otro caso se menciona de nuevo a godos, se silencian entonces los hispanos y viceversa, reforzando al parecer, la impresión de que se asimilan unos a otros.

Sospecho, sin embargo, que la interpretación correcta del caso debatido no consista exactamente en sostener esa asimilación de que acabamos de hablar. Es decir, la asimilación se da, y es lo normal, y de la misma manera que en las fuentes carolingias de todo orden a la tierra que luego será Cataluña se la denomina España, Hispania, a sus naturales se les da el nombre habitualmente, casi cabe decir únicamente, de hispanos. Pero he aquí que en el capitular de junio de 844, y raramente en alguna crónica, aparecen los vestigios de una distinción que, sin duda, ya no tiene sentido real en la época, pero que se encuentra allí como un resto del pasado o, por lo menos, como algo que está en trance de desaparecer.

Creo que esta distinción habría que entenderla, como la de godos e hispano-romanos. Un capitular de Pipino el Breve, del año 768, se refiere a aquellos que son "tam romani quam salici" (131), indudablemente en este caso francos y galo-romanos. Es la misma separación que reaparecía, después de una larga época de fusión, pero sin consecuencias ulteriores, en el famoso prólogo de la "Lex Salica", perteneciente también al reinado de Pipino. En él se insiste en la distinción entre el grupo romanizado indígena y el de los dominadores germánicos, los francos en este caso. En términos equivalentes, el Fuero Juzgo distingue la "gens

---

(130) Una lista casi exhaustiva de los diplomas sobre los aprisionistas se contiene al final de la obra de Melchior, que ya hemos citado en notas anteriores. Advirtamos que de la autenticidad del diploma de 844 se ha llegado alguna vez a dudar: ver Fossa: "Observatios historiques et critiques sur le droit public de la principauté de la Catalogne et du Comté de Roussillon". Perpignan, 1770. La crítica moderna lo tiene por auténtico: así Lot y Tessier y, antes, Krause, que lo publicó en M. G. H., Sectio Legum, Capitularia Regum Francorum, vol. II. Hannover, 1883-1897, pág. 258, doc. 256. Lo reproduce también Abadal. en "Catalunya carolingia", I, "Els diplomes carolingis".

(131) M. G. H., Seccio Legum, I; pág. 43.

gothorum" del "populus hispanus". Paralela a esta diferenciación es la que, con referencia a algunas de las gentes de las ciudades de la Septimania, concretamente Narbona, Bézièrs, etc., a fines del siglo VIII —obsérvese que son los mismos lugares y la fecha es inmediata a la del fenómeno que estudiamos—, hace el famoso obispo Teodulfo de Orleáns, enviado allí como "missus" para resolver las dificultades de esta población. Teodulfo cuenta que le salieron a recibir, llenos de esperanza, "Reliquiae getici populi, simul hespera turba"; es decir, los restos de la gente goda y la multitud hispánica, referencia que parece corresponder bastante bien con el estado en que se veían esos elementos sometidos y sufrientes en los años siguientes al dominio sarraceno. Es de interés observar que esa diferenciación debía ser ya poco profunda cuando Teodulfo, refiriéndose a los dos grupos, nos dice que le acogieron con gran alegría porque veían en él un consanguíneo (132). Teodulfo se llama consanguíneo a la vez de uno y otro grupo.

A esto podría responder, por tanto, la distinción de godos e hispanos. Estos últimos, hispano-romanos, propiamente peninsulares; aquéllos, godos, bien del norte, bien del sur de los Pirineos. Precisamente por ser, en suelo septimano, de raza o nación goda, esos "goti" van ligados al ambiente hispánico del caído reino toledano, hasta el extremo de que ellos son el motivo principal de que se extienda, como en tantos ejemplos que ya conocemos, el nombre de Hispania a su tierra narbonense y, en consecuencia, de que a ellos mismos, con la mayor frecuencia, se les llame hispanos, aunque pertenezcan a la región gótica de ultramontes. Por eso, inmediatamente después de haberlos diferenciado, el capitular del año 844 vuelve a olvidarse de su posible distinción para verlos conjuntamente reunidos bajo el nombre de "hispani". En un juicio del año 918, en la diócesis de Carcasona, cuya acta publicaron también Dom de Vic y Dom Vaissette, se dice que están presentes abades, presbíteros, jueces, etc., "tam gotos quam Romanos seu etiam Salicos". Se trata, una vez más, de un pleito de aprisionistas hispanos, y en él se habla del servicio que se debe prestar "sicut alii Spanii debent facere de illorum aprisione" (133). La presencia de jueces godos y romanos en juicio de hispanos que tenían el privilegio de su propia ley y, por ende, de propia jurisdicción, parece confirmar la tesis de que la distinción de que venimos ocupándonos se refiere a hispano-godos e hispano-romanos. En la parte occidental es posible rastrear algunos ejemplos análogos en los cartularios. Por ejemplo, en las fórmulas de maldición de algunos diplomas

---

(132)   Ver nota 3 del capítulo anterior.
(133)   "Histoire générale du Languedoc", vol. V; prueba 43; col. 137.

en la primera mitad del siglo XI, se dice que caiga aquélla sobre los contraventores, sean hijos, hermanos o herederos, "aut gens de genere meo vel gotorum aut romanorum" (133 bis). Y al hallar esa distinción en una fuente tardía y ajena al vértice catalán, en la que indudablemente tiene el sentido propuesto, se refuerza todavía más el fundamento de nuestra interpretación. Efectivamente, afirma don Lucas de Túy en su "Chronicon Mundi", que Carlomagno sometió a su imperio "Gothos et Hispanos qui erant in Catalonia et in montibus Vasconiae et in Navarra". La versión al romance castellano de la Crónica del obispo don Lucas, traduce que Carlomagno "sometió al su señorío los godos y españoles que eran en Cataluña y en los montes de Gascueña y en Navarra" —hasta que fue vencido por Bernardo, con ayuda de los moros, cosa que al cronista le parece muy mal (134)—. Todavía Pérez de Guzmán emplea análoga diferenciación, al hablar del "rey de españoles e godos" (134 bis).

Suponemos, pues, que cuando en rarísima ocasión aparece la diferenciación de godos y españoles, estos últimos son los hispano-romanos y aquéllos los godos de Hispania o de Septimania, en cualquier caso profundamente vinculados a la tradición hispánica, hasta el extremo de que apenas ha sido hecha la distinción, vuelven a considerarse reunidos en un solo grupo, al que se le puede dar uno u otro nombre. Por eso, ante un diploma del Cartulario de Saint-Sernin, su editor, Monseñor Douais, buen conocedor de las fuentes pertinentes al caso, no vacilaba en identificar a godos y españoles, entendiendo que se refería a éstos una notable mención de aquéllos. Se trata de un laudo con motivo de una reclamación por lo que pasa en el mercado tolosano: "Cum Goti veniebant ad mercatum et discargabant asinos suos foris stratam, asini pascebant messes et faciebant malum"; se dicta sentencia: una suma será pagada por los que incurran en ese abuso, "sicut Goti et alii homine" (135). La profunda hispanización de los godos del norte y del sur de los Pirineos permitió, sin duda, confundirlos con los hispanos, y se llegó en alguna ocasión a llamar godos a los españoles. Observemos un aspecto sumamente interesante del documento que acabamos de citar: el neto matiz de gente extraña que ese grupo presenta en el tolosano; gente

(133 bis) "Libro de regla o Cartulario de Santillana del Mar", ed. de Jusué, Madrid, 1912; dipls. núms. LXXXII y LXXXIII, págs. 103 y 105.

(134) Hispania Illustrata, IV; pág. 75. Y ed. de la "Crónica" en castellano, por J. Puyol. Madrid, 1926; pág. 287.

(134 bis) "Cancionero castellano del siglo XV", I, pág. 612.

(135) "Cartulaire de l'abbaye de Saint Sernin de Toulouse". París, 1887; pág. LXXXV, nota 3 y pág. 100; doc. núm. 135 del año 1000.

familiarmente conocida y frecuentadora del mercado, no cabe duda de ello, pero que no se confunde con los de la tierra. Es el mismo caso de los diplomas carolingios en relación con los "hispani". Extraños, contemplados en el marco de la población gala y franca; próximos, sin embargo, entre sí, esos dos grupos se citan habitualmente con un solo nombre, porque la discriminación entre ellos es un mero resto del pasado, que en la época resultaba ya, sin duda, imposible de aplicar. Si recordamos lo dicho antes sobre los nombres visigodos e hispano-romanos relacionados en el capitular de Carlomagno del año 812; si tenemos en cuenta que en el ya mencionado precepto de Carlos el Calvo, de mayo de 844, relativo al condado biterrense, se repite el hecho de esa dualidad de formas onomásticas, y vemos, finalmente, que precisamente en esos dos documentos se emplea tan sólo el étnico "hispani", nuestra tesis parece confirmarse en todos los sentidos (136). El nombre de hispanos acaba imponiéndose a todos cuantos proceden del sur de los Pirineos y a godos y otros grupos de procedencia hispana que se encuentran en el Norte. Así nos lo hacen ver, pues, los numerosos diplomas sobre la colonización de los aprisionistas, que hablan siempre de hispanos, y que cuando alguna vez recuerdan, como cosa que ya a mediados del IX sólo es un vestigio, la existencia aparte de los godos, presenta este hecho un carácter tan excepcional y sin ulterior trascendencia, que acto seguido el mismo documento se olvida de esa discriminación para no volver a ocuparse más que de los hispanos.

Finalmente, si el corónimo Gotia no designa, contra lo que muchas veces se ha dicho, la tierra que luego será Cataluña, sino el "regnum gothorum", es decir, España, no tiene sentido pretender que el étnico "goti" tenga una significación territorial tan reducida. En el aspecto espacial, godos e hispanos son equivalentes, y para diferenciarlos hay que acudir, como nos inducen a hacerlo los testimonios de la época que hemos recogido, a la base étnica, aunque de ésta no quede más que un recuerdo inerte e inoperante. No menos inoperante es también esa doble mención: "gotos sive hispanos", que en casos tan insólitos se halla en algunas fuentes francas y españolas.

---

(136) No vamos a olvidar la prudente advertencia de Corominas sobre que no hay que confundir la procedencia real de los individuos con la de los nombres que llevan, deduciendo de estos últimos, datos acerca de la importancia de una colonización. Muchos hispano-romanos, nos dice, llevaban nombres germánicos atraídos por el prestigio de una moda, fenómeno que se da tanto en Cataluña como en Galicia ("Noms de lloc d'origen germanic", en "Miscel·lania Fabra", 1943, pág. 132). Sin embargo, para nuestro objeto esta advertencia es secundaria.

Respondiendo, no a una exacta realidad histórica, pero sí a un cierto grado de intuición de los datos que llevamos indicados, un antiguo historiador catalán, mucho más valioso de lo que en alguna ocasión se le ha juzgado, Carbonell (137), decía que la tierra catalana en tiempos de los carolingios se llamó "Hespanya gotica". Lo que no dice ningún historiador catalán, desde los primeros analistas del monasterio de Ripoll, pasando por los que recogen las leyendas pseudocarolingias del falso Filomena en el siglo xv, hasta los humanistas eruditos, empeñados en recoger todos los rastros del pasado, es que a esa región se le dé el nombre que, en cambio, modernamente se le ha atribuido: Marca Hispánica.

LA MARCA DE HISPANIA Y EL SISTEMA MILITAR DE MARCAS

Sobre la base de lo que hasta ahora llevamos dicho podemos enfocar este nuevo problema con el necesario rigor. En el fondo, el error que se sufre en relación con el nombre deriva de una doble equivocación, que se refiere, de un lado, a la manera de presentar la conquista y, de otro, a la manera de entender la pretendida organización de la Marca y, por tanto, de lo que la Marca es.

Desde el momento en que Pedro de la Marca (138), y tras él los benedictinos historiadores del Languedoc, De Vic y Vaissette, escribieron en toda ocasión con un par de mayúsculas las palabras Marca Hispánica, se fue creando en los historiadores posteriores el hábito de aceptar la visión de esa pretendida Marca Hispánica como si fuera un departamento organizado de un Estado administrativo de nuestros días. Ello lleva a extremos que se encuentran, entre otros muchos casos, en obras

---

(137)   Una inteligente rectificación del juicio sobre él puede verse en Mateu Llopis, "Los historiadores de la Corona de Aragón durante la casa de Austria", discurso leído en la R. A. B. L. de Barcelona, 1944; págs. 12-14, en donde figura la referencia que a continuación damos de este historiador.

(138)   Sorprende que por el lado de la historia catalana se haya prestado siempre tan ciega fe a Pedro de la Marca, sin que nadie haya sospechado siquiera un proceder en ella similar al que ha sido denunciado en su "Histoire de Béarn". "M. Bladé ha demostrado en muchas ocasiones cómo Marca, defensor de los derechos de Luis XIV, se había sentido tentado por la idea de alterar textos que pudieran servir las pretensiones de su amo y muy frecuentemente ha sucumbido a la tentación". Barrau-Dihigo, "La Gascogne", ed. cit.; **pág. 30.**

como la que Dupont ha dedicado a las ciudades de la Narbonense (139).
"En esta fecha (fines del 812), dice Dupont, la marca de España está
definitivamente constituida; comprende un bloque continuo desde Navarra hasta el mar, completado por una banda litoral de Barcelona a Tortosa y curso inferior del Ebro." Esta frase está compuesta por la simple
yuxtaposición de dos pasajes de sendos escritores del grupo oficial de
Carlomagno. De un lado, Eginardo, quien atribuye a Carlomagno haber
conseguido "totum Pyrinei montis jugum et usque ad Hiberum, qui
apud Navarros ortus et fertilissimos Hispaniae agros secans sub Derto-
sac civitatis moenia Balearico mari miscetus" (140); de otro, Alcuino,
quien dice del rey Carlos y los suyos que "multam partem Hispaniae
tulerunt a Saracenis, quasi trecenta milia in longum per maritima (141).
El resultado de la fusión de estas dos frases lo refiere el autor a una
época más adelantada de aquella a que ambas se contraen, pero esto no
cambia fundamentalmente el aspecto de la cuestión.

Para dudar de todo ello basta con recordar lo que dicen los "Anales
reales", a los que Eginardo, que los sigue con la mayor constancia, deja
de lado precisamente en esa ocasión, como Halphen señaló. Los "Anales de Fulda", refiriéndose al año 809, dan la siguiente noticia: "Der-
tosa, civitas Hispaniae, a Hludovico filio imperatoris obsessa, sed non
expugnata est" (142). Conocido es el relato que basado en fuentes antiguas, principalmente en los mencionados "Anales reales", refundidos,
aparece en la crónica de Adémar de Chabannes: "Donnus vero Ludovi-
cus rex, Hispaniam intrans, Tortosam civitatem in ripa Hiberis flumi-
nis obsedit et post mensis unius circulum, cum eam videret non posse
cito capi, et omnis Hispania de Sarracenis contra eum congregaretur,
dimissa obsidione, cum incolomi exercitu in Aquitaniam se recepit" (143).
En este relato no sólo hay que advertir que quedó firme la noticia de
que no se llegó a dominar el curso bajo del Ebro, sino también claro el
carácter de mera incursión en territorio enemigo que la empresa tuvo,
en caso de ser cierta, arrancando de y retrocediendo a lejanas bases. Parece, pues, tratarse de una, entre tantas, de las fugaces incursiones que
de tiempo antiguo practicaron los francos, ya desde la época de los visi-

---

(139) "Les cités de la Narbonnaise première depuis les invasions germani-
que jusqu'a l'aparition du Consulat". Nimes, 1942.

(140) Ed. cit., págs. 42-44.

(141) M. G. H., "Epistolae Karolini aevi", II; pág. 32; carta núm. 7, del
año 790.

(142) Ed. cit., pág. 354.

(143) Ed. cit., pág. 99.

godos, en las tierras meridionales, cuyo recuerdo se conserva en las noticias de los "Chronicorum Cesaraugustanorum", según el nombre que les dio Mommsen (144).

Pero en esa manera de explicar la Marca Hispánica lo inadmisible no está en adelantar un poco más de la cuenta el límite meridional de la misma, sino que la dificultad atañe a una cuestión más esencial: a lo que se entiende por Marca. Luego veremos, además, que en relación con esto hay un error también en la denominación misma de Marca Hispánica. Fijémonos, por de pronto, en que lo que no puede aceptarse es esa idea de que una amplia zona, "un bloque continuo", se haya constituido al sur de los Pirineos, como una parte más en la organización del reino franco. Y lo cierto es que esa última opinión ha calado tan firmemente en la generalidad de los historiadores, en virtud del par de mayúsculas inventado por Pedro de la Marca —puesto que en los cinco siglos anteriores a él nadie recuerda el nombre de Marca Hispánica—, que hasta un escritor tan excelente como Petit-Dutaillis, ante cuyas obras no son de escatimar los elogios, llega a suponer que no hay más que una región sólida, obediente y organizada dentro de todo el "regnum franchorum", y es esa Marca Hispánica. Si la palabra Francia apenas cubría la región entre el Sena, el Mosa y el Escalda, y aun llegó a reducirse a la parte septentrional de la diócesis de París, por debajo de la cual los señores actuaban con plena independencia, reduciéndose poco menos que a datar los diplomas de sus cancillerías por los reinados de los reyes francos, no se alcanza por qué especie de lazo místico "al sur, en cambio, la frontera del reino desbordaba los Pirineos, desde la diócesis de Urgel hasta la de Barcelona, y Borrell, conde de Barcelona, invocaba contra los árabes el socorro de su lejano señor Hugo Capeto" (145). El autor, a juzgar por las indicaciones bibliográficas que da en este pasaje —el cual, en su obra, tiene tan sólo un alcance episódico muy reducido—, hace esa afirmación de segunda mano y no sé si es suyo o de aquellos de quienes toma la noticia, el relleno de llamar "su lejano señor" al primer Capeto. Vale la pena que nos detengamos a analizar el hecho histórico mencionado. Ese episodio alusivo al conde Borrell es conocido por los "Richeri Historiarum libri IIII". Cuenta, efectivamente, el monje Richer que Hu-

---

(144) M. G. H., "Chronica minora", II; págs. 222-223: "Hoc anno (541) Francorum reges numero V per Pampelonam Hispanias ingressi Caesaraugustam venerunt, qua obsessa per quadraginta novem dies omnem fere Tarraconensem provinciam depopulatione attriverunt".

(145) "La Monarchie feodale en France et en Angleterre". París, 1950; página 8.

go, para vencer la resistencia que oponía a sus propósitos el arzobispo
de Reims, esgrimió "epistolam a duce citerioris Hispanie Borrello mis-
sam protulit, quae ducem petentem sufragia contra barbaros indicabat"
(146). El rey pretendía impresionar por ese procedimiento a un arzobispo poco dúctil. Ahora bien; el simple hecho hasta aquí referido por sí
solo no dice nada, por la razón de que puede decir cosas muy diversas.
Tratemos, pues, de precisar su significado. Se conoce por las cartas de
Gerberto (Silvestre II), la respuesta de Hugo pidiendo al conde que por la
Pascua vaya a rendirle homenaje, y a cambio de esa sumisión le ayudará (147). Hasta ahora, esta respuesta lo único que nos permite afirmar
es que Borrell, para enviar su petición de ayuda, no se había considerado
obligado a poner en regla una situación de vasallo feudal. ¿Cuál iba a
ser su reacción al recibir la contestación real? Que Borrell no veía el
caso de la misma manera que el rey y, en consecuencia, no estaba dispuesto a reconocerse su vasallo, se desprende por de pronto del hecho
de que aquella exigencia no fuera aceptada. Sin duda, el conde barcelonés pensaba en la ayuda militar de un aliado, no en el "auxilium" feudal. Pero hay algo más categórico aún. Sabemos —aunque hasta ahora
nadie ha puesto esto en relación con lo anterior— que Borrell justamente prefirió hacer lo contrario de lo pedido, es a saber: enviar una embajada a Córdoba y entrar en relaciones con el príncipe musulmán (148),
hecho bien elocuente contra la vieja tesis de considerar a los del condado
barcelonés como vasallos dóciles en la órbita franca, ajenos e ignorantes
del mundo de los árabes meridionales. Para acabar de perfilar el cuadro
observemos que Borrell, al negarse a acudir ante el rey franco, seguía
una conducta habitual. Cuenta Richer el acto de sumisión que Luis IV,
en 943, exigió en Nevers de parte de los señores del Sur, al que acudieron magnates de Tolosa, Aquitania, etc., pero no los condes de Barcelona. Los condes del sur de los Pirineos son absolutamente ajenos a la
vida política de la monarquía franca, tal como la concibe y la cuenta
minuciosamente Richer (149).

---

(146)   Richer, "Histoire de France", texto y trad. de Latouche; vol. II, página 164.

(147)   "Lettres de Gerbert", ed. cit. de Havet; carta núm. 112.

(148)   Millás, "Els textos d'historiadors musulmans referents a la Catalunya
carolingia", en "Quaderns d'Estudis", 1922; XIV, pág. 160 y ss.

(149)   Ob. cit., vol. I; págs. 189-191. Por todas las razones que aquí se dan
y las que luego añadiremos, creo que mi admirado amigo don Ramón de Abadal,
por su formación de jurista, tiene tendencia a trazar el esquema de la domina-

Como hemos dicho, una equivocación central sobre el concepto de Marca es la causa que ha llevado a errores de este tipo en relación con la situación de los que siglos después se llamarán catalanes. La Marca es un concepto eminentemente militar que, de su propia naturaleza, hace alusión a una zona inestable, imprecisa, sin organización fija, sin establecimiento de un señorío seguro y administrativamente canalizado, lugar de correrías y de cambios bruscos, donde no dominan más que los que allí permanecen de hecho, y aun éstos tan sólo sobre la tierra que pisan. Responde a los procedimientos bélicos de los primeros siglos medievales y aun al sentido entero de la vida, acosado siempre periféricamente por unos límites agresivos. Se ha dicho muchas veces que marca significa frontera y, por extensión, región fronteriza; pero se ha tenido siempre la tendencia a considerar esas fronteras en un sentido moderno, como una línea trazada con precisión, hasta la que llega, uniformemente por todos sus puntos, la acción de un poder interior. En la Edad Media —y mucho más en la alta Edad Media— los reinos son "Etats - clairières", ha dicho Ancel, que ocupan territorios roturados y limitados por e s p a c i o s cuasi desérticos, más allá de los cuales la acción del titular del poder real es prácticamente nula (149 bis). Lo absurdo es que esto que todo el mundo acepta, no lo tengan en cuenta algunos historiadores, al hablar del dominio carolingio en Cataluña. La marca o frontera de la alta Edad Media es una región de nadie —despoblada, dicen con frecuencia las Crónicas y diplomas—, aunque esto sea evidentemente una exageración. Es un procedimiento bélico en una situación de guerra perpetua, pero no permanente. Y como tal fue usado por los árabes, así como por los cristianos, y no sólo por los francos, sino por los del Occidente hispano. A las tierras sujetas al sistema militar de marcas las Crónicas y diplomas las califican frecuentemente de deshabitadas, reducidas a yermo, lo que no quiere decir que quedaran propiamente despobladas, sino habitadas tan sólo por grupos de guerreros-colonos, que manejaban ora el arado, ora la espada, y que se gobernaban por sí mismos, salvo, a lo sumo, las intermitentes intervenciones de príncipes vecinos. Este es el fenómeno que nos pone de manifiesto el ya citado capitular de Luis el Piadoso, en el que se dirige a gentes que residen "in Septimania atque

---

ción carolingia sobre los territorios catalanes, con un criterio muy formalmente jurídico, en su artículo "La domination carolingienne en Catalogne", Revue Historique, 1961, núm. 458, págs. 319 y ss.

(149 bis)   "L'evolution de la notion de frontière", en Bull. of Int. Com. of Hist. Sciences, 1933, pág. 542.

in ea portione Hispaniae qua‹ a nostris marchionibus in solitudinem redacta fuit" (150).

Esto "son las Marcas (en árabe thugur), tal como ya las había en
otros confines del imperio árabe y que han sido muy bien definidas como
"regiones abiertas a las correrías, donde se riñen combates de detención",
dicho con palabras de Levy-Provençal, en las que la definición que se
cita, según dicho autor advierte, corresponde a W. Marçais (151).

La existencia, en la que luego será Cataluña, de una población de
hispano-godos y de hispano-romanos, diferente de la de los francos y con
frecuencia hostil a ellos, los alzamientos constantes del elemento indígena, la irrupción repetidamente producida de los árabes, dan a aquella
zona esa condición de marca inestable y sin más gobierno fijo que el
de los arriesgados señores que en ella permanecen, apoyados unas veces
en un lado y otras en el contrario. De esa situación de la tierra que tiene
carácter de marca nos da cuenta una interesante carta de Luis el Piadoso que ha sido fechada en el año 826. Respondiendo a la lamentación
que de las tribulaciones padecidas bajo el mando de los reyes árabes le
han dirigido los principales y el pueblo de Mérida, el emperador franco,
aparte de hacerles unas propuestas cuyo estudio es interesante para comprender la forma política del poder carolingio, les anuncia este propósito
a realizar en la estación conveniente: "exercitum nostrum ad marcam
nostram mittere, ut ibi praeparatus sedeat et expectet donec vos man-
detis quando promovere debeat: si ita vobis bonum visum fuerit, ut
propter vos adjuvandos eundem exercitum contra communes inimicos
nostros, qui in marca nostra resident, dirigamus" (152). En la marca se
ocupará el ejército guerreando contra los comunes enemigos que en ella
residen.

Esto sólo muestra lo lejos que está la situación de una tierra de marca
respecto a la de otra que sea, en cambio, dominio verdaderamente tal,
unido y organizado en el interior de un reino. Es algo que queda fuera,
sin fundirse con el resto; y no solamente no constituye cuerpo con el
reino, sino que es precisamente lo que desde fuera de él lo circunscribe.
De la conveniencia de esta interpretación nos garantiza un texto de la
época que nos ha conservado la manera de entender este punto los más
directamente relacionados con él. Efectivamente, en una de tantas desa-

(150) "Constitutio de Hispanis", capitular del año 815, M. G. H., Sectio
Legum, II, Capitularia Regum Franchorum, vol. I, núm. 132; pág. 261 y ss.

(151) "España musulmana", vol. IV de la "Historia de España", dirigida
por Menéndez Pidal. Espasa-Calpe, 1950; pág. 44.

(152) Flórez, "España Sagrada", XIII; págs. 416-417.

venencias en que se opusieron entre sí los hijos de Luis el Piadoso, reunidos éstos en Meerssen para restablecer la armonía, sellada por un
acuerdo de todos, al salir de la conferencia el hermano mayor, Lotario,
declara haberse llegado a la unión entre ellos y con sus fieles "sicut nos
recognoscimus quia et infra regnum et extra regnum per marcas nostras
nobis est necessarium" (153).

Coetáneamente con ese momento, en que de la parte nord-oriental
de España se dice que ha sido reducida a soledad, que en ella residen
los enemigos que hay que atacar y que, en cuanto marca, es tierra situada fuera del reino, surge en una reducida parte de la historiografía carolingia una denominación que, mal entendida, ha dado lugar a la falsa
idea de la Marca Hispánica. Los llamados "Annales Einhardi", o "Anales reales refundidos", emplean la expresión en frases como ésta: "Bern-
hardum comitem Barcinonae qui eatenus in marca Hispaniae praesi-
debat" (154), refiriéndose al año 829. La misma expresión se repite en
algunos otros pasajes de estos "Anales" (155). Al frente de los que habitan en esa tierra están los "comites marcae Hispanicae", a los que en
alguna otra ocasión llama "Hispanici limitiis custodes" (156), no como
gobernadores de una región dominada, sino como guardianes o centine-
las avanzados. Relacionados con los "Anales reales", los "Annales Bertiniani" usan también de la expresión "marca Hispánica" (157), que el
moderno editor de estos textos traslada siempre así, con minúscula la primera palabra y mayúscula la segunda, detalle elocuente y que apoya la
interpretación del concepto que intentamos exponer. Dependiente de esta
familia de textos cronísticos, la obra posterior de Adémar de Chabannes
emplea también en varios lugares la denominación de que nos ocupamos (158). Fuera de este grupo su uso es más bien raro. Aparece una
vez en los "Anales Fuldenses" (159), y también en la "Vita Ludovici",
del Astrónomo.

Siempre, claro está, resulta posible añadir una mención más a las
que hemos reunido, pero de todos modos son excepcionales las que pue-

---

(153)   M. G. H., Sectio Legum, I; ed. Pertz; pág. 407.
(154)   M. G. H., Scriptores, I; pág. 218.
(155)   Ed. cit., págs. 207, 209, 214, 216 y 218.
(156)   Ob. cit., pág. 197.
(157)   M. G. H., vol. cit.; págs. 440, 444.
(158)   "Chronique"; págs. 118, 120, 127 y 129.
(159)   M. G. H., Scriptores, I; pág. 359.

den recogerse (160). La mayor parte de "Anales" y otras obras de historia desconocen esa expresión y, sobre todo, es interesante notar su ausencia en obras como el *Poema*, de Ermoldo el Negro, que tan minuciosamente relata la conquista de Barcelona y algunos otros episodios ocurridos luego en ella, o en la *Historia* de Richer, al cual le sería familiar lo referente a esa tierra, por su íntima relación con el monje Gerberto, ya que éste había vivido en los condados catalanes varios años y tratado al conde Borrell. Y lo cierto es que Gerberto, en sus cartas, y Richer, en su *Historia,* no escriben nunca "marca Hispánica", sino sencillamente Hispania. Por otra parte, observemos que en las varias disposiciones o acuerdos reales de "ordinatio" o "divisio imperrii" no se encuentra tampoco la expresión "Marca Hispánica", que falta también por completo, y el hecho es aún más sintomático, en la larga lista de capitulares sobre los "hispani" a la que nos hemos referido ya. En la más interesante a este respecto de dichas "ordinationes", puesto que está hecha por quien presidió la conquista de Barcelona, pocos años después de este éxito, la "ordinatio imperii" de Luis el Piadoso, en 817, deja a Pipino "Aquitaniam et Wasconiam et markam Tolosanam totam et insuper comitatus quatuor, id est in Septimania Carcassenensem et in Burgundia..." (161). Ninguna otra tierra próxima a las citadas, por la parte sur, aparece en el lote de los demás hijos, haciéndose difícil, por otro lado, la inclusión de la tierra de Barcelona en alguna de aquéllas, puesto que la región tolosana queda cortada al sur por el reconocimiento, como región distinta, de la Septimania, y, a su vez, en ésta el rey no menciona más que Carcasona. Ello produce, secundaria e indirectamente, un fortalecimiento de nuestra tesis acerca de que la zona hispánica no se consideraba incluida en el "regnum". Mucho más tarde, y cuando el proceso de descomposición del reino franco bajo los carolingios había llegado a los más graves extremos, en un reparto ilusorio entre Luis III y Carlomán en 880, se atribuye al segundo la Borgoña y "Aquitaniam cum marchiis suis"; y Dupont, a quien antes nos referimos, sin aducir fundamento alguno, añade de su propia iniciativa "es decir, la región tolosana, la Gotia y la marca de España" (162). Creo que la frase "cum marchiis suis" equivale a

---

(160) Ver A. de la Torre, "La Reconquista en el Pirineo", en el vol. de varios autores, "La reconquista española y la repoblación del país". Zaragoza, 1951; págs. 11-38. Las conclusiones de este estudio pueden tomarse como punto de partida para lo que afirmamos en el texto.

(161) M. G. H., Sec. Legum, II, Capitularia regum Franchorum, I; número 136; pág. 271.

(162) Ob. cit., pág. 446.

esas fórmulas vagas repetidas en los diplomas medievales —"cum terminis et finibus", "cum adjacentiis suis", "cum finibus et adjacentiis", etcétera—, sin expresar una concreta relación con las antiguas tierras góticas, cuya mención tiene siempre una especial concreción en los diplomas de los reyes francos.

Indudablemente, estos diplomas llaman en alguna ocasión "marca" a los territorios pirenaicos, en los que la presencia de la autoridad real —en el territorio catalán encomendada a los mismos hispanos— tiene un carácter más bien de vigilancia y contención militar. En un capitular del año 808, alusivo, al parecer, a todos los territorios fronterizos, se dispone "De marcha nostra custodienda terra marique" (163), aunque no hay alusión alguna especial a la tierra hispana. En otro de Luis el Piadoso del año 815, sobre el deber militar de los "hispani" acogidos al régimen de la "aprissio", aparte de referirse a otros nombres, en cuanto que nombres de país, habla de expediciones y patrullas "in marcha nostra", texto que se repite casi entero en el capitular del año 844, de Carlos el Calvo. El lugar se llama, como vimos páginas atrás, Hispania, Septimania, etc.; la zona de patrullas y correrías, marca, empleada esta palabra sin otro valor que el de un sustantivo común.

De la misma manera, en textos de tipo analístico o cronístico se escribe la expresión "marca Hispánica" o "Hispaniae", según los ejemplos que antes hemos visto. Lo que sucede en estos casos es que en tal expresión lo único que tiene sentido de nombre propio es la palabra "Hispania", mientras que el primero es un mero nombre común. La expresión conjunta tiene el mismo valor que cuando hoy decimos "las costas de Francia" o los "montes de Italia". Sólo la palabra España es nombre de la tierra, en tanto que la palabra marca, que no se liga esencialmente a la otra, designa la manera o condición de esa porción hispánica. Recordemos que uno de los diplomas de Luis el Piadoso, que ya hemos citado, decía: "in ea portione Hispaniae".

Marca Hispánica no es, por consiguiente, un nombre de país; menos aún el nombre de una región constituida como una parte del reino franco, contra la imagen difundida por Calmette de una división administrativa, con un régimen de sujeción normal y organizada, en la que si pueden darse revueltas, por frecuentes que sean, siempre, en cuanto tales, tienen un carácter anormal. En virtud de ello, Calmette ve en un diploma de Carlos el Calvo, de 865, lo que ha llamado "el acta de na-

---

(163) M. G. H., Sec. Legum, I; pág. 152.

cimiento de Cataluña" (164). Esta manera de ver responde a la honda perturbación que en la contemplación objetiva de los hechos ha producido la falta de adecuación del historiador moderno a las formas del pensamiento de la época: aparte de otras equivocaciones, ha llegado a pensar que lo que luego ha sido un país con características propias y constitutivo de una cierta entidad, lo ha tenido que ser siempre. Y concretamente, en relación al problema del nombre Marca Hispánica, ha forzado a creer que cuando una tierra o país ha tenido un nombre propio, en este caso Cataluña, antes de que éste apareciese había de tener necesariamente otro. Este, pues, en tal caso, tenía que ser el de Marca, Hispánica o no. Todavía recientemente el ilustre filólogo Aebischer incurre en esta falta histórica: "*Catalonia* y *Catalanus* eran conocidos desde los primeros años del siglo XII. ¿Es verosímil que estos vocablos sean mucho más antiguos? Sin duda, el descubrimiento de una de estas formas en un texto anterior es siempre posible; pero no es menos importante advertir que hasta la segunda mitad del siglo XI es el término *Marca,* o más bien *Marchia,* el que sirve para designar lo que más tarde se denominará *Cathalonia*" (165). Y esto es perfectamente inexacto.

No hay del lado franco un corónimo específico que sirva concretamente para designar la tierra catalana, no concebida como una región definida que haya que designar con un nombre propio (165 bis). Es una zona de marcas incierta, sin unidad ninguna; y si con referencia a ella surge la expresión marca de España, quiere decirse que está en España y tiene la pura condición de una marca, siendo esta palabra un nombre común que por aquella zona pirenaica, antes y después del 865, se aplica en una pluralidad de casos. Contra el pretendido carácter solemne y constitutivo de ese acto de 865, el propio Carlos el Calvo expide un diploma en 871

---

(164) En su artículo "Les Marquis de Gothie sous Charles le Chauve", Annales du Midi, XIV, 1902, pág. 193, concedía ya una especial importancia a este acto, interpretado entonces y luego como un acto de política interna, netamente calculado y fundado en una relación de poder normal sobre tierras constituidas en un lazo de sujeción fija y organizada, como la que reúne hoy las partes de un Estado administrativo. Esta opinión reaparece, años después, si cabe, agravada por el extemporáneo empleo del concepto de nación en "El feudalisme i els origens de la nationalitat catalana", ya citado.

(165) Ver su estudio "Etimología de catalán y de Cataluña", en "Estudios de toponimia y lexicografía románica". Barcelona, 1948; pág. 61.

(165 bis) A través de datos en su mayor parte diferentes, Antonio de la Torre ha llegado en su investigación, a una conclusión semejante, en su estudio "La Reconquista en el Pirineo" —en el vol. de varios autores "La Reconquista española y la repoblación del país", Zaragoza, 1951; págs. 24 y ss.

en el que, al hablar del lugar en que se emplaza el monasterio de Cuixá, se dice: "Qui locus supradictus est situs in confinio Ceridaniae marchiae" (166), frase en la que Cerdaña es el nombre del lugar, de un lugar que, dada la situación de los francos, tiene para ellos un carácter de marca, como todas esas extrañas tierras del otro lado del Pirineo, tierras en las que se da una pululación de condados, sin un nombre que los reúna en un marco general, separándolos del resto de las tierras, porque en ningún aspecto se ha llegado a ese estado de unificación. Por eso, ya en el año 958, cuando un precepto de confirmación de bienes a la iglesia de Ripoll, radicados en casi toda la zona catalana, quiere referirse a ésta, ha de hacerlo enumerativamente: "Id est, in comitatu Barchinonensi, Ausonensi, Orgitanensi, Cerdaniense, Conflentensi, Rosilionensi, Impurianensi, Petralatensi, Bisuldunensi et Gerundensi, vel in pago Bergitano" (167). Otro precepto del mismo año para el monasterio de San Cugat señala alodios y otras posesiones "in comitatu Barchinonensi, Gerundensi, Ausonensi, Orgitanensi" (168). Las referencias de este tipo podrían multiplicarse incansablemente, mientras que ni una sola vez se localizan los bienes en la pretendida marca Hispánica.

Si pasamos a los documentos producidos en la misma tierra catalana, la consecuencia en relación a la expresión Marca Hispánica es absolutamente negativa. Ni en diplomas, ni en Crónicas, ni en documentos de ninguna clase, es conocida esa forma de designar el noroeste de la Península, forma que no ha penetrado en ésta hasta los historiadores modernos. Balari se dio ya cuenta de ello, y como, sin embargo, el peso de la historiografía de su tiempo gravitaba sobre él, no se atrevió a desterrar por completo esa denominación y sobre la base de cuatro citas documentales de la segunda mitad del XI afirmó que sólo se llamaba Marca (169). En un reciente estudio, riguroso y preciso, como todos los suyos, R. de Abadal ha llegado a estas conclusiones: de la expresión Marca Hispánica no hay más que algunos raros ejemplos en algunos cronistas, durante treinta años a continuación del 821. "A partir de 850 desaparece en absoluto el uso de la denominación Marca Hispánica". Se habla del reino de Gotia, de Hispania. "Lo corriente, a partir de principios de siglo, es designar el territorio catalán como Hispania a secas" (169 bis).

---

(166) Abadal, "Cataluña carolingia"; pág. 89.
(167) Abadal, ob. cit.; pág. 165.
(168) Abadal, ob. cit.; pág. 192.
(169) Ob. cit.; págs. 25-28.
(169 bis) "Nota sobre la locución Marca Hispánica", en Bol. de la Real Acad. de B. L. de Barcelona, XXVII, 1957-8.

Creo que para el siglo x, y no sólo para el siglo ix, es más recomendable servirse de la fórmula de otra importante publicación de Abadal: Cataluña carolingia.

En la zona catalana, durante toda la alta Edad Media, la palabra Marca se aplica no unitariamente a una región, sino pluralmente a diversas tierras. No existe, por tanto, la Marca, como nombre propio de país, sino las marcas como sustantivo aplicable a una variedad de casos. De aquí que en los diplomas —puesto que cronicones y anales desconocen la palabra en cualquier sentido— se citen bienes en uno u otro condado (de Barcelona, de Gerona, de Cerdaña, etc.) y, aparte de éstos, otros bienes se sitúen en una u otra marca. Un texto de la "gesta de Wifredo", del año 888, que cita Abadal, habla de bienes del monasterio de Ripoll en el condado de Urgel, en el de Cerdaña, y cita muchos lugares de cuyo emplazamiento y lindes se ocupa, sin emplear la palabra Marca más que al referirse a dos de ellos, en esta forma: "Et in ipsa marcha, ecclesiam Sanctae Mariae, quae est ad Pontes cum ipso alode et fines et terminos suos. Et habet affrontationes ex latere uno in flumine Segre", por lo que al verse colocada esta tierra, y sólo esta tierra, específicamente en situación fronteriza, se dice que se encuentra en la marca. Y también: "Et in alio loco, in ipsa marcha, locum quem nominant Monte Serrado" (170). En documento de 982, esa expresión ha desaparecido y se dice solamente: "In loco qui dicitur Pontus" e "in Monte Serrato" (171). Queda siempre, respecto a los lugares que han sido fronterizos, un cierto hábito de llamarlos marcas, como en Castilla sucede con "extremo", "extremadura". Y así, en la "Brevis historia monasterii Rivipullensis", al mismo tiempo que se habla de posesiones "in comitatu Ceritanensi", "in pago Bergitano", "in comitatu Urgellensi", etc., etc., se recuerda —probablemente porque se tiene delante el viejo documento— la expresión anterior: "In ipsa marcha in loco quem nominant Montemserratum"; pero como el anónimo autor termina su trabajo a mediados del xii —lo fecha en 1147—, entre sus líneas descubrimos una segunda vez empleada la palabra marca: "In ipsa marcha, juxta civitatem Terragonam" (172), es decir, la palabra marca pasa a ser dada a una línea nueva que es la nueva frontera.

De esta manera el término marca se aplica en Cataluña, no a la totalidad, sino a partes diferentes llamadas por sí marcas. No es nunca nombre

---

(170) Abadal, ob. cit.; pág. 167; Udina, "Archivo Condal", núm. 5; página 109.

(171) Ob. cit.; pág. 172.

(172) "Marca Hispánica"; col. 1.295.

general de toda la tierra catalana, ni siquiera nombre de alguno o algunos de los condados, sino de una parte cualquiera de ellos. En documento de Borrell II, en 980, infeudando un castillo, se dice: "Est predictum castrum in comitatu Barchinone in ipsa Marcha" (173), es decir, en el mismo extremo del condado, como nos confirma la circunstancia de tratarse de un castillo junto al río Gaya, en Tarragona.

Por eso las marcas son muchas y aparecen en todos los condados o "pagos", como partes de ellos, que de ordinario los diplomas nos muestran erizadas de castillos. De esa diversidad de tierras que son designadas "marcas", en los diferentes pagos y condados, hay testimonios de irrecusable evidencia (173 bis).

Fechada en 1038, un acta de consagración de la iglesia de Vich, procediendo a la delimitación del episcopado, dice: "Progreditur autem per medios terminos qui sunt inter marchiam Barchinonensem et Ausonensem, sicut dividuntur ipsae Marchiae et vadit usque in castrum quod dicitur Cheralt et pergit per mediam divisionem ipsarum marchiarum usque in fluvium Sigorim, Similiter ab eo latere, quod superius scriptum est, in finibus Bergitani, vadit ipse terminus inter marchiam Ausonensem et marchiam Berchitanensem, sicut dividuntur ipsae marchiae" (174).

A mediados del XI, a esa que es todavía región extrema, encastillada, del Panadés, se la califica de la misma forma: "Est namque predicta terra in comitatu Barchinonae, in Penitense, ad ipsa marcha, que dicunt S. Oliva, in locum que dicunt Tornabuy" (175), en donde marca designa una pequeña parte del condado. Y a fines de la misma centuria encontramos una "Commemoratio terminorum comitatus et marchia Bergitani" (176). A mediados del XI, pues, Berga, Vich, Barcelona, etc., son marcas, en plural, variadas, diversas.

Observemos, finalmente, que en varios de los textos que llevamos

---

(173) "Archivo Condal de Barcelona"; ed. de Udina Martorell; pág. 367, núm. 186.

(173 bis). Esta era, por otra parte, la manera de usarse también la palabra en los textos francos, y por esa razón, en una de las crónicas que contienen, como ya dijimos, la expresión "Marca Hispánica", hallamos que en otro pasaje se citan una serie de condados en la Borgoña "cum marchis suis", "regnum Saxonis cum marchis suis", "Wasconiam cum marchis ad se pertinentibus", "Septimaniam cum marchis suis", etc. ("Annales Bertiniani", segunda parte, continuación del obispo Prudencio, en M. G. H., Script., I, pág. 435).

(174) Villanueva, "Viaje", VI; pág. 297.

(175) "Cartulario de San Cugat", núm. 580, año 1045.

(176) "Liber Feudorum Maior", núm. 696.

mencionados aparece la forma en plural "marcas". "Marchias", "marchiarum", se usan tan frecuentemente como el singular, con una manifiesta relativización del concepto que demuestra su empleo como un mero sustantivo común. La pluralidad del título de marqués, en la medida en que éste, tan secundariamente utilizado por los condes barceloneses, puede hacer lejanamente referencia a aquel que rige unas marcas, ratifica también cuanto venimos afirmando. Como hay las más diversas marcas, hay pluralidad de marqueses (177).

Marca designa en Cataluña no un país, sino las diversas tierras que son o han sido fronterizas y, por tanto, queda fuera de ello el núcleo de los condados que forman la tierra principal. Por eso, habitualmente la palabra marca va unida a la de "extremo" o "confín". Y en esos casos no quiere decirse que se trate de los extremos de una región interior llamada marca, sino que lo significado más bien es "en el extremo de la región fronteriza", porque, como antes dijimos, ésta no es una línea, sino una zona mudable, de dominio discutido e incierto. Uso análogo e igualmente redundante, al parecer, se da en la parte occidental de la Península, donde la "Historia Compostelana" se refiere aún a la región periférica de Gallicia con estas palabras: "Et extremos Galletiae fines" (178). La importancia político-militar de esas zonas lleva a recordarlas en las fórmulas de titulación de los reyes, como exaltando la grandeza y eficacia de su poder: Sancho II de Castilla otorga un diploma en cuya datación se dice: "Rex in Castella, et in omnibus finibus eius" (179). Estos fines son las marcas de los documentos catalanes.

Veamos cómo en estos últimos se presenta el concreto problema a que nos referimos. El conde Borrell, en el año 973, en donación a San Saturnino, diócesis de Urgel, alude a iglesias que se encontraban de antiguo tiempo "in extremis ultimas finium marchas" (180). Los monjes de San Cugat hablan de la necesidad de construir castillos —documento de 1017—: "in marchis eremis et in solitariis locis contra paganorum insidias". En alguna ocasión se cita el castillo de Cervera "adjacentem marchiae" (181). Balari, de quien proceden estas dos últimas referencias, aduce en otro lugar otras cuatro, en todas las cuales esa noción de extre-

---

(177) "Comes et marchio de terra Paliarense", documentos de los años 995 y 1002, núms. I y VI del apéndice III de la obra del P. Pérez de Urbel. "Sancho el Mayor de Navarra", Madrid, 1950. También en Besalú se da la misma titulación. Ver Villanueva, XV, ap. XXIV, pág. 252, año 1027, etc.

(178) "España Sagrada", XX; lib. I, c. 74; pág. 131.

(179) "Becerro gótico de Cardeña", núm. CCCLIX, año 1069.

(180) "Marca Hispánica", col. 902.

(181) Balari, ob. cit., págs. 307-308.

midad acompaña siempre a la palabra marca —"extremum in ipsa marchia", "in extremis finibus habitatae marchiae", "in ipsa marcha extrema", "in extremis finibus marchiarum" (182). Marcas son, pues, regiones extremas, intermedias entre el propio país y la tierra de la agresión, el más allá de donde parte la permanente hostilidad de los sarracenos. Pensemos, para acabar de convencernos de ello, en esa descripción, llena de horror, que nos da el ejemplo antes citado de los monjes de San Cugat: "En las marcas yermas y lugares solitarios". Es lo mismo que, con análogo patetismo, repite un documento de la colección de Santas Creus, "in ipsa marcha extrema, id est, in campum, in loco solitudinis", es decir, en la tierra despoblada que separa el país del de los enemigos (183); por eso, un diploma de San Cugat comenta, en el año 1012, la tranquilidad y restauración que se observa en las marcas tras de la acción de castigo contra Córdoba, victoriosamente llevada a cabo por los condes hermanos Ramón de Barcelona y Armengol de Urgel (184). Con este mismo sentido pasa la expresión a tierras vecinas e históricamente emparentadas: en 1068, el rey aragonés Sancho Ramírez cede a la iglesia de Roda, con motivo de su restauración, bienes pertenecientes al feudo real "in tota Ripacurtia in montanis et inmarchis usque in flumen Cinga" (185).

La única vez que en una Crónica catalana aparece tardíamente la voz marca, es en estricto sentido de región fronteriza y se aplica a tierras distantes de las catalanas, sin despertar el menor recuerdo de que haya sido nombre del propio país: "Entre la marcha de Casteyla e de Navarra", escribe Desclot (186).

Marca, en singular o en plural, es el término que designa en la Cataluña de la alta Edad Media no, como nombre propio, un país, sino unas tierras fronterizas, dotadas en cuanto tales de un carácter militar específico y periféricas respecto a una tierra principal, que viene a ser el condado de Barcelona, en torno al cual todos los demás tienden a unificarse. Cuando en la época de Ramón Berenguer III el Grande se quiere señalar el lugar de un castillo, se escribe: "Est denique hoc castrum in

---

(182)   Ob. cit.; págs. 25-28.

(183)   "Llibre Blanch", ed. de Udina Martorell, 1947; núm. 16, año 1076.

(184)   Ed. cit. de dicho "Cartulario", núm. 449.

(185)   Citado por Abadal en "La sede ribagorzana de Roda"; pág. 70.

(186)   "Crónica", vol. III; pág. 169. En el lado castellano hallamos en don Juan Manuel esta alusión a la palabra: "En Lombardía, por lo que dicen en España comarca, dicen ellos marca" ("Libro de los Estados", B. A. E., vol. LI, pág. 334).

comitatu Barchinonensi, in eius marchiis" (187). Marca es la zona de choque de la dura defensa militar de la Hispania barcelonesa, y por eso es citada, una y otra vez, al situar los bienes que se entregaban en feudo o se poseían en alodio, para que se levantasen esos castillos que hicieron de Cataluña una tierra muy encastillada, como decía Alfonso el Sabio, una Castilla de la parte oriental.

(187)   "Llibre Blanch", de Santas Creus, núm. 8, año 1023.

CAPITULO IV

LA CULTURA MOZARABE COMO CONSERVACION DEL ESTADO QUE PRECEDIO A LA INVASION ISLAMICA

Al tratar de precisar el concepto geográfico de España, aclarándonos los puntos en que aquél se nos ofrece más problemático, hemos tropezado con indicios que, por lo menos provisionalmente y en tanto que nos acerquemos más directamente al tema, podemos considerar como manifestaciones de un concreto sentimiento de comunidad histórica, sentimiento que en los términos de Hispania e hispanos encuentra expresión. Lo hemos hallado en datos que hasta ahora se han referido a la conciencia de grupo humano con que las gentes a que esos términos se aplican son contempladas o ellas mismas se ven; a la conservación que entre ellas se da de medios y formas de combate propios, que resultan extraños frente a los demás; a los testimonios de un ánimo de independencia que poseen y cuyas manifestaciones externas se apoyan en una cierta organización que en alguna medida han guardado; al voluntario y expreso mantenimiento de sus leyes y costumbres, es decir, de formas de vida social peculiares.

Todo ello constituye el sustrato de vida mozárabe tal como se da en toda España al día siguiente de la invasión y, en cierta forma, al comenzar propiamente nuestra Historia. No es inexacto decir que la Historia de España, vislumbrada por Idacio y el Biclarense, es una creación mozárabe sobre la base de la tradición hispano-romano-visigoda. El hecho de que la población peninsular conservara con suficiente fuerza esa tradición, superponiéndose a la influencia de árabes y francos, ha sido la circunstancia decisiva para que haya existido una Historia de España. En principio, el desarrollo del presente capítulo puede parecer una digresión que corta el hilo de nuestro tema. Sin embargo, es imprencidible que abordemos el problema de conjunto que la materia entraña para poder dar su sentido y valor a los hechos e ideas que luego tomaremos en consideración. Necesitamos atender a la raíz para conocer adecuadamente el tronco que de ella arranca.

Lo que hay en la España cristiana, a uno y otro lado, y tanto en tierra asturiana como en tierra catalana, cuando la Reconquista se afirma definitivamente, es ese sustrato de vida mozárabe. Si, por ejemplo, al contrario de lo que nosotros creemos, la conquista de la tierra catalana se hubiera hecho, no por el rey franco y algunos señores septentrionales seguidos por la masa de los hispanos conservadores de sus propias formas de vida, sino que se hubiera llevado a cabo por un ejército de francos, y éstos y no aquéllos hubieran quedado dueños de la tierra y con su presencia hubieran impuesto o difundido su cultura y sus formas de existencia, cortando la herencia hispanovisigoda, veríamos que la influencia franca hubiera sido general al principio, para disminuir después, alterándose y bastardeándose en un lento proceso de desprendimiento del tronco común. Y lo cierto es precisamente lo inverso. A raíz de la conquista, en tierra catalana se construyen las iglesias según el arte mozárabe y bajo las influencias del cristianismo primitivo oriental que actúan en toda España; en esas iglesias se practica el culto y el canto mozárabe; se escriben los manuscritos en letra toledana y se decoran con miniaturas de base mozárabe, con otros elementos cuyo proceso de penetración muestra su carácter adventicio; los mismos reyes francos recuerdan a esos lejanos e inseguros súbditos hispanos, los cánones de los Concilios de Braga y Toledo; y, en fin, su vida jurídica se rige por la ley goda.

Vamos a ver cómo este complejo fondo cultural da un contenido histórico preciso a la concepción de España que hemos visto vigente. El lazo de unión entre uno y otra es tan evidente, que bastará para comprenderlo con que recordemos que la "Crónica Albeldense", la "Crónica pseudo-isidoriana" y la "Crónica Silense" son obras de mozárabes y que de un mozárabe catalán es el "Carmen" latino del Cid, primer intento de convertir la figura del héroe en materia épica. En definitiva, aquel fondo histórico está constituido, pues, por la cultura mozárabe, nombre que no hace referencia a un predominio de influencias musulmanas, como es bien sabido de los historiadores españoles y alguna vez ignorado por historiadores extranjeros. Este último error viene de la equivocada tendencia a explicar como directa penetración de arabismo el singular carácter que ofrecen los productos de la cultura española, en lugar de entender este fenómeno, en todo caso, como resultado de la evolución hispánica ante la presencia de los árabes.

No es necesario, ciertamente, esperar a la influencia en España de la invasión sarracena para que la cultura española aparezca marcada, en relación con la de los otros pueblos, por un sello de peculiaridad cuya revelación produce en los demás una impresión de extrañeza. Factores históricos, que de ordinario actúan también en otras partes, pero que entre nosotros se dan con particular intensidad o en mezcla muy singular, origina ese extraño aspecto e individualizan nuestra corriente histórica en el conjunto de los pueblos occidentales, dotándola de matizaciones propias, sobre una línea común. Naturalmente, los años de dominio árabe agudizarán esa particularidad, fenómeno que Sánchez Albornoz señaló agudamente, fijando su sentido en conclusiones que, en su mayor parte, siguen siendo válidas (1). Pero esto no resuelve por completo el problema de nuestro particularismo o, mejor, de nuestra originalidad, puesto que numerosos testimonios denuncian aquella sensación de extrañeza en quienes contemplaban la gente hispana antes de la llegada de los árabes. Por otra parte —y esta es una observación previa que estimo esencial para plantear rectamente el problema—, tampoco la presencia de estos invasores produce un desarrollo de nuestra cultura del que pueda decirse que, si se aparta del que sigue la de los restantes pueblos europeos, tenga ello lugar justamente en la medida en que se aproxima a los efectos producidos en otros países meridionales que sufrieron también la misma influencia de los musulmanes.

Ya San Agustín, ante la herejía del priscilianismo, parece ligar su carácter peculiar con su condición hispánica, manera de imputar, en alguna medida cuando menos, la aparición de una desviación heterodoxa a unas circunstancias de grupo o país y de aproximar éste a aquélla, que resulta realmente de interés (2). No se trata ahora de que nosotros vayamos señalando muestras de hechos dotados de fuerte color de originalidad que se dan en la cultura española, sino de recoger algunos testimonios de ese sentimiento de rareza que en todo momento se va produciendo fuera al contacto con lo nuestro. Es notable, a este respecto, la noticia de la "Crónica mozárabe de 754", acerca de cómo uno de los más ilustres representantes de la iglesia toledana, San Julián, fue acusado —en forma que presagia los sentimientos posteriores en torno al adopcionismo— de heterodoxia, si bien el Papa acaba juzgando que sus obras son pías y de recto contenido (3). El P. García Villada observó en la iglesia visigoda, expresión entera del mundo de la cultura en la época, una tendencia a aislarse y mantener un carácter propio (4), y, por ello, cuando en las últimas décadas del siglo VIII, estalle la cuestión del adop-

---

(1) Sánchez Albornoz, "España y el Islam", Revista de Occidente; año VII, núm. LXX; abril 1929; págs. 1-30.

(2) Epíst. ad Hieronymum, CLXVI, 2, en Migne, Patrologie latine, t. XXX, c. 721.

(3) Citado por Tailhan, "Les Bibliothèques espagnoles du haut Moyen Age", en "Nouveaux Mélages d'histoire et de littérature sur le Moyen Age", publicados por el P. Cahier, 1877; vol. IV; pág. 234.

(4) "Organización y fisonomía de la Iglesia española desde 711 a 1085". Discurso de recepción en la R. A. H., Madrid, 1935.

cionismo, los obispos de ultra-puertos, al recriminar a los españoles sus tesis sobre la adopción, se referirán a los maestros de éstos (Ildefonso, Eugenio, Julián, todos ellos considerados luego santos), como a gentes extrañas cuyo particularismo explica esa desviación herética de la Iglesia española (5). Alcuino, en sus numerosas cartas a Félix de Urgel, a Elipando o a terceros con quienes comenta o a quienes previene contra estos "Hispanici erroris", se alarma de la particularidad española que amenaza la costumbre universal de la Iglesia, nacida aquélla de la rareza de una tierra, antes llena de tiranos sarracenos y ahora de cismáticos, donde se alzan inauditas novedades —"sicut in Hispaniae partibus vidimus factum" (6)—. Lo interesante es que, por su parte, Félix trata de apoyar su posición en la autoridad de lo dicho por los "Hispaniae doctores", según se desprende de la referencia del propio Alcuino (7).

En esta cuestión del adopcionismo podía tenerse razón en calificar de herética la peculiaridad española, mas no así por lo visto en el caso de San Julián, ni tampoco en la ulterior cuestión del rito mozárabe, que encendió en tan violentos términos el lenguaje, de suyo no ya comedido, del Papa Gregorio VII. Disgustado profundamente y confundido por la originalidad de la Iglesia española, el universalista Hildebrando empeña la batalla contra "errorem christianorum qui ibi repperiuntur in spiritualibus" (8). Seguiremos después ocupándonos de este tema.

De momento, advirtamos que con una fuerte dosis de originalidad aparecen dotados los grupos de hispanos al día siguiente de la invasión, cuando menos en fecha en la que los efectos de ésta no han podido aún hacerse notar o forzosamente tienen que ser aún escasos. Vimos cómo los hispano-romanos e hispano-godos que, refugiados en la Septimania, volvieron a sus tierras de origen una vez reconquistadas, aparecían desde primera hora dotados de costumbres propias, como llevamos dicho: de armas y modos de combate peculiares, que llamaban la atención de los francos; de leyes privativas; de formas de organización social que los aproximaban al sistema de los bucelarios; incluso de métodos agrícolas propios, como reconoce el capitular de 844, dado por Carlos el Calvo, en el que se les autoriza

---

(5) Abadal, "La batalla del adopcionismo", pág. 107.

(6) M. G. H. "Epistolae Karolini Aevi", tomo II, núm. 137; pág. 212, y núm. 280, pág. 437. La alusión a los "errores hispánicos" en epíst. 16, "ad fratres lugdunenses".

(7) Ver su larga carta a Elipando, núm. 166, del año 799; págs. 268-274. Ver también cartas núms. 5, 23, 183, 182, 200 a 205, y además págs. 241, 243, 259, 281, 284, etc., del vol. citado en la nota anterior.

(8) Carta de 30 de abril de 1073; ed. Caspar, ya citada; I, 1.°; pág. 10.

a seguir su vieja costumbre de los regadíos, a utilizar "secundum antiquam consuetudinem... aquarum ductus pro suis neccesitatibus" (9).

Estos grupos hispanos aparecen dotados de una liturgia propia, de un
arte característico, de un derecho que conservan de su anterior organización, de una escritura, en fin, que traduce gráficamente lo peculiar de
su situación cultural. Todas estas específicas formas culturales, llamadas
mozárabes, se dan de un extremo a otro de la zona norte de la Península,
y ello constituye un hecho del mayor valor histórico que no ha sido sistemáticamente enunciado hasta ahora. Por la semejanza de la situación
cultural en que los que habitan la zona cristiana del Norte se encuentran
respecto a los hispano-godos e hispano-romanos sometidos a la dominación árabe —a los cuales, en estricto sentido, se les da el nombre de mozárabes— y porque, en definitiva, también los primeros viven durante los
siglos alto-medievales bajo la amenaza y, por tanto, en directa relación
con la presencia de los musulmanes, extendemos aquí la denominación de
mozárabes a toda la época que, en las dos partes de la Península, la cristiana y la islámica, corre desde el siglo VIII hasta que penetra la cultura
del románico, retornando a España, reelaboradas en un nuevo conjunto,
una serie de influencias que de ella partieron en esa otra etapa pre-romá-
nica.

En rigor, esa cultura mozárabe representa, como es sabido, la conservación de un estado espiritual, adaptado a las nuevas circunstancias, procedente de la etapa anterior a la invasión. Ese estado cultural es un complejo
resultante de las más variadas influencias bizantinas, sirias, persas, griegas,
romanas y norteafricanas pre-islámicas, de las cuales la señora Scudieri-
Ruggieri ha trazado recientemente un cumplido cuadro, recogiendo los resultados de la investigación en los más variados campos (9 bis). Sobre la
base de un fino estudio de un problema paleográfico concreto, Rovira Armengol sugiere que se confirma en ese sector "la importancia cultural de los
procesos operados en la zona visigótica durante la llamada Alta Edad Media,
procesos que hasta no hace mucho tiempo habían sido desconocidos o adul-
terados por prejuicios, como demostraron bien elocuentemente, para el
sector de la evolución del arte, el arqueólogo español Gómez Moreno y,
para la historia de las instituciones, el historiador C. Sánchez Albornoz.
Todos estos procesos constituyen una prueba patente de que en España

---

(9)   Nos hemos referido varias veces a este diploma al tratar de los hispanos
en la Septimania, en el capítulo anterior. Ver también Melchior, "Les établissements des espagnols...", ya cit.; pág. 167.

(9 bis)   "Correnti esotiche e impronte dimenticate nella cultura ispanica
dell'alto medio evo", en "Cultura neolatina", XIX, 1959.

el magnífico legado de la Antigüedad no se había extinguido, ni siquiera periclitaba... (10). A ello hay que añadir, en la etapa mozárabe, la presencia de nuevas influencias orientales, de que los árabes son vehículo y que, en ocasiones, ellos reelaboran en parte, y no menos de influencias nórdicas, según corrientes que han sido puestas de manifiesto por Gonzalo Menéndez Pidal (10 bis).

En grado mayor o menor, según se trate de unas u otras manifestaciones, ese legado es el que se aprecia recogido en la cultura de la época mozárabe; recogido y difundido por la Península toda.

Hace solamente treinta o cuarenta años, esta afirmación, sin paliativos, hubiera resultado insólita y hubiera chocado con la opinión general en contrario. Hoy, gracias a la magistral labor de investigación llevada a cabo por la escuela de medievalistas españoles que tan ilustres representantes ha tenido y tiene, especialmente en Madrid y Barcelona, nuestra tesis no sorprenderá ya a nadie, aunque estando todavía por hacer una síntesis sistemática de los resultados obtenidos, nos vemos forzados a reunir algunos datos que prueben, en un cuadro de conjunto, aquella afirmación. La imagen de la cultura mozárabe, como una fase de nuestra Historia, se hallaba ya claramente dibujada en los "Orígenes del español" de Menéndez Pidal. Su reconocimiento se ha ido haciendo cada vez más general. Recientemente ha sido aceptada por R. de Abadal, en relación a Cataluña (11). Esa época termina cuando, con la constitución política del reino de Castilla, la nueva dinastía navarra, que acabará extendiéndose a todos los reinos peninsulares, puede imponer con mayor eficacia su política de difusión de la cultura románica y de las influencias europeas. El siglo XI es tiempo de profundos cambios en todas partes y muy particularmente en la Península. La España que vio morir a Almanzor no es la misma que vio morir al Cid. Fernando I, con elementos europeos, de procedencia franca, y con elementos vasco-cántabros, transforma el panorama social de su tiempo, y el Cid mismo actúa de hecho contra el tradicionalismo leonés. Spitzer dijo a Menéndez Pidal que debió haber titulado su hoy famosa obra sobre nuestro héroe nacional, "La Europa del Cid" (11 bis). Pero vamos a ver cómo se presenta, antes de la penetración

---

(10) "Sobre los orígenes de la redonda visigoda", en "Cuadernos de Historia de España", XIII, págs. 17-18.

(10 bis) "Sobre miniatura española en la alta Edad Media. Corrientes culturales que revela", Madrid, 1958.

(11) "Els primers comtes cataláns", Barcelona, 1960, pág. 186.

(11 bis) Menéndez Pidal, "Orígenes del español", 1.ª ed., pág. 506; "La España del Cid", 1.ª ed., págs. 86, 131, 638; "Poesía e Historia en el Mío Cid", en el vol. "De primitiva lírica española", Col. Austral, Madrid, págs. 22 y ss.

del románico, ese tejido homogéneo, o por lo menos relativamente homogéneo, del mozarabismo hispánico.

LA LITURGIA: SUPERVIVENCIAS HISPANO-VISIGODAS

Kehr, en un estudio ya viejo, daba por supuesto que debido a que Carlomagno había llevado a cabo, con dirección más o menos lejana, la conquista de Cataluña, indudablemente desde el día siguiente de instalar en ella su autoridad, el rito romano habría sido implantado y es de suponer que Cataluña no conoció, por ello, el rito mozárabe o toledano (12). Por de pronto, la visión que de la acción de una autoridad política de la Alta Edad Media entraña esa afirmación es estupendamente antihistórica. Pero, además, sabido es que la llamada liturgia mozárabe es un rito occidental (con elementos bizantinos y de otra clase), constituido en la Península Ibérica y expandido hasta la Galia Narbonense, por todo el espacio para el que legislan los Concilios toledanos. Se define y organiza por obra de estos Concilios y de los Padres visigodos —San Isidoro, San Ildefonso, San Julián— con aportaciones de la baja latinidad (como la de Prudencio) y otras posteriores (Alvaro de Córdoba, etc.). Entre los compositores de sus fórmulas litúrgicas figuran un Pedro de Lérida (siglos v-vi), un Quirico de Barcelona (siglo vii) (12 bis). Todo ello permite suponer hasta qué punto, por de pronto hasta el momento de la Reconquista, el ambiente catalán y narbonés estaba dominado por este rito. Pero después de aparecidos en ese ámbito los francos, su subsistencia resulta manifiesta por el simple hecho de que prenda el adopcionismo. El estudio de tan fina agudeza, realizado por Abadal sobre esta cuestión, ha probado lo que en aquél hay de desviación producida por la interpretación errónea de fórmulas usadas en la liturgia visigoda o mozárabe, que de suyo se prestaban a este error; pero Abadal ha hecho más: ha puesto en claro cómo en la adscripción al adopcionismo hay toda una postura de fidelidad a la tradición visigoda eclesiástica (13). Si el adopcionismo es una interpretación torcida de textos de la liturgia mozárabe, donde aquél

---

(12) "El Papat y el Principat de Catalunya fins a l'unió amb Aragó", "Estudis Universitaris Catalans", XIII, 1928; XIV, 1929; XV, 1930; la cita en XIII, pág. 9.

(12 bis) Prado, "Historia del rito mozárabe", 1928; cap. IV, pág. 46 y ss.; y también Royo y Prado, "El canto mozárabe". Barcelona, 1929; págs. 5 y ss.

(13) "La batalla del adopcionismo", págs. 59 y ss.

prendía era porque subsistía ésta. Y, efectivamente, no como una novedad, sino como consecuencia de la teología mozárabe (entonces acusada
de herética y hoy tenida como arcaizante para su tiempo) ven y acusan al
arzobispo toledano Elipando, al obispo Félix de Urgel y a los restantes
obispos y sacerdotes españoles adopcionistas, los obispos reunidos en el
Concilio de Frankfort de 794 (14). Por consiguiente, el adopcionismo
de Félix de Urgel muestra su sentido hispánico, no sólo por su fiel relación con el toledano Elipando, sino porque esa desviación no podía darse
más que en territorio de influencia mozárabe, en el doble sentido que
ésta tiene, es a saber, en el sentido del antecedente visigodo, puesto que
se basa en textos de padres de la Iglesia toledana, y en el sentido de la
presencia inmediata de los árabes, ya que responde al deseo de librarse
de la típica objeción mahometana de politeísmo que los árabes lanzaban
contra las creencias t r i n i t a r i a s de los cristianos. Y, efectivamente,
esa herejía es una de las corrientes de sincretismo que se produjeron
en la convivencia cristiano - musulmana. Es i n t e r e s a n t e comprobar
la proximidad en fecha y la semejanza de s e n t i d o, en relación con
lo anterior, con que se produce el hecho de que Ibn Marwan, dueño
de Mérida y Badajoz, uniera a su política de independencia y de lucha
contra árabes y bereberes, la formulación de una nueva herejía, mezcla
también de islamismo y cristianismo, como base de fusión para renega-
dos y mozárabes (15). De esta manera, el adopcionismo, producto des-
viado, pero no menos típico, de mozarabismo (16), es una manifestación
plena de la cultura hispánica en su totalidad, y así fue visto por quienes
lo combatieron desde más allá de los Pirineos. Para Alcuino se trataba

---

(14) P. Germán Prado, "Historia del rito mozárabe"; págs. 48 y ss. Ver
también en M. G. H., "Concilia aevi Karolini", I, 2; la epístola dirigida a "Fra-
tribus Galliae atque Equitanie adque Austrie cunctis sacerdotibus nos indigni
et exigui Spanie praesules (pág. 111); otra a Carlomagna por los obispos hispanos (pág. 120); otra del Papa Adriano I a los obispos de España y Galicia
(pág. 122); de los obispos de Aquitania, Galia y Germania a los de Hispania
(pág. 143); de Carlomagno a Elipando y demás sacerdotes de España (pág. 158),
y el capitular del Concilio de Francfort del año 794.

(15) I. de las Cajígas, "Minorías étnico-religiosas de la Edad Media", I;
"Los mozárabes", pág. 166.

(16) La vieja tesis que veía en el culto mozárabe una herencia del período
arriano de los godos es una antigualla mandada retirar, después de los estudios
del P. Germán Prado y otros. Con todo, el señor Flanch, tan falto de información sobre la historia de España, se aferraba a ella, a pesar de que mucho antes
había argumentado ya lo suficiente contra tal error, el erudito P. Tailhan (ver
"Les Bibliothèques espagnoles..."; pág. 225).

de la "hispanici erroris secta", y tan enteramente español concibe el tema que le vemos escribir "tota Spania errat in adoptione" (17).

La misma estructura del templo mozárabe que tan abundantemente se da en Cataluña, contra lo que hace escasas décadas se hubiera creído, demuestra la presencia de la liturgia correspondiente. Puig y Cadafalch ha hecho observar que la planta de la cabecera en arco de herradura responde a las necesidades del culto mozárabe (18); por tanto, donde aquélla se da ha existido originariamente éste.

Todavía otros datos pueden aducirse, de los que investigadores actuales han hecho abundante cosecha. En documentos catalanes —inventarios, testamentos, etc.— se han destacado las referencias a un "Liber ordinum" o "Manuale toletanum" o "Antifonarium et Imnorum et ordo toletano", que prueban la subsistencia de elementos de canto y liturgia mozárabes (19). Y estos elementos se conservan hasta fecha muy avanzada, no sólo en las tierras nuevamente reconquistadas, sino en la parte más antigua de Cataluña. Anglés, que ha enriquecido el conocimiento de este tema, advierte de un hecho de gran interés: la coexistencia en una misma obra de las dos liturgias, como se ve en el "Sacramentarium", del obispo Oliba, copiado sobre 1038 (20). Y concluye: "La supervivencia de recuerdos mozárabes en la liturgia, los libros y el canto litúrgico en Cataluña hasta el siglo XII, concuerda perfectamente con los estudios arqueológicos de los templos románicos de nuestro país" (21). Todo ello quiere decir que el cambio de rito no se produce de golpe por decisión política extraña —tampoco puede ligarse al famoso Concilio de Barcelona, presidido por Ramón Berenguer I—, ni viene tampoco del transplante de un rito nuevo que ahoga al anterior, sino que deriva de un proceso, más rápido y temprano que en otras partes, pero que no termina, sin embargo, totalmente hasta fecha próxima a la de su final en el resto de

---

(17)   Cartas núms. 137 y 146, del año 798; ed. cit. en el vol. de las "Epistolae Karolini aevi", págs. 211 y 236. Señalemos cuál es, según Alcuino, la fuente del error: "maxime origo huius perfidiae de Corduba civitate processit".(carta núm. 201, del año 800, pág. 333).

(18)   "Le premier art roman", París, 1928; pág. 23.

(19)   Mateu Llopis, "De la Hispania tarraconense..."; págs. 108 y 112.

(20)   No sería un hecho aislado esta relación del obispo Oliba con la herencia hispano-visigoda representada por la liturgia mozárabe. Se ha señalado en él la influencia de Eugenio y también cómo imitó el epitafio del rey Chindasvinto. Sobre ello, véase Nicolau d'Olwer, "La Litterature latine au XIe. siècle", en "La Catalogne romane". París, 1932; pág. 201.

(21)   Anglés, "La musica a Catalunya fins al segle XIII". Barcelona, 1935; págs. 34 a 39.

España; proceso de repliegue y extinción gradual que explica esos momentos de transición tan palmariamente demostrados por Anglés. En medio de ese proceso se insertaría el momento del Concilio citado, del que, una vez vista la supervivencia de elementos de la liturgia mozárabe en esas fechas, no hay por qué rechazar, según lo que aseguran los "Gesta Comitum Barcinonensium", su intervención en la materia, si bien esta intervención, dado lo avanzado del proceso de sustitución, no tuviera el carácter decisivo de otros actos análogos en el resto de España. La presencia en ese Concilio del mismo legado, Hugo Cándido, que en otras partes de España se ocuparía del tema, aumenta la certeza de que también en aquél se debió hablar de la cuestión de los ritos, cuestión que Alejandro II situaba "in partibus Hispaniae", a la que Gregorio VII daba también un ámbito hispánico, y sabido es el concepto de este ámbito en los documentos pontificios. Recordemos que desde Gerona, y en ocasión del Sínodo, ese legado se dirigía a "tota Hispania".

En Navarra y Aragón el fenómeno es paralelo, sólo que algo más tardío. A fines del x y comienzos del xi el "Códice de Roda" ofrece un dato curioso: un documento literario de tradición latina y europea, cuya parte musical está escrita en neumas mozárabes —el "Epitalamio" de Leodegundia, hija de Ordoño I, casada con un rey de Pamplona (22). Muy lentamente penetra en algunos puntos aislados el rito romano; pero, tras una primera tentativa del legado Hugo Cándido en 1065, se produce el cambio, por concesión del rey Sancho Ramírez a la petición de aquél, en su segundo viaje durante el año 1071 (23). Este acto debió verdaderamente presentar un carácter muy decisivo. Gregorio VII lo atribuía, agradeciéndolo, a la piedad de Ramiro I; aunque Kehr ha demostrado que, en realidad, se trató de su hijo y sucesor Sancho Ramírez. En nuestras Crónicas se señala incluso la hora del cambio, de modo que en un mismo día hasta ese momento el culto se hizo según la ley toledana, y a partir de él según la romana (24). Pero la investigación más moderna ha probado que también aquí —lo que no había advertido Kehr— se da un proceso de transición. El rito romano no acabó en Aragón por la decisión de Sancho Ramírez, aplicada a San Juan de la Peña en 1071. Su cumplimiento no fue general y simultáneo, sino que algunos prelados y monasterios ofrecieron resistencia. Tampoco en Navarra lo introdujo de golpe

---

(22) Publicado por Lacarra en "Textos navarros del Códice de Roda"; loc. cit.

(23) Kehr, "Cómo y cuándo se hizo Aragón feudatario de la Santa Sede", en la misma serie citada en la nota anterior; vol. I, pág. 300.

(24) "Crónica Pinatense", con referencia al mismo monasterio de San Juan de la Peña; ed. cit.; pág. 51.

el mismo rey, al unir ésta a Aragón, a la muerte de Sancho el de Peñalén, en 1076. En Navarra y Aragón, pues, con diferencias circunstanciales de ritmo y fecha, se produce también un neto período de cambio, que ni la decisión real ni las dotes del colaborador eclesiástico del rey, el abad Frotardo de Tomeras, logran superar hasta terminado el siglo XI (25).

Finalmente, en el lado castellano-leonés, el nuevo rito, llevado por clérigos de ultra-puertos, tan abundantes en aquellas tierras, atrajo la atención del príncipe y fue objeto de medidas políticas pocos años después que en los demás reinos peninsulares. Alfonso VI considera su introducción como obra personal: "quia romanum ministerium habere voluit in regno suo" (26). Conocidas son las fases e incidentes de este episodio en torno al cual aparecen manifestaciones muy interesantemente tempranas de una concepción voluntarista del poder real. Anales, cronicones, historias, próximos a la fecha, recogen el hecho de la enconada decisión real contra la oposición de un grupo en el que tendría gran peso la parte de los toledanos (27). La "Historia Compostelana" parece adelantar los hechos (28); pero no vamos a entrar en el pormenor del tema, que no nos incumbe. Interesa, sí, que recojamos dos conclusiones del P. David. Según el reciente estudio de este autor, parece que Cluny no tuvo una actitud cerrada y terminante en la cuestión del rito hispánico, puesto que en la que el autor llama "crisis de 1080", cuando la oposición hace vacilar a Alfonso VI, el Papa Gregorio VII no se reduce a lanzar violentas amenazas contra el rey y castigos sobre el cluniacense Roberto, abad de Sahagún, sino que insinúa —y más que insinúa— severas advertencias al propio abad Hugo de Cluny (con lo que se destiñe mucho el color político del hecho). Pero lo interesante, sobre todo para nosotros, es que, también aquí, las investigaciones de David dibujan un proceso que, aunque rápidamente acentuado en su fin por acuerdo del poder político, se prolonga algún tiempo, de modo que el rito antiguo no es abolido de golpe, sino gradualmente y con alguna diferencia de años de unas partes a otras, dentro de los reinos de Alfonso VI. La fecha más tardía corresponde a la parte occidental, donde se da la acción del famoso conde mozárabe Sisnando y del obispo Paternus, mozárabe también, llevado por aquél a

---

(25) Ver Ubieto, "La introducción del rito romano en Aragón y Navarra", en "Hispania Sacra"; vol. I, 1948; págs. 299 y ss.

(26) "Crónica del Obispo don Pelayo"; ed. Sánchez Alonso; pág. 80.

(27) Según el "Cronicón Burgense", los caballeros del famoso duelo fueron un castellano y un toledano. Flórez, "España Sagrada", XXIII; pág. 309.

(28) "España Sagrada", XX, lib. I, cap. 2; pág. 16.

la sede de Coimbra desde su sede anterior, precisamente Tortosa, tan ligada al mozarabismo catalán (29).

Con todo ello desaparecería una de las manifestaciones de la extrañeza hispana que entonces, una vez más, fue calificada incluso de herética —hoy es bien sabido que impropiamente—, llegando a hacer penetrar ese sentimiento adverso en los propios naturales. En toda España el hecho se produce de la misma manera, sin más que diferencias de grado. Se trata de un movimiento espiritual eclesiástico, que penetra por el vértice nord-oriental de la Península, como casi todo lo que viene de Roma o Italia, y progresa en avance constante hasta el límite occidental, encontrando la resistencia de un fondo común de tradición hispano-visigoda, cuyos restos perduran, en todas partes y cualquiera que haya sido la velocidad de penetración, hasta entrado el siglo XII. El hecho del cambio del rito carece de vinculación alguna con las condiciones originarias en que tienen lugar los comienzos de la Reconquista, siendo clara consecuencia de la política pontificia, que ha de imponerse incluso a colaboradores ultrapirenaicos. Por el contrario, lo que sí prueba este largo episodio de nuestra historia eclesiástica medieval es que, a raíz de la Reconquista, lo que en las tierras nuevamente liberadas para los cristianos se constituye es aquel fondo uniformemente caracterizado como mozárabe, o más exactamente dicho, como tradición común hispano-visigoda, contra el que por presión eclesiástica se va actuando en todas partes.

EL ARTE: SU AMBITO DE DIFUSION

Las necesidades litúrgicas del rito toledano, el estado artístico de la Península antes de la invasión y las nuevas circunstancias creadas por ésta, dieron lugar a un arte perfectamente representativo y sintetizador de la situación cultural de los hispanos. En consecuencia, caracteriza aquél el sustrato peninsular y es el arte llamado también mozárabe, al que se entregan cuantos pertenecen a ese elemento hispánico anterior. De nuevo aquí el término mozárabe se presta a confusión. Se trata propiamente de un producto más de la situación histórica común a toda España, antes de la invasión musulmana, y que, por tanto, cabe llamar hispano-visigoda. Pero como, a su vez, se trata de esa situación tal como se ofrece después de la invasión, las nuevas condiciones creadas por ésta tienen su repercusión en aquélla y, de esa manera, sino de una decisiva influencia árabe,

_____

(29) P. David, "Gregoire VII, Cluny et Alphonse VI", en el vol. de sus "Etudes historiques sur la Galicie et le Portugal". París, 1947; págs. 407 y ss.

se trata de una concomitancia de fechas —con toda la carga histórica que éstas llevan consigo— y de factores operantes que crean una forzosa conexión entre ese arte hispano-cristiano y el arte hispano-musulmán. El maestro Gómez Moreno, colonizador ilustre de esta importante provincia del arte español (importante, por de pronto, desde el punto de vista histórico), es quien ha precisado sus propios elementos. Pues bien, de ese arte mozárabe Gómez Moreno ha escrito: "Los caracteres de este arte nacional cristiano arraigan en lo visigodo y guardan paralelismo, según va dicho, con la evolución musulmana, de que evidentemente se aprehendieron formas típicas en una fase postrera, como también y antes se las incorporó asturianas; de modo que una tendencia de unificación parece animarle con progresivo y rápido enriquecimiento" (30).

Naturalmente, ese arte no constituye —como ningún otro en la época y en el Occidente europeo— una escuela ni nada parecido. Es más, la homogeneidad no es lo que le define. "No hay repeticiones, no hay tipos; cada iglesia de las subsistentes busca por camino diverso la satisfacción del ideal cristiano." Pero tiene caracteres que a todos los ejemplos les son comunes y muestra un origen y unas influencias. "Una base goda, impregnada de bizantinismo, señorea sobre todo" (31). Hay que colocarse en la época en que el libro de Gómez Moreno se escribía para comprender dos cosas, sin cuya recta comprensión las palabras del maestro nos pueden, leídas en nuestros días, inducir a error. Godo designa el sustrato hispánico tal como había quedado constituido antes de la invasión, bizantinismo quiere decir influencia oriental cristiana, es decir, oriental pre-islámica, en la que hoy no dejaríamos de incluir la influencia siria.

Con referencia al concepto de godo ha hecho una observación Schlunk de importancia excepcional. Se refiere al que en nuestra Historia del arte se llama arte visigodo y sostiene que se trata de una corriente que se forma en el sur de la Península y va ganando terreno hacia el Norte. "Este arte no tiene nada de germánico, sino que es de puro abolengo hispano-romano, aunque con numerosos elementos norteafricanos y bizantinos" (32). El hecho tiene un interés capital, acrecido si lo ponemos en relación con lo que la moderna investigación sobre la liturgia mozárabe o hispano-goda afirmaba: su procedencia romana y bizantina. Nos

(30) "Iglesias mozárabes", I; pág. 19.

(31) Ob. cit., págs. XVIII y XX, respectivamente.

(32) "Ars Hispaniae"; vol. II, pág. 228.

ilustra profundamente sobre la naturaleza del que llamamos sustrato hispánico (33).

La frontera entre arte mozárabe y arte hispano-visigodo es imprecisa
y abierta, y ello demuestra la red de conexiones que los une. Gómez
Moreno señaló que los restos que pudieran considerarse mozárabes en
Toledo son claramente godos —tal el caso de la iglesia de Melque—,
de la misma manera que la iglesia primitiva de San Juan de la Peña,
con sus numerosos arcos de herradura, no muestra "indicios de influencia andaluza, sino, por el contrario, una tradición visigoda neta", con
algunos elementos que recuerdan lo asturiano (34). Nada más patente
quizá que esa involucración entre cultura hispano-visigoda y mozárabe
en el grupo de iglesias, todavía en parte enigmáticas, de Tarrasa, y en
particular el pseudo-baptisterio de San Miguel. En todo caso, la pululación coetánea de elementos de una y otra clase en Cataluña se muestra
hoy riquísima y su fecha es en general posterior al comienzo de la Reconquista.

Lo que acabamos de decir tiene para nosotros particular valor: Sa-

---

(33) Por otra parte, en la anterior cita de Schlunk vemos aparecer de nuevo
el elemento bizantino. Hace años, a toda influencia oriental de carácter cristiano
se la llamaba bizantina y Schlunk parece fiel a esa manera de ver. Hoy, en cambio, lo bizantino se deja muy de lado para ir a señalar detrás de él un origen,
cuya propagación puede pasar o no por Bizancio, en el cristianismo primitivo
oriental, de Siria y regiones vecinas, de modo tal que el nombre de sirio viene
a ocupar hoy un lugar análogo al que antes ocupó el de bizantino. En las palabras citadas de Schlunk la alusión a los "elementos norteafricanos", junto a los
bizantinos, responde probablemente a esa conexión que se advierte con un factor
oriental, más general y profundo. El doble ábside que Schlunk cataloga como
uno de esos elementos parece tener aquella procedencia. Creo sinceramente que
un investigador de hoy llegaría a conclusiones extremadamente nuevas e interesantes si, abarcando por una parte el abundante material inductivo que los constantes descubrimientos en materia de mozarabismo artístico proporcionan, llevara
a cabo su estudio en conexión con los resultados obtenidos en la investigación
del arte paleo-cristiano del Próximo Oriente. El conocimiento de este arte ha
sido renovado de raíz por obra de Baltrusaitis, que ha unido a una observación
minuciosa del material empírico, una fina capacidad de interpretación intelectual.
En su planta, en su estructura, en su tratamiento del espacio (problema, entre
otros, de los espacios compartimentados, cuya presencia Chueca consideraba como
constante de la arquitectura española), en muchos de sus elementos decorativos,
etcétera, etc., las iglesias mozárabes nos aparecerían probablemente bajo un nuevo
aspecto, y de paso tendrían tal vez explicación muy distinta algunos de los temas
del arte hispano-musulmán y de sus relaciones con el arte cristiano español.

(34) Ob. cit., vol. I; págs. 13 y 27 y 30 a 40.

bido era que en el reino leonés, terminado el breve episodio del arte ramirense en Asturias, que apenas desciende a tierra de foramontanos (35), la corriente mozárabe se impone. De ello muy fundadamente se ha hecho uso para trazar el cuadro histórico de León en los primeros siglos de la Reconquista. Pues bien; mientras que en Castilla el arte mozárabe se desarrolla escasamente y son muy raros los ejemplares de él que se conservan, en Cataluña los últimos descubrimientos ponen de relieve una riqueza o, por lo menos, una abundancia igual o mayor a la del reino de León. "Las relaciones con el Sur eran quizá tan activas como las de León", ha escrito M. Pidal (35 bis).

Hace años, cuando Puig y Cadafalch llevó a cabo su amplia investigación acerca del arte catalán alto-medieval, era conocida la existencia de cuatro iglesias que él y Gómez Moreno catalogaron como mozárabes (36). Del análisis de Puig Cadafalch resultaba puesta en claro una relación sumamente curiosa: el estrecho parentesco de esas iglesias catalanas con otras leonesas —Escalada y Pedret, San Cebrián de Mazote y Marquet, etc. Y ante este hecho, casi inexplicable hace tan sólo unas décadas, si se partía de la visión histórica vigente entonces de la alta Edad Media catalana, Puig y Cadafalch se sentía francamente confuso: "¿Cómo este arte mozárabe llegó a Cataluña, a una región tan apartada de su país de origen, del que se hallaba separada por itinerarios difíciles a través de reinos en guerra?", y no encuentra más respuesta que pensar en una penetración cultural, de carácter ocasional, que se produciría por influencia de las miniaturas (37).

Todo ha cambiado hoy en la visión a que responde la pregunta de Puig y Cadafalch. Por un lado, el origen del arte mozárabe no hay por qué ligarlo a un punto determinado. Pero esto es secundario. Lo importante es darse cuenta de que en lugar de aquella Cataluña que al día siguiente de conquistada por los francos, se volvía de espaldas al Sur y no vivía más que de lo que le llegaba de ultrapuertos, hoy encontramos una Cataluña reconquistada por la gente hispana, con ayuda ciertamente del rey franco, poseída por hispano-romanos e hispano-godos y desde muy pronto gobernada por ellos, viviendo de la tradición común a este fondo de población, gravitando en todas sus influencias culturales (ciencia de Ripoll y Barcelona), en primer lugar, hacia el sur hispano-

(35) Algunas muestras entre León y Palencia señalaba Gómez Moreno. Ob. cit., I; pág. 105.

(35 bis) "Orígenes del español", pág. 488.

(36) Puig Cadafalch, "Le premier art roman". París, 1928; págs. 11 y ss.; Gómez Moreno, ob. cit., I; págs. 57 y ss.

(37) Ob. cit.; págs. 26 a 29.

musulmán, cuya moneda es la corriente en Barcelona ya en el IX. A ese sur hispano-árabe se liga su existencia entera, en una doble actitud: en actitud defensiva por la amenaza que, durante más tiempo tal vez que en ninguna otra tierra peninsular, pesa sobre el núcleo principal del condado; y en actitud reconquistadora, nunca abandonada, de la tierra que dominan los árabes, con la que se mantiene unas relaciones políticas frecuentes y normales.

Nada mozárabe tenía que llegar ya constituido a Cataluña, porque se podía dar perfectamente allí. Era tierra mozárabe, como León, en el sentido de tierra de tradición hispano-goda, con influencias orientales, llegadas unas directamente con los sirios y absorbidas otras a través de los árabes. Desde el momento de la primera reconquista, la afluencia, además, de cristianos del Sur fue grande, y los que llegaron, con los que ya se encontraban en la tierra, constituyeron ese fondo adverso a la presencia de los francos del que hemos dado cuenta en otro lugar. ¿Apartada esa región de los árabes? Basta recordar las fechas en que son reconquistadas Barbastro, Lérida, Tarragona. Hasta mediados del XI no se separa apenas unas leguas la frontera de la línea del Llobregat, cuando en León ha bajado ya hasta el Tajo. ¿Itinerarios difíciles? Hoy es sobradamente conocido el hecho de los numerosos viajes que, a través de toda la Península, ligaban unas partes con otras, en íntima dependencia económica y cultural. En este punto no hace falta insistir. Basta referirse a que, adelantándose a la "escuela de Toledo", en Barcelona y Ripoll se conocen y, es más, se traducen en el siglo X obras científicas de los árabes (38), y en la misma época el conde Borrell se relaciona estrechamente, en el orden político, con los primeros califas cordobeses. Por otra parte, está la relación con el Occidente peninsular cristiano. El viaje a Santiago del abad de Montserrat, Cesario, pidiendo ser consagrado en aquella iglesia metropolitano tarraconense, o el del abad del Puy. Gotescalco, que de Ripoll pasa a Albelda y se adentra en León, recogiendo a su regreso manuscritos encargados en ambos monasterios (39), aparte de otros muchos ejemplos, prueban no sólo que se da una intercomunicación, sino que una estrecha relación espiritual se mantiene entre ambas partes.

Fue una vez más Puig y Cadafalch quien enriqueció el conocimiento de los hechos artísticos catalanes, permitiendo una revisión, en ese as-

(38) Ver Millás, "Estudios sobre historia de la ciencia española". Barcelona, 1949; en especial, capt. III, págs. 43 y ss.

(39) Beer, "Los manuscritos del Monasterio de Sta. María de Ripoll", en B. R. A. B. L., de Barcelona, 1909, octubre-diciembre, t. IX.

pecto importante, de los anteriores resultados inductivos. Señaló interesantes influjos meridionales en el arte catalán de los primeros tiempos, estudiando la utilización del arco de herradura en plantas de ábsides, como directriz de bóvedas y sobre pilastras y columnas, llegando a señalar íntimas conexiones con iglesias de la zona cristiana occidental (40). Su estudio sobre los baños de Gerona, que tan curiosa impresión causan contemplados junto al Pirineo, acentúan inequívocamente el nuevo giro de la cuestión, aunque en la fecha en que escribió ese estudio el autor se considera obligado todavía a una alambicada argumentación sosteniendo el corrimiento hasta Cataluña de la influencia oriental por la costa norte del Mediterráneo (41).

Sobre el tema de estas influencias mozárabes en Cataluña, tanto en estructuras arquitectónicas como en elementos decorativos, insistió Torres Balbás (42) y Gómez Moreno se había vuelto a referir a ellas, ampliándolas —caso de Ripoll, San Juan de las Abadesas, etc.— en otro gran libro suyo posterior (43). Este mismo historiador, recientemente, al hacer un a modo de balance del tema, añade una larga lista de nuevos ejemplos: se precisan importantes elementos en Ripoll (también aquí en estrecha relación con el gran obispo Oliba), en donde aparecen columnas copiadas de las califales cordobesas, y se añaden los casos de las iglesias de San Miguel de Cuixá (desde la cual, como sabemos, el monje García, en carta al obispo citado, señalaba tan precisamente dónde empezaba España), San Pedro de Roda, Cornellá, cripta de Vich, San Benet, San Matéu de Bagés y otras pequeñas iglesias junto al Pirineo, en las que pululan los arcos de herradura (44). Y dejando el dominio de la arquitectura, el catálogo podría seguir: ara mozárabe en San Martín de Ampurias, arcos de herradura en algunas pinturas del Museo de Vich, piedra de la famosa condesa Ermesindis en la catedral de Gerona, baños de Gerona y Barcelona, etc., etc.

---

(40) Puig Cadaafalch, Folguera y Goday, "L'arquitectura romanica a Catalunya". Barcelona, 1909; págs. 356 y ss., en especial 391.

(41) "Els banys de Girona y la influencia moresca a Catalunya", en "Annuari del Institut de Estudis Catalans", 1913; vol. XIV; págs. 713 y ss.

(42) "Arte de la Alta Edad Media", por Hauttmann, Barcelona; Labor; págs. 171 y ss.

(43) "El arte románico español", Madrid, 1934; págs. 35 y ss.: "El movimiento de reconstitución arquitectónico en el Pirineo vino sometido al doble impulso mozárabe y lombardo" (pág. 52). Si se tiene en cuenta que el propio autor demostró la influencia, en León, de elementos renanos pasados por Italia (ob. cit., págs. 13 y ss.), se advertirá un interesante paralelo.

(44) "Arts Hispaniae", III, págs. 365, 369 y 392.

Es más, después de haber establecido en trabajos anteriores el carácter mozárabe de la iglesia de San Miguel de Cuixá, construida al empezar la segunda mitad del x, Puig y Cadafalch ha demostrado cómo este monasterio se constituye en centro de irradiación del mozarabismo artístico y de él derivan varias iglesias en la vertiente norte de los Pirineos, cuyas semejanzas, especialmente en el trazado de los ábsides —aspecto íntimamente relacionado con el de la liturgia mozárabe, como dijimos— y en la técnica de construcción en mampuesto, es extraordinaria y muestra la propagación de ese arte hasta los departamentos del Aude y del Hérault (45), es decir, en la zona —cuyo semblante histórico queda con ello completo— en que se asentaron aquellos "hispani", colonizadores primeros después de la invasión, a los cuales va ligada la constitución histórica de Cataluña.

Es indudable que quedan todavía muchas sombras a despejar en el estudio del fondo común hispánico que nos hace palpar, impresionantemente, la historia de nuestros siglos IX y X. No hay, tal vez, más pleno y rico producto suyo que eso que se ha llamado mozarabismo y, dentro de él, el arte. Pero esto no lo agota todo. En primer lugar, aparte de lo que específicamente es arte mozárabe, vale la pena recordar que un especialista de la autoridad de Schlunk observa elementos comunes en el arte catalán proto-románico y el arte asturiano (46). No menos extraordinario es el caso de la relación, puesta de relieve por Spencer Cook y Gudiol, en las pinturas prerrománicas de comienzos del XI en iglesias de Soria, Asturias y Cataluña (47).

Una tradición cultural común, un fondo de población común configurado por aquélla —cualesquiera que hayan sido los Indortes e Istolacios que pululasen antes por los rincones peninsulares— encuentran su expresión artística en las iglesias mozárabes, en cuyo interior se practica, en tránsito más o menos rápido a una nueva situación, el mismo rito toledano. Las circunstancias en que este hecho se da, y primordialmente la presión de los invasores sarracenos, ayudan a desenvolver nuevas formas comunes. Esa presión obliga a las gentes del Pirineo catalán a una novedad técnica: el empleo de la bóveda de piedra. Un antiguo documento referente a la iglesia de San Esteban de Banyolas (su consagración, una vez reconstruida, en el año 957) explica por qué se hizo así: "quia olim combustus fuerat a nefandissimis paganis", por cuya razón el templo se

---

(45) "La frontière septentrionale de l'art mozarabe", en "Comptes rendus de l'Academic des inscriptions et Belles Lettres", julio 1943, págs. 352-358.
(46) Ob. cit., pág. 391.
(47) "Ars Hispaniae", vol. VI, págs. 21 y 26.

reconstruyó después solamente "ex calce et lapidibus". Refiriéndose a Ramiro I, en Asturias, un siglo antes, los documentos hablan de obra "sola calce et lapidibus constructa", del palacio levantado "sine ligno" (48). Que el hecho derive de una misma influencia oriental, que avanza por el Mediterráneo, no le hace perder nada de su valor histórico. Muestra cómo los hispanos se hallaban insertos en un mismo horizonte de posibilidades históricas, en una misma situación vital, lo que constituye un poderoso factor de configuración de la existencia conjunta de un grupo humano.

EL DERECHO: LAS "LEYES GODAS" EN LOS REINOS MEDIEVALES

Mas la iglesia y su construcción no es asunto de unos monjes aislados, ni menos todavía de unos técnicos de la construcción, sino tema de la vida social entera de la alta Edad Media, que en aquélla da expresión a un íntimo sentido. A otro aspecto fundamental de esa misma vida social, en el que se canaliza la existencia cotidiana de los pueblos, hemos de referirnos ahora: el derecho. Es ilícito, contra lo que algún notable escritor ha hecho recientemente, olvidar, tratando de establecer el sentido histórico de un pueblo, aspectos tan decisivos en la vida social como son el arte y el derecho. Nuestra tarea no es la de construir una gran síntesis sobre el destino de un pueblo, pero si queremos comprender el carácter de los hispanos y con ello el de Hispania, de la que aquellos toman "nación", no podemos dejar de lado lo que sucede en el orden de la vida jurídica, tanto más cuanto que ésta nos va a proporcionar un nuevo elemento interpretativo de sumo interés.

Aquí corresponde a Castilla marcar la primera disidencia; pero antes y después de que esto acontezca, de León a Cataluña y a los cristianos del Sur, un mismo derecho rige los actos de esa población: el Derecho visigodo que, en cierta manera, sería tan apropiado llamarlo mozárabe, como lo es servirse de este término en relación al arte o al rito. No tratamos de trazar un capítulo de la Historia del Derecho español, materia que cuenta

---

(48) Puig y Cadafalch, "L'apparition de la voute", en "La Catalogne a l'epoque romane", publ. del Institut d'Art et d'Archeologie". París, 1932; pág. 48. Las Crónicas Albeldense y de Alfonso III, se refieren también a esta novedad constructiva, al hablar de las obras de Alfonso II y Ramiro I, en términos semejantes.

con una serie continua de especialistas autorizados y en la que se ha llegado a muy buenas síntesis de los resultados de la investigación, por los mismos que han hecho progresar ésta. Nos interesa de todos modos, como punto de partida, recordar las conclusiones del maestro Hinojosa sobre lo que en principio representa ese Derecho visigodo: una legislación fuertemente romanizada, influida por el Cristianismo y el derecho de la Iglesia y por el principio de robustecimiento del poder real (49), debiendo verse en esta última característica un elemento que viene de la línea bizantina, oriental, del tardío Derecho romano. Ello nos permite llegar a la conclusión de que también aquí se da un fenómeno paralelo al que veíamos desarrollarse en las otras materias: una base hispánica sobre la que descansa el elemento visigodo, el cual resulta determinado por aquélla, fuertemente y aun decisivamente; base hispánica a la que son esenciales las aportaciones romanas y bizantinas. Nos movemos, pues, en el mismo sistema de factores que dan como resultado los otros aspectos de la vida española que hasta aquí hemos analizado.

Se ha dicho que cuando Castilla se aparte del Fuero Juzgo no será precisamente para dejar de lado el derecho visigodo, propiamente tal, sino para eliminar las capas de romanización que sobre aquél cayeron, produciéndose entonces una renovación de costumbres germánicas, más puras, las cuales acabaron reapareciendo en los otros territorios, pero más tarde y con menos fuerza (50). El germanismo, en nuestro Derecho, que indudablemente recibe una fuerte dosis de él, no entronca de manera inmediata y directa con la etapa del dominio visigodo, sino que reaparece, pasados varios siglos de la extinción de ese dominio, más tarde o más pronto, según los lugares, y después, en cualquier caso, de la etapa de morazabismo. Los mozárabes, como más pegados, sin embargo, a los visigodos de la última fase, heredaron de éstos, no el derecho que les hubiera sido más propio, sino aquel que respondía a su estado de romanización, el Fuero Juzgo o Libro de los jueces. Este contiene la legislación que aplican a sus negocios jurídicos los cristianos que, a continuación de la primera Reconquista, se enseñorearon de las tierras libres, la legislación también que conservan los cristianos que siguen sometidos al dominio musulmán.

El hecho de la subsistencia del Fuero Juzgo en León, hasta llegar al último episodio del programa político leonés o de restablecimiento de la herencia visigoda, con la reconquista de Toledo, es sobradamente

---

(49) "El elemento germánico en el Derecho español", Madrid, 1915.

(50) Menéndez Pidal, "Carácter originario de Castilla", recogida en el vol. del autor. "Castilla. La tradición. El idioma". Buenos Aires, 1945; págs. 19-21.

conocido merced a los trabajos de la ilustre escuela de historiadores del Derecho español, y en especial de Hinojosa, Ureña, Sánchez Albornoz, Torres López, etc. De tan conocida no es necesario ni tan siquiera hacer un resumen de la cuestión. En cambio, merece la pena detenerse a considerar el tema en el lado catalán, respecto al cual existen valiosos estudios o se aportan datos de gran interés en trabajos de Brocá, Valls Taberner, Rius Serra, Mateu Llopis, a los que nos iremos refiriendo. Sin embargo, a pesar de que en 1922 era cosa suficientemente probada la supervivencia del visigotismo jurídico catalán, cuando se intentó, para dar fundamento a una desdichada tesis filológica (51), distinguir dos líneas separadas de influencia cultural en España, se señaló la subsistencia en la Edad Media del "Liber judicum"... en Portugal (52). A pesar de las investigaciones rigurosas de los escritores catalanes que hemos mencionado, sus datos han sido olvidados con frecuencia y sus conclusiones no han sido debidamente incorporadas a una interpretación de tipo más general.

El primer hecho a señalar es la conservación de numerosos ejemplares del Fuero Juzgo y su utilización por los juristas. Para nuestro objeto tiene interés relevante la conservación de fragmentos de un Fuero Juzgo de principios del siglo IX, es decir, coetáneo de la conquista de Barcelona, que procede precisamente de Ripoll, tan ligado a la cultura mozárabe y que para más completo y elocuente testimonio está escrito en letra visigótica (53). Dentro del ambiente al que corresponde ese ejemplar —utilizado seguramente por los primeros "hispani" colonizadores que reconquistaron la tierra—, se comprueba el real empleo del "Liber" por los juristas, puesto que un formulario jurídico, conservado también en manuscrito de Ripoll y perteneciente al mismo siglo, al dar la fórmula propia para las dotes dice: "sicut in gothorum legibus est decretum" (54). De la curiosa figura de Homobonus, jurista barcelonés de comienzos del XI, autor de un "Liber judicum popularis", sostiene Valls Taberner que, de la composición de esa obra y de los documentos judiciales que

---

(51) Véase la crítica de la misma por A. Alonso en "La subagrupación románica del catalán", en el vol. de estudios del mismo "Estudios lingüísticos". Madrid, 1951; págs. 57 y ss.

(52) "Afro-romanic o ibero-romanic", en "Bulletí de Dialectogia catalana", 1922, X, págs. 34 a 53.

(53) Códice Rivipullense núm. 46 del Archivo de la Corona de Aragón, citado por Beer, loc. cit.

(54) P. García Villada, "Formularios de las Bibliotecas y Archivos de Barcelona (siglos X-XV)", en "Annuari del Institut de Estudis Catalans", 1911, volumen XII, pág. 540.

de él se conservan, "se puede deducir, como conclusión final, que la cultura jurídica de Homobonus era fundamentalmente visigótica" (55). Y más tarde aun, un clérigo letrado, Pons, deja a la iglesia de San Martín Sacosta sus libros y entre ellos un "Librum iudicum" en el año 1064 (56). Otros datos diferentes de los que acabamos de citar, demostrativos de la subsistencia del Fuero Juzgo, en juristas y colecciones de textos por ellos reunidas, fueron agrupadas por Brocá (57).

Hace tiempo ya que también fueron reunidos numerosos testimonios sobre la conservación del Derecho visigodo en Cataluña y Rosellón hasta empezar el siglo XII. Alart, que llevó a cabo este trabajo, sostuvo que constituye aquél el único derecho existente en esos países, cuyo fondo se conserva en costumbres y compilaciones muy posteriores. Según Alart, en esas tierras, tras la conquista "la población siguió viviendo y se administró góticamente, si cabe decirlo así, bajo el imperio de la ley visigoda, que fue el único Código reconocido en el país hasta el final del siglo XI por lo menos" (58). Hay un hecho curioso a observar, no señalado por Alart: si, como algunos historiadores sostienen, en tiempo de los visigodos no penetró en la Septimania el Código de Recesvinto y se siguió aplicando el Breviario de Alarico, al encontrarnos con que después de la invasión es aquél el que se impone a toda otra legislación, ello constituye una prueba de la importancia y carácter de los núcleos españoles que a aquélla emigraron y que descendieron de nuevo a Cataluña, para su conquista y para instalarse en ella, una vez libre.

De las referencias a esa Ley hispano-goda, a esa Ley caracterizadora de los hispanos en los diplomas de los cartularios catalanes, podría hacerse una relación inacabable, en la cual, claro está, no nos vamos a empeñar. Sin embargo, hemos de recoger algunas de esas alusiones por entrañar matices de interés, en cuanto al contenido o en cuanto a la fecha. Destaquemos la notable manera de calificarlas de leyes propias: "secundum ordinationem nostrarum Legum Gotharum", en una senten-

---

(55) Valls Taberner, "El *Liber judicum popularis* de Homobonus de Barcelona", en A. H. D. E., II, 1925, págs. 200 y ss.

(56) Ríus Serra, "Mes documents sobre la cultura catalana medieval", en "Estudis Universitarias Catalans", 1928, XIII, pág. 136.

(57) "Juristes i jurisconsults catalans dels segles XI, XII y XIII", en "Annuari del Institut de Estudis Catalans", 1908, vol. IX, págs. 429 y ss.

(58) "Privilèges et titres relatisf aux franchises, institutions et propriétés communales de Roussillon et de Cerdagne depuis le XIe. siècle jusqu'a l'an 1660. Première Partie". Perpignan, 1874; págs. 17 y ss.

cia condal de 1018 (59). Rius Serra sostiene que la fórmula "prout sancti Patres sancxerunt", que se halla en muchos de estos documentos —la hallamos ya en dos del año 990 (60)—, se refiere al Fuero Juzgo, puesto que un mismo precepto que unas veces se presenta apoyado en los Santos Padres otras se cita en virtud de la autoridad de las leyes góticas (61). El hecho tiene extraordinario interés a nuestro objeto. A nosotros nos interesa no tanto qué preceptos del Fuero Juzgo han pasado o influido en el Derecho catalán, como el testimonio de que se conserve una clara conciencia de dónde procede esa· Ley y que, por ello, se la cite y considere propia. Pues bien; el uso de esa manera de aludirla prueba el recuerdo presente y vivo de la autoridad de los Padres toledanos. Nada más demostrativo a este respecto que un documento del año 1025, en el que se cita, como fuente de la que emana legítimamente un precepto, a los Santos Padres en la Ley gótica: "sicut sanctorum Patrum divulgaverunt in lege gotica", y más adelante, en el mismo texto, "sicut invenimus in lege gotica conscriptum secundum auctoritatem sanctorum Patrum in libro secundo titulo primo" (62).

La referencia a las leyes godas llega a fijarse como una fórmula establecida, reiterada por un uso formal cancilleresco, como una rutina de escribano. "Est in antiquis regulis constitutum et in gotorum legibus est decretum", dicen, como fórmula inicial que se repite, una serie de diplomas (63). Pero no cabe pensar que lo que hay de rutina inerte en estas palabras desdiga el manejo efectivo del cuerpo legal hispano-godo. Sus normas se conocen y se aducen con un preciso pormenor: "Lex enim gotica que continetur libro V, titulo II, capitula VI, ita dicit", cita un documento del año 1018 (64); o en carta de donación de un conde de Pallars: "in tercio libro Legis Gotorum, videlicet in primo titulo" (65).

En la historiografía catalana medieval quedó recogido el recuerdo de un acto expreso, en el año 1068, de abrogación del Derecho visigodo.

---

(59) Cartulario de San Cugat, núm. 470. Ver otras menciones en números 171 y 475.

(60) En el mismo Cartulario, núms. 254 y 255.

(61) En la ed. del Cartulario que acabamos de citar, vol. II; pág. XIV.

(62) Cartulario cit., núm. 496.

(63) Cartulario cit., núm. 528, del año 1033, 536 del 1035, 549 del 1040, etcétera, etc.

(64) "Llibre Blanch de Santes Creus", ed. Udina, 1947, doc. núm. 7. Otra referencia doc. núm. 8, de 1.023; etc., etc.

(65) "Liber Feudorum Maior", doc. núm. 60, del año 1056. Otras referencias núm. 64, del mismo año; 126, del 1055; 253, del 1057, donde se cita título, capítulo y ley, etc.

Varios textos historiográficos posteriores, entre ellos los *Gesta,* lo ligan a un Concilio de Barcelona, con asistencia del cardenal Hugo Cándido, legado del Papa Alejandro II. Ello quiere decir, y el hecho no ha sido suficientemente puesto de relieve, que aproximadamente por los mismos años —en cualquier caso, en el último tercio del siglo XI—, tanto en Cataluña como en León y Castilla, las legaciones pontificias, al luchar en mayor o menor medida contra el mozarabismo litúrgico, desataron una acción contra los restos de la herencia visigoda, desde Gerona hasta Santiago, dejando grabada en la conciencia de las gentes la impresión de esta intervención de los legados contra la tradición peninsular, de modo tal que la historiografía castellana unirá a aquélla la supresión de la escritura toledana y en Cataluña se ligará a la misma la abrogación del Derecho visigodo, dos muestras esenciales de la aún subsistente cultura mozárabe.

En esa ocasión que cuentan los "Gesta", Ramón Berenguer I habría dispuesto la vigencia con carácter territorial de los *Usatges* "in omnes comitatus sub Barhinonnensis comitatus imperio" y que quedara la ley gótica como supletoria. En la reconstitución que Valls Taberner hizo de estos primitivos "usatges", se dispone en el párrafo 22 que "omnes cause secundum usatieum essent judicate et ubi non sufficerent usatici revertantur ad leges goticas", texto que pasó luego, con el número 81, a la posterior Compilación general (66). Los *Usatges* no aparecieron, según Valls Taberner puso en claro, ni siquiera en la considerada como su primera parte, como un Código dado de una vez. Hay, ciertamente, un núcleo primitivo, y sobre él una sedimentación de leyes y modificaciones ulteriores de éstas, por obra de compiladores y comentaristas que se sirven e introducen en el texto elementos procedentes de obras doctrinales o de otros Derechos. El primer grupo, sin embargo, que al ser redactado por escrito debía encontrarse ya en vigor consuetudinariamente, se formuló sin recurrir a otra fuente escrita que la ley goda (67). Ello supone, en consecuencia, que en gran medida, la ley goda subsiste en el nuevo texto legal; que, en cualquier caso, queda como supletoria; que, no habiendo alcanzado efectividad a un mismo tiempo la colección de los *Usatges,* aquella ley, en algunas materias, siguió aplicándose como legislación principal.

---

(66) "Noves recerques sobre els usatges de Barcelona", en "Estudis Universitairs Catalans", 1935, XX, pág. 69 y ss.

(67) Valls Taberner, "Estudis d'historia juridica catalana". Barcelona, 1929, págs. 47-56, y en especial el trabajo, incluido en el mismo volumen, sobre "El problema de la formació dels Usatges de Barcelona"; págs. 57 y ss.

Rius Serra, alzándose muy fundadamente contra la tesis de la presencia del Derecho franco en Cataluña, estudió, sobre la base de abundantes datos que no es del caso repetir, la larga subsistencia del derecho visigodo en aquélla. Se sirve de las consabidas numerosas citas del Fuero Juzgo y alusiones a las leyes godas; de los ejemplos de inserción, en el cuerpo mismo de los documentos, de fragmentos de esas leyes; de las cláusulas, frecuentes a partir del XIII en virtud del desarrollo de la técnica notarial, de renuncia por las partes a las ventajas y derechos y acciones que pudieran corresponderles según las leyes godas —señal inequívoca de su mantenimiento—, así como según las leyes romanas y la costumbre. Advierte la persistencia del llamado testamento sacramental que, conservado por Pedro II en el "Recognoverunt proceres" (1283), suponía la admisión en él de una ley general del Fuego Juzgo. Pero esto es ya un aspecto diferente del que a nosotros propiamente nos interesa. Lo importante, para nosotros, del trabajo de Rius Serra está en haber probado la subsistencia en Cataluña del Derecho hispano-godo, en cuanto tal y reconocido expresamente como tal, todavía durante el siglo XIII (68).

El legendario acto de 1068 no habría sido, por tanto, definitivo, y por eso al despertar, con el nuevo sentido de la realeza, el sentimiento nuevo que podemos llamar de autosuficiencia jurídica, en el siglo XIII, una vez más uno de los reyes catalano-aragoneses, movido por el celo de la majestad, Jaime I, se ve obligado aún a prohibir las "leges Romane vel Gotice" para defensa del Derecho particular del Reino, en Cortes de Barcelona de 1251 (69). Pocos años antes existe un monumento que nos da, como ningún otro, testimonio de la situación del Derecho hispano-visigodo en Cataluña, en la primera mitad del XIII. Se trata de las "Consuetudines Illerdenses", recopiladas sobre 1228 por Guillermo Botet, a encargo de los cónsules de la ciudad. Al comenzar el libro I de este cuerpo legal se definen los elementos que integran el régimen jurídico de aquella comunidad: "Consistit jus nostrum in donationibus et concessionibus sive privilegiis Principum et in moribus scriptis et non scriptis et in usaticis et legibus goticis et romanis." Y, más, adelante, en el libro III, se precisa la posición de estas en un párrafo especial que trata: "De lege gotica" (70).

Alart, al afirmar, como antes vimos, la permanente vigencia del De-

(68)   Ver su monografía "El Derecho visigodo en Cataluña", en "Spanische Forschungen", VIII, 1940, págs. 65-80.
(69)   "Cortes de Cataluña" I, 1, pág. 138.
(70)   Villanueva, "Viaje", XVI, ap. II, págs. 161 y 194.

recho visigodo en Cataluña y Rosellón, desde los orígenes de la Reconquista hasta el siglo XII, añadía: "sin que se haga jamás mención de capitulares ni de ninguna ordenanza de origen franco" (71). Los diplomas que en monasterios catalanes se tienen y se aducen en pleitos posteriores, diplomas emanados de los reyes francos, son puros títulos particulares, no normas jurídicas que integren una legislación. Aun cuando en algún caso, como en el pleito ante el Conde Ramón Borrell (1016) de la iglesia de San Cugat, leamos que el abad Guitardo exhibió privilegios dados por el Papa "sive preceptum regis Francie" (72), hemos de entender la expresión en el sentido anterior, que tal propiamente es el valor de los llamados "preceptos". Se trata de puros actos singulares que se insertan en el sistema propio de la legislación del país, en relación con la cual hay que probarlos, estimarlos, interpretarlos. Como pruebas escritas de un derecho subjetivo se presentan y se aceptan, y de esa manera Ramiro I juzga el pleito tradicional entre las iglesias de Roda y Urgel, admitiendo los antecedentes de las concesiones del emperador Luis (73) y todavía son tenidos en cuenta, en pleito muy moderno de la iglesia de San Cugat, por la Real Audiencia bajo Fernando VI (74). Por esta razón, esos diplomas francos se remiten como legislación general a la ley de la tierra —"secundum antiquam consuetudinem", "secundum propriam legem", como ha hecho observar Alart. Y en alguna ocasión se citan con toda precisión concilios visigodos de los que aquélla emana ((75).

Nunca, en documentos catalanes, se citan en general capitulares carolingios ni se reenvía a la ley de los francos. Sabido es que las normas de los reyes carolingios, reglamentando la situación de los colonos hispanos, reservaban los casos penales graves al conocimiento de jueces francos y según las leyes propias de éstos. Sin embargo, en la Carta de población de Cardona, que se dice remontar a Vifredo el Velloso, confirmada por el conde Borrell en 986, se disponía que si ladrón, criminal, falsario o adúltero se refugiase en la ciudad, se le juzgara "secundum canonem et leges Gotorum" (76).

---

(71) Ob. cit., loc. cit.
(72) Abadal "Catalunya Carolingia" II, Primera parte, pág. 184.
(73) Se refiere al acto Abadal, "La sede ribagorzana de Roda", pág. 63.
(74) Doc. núm. 1.320, año 1234, del Cartulario correspondiente.
(75) Recuérdese el capitular de 844, de Carlos el Calvo, ya citado.
(76) Publicado por Villanueva, VIII, pág. 280. En este documento se incluye, sin embargo, una frase, única en toda la diplomática catalana, de sumisión al imperio del rey franco. Esta anomalía, junto a las que Villanueva señalaba (ob. cit., pág. 148) —duplicidad de fechas y cómputo equivocado de los años del reinado de Lotario— suscitan la sospecha de que el documento esté profun-

¿Influencia franca en el Derecho catalán? Indudablemente la hay, como pudiera hablarse también de ella en otro lugares, traída por los grupos colonizadores que en la zona occidental proceden de ultrapuertos y aparecen instalados en varias ciudades. La mención de uno de estos grupos de francos en diploma referente a Balaguer, en 1106, en donde aparecen aquéllos como un grupo de mercaderes extraños, asimilado a los de los judíos y moros y, como éstos, amparados por la protección especial del vizconde, hizo incurrir a Balari en un ingenuo error (77), ignorando la frecuencia con que grupos de francos, como de lombardos, etcétera, son citados entre la población de villas y ciudades. Así, en el acta de consagración de la iglesia ribagorzana de Nocelles se citan, distinguidos del elemento indígena —clero, pueblo y nobles— los "Francos qui erant in ipsa provincia" (78). Barrios de francos los había en Logroño, Burgos, Sahagún, Belorado, etc., etc. (79). Y unas décadas después de su conquista, en el fuero de Toledo, de 1118, dado por Alfonso VII, se definen así los "omnes cives toletanos, scilicet castellanos, Mozarabes, atque Francos". Y estos grupos, que para las operaciones cotidianas de la vida conservaban su ley personal, habían de ser forzosamente un factor de infiltración de algunos elementos de su derecho originario (79 bis). Pero lo que importa es observar, en el orden del derecho, como en todos los demás que hasta aquí hemos considerado, que la influencia franca que no cabe negar, sino que tratamos de situar en su verdadero plano,

---

damente alterado. De todos modos, es posible que en el rincón de Cardona-Caserres quedara desde los orígenes de la conquista un fuerte núcleo franco, al que alude "El Astrónomo" en su biografía de Luis el Piadoso y ese hecho pudiera estar en la base de la excepcional frase que en el documento citado se contiene. Ni que decir tiene que la referencia única en documento de Ramón Borrell I a las facultades que para algunos "in lege Gotorum inveniri potest, vel in lege Francorum" (citado por Flach, pág. 35), hace alusión tan sólo a la ley personal, como es común en la alta Edad Media, de ciertos colonos, análogamente a como se presenta el hecho en otras ciudades y villas del Occidente castellano-leonés, o como inversamente se ha dado en el Mediodía francés respecto a los hispanos.

(77) Ob. cit., pág. 31. Precisamente, la reserva que se hace a su favor demuestra que se trata de grupos extraños que requieren una situación jurídica especial.

(78) Abadal, en "Estudios dedicados a M. Pidal", III, pág. 479.

(79) Ver Menéndez Pidal, "Poesía juglaresca y juglares", Anejo de la R. de F. E., pág. 327.

(79 bis) Ver Helfferich y Clermont, "Fueros francos. Les communes françaises en Espagne et Portugal pendant le Moyen Age". Berlín, 1861, aunque es libro ya anticuado.

contra afirmaciones o negaciones extra-científicas, se produce, no como consecuencia de la conquista, sino siglos después, cuando colonos y monjes traen a la Península elementos culturales de extrapuertos. Este es un fenómeno que se produce por igual en toda España en la misma época y que tiene su contrapartida en los elementos hispanos que pasan a la arquitectura y a la escultura del norte de los Pirineos, no sólo en Cluny, sino hasta en la remota iglesia de San Pedro de Nevers, en un trecho del Loira donde el lejano gobierno del abad barcelonés Juan, en el monasterio próximo de Fleury, había llevado consigo una primera penetración de la cultura hispánica. Valls Taberner llegó a la conclusión de que la influencia franca en el Derecho catalán se reducía a algunas formalidades de carácter judicial y a la materia de las relaciones feudales. Esto último porque "el régimen de beneficios no estaba previsto en la ley visigoda" (80). Las investigaciones magistrales de Sánchez Albornoz sobre las instituciones pre-feudales visigodas obligarían a revisar la última parte de la afirmación anterior. De todos modos, se trata de un rebrote de germanismo que se presenta con las siguientes características: a) fecha muy avanzada en relación a los orígenes de la restauración cristiana en la tierra (recordemos que Cauvet interpretaba la relación de señorío y clientela en los colonos hispanos, según el tipo de los bucelarios, que se daba en los españoles romano-godos); b) el recrudecimiento de germanismo se produce sin conexión directa e inmediata con los orígenes de la reconquista de la tierra; c) se da esa influencia germánica como algo asimilado o fundido en la legislación propia, sin que se tenga conciencia de que se sufre un influjo o presión ajena y considerando siempre que la ley imperante es la visigoda —nos referimos a la época anterior al XII.

Son éstos también, en cierta forma, los caracteres con que se manifiesta más tarde la penetración del Derecho romano. La influencia de este factor viene, como señalaba Valls Taberner, más que de la época de la colonización romana y como un legado transmitido sin interrupción desde entonces, de la tardía recepción medieval (81). Se trata de factores que actúan transformando la base común del fondo mozárabe o hispanovisigodo en toda la Península, con diferencias, en ocasiones, de ritmo y

---

(80) "Estudis d'historia jurídica catalana", pág. 40 y ss. Valls señala los cuatro factores que integran el Derecho catalán como los demás del Occidente europeo: el germánico, el cristiano, el romano y el indígena —o residuos de la primitiva costumbre, ese "mos provintiale", que el legislador romano admitió en el orden jurídico de los pueblos sometidos.

(81) "Estudis", pág. 35.

fecha (82). Esta situación da lugar a que una serie de instituciones jurídicas específicas penetren en España en forma análoga. Así sucede con el sistema europeo de paz y seguridad, a base de un derecho de incipiente carácter público, apoyado primero en la Iglesia y secularizado y recogido después por los príncipes, para reducir la venganza y la guerra privada y, en general, el sistema penal germánico. La paz de Dios se encuentra proclamada, con extensión cada vez mayor de los períodos de tregua, en Cataluña desde el XI; algo después en León-Castilla; en Galicia, Gelmírez la decreta en 1125 —aunque dice disponerla "in toto Hispaniae regno"—. La paz territorial o del rey —"pax nostra" la llama Pedro II de Aragón— entra también en el final del XI. Recogemos estas conclusiones del trabajo que a la materia dedicó Wohlhaupter, quien estudió tambiné los comienzos de los derechos individuales en nuestras cartas municipales (83), aunque creemos que una investigación más amplia del tema —que algún día nos proponemos acometer—, ha de cambiar los resultados de aquél, en el sentido de adelantar las fechas y poner de manifiesto un entronque de aquellas instituciones, con el originario sustrato hispano-romano-visigodo, sobre el cual el principio de la eficacia del poder real no sufrió nunca el total eclipse por el que pasó en otras partes.

Nos queda, en la materia que venimos analizando, una última observación importante a hacer: cuando el desarrollo de la vida interior de los principados españoles hace insuficiente la ley visigoda e impone la necesidad de desenvolver una legislación que se adapte a las nuevas circunstancias, se produce el hecho de que se busque y se aduzca el apoyo precisamente de la ley visigoda para autorizar el cambio, afirmando en aquélla la potestad legislativa de los nuevos príncipes.

En los Usatges legendariamente atribuidos a Ramón Berenguer I, se e s t a b l e c e la b a s e legítima del texto promulgado, en estos términos: "Com lo senyor En Ramón Berenguer, comte e marchés de Barcelona, apoderador d'Espanya, hac onor e vi e conec que en tots plets de la terre no podien ésser observades les Ligs godes, e vi molts clams e molts plets que aquelles "ligs" no jutyaven especialment, per loor e per conseyl dels seus, ab la molt sàvia muller sua Na Dalmur, establi e més usatges ab què tots temps los clams e les malefetes fossen destrets, e pledeyats, jutyats, e ordenats, esmenats, o vengats. Ayso féu lo comte per

---

(82) En reiación con esto último es interesante ver el estudio de Lacarra "Sobre la recepción del Derecho romano en Navarra", en A. H. D. E., XI, 1934; pág. 457 y ss.

(83) "Studien zur Rechsgeschichte der Gottes und Lanfrieden in Spanien", Heldelberg, 1933.

l'actoritat del "Libre Jutge", qui diu, certes: "Ligs son a enadir, si justa novitat de plets o requer. La principal elecció n'aura leser, e que li sia tractat per lo sen de la reyal Postat, en qual gissa lo nat plet sia mesclat ab ses "Ligs". E sola la reyal Postat sera francha en totes cosses, qual-que pena man ésser en plet" (84).

Este texto tiene para nosotros un interés fundamental; prueba, por una parte, lo hondamente anclada que se hallaba en la gente catalana la tradición mozárabe del Fuero Juzgo; constituye un testimonio (de tipo diferente a los que nos proporciona la historiografía leonesa castellana; pero no menos categórico) acerca de la presencia en Cataluña de la tesis política, común, por tanto, a nuestro Medievo, de la herencia goda; y, finalmente, expresa con neto rigor jurídico el principio del poder real unitario y superior, mostrando de esta manera la conservación de una vigorosa forma de realeza que, también en Cataluña, se impondrá sobre la estructura feudal, por lo menos hasta la baja Edad Media, en la que todos los reinos españoles pasan por una tardía experiencia de régimen señorial.

Añadamos que, paralelamente a la idea expresada en los "Ussatges" como legitimación de la reforma legal realizada, en el "Espéculo" se plantea también la cuestión del fundamento de la composición de este nuevo texto jurídico y se resuelve también buscando el apoyo en la ley visigoda; si en tiempos de los godos la ley fue una sola para toda Espa-ña, tras la invasión sarracena, perdidos los libros en que aquella ley se contenía, en cada lugar se conservó el recuerdo fragmentario y diferen-temente alterado de la misma, circunstancia de la que derivó la diversi-dad de fueros; frente a esta situación confusa en que se encuentran los hombres del presente, en el Espéculo se pretende tornarlos al entendi-miento verdadero "e facerles saber como fue en aquel timpo, e como deve agora sèer" (V., V. I). La validez y hasta la vigencia de lo que debe ser de la norma de derecho actual, en su presente, descansa, para los re-dactores del "Espéculo", en la continuidad de lo que había sido —enten-dida esa continuidad como persistencia de la ley goda (85).

LA ESCRITURA: PROCESO DE TRANSFORMACION

De ese "Liber judicum", en el que se asienta la vida jurídica de los propiamente mozárabes y de los reinos peninsulares cristianos imbuidos

---

(84) "Usatges", ed. cit., págs. 52-53.

(85) Ed. de Códigos españoles concordados y anotados", vol. VI, pág. 143 (ley 1, título V, lib. V).

de mozarabismo, dijimos que un ejemplar perteneciente a comienzos del siglo IX, en Cataluña, estaba escrito en letra visigótica. Los hispanos que, a raíz de la conquista, restauran la tierra catalana, practican el rito toledano en iglesias mozárabes y se rigen por el Derecho hispano-godo, emplearán la escritura visigoda. También aquí, la ulterior influencia de ultra-Pirineos se producirá mucho más tarde de lo que se imaginaba hace años, sin conexión con la etapa de la reconquista primera y con evidente interrupción entre la relación política con los reyes francos durante el siglo IX y la más avanzada penetración de elementos culturales del Norte. Ocho manuscritos catalanes del siglo IX que se conservan, afirma N. d'Olwer, están plenamente dentro de la tradición visigoda (86). Códices y documentos en Cataluña durante los siglos X y XI se presentan mixtos de letra visigoda y carolingia. Al principio se trata de letra predominantemente visigoda o mozárabe, con elementos carolingios aislados, para acabar siendo, al contrario, predominantemente galicana, con vestigios visigóticos, los cuales desaparecen por completo en el siglo XII (87).

Mientras se da una dependencia política, más o menos efectiva, de los reyes francos, las gentes que se encuentran en Cataluña practican la escritura común a los mozárabes, lo que ilustra del carácter de esas gentes. Y, en cambio, cuando se pasa a una situación de independencia real, se produce la penetración de una influencia cultural, progresivamente, como a un fenómeno de esta naturaleza corresponde. Aparece la caligrafía carolingia. Es, pues, un hecho que se da en perfecto paralelismo de significación con los que hemos señalado en los órdenes de la liturgia, el arte y el Derecho. Aquí el proceso es más rápido, indudablemente, pero con suficiente duración de todos modos, para que pueda advertirse con toda claridad el corte entre la Reconquista y la penetración de aquella influencia. El triunfo de la corriente extraña se asegura en pleno siglo X, aunque tal vez muchos, al considerar como procedentes del sur de la Península algunos posteriores manuscritos mozárabes, se hayan dejado llevar de lo que implica el concepto aún usual de "Marca Hispánica", acogido sin suficiente examen crítico. En cualquier caso, como ha observado agudamente Mateu Llopis, la importación de esos manuscritos en tierra catalana supone un difundido visigotismo caligráfico pasivo, puesto que iban destinados a lectores a los que esa letra les era perfectamente conocida, además de que hay que contar con las nuevas aportaciones de cali-

---

(86)   "La Litterature latine au X°. siècle", en "la Catalogne romane", pág. 184.

(87)   Millares, "Paleografía española". Madrid, 1932; vol. I, cap. XVI, páginas 241 a 250.

grafía visigoda que llegarían de las tierras nuevas, sucesivamente conquistadas (88).

Todo ello muestra que no fueron gentes de fuera las que se instalaron en el país, ni usos extraños los que en él se implantaron, a raíz de la conquista, sino que la tierra quedó en manos de gente originaria de la misma, que guardó su peculiar ambiente cultural. Por eso, cuanto más próxima a los comienzos de la Reconquista contemplamos a la población de Cataluña —y el fenómeno es análogo en toda España— más plenamente insertos en la tradición hispano-goda los hallamos. Las influencias ajenas operan después y con independencia de las condiciones en que la restauración cristiana se produjo en unas y otras regiones. Hay diferencias de fecha, de ritmo en la transformación y asimilación de esos nuevos factores extraños; pero en mayor o menor lapso de tiempo, más o menos de prisa, el proceso se repite en forma semejante en todas partes, sin que quepa decir que aquellas diferencias ocasionales se manifiesten siempre en el mismo sentido.

En Navarra y Aragón, en relación con la letra, se observa que la visigótica se mantiene firme hasta muy tarde, no produciéndose una penetración general de la escritura carolingia hasta los comienzos del XII (89). En Castilla la aceptación de la nueva caligrafía se precipita al empezar el último cuarto del siglo XI, sin que parezca verosímil la atribución del hecho a la decisión de un Concilio y sin que, contra lo que generalmente se creía, la influencia de Cluny haya actuado radical y decisivamente en el sentido del cambio, según ha hecho ver David. En medios muy típicamente cluniacenses de Castilla, Galicia y Portugal se mantuvo la letra visigoda hasta después de 1090; en la abadía de Sahagún, ligada a Cluny y gobernada por abades extranjeros, su cartulario, compilado no antes de 1120, está por entero escrito en esa letra, sin apenas influencias extrañas (90).

En relación con la práctica de los escritorios aparece otro dato de franca conservación de la tradición visigoda, durante más largo tiempo que la letra: el empleo de las fórmulas de maldición usadas al final de los documentos para garantizar la voluntad de quien los otorga contra aquellos que pudieran vulnerar lo dispuesto. Son cláusulas alusivas a dos malaventurados personajes, Datán y Abirón, así como al traidor Judas, cuya desdichada suerte se reclama contra quien se oponga a lo estipulado. Se encuentran ya en las llamadas "Fórmulas visigodas", edita-

(88) "De la Hispania tarraconense..." (ya cit.), págs. 110 y ss.
(89) Millares, ob. cit., págs. 228 y ss.
(90) Ob. cit., pág. 438.

das por Zeumer. Su uso se mantiene en los diplomas españoles hasta muy entrada la Edad Media (91).

Todavía, en relación a la escritura o, mejor dicho, a los manuscritos en que aquélla se muestra, hay una observación a hacer: refiriéndose a una serie de aquéllos, relacionados con Cataluña, Neuss aseguró que hubo, de los siglos IX al XI una importación de códices mozárabes a las bibliotecas catalanas de aquel tiempo, los cuales actuaron de modelo sobre la miniatura catalana (92). Y de influencias orientales-bizantinas, alejandrinas, siroegipcias, en Cataluña como en el resto de España, directas o a través de los árabes, y, en todo caso, mostrando un contacto con éstos, habló ya Lauer (93). En la medida en que la presencia de arcos de herradura, por su procedencia hispánica o por la influencia hispano-musulmana que denotan, constituye una sensible prueba de mozarabismo, es interesante recordar que tales arcos aparecen en las miniaturas alusivas al conde de Besalú, Bernat Tallaferro, en el manuscrito del "Liber Feudorum Maior", y también se acerca a ese tipo, como señala su editor Miquel, aquella que encabeza el mismo manuscrito, en la que se representa a Alfonso II revisando las escrituras del cartulario con su colector Ramón de Caldas (94). Y esto corresponde cronológicamente a fines del siglo XII.

En el rito y en la letra, Cataluña se adelantó en el proceso de transformación de la base mozárabe o hispano-visigoda, siguiendo leyes de evolución que se dan en toda la Península, asimilando influencias ajenas que acabaron ganando todo el espacio de los cristianos españoles. En el Derecho es Castilla la primera que rompe aquella uniformidad regida por el Fuero Juzgo, dejando que despierten reservas de germanismo, las cuales también se impondrán en las otras regiones. Y a Castilla corresponde adelantarse de la misma manera en el cambio de otro aspecto esencial del sustrato mozárabe: la lengua. Conocida es la imagen en que se resume la teoría de Menéndez Pidal sobre los orígenes del castellano, como una cuña que de Norte a Sur penetra hacia el interior de la Península, escindiendo en dos partes el tejido, antes más o menos uniforme, que lingüísticamente recubría la Hispania (95) —uniformidad que no era creación de los mozárabes, sino que, dice M. Pidal, tuvo que ser anterior,

(91) Beneyto, "Sobre las fórmulas visigodas "Judas, Datan y Abiron", en B. R. A. H., CI, 1932, págs. 191 y ss.

(92) "Elementos mozárabes en la miniatura catalana", en Homenaje a Rubio y Lluch; E. U. C., 1936, XXI; págs. 507 y ss.

(93) "La miniature", en el vol. "La Catalogne à l'époque romane", páginas 109 y ss.

(94) Ver láminas I y II del vol. II de la ed. cit.

(95) "Orígenes del español", Madrid, 1929; págs. 541.

conservándose en la etapa mozárabe los caracteres propios del romance
de la corte visigótica durante los siglos v al vii. Es, pues, uniformidad
del previo conglomerado hispano-romano-visigodo, que se da en todos los
campos de la cultura, como vamos viendo. Conviene no perder de vista
esa observación de M. Pidal, necesaria para entender lo que la cultura
mozárabe representa, en lo que tantos se han desorientado creyendo que
se trata de un pálido reflejo del arabismo. De todas formas, A. Alonso
ha hecho observar que la disidencia del castellano no es nunca tan profunda y general como la del francés o el rumano dentro del área de la
Romania. Como las demás lenguas peninsulares, responde también al
sentido conservador de la que fue Romania visigótica (96).

EL FACTOR MOZARABE COMO SUSTRATO HISPANICO

Cabe pensar que un conservadurismo que se da en tan variados aspectos, dependa de la función de sustrato que, empleado este término en
el sentido estricto de los lingüistas, pudo ejercer el mozarabismo, no sólo
respecto a la evolución posterior de las lenguas (97) sino de toda nuestra
Historia. Esa profunda tendencia conservadora de la cultura mozárabe
permite que podamos adscribir a ésta el mantenimiento del concepto mismo de España en medio de los dramáticos avatares de nuestra Edad Media. Mozarabismo, en el sentido que venimos dando a esta palabra, es
decir, tradición hispano-romano-visigoda, vertida en el molde de la nueva
situación histórica nacida de la invasión árabe, la cual es, en definitiva,
el fundamento del programa político de nuestra Edad Media. Y sólo así
se explica que al término de ésta, la España de los Reyes Católicos sea
saludada por Juan Margarit, por Nebrija, por tantos otros, como una restauración de aquella tradición antigua.

Con fina penetración Vicens Vives señala lo que en nuestra historia
representa ese elemento mozárabe: "El mozarabismo, dice, es, pues, un
factor esencial en la vida histórica española durante los siglos viii, ix y
x. Es quizás, el elemento más decisivo de la misma, aunque parezca re-
legado a segundo término en la mera contemplación de los sucesos polí-
tico-militares. Como los hispanos frente a los godos, ellos mantuvieron
frente a los musulmanes el legado de Roma. Su lengua, sus ritos, su
arte, su cultura, se difundieron poco a poco desde Andalucía hacia el Nor-

---

(96) Amado Alonso, "Partición de las lenguas románicas de Occidente", en
el vol. "Estudios lingüísticos", ed. cit., págs. 122 y ss.

(97) Ver M. Pidal, ob. cit., págs. 454 y ss.

te, desde Portugal hasta Aragón y Cataluña" (98). Y tengamos en cuenta
que sobre lo que Vicéns pone en el haber del mozarabismo, manteniéndose en la línea de una acepción restringida de la palabra, hemos de
añadir aquellas corrientes históricas posteriores —legitimismo astur, neogoticismo, tradicionalismo leonés, etc., etc.—, que son un rebrote vigoroso
de la concepción hispánica que los mozárabes desarrollaron.

Por razón de lo que acabamos de indicar, hemos dicho antes que la
función que al elemento mozárabe corresponde en nuestra historia en
general es una acción sustratística. En el campo estricto de la lingüística
se llama acción de sustrato al siguiente fenómeno: cuando la lengua de
un pueblo invasor domina sobre la del vencido, sucede que en el desenvolvimiento de aquélla aparecen leyes de evolución (fonéticas, léxicas,
sintácticas, etc.), que responden a las características de la lengua desaparecida (99). Pues bien, cuando la población mozárabe decae, eliminada
por los hispano-musulmanes o absorbida por los cristianos del norte,
en la historia de éstos rebrotan tendencias que arrancan de aquella primera capa, cuya civilización, cuyas concepciones históricas, habían sido
sofocadas.

Esta capa humana a la que nos referimos, era, como es sabido, fundamentalmente hispano-romana, sobre la cual, con anterioridad, había
caído la débil influencia de superestrato de la invasión germana (100).
Tan débil influencia, efectivamente, que, como llevamos visto, la unificación política realizada por los visigodos no pudo eliminar la barrera
entre la Septimania y la Hispania propiamente tal. Y esta separación
que, según advierte von Wartburg (101), se da en la esfera de la lengua, se observa en otras esferas de la cultura, como nuestro análisis
precedente nos ha permitido ver, aunque se den contados casos de ósmosis de formas artísticas o jurídicas entre ambos lados de esa frontera.
"Precisamente, durante dos siglos y medio, el imperio de los godos ha
hecho gravitar políticamente hacia España —dice von Wartburg— una
parte del territorio galo-romano. Sin embargo, esa orientación sufrida por

---

(98) "Aproximación a la Historia de España", Barcelona, 1952; págs. 45-46.

(99) A. Alonso, "Substratum y superestratum", en el vol., ya cit., de "Estudios lingüísticos", págs. 315 y ss.

(100) "Hablaremos de superestrato cuando un pueblo que haya penetrado
en un país (en la mayor parte de las veces como conquistador y, por lo tanto,
con superioridad militar) va adoptando progresivamente el idioma del pueblo
dominado que permaneció en el país (la mayoría de las veces superior culturalmente), pero imprimiéndole al mismo tiempo ciertas tendencias" —von Wartburg, "La fragmentación lingüística de la Romania". Madrid, 1952; pág. 188.

(101) "Les origines des peuples romans". París, 1941; pág. 101.

la Septimania no ha tenido continuidad en el desenvolvimiento de la lengua románica hablada en ella. En todo su hábito fonético se ha conservado galo-romana". ¿No es esto una comprobación, en plano tan hondo como el de la lengua, de que el proceso de formación de los grupos humanos occidentales, está dado en la crisis de los siglos IV y V, y que la dominación visigótica, si ayudó a consolidar ese proceso, no alteró fundamentalmente sus bases? En estos siglos de crisis de la Romania, se forma ese factor que, como sustrato, tanto influye sobre nuestra historia y del que depende el hecho mismo de Hispania.

Con todo, esa superficial influencia visigoda, ante la nueva invasión sarracena, se fundió con la tradición hispano-romana y pasó a constituir, en el conglomerado cultural mozárabe, un elemento de la base que iba a ejercer una ulterior y decisiva acción de sustrato sobre la civilización románico-europea que hacen suya los principados cristianos del norte. Que el elemento germánico visigodo aparezca entonces en esa posición sustraística, nos lo confirma el hecho de que, como han señalado los filólogos, numerosas formas onomásticas y toponímicas de aquel tipo reverdezcan en nuestra Edad Media (102), y sabido es que toponimia y onomástica son, en la lengua, el terreno para una propia acción de sustrato (103). Un fenómeno paralelo de rebrote es el que en el campo de la vida social y jurídica da lugar a los fueros. Esa acción de sustrato explica los numerosos y sorprendentes fenómenos de "estado latente" en nuestra literatura medieval y aún moderna, según la teoría que de tal "estado latente" ha formulado Menéndez Pidal (104).

De la tradición hispano-romano-visigoda, con los préstamos que la comunicación cultural con los árabes le proporcionó (105), arranca, como

---

(102) Ver Lapesa, "Historia de la Lengua Española"; 2.ª ed.; s. a.; Madrid; págs. 87-88.

(103) Von Wartburg, "La fragmentación lingüística de la Romania"; pág. 189.

(104) Ver R. Menéndez Pidal en "Revista de Occidente", 2.ª época, número II, abril, 1963. Y mi libro "Menéndez Pidal y la Historia del pensamiento", Madrid, 1960.

(105) El carácter de "préstamo" que la influencia cultural árabe parece más bien tener en todos los órdenes, determinando verdaderos fenómenos de "moda", se confirmaría en el campo de la lengua, porque aquí la casi totalidad de esa influencia árabe se reduce al léxico (ver Lapesa, "Historia de la Lengua Española"; págs. 108-109). Américo Castro ha señalado, como pruebas definitivas de una influencia árabe configuradora y caracterizadora de la espiritualidad española, un cierto número de formas del lenguaje; pero L. Spitzer ha demostrado que muchas de ellas se encuentran igualmente en el francés y en el ita-

una típica acción de sustrato histórico, el conjunto de ideas que mueven nuestra historia medieval, ideas de las cuales nos vamos a ocupar en la segunda parte de este libro. Por de pronto, nos lo hace sospechar así el hecho de que esa mentalidad se encuentra ya inspirando las obras, escritas por mozárabes, a las que en este capítulo empezamos refiriéndonos, en las cuales se manifiesta por primera vez una concepción histórica hispánica y, entre ellas, eminentemente, la "Crónica de Albelda", la "Crónica Silense" y el "Cantar del Mío Cid".

liano antiguos, así como en el provenzal ("Mesturar" y la semántica hispano-árabe", en "Nueva Revista de Filología Hispánica", 1949; III, 2; págs. 141-149). Siendo así, esos ejemplos de Castro constituirían no otra cosa que casos de arcaísmo y se corresponderían con la tendencia conservadora que a la vida española imprime el sustrato mozárabe.

13

CAPITULO V

EL ISLAM ANTE EL CONCEPTO DE ESPAÑA

Si la actitud de los cristianos peninsulares durante los siglos medievales sólo se puede llegar a explicar, como comprobaremos más detenidamente al estudiar en la segunda parte de este libro las ideas de herencia goda, de Reconquista, del "regnum Hispaniae", etc., etc., por su aferrada adhesión al concepto de España, la diferente actitud que encontramos en los árabes, se comprende al advertir que éstos, en cambio, carecen de tal concepto. O, dicho con mayor precisión: para los cristianos España es un concepto histórico-político que obliga, mientras que para los árabes es un concepto geográfico del que no se desprende ninguna exigencia. Sin duda, en un momento avanzado del dominio musulmán llega a constituirse una corriente histórica que supone la conciencia autónoma de un grupo caracterizado y diferente que constituye el Islam español, conciencia análoga a la que se da en otras partes del mundo islámico. Menéndez Pidal ha citado el caso del escritor musulmán, de origen vasco, Ben García, que vivió en Denia, y hasta el mismo autor ha señalado una posible decadencia del islamismo entre los españoles, durante el siglo XI, antes de la llegada de los almorávides (1). De todas maneras, la consabida respuesta del reyezuelo de Sevilla, Al-Motamid, a su hijo, justificando la llamada a los almorávides de Marruecos, tal como la anécdota es contada en tantas crónicas, muestra de qué lado caía, en último término, la balanza.

Pero, en cualquier caso, esa concepción autónoma del Islam español no entraña una correspondencia con el concepto de España. Entre la idea de España y el sentimiento de grupo de los árabes españoles no se da nunca una relación directa. Y de esta manera, los sentimientos de adhesión y honor, el elogio mismo, en su caso, no van referidos al país en su totalidad, sino a la parte de aquél que se identifica con el grupo de los árabes, porque no se piensa que éste tenga finalmente que extenderse

---

(1) "La España del Cid", I; pág. 96 y ss.

por todo aquél, al contrario de lo que acontecía con los cristianos. De ahí ese tipo de lamentaciones sobre la "pérdida del Islam en España" (2), que no es equivalente ni con mucho al tema cristiano de la "pérdida de España". Por tanto, el sentimiento de pertenencia y cuantos a éste se ligan, integrando la conciencia del grupo, se refieren siempre a lo que representa el dominio islámico sobre la superficie de la Península, cualesquiera que sean en cada caso sus límites.

Tiene interés, pues, que, en la medida de lo posible, intentemos aclararnos este aspecto de la cuestión y contraponer las dos caras que el tema ofrece.

Un pueblo extraño a la tradición y a la cultura de la Romania, al irrumpir en la Península Ibérica, altera las condiciones en que venía desarrollándose el proceso de formación del concepto unitario de España. De todos modos, había habido tiempo suficiente para que con la incorporación al reino de los godos del pequeño reino gallego de los suevos, con la expulsión de los bizantinos del litoral levantino y meridional, con la conversión al cristianismo de toda la población peninsular, la unificación del Derecho aplicable a sus diferentes grupos y la acción configuradora en lo espiritual y político de las asambleas toledanas y de los Padres de la Iglesia visigoda, se diera el sentimiento de una unidad del poder político o "monarquía" y de una vida histórica conjunta, que se imprime indeleblemente en las conciencias y queda como herencia, como legado preceptivo que obliga a su conservación, o perdido, a su restablecimiento. Pero ese nuevo pueblo invasor, el árabe, no llegaba, al contrario de cómo pocos siglos antes había llegado el visigodo a España, después de un largo contacto con la civilización latina de la que se hubiera ido impregnando. También aquél, antes de alcanzar la Península había pasado ya por tierras que tuvieron un papel importantísimo en la constitución de la cultura latino-cristiana, sobre todo en la forma en que esta última influyó, con innegable originalidad, en España, es a saber: Persia, Siria, Egipto, etc. Pero por el escaso tiempo durante el que habían morado en estas tierras, por la condición de puros guerreros que tenían la mayor parte de los que cruzaron el Estrecho, aparte de las razones que podían derivar de las cualidades peculiares del nuevo grupo, la presencia de esos árabes cortaba de momento la continuidad del desarrollo cultural, histórico, de la baja Antigüedad. Sólo en una fase mucho más avanzada se

_____

(2) Así aparece en el "Ajbar Machmúa", trad. de Lafuente Alcántara, en "Colección de obras arábigas de Historia y Geografía", de la R. A. H.; Madrid, 1867, I; pág. 64.

convertirían en vehículo que aporta, no sólo a España, sino a toda Europa, la influencia enriquecida de la cultura antigua.

Confesemos francamente que este capítulo es tan sólo un breve recorrido a través de lo que algunos estudios de arabistas y otros medievalistas y algunas fuentes puestas al alcance del que no sabe árabe, nos permiten ver. Tratemos de comprender con esos medios qué era para los invasores musulmanes el suelo peninsular conquistado, cómo se instalan en él, cuál es la idea política que les guía, cómo empalman con la anterior tradición peninsular. Todos estos aspectos se vinculan íntimamente entre sí y se condicionan mutuamente. Todos ellos nos dan, en su articulación interna, lo que los árabes pensaron de España. Sin duda, es ésta materia para muchas páginas, para un largo libro necesariamente tejido con muy amplia erudición de arabista. Pero para el objeto de nuestra síntesis y para el carácter secundario que en ella tiene la materia de este capítulo, nos bastará con acudir a algunas obras representativas y a los resultados conseguidos por algunos ilustres especialistas.

Sólo la determinación de lo que abarca el término España, en la geografía musulmana de la alta Edad Media, es ya sumamente confusa. Las indicaciones toponímicas, difíciles de identificar, así como las de accidentes topográficos, son unas y otras tan escasas, la representación de las figuras en los mapas es tan irreal, que con frecuencia resulta imposible siquiera llegar a formarse una vaga idea (3).

Forzosa es la referencia a Al Idrisi. Según él, la Península Ibérica está dividida a lo ancho por una larga cadena de montañas. La parte situada al Norte se llama Castilla, la situada al Sur lleva el nombre de España. Dozy anota, con estupenda ligereza, que los cronistas latinos del norte de la Península daban siempre el nombre de Spania al país que poseían los moros (4). Aplicada al propio Idrisi esa interpretación es inexacta por parcial, porque también en él se da la extensión del término a toda la Península, llegando hasta Narbona, y el concepto geográfico unitario de España (Ichbaniya) —llamada así en lengua griega, afirma Idrisi— o Al-Andalus, aparece empleado expresamente alguna vez (5), o bien se deduce implícitamente —por ejemplo, cuando para fijar la situación de la tierra de España señala la distancia, respecto a cuatro puntos del Mediterráneo, de otros cuatro puntos que asegura pertenecen a

---

(3) Algunos fragmentos y breves recensiones de obras geográficas en Pons y Bohigues: "Ensayo bio-bibliográfico sobre los historiadores y geógrafos arábigo-españoles". Madrid, 1898.

(4) Al Idrisi, "Description de l'Afrique et de l'Espagne", texto y traduc. francesa de Dozy y Goeje; Leyden, 1866; págs. 207-208.

(5) Ver ed. cit., pág. 197.

aquélla: Málaga, Almería, Denia y Barcelona—, poniendo así de manifiesto el autor hasta dónde entendía que llegaba su ámbito (6). En esta concepción de España se comprende la parte sud-occidental francesa, la Gascuña y hasta el Poitou, sin perjuicio de afirmar después que España se separa de Francia por los montes Pirineos, precisando como límite, por el lado oriental de éstos, el Templo de Venus, término habitualmente tomado en consideración por la geografía clásica, es decir, el "Portus Veneris" de los romanos o Port-Vendres de nuestros días. Esos montes pirenaicos, según Idrisi, ofrecen cuatro accesos o puertos, uno de ellos a la parte de Barcelona, que se llama Jaca, junto al Segre, parte, pues, que queda del lado español (7).

De la misma manera que Al-Idrisi, también Ibn Abd-Al Munim alude al Templo de Venus como límite de la Península hispánica (8). Sabido es que, según la geografía árabe —referencia que ésta debe problamente a Orosio—, nuestra Península tiene una forma triangular —de ahí la denominación de "Hispania triangulata", de la "Crónica pseudoisidoriana"—, lo cual trastorna la posición del todo respecto a nuestra manera normal de emplazar nuestro país. Según Al-Munim, una de sus puntas se sitúa entre las villas de Burdeos y Narbona, a la altura de las islas de Mallorca y Menorca. De acuerdo con ello, se refiere a Narbona entre las poblaciones del territorio español, de la cual dice que es la más lejana y una de las plazas fronterizas de Al-Andalus, puesta en el límite del país de los francos, mientras que de Burdeos afirma que pertenece o que está en el país de Galicia (9).

La imprecisión de Al-Munim es mayor aún de la que hemos podido apreciar en lo anterior, cuando pasa a dar los límites de Francia (Ifranga), la cual formó un reino entero, según la noticia que el autor recoge, hasta el rey Carlos (III, el Simple), muerto preso por los partidarios de su rival, desde cuyo momento se desmembró. Dice que la capital de Francia actualmente es Lyon, una gran ciudad (10), lo que no le impide afirmar después, tomándolo de Idrisi, que en Barcelona reside el rey de

---

(6) Idem, íd., pág. 266.

(7) Ver E. Saavedra, "La Geografía de España del Edrisi". Madrid, 1881; donde a la vez que se hace un resumen de la obra geográfica que nos ocupa, se trata de precisar los confusos términos del autor, no siempre con resultado favorable.

(8) "La Peninsule ibérique au Moyen Age", trad. de Levi-Provençal. Leiden, 1938; pág. 5.

(9) Ob. cit, págs. 16 y 53, respectivamente.

(10) Ob. cit., págs. 33-34.

Ifranga y que, por tanto, es la capital del país (11), lo que responde al fenómeno señalado por Millás de que el nombre de Ifranga se distingue y separa del de Francia. En el párrafo siguiente habla de que Barcelona forma parte de la tercera porción de Al-Andalus y es una gran ciudad amurallada, referencia cuya mayor precisión se explica por proceder —dato que consigna también Levi-Provençal— de un geógrafo hispano-musulmán, Al Bakrí. En una nueva referencia, Al-Munim sitúa Barcelona en Aragón (12), "el país de García, hijo de Sancho".

La manera como están compuestas muchas obras árabes de geografía e historia, recogiendo sobre un mismo punto fragmentos diferentes entre sí, de varios autores, da lugar a confusiones y contradicciones extremadas y obliga al profano a desconfiar de ciertos excesos, hoy frecuentes, en la valoración de aquéllas. Esto se observa en Al-Munim, al juntar, como hemos visto, datos incasables de distintas procedencias. Añadamos todavía una curiosa afirmación que en él se encuentra, contraria a lo habitual en los geógrafos árabes, representados en este caso por Al-Idrisi, cuyas palabras sobre el mismo tema ya citamos antes. Dice Al-Munim, al hablar de Castilla: "Territorio de Al-Andalus que toma su nombre del de la capital, Kastala. Se ha dicho que lo que se encuentra del otro lado del macizo montañoso llamado Sierras hacia el Norte se llama España, mientras que el país que se extiende hacia el Sur se llama Castilla" (13). Si esto no se debe a una degeneración del texto, resulta difícil de explicar esa afirmación, como no sea debido al trastorno que en la visión de la Península procede de la circunstancia de considerarla como un triángulo, con su vértice hacia el Este y la base al Oeste.

Todo este tipo de referencias mejora notablemente en su precisión cuando las hallamos en un geógrafo hispano-musulmán como Al-Bakrí. Este alude constantemente al testimonio de los antiguos, pareciendo buscar expresamente el entronque con el saber geográfico premusulmán. Basa su concepción de España en la pseudo-tradición clásica, tal como ésta aparece en la versión del llamado "reparto de Constantino". Según esta distribución, de procedencia visigoda, la primera de las seis partes en que se divide el país es la de Narbona, límite —dice Al-Bakrí— entre el país de los galos y Al-Andalus. Barcelona se encuentra en la tercera parte, claramente diferenciada de la tierra de Narbona, y Al-Bakrí se ocupa de su príncipe Raimundo, hijo de Berenguer, sin aludir a ninguna relación franca. Dentro de esa repartición de España, los antiguos divi-

---

(11) Ob. cit., pág. 54.
(12) Ob. cit., pág. 228.
(13) Ob. cit., pág. 193.

dieron Galicia en cuatro partes: Galicia propiamente dicha, Asturias, Portugal y "la cuarta parte situada al Sur-Este, se llama Castilla. Castilla ulterior y citerior; sus castillos más próximos (al territorio musulmán) son Grañón, Alcoceró, Burgos, Amaya" (14).

Comúnmente, para los árabes, como sostiene Levi-Provençal (15), "Ishbaniya" designaba la España cristiana, más bien mencionada bajo uno u otro de los nombres de las tierras que la formaban. Hay que añadir que en esa España cristiana se incluía la parte de Narbona, según Al-Bakri, y las tierras hasta la línea Burdeos-Narbona, según Al-Munim, lo que hace inexplicable el mapa, que Levi-Provençal publica en su edición, del fragmento sobre la Península Ibérica de este último autor.

En cambio, Al-Andalus, según el erudito francés, era la denominación de la parte sujeta al poder musulmán. La extensión comprendida en tal nombre va menguando a medida que el dominio islámico se reduce, y no se da aquél a las partes que van siendo recuperadas por la Reconquista cristiana. Sin embargo, es cierto que, bien en poder de cristianos o de musulmanes, en las anteriores citas de los geógrafos de quienes nos hemos servido, Al-Andalus es nombre que en muchas ocasiones aparece aplicado a toda la Península, en época en que no toda, ni mucho menos, estaba bajo el dominio sarraceno, ni pretenden afirmar lo contrario las referencias en cuestión. Una de ellas designa expresamente a la cristiana Castilla como territorio de Al-Andalus; otra extiende este nombre desde Barcelona a Narbona, hasta Galicia. En principio, Al-Andalus parece cubrir el mismo espacio que el término Hispania de los romanos, incluso con sus ocasionales y repetidas prolongaciones al norte de los Pirineos (16). Otras veces, indudablemente, se reduce la extensión de esa palabra a la tierra que es propia de los árabes. Creo que se trata de uno de esos casos de empleo dual y simultáneo, en un sentido total y parcial, de un mismo

---

(14) Fragmentos de Al-Bakri, publicados en Apéndice I, por Levi-Provençal, en su ed. cit. de Ibn Abd Al-Munim.

(15) En "Historia de España", dirigida por Menéndez Pidal; vol. IV, páginas 44-45.

(16) Sánchez Albornoz señala este hecho: "Sabemos que Al-Andalus era el nombre árabe de España; y los autores moros, españoles o africanos, no sabían aplicarlo sino al solar de la Península... Mas en ocasiones excepcionales incluyeron también en Al-Andalus el territorio de Francia"; y cita al historiador Al-Dabbi, quien afirma, de un personaje, que cayó en lucha con los cristianos de Al-Andalus y de él es sabido que murió en la batalla de Poitiers; ver su estudio "Otra vez Guadalete y Covadonga", en "Cuadernos de Historia de España", I-II; págs. 106-107.

término, como con frecuencia se observa también en las fuentes latinas medievales.

¿Es este concepto de España meramente geográfico? Esta cuestión se encuentra en el origen del problema que entraña la posición de los árabes frente a la tradición pre-islámica de España. Daremos sobre ello algunas notas que pueden ser particularmente elocuentes.

LA PROYECCION DEL DOMINIO MUSULMAN SOBRE LA PENINSULA

Políticamente, ¿cómo conciben a España dentro del Imperio musulmán los escritores árabes? ¿Cómo se va a insertar aquélla, al ser conquistada, dentro del mundo árabe? ¿Cuál es la razón y cuál el fin de su conquista? De los pocos textos que sobre este punto nos proporcionan las fuentes traducidas y del criterio apuntado por algún especialista, vamos a intentar darnos una respuesta.

De la primera entrada en la Península y del rápido derrame por la misma del ejército invasor, no parece deducirse la existencia de un plan de conquista, es decir, no se concibe a España como una unidad que postule su total dominio, como un país que globalmente se pretenda dominar e insertar dentro del mundo musulmán. Es más, la impresión de haberse tratado de una acción militar aislada y en cierta medida improvisada, sin responder a una idea previa de expansión, se deduce de la noticia reiterada de que todavía en el siglo VIII, asustado el propio Gobierno califal de una progresión tan extrema y con un total desconocimiento de la nueva tierra dominada, el califa Omar II piense en abandonarla y ordene a su nuevo gobernador "le escribiera dando noticia de lo que España era, de sus mares y ríos, y la forma o manera de hacer la travesía para ir a ella, pues tenía el pensamiento de hacer que la abandonaran los musulmanes, porque, estando a la otra parte del mar, se hallaban demasiado alejados de los países musulmanes" (17). Este relato, que se encuentra en un texto muy posterior al hecho que narra, estaría inspirado, según Sánchez Albornoz, en fuentes auténticas de la historiografía hispano-musulmana del siglo IX (18), y se repite en otros muchos

---

(17) "Risala del Embajador marroquí", trad. Ribera, en "Colección de obras arábigas de Historia y Geografía", de la R. A. H.; Madrid, 1926, II; pág. 177.
(18) Sánchez Albornoz, "Orígenes del feudalismo", II; "Fuentes de la Historia hispano-musulmana del siglo VIII", págs. 109 y ss.

historiadores árabes (19). La noticia del "Aibar Mact-mûa", es especialmente interesante por la lamentación que contiene, ajena a todo sentimiento hispánico o, mejor, incompatible con él: "Tenía el pensamiento de hacer salir a los musulmanes de ella (de España) por lo muy separados que estaban de los demás y pluguiere a Dios haberle dado vida para ejecutar su propósito, porque si Dios no se compadece de ellos será su fin deplorable" (20).

Cabe pensar que, en principio, la entrada de Muza ben Nosair tiene el carácter de una correría militar afortunada, cuyos resultados sólo se estabilizan a *posteriori*, cuando las circunstancias lo hacen posible sin demasiado riesgo. De esta manera, España no es un área total, objeto de una empresa de conquista, sino un simple espacio en blanco para el paso de un ejército sediento de expansión y de victoria. El relato de Ibn Cotaiba, que, según la crítica actual, se base en una de las más antiguas versiones de la conquista, es interesante a este respecto: cuando se pide al caudillo moro que detenga el avance, porque sus soldados desean dedicarse al descanso y a atender a su botín, se hace decir a aquél: "¡Voto a Dios! Si los hombres hubieran querido seguirme, les hubiera llevado a los mismos muros de Roma y tengo la seguridad de que Dios nos habría dado la victoria" (21). Y con esta idea concuerda el propósito que le atribuye Al-Munim, por lo menos en su aspecto transitivo: se dice que Muza ben Nosair, al hacer la conquista de Al-Andalus, quiso atravesar el país de Ifranga y conquistar Europa, para abrir un camino terrestre practicable a las gentes de Occidente que se dirigieran a Oriente, y viceversa; pero por un extraño aviso renunció a seguir su empresa, cuando estaba a punto de atravesar el Continente de extremo a extremo y realizar su proyecto plenamente (22). Ese extraño aviso hace alusión al fabuloso episodio, recogido por algunos historiadores, de la estatua del ídolo, en la que leen las tropas de Muza una inscripción misteriosa ordenándoles retroceder. La misma frecuencia con que se echa mano de profecías, visiones, etc., para poder explicar cada autor el arranque y la detención de la conquista, prueba la ausencia de un concepto político. Este parece precisarse más en Al-Makkari, para quien el pro-

---

(19) Idem "Orígenes", III; pág. 191, y en especial nota 109. Distinta es la versión del "Fatho Al-Andalusi", trad. de J. González; Argel, 1889; pág. 27, según la cual el propósito es constituir una región autónoma, dada su distancia.

(20) Ed. cit., pág. 34.

(21) Trad. Ribera, ya cit.; pág. 120.

(22) Trad. Levi-Provençal, ya cit.; págs. 34-35.

pósito era "atravesar todo el país de Francia e internarse en el Continente, hasta volver con sus tropas a la Siria, creyendo poder abrirse camino por estas tierras y conseguir que los musulmanes de España pudieran ir y venir a Siria por tierra y sin tener que embarcarse" (23). La pura correría bélica, cuyo límite está en el punto a que llegan las posibilidades militares, parece concretarse aquí en un ambicioso proyecto; pero fuera o no exacto que Muza llegara a concebirlo, no era, desde luego, lo que había movido la acción. El propio Al-Makkari hace decir a un personaje, en una anécdota que cuenta del mozárabe Artabás: "Nosotros vinimos a esta tierra como guertilleros y creyendo que nuestra permanencia aquí no sería muy prolongada, por lo cual no estábamos preparados para establecernos aquí, ni contamos con grandes medios" (24). De esta manera se penetra en España, se sube hacia el Norte, se cruzan los Pirineos, se pasa por Narbona, se alcanzan Arlés, Avignon. El límite está en lo que dure la fuerza de expansión, o sea, en una pura circunstancia militar. Según el relato de Al-Makkari, esa circunstancia se produce por la presencia del rey Carlos (Carlos Martel). Pero una vez reducidos a España, una vez ordenada la permanencia en la misma por el califa, el cual llega a prohibir a los guerreros árabes dejen la Península para ir a visitarle y presentarle sus peticiones (25), ¿cuál es la idea sobre su dominio en España? ¿En qué medida les mueve el sentimiento de que ésta pueda ser un ámbito unitario de poder, para pretender redondear su conquista? En la corte de Damasco el califa ofrece alternativamente a un personaje, Okba, más tarde Wali de Al-Andalus por esa razón, varios puestos, y Okba elige el gobierno de España "por ser país de guerra santa" (26). La concepción de Al-Andalus, como unidad de dominio, parece concretarse en el episodio del omeya Abd-er-Raman. ¿Por qué este joven príncipe perseguido se dirige a la España que no conoce? ¿Es sólo por ser el lugar más seguro, por más distante, o está esa región especialmente ligada a su familia? Sería del máximo interés saber si al desembarcar en la costa de España concebía ésta como base adecuada para asentar su poder y le movía la idea de alcanzarlo. Pobremente, el "Fatho al-Andalusí" se reduce a atribuirle estas palabras: "Venceremos a nuestros enemigos y nos apoderaremos del terreno que aspiramos a conquis-

---

(23)   Trad. del fragmento sobre la "Conquista", por Lafuente Alcántara, en "Colección de obras arábigas de Historia y Geografía", I; pág. 193.

(24)   Ed. cit., pág. 186.

(25)   "Risala del Embajador marroquí", ed. Ribera; pág. 173.

(26)   Lo cuenta el "Ajbar Machmûa", pág. 38, y lo recoge el "Fatho al Andalusi", pág. 33.

tar" (27). En cambio, el "Ajbar Machmûa" parece atribuirle desde el comienzo el deliberado propósito de convertirse en jefe supremo del país, de constituir en él, con independencia, un dominio político a cuya cabeza pueda verse elevado, y hasta en los poemas con que terminan las páginas que en la obra se dedican a este gran emir, se le elogia por haber fundado un poder de esa condición (28). Parece clara en él, según esto, la visión del Islam español como una entidad sustantiva, pero nada más. La tradición de la idea hispánica no se da tampoco aquí.

A veces, en textos de historiadores aparece la idea de dominar el espacio hispánico global. En el fragmento conservado de Ibn Abi Alfayad leemos que cuando Muza regresó a Oriente, llamado por el califa, y su hijo Abd-Al-Aziz se encargó del gobierno de España, éste "continuó conquistando las ciudades de Al-Andalus que quedaban por ganar" (29). Hay, incluso, algunos, como Ibn Alcotía, que llegan a escribir frases del tenor siguiente: "La España entera se sometió obediente a Alháquem y no se le resistió ni opuso nadie, excepto los Benicasi" (30). Pero el sentido traslaticio y de ordinario parcial del término Al-Andalus, no permite extenderlo, sin especial garantía de que en cada caso es así, a todo el solar hispánico. Y, efectivamente, a continuación de las palabras transcritas, añade Ibn Alcotía, como refiriéndose a una tierra diferente: "Alháquem tuvo algunos conflictos en Galicia".

García Gómez llega a la siguiente conclusión: "Contra toda lógica, los monarcas musulmanes no parecen haberse propuesto jamás alcanzar la posesión de toda la Península" (31). Aclaremos, en relación con nuestro objeto, que contra toda lógica geográfica o, si se quiere, militar, pero no es necesariamente ilógica la posición de estos príncipes, si falta en ellos el concepto histórico de España. Y a la inversa, esta observación da más fuerza a nuestra tesis de que ese concepto existe en aquellos que, en cambio, mantienen constantemente una actitud reconquistadora y que, aun en el caso de que a ellos no les vaya a corresponder, están obsesionados por la empresa de recobrar hasta el último rincón peninsular, Granada. Nada se encuentra entre los árabes que responda a un senti-

(27) Ed. cit., pág. 57.
(28) Ed. cit., págs. 70 y ss.
(29) Fragmento relativo a la "Historia de la conquista de España"; traducción del P. M. Antuña, publicada como ap. al vol. II, de Sánchez Albornoz, "Orígenes del feudalismo"; la cita en la pág. 356.
(30) "Historia de la conquista de España"; trad. Ribera; col. "Obras arábigas de Historia y Geografía", de la R. A. H.; vol. II. Madrid, 1926; pág. 42.
(31) Prólogo al vol. IV de la "Historia de España", dirigida por Menéndez Pidal; pág. XXI.

miento parecido a aquél con que San Isidoro saluda la terminación de la conquista de todo el ámbito peninsular por Suintila, o a aquél con que Gregorio de Tours da cuenta de la expedición del rey franco contra Septimania, porque, según considera él, es cosa lamentable que un rincón de la Galia esté en manos ajenas (31 bis). Ese curioso fenómeno a través del cual los pueblos germánicos se asimilan y hasta identifican con las viejas divisiones administrativas o militares de los romanos y les dotan de una nueva significación política, es algo extraño a los árabes.

Las crónicas árabes, ha constatado en otro lugar García Gómez, no nos dicen lo que el imperio hispano-musulmán se proponía ser, sus ideas fundamentales sobre su expansión y su política. Sin embargo, con resultado favorable, nuestro ilustre arabista ha ido a buscar esas ideas en otras fuentes, en la poesía política que se cultiva en el califato cordobés de los Omeyas. Y ha encontrado en ella la tesis de la expansión, sí, pero no en relación a la totalidad del área hispánica, de cuya posible unidad no se desprende para ellos exigencia alguna, puesto que son ajenos a la idea de esa unidad. Expansión, en cambio, hacia las tierras extrañas y distantes del mundo musulmán, para someter a los falsos califas orientales, restablecer la unidad del mundo mahometano y restaurar la pureza de la fe, en virtud del doble mérito que los poetas enaltecen en los califas españoles: por un lado, la limpieza de su línea de ascendencia, y por otro, la ortodoxia y celo de sus creencias religiosas (32).

Es curioso observar la indiferencia con que los historiadores árabes se refieren a la acción de Pelayo y sus continuadores, nacida no solamente de un afán de minimizar los hechos, sino de sincera incomprensión de que pueda ser algo más que un incidente a extramuros del Islam español. Veamos, como interesante ejemplo, el relato del "Fatho al-Andalusí": "En tiempo de Anbaça, un infiel, notable entre los rebeldes, llamado Balaya, hijo de Fafala, se sublevó en tierra de Galicia contra los árabes dueños de aquel confín, los expulsó de sus tierras y las gobernó durante dos años; sucedióle como rey su hijo Fafala, hasta que en el año 133 perdió (su reino), pues Adfanx (Alfonso I), hijo de Bitra (Pedro), padre de los Benu Adfanx, raza que existe actualmente, subyugó las gentes de Galicia" (33). No pensando en la tierra perdida ni en que un espacio haya sido arrebatado al conjunto poseído por los musul-

---

(31 bis) Ver mi artículo "Sobre el concepto de Monarquía en la Edad Media", publ. en los "Estudios ofrecidos a Menéndez Pidal", t. V.

(32) "La poèsie politique sous le Califat de Cordoue", en "Revue des études islamiques", 1949; págs. 5-11.

(33) Ver pág. 29, ed. cit.

manes, sino por experimentar la penosa presión que luego había de partir de ese rincón extraño, es por lo que le atribuye gravedad, al hecho de la rebelión asturiana, el "Ajbar Machmuâ" (34).

Aparte de lo poco dados que son los escritores árabes a dar cuenta de reveses, en los pocos casos en que esto se da y que nos son patentes, no se observa que aliente nunca propiamente un sentimiento· de restauración o de lamento hispánicos, o inversamente si se trata de un hecho de sentido contrario. Entre los reducidos ejemplos a que en las fuentes accesibles nos podemos referir (y esa escasez ya es sintomática) no se advierten en absoluto sentimientos de ese tipo en la referencia de Al-Munim a la batalla desgraciada de las Navas o en su lamentación por la caída de Valencia (35); y aunque el autor no sea español, lo son de ordinario sus fuentes en esta parte, a las que, según el hábito de los escritores árabes, sigue casi textualmente, además de que él se manifiesta constantemente enlazado a los intereses de los moros peninsulares. Es más, en algunas prematuras frases de tono profético, como la que se encuentra en el texto del embajador marroquí, con influencia también de fuentes hispanoárabes (36), referentes a la posible pérdida del país por los musulmanes, no se advierte un sentimiento de compenetración de éstos con aquél.

EL ISLAM Y EL LEGADO HISTORICO DE HISPANIA. EL CONCEPTO DE ISLAM OCCIDENTAL

El enérgico c a r á c t e r político - religioso del concepto del Islam impidió, tal vez, el desarrollo del sentido "hispánico" y que diera sus frutos, propios e independientes, un posible entronque con la tradición de Hispania. Sin embargo, en ciertos aspectos existe una aproximación a esa línea tradicional. Sánchez Albornoz valora el hecho en los siguientes términos, que por su interés nos permitimos reproducir fielmente: "... si frente a la afirmación de Dozy de que rara vez se escribió. de historia en Al-Andalus durante los primeros siglos del Islam hispano, pudimos ya sacar a luz, como redactados en el curso del VIII de Cristo, aparte de las crónicas mozárabes, tres arábigas y varios anales, el examen completo ahora realizado de la literatura histórica del siglo IX de la España musulmana, permite destacar la importancia numérica de la produc-

---

(34) Ver págs. 39 y 66, ed. cit.
(35) Trad. Levi-Provençal; págs. 103, 164 y 59.
(36) Trad. Ribera; pág. 174.

ción historiográfica, que debemos a autores anteriores al período califal. Pretende Dozy que el presente interesaba de tal modo a los hispano-musulmanes de tal época, que no les dejaba vagar para pensar seriamente en el pasado. No; el pueblo andaluz demostró en tales tiempos una atención evidente hacia el ayer y un placer especial por dejar memoria de él. Será difícil encontrar en ninguno de los países cristianos de Europa, durante tal período, mayor número de escritores de historia de los que consta que vivieron y trabajaron en España en el curso de los siglos II y III de la Héjira. Y si no se olvida la pérdida casi total de sus obras y la necesidad de rastrear huellas de las mismas en las historias y compilaciones tardías, no hará sino acrecentarse la sinrazón de Dozy. Sin el esfuerzo de los cronistas, historiadores, analistas y biógrafos islamitas españoles de los siglos VIII y IX, no sería posible que conociéramos la historia política de la España musulmana de la época como la conocemos: con mayor pormenor que la de ningún otro pueblo de Occidente. Y como el milagro se realiza no obstante la desaparición de la inmensa mayoría de las obras históricas redactadas antes del año 900, y aun de la mayoría de las escritas en el período califal y en el siglo de las Taifas, y sin embargo de la pérdida total de los archivos y bibliotecas hispano-musulmanas, habrá de concluirse que fueron muy seguros los cimientos de la historiografía arábigo-española" (37).

El hecho de este rico desarrollo historicgráfico pone de relieve algo que forzosamente hemos de considerar como un evidente arraigo en el suelo peninsular, capaz de suscitar ese interés por lo que en España acontece o ha acontecido. Arraigo no sólo económico, de gentes que han alcanzado la posesión de una tierra, sino político y humano, propio de aquellos que en su destino se sienten incorporados al país y fundidos con él, fundamento necesario de tal preocupación por el pasado del mismo. Y hasta tal punto esa relación existe, que la necesidad de conocer la vida histórica del país remonta más allá de la presencia en él del islamismo. En los hispano-árabes y en los cristianos que viven bajo su gobierno, concomitantemente, se produce un interés por la historia preislámica de España. Se busca ésta en fuentes latinas, que se reducen probablemente a una temprana compilación mozárabe, hoy perdida, y a una versión arábiga, interpolada, de Orosio, cuyo descubrimiento se ha llevado a cabo recientemente (38). Lo que más importa es que esa posi-

---

(37) "Orígenes", II; págs. 142-143.

(38) Sobre esta compleja red historiográfica, ver Sánchez Albornoz, "San Isidoro, Rasis y la Pseudo-isidoriana", en "Cuadernos de Historia de España", IV; págs. 75 y ss., y otros trabajos del autor que en éste se citan, aparte del vol. II de "Orígenes del feudalismo".

ción historiográfica grana finalmente en la concepción de una historia
con continuidad, es decir, como un hilo que va desde los primeros pobladores hasta los tiempos presentes del que escribe. Frente a la manera
isidoriana de identificar Historia de España e Historia de los godos, Sánchez Albornoz ha señalado en el moro Al-Razi, y por otra parte, en la
"Crónica Albeldense", los antecedentes de la idea que lleva a completo
desarrollo Alfonso el Sabio: una Historia de España que se ocupa de
cuantos han pasado por ésta (39). Ello es realmente algo nuevo, porque
hasta entonces, en los siglos precedentes, no sólo en San Isidoro, sino en
Jornades, en Gregorio de Tours, etc., la Historia era relato de gestas de
un pueblo o de un grupo de gentes, de una "nación". Y es en aquellos
dos casos en los que por primera vez aparece la Historia como relato de
lo acontecido en un país, vislumbrado como una cierta comunidad histórica, en virtud de la cual interesa el conocimiento de todos los predecesores.

Esta manera de ver el pasado hispánico, que tiene evidente fundamento atribuir o, por lo menos, sospechar en los historiadores árabes,
se armoniza con otros datos relativos a la actitud de los musulmanes en
relación con la cultura existente antes en la tierra. En aspecto tan importante como el de las fortificaciones, los omeyas en España siguen fieles
a las formas romano-bizantinas, influencias que se funden en una vigorosa tradición hispano-morisca, p r o l o n g a d a hasta los nazaríes, según
sostiene Terrasse (39 bis). Era ya conocida la utilización de elementos
bizantinos o g e r m á n i c o s bizantinizados, preexistentes en la Península, en grandes obras del arte h i s p a n o - musulmán, tales como
la Mezquita de C ó r d o b a (40). Y esto no es algo casual ni tampoco
debido al banal motivo de permitir una fácil solución. Son frecuentes los
encomios tributados, hablando de Sevilla, Mérida, etc., a sus monumentos antiguos. Sabemos ahora cómo era estimada, en el aspecto que nos
interesa, la Mezquita de Córdoba por los escritores árabes. Refiriéndose
a ella, y más concretamente a la parte hecha edificar por Alháquem II,
escribe Al-Munim: "Todos esos arcos han sido ornados a la manera de
los godos; ni los musulmanes, ni los griegos (así traduce en esta ocasión
"Rum", Levi-Provençal) hubieran sido capaces de elevarlos en un estilo

---

(39) "Orígenes", II; págs. 164 y ss.

(39 bis) Ver H. Terrasse, "Les forteresses de l'Espagne musulmane", Madrid, 1954.

(40) Gómez Moreno, "Iglesias mozárabes", I; pág. 6; se refiere a elementos de la fachada principal y una gran serie de columnas y cimacios, procedentes
probablemente de la catedral antigua.

tan artístico y tan delicado". Al encontrarse con este texto extraordinario, Levi-Provençal requirió el comentario de un historiador del arte,
Lambert, el cual se publica como apéndice de la citada traducción de la
obra de Al-Munim. Según Lambert, "hay que entender por godos los
habitantes de España hasta la conquista musulmana, es decir, tanto los
de la época romana como los visigodos propiamente dichos. La "manera
de los godos" designa al parecer la tradición arquitectónica proporcio-
nada por todos los monumentos anteriores a la conquista musulmana que
existían entonces." Ya Idrisi atribuía las partes antiguas de la Mezquita
a una tradición local y no a obra original de los constructores cordobeses
del x. Efectivamente, dice Lambert, parecen inspiradas en monumentos
hispano-romanos, tales como el acueducto de Mérida. En todo caso, "el
texto parece testimoniar que la tradición musulmana atribuía el excepcional valor arquitectónico de la gran Mezquita cordobesa al conocimiento de monumentos hispánicos anteriores a la conquista árabe" (41).

A nuestro objeto, no es necesario añadir una palabra más al comentario de Lambert; pero sí es interesante recoger, en otras materias, testimonios de una actitud análoga. Ya Ribera advirtió que la lírica popular
arábigo-andaluza no se explica sino por la previa existencia de una lírica
indígena romance de la que aquélla nace y a la que suplanta. Conocido
era el caso que el propio Ribera estudió, de Aben Cuzman de Cabra,
que en la forma poética del "zejel" dio entrada a esa lírica romance (42).
Pero el descubrimiento de fragmentos de esta lírica popular que, en su
propia lengua española primitiva, se han conservado insertos en el texto
de poemas en árabe, prueba no sólo un fenómeno de conservación de la
más primitiva lírica romance de Europa, sino el expreso entronque con
ella de los escritores árabes. "Podemos ya sostener, dice García Gómez,
con pruebas tangibles, documentadas y fechadas, que existía, en efecto,
en la Andalucía musulmana más antigua, una poesía romance vigorosa.
Esa poesía, concretada en cancioncillas de amigo, villancicos o coplas, en
lengua romance, veteada de árabe en proporción muy variable según los
casos, se halla por todos los estilos en los antípodas de la poesía clásica

---

(41)   El texto de Al-Munim, en la trad. de Levi-Provençal, ya cit.; pág. 185;
el comentario de Lambert en págs. 253-254.

(42)   "Disertaciones y opúsculos", vol. I; Madrid, 1928. Cabría añadir en
el texto la referencia a otra materia, de acuerdo con la tesis del propio Ribera
en su disc. de la R. A. H., "Huellas que aparecen en los primitivos historiadores
musulmanes de la Península de una poesía épica romanceada que debió de florecer en Andalucía en los siglos ix y x"; Madrid, 1915. Ver también, M. Pidal,
"Poesía árabe y poesía europea"; Madrid, 1941, y González Palencia, "Historia
de la Literatura arábigo-española"; Barcelona, Labor.

árabe, que cada vez se nos aparece más erudita, artificial y de escuela"
(43). Por sus fechas conocidas, esta lírica precede a la de los musulmanes en Andalucía, la cual se engarza con aquélla de manera evidente o,
si se quiere, hasta sensible, ya que se la incluye fragmentariamente en
los mismos poemas arábigos, conservando, como se sabe, su lengua propia. Ello viene a ser una prueba más y bien decisiva, de la tesis de la
línea tradicional de nuestra literatura, tal como ha sido defendida por
Menéndez Pidal (44) y en la que se insertan los mismos escritores árabes
conscientemente.

En otros órdenes, muy alejados de los que hasta aquí hemos visto,
por ejemplo en el de ciertas formas económicas, se llega a resultados semejantes. Hay un hecho curioso que ha hecho observar Caro Baroja:
las áreas en las que se distribuye la producción de la vid y del ganado
de cerda, en la mitad meridional de España, son hoy y han sido desde
la reconquista cristiana de la tierra las mismas que, sobre base documental, pueden ser delimitadas en el período pre-islámico, de modo tal que
puede asegurarse que subsistieron esas mismas zonas durante el dominio
árabe, a pesar de tratarse de dos productos prohibidos por la legislación
alcoránica (45). Por otra parte, el sistema de conducción de aguas para
riego que se ve aún en Murcia, lo atribuía Al-Munim a los antiguos (46),
cuyas prácticas, en éste y en tantos órdenes —como en el arte y en la
lírica—, conservaron los árabes de Al-Andalus.

No menos llegaron éstos a hacer propio, en cierto grado, el honor de
la sangre de pueblos anteriores. Ya en la misma Córdoba de la segunda
mitad del x —es decir, no en un punto lejano, más o menos mozárabe,
como Badajoz o Toledo, sino en el centro del dominio musulmán y cerca de dos siglos después de la islamización de la tierra y sus gentes—,
Ibn Alcotía nos dice que los hijos de su padre —cuyo nombre él no toma— habidos con otras mujeres, gozaron de menos nobleza que los que
tuvo con su madre, la goda Sara. Estos últimos fundaron "linajes ilustres,
cuya nobleza no pudieron alcanzar otros hijos que a Omair, al propio
tiempo, de otras mujeres, le nacieron en Sevilla" (47). Noticia que Ibn
Alcotía tiene mucho interés en hacer constar que la toma de otros escri-

---

(43) "El apasionante cancionerillo mozárabe", en la revista "Clavileño", 1,
3, mayo-junio, 1950; pág. 19.
(44) R. Menéndez Pidal, "Los orígenes de las literaturas románicas"; Santander, 1951.
(45) "Los pueblos de España"; Barcelona, 1946; pág. 378.
(46) Trad. cit., pág. 220.
(47) Trad. Ribera, pág. 4.

tores anteriores, cuya referencia precisa con el mayor detalle. El mismo testimonio se encuentra, efectivamente, en Al-Makkari (48).

Esto da lugar, en fecha temprana —y el fenómeno persiste hasta el declive de la dominación árabe— a un desarrollo del sentimiento de honor común y de común excelencia de los pertenecientes a un mismo grupo humano: el hispano-musulmán. Ibn Alcotía habla con elogio de sabios, jueces, príncipes españoles; en varias ocasiones elogia a algunos, como claramente se ve en su Crónica, por la razón de ser gentes de Al-Andalus. En Ibn Al-Atir, autor extrapeninsular, de Mosul, pero cuyo texto depende en esta parte de Al-Razi, se encuentran menciones elogiosas de reyes astur-leoneses, en el orden militar y de gobierno (49).

El P. Antuña analizó la presencia, en la obra de Ibn al-Jatib, de una versión, a la cual ya hicimos referencia, de la Primera Crónica General. De su estudio se deduce que Ibn al-Jatib incluye un capítulo sobre los reyes cristianos, de León, Castilla, Navarra, Portugal, Aragón y Barcelona, para completar, según el autor confiesa, la parte de su obra dedicada a España y dado que a lo largo de sus páginas ha tenido que hacer constante alusión a ellos. Se dirige el autor a un embajador de Castilla, judío y médico, quien le proporciona una traducción abreviada de la Crónica compuesta por Alfonso X, la cual corrige, altera e interpola el historiador árabe, sin que pueda precisarse esta labor personal suya, porque no se conoce el texto del judío. Lo interesante está en el ámbito total al que Ibn al-Jatib extiende su curiosidad y en el hecho de que la obra suya conserve los juicios favorables y los calificativos encomiásticos que la Crónica alfonsina contenía sobre los reyes cristianos (50). Para este historiador parece que, en algún aspecto, Al-Andalus abarca la totalidad, y por eso habla de Castilla y de los "países musulmanes de Al-Andulus"; pero hay, en cambio, una línea en su obra en la que se le escapa una apreciación que no podemos dejar de recoger: cuenta Ibn al-Jatib la resistencia victoriosa de Pelayo y dice que le eligieron rey "no obstante que era de extranjero país" (51). Ibn al-Jatib estimaba, pues, que Pelayo,

---

(48) Trad. del fragmento citado, pág. 185.

(49) Fagnan, "Annales du Magreb et de l'Espagne". Argel, 1901; páginas 104 y ss.

(50) P. Melchor M. Antuña, art. cit. en revista "Al-Andalus", I, 1933; páginas 105 a 154. Aben Jaldum, según señala el P. Antuña, tiene también un capítulo sobre los reyes cristianos; pero aunque escrito algo después que el anterior, es independiente de él y no parece utilizar fuentes cristianas, por cuya razón su valor es muy inferior.

(51) Ver trad. del P. Antuña, inserta en el art. cit.; pág. 130.

un godo, perteneciente, por tanto, a la tierra que el Islam consideraba dominar, era extraño en el Norte cristiano.

Esta última observación nos vuelve a poner en el camino por donde empezamos a marchar y nos hace sospechar que la extensión del interés de los historiadores por las noticias del Norte cristiano se debe a razones de proximidad y de la relación que de hecho se mantiene con ellos, no al sentimiento, más o menos claro, de que una comunidad hispánica los envuelva a todos. De las noticias que la Antigüedad proporcionaba sobre España, se diría que los árabes se había detenido en aquella fase de evolución del concepto de España, según la cual ese nombre de país se aplicaba a la parte comprendida desde la costa sud-oriental hasta la meseta, dejando fuera el cuarto noroeste de la Península. Hemos visto que en algunas fuentes carolingias se observaba el mismo caso. En éstas y en los escritores árabes se le da a esa porción el nombre de la antigua provincia romana: Galicia. Y se desconocen, al parecer, las fases siguientes en la evolución del concepto, al hilo de las cuales se agarraban, en cambio, los cristianos del Norte, en medio del naufragio.

De Ibn al-Jatib hay otro escrito interesante a nuestro objeto: el titulado "Parangón entre Málaga y Salé", que García Gómez estudió y tradujo (52). En él se hace un exaltado elogio de Málaga, tocante incluso al orden militar y al político y al final se insinúa un sentimiento de superioridad general de Al-Andalus sobre el Mogreb. Este mismo sentimiento inspira, pero en forma total y abierta, una famosa obra de Al-Saqundí. De ella son estos párrafos: "Loado sea Dios, que dispuso que quien hable con orgullo de la península de Al-Andalus pueda hacerlo a plena boca, infatuándose cuanto quiera sin encontrar quien le contradiga ni le estorbe en su propósito... Yo alabo a Dios porque me hizo nacer en Al-Andalus y me concedió la gracia de ser uno de sus hijos" (53).

Es sabido que el "Elogio" de Al-Saqundí nació de una polémica cortesana sobre cuál era parte más aventajada del Islam: la del norte o la del sur del Estrecho. Refiriéndose a esa disputa, Levi-Provençal comenta que ella "nos proporciona con singular fuerza la prueba de que la civilización árabe-hispánica ha nacido en el fondo de una feliz combinación de aportaciones del clasicismo oriental y de elementos nuevos, tomados del propio país, entre aquellos que, a pesar de la influencia del genio árabe, reivindicaban todavía con orgullo un pasado y una tradición de

---

(52) "Al-Andalus", II, 1934; págs. 183 y ss.

(53) "Elogio del Islam español", trad. de García Gómez. Madrid, 1934; la cita en la pág. 41.

cultura anteriores al Islam" (54). Esa reivindicación no se encuentra en los textos laudatorios que acabamos de citar, mas sí en alguno de los testimonios que adujimos antes. En todo caso, el loor, la reivindicación, se refieren siempre a ciudades, cosas, hechos, personas, integradas en el estricto ámbito del Islam peninsular. Por tanto, cabe pensar que en todos estos casos no procede entender el concepto de Al-Andalus con una amplitud hispánica, sino en el más reducido sentido de tierra perteneciente al dominio musulmán. Y, eso sí, este dominio se considera formando unitariamente la entidad histórica llamada Al-Andalus, aun cuando en determinados momentos se halle dividida bajo el poder de varios príncipes, siempre que se mantengan unidos en su condición mahometana.

Tal vez, dijimos ya, haya que explicarse la ampliación del interés de los historiadores hacia las restantes tierras peninsulares como un fenómeno de curiosidad o, a lo sumo, de natural necesidad de conocer lo que es próximo y, más todavía, inmediato, aunque sea diferente. Es decir, a un interés nacido del contacto, pero ajeno a todo sentimiento de comunidad hispánica. Esto formaría, pues, parte de un capítulo, en la historia de nuestra cultura, dedicado a la irradiación del Norte cristiano sobre el Sur mahometano, capítulo desgraciadamente sin escribir hasta hoy, materia abandonada tanto como, a la inversa, es abundantemente mencionada —aunque sea de ordinario en forma bastante banal— la influencia del Sur sobre el Norte. Recordemos sobre ello el testimonio de Ibn Jaldún: "Todo pueblo que vive en la vecindad de otro, cuya preeminencia siente, adquiere en alto grado un hábito de imitación. Esto lo vemos hoy entre los musulmanes de Andalucía, a consecuencia de sus relaciones con las Galicias: les imitan en la manera de vestirse y arreglarse y han adoptado la mayor parte de sus costumbres, hasta el punto de adornar con pinturas las paredes de sus casas y sus palacios. En estos hechos el filósofo no puede dejar de reconocer un indicio de superioridad" (55).

Los árabes españoles llegan a desarrollar un profundo sentimiento de grupo diferenciado e independiente. Ello ha dado lugar a que se imponga hoy entre los historiadores el concepto de "Islam occidental", cuya vinculación cultural al occidente clásico y cristiano, es base de su diferenciación. Su propio sentimienzo de grupo alcanza formas de manifestación v i v a m e n t e polémicas, y de él se desprende la compleja gama de sentimientos secundarios que corresponde a una situación histórico-espiritual así caracterizada. El fenómeno probablemente es muy

---

(54) "La civilisation arabe en Espagne"; París, 1948; pág. 41.
(55) "Prolégomènes", trad. de Slane. París, 1934; vol. I, pág. 307.

temprano, y su fuerza es tal, que puede llegar a ocasionar una cierta
separación de aquellos que, en realidad, serían considerados más próximos —los restantes grupos del mundo islámico—, para acercarse, en
cambio, a los otros vecinos, los cristianos, cuya imitación puede ayu-
darles a diferenciarse más de la familia a que pertenecen. Pero esa aproximación no tiene nada que ver con el hecho de que puedan estimarse
herederos de la misma historia. Cuando esos árabes españoles entroncan
con el pasado pre-islámico, cuando se sienten ligados a su país y a lo
que en éste ha habido antes de ellos, cuando se sienten integrados en
una entidad histórica propia y distinta de las demás, no es el concepto
de Hispania el que les inspira, sino el del Islam español.

EL PROBLEMA DE LA DENOMINACION DEL NORTE CRISTIANO

La singular circunstancia de la presencia de los árabes y de su dominio sobre el suelo peninsular, que caracteriza nuestra Edad Media y la
distingue de la de los restantes pueblos europeos, tuvo una especial manifestación en relación con el nombre de España que atañe estrechamente a su concepto. Tal vez ese lazo entre un problema de denominación y otro que alcanza al fondo del contenido conceptual que en el
nombre se expresa, es más grave por las interpretaciones que modernamente se le han dado que por su propia realidad objetiva.

Nos es necesario afrontar el problema a que hacemos alusión, antes
de penetrar en los capítulos de la segunda parte que constituyen el núcleo de nuestro estudio, a fin de poder avanzar desembarazadamente
hacia el fondo de nuestra cuestión principal. Antes de dilucidar el sentido y valor que en el concepto de España se encierran, hemos de aclararnos, lo más diáfanamente posible, los límites de ese concepto, como
condición previa para precisar bien todo su contenido. Y esos límites
vienen específicamente afectados por la solución que proceda dar, en fin
de cuentas, al problema que vamos a enfocar, así como al que, por su
especial naturaleza, trataremos autónomamente después.

Hemos visto antes que tanto desde un punto de vista geográfico como
histórico, el término poco usado de Ishbaniya o el frecuentísimo de Al-
Andalus pueden aplicarse al mismo espacio que los nombres legados por
la tradición antigua, Iberia o Hispania, incluso extendiéndose ocasionalmente, como con estos últimos sucedía, a los territorios inmediatos a
la vertiente septentrional de los Pirineos, sobre todo en su parte oriental

Este es un hecho incuestionable que ciertas interpretaciones históricas de nuestros días olvidan para destacar otro, innegable también: la extensión del nombre de "país de los francos" a determinadas zonas de la Península subpirenaica.

Basándose en este último fenómeno y presentándolo como reducido tan sólo, en su ámbito territorial, a Cataluña, Américo Castro lo aduce como fundamento de una interpretación histórica general. Según ésta, el hecho de que a los catalanes se les llamara francos "todavía en el siglo XII", es prueba de que se "movían bajo un horizonte distinto" (56). Entre otras cosas, vamos a ver a continuación que a los castellanos, como a otros muchos, se les llama de la misma manera e incluso todavía en el siglo XV.

¿En qué condiciones y bajo qué forma se produce la extensión del nombre de Ifranga o Afrang a una parte de la Península hispánica? La calamitosa caída de la monarquía visigoda en la batalla que de nuevo podemos llamar del Guadalete, arrastró consigo las posibilidades de una resistencia masiva y organizada, cualquiera que fuese la que pudieran ofrecer todavía ciudades o grupos aislados. Ante este hecho todo se pasa como si los árabes hubieran llegado a la conclusión de haber terminado con un pueblo entero, el de los godos, y de haber conquistado toda su tierra. Tengamos en cuenta que según su concepción geográfica, los árabes imaginaron la Península inclinada hacia Oriente en un ángulo de casi 90° y creyeron que la cadena montañosa de los Pirineos llegaba hasta Lisboa. Por esa razón nuestro Norte peninsular estaba en la misma parte que Bayona y aun Burdeos, región ésta ajena a los godos, por cuyo motivo uno de los historiadores musulmanes, según hemos citado, estimaba que Pelayo era extranjero en ese pueblo del Norte que le acató como rey.

Al contrario, y cualesquiera que fuesen también las razones del retroceso en Poitiers (57), lo cierto es que debió quedar en los invasores la impresión de haber chocado en esas partes, confusamente representadas en su mente, con un pueblo que hallaron no sólo en el lejano Poitou, sino en la inmediata región Narbonense, a los que se les daba

---

(56) "España en su historia. Cristianos, moros y judíos"; Buenos Aires, 1948; págs. 80-81.

(57) Me refiero a lo que puede haber de cierto en la vieja tesis de E. Mercier, quien sostuvo que la retirada fue debida, no a la victoria de Carlos Martel, sino a la débil posición en que el ejército árabe se halló por efecto de las discusiones internas del reino musulmán. Ver su art. "La bataille de Poitiers (732) et les vraies causes du recul de l'invasion arabe", en "Revue Historique"; volumen VII, 1878.

el nombre de francos, nombre que quedará para todos los enemigos de
la región del Norte, con olvido de otras denominaciones, por ejemplo,
la de aquitanos, tan claramente distinguidos de los francos, en cambio,
por la misma historiografía y por los propios diplomas de los carolingios.
Es más, mientras que en las fuentes de historia franca se presenta la
expedición de Carlos Martel como un descenso del rey con sus tropas
hacia el Sur ajeno —recuérdese el "remeavit in Francia", de que esas
fuentes hablan al dar por terminada la acción—, los cronistas árabes
parecen más bien considerar al rey franco como establecido habitualmente en el país. Esa impresión de los primeros momentos, vagamente
generalizada, del encuentro con los francos, se observa incluso en fuentes no árabes, pero cuyos autores vivieron entre éstos en esa primera
época de su dominio en Europa. Aludimos a la "Continuatio Bizantio-
Arabica" y a la "Continuatio Hispana" o Crónica mozárabe del 754 (58).

Esto da lugar a una primera consecuencia que hay que tener en cuenta para juzgar el sentido histórico de la confusión, porque si ésta se da
en casos muy distintos del de la tierra catalana, es evidente que, de ningún modo, puede dársele el valor que A. Castro le atribuye. Y, en efecto,
ya Sánchez Albornoz ha señalado la extensión del nombre de Afrang
hasta hacerlo sinónimo del de tierras de cristianos (59). A los autores
que cita Sánchez Albornoz con este motivo cabe añadir el testimonio de
Ibn Jaldun, quien incluye entre esos francos a todos los españoles: al
referirse a los primeros tiempos de la conquista árabe en España y dar
algunos datos de esa región de Al-Andalus, escribe que "la habitaban
pueblos pertenecientes a los francos de Occidente, de los cuales los más
fuertes y numerosos eran los de Galicia" (60). La reducción de cristianos a francos, en cierta forma se da incluso en fuentes cristianas. El
"Chronicon Burgense" dice que en el año 1099 "Hierusalem Franci capiunt"; el "Cronicón de Cardeña I" señala también la toma de la misma
por los franceses y, en cambio, los "Anales Toledanos I", al dar la misma noticia (Era 1130) atribuyen la conquista a los cristianos (61). Por
eso, en lugar diferente del antes mencionado, el mismo Ibn Jaldun define
en estos términos el país de los francos: "región formada por el territorio de Roma y partes que de él dependen" (62). Desde Roma hasta

---

(58) M. G. H., ed. Mommsen, en "Chronica minora", II; págs. 358 y ss.
(59) Ob. cit., pág. 107. En la nota 106 cita varios autores que emplean la
palabra en ese sentido.
(60) "Historia de los árabes de España, por Ibn Jaldun"; trad. de O. A.
Machado, en "Cuadernos de Historia de España", IV; pág. 137.
(61) Flórez, "España Sagrada", XXIII; págs. 309, 371 y 385.
(62) "Prolégomènes", III; pág. 129.

Santiago hay un pueblo común a todas esas tierras, aunque dentro de él puedan señalarse diferencias secundarias. De esta manera, los gallegos son una parte de esos francos, una parte cuya extensión hasta la zona oriental, catalana, se deduce de otro pasaje de dicho historiador, cuando da cuenta de que los pueblos de Galicia conquistaron las islas del occidente del Mediterráneo, las cuales, por su emplazamiento y por la fecha en que viene a resultar fijado el hecho, no pueden ser otras que las Baleares (63).

La confusión entre francos, cristianos y occidentales es frecuente en los escritores árabes; sigue incurriéndose en ella hasta muy tarde, sobre todo en los árabes de Oriente, reforzada seguramente por los episodios de las Cruzadas, y al final de la Edad Media nos la revela subsistente aun, sin que, por otra parte, ello le cause especial extrañeza, el embajador Clavijo, enviado de Enrique III al gran Tamerlán. En labios de éste pone aquél las siguientes palabras: "El rey de España, que es el mayor rey que es de los francos que son en cabo del mundo e son muy gran gente e de verdat". Y, más aún, cuenta en su narración el mismo Clavijo que Tamerlán les envió vino, "quél sabía bien que los francos bebían vino cada día" (64).

De un fenómeno que se presenta con este carácter general es infundado, es totalmente inadmisible, sacar un testimonio a favor de consecuencias diversificadoras; pero, es más, la aplicación del nombre de francos y de país de los francos se da en relación con tierras y gentes españolas en muy variadas circunstancias. En el fragmento "Narración de la Conquista de España", de Ibn Cotaiba, traducido por Ribera, se aplica conjuntamente a las tierras del Ebro hacia arriba, según parece deducirse de la frase siguiente, en la que se habla de Muza ben Nosair: "Entonces él se dirigió al país de los francos hasta que llegó a Zaragoza y la conquistó". A continuación se añade que esa ciudad "fue, excepción hecha de algunas incursiones de poca importancia más allá de ella, el límite más lejano de nuestras conquistas bajo su dirección". De esa región zaragozana, por tanto, tienen que proceder esos "hijos de los reyes de Francia", esos adolescentes "de la familia real de los francos", que, hechos prisioneros por Muza, al regreso de éste a la Corte de los Califas, son presentados a su señor por él como honroso trofeo (65). Respondiendo a la misma idea, en el "Fatho al-Andalusí" leemos que Muza entró en tierras de Francia, hasta llegar a un desierto —desierto que parece emplazarse

---

(63) Ob. cit., II; pág. 45.

(64) Edición de López Estrada, C. S. I. C., Madrid; págs. 159 y 169.

(65) Ed. del texto y trad. de Ribera, ya cit., págs. 116, 121 y 137.

entre Guadalajara y Zaragoza (66). Ibn Said dice que el antiguo Imperio de los romanos estaba integrado por tres países: Alemania, Francia y Andalucía, lo que quiere decir, dado que la última se reduce al país islámico, que los gallegos y cristianos del norte peninsular, de que nos habla, se comprenden en el país de los francos (66 bis).

Algún historiador árabe llama jefe franco al impreciso personaje García Ineco, posible segundo rey navarro, del que en otro lugar dice que es uno de los príncipes politeístas de España (67). Otros llaman francos a condes vascos exilados en Córdoba, como fue el caso de los Vela, que, repatriados luego y asentados en León, fueron los autores del resonante asesinato del infante García, último conde castellano (68).

Todo ello indica que se trata de una denominación confusa, cuyo origen está en una deficiente información, sin tener otra precisa significación histórica que la de un error geográfico. Su utilización, para cualquier interpretación histórica, es imposible, porque lo contrario sería como pretender hacer valer, en relación con el sentido de la historia de Inglaterra, la presencia en ella de esos fabulosos sarracenos que tan reiteradamente mencionan, dando fingidos nombres a sus reyes, varias "chansons de geste" francesas; o como servirse, con fin análogo, del dato de que las crónicas catalanas hablen de los reyes negros o cobrizos de Francia. Esta nuestra opinión se refuerza si tenemos en cuenta que la aplicación por escritores árabes del nombre de país o tierra de los francos se da, en relación a la parte nord-oriental de la Península, con anterioridad a que los propios francos bajen al sur de los Pirineos y se instalen, por lo menos relativamente, en Barcelona. Así se desprende de algún texto publicado por Codera (69). Ello prueba plenamente la falta de cualquier conexión entre una posible situación histórica concreta de Cataluña con posterioridad a su reconquista cristiana y el nombre que dan a esa tierra algunos escritores árabes. En todo caso, este último dato vale sólo en relación a la impresión que el choque con los guerreros francos produjo en aquéllos y al importante papel que les atribuyeron por ese motivo.

Millás Vallicrosa, que estudió un aspecto del tema que nos ocupa sobre las mismas fuentes musulmanas, llega a la conclusión de que hay

(66) Ed. cit., pág. 15.
(66 bis) "Le Livre des Catégories des Nations", ed. Blachère. Paris, pág. 77.
(67) Barrau-Dihigo, "Les premiers rois de Navarre", Revue Historique, XV, 1906; págs. 22 y 24.
(68) Menéndez Pidal, "El romanç del infant Garcia y Sancho de Navarra antiemperador", en el vol. "La idea imperial de Carlos V". Madrid, 1940; pág. 81.
(69) "Narbona, Gerona y Barcelona bajo la dominación musulmana", en el "Anuari del Institut de Estudis Catalans", MCMIX-X; págs. 178 y ss.

denominaciones confusas que engloban el rincón noreste peninsular en la tierra de los francos, otras en que se distingue netamente el área catalana de la Alfaranja y algunas en que se llama precisamente Alfaranja a Cataluña y se dice que confina con Francia (70). El mismo Millás recoge la forma curiosa en que Al-Makkari da cuenta de que en el año 956 llegaron a Córdoba, pidiendo paz al califa, una embajada del rey de Francia más allá del Puerto Hugo; otra de Otón, otra de Carlos, rey de la parte oriental de Francia y otra del rey y señor de Barcelona y Tarragona. Y aparte de estas referencias incidentales, cuando se trataba expresamente de señalar los límites de una tierra, los historiadores árabes, dice Millás, bajo el nombre España "comprendían la parte de la Galia meridional hasta Narbona".

Es así como se explica que después de haber llamado en general a los habitantes de la España cristiana "francos de Occidente", según ya vimos, Ibn Jaldun exponga la conquista de España de la siguiente manera, de la que se deduce claramente lo que venimos sosteniendo: "Muza completó la conquista y penetró en España hasta Barcelona hacia el Oriente, (hasta) Narbona en el Norte y hasta Cádiz en el Occidente", mientras que otros gobernadores "conquistaron a Barcelona por la región oriental, y a los castillos de Compostela y sus tierras por la zona norte, quedando destruidos los godos, así como el poder de los gallegos y de los pueblos restantes, hasta las montañas de Castilla (?), Narbona y las Bocas de los Caminos, donde los árabes se fortificaron, cruzando los ejércitos de los musulmanes los caminos de la Península por detrás de Barcelona, cuyas regiones adyacentes ocuparon. Se internaron luego en el país de los francos" (71).

Lo cierto es que, a pesar de la confusión que produce el uso de un mismo término con varios sentidos y de la frecuencia con que éstos presentan un carácter parcial, entre los árabes los nombres de Al-Andalus —en las pocas veces en que se extiende más allá de la tierra islámica— o Ishbaniya, se aplican a la totalidad del ámbito hispánico, tanto en la forma del antecedente visigodo como en la de la antigua tradición romana, es decir, ampliándolo hasta la región narbonense o colocando su límite en los Pirineos. Aunque en ninguno de los dos casos ni la aspiración política ni el sentimiento de comunidad se proyecten sobre ese espacio total.

---

(70) "Els textos d'historiadors musulmans referents a la Catalunya carolingia", ya cit., pág. 160.

(71) Ver nota 60 del presente capítulo.

LA DISCUTIDA APLICACION DEL NOMBRE DE ESPAÑA AL ISLAM PENINSULAR. FUENTES ASTUR-LEONESAS, CASTELLANAS, CATALANAS Y ARAGONESAS

Para terminar con el grupo de cuestiones cuyo análisis corresponde a la primera parte de nuestro estudio, vamos a ocuparnos ahora de un problema que, de ser cierta la solución que habitualmente se le ha dado, se relacionaría con un fenómeno de desplazamiento o, mejor, de reducción del nombre de España. Aparece en conexión con la misma situación histórica de la que surgió el tema a que acabamos de hacer referencia en el apartado anterior; es a saber: la situación creada por la presencia de los árabes en nuestro suelo, si bien en el caso presente aparece el nuevo hecho en sentido inverso al del precedente. No son los árabes los que traen consigo la alteración en el uso del corónimo España, sino que son los cristianos del Norte y, en alguna ocasión, los mozárabes, propiamente dichos, los que incurren en aquélla y dan lugar a la nueva significación de la palabra, al contemplar el estado de la Península después de la invasión y advertir la división de la tierra en dos partes, ocupadas por infieles y cristianos. No creo que el caso se produzca de tal manera; pero tal es, sin embargo, la versión corriente, la solución demasiado fácil a que se ha llegado, partiendo del dato de que en Crónicas y diplomas hallamos efectivamente que muchas veces se da el nombre de España a la tierra peninsular ocupada por los moros.

Probablemente fue el P. Flórez el primero en observar ese curioso fenómeno de la aplicación del término España, por quienes habitaban los principados cristianos del Norte, al territorio antiguamente hispánico ocupado por los árabes (72). Desde entonces se ha venido insistiendo reiteradamente en ello y cada vez se ha ido acentuando más el carácter del hecho en cuestión, hasta presentarlo, sin siquiera detenerse para ello en la más breve demostración, como algo que es palmario e inequívoco, ante lo cual no cabe otra cosa más que sacar su consecuencia evidente. Y esta consecuencia sería, visto así, el olvido o la desaparición del nombre de España en relación con la zona septentrional, cristiana, de la Península, por lo menos durante los primeros siglos de la Edad Media.

Esta tesis se ha convertido en un lugar común, utilizado por histo-

---

(72) "España Sagrada", t. IX, pág. 80.

riadores de todas las materias, para caracterizar la situación histórica de los principados o reinos cristianos y, basándose en ella, cada uno ha tratado de fundamentar las más peregrinas deducciones a favor de la idea de que aquellos principados carecían de toda conexión con una previa y común tradición hispánica. Sólo el desarrollo completo de nuestro libro puede considerarse como un intento de primera respuesta a esta tesis final; pero, de momento, vamos a detenernos en la consideración particular de aquel hecho (aplicación del nombre de España a la tierra de moros), en cuya pretendida segura base se apoya más de uno, principalmente para llegar a la tesis categórica negativa a que nos hemos referido.

Ninguno de los que con tan firme convicción se han servido de aquel dato se ha considerado obligado a un análisis de las condiciones concretas en que el hecho acontece. Y si para explicarse un hecho físico hace falta no olvidar las circunstancias en que se produce, para la comprensión de un hecho histórico es más imprescindible aun, si cabe, conocer el sistema de conexiones inserto en el cual surge aquél. Sin esto, las consecuencias que de la consideración aislada de un dato se pretenden desprender corren el riesgo de una grave desorientación.

No se ha intentado siquiera una precisa depuración de las condiciones externas en que se da el hecho o, mejor, lo que se ha dicho en ese sentido se halla gravemente equivocado. Por tanto, el error viene ampliado al pasarse a la interpretación del mismo. Giménez Soler, que fue seguramente el primero en dar un especial valor al dato y ocuparse de él con cierta atención, lo presentó engarzado en una serie de tres afirmaciones que no son aceptables: a) La tradición romana llamó España a la región del Guadalquivir —inexactitud que se pone de manifiesto con sólo acudir a la rigurosa investigación sobre el nombre romano de Hispania, llevada a cabo por García Bellido, aparte de que no tiene sentido dejar olvidada la fase romano-cristiana, con Prudencio y Orosio, tanto más cuanto la Edad Media, cristiana o musulmana, no empalma directamente con la Antigüedad, sino por conducto de Orosio y San Isidoro. b) Los godos vacilan entre el significado de toda la Península o de solo Andalucía —lo que resulta contradicho definitivamente por la geografía isidoriana, síntesis de la cultura visigoda en la materia, y por el vivo sentimiento político de Idacio, el Biclarense y San Isidoro, como es sobradamente conocido. c) España se olvida como nombre de la Península al venir los árabes y se aplica al territorio ocupado por éstos, desplazamiento de significado que sólo es cierto en la forma que trataremos de precisar. "España, según Giménez Soler, fue la tierra de Sevilla"

(73), lo que supone creer que Sevilla tenía para los cristianos, en la época en que el fenómeno se produce (siglos IX y X), la principal importancia política, siendo así que para aquéllos el dominio de los sarracenos es, en todo caso, la "tierra de Córdoba", y a ésta es a la que se llama España en algunos documentos, ya que la identificación con Sevilla es sólo obra de algún mal informado geógrafo árabe, tardío y, además, no hispánico, el citado Al-Munim, por ejemplo.

Partiendo de este grupo de afirmaciones de Giménez Soler, a quien textualmente cita, un historiador de nuestra historiografía, Sánchez Alonso, incurriendo en la confusión de un espejismo, producido por la consideración parcial de unos cuantos textos, ha sistematizado el pretendido proceso de olvido y recuperación del nombre de España. Para él, el hecho se ofrece en las siguientes fases: "Durante bastante tiempo el nombre de España fue reservado por los cronistas cristianos para la porción grande dominada por los árabes; así se ve en la Crónica Albeldense (siglo IX) y en la de Smpiro (finales del X y principios del XI). Poco después se aplica a cada uno de los reinos cristianos: al de León-Castilla, en la Crónica Silense (hacia 1115); al de Navarra-Aragón, en los Anales compostelanos (hacia 1248); o se usa indistintamente para los territorios cristianos y los musulmanes, como se ve en la Historia del Cid (hacia 1115) y en el Cronicón Lusitano (acabado en la segunda mitad del XIII)" (74). Sánchez Alonso, con perfecto derecho desde el punto de vista de su trabajo, se reduce a los cronistas, aunque es evidente que ello no proporciona un análisis suficientemente amplio del tema, y prescinde de crónicas o anales, diplomas y otros documentos de la zona catalana. Añadamos que, a nuestro parecer, la referencia a los "Anales Compostelanos" está equivocada. Dichos Anales mencionan tres veces el nombre de España: la primera, en la era DCCXLIX, para decir que "intraverunt Hispaniam serraceni..."; la última, dando la noticia de grandes inundaciones en España: "Era MCLXXXI: creverunt aquae per Hispaniae partes intantun..." Ambas menciones aluden a la totalidad. En medio queda la otra referencia, que no puede identificarse con el complejo navarro-aragonés: habla de Alfonso el Batallador, cuyas numerosas conquistas recuerda (Zaragoza, Daroca, Calatayud, Tarragona, Borja, etc.: devastaciones de Lérida y Fraga) y cuenta después que con todo su ejército el rey marchó a España ("Denique cum universo exercitu in

(73) "La Edad Media en la Corona de Aragón"; Barcelona, 1930; páginas 146 y 147.

(74) "Historia de la historiografía española", Madrid; vol. I, 2.ª ed., 1947; págs. 93.

Hispaniam profectus est" (75). Es evidente que esta noticia no puede referirse a un retorno de Alfonso desde Castilla a Aragón, o viceversa, sino que alude a la expedición contra los moros del Sur, que es bien conocida y que se recordaba en los años siguientes, en la data de muchos documentos aragoneses, como veremos luego, los cuales, en esa ocasión, mencionan también a España en ese sentido. Tenemos, pues, que los "Anales Compostelanos" citan tres veces el nombre de España, de ellas dos en sentido de totalidad y una como país dominado por los moros.

Este último hecho es el que se ha ampliado y generalizado desmesuradamente. Un arabista ha dicho, olvidando totalmente el análisis de las fuentes cristianas, aunque sus palabras se refieren en este caso a ellas, que España se llamaba por los autores no musulmanes solamente al Sur musulmán, y que los principados del Norte carecían de una denominación común. Otros escritores, al hallarse con que en documentos catalanes se descubre la misma acepción de la palabra a que nos referimos, olvidando esta vez que el mismo hecho se produce en Asturias-León-Castilla, lo han presentado como prueba del alejamiento e insolidaridad de los condados catalanes en la empresa de la Reconquista. En esa generalización del pretendido desplazamiento del nombre de España, que es "un hecho muy conocido por los historiadores", encuentra recientemente el filólogo Aebischer un apoyo más para su tesis sobre el origen lenguadociano del étnico "español": "La tal Ispania es indiscutiblemente la España mora. *Español* corría, pues, el riesgo de significar a los infieles, a los invasores, a los cuales se combatía desde hacía siglos, a los antiespañoles por excelencia, y esto hubiera resultado un contrasentido" (76), conclusión absurda, porque si lingüísticamente pudo no existir antes la forma románica "español", siempre existió la de "hispanus", la cual debía haber corrido, en tal caso, el mismo riesgo y, sin embargo, no sufrió nunca esa consecuencia temida por Aebischer.

Hace unos años, el erudito portugués, Alberto Pimenta contestó por vía de réplica directa, y sirviéndose de un método acumulativo, a la expuesta tesis que llamaremos de Giménez Soler. Pimenta resume de la siguiente manera la posición de los que llama modernos historiadores: "Spania o Hispania era el término con que los cristianos designaban, a partir de la derrota de Rodrigo (711), todo el territorio dominado por los árabes. En consecuencia, Spania o Hispania significa la España no cristiana. El territorio no musulmán no tenía designación genérica". Y

---

(75) Huici, "Las crónicas latinas de la Reconquista", I; págs. 59, 67 y 71.
(76) "El étnico español: un provenzalismo en castellano", en el vol. del autor, "Estudios de toponimia y lexicografía románica", ya cit., pág. 45.

frente a esto, tras analizar algunas de las referencias a España en la Albeldense, en la Crónica de Alfonso III, en la de Sampiro y en la Historia Silense, concluye que para los cronistas "España designaba ora el territorio bajo dominio musulmán, ora el territorio libre de tal dominio. Decir que algunas veces por la palabra España, en los Cronicones, debe entenderse la parte ocupada, es cierto. Mas esta interpretación está condicionada por las circunstancias que acompañan al hecho. Ir más lejos, como algunos han pretendido y continúan pretendiendo hoy, es pasar los límites de lo lícito." Estudia a continuación Pimenta los documentos: tres del siglo IX, uno del X, ciento dos desde mediados del XI hasta la segunda mitad del XII. De ellos, la consecuencia es aún más clara: España designa la tierra de los cristianos. Lo contrario no estuvo en la mente de los redactores de crónicas, ni en la de los que extendían los diplomas en las Cancillerías regias. Ello es tan sólo "obra de los eruditos modernos" (77).

Este escritor prestó un buen servicio con su estudio y por lo menos lo de asegurar que en el Norte peninsular se olvidó el nombre conjunto de España, se demuestra falso, teniendo que acudir, por lo menos, a afirmar un uso concomitante de las dos acepciones (78). Pero entiendo que el problema no se resuelve estadísticamente —o, mejor dicho, queda ya resuelto en la parte en que por ese procedimiento puede llegar a resolverse. Se pueden aumentar, probablemente de modo indefinido, los ejemplos de uno y otro lado, y lo que de ello se puede alcanzar a deducir, está ya claro. Hace falta pasar a una interpretación de los datos para tratar de comprender el hecho en su justo sentido. Y entonces, si bien no podemos sostener que aquél sea obra tan sólo de los eruditos modernos, sí cabe imputar a éstos una precipitada generalización del caso, tan desmesurada que desvirtúa la significación que cabe lícitamente atribuirle. Es necesario, para esa labor interpretativa, analizar las formas en que se presenta la aplicación del nombre de España a la tierra de los sarracenos.

Indudablemente, se tiene necesidad en los altos siglos medievales de dar un nombre conjunto a la tierra peninsular ocupada por los árabes, y

---

(77)   "A palabra Hispania nos doumentos medievais", en el vol. del autor, "Idade Media. Problemas e Soluçoes". Lisboa, 1946; págs. 21 a 61.

(78)   En la revista "Al-Andalus" (XI, 2.º, 1946; págs. 495-497) se publicó, firmada por S. Castellano, una nota escrita con estupendo desenfado, comentando adversamente el trabajo de Pimenta. Tal vez a éste se le pueda objetar, cosa que no se hace en dicha nota, el empleo de algunos textos sospechosos de inautenticidad, entre otros muchos auténticos de que se sirve. Estos últimos son suficientes para que las conclusiones del artículo puedan mantenerse en la medida en que nosotros lo hacemos.

un nombre tal que sea suficiente para distinguir esos árabes de los que se encuentran en otras partes. Este nombre no puede ser otro, en principio, que el de España, para cuyo empleo en esa acepción no hay inconveniente alguno, entre otros motivos porque es normal, hasta en medios cultos de la Edad Media, servirse de un mismo nombre para un espacio total y para una u otra de sus partes por separado. Los mismos documentos de la Curia romana llaman España a toda la Península y llaman simplemente rey de España al de León y al de Aragón, según los casos. De la misma manera, las fuentes cristianas de nuestra Edad Media llaman España al todo —por ejemplo, cuando se refieren a la época goda o dan noticia de la invasión sarracena—, y ello no empece para que, líneas después, denominen de la misma forma al espacio poseído por los árabes o a aquél en que reina alguno de los príncipes cristianos.

Sin embargo, la necesidad de llamar de alguna manera a la tierra de los moros conjuntamente, hizo que, con mucha más frecuencia que de la palabra España, se sirvieran de la de Córdoba, con la que se designa no sólo la estricta ciudad, sino la tierra que tienen sus reyes infieles, cuyos súbditos son llamados "cordobeses". La "Crónica Albeldense" y la "Profética" hacen reinar a sus príncipes en Córdoba. La "Crónica de Sampiro" y el "Chronicon Iriense" hablan también del "rex cordubensis" (79). Los "Anales castellanos primeros" contienen frases de este tipo: "fregerunt cortobesses civitatem Burgos" y "venerunt cortoveses ad Septemmankas", cosa que se repite en la misma larga lista de penalidades que cuentan los "Anales castellanos segundos" o "Annales Complutenses" (80). Estos últimos dicen, además, que el conde Sancho García colocó a Zuleiman "in regno cordubensi". Todavía para el Toledano, un caudillo moro que invadió Galicia es "dux Cordubae" (81). La acción paralela a la del conde Sancho que llevaron a cabo los catalanes, da lugar, con referencia a la intervención de éstos, a menciones análogas en la zona oriental. En el Cartulario de San Cugat encontramos referencias a Ramón Borrell, "quando introivit ad Corduba" o "reversus est a Corduba" (82). De las mismas formas se sirven las "Genealogías" del Códice de Roda (83). Y del lado propiamente aragonés tenemos que de Al-

---

(79) Flórez, XX, y Pérez de Urbel, pág. 312.

(80) "Anales castellanos". Discurso de recepción en la R. A. H., de Gómez Moreno; págs. 24 y 26.

(81) "Hisp. Illust", II; pág. 72.

(82) Ed. cit., doc. núms. 431 y 439, de 1010 y 1011.

(83) Ver Lacarra, "Textos navarros del Códice de Roda", en "Estudios de Edad Media de la Corona de Aragón", I; 235-237.

fonso el Batallador se dice "intravit in terra de Cordua" (84) o "rex Adefonsus erat in hoste in terras de Corduba" o "regressus est cum sua hoste de Cordoba" (85), y los documentos en que estas frases se contienen son coetáneos y referentes, en la misma región, al mismo hecho concreto a que aluden otros —más adelante los citaremos—, de los que dicen, en lugar de Córdoba, España. A la llamada "Historia segunda de San Voto", desde el rincón de San Juan de la Peña, le es conocida la misma denominación (86), que no sólo subsiste en la catalano-aragonesa "Crónica Pinatense" (87), sino que se conserva hasta el final de la Edad Media y todavía, a los reyes mahometanos de los primeros siglos, el maestre Fernández de Heredia, en su monumental "Crónica" los llama reyes de Córdoba (88).

Es sabido que, más allá de los Pirineos, expresiones como "paño, cuero, oro de Córdoba", designan objetos de esa clase, de procedencia hispano-musulmana. En la "Chanson de Sainte Foi" se dice que los paganos gascones de Agen cubrían sus templos de oro cordobés —d'aur cordoan" (verso 48)—; pero estos son casos en que más bien se hace referencia a la ciudad misma. La generalización de su nombre a la tierra y gente de los infieles mahometanos se da, claramente, en otras ocasiones. Así, cuando el trovador Marcabrú advierte a los almorávides que si esperan el ataque del señor de Castilla, "haremos enflaquecer a los de Córdoba —"Cordoa'il farem magrezir" (89).

Sin embargo, desde el comienzo del siglo XIII les es conocida a los cristianos una forma romanceada del término Al-Andalus con que los árabes denominan su tierra hispánica. Efectivamente, los "Anales toledanos I", cuya última fecha es la de 1218, hablan de los "andaluces" y de "toda Andaluz" (90). En la "Crónica latina de los reyes de Castilla", sobre 1236, se emplea la palabra y se la define geográficamente: "Handaluçia sic enim vocatur scimarina terra maurorum" y hasta se enuncia

---

(84) Del Arco, "Referencias a acontecimientos históricos en las datas de los documentos aragoneses", "En estudios de Edad Media de la Corona de Aragón", III; pág. 324. La fecha del documento citado es 1126.

(85) Lacarra, "Documentos sobre repoblación del valle del Ebro", 2.ª serie; núms. 129 y 130, de 1126.

(86) "Colección diplomática de San Juan de la Peña", publicada por Magallón; doc. núm. XIII.

(87) Ed. de Ximénez Embun, pág. 23.

(88) B. N., ms. 10.133-34, comienzo del vol. II.

(89) Riquer, "La lírica de los trovadores. Antología comentada"; C. S. I. C., 1948; pág. 62.

(90) "España Sagrada", XXIII; págs. 398 y 400.

la etimología que haría fortuna después —"populi handaluces vocatur quos quidam credunt vandalos esse" (91). En los "Anales toledanos II", cuyas noticias llegan hasta el año 1250, se emplea, para nombrar aquella tierra, la expresión, todavía vacilante, "la Andaluz" (92), y una fuente algo posterior, el "Cronicón Lusitano" repite la palabra "endeluces" para designar a los musulmanes de España, marcando una clara diferencia entre éstos y los mahometanos llegados en las últimas invasiones desde Africa, contra los que mantienen un espíritu de rebeldía esos andaluces (93). En los siglos xiv y xv el nombre de Andalucía se expande rápidamente y no es necesario que nos detengamos a comprobarlo.

A pesar de todo, es cierto que puede reunirse un nutrido grupo de ejemplos de uso del término España en la acepción, ya dicha, de tierra de moros, en número tan crecido que es suficiente para que no nos podamos limitar a negar su importancia por el principio de amontonar enfrente una mayor cantidad de ejemplos en los que la palabra se utilice en el sentido de la totalidad. Como, al mismo tiempo, esto último es perfectamente hacedero con referencia a cualquier época, y más aún —circunstancia que no ha sido tomada en cuenta hasta ahora—, como hasta en la baja Edad Media, época en la que nadie niega la aplicación del nombre de España a los reinos cristianos, se sigue designando también particularmente con ese mismo nombre la tierra de moros, lo mismo en Cataluña que en León-Castilla, no puede satisfacernos la tesis de que este último uso responda a un eclipse de la tradición hispánica en la alta Edad Media y nos sentimos obligados a buscar una interpretación que explique esos dos aspectos de la cuestión.

Empecemos por advertir que no sólo se desplaza a ese ámbito dominado por los árabes el nombre de Hispania, con las consabidas formas de grafía vacilante en que esa palabra se nos ofrece, sino también, aunque el hecho es raro, otras denominaciones eruditas equivalentes a aquélla. En la "Vita Sancti Raimundi Episcopi", escrita por el canónigo Elías, al parecer en el segundo cuarto del siglo xii, se dice del rey Alfonso el Batallador: "Rex Aragonum Ildefonsus omnipotens, bellicosus, triumphator, magnanimus proposuit dum ingenti Christicolarum exercitu Hiberiam penetrare" (94). Se trata de la misma expedición de Alfonso I a la que antes nos referimos y que da lugar en varias ocasiones a que se cite España como país en poder de musulmanes. En la "Vita Sancti Ollegarii"

(91) Ed. Cirot, pág. 122.
(92) Flórez, XXIII, pág. 402.
(93) Flórez, XIV; págs. 412-413.
(94) Villanueva, "Viaje", XV, 316.

cuyo autor es discutido y que Flórez publicó, se habla de otra expedición, "contra barbaras nationes Citerioris Hispaniae" (95). La "Historia Compostellana" menciona al rey almorávide Alí, quien "Hiberiae sceptrum habet in Agarenos" (96). De la misma manera se usa el plural Españas, según textos que veremos después y según insistentemente se hace en la "Historia Roderici", donde una y otra vez a la región que poseen los pequeños reyes moros dominados por el caudillo almorávide se la llama las Españas: "Yusef rex hysmaelitarum et aliis quam plures reges sarraceni Yspaniarum", y más adelante, "omnes Yspaniarum duces quicumque erant sub imperio Juzeph" (97).

Este es un dato que debemos retener, así como este otro: los cristianos medievales encuentran al enemigo sarraceno por todas partes. Este acosa y asalta a aquéllos, procedente de varios sitios. Por otra parte, los cristianos se dirigen a luchar contra tales infieles o entran en contacto con ellos en varios lugares. Y de ahí nace la necesidad de referirse no sólo a los sarracenos indiferenciadamente, sino a los de una u otra parte. Esto da lugar a que ya los "Anales reales" francos hablen de los sarracenos que de España atacan las islas o la costa de Italia (98). Esta necesidad de distinguir se observa en un documento del "Liber Feudorum Maior" —"erat in via de Jherusalem aut de Ispania" (99). En el llamado "Initium regnum Pampilonam", refiriéndose a la invasión que cortó la empresa por el Ebro de Alfonso VI, escribe "congregate sunt gentes barbarorum tam Spanis quam ultra maris" (100). Ramón Berenguer IV concede los sarracenos cautivos a los templarios, "aut illos que de alias partes per amorem Dei adduxeritis, vel de Hispaniam, que Deus ibi vobis dederit" (101).

Ambas observaciones, es decir, estos dos tipos de casos de aplicación del nombre de España al país de los árabes, nos permiten hasta ahora deducir un uso de sentido puramente geográfico, que en algunas ocasiones reviste especialmente el carácter de un cultismo. En el mismo sentido se dan los documentos que se refieren a viajes o desplazamientos de

---

(95) "España Sagrada", XXIX; pág. 476.

(96) Flórez, XX; pág. 350.

(97) Ed. de M. Pidal, "La España del Cid"; vol. II, apéndice; las citas en las págs. 930 y 955.

(98) M. G. H., "Scriptores", I, "Annales Einhardi"; la referencia en los años 807 al 813.

(99) Ed. cit., doc. núm. 724; entre años 1074 y 1102.

(100) "Textos navarros del Códice de Roda", ed. Lacarra, ya cit.; pág. 260.

(101) Lacarra, "Documentos sobre repoblación del valle del Ebro", 2.ª serie; núm. 241, año 1146.

gentes que van o vienen de tierra del infiel o, mejor dicho, de tierra del Sur. Ordoño I confirma al obispo Fatal, en 853, los bienes que le concedió Ramiro I, cuando de "ipsa Spania in regione ista ingressus fuisti" (102). Ordoño II, en 922, recuerda los fundadores de San Julián de Samos, en una donación al mismo monasterio: son el abad Argerico y su hermana Sara, los cuales "venerunt de finibus Espaniae" (103). Sancho I, en 960, firma una donación a Sahagún, "anno regni IIII et de adventu Ispanie II" (104).

Estos últimos documentos nos hacen patente el hecho estudiado, en tierras de Galicia y León, en los siglos IX y X, mucho antes de que el mismo se manifieste en la zona catalano-aragonesa, donde parece no se da hasta el XI. El Cartulario de San Cugat de Vallés nos proporciona algunos ejemplos, cuyas fechas son posteriores al año 1.000 (105).

Como en las escrituras citadas, también en fuentes cronísticas y literarias se da el mismo fenómeno (106).

---

(102) Sánchez Albornoz, "Documentos de Samos de los Reyes de Asturias", en "Cuadernos de Historia de España", IV; pág. 158. Ver también Gómez Moreno, "Iglesias mozárabes", I; pág. 93.

(103) Citado por Tailhan, "Les bibliothèques espagnoles du Haut Moyen Age"; pág. 279, nota 2.

(104) Barrau-Dihigo, "Notes et documents sur le royaume de Leon"; doc. núm. XVII.

(105) "Isto itinere quod ego facio ad Spania" (1010); "ut si mors me advenerit in terra de Espania" (1011); "perrexit in expedicionem in Ispanie partes contra sarraceno" (1024); "veniens quidam vir a partibus Yspanie" (1079, dudoso); "pergo in Spania ad regem de Marrocs" (1187). Todos ellos, salvo el citado en cuarto lugar, se encuentran en escritos de carácter testamentario. De un testamento procede también este otro caso, de 1041: "ego Gomballus volo pergere ad Ispaniam". (Ver documentos núms. 427, 441, 494, 695 y 1.172 de Lacarra, y "Cartulaire de Saint Victor de Marseille", publ. por Guérard; París, 1857; núm. 1.048.)

(106) Como en las escrituras citadas, también en fuentes cronísticas y literarias se da el mismo fenómeno. De un jefe moro, Mahamut, huído del Sur y refugiado en Asturias, se dice en la "Albendense": "de Spania... a rege cordobense fugatus", como se cuenta del rey Silo que "cum Spania ob causam matris pacem habuit", y al ejército que desde Córdoba va a someter a la rebelde Zaragoza se le llama "xercitu Spanie". (Ed. Gómez Moreno; págs. 602 y 606.) En la de Alfonso III se da cuenta de que Ordoño I repobló las tierras con gentes suyas y otras venidas "ex Spania". (Ed. Gómez Moreno; pág. 620.) En una noticia de la vida de Santo Domingo Sarracino, de la iglesia compostelana, se escribe que la crueldad de los israelitas "promovit se ex Hispaniae partibus adversus christianos", y destruida Simancas, con los pocos que conservaron cau-

Hay un grupo de documentos de procedencia catalana de los que resulta una variante en la significación del nombre de España que aquí nos ocupa. Se trata de cesiones, gratuitas u onerosas, de bienes que los mismos condes o señores subordinados hacen a iglesias o vasallos en la parte de España, lugar que no pueden entenderse ya como dominio propiamente de moros, sino como tierra de reciente conquista o de situación militarmente disputada y que, por ende, no se considera aún incorporada al núcleo del condado. En tal aspecto son tierras con condición militar y política de marcas, y así vemos que aparecen aproximados este último término y el de España (107).

Esto se debe a que España aparece como el ámbito de la actividad de conquista, la tierra en donde se desenvuelve trabajosamente la empresa de recuperación y ensanchamiento de los principados cristianos, dando lugar a un tipo tan definido de dominio y expedición militar, que en relación con esta última se enuncian, positiva o negativamente, derechos y obligaciones de la relación vasallática. La "Crónica Albeldense" nos ofrece también el primer ejemplo: Alfonso III "exercitum movit et Spaniam intravit" (108). Más tarde, el "Cronicon Rivipullense" recoge la acción combinada contra Mallorca, de catalanes y pisanos, en 1113: "pisani magna vi navium Hispania intrant" (109). La entrada de España, la hueste sobre España, la guerra de España, son conceptos que, con el carácter que acabamos de decir, se repiten en nuestros documentos. Ramón Berenguer I impone a un señor la obligación de permanecer en el castillo con su mesnada "dum comes aut comitissa fecerint aut habuerint guerram de Ispa-

---

tivos, "remanserunt ad Spaniam in Cordubensem urbem. (Flórez, "España Sagrada", XIV; pág. 397.) En los "Gesta Comitum Barcinonensium" se habla de un personaje que, huído a Córdoba, "in Hispania sub poenitentia obit". (Ed. Barrau-Dihigo y Massó; págs. 7 y 33.)

(107) Se da este caso en donación del conde Ramón Berenguer I a su mujer, la condesa Almodis, en 1063: "Advenerunt mihi, predicto Raimundi comiti, iam dicta castra... ex partibus Ispaniarum" ("Liber Feudorum Maior, doc. núm. 39). Ramón Berenguer III, en 1130, deja a su hijo "Barchinonam et comitatum Barchinonensem cum omnibus sibi pertinentibus et cum omni honore Marchiarum et Hispaniarum (ídem, núm. 493). Ramón Berenguer IV, en 1154, concede unas tierras en feudo: "de finibus, scilicet, de Barchinone atque Tortuose et Ispaniae" (ídem, núm. 244). En Aragón observamos un uso parecido (ver Lacarra, "Documentos...", 1.ª serie, pág. 27). Todavía Alfonso II hace donación al monasterio de Poblet de la villa de Cebolla, sita "in regione Hispaniarum" ("Cartulario del Monast. de Poblet", Barcelona, 1928, núm. 41).

(108) Ed. de Gómez Moreno; pág. 605.

(109) Villanueva, "Viaje", V; pág. 246.

nia" (110). En ese aspecto la definición legal de tal deber pasa a los *Usatges*, en aquella primera parte de los mismos que Valls Taberner ha llamado "la carta constitucional de Ramón Berenguer I" (111). Y de esta manera se repite en otros documentos. En diplomas de 1076 se impone al vasallo la obligación de que con los condes "teneatis pacem ad Ispaniam et faciatis guerram" (112), fórmula que en algunos documentos viene alterada por escribirse en lugar del de España, el nombre de los sarracenos. Es especialmente interesante la fórmula de cesión de unos castillos hecha por el conde de Pallars a un vasallo suyo, sujeta a la prestación de una ayuda militar, "in totas partes extra in oste de Ispania" (113). Creo que, por otra parte, todos estos documentos demuestran la intensa, la habitual participación de los catalanes en la guerra contra los sarracenos: es decir, la fuerte acción reconquistadora que, como manera normal de vida, se desarrolla en los condados catalanes en el siglo XI. Ello produce el intenso desarrollo del sistema llamado de las "parias de España" o tributos pagados por los moros a los condes y señores catalanes en virtud de su fuerte presión reconquistadora sobre aquéllos. Y por esa razón, de manera normal, sobre todo en los siglos XI y XII, se incluye en los contratos de reconocimiento feudal, como objeto de ayuda mutua entre señor y vasallo, y se señalan entre los bienes que se protegerán o defenderán, como villas, castillos, tierras, "et ipsas parias de Hispania" que se tengan o puedan tener (114), parias, honores y otras clases de bienes en tierra de moros —"istas palias et presentalias et donos et acreximentos... de cunctis partibus Hispaniarum (115). En una sola colección diplomática, en el tantas veces citado "Liber Feudorum Maior", aparecen mencionados parias y honores poseídos o que se puedan adquirir en España en cerca de cincuenta documentos (116).

También en Aragón hallamos conceptos análogos. La actividad de Alfonso I da lugar a múltiples referencias del tipo señalado. En la datación de un documento de donación real de tierras, en 1125, se dice

---

(110)   "Liber Feudorum Maior", doc. núm. 40.

(111)   Ver su art. del mismo título en A. H. D. E., VI, 1929; pág. 256.

(112)   "Liber Feudorum Maior", núms. 255 y 259. También en "Llibre Blanch", de Santas Creus, ed. de Udina Martorell, C. S. I. C., 1947; doc. núm. 16.

(113)   "Liber Feudorum Maior", doc. núm. 51, año 1094.

(114)   Colección citada, docs. 149 y 150, año 1063.

(115)   Testamento de R. Berenguer I. Colección citada, núm. 492, año 1076.

(116)   Núms. 149, 150, 172, 175, 176, 179, 203, 205, 217, 224, 226, 228, 235, 237, 238, 241, 288, 289, 292, 293, 294, 296, 304, 310, 337, 339, 340, 384, 386, 399, 404, 406, 424, 434, 435, 436, 437, 449, 451, 458, 480, 482, 581, 586, 588, que cronológicamente se extienden desde el año 1035 al 1198, aunque en su ma-

"quando exivit rex in illa hoste de Ispania" (117). Negativamente se define el mismo concepto jurídico-militar y se da prueba de su general aplicación, al obligarse el rey Pedro II, en carta de inmunidad a las iglesias de Tortosa, a no pedirles ni exigirles nada "nec aliquid causa Ispaniae expugnandae vel subjugandae" (118).

En rigor, los ejemplos que hasta ahora hemos citado no permiten deducir de una manera categórica, como una afirmación terminante, que el uso de la voz España, en el sentido que consideramos, tenga un carácter exclusivo. Para llegar a esta última conclusión sería necesario que los mismos documentos u otros coetáneos mostraran expresamente que lo restante no se llamaba nunca España, y aún que esa otra parte tenía un nombre que quedaba fuera del de España de manera inequívoca. Ahora bien, esto sólo se da en rarísimas excepciones. Como tales cuentan el documento que hemos citado antes en primer lugar de los referentes a Samos, o el texto de la "Vita vel passio Sancti Pelagii", escrita en Córdoba a mediados del x por el presbítero mozárabe Raguel, en donde se cuenta de los musulmanes que "totius Hispaniae hostes contra Gallaetiam moverentur" (119), o, finalmente, los del tipo de los escasísimos documentos catalanes —aparecen tres en todo el "Liber Feodorum Maior"—, en los que se habla de honores o feudos "tam de Christianitate quam de Hispania" o "nom solum in Christianitate sed eciam in Ispania" (120), aun cuando estos últimos casos son dudosos, por cuanto el término Cristiandad no es nunca un corónimo y no hace alusión a un país, excluyendo a otro, sino que es una vaga referencia a la tierra de cristianos, cualquiera que sea el país en que se dé. Son, de todos modos, estos que acabamos

---

yor parte pertenecen a la segunda mitad del xi y primer tercio del xii. Esto explica la frecuente mención de la moneda "de Ispania", cuyo uso es frecuente: en el mismo "Liber", documentos núms. 157, 251, 555; en "Cartulario de San Cugat", núm. 554, año 1041. Acerca de las parias como sistema de predominio sobre los moros, especialmente en el siglo xi, ver. M. Pidal, "La España del Cid", I; pág. 85 y ss.

(117) Lacarra, "Documentos...", segunda serie, núms. 127, 128, 171 y 173; año 1126: "quando fuit in partibus Yspaniae, scilicet, Valencia, Granada et Murcia et in alias multas partes Yspanie"; año 1138: "auno quod rex Aldefonsus Santionis filius faciebat suas buzas et suas galeras per ire in Hispania"; ídem: "missit suas bucas et suas galebas in Çaragoça in Ebro cum Dei gratia per ire in Hispania".

(118) Villanueva, "Viaje", V, pág. 274.

(119) Flórez, "España Sagrada", XXIII; pág. 230.

(120) Documentos núms. 303, 407 y 416, respectivamente, de los años 1082, 1106 y 1199.

de mostrar, casos excepcionales, de puro carácter extravagante, sobre los cuales toda inducción generalizadora es, no ya imprudente, sino incuestionablemente errónea.

Sobre el tipo normal de todos los demás ejemplos hay que hacer una serie de observaciones. En primer lugar, se trata siempre de una palabra tomada en un sentido puramente geográfico. No se dan nunca, en relación con ese uso, referencias en el sentido de ámbito de fama, de honor, de costumbres, de un destino histórico, como se dan, en cambio, incontable número de veces cuando se habla de España como país de los cristianos.

En segundo lugar, aparece ese uso por primera vez, con una anticipación de cerca de dos siglos, en el rincón astur-gallego. Alvarez Rubiano, en un breve artículo en el que examina sólo las escasas crónicas —y no todas— de la primera fase astur-leonesa, trata de explicar el hecho por la razón de que los territorios del Norte, con vascos, suevos, etc., sólo fueron dominados por los visigodos a partir de Leovigildo y permanecieron poco tiempo integrados en el reino visigodo. Sólo más tarde, según él, en los cronicones posteriores a la "Albeldense", la cual representa, según su punto de vista, el momento de pérdida de la idea hispánica, empezaría a aparecer el sentimiento de una España total (121). Es posible que, en parte, tenga razón Alvarez Rubiano. Ya hemos señalado el particularismo con que Galicia aparece hasta en el Biclarense, y las huellas de aquél, extendiéndose por todo el Norte cantábrico hasta Pamplona, las hemos constatado en alguno de los Anales carolingios y en documentos de los cristianos peninsulares.

En cualquier caso, contra lo que Alvarez Rubiano y Sánchez Alonso pretenden, no puede decirse de ninguna manera que la "Crónica Albeldense" represente el momento de olvido del nombre en su significado total. Aun renunciando a los sutiles argumentos de Pimenta sobre el valor de alguno de los ejemplos de la "Albeldense" que se suelen citar, dejando de lado, además, las noticias geográficas contenidas en la miscelánea preliminar de esa Crónica, cuyo sentido es incuestionable, pero cuya fecha es más tardía; lo más que se podría llegar a decir es que, por única excepción, en la "Albeldense" se incurre en aquel olvido, pero sin dar a este hecho el valor de una fase o momento histórico en el que ese olvido tuviera lugar con carácter general. Coetánea de la "Albeldense" es la "Crónica de Alfonso III", en la que la significación que el nombre ofrece en las palabras famosas puestas en boca de Don Pelayo, es decir, la "Spa-

---

(121) "El concepto de España en los cronicones de la Alta Edad Media", en la revista "Príncipe de Viana"; año 1942, núm. VII; págs. 149-154.

niae salus", no deja lugar a duda alguna, así como tampoco la profunda
convicción que en ella se da de que a los cristianos pertenece legítimamente esa "Spania". Y por los mismos años que la "Albeldense" y la
"Alfonsina" se redacta la "Crónica Profética", en la que el sentimiento
patriótico concentrado en la palabra España enciende la viva esperanza
de su salvación providencial. Sólo esto —y luego volveremos más ampliamente sobre el tema— nos permite llegar a una tercera observación:
no se trata de una pérdida del nombre de España para los países cristianos, como Levy Provençal y otros sostienen, producida históricamente
en un momento dado, sino a lo sumo manifestada circunstancialmente en
algunos textos y documentos que son incomparablemente menos que los
otros, según la acumulación de pruebas que llevamos hecha en los capítulos precedentes, más la de tantas otras menciones de España que recogeremos en la segunda parte de nuestro libro, y que podrían ser reunidas
aquí de no ser porque las reservamos para el momento en que nos ocupemos de otros matices muy específicos de nuestro tema.

La comprobación del uso vacilante que del nombre de España, en la
acepción de país dominado por los árabes, se hace en el rincón nord-occidental de la zona cristiana nos lleva, en cuarto lugar, a la conclusión
de que es completamente inexacto presentarlo como un fenómeno típico
catalán y basar en ello conclusiones históricas. Estas llegan a ser de todo
punto absurdas cuando se aducen en apoyo de un pretendido apartamiento de la Reconquista, cuando precisamente, en relación con Cataluña, los
ejemplos recogidos nos llevan a estas dos conclusiones: a) Que la acción
militar de recuperación del territorio de España constituye una actividad
general, la cual vimos alcanzar una formalización jurídica con derechos
y obligaciones tan normales, que su exclusión ha de hacerse constar en
contratos vasalláticos y cartas de inmunidad. b) Que, como hecho típicamente catalán, se da el de llamar Hispania a esa zona en la que, por vía
de parias o de posesión de honores y castillos, se hace efectivo un dominio que legítimamente, y por ser como de cosa propia que se recupera,
se espera que Dios vaya aumentando.

La persistencia de este sentimiento de legitimidad de la pertenencia
a los cristianos del Norte de la tierra ocupada por los árabes, el cual, de
por sí, es difícil de explicar si se considera que aquéllos están fuera del
ámbito de España, se refuerza con una observación fundamental que
nos queda por hacer. Aclaremos que estimamos difícil de explicar aquel
sentimiento de otra manera, porque es claro que no deriva entre los hispanos de la idea europea acerca de la licitud con que los cristianos pueden permitirse arrancar las tierras, cualesquiera que éstas sean, a los infieles de condición agresiva. Esta tesis, de carácter universal, formulada

algunas veces por los Papas —por ejemplo, con motivo de la expedición de Ebles de Roucy—, sabido es con qué frialdad u hostilidad, según las circunstancias lo permitían, fue acogida en los principados españoles. Pero la observación que queremos añadir es ésta:

Es cierto que se da geográficamente el nombre de España a la tierra en poder de los sarracenos. Es cierto también que —como vimos en relación con la "Historia Roderici" o hallamos también en los "Gesta Comitum Barcinonensium"— se habla en ocasiones de los "reges", "duces" o "principes Hispaniae". Fuera de la Península, la "Crónica de Moissac" y alguna otra llaman al de los infieles "rex Spaniae" (122), y expresión análoga se encuentra todavía en el Tudense, en un pasaje al que luego nos referiremos. A veces se produce una distinción en textos peninsulares que no deja de ser interesante, como aquella de un testamento, ya también mencionado, del "Liber Feudorum Maior" —"pergo in Spania ad regem de Marrocs". Pero lo que no se da nunca, en cambio, es que a los sarracenos que habitan y dominan en ese espacio de Hispania se les llama "hispani". Dentro y fuera de la Península, en las zonas de ésta, oriental y occidental, los "hispani" son siempre cristianos. Lo son, sí, los que habitan los territorios libres del Norte; lo son también los mozárabes. Sostener que el "homo spaniensis" designa al mozárabe es indudable, siempre que no se vaya a creer que sólo designa a él. Entre los numerosos textos analísticos y cronísticos que hemos utilizado y algunos miles de diplomas analizados, sólo hemos encontrado un ejemplo en sentido contrario, es decir, en el que se da el nombre de hispanos a los sarracenos de la Península, distinguiéndolos de los de Africa. Y se trata, en este caso tan particular, de una fecha y de una fuente historiográfica concreta que no ofrecen duda alguna en relación al uso de los términos España y españoles. Ello indica la ausencia de todo matiz significativo en esa tan singular excepción. Nos referimos, una vez más, al "Chronicon Mundi", de Lucas de Túy, en el que leemos: "Facta igitur concordia inter Sarracenos, Hispanos et Africanos..." (123).

Tenemos, pues, con esto, el hecho extraordinario de que España, espacio ocupado por los sarracenos, en cuanto que país, sólo confiere su naturaleza —natio— a los cristianos, sean éstos, indiferentemente, de una u otra parte.

En consecuencia, España, como mero nombre geográfico, se asigna a veces a la parte de aquélla ocupada por los árabes, debido a una serie de

---

(122) M. G. H., "Scriptores", I; pág. 291.
(123) "Hisp. Illust.", IV, pág. 101.

razones: 1.ª Que esa tierra, dominada por ellos, se llama efectivamente España. 2.ª Que es un fenómeno medieval frecuente dar a la parte el nombre del todo, sin que éste pierda su propio valor de totalidad. 3.ª Que el hecho de nombrar a esa tierra España es la formulación programática de la empresa de la Reconquista y lo que principalmente legitima ésta, engendrando este uso un hábito que lleva luego, en casos extravagantes, a una confusión. 4.ª Que esta confusión es una muestra, entre tantísimas, de la confusión de nombres geográficos en las fuentes medievales, sin que eso autorice a sacar conclusiones que están en pugna con una masa ingente de hechos.

Sólo esta interpretación hace posible la explicación de un dato que de otro modo es imposible de entender: el doble empleo simultáneo de la palabra España en el sentido de tierra ocupada por los sarracenos y de ámbito de los principados cristianos del Norte, fenómeno que se produce frecuentemente, no sólo en diversos textos cronísticos o diplomas de una misma época y región, sino en el cuerpo único de un solo documento.

Ciertamente, el tipo de argumentación que hemos desenvuelto hasta ahora nos permitiría llegar a la siguiente conclusión, que ya de por sí es bastante diferente de lo que se ha venido habitualmente sosteniendo: no se trata de un olvido del nombre y de la idea de España entre los cristianos en una fase determinada —puesto que en fuentes historiográficas y diplomáticas coetáneas unas veces se da el fenómeno y otras no—, ni tampoco de olvido en una zona particular —puesto que se manifiesta el doble uso de la expresión en todas partes y, a la vez, en cada una de las regiones se encuentran, a un mismo tiempo, ejemplos de la doble acepción—. Cabe entonces pensar, como antes adelantamos, que se trata de un olvido ocasional en unas fuentes, contrariamente a lo que otras nos prueban. ¿Es esta la solución que proponemos? Francamente, esta solución dualista no nos satisface, y para sentir así es base suficiente el hecho que antes hemos enunciado: hay casos en los que, en un solo y mismo texto, se nos dan las dos acepciones. ¿Cómo entonces hablar de olvido de algo que unas líneas después se tiene presente, o viceversa? El interesante fenómeno de la simultaneidad, cuando se ofrece en un mismo documento, nos obliga a buscar otra explicación.

Este último es el caso de la "Crónica de Alfonso III", en la que a la rotunda y vibrante exclamación sobre la salvación de España se corresponde, en contrario sentido, aquella frase en que da noticia de que los de Alfonso II aniquilaron una multitud de infieles —"quinquaginta milia sarracenorum qui ad eum ex provinciis Spaniae advenerant interficiut"

(124). Ello nos corrobora que desde el origen mismo del fenómeno que estudiamos se da claramente la simultaneidad. Esta no es, por tanto, manifestación de una fase intermedia y vacilante, sino que se da en todo momento. No deriva de un momento de cambio, sino que se observa desde el principio y, de la misma manera, se continúa en la línea de la historiografía castellano-leonesa, hasta el final de la Edad Media. Sánchez Alonso cita los casos de la "Historia Roderici" y del Cronicón Lusitano. Hay que añadir el de los ' "Annales Compostellani", cuyas tres referencias a España ya analizamos. Y, finalmente, está el caso de la Crónica de Lucas de Túy, en la que el concepto total y el hondo sentimiento patriótico en relación con España no empece que, por reproducir textualmente una frase de la "Crónica de Sampiro", en su doble redacción, pelagiana y silense, se escriba: "dux quidam Yspanie et procosul nomine Abohalit" (125).

No hay en nuestra Edad Media nadie que como el emperador Alfonso VII hiciera uso del nombre de España con un sentido más directo y lleno de contenido histórico, más constante y territorialmente total. Y, sin embargo, en 1136, Alfonso VII, llamándose "Hyspaniae imperator" y actuando a título de tal sobre el reino aragonés, en diploma de confirmación de la cofradía de Belchite, emplea el nombre de Hispania para designar la tierra al sur del Ebro, el lugar geográfico en el que había de desenvolverse la acción militar de la cofradía —"in Hispania" (126). En otro importante documento suyo, en el que aparece titulado de la misma manera, se usa este último término también en la acepción de tierra en poder de los moros. Nos referimos al texto del Tratado de Tudellén, en 1156, entre aquel rey y Ramón Berenguer IV, por el que se establece un convenio de reparto "de terra Ispaniae quam modo sarraceni tenent" con referencia a Valencia, Murcia, etc. En el mismo documento se encuentra la frase que conocemos ya de otros excepcionales casos, y

---

(124) Ed. Gómez Moreno, pág. 618.

(125) Ver Pérez de Urbel, "Sampiro y la monarquía leonesa en el siglo x", pág. 281, y Lucas de Tuy, en "Hisp. Illust.", IV, pág. 79. Sampiro, a su vez, depende de la "Albendense", que llama a ese personaje "cónsul Spaniae" (Ed. G. Moreno, pág. 604).

(126) Rassow, "La cofradía de Belchite", en A. H. D. E., 1926, III, páginas 220-221. Rassow inserta la siguiente nota en el texto de su estudio: "Según documentos hallados por el señor Galindo, Hispania significa, en los documentos de la época del Batallador, la parte española que, por estar aún en poder de moros, había de ser reconquistada por los cristianos..." Ni Rassow ni monseñor Galindo advertían que ésa no podía ser solución suficiente si el propio otorgante de la escritura la hacía encabezar con su título de "imperator Hispaniae".

que, por ser la forma más extrema del fenómeno que estudiamos, nos confirma, al descubrirla en este lugar, que no cabe lícitamente deducir nada de ella: "tam Ispaniae quam christianorum" (127). Un acto de naturaleza análoga tiene lugar entre Alfonso VIII y Alfonso II de Aragón: el Tratado de Cazorla de 1179. También se trata de un acuerdo "super divisione terre Ispania" —"Dividunt, namque, inter se terram Ispanie hoc scilicet modo...". La alusión a la frontera de Biar demuestra que la "terra Hispaniae", que luego vuelve a citarse, es la tierra de moros (128). Y, finalmente, citaremos el precepto de Ramón Berenguer IV, organizando la Orden de los Templarios en Cataluña, establecida, según se declara, "ad defendendam occidentalem ecclesiam quae est in Hispaniis, ad deprimendam et debellandam et expellendam gentem Maurorum". Se trata "de constitutione Christe militiae in Hispaniis adversus Mauros". Y en estas dos menciones, sobre todo en la primera, es incuestionable que se alude a la tierra de cristianos. En cambio, es dudoso, por lo menos, el sentido, cuando poco después se declara que los medios que se le otorgan a la Orden se fundan "ad exercendum officium militiae in regione Hispaniae contra sarracenos", y francamente se refiere a la tierra de moros cuando a los caballeros templarios se les concede el quinto "in omnibus vero cavalcatis vel expeditionibus Hispaniae" (129).

La coexistencia de las dos acepciones es muy frecuente y se da en toda clase de documentos. Añadamos alguno de tipo diferente de los que llevamos vistos. A fines del siglo XII, según datación de su editor, Villanueva, el "Oficio de San Raimundo", de la catedral de Roda, junto al "venit Yspaniam" o a la mención de los "Yspaniarum incultos mores" emplea la expresión "intrat Yspaniam", aludiendo a tierra de dominio sarraceno (130). Ello prueba la presencia del caso que consideramos en una nueva clase de escritos y en una región más, la zona fronteriza ribagorzana. Pero también aquí, dentro del escaso número de referencias, dos se presentan en el sentido de país de los cristianos y sólo una en el de territorio de los musulmanes.

Desde los orígenes de la historiografía catalana o por lo menos, desde la primera de sus fuentes conocidas en que el fenómeno aparece, se da también el empleo simultáneo, también mucho más frecuente siempre

---

(127) "Liber Feudorum Maior", doc. 29, vol. I, págs. 39 y ss.

(128) "Liber Feudorum Maior", doc. 35, págs. 43 y ss.

(129) "Marca Hispánica", columnas 1.291 a 1.294. Citado por Kehr, "El Papat y el Principat a Catalunya...", en "Estudis Universitaris Catalans", XIV, 1929; pág. 23.

(130) Villanueva, "Viaje", XV; págs. 324 y 326.

en el sentido de la España entera o cristiana que en el de la España de los sarracenos. En el "Chronicon Rivipullense" se menciona cuatro veces el nombre de España, una de ellas, que ya conocemos, en el sentido de tierra de moros; otras tres, en el de la acepción opuesta, es decir, como ámbito total o de cristianos, en el cual tenía tan clara conciencia de encontrarse el redactor del texto, que le vemos escribir, en comentario al año 1087, lo de "arabes venerunt in Hispania" (131).

Es sumamente elocuente el caso de los "Gesta Comitum Barcinonensium", en sus dos redacciones latinas (la primera y la definitiva, según las llamó su editor Barrau-Dihigo), y también en su redacción catalana, considerada por dicho erudito como posterior a las anteriormente citadas, contra los argumentos, no muy convincentes, de Massó Torrents, que hizo la edición de la misma. La redacción primera menciona cuatro veces a España como tierra de moros, con un mero valor geográfico, y otras cuatro como tierra de los reyes cristianos, cuyas discordias lamenta, presentando favorablemente los esfuerzos de Alfonso II por reunirlos, dando con esto a la expresión un contenido político manifiesto. Pero en la redacción definitiva, las menciones del primer tipo han quedado reducidas a dos, mientras que las del segundo suben a nueve —entre ellas, las que se relacionan con Alfonso II, las cuales adquieren mayor vigor, una nueva en relación con Jaime I, haciendo a España objeto de preocupación por el peligro que la puede alcanzar, y, dejando aparte las demás, otra cuyo germen se encuentra en la redacción primera, pero que ahora cobra un valor extraordinario, referente a Ramón Berenguer el Viejo, cuyo principado hispánico afirma (132).

Con todo, el empleo, con el sentido indicado, del vocablo España, durante la baja Edad Media subsistió, aunque sin fuerza ninguna. En la *Crónica* de Desclot aparece en una ocasión (133), en la de Muntaner,

---

(131)   Villanueva, "Viaje", V; pág. 246.

(132)   De este modo, R. Berenguer I es exaltado sobre el conjunto, dotado de innegable solidaridad, de los príncipes cristianos de España. Que ésta es la interpretación auténtica del texto nos lo confirma la redacción en catalán, que distingue entre los "princeps d'Espanya" y los "reys de sarrahins" (Ed. cit., páginas 32 y 126, respectivamente). Dependiendo en esta parte de su texto de los "Gesta comitum", la "Crónica Pinatense" recoge la anterior afirmación del principado en España del conde barcelonés, convirtiéndola, con pérdida de su brioso sentido político, en un mero elogio de sus virtudes personales: "fuit multae excellentiae et virtutis et tantus inter barones ispaniae et etiam sarracenos...", distinguiendo, con un sentido unívoco de la palabra España, los señores que a ella pertenecen, de los que quedan del lado sarraceno (ed. cit., pág. 113).

(133)   Ed. cit., II; pág. 66.

en otras dos. Llama este último "la via d'Espanya" a la dirección de unas galeras enviadas contra los moros (134). Y es curioso observar que en Castilla esa misma expresión de "la vía de España" es conocida del autor del "Victorial" o "Crónica de do:: Pero Niño" (135), confirmándonos la impresión de que en uno y otro caso no se trata más que de una indicación de lugar (136).   .

Y no sólo en el momento final que representa la "Crónica" del Tudense y las últimas referencias que acabamos de hacer, sino en todo el largo tiempo de su duración, la pretendida reducción del nombre de España a la zona peninsular bajo dominio sarraceno no significa, de ningún modo, un eclipse de ese nombre entre los cristianos del Norte, sino que tal fenómeno, coincidente siempre —en todo momento, en todo lugar y en toda clase de fuentes— con la aplicación del mismo nombre a toda la Península o a la parte de los cristianos, es un simple caso, análogo a tantos otros, del uso medieval tan frecuente de designar de una misma forma el todo y la parte. Es, por consiguiente, un caso idéntico al de llamar España a la totalidad de la Península, según la tradición romana, y a uno u otro de los reinos cristianos.

Si la proporción numérica de los datos reunidos parece autorizar la conclusión de que en Cataluña se da una mayor tendencia al uso de esa acepción, en realidad ello no es rigurosamente exacto, porque no está dicho todo lo que interesa al caso. Para deshacer esa falsa impresión basta con tener presente que en los dos más importantes conjuntos historiográficos castellanos, en las "Tres Crónicas" de Sánchez de Valladolid o en las cuatro crónicas reales de López de Ayala, apenas si llegan a una docena los pasajes en que la palabra España se usa; en cambio, en la sola *Crónica* de Desclot pasan de veinticinco, y en la de Muntaner llegan a veinte, sin que, ni en una ni en otra, se traten para nada ni la fase del dominio visigodo ni el episodio de la invasión sarracena, que eran los dos temas en relación a los cuales surgía habitualmente la alusión a España.

Con la sobria elocuencia de este dato estadístico cerramos la primera

---

(134) Ed. cit., fasc. V, pág. 15; ver también fasc. VI, pág. 10.

(135) Ed. cit., pág. 136.

(136) Alguna vez se han citado, atribuyéndoles el sentido de que nos hemos ocupado, las palabras en que Fernán Pérez de Guzmán llama a Alfonso VII "vencedor de España". Sin embargo, aquí España significa el conjunto de los

parte de nuestro estudio. Ahora cabe preguntarse, ciertamente, sobre el sentido y el valor efectivos de esas y otras menciones de España. Dilucidar ese nuevo aspecto de la cuestión es el objeto de los capítulos que siguen.

---

reinos peninsulares: cuenta el autor que Alfonso VII impuso su superioridad a Aragón, Portugal, los moros, además de Castilla y León; en consecuencia,

> "Por esta causa llamado
> fue de España vencedor,
> porque fue rey e señor
> en parte en cada reynado."

(Copla 243, "Loores de los claros varones de España", ed. Foulché-Delbosch: "Cancionero castellano del siglo xv", N. B. A. E., vol. I, pág. 733.)

SEGUNDA PARTE

REGNUM HISPANIAE

CAPITULO VI

LA IDEA DE RECONQUISTA COMO PROGRAMA DE NUESTRA HISTORIA MEDIEVAL

Desde los primeros momentos hasta el final de la larga lucha sostenida por los reinos cristianos contra el señorío de los árabes en la Península, durante cerca de ocho siglos, la palabra España aparece ligada estrechamente, más aún, esencialmente a esa tan singular acción. En este aspecto, España designa en nuestra Edad Media el ámbito de una Reconquista y el objeto o término último de la misma. No es, pues, posible entender lo que España significa para los cristianos medievales sin aclararse esa conexión entre España y la empresa histórica que en ella se desenvuelve y que la postula como su propia meta.

Probablemente no hay otro país en el que se dé un hecho tan extraordinario como el que representa aquel que, llenando todo el período de nuestra Edad Media, se ha llamado "la Reconquista". Probablemente también, a ningún otro país como al nuestro —y ello es así precisamente por las condiciones creadas por aquel hecho— se puede aplicar la tesis de Pirenne, quien hace comenzar la Edad Media, de la invasión sarracena, por considerar que la peculiaridad de esa fase de la Historia de Europa depende de la situación económica, política y cultural que surge de las condiciones producidas por esa invasión en los países limítrofes del Mediterráneo occidental. En cambio, estima Pirenne que el estado de los pueblos germánicos hasta el cierre del Mediterráneo, ocasionado por las conquistas sarracenas, es una mera continuación del final de la Antigüedad (1). En los dos aspectos, la idea es especialmente aplicable a España:

_____

(1) Pirenne, Henry, "Mamoetto e Carlomagno" (versión italiana). Bari, 1939: "De cualquier lado que se mire, el período que se abre con el establecimiento de los bárbaros sobre el territorio del Imperio no ha introducido en la historia nada de absolutamente nuevo... el carácter esencial de la Romania sigue siendo mediterráneo... Viendo las cosas como son, la gran novedad de la época es un hecho político: una pluralidad de Estados sustituye a la unidad del Estado ro-

porque tal vez ninguno de los otros pueblos germánicos occidentales realiza tan cumplidamente la idea de continuación de la romanidad como los visigodos españoles y porque en ninguna parte como en España las condiciones de vida que habían subsistido hasta entonces sufren tan honda perturbación por obra del avance del Islam. Y esas dos circunstancias son tan peculiares y radicalmente decisivas que de ellas deriva a su vez lo más característico de nuestra Edad Media, lo que hace de ésta una unidad de empresa histórica, precisamente desde su comienzo hasta su fin.

Nada hay, por las razones antedichas, que se parezca en Europa a la Reconquista española. El fenómeno que más pudiera parecerse al español es el de la eliminación de los turcos del rincón sud-oriental de Europa, pero aun éste que es más corto en su duración, no tuvo su comienzo hasta muchos años después de la conquista turca y, en cualquier caso, su resultado final sería, más bien, obra del cálculo político de potencias extrañas.

En general, las invasiones o se han eliminado en mucho menos tiempo o se han aceptado, perdiéndose el recuerdo del estado anterior o se ha llegado a una amalgama o reparto que ha puesto fin de hecho, al sentimiento de extrañeza que la irrupción del nuevo pueblo había producido en sus primeros momentos. Los húngaros, los francos, los normandos, los suevos, los lombardos, etc., etc., invasores, con muy diferentes consecuencias, del Occidente europeo, nos darían numerosos ejemplos de lo que acabamos de afirmar. Según Pirenne, los invasores germánicos fueron absorbidos por las poblaciones indígenas romanizadas, porque no tenían nada que oponer a la cultura romana; los árabes, en cambio, llevaban

---

mano..., pero son tan sólo fragmentos del gran conjunto que reemplazan" (páginas 149-150). Fuera de esto, la lengua, la moneda, la escritura, los pesos y medidas, la alimentación, las clases sociales, la religión, el arte, el derecho, la administración, los impuestos, la organización económica, se conservan". En otros términos, la unidad mediterránea, que constituye la esencia del mundo antiguo, se mantiene en todas sus manifestaciones" (pág. 152). Con la irrupción de los musulmanes en Occidente "aparece una nueva religión, una nueva cultura; el Mediterráneo occidental, convertido en lago musulmán, deja de ser la vía de los intercambios comerciales y de las ideas, lo que no había dejado de ser hasta aquel momento. El Occidente se ve embotellado y constreñido a vivir en las condiciones de un frasco cerrado". La decadencia que estos hechos traen consigo lleva a la caída del reino merovingio y al surgimiento de una dinastía germánica: los carolingios". Todas las consecuencias de estos acontecimientos aparecen claras después de Carlomagno... Europa, dominada por la Iglesia y la feudalidad, adquiere una nueva fisonomía. El Medievo —para conservar la locución tradicional— comienza" (pág. 322).

consigo una creencia nueva y esto los hizo inasimilables. En cualquier caso, son ejemplos de inverso destino, cuya diferencia toma en España dramático relieve.

En España, la precedente invasión de los visigodos se había transformado en un claro ejemplo de asimilación, como es bien conocido. Sin embargo, este interesante fenómeno no deja de ofrecer su complicación. No se trata, en ningún caso, de una recepción fácil e inmediata, aunque el cansancio que de la dominación romana experimentaban las poblaciones indígenas permitiera que, por lo menos, fuese relativamente rápida. Si tomamos en consideración las fuentes históricas del siglo IV, podremos apreciar el angustiado estado de ánimo con que sus contemporáneos presenciaron, en España, Galia, Africa, la irrupción de los germanos y también cómo esas fuentes testifican la conciencia de una diferencia racial, cultural y religiosa, profunda, entre la población romanizada a la que los escritores pertenecen y los nuevos grupos invasores. En esas fuentes, incluso se contienen maneras de ver análogas a las que, en otras posteriores, encontraremos con referencia al paso de los sarracenos; por ejemplo, la despoblación de la tierra tras la ola de los bárbaros. Courcelle ha escrito un hermoso libro sobre el tema, al cual nos remitimos (2). Aparte de los datos tan numerosos y elocuentes que recoge Courcelle, entre los cuales figuran muchos de Orosio, éste, con profundo patetismo, hablando de la miseria y ruina que las invasiones han traído, aduce su personal experiencia de estos infaustos hechos: "nos quoque in Hispania Tarraconem nostram ad consolationem miseriae recentis ostendimus" (3). La población hispano-romana contempló con horror la llegada de los visigodos y otros pueblos bárbaros —al igual que, por su parte, se observa en galo-romanos y afro-romanos. Sin embargo, a pesar de que se siga sabiendo perfectamente que es un pueblo extraño venido de fuera; a pesar de que subsista la separación religiosa, el proceso de aceptación de los visigodos avanza de forma tal que para dos eclesiásticos, Juan de Biclaro y San Isidoro, el príncipe Hermenegildo, reconocido luego santo por la Iglesia, será considerado como un reprobable tirano en cuanto que rebelde contra la legítima autoridad de su padre (4).

En España, pues, en donde a través de los trescientos años precedentes se había aceptado y asimilado de la manera más completa, no siendo obstáculo a ello la heterogeneidad religiosa y racial, la invasión germánica,

---

(2) "Histoire littéraire des grandes invassions germaniques". París, 1948.
(3) "Historiarum", VII, 22, 8; ed. cit., pág. 261.
(4) Bidarense, 13, 3; ed. cit., pág. 25, San Isidoro, "Chronica gotorum", ed. Mommsen, pág. 287.

se levanta, poco después de la entrada de los árabes, un movimiento de repulsa que muy pronto formula como programa de su acción política la expulsión de esos nuevos elementos extraños, programa que se mantiene hasta su consecución, ocho siglos después. Desde el comienzo, pues, al contrario de lo que en el anterior caso de los visigodos había sucedido, se levanta una radical repulsa de la nueva invasión: el árabe es un invasor injusto que no podrá alcanzar la legítima posesión del dominio sobre España, en consecuencia de lo cual se plantea una lucha que, apenas empezada, se declara que ha de continuar hasta la expulsión de los intrusos— "dum predestinatio usque divina dehinc eos expelli crudeliter jubeat", dice desde su temprana fecha la "Crónica Albeldense" (5).

Sobre los orígenes de este movimiento de reacción la leyenda tejió su relato, que todavía está siendo discutido por la crítica histórica (6); pero esa misma leyenda, una vez urdida, pasó a constituir un factor de capital importancia en nuestra historia ulterior.

En ella encuentra expresión el aspecto político de la Reconquista, que, por medios de guerra o de cualquier otra naturaleza, según las circunstancias, se ha orientado siempre a la meta de la recuperación del señorío político de la Península. Recuperación, restablecimiento, restauración: son las palabras a las que hemos de acudir —según nos son dadas por los mismos documentos de la época—, para caracterizar la acción de los principados cristianos de nuestra Edad Media, que no se traduce tan sólo en una actividad bélica conquistadora, sino más propiamente en el desarrollo de una empresa política —naturalmente y, en consecuencia, también militar— de Reconquista.

Hay que reconocer, con Menéndez Pidal, que "es arbitrario negar a la alta Edad Media española un concepto nacional y una idea precisa de la misión reconquistadora, ya se creyese realizar esa misión por cada uno de los dos reinos aislados, ya en frecuentes coaliciones y alianzas constituídas para los momentos de acción más enérgica (7). Dejando aparte lo

---

(5) Ed. de Gómez Moreno; pág. 601.

(6) Los resultados de las modernas investigaciones han sido recogidos y sistematizados por García de Valdeavellano, "Historia de España, I. Desde los orígenes a la Baja Edad Media". Madrid, 1952; págs. 379 y ss. Sánchez Albornoz ha vuelto a defender la autenticidad de los primitivos relatos cronísticos, en su artículo "El relato de Alfonso III sobre Covadonga", en Rev. de la Fac. de Fil. y Letras. Tucumán, 1957, III, 9.

(7) "España del Cid"; vol. I, págs. 73. Ver del mismo autor, "La Historiografía medieval sobre Alfonso II", en "Miscelánea histórico-literaria", páginas 74 y ss.

del "concepto nacional", recojamos la "idea reconquistadora" como definición de nuestra Edad Media, idea lanzada como saeta que con incomparable fuerza recorre la trayectoria de nuestros siglos medievales y que, conservándose la misma, llega hasta los Reyes Católicos.

Lo que sigue va a ser la explanación de esa trayectoria, pero fijándonos en la idea cuyo movimiento traza aquélla, no en los hechos o momentos que esa idea va ensartando en un hilo de continuidad. Una vez más recordaremos que nuestro campo de observación e interpretación se reduce a la Historia del pensamiento. Esta nos revela, como tema fundamental de ocho siglos, la idea de Reconquista, en sorprendente identidad consigo misma, a través de tan extenso período, cualesquiera que hayan sido las fases por las que haya atravesado y las tierras españolas que hayan servido de escenario a su acción dramática. El propio Menéndez Pidal señalaba tres fases en el desenvolvimiento de la Reconquista: en primer lugar, una acción repobladora de tierras abandonadas, interrumpida por incursiones moras, la cual se prolonga hasta el año 1002 (fecha de la muerte de Almanzor); en segundo lugar, una acción de dominio político y económico por vía de protectorado, según el sistema de lo que en la época se llaman parias, la que se mantiene hasta fines del siglo XI; en tercer lugar, la conquista militar de las tierras, que culmina en el siglo XIII, con la toma de Córdoba, Sevilla, Niebla, Valencia, Murcia, quedando tan sólo el epílogo granadino (8). De todos modos, creemos que es conveniente insistir en que se trata de formas de una misma idea y, además, que la delimitación y separación de éstas, históricamente, es sólo relativa, de modo que cualquiera de las tres se da en todo momento, sin más que poder señalar, en uno u otro caso, el carácter predominante que adquiere cada una de estas formas. Y esto sucede así no sólo como puro hecho, sino que la propia conciencia de la época advierte esa simultaneidad de modos, señalándola incluso en momentos tan decisivos como el de Alfonso VI. La "Chronica gothorum" portuguesa o "Cronicón lusitano", elogiando el esfuerzo de este rey contra los sarracenos, reconoce que "aliis bellum dabat; ab aliis tributum accipiebat" (9), dos aspectos de una misma y única actitud, cuya unión en la obra reconquistadora del mismo rey se reconoce también en el que Flórez llamó "Chronicon ex Historiae Compostellanae Codicae" (10). Esos tres tipos de acción reconquistadora se dan tanto en la zona leonés-castellana, como en la catalano-aragonesa.

(8)   Ob. cit., vol. II; págs. 682 y ss.
(9)   Ed. Pierre David; pág. 298.
(10)   "España Sagrada", XXIII; pág. 328.

Frente a la tesis del paralelismo de los primitivos núcleos reconquistadores, que se formula muy tempranamente, como luego veremos, el profesor A. de la Torre ha puesto en claro la diversidad de origen y manera en las primeras manifestaciones de insumisión de los diferentes grupos cristianos (11). Pero, en cualquier caso, se trata de una acción que, en un momento dado, se dispara a la recuperación y conservación de una tierra, y la misma idea, tan pronto formulada, del paralelismo de los focos reconquistadores, aunque no sea versión fiel de los hechos, opera idealmente como un poderoso acicate.

Lo que empieza llamando la atención en la actitud ideológica de los primeros que tienen conciencia clara de la acción emprendida contra los invasores o, por lo menos, que nos han dejado testimonio de esa conciencia, es el propósito de recuperación y restauración, como llevamos dicho, de las tierras hispánicas, que mueve aquella acción. Recuperar, restaurar, ciertamente; pero apenas dicho esto, toda una serie de preguntas salen disparadas: ¿cómo?, ¿de quién?, ¿para quién?, ¿qué?

LA RECONQUISTA COMO RESTAURACION DE UN DOMINIO LEGITIMO

La respuesta a la cuestión ¿para quién?, puede hacerse diciendo que sencillamente —y de ahí deriva su sentido de restauración o de recuperación— para los que, estaban antes de la intrusión sarracena. En la mayor parte de los casos, como demostraremos en el capítulo sobre la idea de la herencia goda, esos antecesores se confunden con los godos. Hemos dicho que en los siglos de paso de la Antigüedad a la Edad Media se produce ese hecho decisivo de aceptación y asimilación de la invasión de los visigodos. Y la conciencia de este hecho es un elemento de la concepción política de nuestra Edad Media.

Tal parece ser el pensamiento político de Alfonso II, de quien arrancaría la formulación expresa de la tesis de la continuidad goda y a quien Fliche señala como verdadero fundador de la Reconquista, cerrándose al partido de los que aceptaban la influencia musulmana y buscando, con sentimiento parejo al del autor de la "Crónica mozárabe", un lazo solidario con los grupos cristianos (12). Conocidas son las relaciones con los

---

(11) Ver su estudio "Las etapas de la Reconquista hasta Alfonso II", en "Estudios sobre la monarquía asturiana"; Oviedo, 1949; págs. 137 y ss.

(12) Fliche, "Alfonso II le chaste e les origines de la Reconquete Chretienne", en "Estudios sobre la monarquía asturiana"; págs. 119 y ss.

cristianos europeos de este rey, noticias tan conocidas en las crónicas francas. Entre nosotros, todavía en fecha algo posterior, el "Chronicon Iriense" recoge la leyenda de una entrevista de Alfonso el Casto, "Hispaniae rex", con Carlo Magno (13).

Al margen de cómo acontecieron realmente los hechos se va prolongando por toda la Península una imagen de los comienzos de la Reconquista que constituye por sí misma un factor histórico poderoso, ya que de él deriva en gran medida la energía con que el ideal reconquistador se persigue. Probablemente quedó desde los orígenes el sentimiento confuso de que algunos puntos habían quedado a flote en el naufragio de la invasión. En los "Anales castellanos II" se dice que fue ocupada España, "sed non tota" (14). Parece, tanto por fuentes árabes como cristianas que, sin que sean fáciles de determinar sus límites, una porción del antiguo ducado de Cantabria no estuvo nunca dominada por los musulmanes (15). Y algo análogo debió suceder en la Cerdaña y en algunos otros rincones inaccesibles de los Pirineos. Convirtiendo esto en pieza de su construcción histórica, colocando en esos lugares los restos de los godos y uniéndolos en un paralelo de acción restauradora, el Toledano presenta enlazados en un sentido unívoco los focos esenciales de la Reconquista: "Sarraceni enim totam Hispaniam occupaverant gentis gothice fortitudine iam contrita, nec alicubi resistente exceptis paucis reliquiis quae in motanis Asturiarum et Biscagae, Alavae, Guispuscuae, Bughoniae et Aragoniae, remanserunt, quas ideo Dominus reservavit, ne lucerna sanctorum in Hispaniis coram domino extingueretur" (16). Iniciada ya en el Tudense la cristalización de este lesis (17) su enunciación en el Toledano la difunde por todas partes. La "Primera crónica general" traduce, casi literalmente, el párrafo que acabamos de transcribir (18). La Pinatense recoge la idea de la retirada de los cristianos en los refugios montañosos del Norte, desde donde empezó en varias partes la lucha para recuperar lo perdido, de modo que, desde Asturias hasta Sobrarbe, algunas exiguas tierras "remanserunt in possesione christianorum sicque eas mauri nullo tempore possederunt" (19). Para el "Fuero de Navarra",

---

(13) Flórez, "España Sagrada", XX; pág. 602.

(14) Ed. Gómez Moreno; pág. 25.

(15) P. Luciano Serrano, "Becerro gótico de Cardeña", en "Fuentes para la historia de Castilla"; vol. III, introducción; págs. XIX y ss.

(16) "Hisp. Illust.", II; pág. 69.

(17) Lucas de Tuy, "Hisp. Illust.", IV; pág. 71.

(18) Ed. M. Pidal; pág. 319.

(19) Págs. 19 y ss.

cuyo prólogo es un rico documento historiográfico, la Reconquista surge del alzamiento, de uno a otro extremo de las montañas nórdicas, de las "muy pocas gentes" que quedaron sin someter, tesis que se recoge por el príncipe de Viana (20). Si Turell parte de que "tota Spanya se perdé e encara la més part de Lenguadoc fins a Tolosa", afirma que "no's salvá sinó quatre o cinc parts, e foren les Asturies e Vizcaya, que son grans montanyes, e les de Sobarba e Ribagorça, e alguns lochs en los monts Perineus, en los cuals font loat lo nom de nostre senyor Deu Jesucrist" (21), fragmento que viene reproducido de Tomich y que, como fácilmente se puede observar, depende del texto del Toledano.

Sobre esos mínimos puntos de apoyo se produce, en forma paralela y más o menos simultánea, el alzamiento de caudillos, cuya acción funda el derecho propio de sus continuadores a la tierra que recobran, derecho que habrá ocasión incluso de mantener positivamente en algunos casos, como ante las pretensiones de Gregorio VII, por parte del rey castellano Alfonso VI, o por parte del rey aragonés Pedro III contra la Curia romana y su instrumento, el pretendiente Anjou. La misma tesis que mueve la réplica del autor del "Cantar de Rodrigo", enciende también la protesta que el cronista Desclot pone en labios del citado rey de Aragón contra las pretensiones franco-pontificias: nada tienen que ver con la tierra de Cataluña ni quien la ha dado ni quien la ha tomado, "car mon linatje la conqués" (22).

Alzamiento, pues, de Pelayo en Asturias, a cuya imagen se van configurando los demás: "Misertus Dominus terrae illi, suscitavit in ea nobilissimum Principem Wifredum et fratres eius" (23). Aunque no refiriéndose a momentos originarios, conservan este texto y otros varios la imagen del surgimiento restaurador (24) que en las Crónicas va madurándose y fijándose en torno a figuras de fundadores. En Turell, Vagad, Fuguí, el príncipe de Viana, está ya solidificado el tema. Por el lado de Cataluña, para romper, en la concepción de su reconquista propiamente tal, con la dependencia primera respecto de los francos y hacer que la imagen de su caudillo fundador coincida con el tipo general, se acude a representar el condado dominado totalmente de nuevo por los moros y reco-

(20) "Crónica"; cap. V.
(21) "Recort."; pág. 55.
(22) "Crónica"; vol. IV, pág. 160.
(23) Cit. por Mateu Llopis, en "Analecta Sacra Tarraconensia"; vol. XIX; pág. 81.
(24) El "Chronicon Burgense" dice: "Era DCCCCXLIII Surrexit in Pampilona Rex nomine Sancius Garciae" ("Esp. Sag.", XXIII; pág. 307).

brado por el conde Vifredo, sin ayuda alguna, construcción que se encuentra ya en los "Gesta Comitum Barcinonensium" y será recogida por la Pinatense (25). Este cuadro es el que algunos príncipes trazan de su propia acción: así, el conde Bernardo de Ribagorza declara haber arrebatado su tierra a los paganos "cum fidelibus meis" (26). Pero de todos estos movimientos queda como paradigmático en toda la Península el de Pelayo en las Asturias. Esta es una pieza central en la concepción histórica general de toda la Edad Media española: en León y Castilla es evidente, también en Aragón y no menos en Cataluña. Así lo es para Juan Francesch en su "Libre de les nobleses dels reys" (27) y para cuantos hacen historia desde los comienzos. Y el hecho adquiere un especial valor. De esta manera, aludiendo a una que podemos estimar por de pronto como una jerarquización honorífica, dice Tomich que por razón de ser el primero en el tiempo, el reino fundado por Pelayo lleva "lo primer titol de rey de Hispanya" (28).

Insisto en que no me refiero a cómo los hechos se pasaron en realidad, sino a cómo se fue constituyendo un sistema de creencias. Apenas pasado siglo y medio de la acción de Pelayo, en las crónicas del ciclo de Alfonso III se ofrece tan perfectamente elaborado y con tan general difusión el mito, que cabe lícitamente sospechar existiera antes, pasando por un período de elaboración. Con el Toledano se fija y expande por todas partes esa creencia, no sólo en lo que se refiere al movimiento de independencia de Pelayo, sino al motivo de restauración que desde antes de empezar lo inspira, según el arzobispo D. Rodrigo: "In Asturiis se recepit (Pelayo) non minus magnanimus quam solicitus, liberationem patriae adhuc sperans" (29). De esta manera, el mito de Pelayo adquiere, a través del largo proceso de la Edad Media, el carácter de un poderoso factor de integración comunitaria, venciendo la competencia de otras figuras de héroes, como la de Alfonso I, a quien todavía Sánchez de Arévalo considera propiamente como "restaurator patriae" (30). Al terminar la época que estudiamos aparece aquel sólidamente fundado y su fuerza llegará hasta nuestros días, en que la crítica histórica lo revisa. La historiografía catalana del xv completó la figura legendaria del mítico fundador de la

---

(25) Cap. XXIII, págs. 100 y ss.
(26) Ver Abadal, "El comte Bernat de Ribagorça i la llegenda de Bernardo del Carpio", en "Estudios dedicados a Menéndez Pidal", III; págs. 466 y 479.
(27) Massó, "Historiografía de Catalunya"; pág. 570.
(28) Tomich, "Historias"; fol. VII.
(29) "Hisp. Illust.", II; loc. cit.
(30) "Hisp. Illust.", I; pág. 135.

Reconquista, coronándola con el carisma de la santidad: "fou sant rey"; dice de él Tomich y Carbonell le llama "lo sanct rey Pelegrí (31). En el Cancionero del siglo xv, los versos de Juan de Padilla nos hablarán de "el santo Pelayo", en perfecta correspondencia con los ejemplos catalanes que acabamos de ver.

Ahora bien, para que este esquema que hasta aquí hemos trazado pueda considerarse propiamente como un esquema histórico de Reconquista es necesario que lo encontremos puesto en marcha; es decir, que descubramos, desde esos originarios, dispersos y simultáneos puntos de apoyo, una acción encaminada a ensanchar la independencia conseguida y la tierra recobrada para ella, hasta llegar al restablecimiento de la totalidad de Hispania. Porque la idea de Reconquista, para que su presencia pueda ser afirmada, exige que un hilo continuo enlace el primero con el último de sus episodios.

Indudablemente, es en tierra astur-leonesa donde se formula originariamente, de manera también más clara y completa, el ideal de Reconquista. Muy pronto, y tal vez con independencia, se expresa en Navarra. En Castilla y Cataluña su presencia, más tardía, tiene un carácter secundario o derivado.

En Castilla, las más antiguas crónicas que responden a un innegable castellanismo, desconocen todo programa de alzamiento originario contra el sarraceno. Para la "Najerense", por ejemplo, los comienzos del condado no son de reconquista, sino de insubordinación contra el rey cristiano de León. En uno de los fragmentos, que no es traslado de las crónicas leonesas anteriores, habla esa Crónica de Fernán González, como de aquel "qui castellanos de sub iugo legionensis dominationis dicitur extrasisse" (32). Y libre de la yuxtaposición preliminar de otros textos, la "Crónica latina de los Reyes de Castilla" comienza con estas palabras, de las que arranca el nacimiento de Castilla: "comite Fernando Gundissalvi qui primus tenum comitatum in castella" (33). Sólo más tarde, cuando las tesis leonesas hayan penetrado, se exaltará la lucha del conde Fernán González contra la gente mahometana, que en estas primeras fuentes pasa inadvertida (33 bis).

Tierra condal también y, por ende, de origen político derivado o de

---

(31)   Tomich, folio VII; Carbonell, fol. XXI.

(32)   Ed. Cirot; pág. 72.

(33)   Ed. Cirot; pág. 19.

(33 bis)   Una curiosa versión, discrepante de la habitual y formulada para dar explicación al fenómeno de las behetrías, en López de Ayala, "Crónica del Rey don Pedro", B. A. E., LXVI; pág. 418.

segundo grado, en Cataluña, a pesar de que la presencia de los godos, que desde los primeros momentos vuelven por lo suyo, pudo ser un factor suficiente para haber suscitado por sí misma la idea de la misión reconquistadora, la relación, por escasa que ésta fuese, con los reyes francos, perturbó el espontáneo desarrollo de esa idea, aunque de todas formas es temprana la tendencia a hacer constar que sus condes, sin ayuda del rey franco, obtuvieron la tierra de los sarracenos. Recordemos lo que del conde Vifredo y sus hermanos se dice en un Concilio de Barcelona, ya citado. Por otra parte, en un diploma catalán de 1012 se hace jugar un papel equivalente al conde Ramón Borrell: se empieza recordando la entrada de los francos, pese a la cual los sarracenos continuaron ejerciendo su opresión "super provincias christianorum", para su liberación hubo que esperar "usque dum dedit Deus victorias christianis per manum Raimundi fratrique sui Ermengaudi utrique comiti", quienes, prolongando su acción, llegaron a Córdoba y colocaron un aliado en el solio real (34).

Los "Gesta Comitum Barcinonensium" recogen firmemente esa tesis: cualquiera que hubiera sido la precedencia de las tropas carolingias, perdida nuevamente la tierra, el conde Vifredo la reconquistó por su esfuerzo, razón por la que pasó a gobernarla con plena exclusión de toda vinculación superior —"totumque prefatum honorem suum strenuissime recuperatum in dominium possedit. Ecce quomodo de potestate regali in manus nostrorum comitum Barchinonensium honor ipse Barchinonensis devenit" (35). Esta idea se consolida en las fuentes catalanas, y a ella responde la leyenda de Vifredo el Velloso y la tradición de considerarle como fundador de la independencia catalana respecto a los francos, pero ganada frente a los sarracenos. De esta forma aparece en la versión histórico-legendaria de Tomich y Turell, sin más que algún breve añadido que responde a los intereses políticos del momento (36).

---

(34) Cart. de S. Cugat, núm. 449.

(35) Así en el texto latino primitivo —ed. cit., pág. 5—. La redacción latina definitiva, como la posterior versión catalana, se expresan igual, sin más que algún pequeño cambio adverbial (ver págs. 25 y 122).

(36) Turell aprovecha la ocasión para afirmar que no sólo se concedió en libre alodio, con pleno dominio señorial, el condado de Barcelona, sino todos los señoríos que en tierra catalana correspondían al rey franco, de modo que la fidelidad y homenaje se prestó en adelante en lugar de a éste al conde barcelonés. "Veus ací lo contat de Barcelona com se mostrà senyor dels altres" (página 107), comenta el autor, defendiendo polémicamente la tesis de la unifica-

Se puede objetar que el sentimiento de haber obtenido el señorío por expulsión de los moros no es por sí una manifestación de espíritu de reconquista. Y sobre la base de negar éste y creer que la acción contra los sarracenos es una empresa ajena a los catalanes, se llega a ofrecer un cuadro de la historia de Cataluña como alejada, o vuelta de espaldas, mejor dicho, a la realización de la Reconquista. Hoy esta manera de ver ha cambiado mucho; pero, de todos modos, es de interés insistir en lo contrario, y esperamos que los datos que daremos en este capítulo demostrarán no sólo que no es cierto ese alejamiento, sino que precisamente Cataluña ofrece una de las más constantes líneas de acción reconquistadora, por lo menos desde la segunda mitad del siglo XI, en que se fortalece el poder condal por obra de algunos de sus más extraordinarios príncipes.

Indudablemente, hay matices importantes a señalar. A partir del momento en que los árabes perdieron sus posiciones a uno y otro lado de la zona oriental pirenaica, disminuyeron su presión sobre el vértice catalán, probablemente ante el temor de tropezar con aliados de los barceloneses, contra los que tendrían que enfrentarse en caso de atacar la tierra (37); pero cuando ese temor desaparece, pasa a ser una de las regiones más castigadas. Si Oviedo, desde las primeras décadas de la realeza asturiana, se ve libre del azote de las incursiones moras; si León, a partir de la muerte de Almanzor, en 1002, se encuentra en el mismo caso, Barcelona misma es saqueada en el último cuarto del XI y primeras décadas del XII y del recuerdo de esas destrucciones quedan doloridos testimonios en los diplomas catalanes.

Quizá este hecho inconcuso de la mayor proximidad de la amenaza mora respecto al centro político de los condados catalanes da lugar a una prolongación del sentido defensivo y de repoblación que, según dijimos, Menéndez Pidal considera como característico de la primera fase de la Reconquista hasta comienzos del XI, en toda la Península. Todavía en documento de 1093, el conde Berenguer Ramón II recuerda la reciente incursión de sarracenos que devastó el país y lo redujo a soledad, en consecuencia de lo cual trató de repoblar la tierra por medio de feudos, "ad defensionem nostre patrie" "ad defensionem christianitatis", contra ese enemigo vital que es la "nequissima gente paganorum" (38). A con-

---

ción en torno al condado de Barcelona, que no encaja bien con el sentido que antes dio a la leyenda de Otger Cataló, sentido del que nos ocuparemos en el capítulo siguiente.

(37) Millás. "Els textos..."; pág. 125 y ss.
(38) "Cartulario" o "Llibre Blanch de Santes Creus", núm. 22.

tinuación de la fecha de cada oleada de invasión sarracena se encuentra en los cartularios catalanes toda una serie de diplomas dictados por la política de defensa y, más aún, y en relación con ella, de repoblación con fines eminentemente militares, dándose tierras para la construcción de castillos. Ello crea una actitud concomitante con la de Castilla, amenazada constantemente por las incursiones que entran por el valle del Ebro. Basta la lectura de los "Anales castellanos", primeros y segundos, a través de su sequedad tremenda, para darse cuenta de lo que era la especial situación de una tierra y de unos hombres que se hallaban en el caso, no repetido más allá del Pirineo, de vivir bajo la presión constante de un enemigo que es siempre el mismo y siempre hostil. Y si respecto a Castilla no existe dificultad ninguna en reconocerlo así, el hecho, en cambio, se olvida frecuentemente respecto a Cataluña. Fijémonos en cómo se recoge entre los diplomas de San Cugat el hecho de la incursión almorávide. Aparte del documento de 1097 ya citado, en otro de 1107 se pide a Dios "victoriam super sarracenis invadientibus fines nostros"; en uno de 1108 se recuerda la multitud de los enemigos de Cristo que "ingresa est partes nostre patrie"; en 1109 se dice que hay que reconstruir iglesias, castillos, etc., por la destrucción que deja tras sí la "infestacionem paganorum"; todavía en 1145 se habla de la "insidie paganorum christicolarum sanguinem effundentium", y aún dos años después se ayuda a levantar castillos a los de San Cugat para que puedan defenderse contra sarracenos (39). Llegados al año 1155 encontramos todavía la patética definición de qué es lo que la ola sarracena trae consigo: "destructa castella, depopulate ville, dirute ecclesie, terra ad heremum redacta" (40).

Todo esto tiene un evidente carácter defensivo, pero desde muy pronto también aparece la otra actitud. En el mismo cartulario de San Cugat se encuentra un documento en el que se menciona con alto orgullo la expedición del conde Ramón y su hermano hasta el corazón de la tierra de los infieles, donde colocaron un confederado "in solio regali cordubensi" (41). Este diploma, como dijimos, es de 1012, es decir, diez años después tan sólo de la muerte de Almanzor. Justo en las fechas en que Menéndez Pidal coloca el comienzo de la segunda fase de la Reconquista, vemos que lo que, según él, caracteriza ésta, se encuentra no ya sólo aplicado de hecho, sino reconocido interpretativamente, ideológicamente si se quiere: el sistema de protectorado político.

_____

(39)   "Cartulario de San Cugat de Vallés"; núms. 765, 794, 801, 806. 960 y 972.

(40)   "Cartulario"; cit., doc. núm. 1.002.

(41)   Citado antes en la nota 34.

LA RECONQUISTA COMO LUCHA CONTRA UN ENEMIGO POLITICO

Pero la idea de Reconquista no es esto sólo, claro está, sino que es una idea sumamente compleja, que ofrece múltiples aspectos, a los que corresponden paralelamente unas series de hechos en cuyo análisis intentaremos penetrar. Lo primero que hace falta para que la idea de empresa pueda afirmarse, es, no sólo esa actitud inicial de insurrección, ni ese sentimiento de acoso que hemos encontrado en los documentos que llevamos citados. Hace falta la continuidad y generalidad de un mismo enemigo, con cuyas condiciones se corresponda una actitud, no menos continua y general, en aquellos que se°le oponen. Y esto existe y da lugar a un tema histórico-literario común a toda la Península: el elogio de reyes y príncipes por su acción bélica contra el sarraceno. Esto quiere decir que la constancia en esa lucha aparece a las gentes como una exigencia histórica. Nada tiene que ver la forma en que Anales y Crónicas nos dan cuenta de que alguien ha cumplido con este deber, con la que se emplea para dar noticia de la oposición a otras gentes —por ejemplo, los normandos— u otros enemigos, tales como señores rebeldes etc. No basta, en nuestras crónicas, con tener hábitos bélicos, ni aun es suficiente cumplir con determinadas condiciones de valor. Se trata de un deber concreto y específico: la guerra contra el moro.

Ya en las primeras Crónicas se mencionan acciones militares victoriosas de los distintos reyes contra tiranos alzados en rebeldía, contra normandos, etc., pero ninguna de estas referencias presenta el carácter que tienen las dedicadas a la guerra contra los sarracenos. Es de ésta de la que derivan, no tanto los mayores elogios, sino aquellos que sirven de criterio general para estimar la figura de uno u otro rey. Puede observarse ya así, claramente, en la "Crónica de Alfonso III", en la que después del episodio de Pelayo, de su yerno Alfonso I se dice "inimicorum ab eo semper fuit audatia comprensa", y con su hermano "multas civitates bellando cepit"; de Fruela I, "victorias multas fecit"; de Alfonso II, "plus quam quinquaginta millia sarracenorum... interficiunt"; de Ramiro I, "cum sarrazenis bis prelium gessit sed obitulante Deo victor semper extitit"; de Ordoño I, "cum caldeis sepiissime prelia habuit et semper triunfator extitit" (42). Todas estas valoraciones, en términos análogos

---

(42) Ed. cit.; págs. 615 a 620.

se contienen en la versión culta de la misma Crónica, conocida como "Crónica del obispo don Sebastián", con una interesante diferencia: hemos visto que, en algún lugar de la Crónica del rey se dice solamente "enemigos"; pues bien, en esos casos la versión del obispo Sebastián precisa que se trata de los moros —"Arabum saepe ab eo fuit audatia compressa", "multa adversus sarracenos praelia gessit", etc., etc. (43).

La guerra, en nuestras Crónicas, no es un hábito profesional ni una inclinación personal, sino una obligación histórica que surge de una situación concreta: la presencia constante de un enemigo continuo. Y de esa manera la expresión "bellatrix Castella", del Tudense, no hace referencia a una condición análoga a la de la ferocidad combativa que textos medievales señalan en otros pueblos, sino al fiel cumplimiento de ese deber, del que tantos testimonios cabe aducir. Desde ese momento inicial en que la "Crónica Albeldense" afirma que los cristianos luchan con los infieles porque no pueden aceptar el estado de hecho que la invasión ha traído, hasta aquel otro tiempo en que se nos cuenta que las Cortes de Burgos, que organizan la minoridad de Alfonso XI, en cuanto arreglan la cuestión de la tutoría disponen que "el infante don Pedro se fuese para la frontera por razón de la guerra de los moros" (44), ésta no es un ejercicio normal de un pueblo guerrero, sino exigencia formal de una situación dada. Nada de extraño tiene que el mismo cronista de Alfonso XI nos asegure del rey que, a pesar de las dificultades interiores, "non dexó por eso de poner en obra dos cosas las más principales que Dios le encomendó en el regno, la una justicia, et la otra la guerra de los moros" (45).

Interesa que sigamos comprobando en documentos de otras tierras peninsulares —porque en este punto la insistencia tiene su valor— ejemplos equivalentes al que nos han proporcionado las Crónicas de Alfonso III y del obispo Sebastián.

En los documentos que reflejan los más importantes actos de la vida social en los condados pirenaicos catalanes, se recoge siempre esa actitud de lucha y expulsión del invasor, de restauración de la tierra. En el acta de consagración de la nueva iglesia de Urgel (año 839), se dice: "ab infidelibus destructa, atque a parentibus nostris... restaurata esse videtur" (46). Y en el acta de consagración de Ripoll (año 977), la referencia no

---

(43) Ed. del P. García Villada; pág. 68.
(44) B. A.E., vol. LXVI; pág. 179.
(45) Ed. Cit., pág. 203.
(46) Ver Pujol, "L'acte de consagració y dotació de la catedral de Urgell", Estudis Romànics, 2. Barcelona, 1917; págs. 92 y ss.

puede faltar: su restauración tiene lugar "expulsis agarenis" (46 bis). Los ejemplos se podrían repetir en abundante número.

Y junto a lo anterior, el paradigma de la guerra y victoria sobre el sarraceno: El "Cronicón de San Cugat" elogia a Ramón Berenguer III, al anotar el año de su muerte, como "nobilis triumphator Maiorice", y de R. Berenguer IV, en igual ocasión, nos dice: "Hic cepit magna virtute Almeriam, Dertosam, Ilerdam, Fragam, Siuranam et usque ad L opida circa Iberum amnem et Ecclesiam Christi ubique constituit" (47).

Los "Gesta Comitum Barcinonnensium" encomian a tantos príncipes, condes barceloneses y reyes de Aragón, por cómo cumplieron ese deber militar. La "multitudo arabum" aparece, postulando la lucha contra ella, por todas partes. A Vifredo I ya vimos cómo se le presentaba; de Borrell I se dice que recuperó Barcelona, devastada por los agarenos; de Armengol de Urgel que "multos itaque conflictus cum sarracenis habuit", y por su expedición en compañía de su hermano, en la que murió, se le llama "el Cordobés"; Ramón Berenguer I sometió doce reyes moros; a Armengol de Urgel se le llama de Barbastro por sus trabajos en el asedio de este lugar; Ramón Berenguer II, que "plures etiam conflictus cum sarracenis habuit"; Ramón Berenguer IV, que acudió a la empresa de Almería; Alfonso I de Aragón, "mirabilis sarracenorum debellator", etcétera, etc. (47 bis). De Pedro II se afirma, nada menos, que "totam intentionem suam ad subiugandam terram sarracenorum direxit".

Ribera de Perpeja, en la parte original de su obra, escribe elogios análogos: Ramón Berenguer IV, "fo molt fort... ab serrains"; Alfonso II, "sobre los serrains no ach ventura"; Pedro II, "moltz castells tolch a serrains", etc., etc. (48). Y con esta tabla de estimación siguen juzgando a sus condes y reyes los historiadores y cronistas catalanes. Para Desclot, la gloria de Ramón Berenguer IV se funda en ser "qui més ha conqués" (49). Y en Tomich la exaltación llega al grado sumo: el rey Jaime I "fon appellat sant car fon molt aventuros contra moros" (49 bis).

Procedente de un centro historiográfico limítrofe entre Aragón y Ca-

---

(46 bis) Pedro de la Marca, doc. núm. 917.

(47) Ed. por Coll i Alentorn, en "Miscellania Anselm A. Albareda", 1962; las citas en págs. 257-258. Sobre las intrincadas familias de estos cronicones catalanes ver, del mismo autor, "La historiografía de Catalunya en el periode primitiu". Barcelona, 1951-52.

(47 bis) Ver capítulos II, VII, VIII, XI, XII, XVI, XX, etc. de la redacción latina definitiva, y pág. 17 de la redacción primitiva.

(48) "Chronica d'Espanya", último cap.; citado por Massó; pág. 500.

(49) "Crónica"; vol. II; pág. 17.

(49 bis) "Histories", fol. XXXV.

taluña, el "Chronicon Rotense" se reduce casi a una monótona repetición de noticias encomiásticas de este tipo: "Sancio Garseanis, belligerator adversus gentes Ysmaelitarum...", y enumera a continuación sus conquistas: "Garsias rex, occisiones multas egit Sarracenorum..."; "Sancius Rex... belligerator contra Sarracenos"; "Ranimirus... interfectus est a Mauris in obsidione Gradus"; "Sancius... obiit in obsidione Oscae"; "Adefonsus... Super sarracenos strages multas agit..." y refiere después sus conquistas, etc., etc., y sigue con parecidos elogios de las luchas y conquistas de los reyes de Aragón hasta el siglo XIII (50). Entre las primeras menciones de este Cronicón que hemos reproducido y las últimas, hay una distancia de siglos, puesto que las primeras proceden de un manuscrito del XI, y, sin embargo, es notable observar la continuidad en el espíritu que anima a unas y a otras.

Al mismo estado de ánimo responde la "Crónica Pinatense". Para ella, el destino y el afán de reyes navarros, aragoneses, condes de Barcelona, es luchar contra sarracenos. Desde que trata del rey Ximeno Garcés "qui erat animosus et voluntarius bellare continue contra sarracenos", la misma referencia admirativa se va haciendo de todos los restantes. Pero es más, como la "Pinatense" tiene conciencia de que eso es tarea común sobre el ámbito único y total de España, surge la referencia a ésta y la comparación encomiástica al llegar a aquél que, a su juicio superó en el esfuerzo reconquistador a todos: el rey Alfonso el Batallador, de quien afirma "non fuit rex in Ispania qui tantum adquireret et ariperet a manibus paganorum" (51).

Del manucristo navarro que Lacarra ha publicado, como parte integrante del Códice de Roda, bajo el título "Initium regnum Pampilonam", proceden las anotaciones referentes a estos reyes que hemos hallado en el "Cronicón Rotense" (52). Emparentado territorialmente con estas fuentes, el "Cronicón Villarense" presenta el mismo tipo de estimaciones (53). Y esta enérgica voluntad reconquistadora que se manifiesta en Navarra llega hasta el príncipe de Viana, quien asegura que los que alzaron al primer rey le dijeron ya: "Le damos de lo que tenemos e ganaremos de los moros", y va elogiando a uno y otro rey por ser "muit ganoso de pelear con los moros", "bueno e deseoso de haber batallas con los moros" (54), y así constantemente.

---

(50) Villanueva, "Viaje", vol. XV, ap. LIX; págs. 329-331.
(51) Ed. cit. págs. 26 y ss.; pág. 77.
(52) Ed. Lacarra; pág. 259.
(53) Publ. por Serrano Sanz en B. R. A. E., vol. VI, 1919; págs. 192 y ss.
(54) "Crónica"; págs. 39, 41, 44.

Una y otra vez, textos y documentos refieren la "terribilem mortali-
tatem" de que habla la Crónica de San Juan de la Peña. Una y otra vez
la vida, constituída fundamentalmente como un dramático quehacer de
reconquista y repoblación, se ve contorneada por un límite de hostilidad.
Un diploma de los condes barceloneses hermanos, Ramón Berenguer II
Cabeza de Estopa y Berenguer Ramón II el fratricida, define ese borde
de adversidad que circunda la existencia del hispano con términos de
bella calidad literaria: al conceder un alodio con fines de defensa y restauración de la tierra, se sitúa aquel "in comitatu Barchinonensi, in ipsa
Marcha extrema, in loco horroris et vaste solitudinis" (55). En 1076,
fecha de esa donación, desde Barcelona, al contemplar la zona extrema
de la frontera, se la ve como lugar del horror y de la soledad inmensa.

En todas las partes de la Península el sarraceno es lo que hay al otro
lado de la existencia del cristiano, lo que rodea a ésta de un cinturón de
hostilidad. Todavía en la "Crónica de Alfonso X" se recrimina que un
vasallo, alzado contra el rey, se relacione en conjura con el moro, enemigo
de Dios, del rey y de todos los caballeros "que non ay ninguno a quien
non aya muerto pariente" (56). Y esta manera de ver dura hasta muy
tarde, cuando no solamente la agresividad, sino la condición peligrosa
de la presencia de los moros ha pasado. Si al final de la Edad Media
empieza en la literatura española la idealización caballeresca del moro
(57), todavía en muchos casos se conservará hasta última hora la versión
adversa, en la que el sarraceno aparece tratado con una hostilidad ancestral
y constitutiva, en cuanto que enemigo por antonomasia del cristiano, como
puede verse en muchos pasajes de Eiximenis (58).

Frente a esto, es curioso advertir lo que sucede con el tema del "moro"
más allá de los Pirineos, en donde la guerra contra aquél no es nunca
una actitud de vida, sino, a lo sumo, ocasión de ejercitar por un breve
tiempo las armas, como es propio de la profesión de caballero. De las
disparatadas exageraciones de Boissonade, dignas de las que ya ofreció
la épica francesa medieval, queda en claro el fracaso resonante de la
expedición de Barbastro, con su secuela de crueldad y francachela, perdiéndose la plaza meses después; el fracaso, antes de emprenderse, de
la pretentida pre-cruzada de Ebles de Roucy, organizada por Gregorio

---

(55) "Liber Feudorum Maior", doc. núm. 259.

(56) B. A. E., LXVI; pág. 26.

(57) Ver Lacarra, "Ideales de la vida en la España del siglo XV: El caballero y el moro". Zaragoza, 1949.

(58) Ver P. Nolasco del Molar, O. M. Cap., "Un altre volum d'Eximenis",
en "Estudis franciscans", 1932; vol. 44, pág. 410.

VII; el escaso resultado de la participación extraña en Tudela, disuelta al ponerse sitio a la ciudad. De todo ello, Menéndez Pidal ha dado buena cuenta. No existió nunca, ni en Francia ni en parte alguna, el sentimiento de la guerra contra el infiel como una empresa colectiva, tenida como tal por la realeza, acometida con un sentido de comprometer en ella la existencia. La llegada, en ayuda de los reyes peninsulares, de algunas bandas de estructura feudal —como esa del conde Rotrou "cum sociis et comprovincialibus suis", de que habla Orderic Vital (59), al servicio, en este caso, del Batallador—, se debe al cumplimiento de un deber feudal, cuando los príncipes hispanos son señores de tierras al norte del Pirineo o responde a un ejercicio caballeresco, que de ordinario, por la cesión de beneficios, engendra una relación vasallática nueva, sin nexo con un poder extranjero.

De este modo, mientras en toda España se da la versión literaria de la oposición al moro, violenta y decisiva, pero, por su misma realidad, contenida en términos de innegable realismo, en la literatura francesa el sarraceno es un tema de novela, susceptible de las mayores inverosimilitudes y de las exageraciones más fabulosas. Es absolutamente imposible que en una sociedad en la que se hubiera dado un cierto grado de experiencia viva en la lucha contra los árabes, se hubiera aceptado la versión de estos que aparece en los cantares que en aquélla se propagaron: esos reyes sarracenos de Inglaterra en la "Chanson de Gormont et Isembart", o esos sajones considerados como de la secta de Mahoma en la "Chanson de Saisnes", o ese emperador de los sarracenos de Bretaña en el cantar de "Aquin". Con aguda observación Martín de Riquer ha observado que "los sarracenos de la "Chanson de Roland" y, en general, de toda la epopeya francesa, son personajes pintorescos y arbitrarios que profesan un singular paganismo politeísta mezclado de reminiscencias de la mitología clásica y que llevan nombres fabulosos, no raramente burlescos; todo lo cual revela que el público a quien iba destinada la gesta tenía una vaga y lejanísima idea de lo que era un mahometano y posiblemente no había visto jamás ninguno" (60). Lejanía de los verdaderos "sarracenos", para el francés y el galo, que no es cosa tardía y que se dé tan sólo en la baja Edad Media, época en la que pululan esas canciones de gesta francesa; ni puede decirse que empiece tal fenómeno en la más vieja *Chanson de Roland*. Sabido es que en esta *Chanson* se

---

(59) "Historiae Ecclesiasticae"; ed. Le Prevost, París, 1838-1855; vol V, pág. 3.

(60) Riquer, "Los cantares de gesta franceses. Sus problemas. Su relación con España"; Madrid, 1952; pág. 25.

hacen siete referencias a una narración, anteriormente existente, en la que debían relatarse muchos de los episodios que recoge aquélla —*l'anciene geste,* la *Gesta Francor* (posiblemente una *Gesta Francorum,* precedente confesado de lo que en la *Chanson* se cuenta). Pues bien, "este texto preexistente que cita el autor de "Chanson de Roland" contenía los principales elementos novelescos y antihistóricos de su poema" (61).

En cambio, en toda la literatura española, la hostilidad al moro, que es una realidad inmediata y presionante, no fantasea nunca sobre su aspecto, sino que se atiene en todo caso a la medida humana. Como dice el "Poema del Cid", contra los musulmanes hay que ganarse el pan; es decir, asegurarse la propia existencia. Si siempre nuestra literatura muestra, como nota constante, un mayor valor histórico y real que otra alguna, en el caso presente a ese carácter general se une la condición vital, existencial si se quiere, que para todos los peninsulares posee el problema de sus relaciones con la morisma. Con respecto a ésta, nuestra literatura recoge siempre de la vida misma los sentimientos que expresa, vida que está polarizada hacia un norte de reconquista.

FORMAS QUE ASUME LA EMPRESA RECONQUISTADORA

Ni que decir tiene que todo ello no supone la negación o el desconocimiento de las muchísimas relaciones pacíficas —económicas, artísticas, científicas, jurídicas, etc., y hasta militares— que se dan entre cristianos y moros. Esa hostilidad fundamental, que mantiene encendida la Reconquista, no es relación de persona a persona. Nótese que en el paseje antes citado de la "Crónica de Alfonso X" es, a lo sumo y en el caso más extremo, relación de uno a todos, cosa compatible perfectamente con el trato y la convivencia interindividuales, cuando por una u otra circunstancia esa virulenta y total oposición queda ocasionalmente en estado latente. Cosa que, en cambio, y como es natural, tampoco se da fuera de la Península.

Indudablemente, se entiende que en las formas que se oponen se encuentran insertos, por ambos lados, todos los sarracenos y todos los cristianos; pero esto obliga a cada uno respecto a todos, no individualmente a cada uno con cada uno. En la Reconquista no se trata nunca, ni aun en su fase más decisiva o de conquista de tierras, de expulsar físicamente a los moros, sino de recuperar un modo de vida que exige

(61)   Riquer; ob. cit., pág. 31.

el señorío de la tierra, es decir, que exige que los españoles dominen en España. Por eso, de ordinario, y esto se observa ya desde el comienzo, se dice en los textos que hay que restaurar o recuperar el "regnum", el "ius", en cuanto la ley política es la expresión global de la forma de la vida de un pueblo. La fórmula de rendición de Toledo es perfectamente clara a estos efectos, y tal como se expresa en la "Crónica latina" puede tenerse como una verdadera definición: los moros de Toledo se someten a Alfonso VI "ipsum recipientes honorifice in dominum et in regem", mientras que se les autoriza a "remanere in civitate, retinere domos et possessiones suas" (62). Naturalmente, no pretendemos decir que el caso de Toledo constituya el tipo universal aplicado a lo largo de toda la Reconquista. Las variantes de las fórmulas de rendición son muchas y, según los casos, más o menos suaves, más o menos duras. Pero queda siempre como factor constante la idea de recuperación política que la Reconquista ofrece. Claro está que hay textos de redacción defectuosa que parecen poder ser aducidos en contrario. Así la Crónica de Cardeña dice en "Era de DCCLII años el Rey Don Pelayo alços en Asturias e echó los moros de España", pero, dejando aparte lo poco afortunada que en todos los aspectos es esta versión de los orígenes de la Reconquista, si seguimos leyendo la misma Crónica descubriremos que más adelante, al referirse a Fernando III, dice: "Echó de toda España *el poder de los moros* e ganó toda la tierra desde Toledo fasta la mar" (63). A este mismo sentimiento, en fecha anterior, había respondido el testamento del gran Alfonso el Batallador, quien arrancó —declara el rey de sí mismo en aquél— el reino de Aragón de manos de los enemigos "et barbaras gentes imperio suo subiugavit" (64). Cuando la que había sido larga y penosa tarea de eliminar el señorío de los árabes toca a su fin, cuenta Pulgar que los Reyes Católicos recibieron del Papa una queja que éste les transmitía del sultán, protestando de la guerra que se hacía a los moros, a la cual los Reyes contestaron que les dejarían con toda "conservación y libertad", "si quisiesen vivir en ella debajo de su imperio como los otros moros que moran e viven en otras partes de sus reinos" (65).

---

(62) Ed. Cirot, pág. 21.

(63) Ed. de Berganza, en "Antigüedades de España", vol. II; pág 582 y 586; el subrayado es nuestro. La referencia a Pelayo se encuentra en el fragmento inicial, no reproducido por Flórez, ni, en consecuencia, por Huici.

(64) "Liber Feudorum Maior"; doc. núm. 6, año 1131.

(65) Hernando del Pulgar, "Crónica de los Reyes Católicos"; ed. Carriazo, II, pág. 397.

Fuera de esto, cuando necesidades de otro tipo lo recomendaban circunstancialmente, podía surgir una alianza, incluso, contra un peligro inminente o más grave, como efectivamente se produjo el caso en las discusiones de tipo feudal, análogas a las que se dan en el marco de Europa. En ocasiones así, los árabes sirven las conveniencias tácticas de los principados y señoríos cristianos. En tales momentos, Castilla, Navarra, Aragón, Barcelona, se unen con Zaragoza, Lérida, Murcia, Sevilla, etcétera, fenómeno que es sobradamente conocido. Hay casos en que la alianza va contra cristianos que amenazan o con los que se discute bélicamente el dominio de una tierra; hay otros casos en que la unión se produce contra otros sarracenos. Es típica en este sentido la relación con el rey moro de Murcia —el rey Lobo de las fuentes cristianas—, ayudado por el nieto del gran caudillo Alvar Háñez y dos hijos del conde de Urgel, con otros caballeros, en su ataque a Granada (66). En este caso, como en todos los similares, la alianza es ocasional y, por ende, transitoria y de ordinario degenera rápidamente en conflicto armado. Son manifestaciones de la manera feudal de producirse las relaciones políticas, que en toda España se yuxtaponen al fondo permanente de la Reconquista, velando en algún momento el carácter de ésta, pero sin borrarlo nunca. Curiosa muestra de este fenómeno de superposición es la que nos ofrece un contrato estipulado en tierra catalana entre dos personajes llamados Berenguer Reverter y Arnaldo de Montserrat, que en 1160 acuerdan poseer en común y por mitad los honores "quem possimus acaptare nec adquirere de senior christiano ac de sarraceno" (67).

Y queda siempre aparte la excepción, el caso irregular, como aquel que se narra en los "Anales castellanos segundos" —"et venit comes Garsea Ordoniz in adiutorio de Almuzaen cum mauris et sarracenis, et pugnaverunt cum rege dominus Petrus" (68). Pero lo que importa es la idea que da sentido unívoco a los múltiples aspectos que implica la empresa realizada durante cinco siglos. Y esto es lo que el historiador ha de recoger. ¿O es que hay algún historiador que al llamar, por ejemplo, al siglo XVIII, siglo de la Ilustración, piense que no son muchos más los hechos aislados que en esa época no responden al esquema de un pensamiento ilustrado? Lo extraordinario es que, bien que múltiples, sean, sin embargo, tan pocos los hechos análogos al del conde castellano García Ordóñez, porque aun siendo muchos más no tendrían peso suficiente

---

(66) Ver Lacarra, "El rey Lobo de Murcia y la formación del señorío de Albarracín", en "Estudios dedicados a Menéndez Pidal", III; pág. 517.

(67) "Cartulario de San Cugat"; doc. núm. 1.030.

(68) Ed. Gómez Moreno; pág. 27 (era MCXXXIV).

para contrabalancear el que la idea de Reconquista tiene en nuestra Edad Media.

Una vez que el moro no es representante de una existencia política que se opone a la cristiana, cabe una aceptación, cuya legalización se expresa claramente en ejemplos como el del Fuero de Daroca y sus derivados (Fuero del lugar de Peña, de Cáseda y otros). En ese Fuero de Daroca, de 1142, se da esta elocuente equiparación: "Christiani, judei, sarraceni unum et idem forum habeant de ictibus et calumniis" (69). Y desaparecida esa oposición vital que mueve la Reconquista, cabe llegar a una fusión individual del sarraceno dentro de la vida política de cristianos, convirtiéndose incluso en un instrumento de su poder: recuérdese la notable protesta de los procuradores en Cortes de Burgos de 1367, bajo Enrique II, contra el hecho de que fortalezas de los reinos cristianos estén en manos de moros y judíos, a la que el rey contesta que en cada caso se resolverá como se juzgue conveniente (70).

El deber de reconquista, pues, obliga contra el sarraceno, en cuanto detentador del dominio sobre la tierra peninsular, que antes fuera de cristianos y tiene que volver a serlo. En cuanto que el dominio es recuperado por los cristianos, el sarraceno puede no sólo seguir, sino formar parte incluso de la comunidad y llegar a ser motivo de honor para la misma. El obispo Gil de Zamora, cuando escribe tan completa exposición de los méritos de España, no deja de sumar los que se deben a los árabes, como los que hay que reconocer al eximio Averroes (70 bis).

La interpretación que hasta aquí hemos visto formulada por los cristianos peninsulares, es acogida fuera. Se recoge totalmente en textos pontificios que, al ir dirigidos a destinatarios españoles, con frecuencia hacen alusión a esa tesis histórica. En más de una ocasión Pascual II, recordando el brillo, por sus mártires y sacerdotes, de la Iglesia de España, advierte que "postea vero per multos annos Yspaniae maiorem partem a Mauris vel Hismaelitis invassam atque possesam..." ¿Y a dónde va este singular recuerdo histórico? Las epístolas de Pascual II presentan el esquema completo: brillante situación anterior de España, que se hunde por sus pecados al sufrir la invasión de los ismaelitas; repliegue de los cristianos que quedaron en las fortalezas de las montañas; descenso progresivo desde esas bases y recuperación de la tierra, arrancada al poder de los infieles; restablecimiento gradual del estado anterior. En cuatro

---

(69) Lacarra, "La formación de las familias de Fueros navarros", en A. H. D. E., 1953; pág. 246.

(70) "Cortes de los antiguos reinos de León y Castilla"; vol. II; pág. 146.

(70 bis) "De preconiis Hispaniae", ed. cit., págs. 176-177.

de las cinco cartas dirigidas, entro 1100 y 1110, por el citado Papa, se menciona a España, contemplando esa cadena de hechos sobre el ámbito total de aquélla (71). Tesis de repliegue y vuelta que se recoge también en una sentencia de Inocencio III (72).

Esa serie de conceptos que, formando globalmente el de Reconquista, hemos enunciado, se enhebran, uno tras otro, en una creencia constante sobre la que el español medieval se basa: esa tierra cuyo dominio ilegítimamente detentan los árabes, es de él, le pertenece. País de los árabes y país de los cristianos no son dos entidades históricas separadas, sino partes de una totalidad que pertenece, en su dominio, a los últimos. Advirtamos una vez más que ese sentimiento de totalidad no significa que haya de verse reunida la tierra bajo un único príncipe cristiano. Hasta fecha muy avanzada, salvo la rarísima excepción que veremos, quiere decir tan sólo que ha de estar en manos de príncipes cristianos españoles.

El doble juego del sentimiento de parcialidad de lo que cristianos y árabes poseen y de totalidad que abarca a una y otra parte, se expresa con toda evidencia en la "Crónica Albeldense", en la que se lamenta el hecho de que, a pesar de la cotidiana guerra de los cristianos contra los invasores, éstos, apoderados del reino de los godos, "adhuc usque ex parte pertinaciter possident" (73). Es, pues, una parte lo que todavía los sarracenos poseen y sobre la conciencia de esa situación de fragmentariedad en que se está, juega también la idea de totalidad en la "Crónica Profética", cuando espera que Alfonso III reine próximamente "in omni Spanie" (74).

CARACTER DINAMICO QUE IMPRIME A NUESTRA HISTORIA MEDIEVAL

De ahí que nuestra Edad Media tenga ese estupendo y singular carácter de Historia en marcha, en avance territorial, de tal modo que las fases en que esa progresión se detiene no son más que paradas circunstanciales, por tantos lamentadas en las fechas mismas en que se producen. La frontera meridional que en cada momento limita nuestros principados cristianos postula su proyección hacia adelante. En ella de permanente

---

(71) Villanueva, "Viaje", XV, ap. XXXVII y ss.; págs. 284 y ss.
(72) Villanueva, "Viaje", XVI, ap. XXIX; págs. 286 y ss.
(73) Ed. cit.; pág. 601.
(74) Ed. cit.; pág. 623.

no hay más que la exigencia de correrse más adelante. Y esto es cosa peculiar y exclusiva de nuestra Historia.

En el Poema-relato sobre la vida de Luis el Piadoso que nos legó su coetáneo Ermoldo el Negro, cuya exactitud respecto a los hechos es, sin duda, escasa, pero cuyo valor es grande como cuadro de la vida de la época, se contiene un episodio que no deja de tener interés. El hijo de Carlomagno, entonces solamente rey de Aquitania, reúne el consejo de sus magnates para tratar de la expedición a España. Para Ermoldo el caso no tiene, enfocado por el rey, más razón que el ejercicio bélico que todos los años, cuando llega la estación en que el estado de los campos permite mantener tropas y caballos, se lleva a efecto de manera habitual:

> "Annuus ordo redit, cum gentes gentibus instant
> et vice partita Martis in arma ruunt."

En la asamblea se levanta el conde Lope Sancho, "wasconum princeps", que desaconseja toda acción militar y pide que se conserve la paz. Este conde gascón toma una actitud que refleja cómo ni es suya ni puede comprender la tradición romano-goda, que empuja, en cambio, a las gentes pirenaicas del otro extremo a la recuperación de Hispania, porque esos godos procedentes del sur de los Pirineos o establecidos en el viejo rincón romano-visigodo de la Septimania se han movido en la órbita del concepto tradicional de Hispania. Frente a la intranquila concepción de la frontera corrediza, en avance, de los que se consideran herederos de la tierra de Hispania, el gascón Lope Sancho recomienda lo otro, la quietud y la paz. "Parte mea, testor, pax erit atque quies" (75). Claro está que muchos caballeros francos quieren el combate, entre ellos el duque Guillermo de Tolosa (el San Guillermo, personaje de la épica posterior), pero aparte de lo que en ello hay del belicismo habitual de los francos —la "ferocitas franchorum" de los textos alto-medievales—, se busca vencer y contener a un pueblo que les hostiga, para quedar bien defendidos contra las correrías de éste. Son, en cambio, el conde godo Bera y los suyos —"cum gothis auxiliis", dicen las Crónicas— los que se quedarán en la tierra que tienen por propia y en donde la presencia de los francos les resulta extraña.

La frontera que con los moros tienen nuestros principados cristianos, por su sola existencia, insta a su desplazamiento adelante. Es, por sí sola, la negación de toda estabilidad. Y de aquí el sorprendente hecho

---

(75) "Poème sur Louis le Pieux et Epitres ou Roi Pépin"; París, ed. de Farel, 1932; págs. 16 y 18, versos 160-161 y 171.

de que aquel elemento que, situado en ella, podría aparecérsenos como definidor de una situación estable, se transforme precisamente en el factor del ininterrumpible, ya que no ininterrumpido, movimiento de progresión. Nos referimos a los castillos que guarnecieron esas fronteras. Díez del Corral ha tratado del que él llama "el destino histórico del castillo hispano": el vigoroso empuje, que mueve a unas generaciones tras otras a la conquista de la tierra, levantaba una línea de castillos para proteger los resultados de una etapa de progresión, haciendo caer en desuso las líneas anteriores y dejando derrumbarse las fortalezas que ya no servían; las ruinas de nuestros castillos podrían contemplarse sobre nuestro suelo mucho antes de que la política de tipo estatal de los Reyes Católicos los desmantelara. "Los castillos ibéricos, a pesar de sus grandes moles o precisamente por eso (76), son obras de paso, abrigos temporales en una guerra ofensiva, trampolines para nuevas conquistas". Llevan en sí "un constitutivo destino de transitoriedad" (77).

Es, sencillamente, esa misma transitoriedad de la situación en que consideran hallarse los cristianos, aspecto que tiene un especial interés considerar en nuestra Edad Media: los cristianos conciben el estado en que se ven como provisional, basados en la esperanza de recobrar el ámbito anterior, de volver a hacer suyo el dominio del país. Esa tierra que hay más allá de sus fronteras, esa Hispania —y por eso la llaman así ellos, que se consideran los únicos hispanos—, es suya y es una parte del todo que les pertenece, según piensa el autor de la Albeldense. Y eso mismo es lo que siglos después continúa pensando del mucho más reducido fragmento que los árabes detentan aún, el cronista de Alfonso XI, quien nos presenta al rey tan afanado en proseguir la empresa secular: "conquerir la tierra que le tenían forzada los moros enemigos de la fe" (78). Por eso, Hernando del Pulgar define todavía la finalidad que los Reyes Católicos persiguen, al seguir la guerra contra el último reducto musulmán, en estos términos: "cobrar lo suyo"; fundamento bien fácil de entender, pues "era notorio por todo el mundo que las Españas, en los tiempos antiguos fueron poseydas por los reyes sus progenitores, y que si los moros poseyan agora en España aquella tierra del reyno de Granada, aquella posesión era tiranía y no jurídica" (79).

---

(76) Alude el autor al carácter que, en contrastes con la torre feudal europea, presentan nuestros castillos, como grandes construcciones nacidas de las necesidades militares de un poder real, preponderante sobre las tendencias feudales.

(77) "Reflexiones sobre el castillo hispano", separata de la "Revista de Estudios Políticos" núm. 61; Madrid, 1952; pág. 23.

(78) B. A. E., LXVI; pág. 223.

(79) "Crónica de los Reyes Católicos", II; pág. 396-397.

De ahí un fenómeno curiosísimo que vamos a ver, y que sólo tras lo dicho halla explicación. Hay, ciertamente, un primer momento en que hasta sobre las alejadas y difíciles zonas de repliegue llega la amenaza mora. En un diploma de la colección pinatense se habla de un áspero lugar, al que, tras la invasión, se acogen los cristianos, y hasta el cual llega la acción destructora de los sarracenos, quienes llevan a Córdoba cautivos los refugiados en él —"qui locus inhabitabilis et inaccessibilis extitit hominibus" (80). Y esa amenaza pesa hasta la fecha decisiva, según las fases señaladas por Menéndez Pidal, de la muerte de Almazor. Efectivamente, de 1002 es un documento de Sunyer conde de Pallars, en el que, en región inmediata al Pirineo, hace referencia a un lugar "quod gens paganorum dextruxerunt ea et non habitant ibi homines, quia fugierunt per diversa loca propter metu illorum" (81). Pero, a partir de ese límite cronológico, empieza una nueva fase de franco descenso a las regiones abandonadas, aunque aparezca todavía algún episódico movimiento de vaivén. No se trata de un nuevo afán de conquista que despierte, como un movimiento natural de expansión, en los hasta entonces comprimidos principados del Norte, sino que se trata de una efectiva voluntad de reconquista, de la realización de un expreso programa de recuperación, cuyo enunciado se encuentra en los diplomas. Existe toda una serie de documentos en los que se contienen concesiones de tierras, adjudicación de iglesias, etc., etc., en lugares que aun no han sido conquistados, haciendo constar la esperanza de que un día lo sean. En ellos se emplean fórmulas como "quando Deus omnipotens eam mihi dederit", "que ibidem fuerit si Deus auxilium prebuerit" (82), etc. etc. Mucho antes de su conquista, Ramón Berenguer el Viejo deja a sus hijos en testamento "civitatem de Tarragona usque àd Tortuosam et ad fluvium Iberis" (83). En los diplomas catalanes conteniendo infeudaciones en las marcas meridionales sobre moros, se enumeran los bienes presentes y los que la voluntad de conquista hace esperar —"qui sunt aut erunt". La permanente posibilidad de las nuevas adquisiciones da lugar a fórmulas constantemente repetidas en las escrituras sobre esas tierras limítrofes— "hoc totum quod modo habetis et deinceps adquisieritis"—, fórmulas que cobran todo su valor cuando específicamente aluden a parias y honores en

---

(80) Magallón, "Colección diplomática de San Juan de la Peña; doc. número XIII.

(81) P. Pérez de Urbel, "Sancho el Mayor", ap. III. doc. núm. VI

(82) Lacarra, "La iglesia de Tudela entre Tarazona y Pamplona", en "Estudios de Edad Media de la Corona de Aragón", vol V, págs 417-418.

(83) "Liber Feudorum Maior", núm 492.

tierra de moros: "de ipsas parias de Ispania quas hodie inde habes et dehinc adquisieris, neque de ipso omni honore quem hodie habes et in antea adquisiturus eris. Deo iuvante" (84). En el testamento de Alfonso el Batallador se hace cesión de una ciudad, en estos términos: "si Deus dederit michi Tortosam", y aun se encuentran una cláusula general que responde al mismo pensamiento: "quantum ego adquisivi vel in futurum, auxiliante Deo, adquiram..." (85). En 1135 Ramiro II, al conceder la iglesia de Barbastro a la de Roda, da expresión a su esperanza de reconquista: "usquequo dominus Illerdam manibus reddat Christianorum" (86). Alfonso VII da a Santiago bienes en la ciudad de Mérida "nunc temporis a Sarracenis possessa, quam Dei opitulante potentia in proximum nos credimus habituros, devicta et expulsa Sarracenorum infideli spurcitia" (87).

En un episcopado, sito en la frontera de Cataluña y Aragón y durante mucho tiempo fronterizo con los moros, se produce una de las más plenas manifestaciones de voluntad y esperanza de Reconquista. En la concordia de San Juan de la Peña que, ante el rey Sancho Ramírez, se estipula en 1080, entre Raimundo de Dalmacia, obispo de Roda, y García de Aragón, obispo de Jaca, se señalan a Roda, como zona de expansión futura, bienes en la Barbutania "ut si miserante Deo fuerit gens Ismaelitarum a nostris finibus expulsa sicuti ipso largiente in proximo futuro esse credimus et speramus" (88).

Es imposible negar la clara voluntad reconquistadora que en ese tipo de escritos se manifiesta. Pero, es más, alguna vez descubrimos que esa esperanza se basa en la creencia de que esos bienes que se otorgan y que todavía se hallan en manos del infiel cuando la concesión se hace, son algo que pertenece o, mejor dicho, debe pertenecer al que lo recibe. De este modo, el obispo de Barbastro, al recuperarse Lérida "sedem suam Hilerdam, Dei gratia obtinuit", y a partir de entonces "Vocatus est Hylerdensis episcopus"; es decir, no es que se le dio, simplemente, sino que le correspondía (89).

---

(84) "Liber Feudorum Maior", doc. núm. 224 y 235.

(85) "Liber Feudorum Maior", doc. núm. 6, año 1131.

(86) Villanueva, "Viaje", XV; pág. 295.

(87) "Historia Compostelana", III, cap. VII; ed. de Flórez, España Sagrada, XX, página 486.

(88) Abadal, "Origen y proceso de consolidación de la sede ribagorzana de Roda", en "Estudios de Edad Media de la Corona de Aragón", vol. V; pág. 75.

(89) Serrano Sanz, "Noticias y documentos... condado de Ribagorza", página 60.

FORMAS JURIDICAS Y POLITICAS QUE DERIVAN DE LA IDEA DE RECONQUISTA

Este último hecho se liga a una teoría jurídico-política que es importante señalar como testimonio elocuente de la idea de Reconquista. Me refiero a la doctrina, de utilización práctica frecuente en nuestra Edad Media, en virtud de la cual se reconocen a jurisdicciones o instituciones presentes como herederas de bienes, derechos, funciones, etc., correspondientes a otras del tiempo pre-islámico, de modo tal que deberán reintegrarse a éstas cuando la situación anterior se restablezca. En relación al obispado de Roda-Barbastro, Abadal ha estudiado la aplicación de la tesis de la traslación a aquél de la sede visigoda de Lérida, al tener lugar el derrumbamiento de esta última, de modo que ambas no son distintas, y el establecimiento de la primera postula, por su sola existencia, el esperado restablecimiento de la segunda. Abadal señala la fecha tardía de 1110 como correspondiente a la aparición de esta teoría, que en ese año se encuentran aceptada por primera vez en un documento papal (90); pero debía ser tesis ya muy formada en España cuando llegó a Roma.

La encontramos aceptada también por la Curia pontificia, en las mismas fechas, y con referencia al otro extremo peninsular, lo que demuestra una vez más el común estado de espíritu que se da en los diversos principados hispánicos, que coinciden en enfocar análogamente su situación y en buscar las mismas soluciones. Santiago empieza obteniendo la dignidad archiepiscopal como heredera de Mérida, sumergida entonces bajo el poder sarraceno, y la concesión se hace a título temporal y como sustitución o herencia transitoria del estado anterior —"donec videlicet Emeritana Sedes Christianorum potestati et dominio redderetur". La doctrina que en Roma indudablemente hacen admitir los peninsulares —y para estimarlo así es valiosísima la narración de la "Historia Compostelana"— es de nuevo proclamada en bula de Calixto II (1124) (91). El prestigio que el nombre del Apóstol dio a la sede compostelana no permitió que Mérida recobrase después el derecho que, en principio, se había trasladado provisionalmente a Santiago, mientras que el caso Roda-Lérida ofrece un ejemplo, como hemos visto, de más completa aplicación de la teoría, puesto que se llega hasta la fase final de restauración de la

---

(90) Abadal, ob. cit. pág. 78.

(91) "Historia Compostelana", II, cap. 64; págs. 396 y sig.

sede anterior a la invasión. Todavía la pugna entre los metropolitanos de Toledo y Tarragona acerca de la jurisdicción sobre la sede de Valencia responde a la misma idea de restablecimiento.

No cabe pensar que se trate de una doctrina aplicable tan sólo en el orden eclesiástico. Ante el Concilio de Basilea, Alonso de Cartagena formula la idea de que la Hispania peninsular, y en particular Castilla, es un repliegue transitorio de la gran Hispania antigua, y se basa en ello para sostener los derechos de aquélla, a la que de este modo podemos calificar de reconquista de la Tingitana —"que est provintia adherens Hispanie" (92).

Ello nos lleva a otra idea que, unida a las anteriores y expresando un nuevo matiz, se engarza en el hilo de la compleja doctrina de la Reconquista: la de reintegración, es decir, la de vuelta de los cristianos a los lugares de los que los infieles injustamente les habían arrancado. Puede servir como ejemplo, entre tantísimo otros, la declaración que encabeza el Fuero de Cirueña. El Fuero se establece en 972, con motivo de la donación de la villa por el rey Sancho Abarca al Monasterio de San Andrés, y en él se dice de Cirueña "que olim fuit sub imperio pessimorum hereticorum habitatum et a catholicis christianis desertum et nunc divina prestante clementia nostris sub imperio est constituto" (93). No sucede nada propiamente nuevo. Se trata de la reintegración, en un estado primitivo, de algo que, para que esto pueda ser posible, en cierta manera ha tenido que seguir idéntico a sí mismo. Y a veces esta real continuidad llega a ser tal, que en ella se inserta, como un episodio extraño, pero que no llega a romper el hilo de aquélla, la fase misma de la dominación sarracena. Esto se observa claramente en el repetido caso de la donación a iglesias de los bienes que poseyeron en el tiempo en que fueron mezquitas de infieles. Esto es frecuente desde la segunda mitad del XI. En una de esas donaciones, el conde de Urgel Armengol V, en 1094, otorga "onmes meschitas que sunt infra muros civitatis balagarii cum omnibus terris et vineis et hortis et arboribus et tendis et almuniis et omnia que illorum sunt vel esse debent" (94). Otro ejemplo, posterior en unos años al que acabamos de citar, nos muestra con más clara referencia el mismo fenómeno. Se trata de la donación, en 1121, por el obispo de Zaragoza de una mezquita en Urseira "cum omnibus radicibus

---

(92) "Allegationes...", ed. cit.; pág. 303.

(93) Editado por Hergueta, en B. R. A. H., XXIX, 1896, págs. 345 y sigs.

(94) Citado por Puig Cadafalch, Folguera y Doday en "L'Arquitectura románica a Catalunya", Barcelona, 1911; pág. 33.

vel alodibus quae hodie habet vel unquam habuit tempore Paganorum" (95).

Esto que me aventuro à calificar de un sentimiento de continuidad, en virtud del cual lo reconquistado se considera igual a sí mismo, antes de su pérdida y después de su recuperación, y, por tanto, relativamente igual también en el intervalo transcurrido entre esos dos momentos límites, da a la Edad Media ese constante aspecto de restauración. Se restauran iglesias, villas, fortalezas. La Reconquista no es una creación *ex-nihilo*, no es tan siquiera la creación de algo nuevo. Es una restauración, y en la unidad total de su empresa una restauración de España. Por eso, lo que Jaime I, cediendo al profetismo de la época, espera que pueda tocarle a él como personal destino, lo enuncia así: "un Rey ho ha tot a restaurar" (96). Insisto en que no pretendo afirmar que los hechos acontecieran así y que el resultado histórico obtenido fuera efectivamente una restauración, en la que, es obvio decirlo, no creo; pero esa era la interpretación coetánea de los hechos. Y nos ocupamos de la idea de la Reconquista, no de la Reconquista en su desenvolvimiento efectivo.

Observemos ahora que las notas señaladas hasta aquí, cuyo encadenamiento compone el concepto de Reconquista, configuran un tipo de vida y, como consecuencia de ello, una continuidad de carácter que encuentra su primera manifestación polémica en un conocido pasaje de la "Crónica Silense" (97). Pero eso que la Silense afirma responde al propio sentimiento de los mismos españoles implicados en la tarea común y participantes en ese mismo tipo de existencia: lucha para reconquistar lo perdido y esfuerzo restaurador. Algunos particulares lo cuentan así, al hacer donación de lo que tienen —un personaje asturiano llamado Gration da al diácono Gonzado una iglesia, de la que (con la dura sobriedad del tiempo, año 906) habla en estos términos: "ecclesia vocabulo Sancte Marie quod fuit dirupta a paganis et ego cum Dei iuvamine restauravi eam, sive et Kasas quas ibidem construxi et vinea quod ibidem manibus meis plantavi et sernas in locos predictos" (98). La referencia al trabajo de las propias manos es frecuente en nuestros diplomas de la alta Edad Media y pone en ellos una nota de realismo acentuado. "Et ego Osonius iam nominatum hedificavit cum manibus nostris ecclesia

---

(95) Villanueva, "Viaje", XV; pág. 245.

(96) "Crónica", II; pág. 132.

(97) Ed. de Santos Coco, pág. 30, también aquí se habla de "labores" y "sudores" como caracterizando la vida hispana.

(98) Publ. por Sánchez Albornoz, en "Serie de documentos inéditos del reino de Asturias", en C. H. E., I y II; pág. 349.

Sancti Felices...", dice un personaje de Liébana al hacer una donación a la abadía de Santa Juliana (99). En ese momento de construcción de España, en todos los sentidos, el esfuerzo de las manos que pelean, cultivan y edifican tiene una elevada estimación entre los hombres libres, libres en sus personas y en sus propiedades, adquiridas de ordinario por un procedimiento tan típicamente de restauración como eran las presuras, a las que el último diploma citado hace referencia.

Este mismo tipo de testimonio adquiere una significación más amplia y un más agudo patetismo en documentos reales. Alfonso VI, al hacer donación de unos bienes, entre ellos la iglesia de San Servando, de Toledo, hace constar cómo ha llegado a conseguirlos, cómo ha vivido para conquistarlos: "per multas fames et sites atque insomnia et per multos labores frigoris et caloris et per multos sanguineos sudores adquisivi" (100). Ramón Berenguer IV se enorgullece también de sus trabajos y nos hace pensar que los estima como algo propio de los peninsulares, capaces por su valor de asombrar al extraño, sentimiento que nos revela el recuerdo que hace de sus esforzadas conquistas ante el papa Adriano IV, quien, a juzgar por los términos de la carta que aquel le dirige, debió estar presente en las más importantes: "In adquisitione Ilerdensis et Dertusensis ecclesiae laborem atque sudorem nostrum partim oculis vestris vidistis" (101).

En toda la literatura posterior sobre el tema de los caracteres de los pueblos —materia que se vulgariza en la baja Edad Media— la huella de ese vivir en reconquista será observada siempre en el carácter español. Se tiene, además, conciencia de cómo en esto se distinguen los peninsulares de los de fuera. Así se ve en el rotundo contraste que la "Silense" ofrece entre el modo de vida de francos e hispanos; también en Lucas de Tuy y en otros muchos casos. No sólo radica en el aspecto militar, sino en la peculiaridad de éste. En la "Crónica de Alfonso XI" se explica la desgracia de un conde alemán y de los suyos, que habían acudido al cerco de Algeciras, "pues non eran sabidores de la guerra de los

---

(99) "Libro de regla" o Cartulario de Santillana del Mar, doc. núm. LIII.

(100) "Cartulaire de l'Abbaye de Saint Cictor de Marseille", ed. de Guérard, París, 1857, núm. 829; año 1095.

(101) Villanueva, "Viaje", V; pág. 263. El Toledano describe así este vivacísimo cuadro de la vida hispana: "Tanta erat tunc temporis infestatio Arabum, quod Milites, Comites et etiam Reges in domibus ubi uxorum thalami ornabantur, equis stationem parabant, ut quacumque hora clamor invadentium insonaret, ad equos et arma possent sine dilatione aliqua festinare". Hisp. Illus., II, pág. 93.

moros" (102). Y ya muy tarde, en el siglo XVI, al ocuparse del último episodio de la lucha multisecular contra la secta de Mahoma, el cronista de los Reyes Católicos, Bernáldez, refiriéndose a los moros de Málaga, dirá que guerreaban "como personas de España" (103).

Sociológicamente, toda la forma de vida común, y con tal sentido se nos aparece la Reconquista, lleva consigo una tendencia a institucionalizarse, a segregar una normatividad jurídica. Y este es un aspecto sobre el que queremos llamar la atención: la institucionalización de la Reconquista. Ya, en principio, lo que de idea de jerarquía de los reinos hay en el título imperial durante Alfonso VI, Alfonso el Batallador y Alfonso VII, responde a ese proceso. Menéndez Pidal extiende a todo el período que él considera como de vigencia de la idea imperial leonesa lo que podemos llamar derecho institucionalizado de reconquista (104). Aún en la época de Alfonso VI lo vemos convertido en materia de negociación entre el conde de Barcelona y el Cid, cuando éste vence a aquél. Dice la *Historia Roderici*: "Comes autem Yspanie partem quandam suo imperio subditam in protectione et in manu Roderici tunc posuit" (105). De cualquier forma, este texto nos revela una vez más el derecho de Reconquista convertido en materia contractual, jurídicamente negociable. Ejemplo de ello también es la concordia de 1064 entre Ramón Berenguer I de Barcelona y Armengol III de Urgel, señalando sus zonas y repartiéndose las conquistas que se llevan a efecto en la proyectada guerra contra los mahometanos (106). A ese aspecto se ligan también los pactos sobre la conquista de tierra de moros y atribución de parias, como los de Tudellén y Cazorla, aunque, en ambos casos, según fórmula muy diferente. En ellos la Reconquista adquiere una formulación jurídica efectiva. Ejemplo son también de la misma situación los estatutos de Ordenes militares españolas, como la de Belchite, establecida "ad conservandum atque tuendum ampliandumque populum christianum et ad deprimendam ac destruendam infidelium paganorum superbiam et invasionem", de modo tal que para sus caballeros es un deber legal que, desde el lugar en donde juzguen conveniente instalarse, "paganos omnibus

---

(102) B. A. E., LXVI, págs. 344.

(103) "Historia de los Reyes Católicos", B. A. E., LXX; pág. 626.

(104) El imperio hispánico y los cinco reinos", en especial, V, 11-14; páginas 114 y ss.

(105) Ed. cit. M. Pidal, en "La España del Cid", II, pág. 946.

(106) Marca, col. 1125-1128.

diebus vitae suae expugnent" (107), actitud muy diferente, desde su mismo origen, de la preferentemente protectora de las Ordenes europeas para Oriente. Aquí se trata, como expresamente dice el texto, de reducir una invasión, es decir, de llegar a un restablecimiento. Pero el caso de mayor interés es aquel en que, con carácter general para todo vasallo, y en forma de precepto jurídico positivo, se impone, no una carga militar genérica, sino la obligación de una actitud militar frente al sarraceno: se dispone en el número 4 (número 63 de la Compilación general) de los *Usatges* atribuidos a Ramón Berenguer I que "omnes homines in eorum patria degentes fecissent omni tempore pacem et guerram, per mare et terram, sarracenis, secundum illorum precepta" (108). Esto no tiene nada que ver con el sistema feudal ordinario de obligaciones militares: el hecho sólo de señalar un único y determinado objetivo, será suficiente para caracterizarlo y a este e f e c t o b a s t a r á con que lo comparemos con una fórmula cualquiera de "auxilium" feudal del otro lado de los Pirineos; por ejemplo, en ocasión en que el obispo de Béziers concede un feudo para construir en él un castillo, se establece como condición que "si guerram vel guerras propias ego vel succesores mei, aut ecclesia Biterrensis habuerimus, debetis nobis valere de ipsa forcia et forciis et nos juvare contra omnes homines et feminas bene et fideliter, sine omni lucro honoris vestri et averi" (109). Aparte de la diferente intensidad dramática que tiene el decir vagamente "omnes homines" o decir concretamente "sarracenis", en el caso de Béziers la guerra es una eventualidad de carácter general, en los *Usatges* una posibilidad de todo momento y muy particular, es decir, no es una guerra cualquiera, sino una muy especial: la de la Reconquista contra los moros. Y todavía ésta adquiere una forma jurídica más rigurosa y cerrada, con todo un peculiar sistema de derechos y deberes, en la obra de Pedro Albert, "Conmemoraciones", en la que se definen jurídicamente las posiciones de señor y vasallo en relación con aquélla: "Si alcun seyor vol armar luyn de sa terra a sarrains a combatre, pot manar a sos vasalls qu'l seguesquen, si el senyor es tal que aya poder de combatre contra sarrains, e que sos antecessors agen guerreyat e custumat fer guerra a sarrains... E si'l seyor sia que no aya

(107) Rassow, "La Cofradía de Belchite", en A. H. D. E., III, 1926, páginas 220-221.

(108) Ver Valls Taberner, "Noves recerques sobre els Usatges de Barcelona", en Estudios Univ. Cat., XX, 1935, págs. 69 y sigs. Véase también el número 25 de ese texto de Valls, pág. 79.

(109) "Cartulaire de Béziers", ed. Rouquette, París-Montpellier, 1918; documento núm. CCCXXIV, año 1195.

poder de combatre ne de fer guerra contra sarrains e, neguex, ne aurà acustumat, el ne sos antecessors de combatre ne de fer guerra contra sarrains, no son tenguts los vassals ne els altres homes seguir aquel luyn de sa terra" (110). Hacer o no la Reconquista acaba siendo —la obra de Albert es de fines del XIII— un derecho que se puede tener o no tener y que se considera susceptible de ser formulado jurídicamente. Dentro de los conceptos jurídico-feudales de "hueste" y "cabalgada", el de la "hueste de España" tiene, por lo que acabamos de ver, una peculiar configuración jurídica (111).

De ser cierto lo que cuenta Fernán Sánchez de Valladolid en una de sus "Tres Crónicas", esa configuración jurídica de la Reconquista sería una situación conocida y aceptada por los mismos moros. Para ellos, de los pactos de distribución entre cristianos nacería una legitimidad de la acción de guerrearles. Según dicho cronista, en el acuerdo entre los reyes de Aragón y Castilla para una acción combinada sobre Algeciras y Almería, se había estipulado que el primero recibiera la conquista de la sexta parte del reino de Granada, y esta nueva participación aragonesa, fuera de los anteriores planes de reparto, produjo la indignación entre los moros, porque "decían ellos que en cercarles el rey de Castilla las sus villas que era derecho, mas que lo del rey de Aragón teníanlo por tuerto e deshonra" (112). En cualquier caso, así creían posible los cristianos que se enfocase el asunto, según el testimonio que Sánchez de Valladolid nos da a entender. Y a este respecto, la misma Crónica narra un hecho en el que se observa también la concepción de la Reconquista como un derecho positivamente formulable: el rey de Aragón pacta con los señores rebeldes contra Fernando IV que se exija de éste para el infante de la Cerda, "el reino de Jahem con toda la conquista de moros" (113). Ya veremos de qué manera la Reconquista, a través de la que se transmite la herencia goda, constituye para Alonso de Cartagena un proceso de aplicación del derecho, de ese "totum jus universitatis hispaniarum" que los monarcas visigodos poseyeron, y cuyo restablecimiento sigue siendo legalmente exigible.

Desde fuera, en cambio, no resulta fácil de entender esa empresa constante de los españoles para recuperar el señorío de la totalidad de

---

(110) "Commemoriacions" de Pere Albert, editadas, junto con los *Usatges*, por Rovira Armelgol, Barcelona, 1933; pág. 183-184.

(111) Recuérdense los datos que sobre la "hueste de España" hemos dado en el capítulo IV.

(112) "Crónica de Fernando IV", B. A. E., LXVI, pág. 163.

(113) Ob. cit., pág. 131.

Hispania. De la zona del actual Mediodía francés, en donde por la proximidad y por la acción de influencias hispánicas que se desenvuelven durante varios siglos, llega a crearse un clima vital parejo al de la Península, surge, por boca de los trovadores, una serie de constantes acusaciones contra los reyes cristianos, incapaces de comprender la obra española.

El famos Marcabrú exalta, por una parte, la deseable solidaridad en la Reconquista de todos los príncipes de España:

> Ab la valor de Portegnal
> e del rei navar atretal
> ab sol que Barsalona-s vir
> ver Toleta l'imperial
> segur podem cridar: Reial!
> e paiana gent desconfir (114).

Portugal, Navarra, Barcelona, Castilla, quedan de una parte, como unos años después se demostraría. De la otra, estaban los que "amon lo soporn e l'abric", los que pretenden descansar y esconderse, aquellos que "vergoigna non an". Marcabrú lanza una terrible requisitoria contra los barones de ultrapuertos que se niegan a participar en la guerra contra el moro. Y este mismo tono se repite en Alegret, quien exalta la lucha contra el infiel y opone a los príncipes y barones de su tiempo, cobardes y viciosos, el valor y la virtud de Alfonso VII, al que llama señor y emperador de Occidente (115). Peire Vidal, Peire d'Alvernha, tantos otros, insistirán, en términos análogos y una y otra vez, en la misma idea. Sin embargo, y por mucho que sea el entusiasmo por la empresa española y por emparentados que se muestren en su sentimiento con las gentes del sur de los Pirineos, hay algo que les separa: la equiparación de la guerra en España con la Cruzada de Tierra Santa —la "ops d'Espaigna e del vas" (la ayuda de España y del [Santo] Sepulcro, traduce Riquer). Si nuestros textos, en Castilla y Cataluña, conocen, como lo demuestran la "Crónica latina de los Reyes de Castilla", los "Anales castellanos segundos" y el "Chronicon Dertusense I", la expedición a Oriente y la toma de Jerusalén, no se da entre nosotros una equiparación de ambas empresas. La "Crónica latina" que, con sus amplias referencias a lo que pasa fuera, se ocupa de las Cru-

---

(114) Riquer, "La lírica de los trovadores", I; pág. 61.

(115) Ver Boissonnarde, "Les personnages et les événements de l'histoire d'Allemagne, de France et d'Espagne dans l'ouvre de Macabru", en "Romania", XLVIII, 1922; pág. 238.

zadas, no piensa un solo instante en asimilar una cosa a otra, y esa diferencia surge de que la Reconquista es eminentemente la lucha para la recuperación de un reino. El concepto canónico de "cruzada" (115 bis) entra en España en fecha avanzada y cuenta de ordinario con la oposición de reyes y pueblos. Resulta siempre poco eficaz para mover la acción militar de los peninsulares (116), que de ordinario parecen preferir apelar a la solidaridad hispánica y a la idea de reconquista.

Nada tiene que ver con esto la ilusión de seguir adelante que el sentimiento del propio poderío militar puede encender en algún momento. Así, de Fernando III dice la "Primera Crónica General" que "allen mar tenie oio para pasar et conquerir lo dalla desa parte que la morysma ley tenie" (116 bis), ilusión que, como reiteradamente se ha dicho, reaparece formulada en alguno de los escritores del siglo xv, por ejemplo en Diego de Valera, mas nunca con la intensidad y el riguroso carácter normativo con que se presenta la de la restauración del reino de España.

No se trata, ello es esencial para su entendimiento, de una obra de conquista pura y simple. Lo es, además, de restablecimiento, con todo el preciso método que la aplicación de esta idea reclama. Es una obra de restauración, que requiere bases sólidas, aunque sean de lento establecimiento. De aquí la táctica de la repoblación, que caracteriza nuestra Edad Media, como, adaptada a otras circunstancias, constituía nuestra técnica de colonización en América. De aquí también la diferencia con las acciones fulgurantes e infecundas, respecto al sentido que se habían propuesto, de los cristianos en Oriente o en el desdichado episodio de Barbastro. Tal vez sería interesante estudiar desde este punto de vista la toma de Valencia por el Cid. Nuestra Reconquista va, en cambio, seguida en cada paso por un amplísimo movimiento de repoblación. Para conocer a fondo este aspecto habrá que esperar al término de los trabajos en que se ocupan, cada uno sobre área diferente, los profesores Lacarra y Ferrari. Pero mientras, recordemos el interés con que Alart señalaba el hecho extraordinario expresado en tantos documentos —"fácimus populatione", "damus vobis licentiam populandi"— y originaria y eminentemente en las cartas de Brañosera, en 824, y Cardona, en 827 (según confirmación posterior del conde Borrell). Alart observa, y ello da todo su valor característico al fenó-

---

(115 bis) Ver Villey, "La Croisade", París, 1942; y del mismo autor, "L'idée de Croisade chez les juristes du Moyen Age", X Cong. Int. de Sc. Storiche, volumen III.

(116) Ubieto, "La peregrinación de Alfonso II de Aragón a Santiago de Compostela", Estudios de Edad Media de la Corona de Aragón, V, págs. 438 ss.

(116 bis) Ed. cit., pág. 770.

meno, que "los privilegios de las cartas de población de las fronteras del Rosellón o de Cataluña son los mismos que en Aragón, las provincias vascas o los reinos de Castilla y de León" (117). Ello quiere decir que responden a un mismo concepto político-militar: la reconquista, la restauración de una tierra, reconocida como propio y permanente ámbito.

Un marcadísimo aspecto religioso se da siempre en nuestra empresa: para la Crónica Silense se define ésta como el esfuerzo por que las tierras sean arrancadas de manos sacrílegas, "et in Christi fidem conversas" (118), porque, por de pronto, la consecuencia que toda irrupción islámica, lleva consigo resulta no ser sino esto: "omnis diviniis cultiis periit", como se vio en el caso de Almanzor (119). Para la portuguesa "Chronica Gothorum", las fuerzas de la Reconquista se dirigen "adversus Sarracenos christiani nominis inimicos" (120). En la temprana fecha de 904, un documento de Vifredo II definía ya su misión como dirigida a la "Sancte Ecclesie restauratione" (121). No hace falta que sigamos aduciendo textos en este sentido, de los cuales podrían reunirse varios miles. Fortísimo, decisivo este aspecto religioso de la Reconquista, no basta, sin embargo, para definir ésta. La Reconquista española no es sólo una lucha de cristianos simplemente contra los enemigos en general del nombre de tales, sino tarea de unos cristianos determinados, los peninsulares, para recuperar de unos infieles que les son inmediatos algo que les era propio. Ello explica el hecho tan peculiar de que la misma "Crónica Silense", en la que con tanta exaltación se presenta el aspecto religioso, ofrezca la más feroz diatriba contra Carlo-Magno, negando por completo toda participación suya en la empresa de liberar a España y llenándole con esta ocasión de las más graves acusaciones, en contradicción tan manifiesta con la leyenda europea, de origen germánico, que hace de aquél un supremo amparador de cristianos. El programa lo enuncia para todos nuestros siglos medievales la "Albendense", en el elogio del buen rey (Alfonso III): "ejus quoque tempore Ecclesia crescit et regnum ampliatur" (122). Y la "Crónica" del propio Alfonso III dice que aquél a quien considera fundador de la empresa, Pelayo: "Tunc populatur patria, restauratur ecclesia" (123). Para esa labor, pueden aceptarse y aun pedirse ayudas de fuera

---

(117) Alart, "Privilèges..."; págs. 23-24.
(118) Ed. Santos Coco; pág. 7.
(119) Idem, íd.; pág. 61.
(120) Ed. P. David, "Etudes"; pág. 298.
(121) "Cartulario de San Cugat"; doc. núm. 2.
(122) Ed. Gómez Moreno; pág. 604.
(123) Idem; pág. 615.

que se remuneran con soldada o con feudos; pero llevar la empresa adelante corresponde tan sólo a los de la tierra.

ESPAÑA COMO OBJETIVO DE UNA EMPRESA HISTORICA

Nos queda por ver ahora la última cuestión. Si en nuestros siglos medievales se posee una visión dinámica de su propia historia, como un movimiento de Reconquista que tiende a conseguir una recuperación, el concepto de ésta supone necesariamente algo que se ha perdido y que ha de recobrarse. El qué de la Reconquista es lo que nos queda por examinar, y comencemos por adelantar que, a medida que aquélla progresa en el tiempo y en el espacio, el objeto final de su acción se va reconociendo más clara y universalmente. Ese objeto se define con una sola palabra: Hispania.

Si no hubiera textos suficientes para demostrar el papel que este pensamiento juega en nuestra vida medieval conjuntamente, de los cuales hemos hecho uso de unos, y de otros nos ocuparemos a continuación, creo que una sola observación bastaría para probar nuestro aserto: el hecho extraordinario de que todos y cada uno de los principados hispánicos —Asturias y León, Castilla, Navarra, Aragón, Cataluña, Portugal en su día— traten denodadamente, mientras las circunstancias se lo permiten y, en cualquier caso, hasta mucho más tarde de lo que ordinariamente se juzga, de extender sus límites hacia una tierra que, si se la quiere conquistar, es porque se la estima irredenta. Nada tiene esto que ver con un mero y normal deseo de ensanchar sus dominios, que cualquier príncipe puede sentir, sino que, caracterizando esencialmente esa acción, se da en ella la idea de una tierra que hay que recobrar. ¿Por qué los pequeños condes del sur de los Pirineos no se quedan satisfechos con sus espacios respectivos y, en cambio, sí se conforman con los suyos sus congéneres, que pululan por el ámbito septentrional de los Pirineos? ¿Por qué ese colosal sentido traslaticio, progresivo, de las fronteras meridionales en todos nuestros principados medievales? Siempre se tiende más allá: León, primero; en seguida, el Duero; después, Toledo, el puerto de Muradal, Almería, Córdoba, Sevilla, Algeciras. Esto, de un lado, cuya acción suele ser menos discutida. Pero del otro lado apenas transpuestos los Pirineos: Barcelona —"civitas Hispaniae munitissima", como los "hispani" y "goti" han hecho saber a los cronistas francos—, y después Tarragona, Tortosa, Lérida, Valencia, Murcia, hasta Granada. ¿Y por qué hay quienes se sienten indignados al ver que los de otro principado no acaban con la parte que se les asignó? Es más: ese hecho mismo del establecimiento de zonas de acción reconquistadora supone el reconocimiento palmario de una totalidad, con límites precisos, a recobrar. ¿Es esa totalidad un simple concepto geográfico? No cabe imaginar que se pretenda la "salvación" de un trozo del planeta como mera existencia física, ni que se afirme un "principado" sobre un trozo de geología, ni que se piense en el "honor" de una cosa material, ni que se pretenda "restaurar", como gran obra política, una simple extensión. Y todos esos conceptos, en cambio, se aplican una y otra vez a Hispania. Todo lo que en las páginas de este libro se dice muestra el hondo contenido humano, histórico, de esa expresión geográfica. Pero además, no hay caso igual de un concepto geográfico-histórico dirigiendo más constantemente, más presionantemente, una obra política de ocho siglos, en una época, además, en la que, dominada la vida política por relaciones personales y familiares, una formulación de programa político tan amplia y permanente no se da en ninguna otra parte.

Lo primero que demuestra la aplicación de la idea de recuperación a España es la existencia complementaria de la de "pérdida" de la misma. Unánimemente se considera que el drama de la invasión sarracena ha traído consigo la "pérdida de Hispania". El tema aparece por primera vez en la Crónica mozárabe del año 754. El cristiano que desde tierras moras de Toledo y Córdoba contemplaba la "infelicem Yspaniam", escribió la primera lamentación de su naufragio: "Spania condam deliciosa et nunc misera effecta tam in honore quam etiam in dedecore experibit" (124). Sin conexión con esta primera fuente, en un sínodo barcelonés de 906 se recordaba el antiguo florecimiento de "tota Hispania" y su caída o pérdida (125). De ordinario los documentos que hacen referencia a un lugar reducido y concreto, sólo aluden al antiguo estado de ese lugar, normalmente a la iglesia de que tratan y reducen a él o a ella el testimonio de su restauración: así en el caso del acta de consagración de la iglesia de Urgel. Hay, sí, en todos estos casos, un manifiesto entronque de lo anterior perdido y lo nuevo restaurado. Falta la demostración de que este sentimiento se haya trasladado a la totalidad del ámbito hispánico. Hemos visto dos ejemplos muy tempranos y veremos cómo estos ejemplos se acrecientan a medida que avanza la Edad Media. En la concordia de 1080 entre los obispos García de Aragón y Raimundo de Roda se cuenta así la historia: "Christiana religione expulsa ex nostra patria, invadente impia Ismaelitarum Ispaniam, destructis Sedibus, captivata patria..." (126).

(124)   M. G. H., "Chorn. Min.", II; pág. 353.
(125)   Cit., por Mateu Llopis; ob. cit., pág. 81.
(126)   Villanueva, "Viaje", XV; pág. 283.

Desde muy pronto, el sentimiento de la caída o destrucción de España se debió alumbrar en las conciencias. La impresión de éstas respondería muy bien a la palabra "naufragio" que el mozárabe del año 754 emplea. La historiografía primitiva dio ya algún testimonio de ello, como puede observarse en la Crónica alfonsina (127). En el Tudense el pensamiento alcanza forma más granada. Pero es Rodrigo Jiménez de Rada quien tiene la genial idea de dar forma literaria y convertir en un tema de esta naturaleza el que ya debía ser lugar común de la "pérdida y lamentación de España". Si el Tudense le había precedido, como vimos al empezar nuestro estudio, en la renovación del otro tema de la alabanza o laude, tomándolo de San Isidoro y desarrollándolo ampliamente, el Toledano tiene de original unir y completar el laude con la lamentación. El Toledano termina el libro III de su Historia con una elocuente "deploratio Hispaniae" ante la derrota y fin del poder de los godos. Por eso los comienzos de la Reconquista son para él "tempore perditionis Hispaniae" (128).

Y el hecho de que este recurso literario tuviera tan gran fortuna y tan general aceptación, prueba cómo era la "pérdida de España" un lugar común difundido por todas partes. El tema alcanza en la "Crónica General" de Don Alfonso el Sabio el desarrollo de todo un capítulo, con vinculación directa respecto al Toledano, acentuándose su carácter de "enseñamiento": "Doloroso es el llanto, llorosos los alaridos, ca Espanna llora los sus fijos et non se puede conortar..." (129). Y siguiendo también el texto del Toledano, el obispo Gil de Zamora, exclamará: "Proh dolor, hic finitur gloria gothice ac hispanice maiestatis" (129 bis). El canciller López de Ayala, a cuya pluma van bien estos temas edificantes, se lo apropia (130). Y, naturalmente, siguiendo el texto del original que vierte, Ribera de Perpejà dedica también un capítulo a la materia (131).

Si todavía la "Crónica Pinatense", en su versión aragonesa, se refiere, sin añadir más sobre el caso, a la "dita perdición o conquista", Pedro IV, a cuya iniciativa parece ser fue escrita esa Crónica, prueba en otro lugar hasta qué punto le era familiar la idea. Hablando de ciertos términos del lenguaje militar y de cómo han cambiado de antigua a modernamente,

---

(127)   Ed. Gómez Moreno; pág. 614.

(128)   "Hisp. Illust.", II; pág. 73.

(129)   "Primera Crónica General"; págs. 312-314.

(129 bis)   "De Preconiis", ed. cit., pág. 85.

(130)   "Crónica del Rey Don Pedro"; B. A. E., LXVI; págs. 420 y ss.

(131)   Massó, "Historiografía de Catalunya"; pág. 498.

dice que "foren usats en Espanya entre que's perdé e la guayaren los sarrains; e depuys que la cobraren los christians" (132).

El tema pasa al "Fuero general" de Navarra, cuya explicación de la Reconquista parte de ese mismo hecho y en Crónicas del final de la Edad Media conserva su papel el mismo tópico. Para Valera, "las gentes de España" son destruidas por sus pecados, y aquélla se ve perdida en poder de los moros (133). Fernández de Heredia lo hace también suyo (134). Y también lo recoge, con exaltado tono declamatorio, Turell, condenando a cuantos personajes intervinieron, según la leyenda que recoge, en el gran drama: el conde Julián, la condesa su mujer, los moros, el rey Rodrigo, "car dona principi a la destrucción de Spanya" (135). Desde el "Poema de Fernán González" a la "Crónica Sarracina", de Pedro del Corral (136), también las obras literarias desarrollan el tema.

Adrede hemos citado a Turell y hemos saltado, en cambio, a Tomich, cuya obra original copia el primero, y lo hemos hecho así no porque en él no aparezca el tópico, sino por el extraño interés de la forma en que se presenta, combinado con otra idea. Si en todo el ámbito peninsular lo perdido con la invasión de los árabes se estima que es España, el problema de la Reconquista consistirá en la recuperación de aquélla. Y esta unión o lazo entre ambos aspectos de la cuestión no es cosa que pongamos por nuestra propia interpretación, para hacer inteligible esas dos series de fenómenos: pérdida y recuperación. El nexo entre ellas viene ya reconocido en fuentes medievales y quizá ningún otro texto sea más claro y decisivo a este respecto, entre toda la literatura española —castellana o catalana— que el que nos ofrece Tomich: el rey Rodrigo y el conde Julián "perdieron, ¡oh dolor!, la Espanya: los comtes e reys ab lurs inmortals virtuts la recobraren". Es la misma idea que, de pasada, hemos podido ver antes en una frase de Pedro IV: en las palabras del rey catalano-aragonés, una España fue perdida por obra de los sarracenos, y esa misma después "la cobraren los christians". En Tomich se ve claro que también una cosa ha sido perdida, y esa misma es la que se ha recuperado; que la historia de todos los príncipes medievales —"comtes e reys"— ha sido el esfuerzo para llegar a esa restauración o recon-

(132) "Tractats de Cavallería"; ed. Bohigas, en "Els nostres classics"; página 106.

(133) "Crónica de España", parte III, cap. 37.

(134) Folio CCCLXXII del manuscrito citado.

(135) "Recort"; págs. 55 a 58.

(136) Ed. de Menéndez Pidal, en "Floresta de leyendas heroicas españolas: Rodrigo, el último rey godo", Madrid, 1942; vol. I, pág. 89.

quista: que esta ha sido, en consecuencia, una obra solidaria, capaz de un mismo honor y un mismo mérito, en cuanto que responde a unas comunes "virtuts inmortals".

No cabe más completo esquema de la idea de Reconquista. Pero hemos de añadir algunos datos más que demuestran la constante presencia de esa idea de proyección política sobre el ámbito de España, que se da efectivamente en los reinos de la Reconquista. Si cada uno de los príncipes cristianos sabe muy bien que su tierra es parte de España, y si llaman, con valor de totalidad, España, a la extensa tierra en poder de los moros, esto indica hasta qué punto sentían sus propios ámbitos o territorios como parciales y dinámicamente lanzados a recobrar esa tierra a la que, como un miembro al todo, pertenecía la que cada uno de ellos dominaba. De aquí que aparezca aplicado a muy diversos príncipes, con frecuencia, un apelativo en el que se formula esa pretensión en marcha, esa dinámica exigencia de apoderarse o de recobrar lo que es propio. La "Historia Roderici" llama a Sancho II de Castilla "dominator Hispania" (137). Un documento del "Liber Feudorum Maior" dice de un conde de Barcelona, con perfecto paralelismo en la idea, que llegó a tener "subiugata Hispania" (138). Con esta misma tesis de la proyección reconquistadora, los *Usatges* llaman a Ramón Berenguer I "subiugator Hispaniae", forma que la versión romance traduce por "apoderador de Espanya". Todavía Pedro II, en privilegio otorgado a la ciudad de Lérida (1213), al citar a sus predecesores, de quienes arrancaba la concesión, menciona a Ramón Berenguer IV, "noster proavus, Ispanie subiugator (139). El sentido que la expresión podía tener nos lo aclara cumplidamente el pre-humanista Antonio Canals, quien hablando de que Aníbal consiguió dominar toda la tierra española le llama "subyugador d'Espanya" (140). Es la misma idea del "vencedor de España", que expresa Pérez de Guzmán (141): el que impera en ella.

Si lo perdido había sido toda España, si lo que había de recuperarse era España, es evidente que el fin de ese proceso de reconquista se concibiera de modo que aludiese a la total restauración de aquélla. Y, en efecto, desde la historiografía de Alfonso III, en la que por primera vez se expresa la conciencia peninsular, ese objeto o fin de la Reconquista

(137) Pidal, "La España del Cid", II; pág. 916.
(138) Doc. núm. 254; año 1160.
(139) Publicado por Valls Taberner, en "Estudis Universitaris Catalana" 1926; pág. 161.
(140) "Scipio e Anibal"; ed. de Riquer, "Els nostres classics"; pág. 46.
(141) "Loores de los claros varones de España"; ed. cit.; pág. 733.

se concentra en una fórmula que se conserva en toda la Edad Media y va pasando de una tierra en otra: la salvación de España.

En la temprana época de la realeza astur-leonesa, la Crónica de Alfonso III lanza, como programa a realizar, ese fin de salvación: lo que en Covadonga se espera es la "Spaniae salus". Al día siguiente de haber sido consagrado emperador Alfonso VII, reunido con sus magnates, se ocupa en lo pertinente "ad salutem regni totius Hispaniae" (142); y tengamos en cuenta que líneas antes se ha definido en estos términos qué es lo que comprende ese reino: "facti sunt termini regni Adefonsi regis Legionis a mare magno Occeano, quod est a Patrono Sancti Jacobi, usque ad fluvium Rodani" (143). Y en la crónica de Jaime I, cuando el rey trata de conseguir, contra los nobles reacios, que se acuerde la ayuda militar a Castilla, se le hace esgrimir ante los catalanes —gentes de "lo millor regne d'Espanya"— como suprema razón, ésta: "tan gran preu y tan gran honor que per nos e per vos sin salvada Espanya" (144). Nada ilustra más sobre el sentido de estas palabras que el episodio, en la misma Crónica contado poco antes, al que ya aludimos: él nos permite descubrir el profundo sentimiento de reconquista que alienta en el rey Conquistador: nos referimos a la visión profética, en la que tan sinceramente cree, de un fraile minorita navarro, quien le asegura que un ángel del Señor se le ha presentado para hacerle saber cómo, de las angustias de la tierra española, un rey la salvará, un rey cuyas señas coinciden con las de Don Jaime; y también en ese grave momento la preocupación se proyecta sobre toda España —"un Rey ho ha tot a restaurar y a defendre aquell mal que no vinga a Espanya" (145).

"Salus Hispaniae", "per salvar Espanya", a través de siglos y de tierras, el programa de nuestra Edad Media se conserva idéntico a sí mismo. Y a los textos que llevamos citados, en los que, positivamente, se afirma esa idea, cabe añadir otra serie de ellos en los que ésta se formula negativamente es, a saber, como evitación de un peligro o de una pérdida que pueda caer de nuevo sobre España entera. Los "Gesta Comitum Barcinonensium", de autor y época diferente a la última Crónica real mencionada, atribuyen también al propio Jaime I, ante la sublevación de los moriscos, la visión de España unitariamente fundida en el peligro y en la preocupación real: "per quae non solum regnum praeditum imno

---

(142) "Chronica Adephonsi Imperatoris"; ed. Sánchez Belda; pág. 56.
(143) Idem, íd., pág. 54.
(144) Ed. de Barcelona, 1905; vol II; pág. 135.
(145) Ob. cit., pág. 132.

tota Hispania exponi credebat periculo temporali" (146). Y basándose en concepción análoga, aludiendo a Pedro III y al acoso de los rebeldes sarracenos que tuvo que afrontar en tierras de Valencia, la "Crónica Pinatense" escribe: "pro quibus nedum regnum ipsum, quim etiam tota Ispania evidenti era exposita periculo" (147). La difusión amplia de esa idea de salvación de España resulta constatada finalmente por su reconocimiento en fuentes árabes. Ben Bassam y Ben Alcama atribuyen al Cid la frase de que "un Rodrigo perdió a España y otro la salvará" (148). La atribución parece apócrifa, pero ello no obsta para que nos demuestre cuál era la idea política que los árabes creían encontrar en el fondo del esfuerzo reconquistador.

Este esfuerzo se considera disparado desde un punto de arranque hasta un blanco final y, aunque la trayectoria se recorra en muchas ocasiones aisladamente, no falta el sentimiento de solidaridad en la obra y la efectiva manifestación de esa solidaridad en la práctica. A través de Cronicones y diplomas quedan señaladas muchas de esas pruebas de acción conjunta que, por no tener el brillo de los grandes momentos, pasan de ordinario desapercibidas. Así esa noticia que nos da la llamada "Crónica de Alaon renovada": el conde Guillermo (sobre 1004) se dirige a posesionarse de su tierra de Ribagorza desde Castilla, donde ha residido junto a su tía la esposa del conde García Fernández, acompañado de las tropas que le dio su primo, el conde castellano Sancho García —"veniente cum magno exercitu dato sibi a rege prefato"— (este antedicho rey es el conde mencionado); con esas tropas derrotó y echó el conde Guillermo Isárnez a los moros, entrados en el condado en los años anteriores de la condesa Toda (149). O el caso de ese conde de Urgel Armengol VI, llamado el Castellano, según dicen los "Gesta Comitum Barchinonensium", que desde 1144 aparece junto a Alfonso VII, a cuyo lado se encuentra en Jaén cuando el rey tenía cercada Córdoba, suscribiendo con su título de "comes Urgelli" una concesión real en 1150 (150).

---

(146)   Texto de la redacción latina definitiva; ed. cit., pág. 63.

(147)   Ed. cit. pág. 165.

(148)   M. Pidal, "La España del Cid", I; pág. 437.

(149)   Ed. de Serrano Sanz, en "Noticias y documentos"; págs. 16 y ss. Según éste, las tropas se las daría García Fernández y no su hijo (pág. 392).

(150)   Sánchez Albornoz, "Algunos documentos reales leoneses", en "Cuadernos de historia de España", vol. IV; pág. 369. También Armengol VII acompaña a Fernando II de León. "Cartulario del Monasterio de Vega", docs. números 60, año 1168; 63, 64, 1172; 68, 1175; 74. 1180. También del primero aparecen documentos suscritos por él en este "Cartulario"; apéndice núms. 7, 1144; 9 y 10, 1145; 11, 1147.

En realidad, basta a nuestro efecto con señalar los grandes nombres, que forman por sí solos una larga lista: Toledo, Valencia, Almería, Cuenca, Las Navas, Mallorca (151), Murcia, Algeciras, Granada.

Pero lo más extraordinario del caso no está en estos ejemplos de alianza militar, sino en otro tipo de observaciones que nos dan el sentido de esos hechos: en advertir cómo, después de la etapa de estrecha colaboración militar Jaime I - Alfonso X y, producto de ella, después de la conquista del reino de Murcia, cuando el reino Aragón-Cataluña no tiene ya contacto inmediato con los sarracenos, la idea de la reconquista sigue, porque —y ello lo demuestra palmariamente— la idea de la Reconquista abarcaba la totalidad de España y en ésta quedaba aún el enclave de Granada. Los reyes de Aragón Jaime II y Alfonso IV sienten el ardoroso deseo de lanzar a los infieles de esa parte de España que les queda, aunque se tratase de tierras que no habían de quedar para ellos (152). De las numerosas protestas y reclamaciones de los castellanos contra sus propios reyes, por la desatención en que tienen la empresa de Granada, no hace falta que nos ocupemos, porque muchas veces se ha hablado de ello y se han citado los más diversos textos en ese sentido. Recordemos, sin embargo, que el infante Don Juan Manuel se preciaba de que si el rey siguiera sus consejos, "ante de mucho tiempo non fincaría moro en el reino de Granada que todos non fuesen en su señorío el en poder de cristianos" (153). Con análoga preocupación, Muntaner lamenta que, distraídas forzosamente en Italia las energías bélicas del rey aragonés, no hayan podido ser empleadas "a honor de la santa fe católica sobre Granada (154) y cree firmemente del rey Jaime II, cuya buena disposición entiende que se ha comprobado en el caso del sitio de Almería, que "si lo regne de Granada fos de la sua conquesta, gran temps ha que fora de crestians" (155).

De todas formas, y a pesar de ese retraso, de esa negligencia que

---

(151) El conde de Rosellón, Conflent y Cerdaña, Nuño Sancho, tío de Jaime I y uno de sus colaboradores principales, va a la empresa de Mallorca acompañado de muchos caballeros y barones castellanos. Desclot, "Crónica", II; página 92.

(152) Giménez Soler, "La Corona de Aragón y Granada", en "Boletín de la R. A. B. L." de Barcelona, 1907; abril, núm. 26. También Miret y Sans, "Negociaciones diplomátiques d'Alfons III de Catalunya-Aragó ab el rey França per la croada contra Granada (1328-1332)", en "Annuari del Institut de Estudis Catalans"; MCMVIII; págs. 265 y ss.

(153) "Libro de los estados"; B. A. E., LI; pág. 363.

(154) "Crónica"; fascículo VIII; pág. 40.

(155) Ob. cit., VII; pág. 10.

tan severamente se enjuiciaba en una y otra parte, el término último de la Reconquista se había de alcanzar; pero por profundo destino de la Historia, no sería así hasta el momento en que la empresa pudiera simbolizar la restauración total de España y la plena solidaridad de los dos reinos, que habían ido reuniendo las otras tierras hispánicas. Por eso, para el "Gerundense" —el obispo Juan Margarit—, que es de los primeros en hacerse cuestión del hecho como historiador, la obra de Fernando e Isabel tiene un sentido de restablecimiento o restauración, no de realización de cosa nueva, por reunir las partes que, tras romanos y godos, habían permanecido dispersas, y por lanzar a los moros, cuya presencia hería no sólo a castellanos, de cuya conquista era Granada, sino a todos los del gran reino de España. Con un claro sentimiento de final de Reconquista, el "Gerundense" recuerda y lamenta que el mahometano "per multa tempora ipsius Hispaniae partem occupatam tenuerat, in magnum regnum Hispaniae non minus opprobium quam iacturam" (156).

---

(156)   "Paralipomenon Hispaniae", proemio del autor dedicado a los reyes Fernando e Isabel, Hisp. Illust.", vol. I, pág. 7.

CAPITULO VII

LA TRADICION DE LA HERENCIA GODA COMO MITO POLITICO

Uno de los temas que han dado lugar a que se repita con mayor constancia el nombre de España durante nuestra Edad Media, hasta en el momento de mayor dispersión y en las mismas fuentes en que este estado se refleja, es el del recuerdo de la dominación de los godos en la Península. En las más breves anotaciones analísticas, si se recogen noticias alusivas a la venida, dominio y pérdida de los godos en España, será ello motivo de que se escriba ese nombre. Así sucede en los más apartados monasterios, cuando al aprovechar algunos monjes los espacios en blanco que quedaban en las hojas en que se habían escrito las tablas pascuales, se da origen, según Russell, a esas simplísimas notas de los Anales primitivos (1). Esto indica que la llegada de los godos a España era acontecimiento cuya memoria se guardaba viva, ligando a ella, con no menos insistencia, el recuerdo de la España que aquellas gentes dominaron, y esto en momentos en que el horizonte inmediato de la existencia política había quedado reducido a la tierra de un reino o condado minúsculos.

En nuestros más rudimentarios textos historiográficos aparece, de esta manera, el término España, expresando el concepto de un reino que, como tal, estuvo unido bajo el poder de los godos. Y así, el testimonio de la presencia de éstos en la Península mantiene en diversos y lejanos lugares, con el significado que indicamos, el antiguo nombre de Hispania, lo transmite a los siglos siguientes, a pesar de que nuevas divisiones geográficas y la acción configuradora de nuevos poderes políticos hubieran podido relegarlo al olvido o transformarlo en mera erudición arqueológica —como acabó sucediendo con el nombre de las Galias o con otros nombres que la propia Península llevó antes y que los hispano-godos olvi-

---

(1) Russell, J. C., "Chronicles of medieval Spain", en "Hispanic Review, 1938; VI, 3; pág. 227.

daron— y, finalmente, al unirlo al recuerdo del reino que en un tiempo anterior había existido, se hizo posible, más adelante, el hecho de que se suscitara como un factor histórico de gran interés, una idea de la que ahora nos vamos a ocupar: la herencia goda como hilo ininterrumpido de la continuidad hispánica.

Esta última idea, que en un momento dado se afirma y se generaliza como una creencia común, que de Asturias pasa rápidamente a León, mucho más tarde irradia a Castilla y al final de la Edad Media se propaga, ya con carácter de una creencia casi inerte, a los demás reinos peninsulares, no deriva de una real subsistencia de visigodos en el solar de la Reconquista. El hecho en sí no es nuevo, porque tampoco el goticismo isidoriano fue obra de verdaderos godos, sino de otras gentes hispanas. Por tanto, nuestro tema y lo que digamos sobre la importancia que el mismo tiene en la historia medieval, sobre todo del Occidente peninsular, no tiene nada que ver con el problema de la real y efectiva presencia del factor visigodo en nuestra Reconquista. Se da, incluso, el caso de que, sobre el mapa de la Península, la tesis del legitimismo godo parece darse en relación inversa a la base racial germánica. De hecho no es posible determinar la importancia numérica que la población visigoda llegó a alcanzar en España y en sus diferentes zonas. Reducida y concentrada en un principio, habiendo penetrado en la Península por el paso de Roncesvalles, su asiento principal se estableció en la parte oriental de Castilla, determinable hoy por los hallazgos arqueológicos en Pamplona, Logroño, Burgos, Soria, Guadalajara, Madrid (2), lugares en los que la tesis neo-gótica se expande tarde y por influjo ajeno. Sin duda, a la muerte de Alarico II, cuando sus dos hijos, sucesivamente reyes, el bastardo y usurpador Gesaleico y el legítimo Amalarico, empujados por la presión de los francos, se instalaron en Barcelona, la inmigración en masa que debió producirse entonces hacia España acrecentaría en ésta el elemento racial germánico. A medida que la posición al otro lado de los Pirineos se hiciera para los godos más incómoda, no dejaría de aumentar el número de ellos que cruzaban al Sur. Probablemente, y ello daría explicación a un hecho del que luego nos ocuparemos, esa población visigoda siguió siendo escasísima o casi nula, y en todo caso mucho menor su proporción que en las restantes partes de la Península, en el rincón nord-occidental. Es curioso que mientras toda la historiografía medieval hispana, en sus más modestos anales como en sus obras de mayores vuelos, se muestre concorde, dado el caso de que se ocupen de ellos, en la exalta-

---

(2) Ver Reinhart, "Sobre el asentamiento de los visigodos en la Península", en "Archivo Español de Arqueología", 1945, XVIII; págs. 124-139.

ción de los antecesores godos, el *Cronicón Iriense* revela un sentimiento
de despego hacia los mismos y guarda el recuerdo de una anterior población indígena maltratada por aquéllos. En esa crónica se destaca la ferocidad de los invsores bárbaros que contra "Hispanos scilicet et gallaegos
irruunt" (3). En esto aparecen unidos godos y suevos, aunque la presencia de esos suevos será uno de los factores que producirán la peculiaridad
de la zona gallega en los primeros tiempos de la Reconquista. En un rincón inmediato a la antigua Iría, en el territorio asturiense, surgirá, sin
embargo, el nuevo mito goticista, a pesar de que un historiador árabe
observaba que el godo Pelayo era entre los astures un extraño (4).

Hay que tener en cuenta que en los momentos de mayor auge cultural y político del reino godo en España, coincidentes con las fases más
decisivas del proceso de fusión de godos e hispano-romanos, no dejó de
manifestarse la conciencia de la distinción entre unos y otros. Para uno
de los que bien pueden considerarse como creadores del pensamiento político de "Hispania", el obispo de Gerona, Juan Biclarense, aunque unidos
y solidarios, son distintos; "tam Gothis quam Romanis", son las gentes
que él encuentra en España, y a las cuales, según él, perjudicó por igual
el hecho tiránico de la rebeldía de Hermenegildo (5). Es más, en el cuerpo
legal que llevó a cabo la unificación jurídica de ambas poblaciones, que
actuó como instrumento, tal vez principal, de transmisión y conservación
de la idea de la herencia goda, el "Liber iudiciorum", los españoles siguieron durante siglos encontrando una diferencia, de escasas consecuencias, ciertamente, pero no por eso menos innegable, entre el "Hispaniae
populus" y la "gens gothorum": "nobis vel totius Hispaniae populis",
palabras que en la versión romanceada medieval del "Fuero Juzgo" dan
"todo omne de Espanna o de nuestra gente", "todo omne de los godos
et del poblo de Espanna". Recordemos, como testimonio de supervivien-
cia, aunque inerte, de la misma distinción, la fórmula "vel gotorum aut
romanorum" de sendos diplomas del Cartulario de Santillana del Mar,
en la primera mitad del siglo XI (6).

Según Ernesto Mayer, la separación se mantuvo siempre en tal medida, que él intentó dar una explicación de la Edad Media cristiana en
España, en el orden social y político, basándose en una razón muy sen-
cilla y general: los godos, que forman la clase distinguida de los infan-

---

(3) Flórez, "España Sagrada", XX; pág. 598.
(4) Se trata de Ibn Al Jatib, como ya llevamos visto.
(5) Ed. Alvarez Rubiano, en "Analecta Sacra Tarraconensia", ya citada;
XIII, 3, pág. 26.
(6) "Libro de regla"; docs. núms. LXXXII y LXXXIII.

zones, viven en el campo (como, por otra parte, también los árabes), separados de los hispano-romanos que habitan las ciudades. Esta discriminación social, de fundamento étnico, sería constante y decisiva en nuestro medievo, de modo tal, que de ella dependería la distinción de los ámbitos de aplicación del Derecho germánico y del romano (7). Sin embargo, Carande puso una objeción terminante a esta interpretación: precisamente en las ciudades, de las que, según Mayer, estarían ausentes los visigodos, germinan, con los fueros municipales, "los frutos más patentes del derecho germánico durante la Edad Media" (8).

Esta observación de Carande es de una gran trascendencia e invalida, en rigor, cualquiera interpretación tendente a separar la población de los principados cristianos en dos grupos de origen racial distinto, puesto que precisamente aquéllo que es manifestación de un visigotismo más activo, el Derecho de fuerte influencia germánica de los fueros, no se presenta como un Derecho de casta, sino como un Derecho de la colectividad municipal, aplicable por igual, como en más de un caso se dice, a cristianos, judíos y sarracenos, a castellanos, francos y mozárabes, etcétera, etcétera. Es cierto que, sin embargo, debió quedar un vago sentimiento de honor ligado a la condición de descendientes de godos. Del lado dominado por los árabes, atestigua esa situación el dato que da Ibn Alcutia: de los hijos de un personaje musulmán, gozaron, en la Sevilla árabe, de una mayor consideración aquellos que había tenido con Sara, la goda. Y del lado cristiano bastará con referirnos a los testimonios que en las páginas siguientes recogemos. Advertimos aquí que ese sentimiento de honor opera en los cristianos, aun en el caso de personajes islamizados de procedencia goda. Así sucede con Muza, el famoso rey moro de Zaragoza— "natione Gothus, sed ritu Mamentino", dice de él la crónica de Alfonso III (9), y la "Silense" repetirá el "natione gotus" (10): el Tudense, reconociéndole ese origen, lo admira en sus campañas militares (11) y el Toledano concretará esa admiración en un expreso elogio: "Gothorum quidem sanguine ortus caeterum professione Maurus, a multo rerum usu et militari arte praeclare ins-

---

(7) "Historia de las instituciones sociales y políticas de España y Portugal durante los siglos VIII al XIV. Madrid, 1925-1926; 2 vols.

(8) Ver su artículo "Godos y romanos en nuestra Edad Media" (comentario al libro de Mayer citado en la nota anterior"; "Revista de Occidente", julio, 1925; núm. XXV; págs. 135 y ss.

(9) Ed. García Villada; pág. 81.

(10) Ed. cit.; pág. 31.

(11) "Hisp. Illust.", IV; págs. 77 y ss.

trutus" (12). Tal vez la noticia de que el hijo de Alfonso III, luego Ordoño II, fue enviado a educarse a Zaragoza no signifique, contra lo que alguna vez se ha dicho, un intento de aproximación al Islam, sino responda a una política de amistad con quienes eran considerados como nacidos de una misma sangre (13).

Pero, ni en ese reminiscente sentimiento de diferenciación entre hispanos y godos, señalado en alguna frase del "Fuero Juzgo" o del "Cronicón Iriense" o en la vacilante distinción nominal entre "hispani" y "goti" de un cortísimo número de capitulares francos, ni tampoco en una real presencia de visigodos en el principado astur —aunque pueda ser en parte verdad la noticia de algunos cronistas sobre la concentración en torno a Pelayo de godos dispersos— creo que se encuentra el origen de donde nació la doctrina del legitimismo neo-gótico. Se trata, más bien, de una creación histórico-literaria, de carácter muy similar al del goticismo de San Isidoro. Como en éste, se basa en una identificación de historia gótica e historia hispánica y de un laude conjunto del reino godo e Hispania. Una y otra cosa se ven, con la mayor claridad, en el Códice del monje Vigila, cuyo autor es evidente que conoce a San Isidoro, puesto que copia un fragmento suyo. Y aunque este Códice es casi un siglo posterior a la Crónica que contiene y, por tanto, al ciclo historiográfico de Alfonso III, la inspiración isidoriana es ya patente en éste, como pone de manifiesto el plan a que dicho ciclo responde (14). De la tradición isidoriana, independiente de un efectivo visigotismo —el propio San Isidoro era hispanoromano y su forma de sentir debía estar muy difundida en ese medio— brota el neogoticismo astur-leonés. De esa tradición los angustiados cris-

---

(12) "Hisp. Illust.", II; pág. 418.

(13) Sobre esa noticia, inserta en el texto de la "Crónica Albeldense", ver Gómez Moreno, "Iglesias mozárabes", I; pág. 129. Para este autor el hecho "demuestra cómo aquel gran rey orientaba el porvenir de los leoneses hacia el arabismo". En fecha muy anterior, el P. Tahilhan rechazaba como una desdichada interpolación tardía, la noticia en cuestión, que, según él, además de ser inexplicable en la significación general de Alfonso III, está contenida en una frase que rompe el ritmo latino de la prosa en que se halla escrita la Crónica —siguiendo en esto un procedimiento de depuración al que el P. Tailhan recurrió con frecuencia, llevado de su tesis de que la prosa latina escrita en España, en los primeros siglos medievales, era, de acuerdo con la tradición visigoda, rítmica y rimada—; ver su art. "Les bibliothèques espagnoles du Haut Moyen Age", en "Nouveaux Melanges d'Archéologie, d'Histoire et de Littérature sur le Moyen Age", publicados por el P. Cahier, 1877, IV; pág. 285, nota 2.

(14) Ver M. Pidal, "La historiografía medieval sobre Alfonso II", ya citado.

tianos del Norte tomaron la idea de para quién o a nombre de quién habían de lanzarse a la dura empresa de restauración que acometían, o en que se hallaron implicados, puesto que la aparición del mito debió ser posterior al momento de Covadonga.

La ilusión del legado godo actúa ciertamente como un mito. Es probablemente en su origen, no explicación de un hecho real sino una invención culta para dar sentido a una acción, a una serie de hechos bélicos que se venían sucediendo, llegando a adquirir en nuestra historia medieval la eficacia práctica de una creencia colectiva. De hecho, unos reyes tras otros, toda una larga serie de príncipes, actuaron de la manera que lo hicieron porque en su alrededor se les dijo que eran herederos de los godos. Eso da ese tan singular carácter dinámico a nuestra historia medieval, que, como ninguna otra, parece una flecha lanzada hacia un blanco a través de siglos. Ello da también a nuestros historiadores, en muchas ocasiones, un criterio de valoración de los reinados que relatan y nos permite encontrar, al terminar la Edad Media, en los que vivieron ese momento, una verdadera explosión del sentimiento de que una obra había sido acabada, cuando de los reyes que vuelven a reunir bajo su dominio toda la Península puede decirse, como de Suintila escribió San Isidoro, y después de éste repitió una legión de cronistas, que aquellos reyes habían obtenido la monarquía de España (15). A ello se debe que, llegados a esa fecha, se produzca una nueva fase de exaltación de la "herencia goda".

Con mucha frecuencia se ha hablado de esta idea del legado godo. Se han citado fragmentariamente algunos de los muchos textos en que se manifiesta y, por no precisar debidamente su origen y caracteres, se han tomado como una prueba de subsistencia visigoda (16). Un historiador sueco, Nordström, se ha ocupado del tema (17). Pero hace falta una consideración sistemática del mismo que no sólo trate de poner en claro la línea de su desarrollo, sino que lo presente en conexión con los problemas de nuestra historia medieval, con los que se da íntimamente relacionado.

---

(15) Ver mi art. "Sobre el concepto de monarquía en la Edad Media española", en "Estudios dedicados a Menéndez Pidal"; vol. V. Madrid, 1954.

(16) Así se observa en historiadores de la época barroca, como López Madera, lo que prueba la larga pervivencia del mito.

(17) Conozco la existencia del libro por el breve comentario de Clavería, "Godos y españoles", en la revista "Insula", núm. 8, 15 agosto de 1946.

FORMACION DEL MITO EN LOS ORIGENES DE LA RECONQUISTA

Sin duda, esta tesis no era una interpretación fiel de los primeros hechos de la Reconquista. Sánchez Albornoz ha sostenido que es un error pretender encontrar la imagen de una resurrección del reino visigodo en Asturias en 718. Pelayo, no designado por la nobleza goda, sino elegido por los montañeses asturianos, en forma que, añadamos, no parece tener relación con la tradición toledana, se levanta al frente de un movimiento de rebeldía astur (18).

Sin hacer referencia a esta rectificación que S. Albornoz ha hecho de la habitual manera de entender la Reconquista, el erudito francés Pierre David ha sostenido la tesis de la ausencia del mito goticista en la primera fase de aquélla. Su argumentación se desenvuelve de la manera que vamos a exponer, y que expondremos con algún detenimiento porque tiene innegable interés en la historia del pensamiento político de la Reconquista. A este problema se liga aquella peculiaridad gallega a que empezamos refiriéndonos.

Los anales y crónicas portugueses que arrancan de un núcleo primitivo común, según el P. David, al cual este autor ha dado el nombre de "Annales portogalenses veteres", repiten un esquema de historia gótica que se reduce a los siguientes puntos: salida de los godos de su tierra, llegada a España, su dominio sobre ella de un cierto número de años, su expulsión del país y la obtención del reino de España por los sarracenos. Efectivamente, en el "Libro da Nao II", en la portuguesa "Chronica Gothorum", o "Cronicón Lusitano", en el "Homiliario" de 1139, en la "Summa Chronicarum" se repite la noticia. aproximadamente en los mismos términos que figura en el primero de los textos analísticos señalados: "Era DCCXLVIII expulsi sunt Gothi de Hispania". Esta frase es recogida por David dándole su más riguroso y terminante significado posible: según las fuentes historiográficas citadas, los godos son expulsados de España en una fecha determinada, y esto quiere decir que los que después de esa fecha se encuentran en la Península no son godos ni tienen nada que ver con ellos. Y ese texto suscita en David un comentario que merece la pena reproducir: "Para los "Annales Portogalenses veteres",

_____

(18) Ver su estudio "Otra vez Guadalete y Covadonga", en "Cuadernos de Historia de España", I y II; págs. 88-89.

20

la historia de los godos se termina con el año 749 (19). La fórmula nos parece tener un sentido, un alcance en los que tal vez no se repara; las crónicas del tiempo de Alfonso III nos han habituado a la idea de que la realeza asturiana continúa la realeza visigoda, de que Pelayo era un noble visigodo de origen real, de que los godos refugiados en Asturias lo han elegido por esa razón para continuar la tradición de Toledo. Sin embargo, nuestro esquema histórico no solamente ignora esta pretensión, sino que incluso afirma netamente que el pueblo godo ha sido expulsado de España; es una nueva realeza la que comienza con Pelayo. Esto nos obliga a considerar si no tenemos en ese resumen cronológico los vestigios de una concepción histórica más antigua que aquella que representan las tres composiciones del tiempo de Alfonso III" (20). Concretando más su posición, para David la ausencia de la tesis goticista responde a la obra historiográfica del tiempo de Alfonso II, tiempo en el cual una crónica asturiana hoy perdida habría dado esa primitiva concepción histórica que hoy sólo podemos descubrir en el preámbulo de una donación hecha por tal rey a la iglesia de Oviedo, en noviembre de 812. Según ella, sin lazo ni descendencia respecto a los godos, Pelayo, elevado por Dios, llevó a la victoria a cristianos y astures (21).

El preámbulo del documento en que David se basa ha sido tachado de falso por la crítica, pero él defiende su autenticidad porque lo encuentra concorde con la que considera concepción político-histórica del momento. Pero como resulta que a su vez no tiene más base para probar la existencia de esa concepción en la época de Alfonso II que ese preámbulo, incurre el autor manifiestamente en un círculo vicioso.

Por otra parte, aquella particularidad de la zona occidental de la Península a que antes nos referimos, con su déficit de visigotismo innegable en la población, podría explicar, dado que todos los textos que aduce son de "tierra portugalesa", la no penetración de la tesis goticista en el lado gallego-portugués, sin negar por eso su existencia en la Corte asturiana. No hay textos suficientemente autorizados para afirmar ésta, es cierto; tampoco para negarla. Pero si tenemos en cuenta el renacimiento cultural que en el reinado de Alfonso II se da, como testimonian las obras de arte conservadas, cabe pensar que en torno al rey, el grupo de gentes

---

(19) Advirtamos que se trata de la Era Hispánica. Esto nos da el año 711.

(20) Pierre David, "Etudes historiques sur la Galice et le Portugal du VIe. au XIIe. siècle". París, 1947; pág. 317. Las fuentes históricas utilizadas por el autor y que antes hemos citado, se publican en la misma obra; págs. 291-312; ver en especial, págs. 292 y 303.

(21) Ob. cit.; págs. 324-325.

cultas que colaboraron con él en la restauración de la nueva realeza, empujados incluso por el afán de ennoblecer ésta hacia fuera —son conocidas las relaciones con Carlomagno—, lanzara la tesis de su entronque godo. Es más, el romanismo que en el arte alfonsino se observa, no empece a esa renovación goticista, porque con frecuencia los grupos más romanizados actuaron en glorificación de los godos, para enaltecer más su concepción política de Hispania, como muestra ante todos el ejemplo ilustre de San Isidoro. Creo sinceramente que David estira demasiado el sentido de las breves palabras de los supuestos "Anales portugueses viejos". En fecha muy tardía, el llamado "Cronicón de Cardeña II" dice: "Este (Fernando III) echó de toda España el poder de los moros e ganó toda la tierra desde Toledo fasta la mar" (22), y sería excesivo pretender fundamentar en esa estupenda afirmación la tesis de que una concepción histórica había nacido en Castilla que negaba la presencia de los moros en tierra española en su tiempo y consideraba que, olvidando media Andalucía, la Reconquista había llegado a su término. Por otra parte, en una de las versiones (la contenida en el "Códice Rotense") de la crónica que, tal vez con más entusiasmo que otra alguna, expone la tesis goticista, es a saber, la Crónica Profética, su editor, Gómez Moreno, señala como variante la frase alusiva a los godos —"expulssi sunt de regno", que no obsta al mantenimiento, en el cuerpo de la Crónica, del programa de la restauración goda (23).

Todavía tenemos que hacer una observación respecto a la forma "expulsi sunt Gothi de Hyspania" que aparece en el "Libro da Nao", en la cual el P. David basa su interpretación. Probablemente en ese texto se da una sustitución tardía de la palabra "regno" por la de "Hispania", propia de un momento en que la palabra reino ha pasado a designar el ámbito territorial, fenómeno de fecha mucho más avanzada de lo que de ordinario se tiene en cuenta y que, desde luego, se da ya cuando el "Libro da Nao" o "Chronicon Conimbrigense" se redacta (según el P. David esta compilación se realiza entre 1362 y 1365). Originariamente, la frase, alterada por el redactor de la Crónica de Coimbra o por el de la fuente de que éste se sirviera de modo inmediato, sería con toda probabilidad análoga a la que hemos visto inserta en la versión rotense de la Crónica Profética. En confirmación de ello encontramos en el "Chronicon Complutense" —texto muy anterior al de Coimbra— esta noticia: "Era DCCXLVIII expulsi sunt de regno suo" (24). Pero advierto, ade-

(22) "España Sagrada", XXIII; pág. 379.
(23) Ed. cit., pág. 622 del texto y 588-589 de la introducción.
(24) "España Sagrada", XXIII; pág. 315.

más, que este Cronicón de Alcalá, titulado de la manera que hemos dicho por todos los historiadores, es identificado por el P. David con la "Summa Chronicarum", una de las fuentes relacionadas con los supuestos "Anales portugalenses veteres", según el mismo autor. Esa forma, pues, de "expulsi sunt de regno suo" es la que emplearían, en todo caso, tales Anales. ¿Y qué se quiere decir con ella? Sencillamente esto: que los godos fueron echados de la gobernación, de su poder o dominio político sobre España. Esta es, por otra parte, la manera como se sigue después exponiendo el caso. Al referirse a la victoriosa invasión sarracena, el Toledano comenta: "Hic finitur gloria gothicae maiestatis" (25), lo que no le impide explanar después su amplia y variada exposición de la continuidad goda, aunque, en un momento dado, se le hubiera puesto tan rudamente punto final a su "regnum". A resolver la aparente contradicción que, de todos modos, puede haber en esto, sobre todo para una mente más moderna, atenderá más tarde, como veremos, Sánchez de Arévalo.

En todo caso, hay algo extraño en el preámbulo de Alfonso II que David aduce: la extraña distinción entre cristianos y astures —"Christianorum Asturumque gentem"—. Ello revela el pensamiento, no sólo el hecho, de que se reunían en la lucha reconquistadora contra el sarraceno dos tipos de gente, y frente a los rudos habitantes de las montañas astures, el redactor de ese diploma llama probablemente cristianos a los que ve distinguirse como gente superior, y que por ese hecho considera herederos de la cultura toledana.

Creo que lo procedente es considerar que, inexistente en los primeros tiempos de la Reconquista, como ha sostenido Sánchez Albornoz, la tesis de la herencia goda y, por tanto, de la restauración al modo de Toledo, de la realeza asturiana, aparecería más tarde, como afirma la "Albeldense", en la época de Alfonso II, en el círculo de gentes cultas constituido alrededor de este gran rey, de atestiguada preocupación europea. Aparte de la significación general de la obra del rey Casto y de la noticia particular que de ella nos ha dejado la "Albeldense", hay un indicio más a tomar en cuenta. Entre los fragmentos de la posterior Crónica de Alfonso III que, a través de un análisis estilístico e histórico, Sánchez Albornoz ha llegado a suponer que proceden de una Crónica asturiana latina, hoy perdida, del tiempo de Alfonso II, figuran algunos referentes a los reyes visigodos (26). De todas formas, en el estado actual de cono-

---

(25) "Hispania Illustrata", II; pág. 65.
(26) "¿Una crónica asturiana perdida?", ya cit.; pág. 124.

cimiento de las fuentes, lo que con seguridad puede afirmarse es que la idea en cuestión se convierte en una pieza fundamental de la concepción histórica de la Reconquista en el reinado de Alfonso III, en el que alcanza, a la vez, su pleno sentido político.

DESARROLLO EN LAS CRONICAS DEL CICLO ASTUR-LEONES

Siguiendo la cronología, normalmente aceptada, empezaremos por referirnos a la Crónica Albeldense, terminada de 881 a 883 (27), fecha que permite considerarla como la primera Crónica escrita en reinos cristianos que se haya conservado. ¿Cómo plantea la "Albeldense", en relación con el tema de los godos que nos ocupa, los comienzos de la Reconquista? Pelayo, joven godo, hijo de Fáfila, había sido expulsado de la urbe toledana por Witiza. Es este Pelayo quien más tarde, contra los sarracenos, "cum astures revellavit". Llamados en tiempos del rey Rodrigo, los sarracenos "Spanias occupant regnumque gotorum capiunt". No llegaron a tomar toda España —"sed eis ex toto Spaniam auferre non possunt"—, y desde el primer momento no dejan nunca los cristianos de combatirlos, negándose a aceptar su dominio: "cum eis christiani die noctuque bella iniunt et quotidie confligunt". No tiene, indudablemente, la "Albeldense" intención de prescindir de los godos y vemos, sin embargo, que en la rebelión de Pelayo no cita más ayuda que la de los astures, refiriéndose, además, como a un todo fundido, a los cristianos.

Al llegar al punto en que nos hemos detenido, la "Albeldense" da fin a su relato del "ordo gentis gotorum" y da comienzo al "ordo gotorum obetensium regum". Es curioso que desde Pelayo hasta Vermudo I, la "Albeldense" enumere ocho reyes ovetenses, sin añadir ni una sola palabra acerca de su origen o carácter godo, más que la rúbrica general que ya hemos dado, ni incluso al exaltar la figura de Alfonso I, amable con Dios y con los hombres y que victoriosamente "christianorum regnum extendit". Es al llegar al reinado de Alfonso II cuando nuestra Crónica anuncia plenamente ese programa de goticismo que va a sobrevivir durante toda nuestra Edad Media y a orientar positivamente su acción secular. Alfonso II venció a los sarracenos, sojuzgó a los tiranos, edificó templos, restauró el culto, dejó obras de arte admirables que aplicó

_____

(27) Ver Sánchez Alonso, "Historia de la Historiografía española". Madrid, 2.ª edición, vol. I; págs. 104 y ss.

no sólo a los templos, sino a su propio palacio real. El hecho de que se hable de un palacio real nos dice, más que ninguna otra cosa, la decisiva restauración política que se llevó a cabo. Y esta restauración, para la "Albeldense", se define de la siguiente manera: "Omnemque gotorum ordinem sicuti Toleto fuerat, tam in ecclesia quam palatio in Obeto cuncta statuit" (28). Naturalmente, no cabe creer que de hecho el orden toledano político y eclesiástico se hubiera restaurado, pero nada impide seguir a la "Albeldense" en el sentido de que los hombres de Alfonso II creyeron haberlo hecho así y que desde entonces esa ilusión de ser herederos de los godos oriente la acción real.

Al mismo tiempo que la anterior, o inmediatamente después, se escribió la Crónica Profética. Su autor es, según Gómez Moreno, un clérigo mozárabe, que pasó a la corte de Alfonso III, y que ante el giro tan favorable para este rey que tomaron los acontecimientos coetáneos, pensó que estaba próximo el final de la dominación árabe. Es una aplicación de la profecía de Ezequiel al caso de España, identificada con la tierra de Gog del texto bíblico. "Terra quidem Gog Spania designatur sub regimine gotorum in qua ismaelite proter delicta gotice gentis ingressi sunt (et) eos gladio conciderunt atque tributarios sibi fecerunt sicut et presenti tempore patet". Ciento setenta años debía de durar, según el anuncio profético, este sojuzgamiento que, por tanto, en las fechas en que la Crónica se escribía, estaba llegando a su fin. Todo hacía esperar, para el cronista, que era inmediata la liberación, el término de la Reconquista. "Multorum christianorum revelationibus atque ostensionibus hic princeps noster gloriosus domnus Adefonsus proximiori tempore in omni Spanie predicetur regnaturus". ¿Y cómo se presenta a ese mozárabe emigrado a tierra astur-leonesa el gran acontecimiento de cuya esperanza vive? ¿Qué será para él lo que siga a la expulsión de los sarracenos, es decir, qué será lo que habrá hecho, al reinar de nuevo sobre toda España, Alfonso III? Sus palabras no ofrecen duda. Las revelaciones cristianas, como los prodigios y señales astrales de que se sirven los mahometanos, lo declaran: "gotorum regnum restaurari per hunc nostrum principem dicunt" (29).

Cualesquiera que sean las relaciones entre sí de estas dos Crónicas de que acabamos de tratar, y de ambas con la Crónica escrita o inspirada por el propio rey Alfonso III, no cabe duda de que, entre las dos que hemos visto y la que nos queda por exponer, las diferencias, en lo que respecta al esquema de la herencia goda, son tales que pueden conside-

---

(28) Ed. Gómez Moreno; págs. 601-602.
(29) Ed. Gómez Moreno; pág. 623.

rarse como versiones diferentes de un mismo tema, tema que por aparecer en las tres, y en las tres en forma diferente, nos sentimos autorizados a pensar que es algo que pertenece a la época y que se daba en ésta con independencia de la labor historiográfica que estas Crónicas representan.

Si la "Albeldense" nos presentaba el momento de adquirir conciencia del legado godo como algo que acontece en el reinado de Alfonso II y daba cuenta del comienzo de la Reconquista como un acto de rebelión de Pelayo y los astures, la "Crónica de Alfonso III" hace arrancar la tesis goticista del momento mismo de Covadonga. Al pie de la montaña donde Pelayo se ha refugiado —"cum sociis suis"— acude, acompañando al ejército de los caldeos, el traidor obispo Oppas, godo del bando vitizano, con el propósito de convencer a aquél de que deponga las armas y acepte la concordia con los ismaelitas. La Crónica reproduce un vivo diálogo que atribuye a ambos personajes, y que si puede estar redactado en un latín tosco, no deja de tener una auténtica emoción dramática y de constituir el primer diálogo al estilo de los de la historiografía clásica que aparece en nuestras letras. Don Oppas argumenta que, si reunido todo el ejército godo, no pudo resistir el ímpetu de los árabes cuando España entera estaba sujeta al régimen de los godos, ¿cómo podrá defenderse aquél en la mísera situación en que se encuentra? Pelayo, que, según el cronista, se muestra ducho en lecturas bíblicas, le contesta: "Spes nostra Christus est quod per istum modicum monticulum quem conspicis sit Spanie salus et gotorum gentis exercitus reparatus" (30). Esta interpretación del hecho de Covadonga, como restauración del orden godo, hizo fortuna y se ha mantenido hasta nuestros días, en que se ha pasado a considerar inaceptable; pero en la historia del pensamiento y también en la de los hechos, en la medida en que éstos están inspirados y movidos por las grandes ilusiones humanas, las palabras de la "Crónica alfonsina" conservan todo su valor. Ellas presiden el desarrollo de varios siglos de la historia de España (30 bis).

La redacción culta, considerada hoy como posterior, de la Crónica a que acabamos de referirnos, conocida por "Crónica del obispo don Sebastián", conserva las referencias que ya hemos analizado en el texto primitivo de la redacción real; pero, además, y esto es lo más interesante a nuestro objeto que la versión culta contiene, considera todo lo acontecido, hasta el presente en que el redactor escribe, como un hilo continuo de historia goda: "incipit chronica visegothorum a tempore Wambani

---

(30) Ed. Gómez Moreno; pág. 614.

(30 bis) Ver Menéndez Pidal, estudio citado en la nota 14 del presente capítulo.

regis usque nunc in tempore gloriosi Garseani regis Adefonsi filii collecta". Según la carta del propio rey Alfonso III, que le sirve de proemio, la crónica entera es una verdadera "Historia gothorum", que prolonga la obra anterior de San Isidoro, "sicut ab antiquis et nostris praedecessorubis audivimus et esse vera cognovimus". Finalmente, la "Crónica de don Sebastián", para poder presentar con perfecta lógica el movimiento de la Reconquista como una vuelta, lanza la idea del repliegue que luego repetirán todos: Muchos godos murieron por la espada y por el hambre, "sed qui ex semine regio remanserunt quidam ex illis Franciam petierunt, maxima vero pars in hanc patriam Asturiensium intraverunt" (31). Parece como si, además, el rey Magno hubiera querido dejar una explicación contemporánea de ese fenómeno de los "hispani" en el lado catalán, que ya estudiamos.

A partir de estos momentos la historia leonesa mantedrá siempre como principio rector la tesis de la herencia goda (31 bis). Aunque pueda surgir al servicio de los intereses políticos de la realeza, no se limita al círculo inmediato que rodea a ésta. Debió propagarse por más amplios medios. En el siglo x, Juan, diácono de la iglesia de León, ajeno a la historiografía oficial, al escribir la hagiografía de un obispo de su sede, San Froilán, se refiere a que el rey Alfonso envió sus mensajeros al cenobio de Viseo, donde aquél estaba con su compañero y este rey Alfonso "regnum gothorum regebat in Obetao" (32). Escaso de producción histórica el siglo x, sólo a fines de esta centuria, o tal vez ya en los primeros años de la siguiente, encontramos la llamada "Crónica de Sampiro". No es más que una continuación de la alfonsina, comprendiendo desde Alfonso III a Ramiro III, sin otra cosa que una seca relación de guerras y rebeliones, en la que no se inserta otro ornato que el de algunas citas de las Sagradas Escrituras, de modo que no es posible extraer de ella ni tesis ni explicación de ningún carácter. Sirve mínimamente en ella para mostrar la continuidad del hilo del goticismo la escueta referencia a que Vermudo II, a quien elogia como prudente, confirmó las leyes dadas por Vamba —"Leges a Vambano Principe conditas firmavit" (33). Compensa de esta escasez a que hemos aludido, muy pocas décadas más adelante de la "Cró-

---

(31)   Ed. García Villada; págs. 53 y 62.

(31 bis)   Visigotismo y leonesismo se apoyan recíprocamente. El leonés, como lengua, aparece como "el más directo heredero del romance cortesano de la época visigoda y como tradicionalista conservador de los rasgos antiguos heredados". Ver M. Pidal, "Orígenes del español", pág. 474.

(32)   "Vita Sancti Froilani", en Risco, "España Sagrada", XXXIV; pág. 424.

(33)   Ed. del P. Pérez de Urbel, en su obra "Sampiro. Su crónica y la monarquía leonesa en el siglo X". Madrid, 1952; pág. 344.

nica de Sampiro", el hecho de que un mozárabe toledano, al parecer, escribiera la que Mommsen publicó con el título de "Chronica gothorum pseudo-Isidoriana" (34).

Como, aunque sea un carácter común a toda la labor historiográfica medieval, las Crónicas que hasta aquí llevamos analizadas presentan un carácter de mera historiografía real, mucho más acentuado que las que nos van a ocupar a continuación, resulta en ellas que el programa de la restauración goda se reduce a la realeza y a sus más inmediatos alrededores —la Iglesia, el ejército—, no al pueblo. Esas Crónicas primitivas afirman la restauración goda en el "regnum", no en el sentido de comunidad, sino de estricta organización del poder, es decir, del rey y de su séquito inmediato. La extensión del programa goticista al "populus", a la comunidad, viene después y es la que ahora vamos a ver, aunque quedará siempre un predominio del aspecto goticista en la institución y persona del rey.

Llegamos a la que, calificada habitualmente como Crónica, su editor, Sancos Coco, ha llamado con razón "Historia Silense". Escrita en la segunda década del siglo XII, por su pretensión literaria, por su concepción histórica, por su tesis polémica, por su concepción política sobre todo, constituye el primer gran monumento de las letras españolas. A pesar de nuestra adversión a emplear términos que son históricamente extemporáneos, nos sentimos inclinados a decir que es nuestra primera gran obra nacional. Con sólo esto hay ya que esperar que ese fortísimo factor de integración hispánica que fue el mito de la herencia goda aparezca plenamente en ella. Y así es, en efecto: la tesis de la herencia gótica se desenvuelve ampliamente y, sobre todo, con un valor de principio inspirador total. En ella los reyes godos, de los cuales se considera su autor obligado a arrancar, para mostrar la línea que va hasta Alfonso VI, aparecen completamente fundidos en el conjunto hispánico. Sisebuto es "hispaniorum religiossimi Principis", Vamba "hispanus Rex" y, por muy adverso que sea el juicio que sobre él lanza, ese mismo título corresponde a Vitiza, y esos y otros reyes godos, son "hispanici autem reges" (35). Con ellos entroncan genealógicamente los reyes de la Reconquista. Pelayo, de la corte de Rodrigo, "cum quibusdam Gothorum militibus", se opone a los bárbaros, y no sólo por él, sino también por el lado paterno de Alfonso I, del mismo origen godo vienen todos los reyes siguientes, puesto que el duque Pedro de Cantabria, padre del primer Alfonso, es "ex Recharedi serenissimi Gothorum Principis progenie ortus". De aquí sale, pues, por

---

(34) M. G. H., "Chronica minora"; vol. II, págs. 377-390.
(35) Ed. Santos Coco; pág. 6.

doble vía asegurada, la tesis de la genealogía real goda astur-leonesa, de ella deriva Alfonso VI, de quien escribe unas palabras que tantos otros repetirán en los siglos siguientes, aplicadas a los varios reyes de nuestra baja Edad Media: "Aldefonsus igitur ex illustri Gotorum prosapia ortus fuit" (36).

La "Historia Silense", siguiendo la línea de la interpretación goticista, la aplica a toda la historia transcurrida desde el levantamiento de Pelayo. Hemos visto que al lado de éste colocaba guerreros godos. Respondiendo a Don Oppas, afirma, encaramado en la montaña asturiana, que "gentem Gotorum de paucis velut plurima sata ex grano sinapis germinare credimus" (37). Y tan ha sido de ese modo, que lo que viene después no es más que el desarrollo de esa germinación. No otra cosa que contar cómo ha acontecido así constituye, según el autor de la Silense, su propia obra de historiador: "post tantam Yspaniarum ruina opere pretium est referre qualiter divina pietas, que percutit et sanat, velut ex rediviva radice virgultum, gentem Gothorum, resumptis viribus, populare fecerit" (38). En su tiempo, el Silense cree contemplar, ya conseguida, esa espléndida floración de la pequeña raíz que con la invasión quedó enterrada y que llegó a revivir en un árbol frondoso. "Gotorum gens, velut a somno surgens, ordines habere paulatim consuefacit: scilicet, in bello sequi signa, in regno legitimum observare imperium, in pace eclesias et earundem devote ornamenta restaurare. Postremo Deum, qui, ex paucissimis de multitudine hostium victoriam dederat, toto mentis affectu collaudare" (39). Como antes, con el reinado de Alfonso III, y después, con los de Fernando III y Fernando V, el momento histórico de Alfonso VI, brillante, cualesquiera que fueran los errores, en su última fase, de su política con los reyes de taifas y de su acción militar contra los almorávides, se caracteriza por una exaltación de la tesis de la herencia goda. A ella corresponde ese pleno desarrollo programático que dicha tesis alcanza en la "Historia Silense".

Poco más añadiría al cuadro que acabamos de trazar el análisis de los trozos originales de la "Crónica del obispo don Pelayo" que forman la última parte de su compilación, conocida como "Liber Chronicarum". La presencia de la idea en este famoso obispo se debe al interés por hacer aparecer a las sedes de la Reconquista como herederas directas, en cada caso, de sedes visigodas anteriores, las cuales habrían sido trasladadas a

---

(36)   Ed. cit.; pág. 7.
(37)   Idem íd., pág. 19.
(38)   Idem íd., pág. 17.
(39)   Idem íd., pág. 22.

lugares nuevos con ocasión de la pérdida del reino por la invasión árabe. Esta idea se coloca al servicio de los intereses concretos de la sede de Oviedo, de la que el famoso falsificador don Pelayo era titular. Y quizá la más notable falsificación que esta obra ofrece, para nuestro objeto, es la llamada "división de Vamba", o lista figurada de episcopados, que se presenta como ordenada por ese rey, distribuidos por sedes mestropolitanas (40). Luego volveremos a referirnos a este tema.

El reinado de Alfonso VI responde en sus próximos intérpretes, y a parte de la novedad que la introducción de la dinastía navarra trajo consigo, a una línea de tradición leonesa y goticista, a la que no se atuvo de hecho la obra reformadora del rey. En tal sentido cierra una fase de la Reconquista. A partir de él empieza la preponderancia castellana. Hay que preguntarse ahora qué relación guarda con la nueva tendencia política castellana la idea de la herencia goda.

LAS FUENTES HISTORIOGRAFICAS CASTELLANAS

El carácter originario, a la vez que innovador, con que irrumpe Castilla en nuestra historia explica la carencia de la idea goticista en los comienzos de su historiografía, tan escasa y seca hasta entrado el siglo XIII. En ella no se encuentra apenas nada que pueda interesarnos. En los llamados por Gómez Moreno "Anales castellanos primeros", cuya última noticia llega al año 939, se ignora los comienzos de la Reconquista, y su esquema inicial es el siguiente: primera noticia, aparece el pseudo profeta Mahoma en el reinado de Sisebuto y tiempos de San Isidoro; segunda, los sarracenos vienen a España en tiempos de Rodrigo; tercera, una noticia sobre colonización de Castilla (41). Los documentos, que en todas partes suelen ser ajenos a la tesis de la continuidad gótica, aquí, como es normal, la desconocen también. Hay uno del conde Fernán González en el que emplea dos étnicos, pero para nada hace referencia a los godos, a pesar de que en él debió de actuar un cierto sentimiento de fundador: "Kastellanensis et Asturiensis comite" (42).

Para los "Anales castellanos segundos" o "Annales Complutenses",

---

(40)   Ver Vázquez de Parga; ob. cit.

(41)   Gómez Moreno, "Anales Castellanos"; discurso de recepción en la R. A. H. Madrid, 1917; pág. 23.

(42)   "Becerro gótico de Cardeña"; ed. del P. Serano, en "Fuentes para la historia de Castilla", II; doc. núm. CCXL; año 968.

ya de fecha muy avanzada, sigue siendo también algo enteramente extraño el factor de la herencia goda. Su esquema es el mismo de los "Anales primeros", sin más que añadir dos noticias antes de las que, según hemos dicho, dan estos últimos: una referente al nacimiento de Cristo y otra a su Pasión en tiempos de Tiberio (43).

Hay que acudir a la "Crónica Najerense" para ver aparecer el tema con amplio desenvolvimiento, si bien con carácter de un puro préstamo. Su recepción, pues, es bien tardía, ya que esa Crónica se suele considerar hoy como escrita sobre 1160. La Najerense es una compilación del tipo que va a hacerse habitual, "universal en lo antiguo, nacional en el período visigodo y leonés-castellano en el hispano-árabe" (44). Por razón de su estructura y también por las fuentes que utiliza, y entre las cuales figuran las que hemos estudiado en el período leonés, es inevitable que esta Crónica recoja el tema de los godos. Este hecho hay que atribuirlo a la alteración que el peso de la tradición leonesa produce en la línea política castellana. Ahora bien, en la "Najerense" esa tradición se encuentra presente por vía de arrastre o aluvión. Sabido es que hasta el reinado de Fernando I, esa Crónica no es más que una copia muy barajada de fragmentos de la "Albeldense", la "Alfonsina", la de Don Sebastián, la "Silense" y la de Don Pelayo, reproducidos literalmente con algunas breves interpolaciones. La "Najerense" recoge de la "Crónica de Alfonso III" el episodio de Covadonga, a que ya hemos hecho referencia, dando el diálogo entre Pelayo y el obispo Oppas con las mismas palabras del cronista real. Por este procedimiento, la "Crónica Najerense" recoge mecánicamente y sin asimilación la tesis goticista, sin que ésta aparezca, en cambio, en aquellas partes de la compilación que son originales, como en la breve alusión a Fernán González que ya recogimos al tratar de la idea de Reconquista.

Las fuentes historiográficas castellanas dan un gran salto desde mediados del siglo XII, en que suelen fecharse los "Anales segundos" y la "Najerense", hasta el segundo cuarto del XIII. En 1236 se estima redactada la que su editor, Cirot, bautizó con el nombre de "Crónica latina de los Reyes de Castilla". En ella, la ausencia de la idea de la herencia goda es total, y dado que es una obra de muy amplio desarrollo, sin igual en cuanto a dar noticias de las otras tierras peninsulares, recogiendo hechos históricos relevantes acaecidos en otras partes, esa ausencia tiene especial valor porque nos hace suponer fundamentalmente que hasta esa fecha Castilla no había dado acogida a la tesis tradicional leonesa de la proce-

---

(43) Ed. Gómez Moreno; ob. cit.; pág. 25.
(44) Sánchez Alonso; ob. cit., vol. I; pág. 121.

dencia goda, a pesar de lo que había significado el reinado de Alfonso VI y la restauración del título imperial toledano. Hay que tener en cuenta que la resonancia de la toma de Toledo, que aparece recogida en cronicones de la zona oriental, dando lugar a la renovación, por ejemplo en el "Cronicón Rivipullense", del título del "imperium Tolete", no se debe al prestigio de que sus mozárabes o sus reyezuelos particulares gozaran, sino probablemente a la difusión del recuerdo de los godos.

Sin embargo, aparece en la "Crónica latina" la memoria del señorío de éstos en España, pero el dato tiene un mero valor cronológico. Sirve en ella solamente para fijar un tiempo determinado; no es nunca elemento de una concepción política. Dos veces, en esta Crónica, se alude a los godos, haciendo referencia al tiempo en que Rodrigo era rey de ellos: la primera dice que Fernán González fue el primero que tuvo el condado de Castilla desde aquel tiempo; la segunda, que desde entonces Córdoba había estado cautiva, hasta que fue conquistada por Fernando III (45).

Procedente de la parte oriental castellana o, más bien, navarro-castellana, el "Cronicón Villarense", escrito, según su editor, Serrano Sanz, en las primeras décadas del XIII, ignora también la tesis que nos ocupa. Conoce, claro está, la presencia de los godos en España, cuyo comienzo coloca en el reinado de Constantino en Roma. "Estos godos foron de lignage de Gog e Magog e foron paganos." Después, convirtiéndose al cristianismo y "quando foron los godos entrados en España levantaron rei de lor lignage". Cuenta media docena, aproximadamente, de reyes godos, el último de los cuales fue Rodrigo. Y he aquí, al llegar a ese momento, cómo narra la invasión y pérdida y el origen de la Reconquista: "quando fo perdido el rei Rodrigo conquerieron moros toda la tierra troa en Portogal e en Gallicia fueras de las montañas d'Asturias. En aquellas montañas s'acuellieron todas las hientes de la tierra los qui escaparon de la batalla. E fizieron rei por eleción al rei don Pelaio, qui estava en una cueva en Asseva". Ni una referencia más aparece después sobre los godos, que quedan eliminados del origen y desarrollo de la restauración cristiana de España (46). Hay que advertir, como dato interesante, que no menos quedan eliminados del relato histórico los reyes de León, puesto que, al llegar a Alfonso II, se pasa a tratar del establecimiento de los jueces de Castilla; después, de los condes de la misma y de sus reyes posteriores, hasta Alfonso VIII. Se ocupa también de los reyes de Navarra y de los de Aragón, y da al final una larga lista de reyes francos, mostrando la penetración de elementos legendarios, tal como el de Berta, la madre

---

(45) Ed. Cirot; págs. 19 y 149.

(46) Ed. de Serrano Sanz, en B. R. A. E., VI, 1919; págs. 192 y ss.

de Carlomagno, hija de Flores y Blancaflor, "con los grandes pedes". A pesar de este relativamente amplio panorama, es ajena al texto la influencia leonesa, como llevamos dicho, y, en consecuencia, y aun conociendo y citando a San Isidoro y su crónica, es por completo refractario a la tesis goticista, que no viene, evidentemente, de las propias fuentes visigodas, sino que es una manifestación de leonesismo.

Por tanto, Castilla, que en sus formas originales y discrepantes del resto de la Península, mostraba un grado mayor de germanismo, es originariamente ajena al programa goticista, al que acoge sólo en fecha muy avanzada.

Es necesario llegar al primer gran momento de nuestra historiografía para encontrar no solamente asimilada, sino plenamente desenvuelta, la tesis de la herencia goda, de modo tal que esas obras históricas castellanas, cuya repercusión en todo el ámbito de España, por lo menos de una de ellas, tiene una importancia grande, llegan a ser la base desde la cual se expande definitivamente sobre la Península entera, el mito de los godos. Ligados al reinado de Fernando III, aparecen dos grandes historiadores: Lucas, obispo de Túy, y el arzobispo de Toledo, Rodrigo Jiménez de Rada. El Tudense y el Toledano desarrollan el esquema de historia universal desde la creación del mundo que de manera sumamente tosca se encuentra en algunos cronicones. De hecho, uno y otro entran en el tipo de construcción histórica piramidal que antes hemos definido con palabras de Sánchez Alonso, si bien en la obra del Toledano las numerosas referencias a otras tierras permitirán que se conserve una amplitud mayor.

Por de pronto, en el Tudense y en el Toledano aparecerán asimilados todos los elementos de la idea de la herencia goda que hemos visto ir surgiendo hasta ahora. El plan del Silense se va a convertir en una construcción desarrollada y completa. Anterior de unos años a la obra del Toledano, la de Lucas de Túy, coetánea de la "Crónica latina", tiene derecho a ser considerada como el origen de esta nueva fase. La otra, en cambio, tiene el mérito, con relación a nuestro tema, de ofrecer su formulación definitiva y dar la forma en que pasará a tantos otros escritores posteriores.

Debemos advertir que insertamos la obra del Tudense en la historiografía castellana, a pesar del reconocido origen leonés de su autor, porque el tono de su Crónica así lo justifica, ya que en ella se da una plena aceptación del elemento político y militar castellano en la Reconquista y porque en ella se llega a narrar los hechos de reyes que corresponden plenamente a la fase de predominio castellano. Añadamos también que, como en su contemporánea la "Crónica latina", la del Tudense participa en sus primeros libros del carácter de compilación. Las fuentes de que se sirve son las de la época anterior que llevamos ya señalada, más las del período visigodo —Idacio, Juan de Biclaro, San Isidoro, los Cronicones llamados de San Ildefonso y San Julián de Toledo—, pero la utilización seleccionada de las mismas responde a una línea de concepción histórica y política que cabe lícitamente atribuir a Lucas de Túy.

El cuadro de la restauración goda en el Tudense aparece construido según el siguiente esquema: en primer lugar, la inserción en la línea de la Historia española, como una fase fundida en la continuidad de nuestro pasado, de la historia de los visigodos. Esto no se reduce ya a unas meras noticias analísticas, sino que, desarrollando en los términos de la mayor amplitud lo iniciado en las crónicas del ciclo de Alfonso III, el Tudense trata de presentar enteramente el relato de los siglos visigodos, que son para el autor un trozo de nuestra existencia histórica. La idea la lleva a ejecución el Tudense de una manera mecánica o por yuxtaposición, incluyendo sencillamente en su obra, una tras otra, las fuentes visigodas de que se sirve y que ya hemos mencionado. En segundo lugar, estos godos son objeto de la glorificación con que, tópicamente, se les exaltará en adelante. El Tudense escribe lo de la "gens gloriosa Gothorum" que en los textos medievales, castellanos y catalanes, se repetirá tan insistentemente (47). La pérdida de los godos será, para nuestro obispo historiador, la ruina de España, y por esa razón, para que el restablecimiento de ésta sea posible, necesita Lucas de Túy realzar la idea, que ya vimos iniciada en Alfonso III, del repliegue godo —"residui Gotthi in arduis montium Pyrinaeorum, Asturiarum et Galletiae se recludentes" (48). Esto permite afirmar el carácter godo de la insurrección pelagiana desde el primer momento. Pelayo, godo, "cum quibusdam Gothorum milítibus" —frase que ya conocemos—, se levanta y replica, como en el ya conocido texto de Alfonso III, a los partidarios de la rendición, cuál es su fe: "gentem Gotthorum de paucis quae sunt in ista spelunca restaurari sicut ex paucis granis infinitae segetes germinantur". Godos y cristianos son términos equivalentes, y unidos van en su destino el reino de los primeros y la Iglesia de los segundos, y a ambos se extiende el programa restaurador —"quo genus Gotthicum et ecclesia Christi in tota Hispania restauretur"—. La destrucción que se contempla es episódica,

---

(47) "Hisp. Illust.", vol. IV; pág. 71.

(48) Ed. cit.; loc. cit. La tesis del repliegue godo se encuentra en los historiadores árabes, que señalan el refugio de los cristianos en las montañas que hay más allá de Barcelona, en Galicia y Narbona; ver Millás, "Els textos…"; pág. 137.

no sólo, pues, porque los invasores serán rechazados, sino porque al desaparecer éstos se volverá a la plenitud de lo anterior. El caso es el mismo de las pasajeras fases de la Luna —la metáfora es del propio obispo Lucas: "sicut Luna, quae aliquando valde diminuto et iterum revertitur ad plenitudinem primam" (49). Esta serie de metáforas —la simiente que germina, las fases de la Luna— permiten dar expresión a la idea de que lo que se renueva después de la pérdida es idéntico a lo que existía antes. Lucas Tudense llega a sostener que en Covadonga se reunió "maxima pars militiae Gotthorum", y a ellos se fueron incorporando los que se habían replegado: "Conveniebant ad eos omnes Gotthi qui dispersi erant per Gallias et per caeteras regiones" (50).

Desde el comienzo, para Lucas de Túy la realeza asturiana es goda, por la procedencia personal de sus reyes y por su elección —Alfonso I "ab universo populo Gothorum in regem eligitur" (51). En directa dependencia de la "Crónica Albendense", recoge la noticia de la 'restauración del orden godo" realizada por Alfonso II en el orden político y en el eclesiástico, restauración que adquiere después, en Lucas Tudense, una gran amplitud. Por de pronto, esta tesis sobre la genealogía real, el autor la traslada a otros príncipes hispánicos —por ejemplo, a Sancho II de Navarra, venido también "de nobili Gotthorum regali semine" (52)—, y, en consecuencia, a los reyes navarros y aragoneses subsiguientes. Recoge, esta vez de Sampiro, la noticia del restablecimiento por Bermudo II de las leyes godas que, expresando más claramente la relación con ellas, presenta como "leges factas a praedecessoribus suis Gotthorum Regis" (53). Por mucho que avance la fecha a que el Tudense se refiera, hablando en diferentes ocasiones del ejército cristiano, éste será siempre el "Gotthorum excercitus", hasta en los tiempos de los hijos de Fernando I; más aún, hasta en la complicada época de Alfonso VIII y Alfonso IX (54). En los momentos graves lo que amenaza es la "Gotthorum genti destructio", y son precisamente las "dissensiones Gotthorum" las que permitieron la entrada en Galicia de los normandos (55). ¿Qué es lo amenazado por la estrella victoriosa de Almanzor?: "Ea tempestate in Hispania cultus divinus periit et omnis gloria Gotthorum decidit" (56). Ante el

---

(49) "Hisp. Illust., IV, pág. 72.
(50) Ed. cit., pág. 73.
(51) Ed. cit.; loc. cit.
(52) Idem, pág. 90.
(53) Pág. 86.
(54) Págs. 81, 82, 84, 97, 108, etc.
(55) Págs. 84 y 86.
(56) Pág. 87.

peligro que con el hijo de aquel caudillo moro se renueva, la misericordia de Dios permitió que se reunieran los cristianos —"gens vero Gotthorum... in concordia versa est"—. Nada de extraño tiene, en consecuencia, que el Tudense hable, en términos de presente, del "regnum Gotthorum" (57).

La lectura directa del Tudense, utilizado con mucha frecuencia por nuestros escritores; su influencia sobre el Toledano y la traducción, probablemente en el xv, que de su "Chronicon mundi" se hizo al castellano, fueron, sin duda, una de las razones principales de difusión de la tesis goticista. Recuérdese cómo en esa versión aparecen los godos reconquistadores (58), y en lengua vulgar, accesible a todos en la traducción citada, a los godos, por ejemplo, al referir la expedición de Vamba sobre Narbona contra el duque Paulo, se les llamaba "los nuestros", "la hueste de España" (59).

De la línea del Tudense y de las otras fuentes que hasta aquí hemos recogido derivan las noticias concretas, sobre el mismo tema, que se encuentran en Jiménez de Rada. A partir del momento en que los godos diseminados se reúnen en torno a Pelayo, los puntos que ya hemos mencionado, en los que la tesis goticista se expresa, van repitiéndose todos aproximadamente, en el Toledano. No es esto lo que en él interesa. La aportación propia del arzobispo don Rodrigo está sobre todo en haber sistematizado la tesis neo-gótica en una visión completa de la Historia de España. Sabido es que este autor dedica su obra fundamental a escribir el relato de nuestra Historia, total en el espacio y en el tiempo, desenvolviéndola como un hilo continuo "a tempore Japhet Noe filii usque ad tempus vestrum, gloriosissime rex Fernande" (Fernando III) (60). Esta historia, además, ni es ya simplemente, como es fácil comprender, una escueta serie de anotaciones cronológicas, ni se lleva a cabo por un mero procedimiento de yuxtaposición, como en el Tudense. Ahora las fuentes —principalmente Jordanes y San Isidoro —son sometidas, aunque a veces se reproduzcan párrafos enteros (61), a un proceso de elaboración personal, según un plan articulado propio del autor. Este plan comprende cuanto "ad historiam Hispaniae contexendam". Dentro de ella queda, como un eslabón necesario, la historia de los godos, incluso en la parte en que

---

(57) Pág. 88.

(58) "Crónica de España"; ed. Puyol. Ver págs. 308, 310, 316, 401.

(59) Ob. cit., págs. 236-237.

(60) "Hisp. Illust.", II, praefatio; pág. 27.

(61) Sobre este aspecto de la estructura interna de la obra, véase E. Alarcos, "El Toledano, Jornandes y San Isidoro". Santander, 1935.

ésta se desarrolla antes de su llegada a España y, por ende, fuera de ella. Ahora bien, para que el cuadro de su labor quedara completo, don Rodrigo añadió a su "De rebus Hispaniae", una serie de escritos históricos complementarios: la "Historia Romanorum", la "Historia Arabum", la "Historia Ostrogotthorum", la "Historia Hunnorum et Vandalorum et Suevorum et Alanorum et Silinguorum". Todas estas historia están escritas con referencia básica a España, y de ahí que en todas ellas, por breves que sean, en sus respectivos prólogos, la mención de España o de los españoles se reitere (62). Pero todas quedan, en su concepción historiográfica, colocadas marginalmente, como complemento de la Historia General de España, sin insertarse en el cuerpo sistemáticamente construido de la misma, respondiendo, por tanto, a la idea de que son pueblos, aquellos de los que en esas Historias se ocupa, que han estado en conexión con España, pero sin fundirse con ella. Su posición es, pues, radicalmente distinta de la del pueblo godo, que no sólo aparece como un pueblo que, en un momento dado, se funde, como un ingrediente más con el español, sino que de éste es un factor constitutivo. De esta manera, como en varios lugares de su "Historia Arabum" puede verse, don Rodrigo llama a esa otra Historia general de España— historia viva y abierta hacia el futuro, cuyo relato el autor prolonga hasta su propio tiempo— "Historia Gothica" (63).

Hay otro matiz interesante a señalar en el Toledano: para él la herencia goda es positivamente un factor antropológico, de influencia directa y actual. Así nos lo permite apreciar su afirmación de que la saña con que Sancho II se lanza a hacer la guerra a sus hermanos, no tolerando ver compartida la potestad, es un mal que los reyes de España "a feroci Gotthorum sanguine contraxerunt", y en ello Sancho II se muestra "inhumanitatis Gothice succesor et haers" (64).

No es cosa de seguir enumerando, uno tras otro, los muchos textos que se refieren, más o menos de pasada, al tema: en general, no añaden nada nuevo, y como es tesis universalmente conocida y aceptada desde mediados del XIII, nos limitaremos a unas rápidas alusiones como a cosa que ya es sabida. Se llega por el camino que hemos recorrido a una plena asimilación de la historia de los godos y de sus reyes y hasta a una identificación con las gentes surgidas de la Reconquista. Los cristianos de los reinos medievales son, por lo menos en cuanto a la línea real se refiere, los antiguos godos. La "Primera Crónica General", remitiéndose

---

(62) Ed. de Schott, en "Hispania Illustrata", II; pág. 148 a 195.
(63) Capítulos XLVIII y XLIX; págs. 185 y 186, de la ed. de A. Schott.
(64) Ed. cit.; pág. 101.

a una fecha indeterminada, dice que "entraron los godos en Espanna et ganaron el señorío della", y añade que a partir de ese momento "fueron ende sennores después aca todavía, cuemo quier que ovieron y los moros ya quanta tiempo algún sennorío" (65). La invasión y el dominio de los árabes para Alfonso X y sus colaboradores no ha sido más que un episodio incidental que no ha cortado la continuidad del señorío visigodo. Observemos, sin embargo, que para Alfonso el Sabio —y ello es un matiz interesante, sobre todo relacionado con otro aspecto de su obra que luego recogeremos— las virtudes de los godos no son originarias, sino que arrancan del momento en que entroncan con la tradición de la cultura antigua (66).

Alusiones en las que se da por supuesta la tesis goticista, tal como la hemos expuesto hasta aquí, las hay numerosas. Señalemos el paso de la misma a la literatura. En el "Poema de Fernán González" merece la pena señalar un aspecto nuevo: la glorificación de la gente de los godos toma un cariz particular. Si en la realidad de los hechos, en el conde Fernán González y en la Castilla de su tiempo podemos suponer una total ausencia del programa goticista, el clérigo culto que exaltó en uno de nuestros más nobles cantares de gesta las hazañas del conde castellano, dio entrada en su obra al ideal neo-gótico y lo original en él es haber llevado a cabo la aplicación del mito de la edad dorada, que la literatura coetánea empezaba a renovar, a la descripción del estado de España en la época del dominio visigodo. Al mismo tiempo, si, como es de esperar, no se dan en el "Poema de Fernán González" todos los aspectos concretos en que se venía desenvolviendo la idea de la "restauración" goda, no menos es cierto que sólo en un autor que parte de una plena asimilación de aquel momento y de tal pueblo, es posible llegar a la extremada idealización que de los mismos lleva a cabo. Desde luego, al igual que acontece en los grandes historiadores de que acabamos de hablar, en el "Poema de Fernán González" se corresponde con esa visión goticista el activo y profundo sentimiento de España (67).

Como es de suponer, en las Crónicas particulares de los reyes de Castilla y de León que se escriben en el siglo XIV y comienzos del XV, el programa del legado godo, que es, de por sí, una visión de totalidad, falta o, por lo menos, queda sensiblemente desvanecido. No. creo que

---

(65)   Id. Menéndez Pidal en N. B. A. E., V; Madrid, 1906; pág. 215. Otras referencias en págs. 463, 491, 495, etc.

(66)   Ed. cit., pág. 222.

(67)   Ed. Zamora Vicente, en "Clásicos castellanos". Madrid, 1946; estrotas 14 a 70; págs. 5 a 19. En el poema aparecen los godos como antecesores (3 ɒ), como los de España (80 b).

pueda hablarse de un eclipse, sino que el hecho es debido a circunstancias ocasionales, es decir, a que dado el carácter de esas Crónicas no hay razón para que se exponga ese programa que tiene un alcance general. Subsisten manifestaciones aisladas del mismo, debidas a la repetición singular de noticias concretas tomadas, una y otra vez, de crónicas antiguas. Entre ellas, la más comúnmente aludida es la que se refiere a la procedencia de los reyes, tal como la hallamos, junto a tantos otros casos, en el "Poema de Alfonso XI":

> "E bien asy los rreys godos
> Vuestros antessesores,
> Aquesto rreys todos
> Fueron grandes ssennores" (68).

Gifford Davis sostuvo la tesis de que se daba, entre el "Poema de Alfonso XI" y el de Fernán González, una estrecha dependencia y hasta una directa imitación. Los datos que él aporta no son convincentes y constituyen, no una prueba de imitación, sino un testimonio de que ambos dependen y derivan de un mismo conjunto de creencias o de lugares comunes, que se dan en la baja Edad Media española, referentes unos a las condiciones genéricas de la poesía épica en aquel momento y otros a la vigente visión histórico-política de España y Castilla en ese tiempo, visión, por otra parte, que dicho autor no comprende rectamente (69). Entre esos lugares comunes, que eh ambos textos se dan, porque pertenecen a la sociedad de la época, figura la subsistencia de las tesis neogóticas.

Merece la pena que nos detengamos en el nuevo valor que el tema alcanza en el famoso político y escritor Alonso de Cartagena. Para él la herencia goda tiene un sentido plenamente normativo, estrictamente jurídico. De ella, como de una herencia legal, derivan obligaciones y derechos susceptibles de reclamación jurídica, puesto que, como ante un tribunal, la aduce él en el Concilio de Basilea. Aparte de las referencias de tipo histórico, análogas a las estudiadas, y que, como se ha recordado alguna vez, figuran en su "Anacaephaleosis", se ha señalado también cómo Cartagena se sirve de esa tesis para argumentar, defendiendo el derecho del rey de Castilla, en una cuestión de precedencia ante dicho Concilio (70). Pero hay un documento de mayor valor y de más precisión: sus famosas

---

(68) B. A. E., LVII; estrofa 146, pág. 481.

(69) "National Sentiment in The "Poema de Fernan Gonçález", and in the "Poema de Alfonso Onceno", en "Hispanic Review"; XVI, 1948; págs. 61 y ɛs.

(70) Ver Clavería; art. cit. en la nota 15 de este capítulo.

"Allegationes" contra el rey de Portugal, en el mismo Concilio, sobre la conquista de las Canarias. La cadena argumentativa que el famoso obispo construye para defender los derechos de la corona de Castilla es ésta: los godos, con Suintila, alcanzaron la monarquía de todas las Españas, que fue continuada hasta la invasión: Pelayo la hereda y, por línea directa, llega hasta su presente; esa herencia ha ido principalmente —precipue— a la Corona de Castilla, a la que viene a corresponder la monarquía sobre toda España y sus partes, ya que sólo ella empalma legalmente con aquel pequeño grupo de los primeros godos que se alzaron contra el dominio sarraceno, grupo en el que, por esa razón, "totum ius universitatis hispaniarum remansit" (71). Más de una vez, en negociaciones diplomáticas de tiempos posteriores, se sacará todavía a luz esta argumentación de Alonso de Cartagena.

Toda nuestra literatura del siglo xv está impregnada todavía de la tesis neo-goticista. El obispo Barrientos, al exaltar la progenie de Enrique III, le hace descender de "la muy antigua y noble y clara generación de los reyes godos" (72). El consabido tópico del elogio de éstos aparece en cuanto hay mínimamente ocasión. Lo hallamos hasta en Crónicas particulares, como en el "Victorial" o crónica del famoso conde de Buelna, don Pero Niño (73). Todavía Rodrigo Sánchez de Arévalo compone su Historia de España con sujeción a un completo esquema de neo-goticismo, derivado en parte del Tudense, que utiliza directamente, y no sólo por lo que de éste había pasado a la serie de las Crónicas generales derivadas de la de Alfonso X. Con el hecho de que los "inclyti Gotthi monarchiam omnium Hispaniarum obtinuerunt" (74) empalma toda su construcción histórica de los siglos de Reconquista cristiana, en la que los reinos particulares parecen como partes de esa monarquía y Castilla como su heredera directa, por la descendencia de sus reyes, venidos de los mismos godos desde Pelayo a Enrique IV (75), y por no haber interrumpido su acción guerrera contra los sarracenos, hecho que para estos letrados del final de la Edad Media, imbuidos de romanismo, tiene el valor jurídico de una renovada reclamación que interrumpe los plazos de prescripción (76). Pero Sánchez de Arévalo se encuentra con algo que amenaza

---

(71) Ed. de Martins, ya citada; pág. 304-312.

(72) "Refundición del Halconero", por el obispo don Lope de Barrientos; ed. y estudio de Carriazo; pág. 13.

(73) "El Victorial"; págs. 29 a 33.

(74) "Historiarum Hispaniae libri IV", en "Hisp. Illust.", I; págs. 151.

(75) Ob. cit.; págs. 135 y 139.

(76) Ob. cit.; pág. 140.

su tesis de la continuidad: la leyenda ha dado en llamar a Rodrigo "el último rey godo" y la fórmula se ha solidificado ya en su tiempo de modo inalterable. Y Sánchez de Arévalo da la siguiente explicación: "Appellatur autem (ut putamus) ultimus Rex Gotthorum, non quod Pelagius et sequentes Reges ex Gotthorum genere non descendant sed quia reges omnes ab Athanarico, qui primus ex Gotthis (ut diximus) regnavit, usque ad istum Rodericum, solo nomine regio Gotthorum appellati sunt. Nec enim intitulati sunt Reges Hispaniae, aut Castellae, vel Legionis, sed Reges Gotthorum simpliciter... Post Rodericum vero Pelagius et caeteri qui ei in principatu Hispanico successerunt et si ex sanguine Gotthorum (ut diximus) descenderunt, tamen non Gotthorum titulis, sed Hispaniae primo, deinde Legionis et Asturiarum, rursus Castellae regiis intitulationibus sunt appellati, quamquam substantia principatus eadem in utrisque fuerit" (77). En el Cancionero del siglo xv, el mito goticista se convierte en tópico que los poetas repiten una y otra vez, como, por ejemplo, cuando Juan de Padilla habla de la "gótica gente" o Santillana de la "gótica sangre", y así otros muchos.

A fines del siglo xv, aunque sea en medio de discordias y desórdenes, el cuerpo hispánico es empujado por un fuerte crecimiento y de ese hervor vital que le sacude surge renovado, como, según dijimos, aconteciera en los momentos correspondientes a Alfonso III, Alfonso VI y Fernando III, el mito neo-gótico. Entonces no será sólo un esquema para trazar la línea continua de nuestro pasado, sino un programa de futuro, en el que se manifiesta el anhelo de dar cima a una obra. Y Diego de Valera, que lo expresa con más claridad que ninguno, elogiando y excitando al rey Fernando el Católico, llamándole descendido de "la ínclita gótica sangre" (78), le pedirá y esperará de él que restaure la "silla imperial de los godos" (79).

EL MITO NEOGOTICO EN LA HISTORIOGRAFIA ARAGONESA Y CATALANA

El esquema gótico de nuestra historia trazado por Lucas Tudense iba, pues, a tener una longevidad colosal. De él concretamente arranca ese

---

(77) Ob. cit.; pág. 153.

(78) Ver en el vol. de sus "Epístolas y tratados", publ. por "Bibliófilos Españoles"; pág. 66.

(79) "La silla ynperial de la ynclita sangre de los godos"; citado por Carriazo en el estudio preliminar a su ed. de la "Crónica de los Reyes Católicos". Madrid, 1927; pág. CI. El fragmento corresponde al "Doctrinal de Privados".

goticismo de la historiografía castellana de la baja Edad Media. Pero las consecuencias serían aún mayores, más amplias. Al difundirse la obra del Toledano, con su sistematización del neo-gotismo, en traducciones y adaptaciones, por las demás tierras, contribuyó a originar en ellas o a reavivar una interpretación orientada en el sentido unitario de la España goda y a crear en los diferentes reinos un clima que fue haciendo familiar en todos la idea de la restauración de esa unidad goda, de la cual se venía y que constituía una herencia común.

Por de pronto, se hace normal dedicar una parte a narrar la historia de los godos en España, mientras que, en cambio, se sigue prescindiendo de otros elementos. La Crónica Pinatense, para evitar un largo y enojoso relato, abrevia la relación de los pretendidos hechos de Hércules y, saltando todo lo demás, los romanos entre otras cosas, escribe: "Opportet tamen ut loquamor et tractemus de gotis" (80). Para ella, siguiendo la concepción del Toledano, la dominación visigoda no es un accidente extraño, sino un eslabón necesario en la cadena de la Historia de España, por mucho que ésta se compendie.

Análogamente a lo que sucedió en Castilla, también en la parte de Navarra la idea de la herencia goda es desconocida en el origen. Las llamadas "Genealogías" de Roda la desconocen por completo, así como el "Necrologio Rotense". En la medida en que se puede considerar vinculado a ese reino pirenaico, recordemos que el llamado "Chronicón Villarense", según ya vimos, es también ajeno a esa interpretación. Pero en cuanto, al final de la Edad Media, la obra del Toledano, navarro de origen, pero castellano por su significación, se expande por Navarra, el panorama cambia y también allí penetra la común visión de nuestra Historia. La exaltación de los godos, que ganaron todo el mundo y prefirieron asentar su morada y señorío en España y, tras esta exaltación gótico-hispánica, vestigios de tesis goticistas que ya nos son conocidas, se encuentran en la "Crónica" del obispo de Bayona, fray García de Eugui (81).

La "Crónica del Príncipe de Viana" sigue ya el esquema general en su época. La concepción del reino de los godos como una pieza historiográfica imprescindible se da ya en ella, exponiendo los reyes de España hasta su perdición con don Rodrigo y dando a ello un sentido de fuente propia, muy distinto del papel de mera indicación de concomitancias —procedimiento de historiador propio del tiempo y que había empezado a tomar cierto vuelo en la "Crónica latina"—, papel que juega, en cam-

(80)   Ed. cit. de Ximénez Enbún; pág. 12.
(81)   B. N. manusc. 1.524 folios 104 v. y ss.

bio, la referencia a Papas, Emperadores y Reyes de Francia, los cuales aparecen siempre juntos como representación de lo de fuera, según el sentimiento que polémicamente se pone de manifiesto en el "Cantar de Rodrigo". Para el príncipe de Viana, la narración de los godos da lugar a que se hable de España como de una unidad histórica (82).

Interesa que nos detengamos especialmente en la mitad oriental de la Península. Por de pronto, en Cataluña se da una tradición goda originaria muy fuerte, cortada probablemente durante algún tiempo y reanimada por la influencia del Toledano más tarde. Ya hemos visto la función que de hecho tienen los godos en la Reconquista de la tierra que más adelante se llamará catalana. Ahora nos importa destacar la insistencia con que las fuentes historiográficas francas se refieren a los godos, manifestando la idea de que allí había una continuidad, idea que indudablemente los cronistas francos habrían recogido del propio país. En el título de rey de los godos —"rex gothorum" de algunos, aunque escasísimos, documentos carolingios— que algunas veces se atribuyen reyes francos, cuando conservan aún una cierta relación con los condados catalanes o incluso cuando sólo queda una pretensión inoperante y no reconocida, ha creído ver Alart como una prueba de la presencia de la tesis de la herencia del poder real visigodo como título a hacer valer sobre esos condados (83). Recordemos el precepto de Lotario, en el año 968, en el cual a la tierra de la que llegaba hasta él el abad de San Feliu de Guixols se la llama "Regnum Gothorum" (84). Por otra parte, la primitiva versión que Coll Alentorn supone existió escrita en latín de la leyenda genealógica de Otger Cataló debía llamar "terra gothorum" a Cataluña (85). Y aunque el nombre de Gothia no parece darse propiamente a aquélla, de todos modos queda patentizado el recuerdo godo en una región a la que, según los historiadores de fines del xv, Carbonell y Pau, se la había conocido con el nombre de "Hespanya Gothica". Esta última afirmación no es rigurosamente exacta, pero no deja de responder con alguna propiedad a lo que de hecho acontecía, mucho más, en todo caso, que otras denominaciones que suele asegurarse se daban a la tierra de Cataluña, antes de que este último nombre se formara (86).

(82) Ed. Yanguas; págs. 9 y ss.

(83) "Privilèges du Roussillon"; pág. 13, y Villanueva, "Viaje", VIII; página 138.

(84) Udina, "El Archivo Condal de Barcelona", núm. 169; pág. 341.

(85) "La llegenda d'Otger Cataló i els nou barons". Barcelona, 1947-1948; pág. 11.

(86) Ver Mateu, "Los historiadores de la Corona de Aragón durante la Casa de Austria". Barcelona, 1944; pág. 14.

Sabido es, y a ello hemos hecho ya referencia, que la pretensión de presentar las nuevas jurisdicciones civiles o eclesiásticas como herederas directamente de otras anteriores, procedentes del tiempo godo, produjo un curioso documento que aparece por primera vez en la Crónica del obispo ovetense Pelayo, al que nos referimos antes: la llamada *División o Hitación de Vamba*. El empleo constante de esta famosa falsificación, de cuya autenticidad nadie duda entonces, prueba el clima de goticismo que se da en toda la Península. En la parte catalano-aragonesa se la encuentra citada en 1236, en relación con la iglesia de Albarracín; en 1239, en el pleito sobre la iglesia de Valencia, entre las sedes de Tarragona y Toledo; en 1248, en la pretensión del obispo de Valencia respecto a Sobrarbe, etc., etc. (87). Precisamente en el expediente del pleito sobre Valencia, en la conocida como "Ordinatio Ecclesiae Valentinae", se conserva el texto de la *División de Vamba* aducido por el arzobispo de Tarragona, copia del ejemplar que se hallaba en San Juan de la Peña. Añadamos que para más teñir de hispanismo goticista la cuestión, ese manuscrito pinatense, en cuya autoridad basaba su derecho presente, como heredero directo de sus predecesores godos, el arzobispo de Tarragona, estaba escrito en letra mozárabe o visigoda (88). Los varios ejemplares que aun hoy se conservan o cuya cita testimonia su existencia anterior en Aragón-Cataluña (Biblia de Huesca, documento de la iglesia de Maguelonne, manuscritos del monasterio de San Juan de la Peña y del de Montearagón, de la catedral de Valencia (89), son prueba fehaciente de la difusión de este famoso texto, y con él, de la tesis de la herencia goda en relación con la cual se había fraguado. Por otra parte, la estupenda pretensión del abad Cesario de Montserrat de ser consagrado en la dignidad de arzobispo se funda, como ya dijimos, en la tradición visigoda, expresamente recordada al caso. Y cabría citar todavía hechos tan elocuentes como el de la relación de continuidad y aun de efectiva subrogación de derechos que se proclama entre la sede nueva de Roda, en tierra ribagorzana, y la antigua de Lérida, según el interesante proceso de ideas que de manera tan precisa ha estudiado Abadal y del que ya nos ocupamos.

En el orden de la jurisdicción real o condal es cierto que no se encuentran ni títulos que se usen, salvo la lejana referencia hecha por Alart, ni afirmaciones genealógicas, aparte las de la primitiva historiografía franca, señalando la naturaleza goda de algunos condes y personajes. Pero

---

(87) Ver Vázquez de Parga, "La división de Wamba", ya cit.; págs. 46-47.
(88) Vázquez de Parga, ob. cit., págs. 46 y 55-56.
(89) Vázquez de Parga, ob. cit.; págs. 11-12, 19-20 y 25.

hay un hecho que vale más que todo esto: el de que a Ramón Berenguer el Viejo se le atribuya la pretensión de fundar su derecho a dar leyes, taxativamente, en la autoridad que tuvieron los reyes godos, no ciertamente los francos.

Existe un documento de la zona fronteriza de Ribagorza en el que se muestra presente y activo el sentimiento de continuidad con los godos; háblase en él de "ad tempore Recesvindi regis, legum magister, et Quintilanis principis usque ad nos" (90).

Si, pues, tenemos presente que se trata de una comarca en la que la continuidad efectiva de la cultura goda había sido y siguió siendo, en unos u otros aspectos, hasta fecha avanzada, particularmente viva —en la escritura, la liturgia, el arte, el derecho—, si pensamos que en ella vivieron gentes que hasta transcurrido el siglo XI se estuvieron rigiendo por la que ellas mismas llamaban "Lex Gothorum", que aun en centurias posteriores se sigue aplicando circunstancialmente y conservándolas con ese mismo nombre de "ley gótica", se comprenderá hasta qué punto en Cataluña estaba en el ambiente la idea de la procedencia goda. Y en ese ambiente penetra la influencia del Toledano, de la que obras como la de Ribera de Perpeja toman directamente su programa goticista.

Ese programa, sin embargo, sufre una honda perturbación en las fuentes catalanas. Por de pronto, hay un olvido de los orígenes godos de la reconquista de la tierra y aun incluso de que los godos tuvieran algún papel en ella, de modo tal que en la Cataluña medieval se observa un desconocimiento pleno de los mismos datos de la historiografía carolingia, a este respecto.

Los primeros anales o cronicones de la zona catalana, y nos referimos a aquellos que ofrecen un cierto desarrollo histórico, no, claro está, a los que se reducen a un limitadísimo grupo de noticias locales o familiares, como los procedentes de Alaón, dan un resultado, analizados desde el punto de vista en que ahora nos colocamos, absolutamente negativo. Ni en los cronicones procedentes de Ripoll ni en los de Roda se hace mención alguna de antecedentes godos.

Los "Gesta Comitum Barcinonensium" no conocen en absoluto la tesis del origen godo y de la continuidad de la herencia de éstos en los principados de la Reconquista y, concretamente, en el condado de Barcelona. Con una ruptura manifiesta de la tradición documental que tantas veces aludía a los "Gothi" y con la historiografía carolingia que tan frecuentes menciones hace de los godos al narrar los hechos de la Reconquista,

---

(90) Serrano Sanz, "Noticias y documentos.. Ribagorza"; doc. del año 1003; pág. 398.

la primera gran Crónica catalana nada advierte expresamente sobre la procedencia y carácter del pueblo de cuyos príncipes habla. Ello se debe, tal vez, a que los "Gesta" son eminentemente una narración que se ocupa sólo de los príncipes, aspecto que si es común a todas las obras históricas de la época anterior y aun a muchas posteriores, en aquel texto se observa muy acusadamente, de manera que en algunos momentos esa Crónica es una pura relación genealógica. De todos modos, hay un dato curioso: al ocuparse en términos legendarios de Vilfredo el Velloso y referirse al conde Salomón, detentador injusto del condado, a quien aquél dio muerte sañudamente, las dos redacciones latinas de los "Gesta" dicen que Salomón era "natione gallicum". Esto equivale a señalar en él una extrañeza respecto a los de la tierra; pero qué eran los de ésta, según los "Gesta", no se nos dice (91).

De esta Crónica toma Ribera de Perpejà, la noticia de la reconquista por los francos y de la segunda reconquista por Vilfredo, que entronca con la base de historia antigua y visigoda recibida del Toledano. Una utilización de leyendas referentes a Luis el Piadoso parece que lleva a un relato de los orígenes en sentido análogo (92). Al mismo tiempo, debía de estar formada en Cataluña en la baja Edad Media, la leyenda etimológica que da una parte a !a tesis gótica haciendo derivar el nombre de "catalans" de la fusión de "gots" y "alans" (93). Y en esta situación aparece la famosa fábula de Otger Cataló. Todavía en la versión del más antiguo manuscrito señalado por Coll y Alentorn —que este investigador fecha en 1418— los godos juegan también su papel: la población del principado y con ella su lenguaje, se formarían, mitad y mitad, de "gascons" y "gotes" (94).

Pero lo interesante para nosotros es ver cómo se inserta en un relato histórico general la leyenda de Otger Cataló. Según la versión Tomich-Turell, toda la fase preislámica se desenvuelve según un breve resumen del Toledano que termina con el consabido testimonio de glorificación de los godos. Después de la invasión surge en Asturias Pelayo, cuya exaltación en Tomich ya vimos; pero en el lado catalán aparece Otger Cataló, señor de un castillo gascón, el cual "fos alamany e de gran linatge", y conquistó la tierra de manos de los sarracenos, ayudado por sus nueve barones, los cuales tienen el mismo origen que él. Perdida esta primera

---

(91)   Ed. cit.; págs. 4 y 24, respectivamente.

(92)   Coll y Alentorn; ob. cit., loc. cit.

(93)   A fines del xv, la recoge como una opinión conocida, Jerónimo Pau, "Barcino", "Hisp. Illust.", II; pág. 842.

(94)   Coll y Alentorn, "La leyenda de Otger Cataló.. "; pág. 6.

conquista, Carlomagno, que, como Pipino, procedía de "Alamanya", entró en Francia y pasó a Cataluña, cuya posesión termina su hijo Luis, quien reserva para sí el condado de Barcelona, entre los nueve que, enteramente iguales en sus derechos —y este es el punto principal de la fábula—, habían sido constituidos por Otger y los suyos. Después se continúa la versión de los "Gesta" (95).

De esta manera, la leyenda de Otger Cataló se incrusta como una pieza extraña, elevando a tres el número de reconquistas catalanas, en la línea Toledano y *Gesta Comitum*. Por ello aparece un grave corte en aquellas obras en las que se utiliza como pieza central, con un concreto sentido político —no sólo como una mera invención literaria—, la leyenda de Otger Cataló. No son estas obras, no lo es el "Recort", ni menos la versión original de Tomich, del que nos hemos servido en más de una ocasión, ajenos a la concepción hispánica. Pero, de todos modos, no se explica, sino por criterios ajenos a una rigurosa estimación histórica, que Massó incluyera en el grupo impropiamente llamado "nacional" a la obra de Turell. Para un puro análisis histórico, esta es la más clara manifestación de una posición "antinacional", aparte de, forzosamente, antenacional. La leyenda de Otger es utilizada en ella, y así lo vio el propio Massó (96) y ha sido demostrado perfectamente por Coll Alentorn (97), al servicio de intereses nobiliarios. Es una mixtificación para apoyar, frente al pueblo y al príncipe, los derechos oligárquicos de los potentados: éstos proceden de fuera y de fuera reciben sus poderes, independientes del príncipe y ajenos a la comunidad. Se renuncia a todo héroe popular, se olvida la gloria épica de los orígenes del grupo, que, en cambio, en todas partes son ya el objeto más apasionadamente defendido por los historiadores prenacionales, como en los "Gesta" lo había sido la figura de Vifredo. Pero, es más, en algunas versiones de la leyenda, el propósito de exaltación de las clases nobiliarias lleva a rebajar al pueblo, desposeyéndole de todo honor, de modo que resulte justificada la servidumbre de los payeses, convirtiéndolos en una masa desfalleciente y humillada, sobre la que los nobles imperan con autoridad equiparable a la del rey en cada uno de sus condados (98). Frente a las formas de aproximación y apoyo mutuo entre el rey las masas populares que, como instrumento eficaz y moderno de poder, se dan en todas partes, esta

---

(95) "Recort", capítulos 31 a 52; en especial, págs. 80 y ss.
(96) "Historiografía de Catalunya"; pág. 570.
(97) Ob. cit.; págs. 24 y ss.
(98) Tomich, "Histoires", fol. IV; Turell, "Recort", pág. 99. El texto que damos corresponde a esta segunda versión.

versión, justificadora de las demasías señoriales, produciendo un corte insuperable entre la nobleza y el resto del país, es una verdadera manifestación de decadencia.

La incrustación de la leyenda genealógica de que nos ocupamos en Tomich y Turell presenta el aspecto de un corte mecánicamente practicado en la línea histórica tomada del Toledano, y por esa razón, hasta llegar al momento en que aquélla se inserta en el hilo de sus obras, los datos que en la Historia del Toledano preparan la explanación de su programa neo-gótico, se conservan también en ellos. Como en el Toledano, pues, como en la Crónica Pinatense, inspirada por Pedro IV, como más tarde en Carbonell (recordemos el título completo de su obra: "Chroniques de Espanya fins ací no divulgades, que tracta dels nobles e invictissimus Reys dels Gots y gestes de aquells y dels Comtes de Barcelona e Reys de Aragó, ab moltes coses dignes de perpetua memoria), también en Tomich y Turell, el episodio de la dominación total de los godos en la Península es un eslabón necesario en la historia de los reinos españoles. También ellos cantan la gloria de los godos y también en ellos se da una aceptación plena y una elevada valoración del dominio de aquéllos. Tomich, después de hacer su elogio y de advertirnos de la mucha prosperidad y gloria que alcanzaron, afirma que, terminadas sus conquistas por continuas victorias, "ab gran pau e tranquilitat reposaren e feren lur repos en la Gallia la gotica e en la terra de Hispanya" (99). En la adaptación de Turell nos encontramos nada menos que con la afirmación de que "lur govern era de perfecció", si bien se ve obligado a señalar los vicios de ociosidad en que luego cayeron, para explicar, sin contradicción, el castigo que sufrieron con su derrota (100).

Hay, incluso, una cierta tendencia a acentuar la presencia de los godos en la parte noreste de la Península, como puede observarse en Carbonell (101). Son tantos los testimonios en ese sentido, que modernamente se llegó a sostener la etimología Cataluña: Gotolandia, abandonada hoy por la crítica, pero acogida con toda ligereza por Flach. Es habitual, eso sí, que se llame hasta el final de la Edad Media a Cataluña "la terra e provincia appellada del gots" (102).

Con todo ello, como era de esperar, surge el testimonio rotundo: "nos Catalani et etiam Aragonenses... sumus ex gotis", dice Tomás Mie-

---

(99) "Histoires", folios V y VI. En la Crónica de Fr. García de Eugui hay un pasaje análogo. B. N., manusc. 1.524, folio 104.

(100) "Recort"; pág. 51.

(101) "Chroniques de Espanya", folio II; ed. cit.

(102) "Histoires", folio XI y cap. XVIII a XXII.

res (103). Y todos estos datos reunidos, nos permiten ver que sí ofrecen los textos catalanes el dato innegable de que exista la idea de la herencia goda: los godos son considerados como un factor constitutivo propio, en forma que no se da nada igual con referencia a otros pueblos invasores de la Península, salvo, para escritores más tardíos, los romanos. Recordemos la inscripción que seguramente la mano de un humanista escribiera, y que se conserva en la fachada del Ayuntamiento de Barcelona.

Y al pensar así, ese humanista barcelonés era fiel a la línea del humanismo español en general, el cual estaba lejos de rechazar la llamada barbarie gótica de la Edad Media.

De esta manera, por una propagación, en forma, grado y fecha difefentes, del antiguo mito formado en la primitiva zona astur, al final de la Edad Media se encuentra expandida por toda España la tesis goticista. También en Aragón, el cronista Vagad, al escribir por primera vez la historia con criterio aragonés —la de Fernández de Heredia es un rebrote de la historiografía alfonsina—, aceptará el común programa goticista, empezando por hacer del primer caudillo de Aragón un godo, descendiente de godos —García Ximénez, "Godo real y de sangre de reyes godos venido" (104), criterio que recogería Blancas (105).

Por consiguiente, la tradición de la herencia goda que se expende finalmente por toda España no puede tomarse, claro está, como una versión auténtica de lo sucedido en nuestra Edad Media; pero al trazar la historia del concepto de España en esa época hay que recogerla, sí, como uno de los más vigorosos factores de esa idea y de la acción política que de ella deriva. Constituye —aparte de los elementos de real influencia visigótica que hayan podido quedar en la comunidad hispánica— un a modo de esos mitos sorelianos o, mejor, de esas "creencias" en el sentido de Ortega que forman el suelo firme en el que la acción histórica de los pueblos se apoya.

Esa idea de restauración goda, y junto a ella, la de oposición al infiel son los factores que mantiene en todo momento el carácter de la Reconquista. De los dos, el goticismo fue el que convirtió a la Reconquista en tarea inexorable de una comunidad histórica concreta, tarea irreductible al cumplimiento del deber general, en tanto que cristiano, de lucha contra un infiel agresivo. Por eso la Reconquista española se nos ofrece con caracteres tan diferentes, y tan diferentemente eficaces, respecto a la

---

(103) "Apparatus super Constitutionibus... Cathaloniae. Pars Secunda". Ed. de Barcelona, 1621; pág. 530; núm. 107.

(104) Crónica; fol. III.

(105) "Regum Aragoniae series"; "Hisp. Illust", II, pág. 848.

idea europea de Cruzada que movió a pasar los Pirineos a algunos señores de ultrapuertos. No hay que pensar que aquella idea desalojó la de Cruzada, sino que la recibió y le proporcionó un vigor particular, como nos permite constatar fácilmente el Toledano, en quien las dos direcciones se dan tan palmariamente. Se luchó contra un invasor, al mismo tiempo que contra un infiel, y aunque la lucha puede ser y de hecho es paralela en ambos sentidos, puede también, en un momento dado, separarse en direcciones distintas. De aquí que, junto al acontecimiento de la guerra política de Reconquista, se produzcan manifestaciones especiales de la acción propiamente anti-islámica, ajenas por definición a la empresa bélica, como la del "Pugio fidei", de Ramón Martí, la de Ramón Lull, el "Lucidario" de Sancho IV o el interesantísimo proyecto de Juan de Segovia, quien concibe una acción "per via doctrina et ratio", teniendo en cuenta que, como escribía a Nicolás de Cusa, "prima radix bellorum inter sarracenos et christianos est legum differentia, quae sarracenorum est predas et pugnas, sed que Christi pacem commendante" (106). La separación que en este caso se da entre el problema que estas palabras denuncian y los que entraña la idea de Reconquista, tal como hemos tratado de exponerlos en el capítulo precedente, es manifiesta.

HERENCIA GODA Y HERENCIA ROMANA

Restauración goda, restauración hispánica: de esta idea restauradora surgen los problemas típicos de la guerra contra el sarraceno en la Edad Media española. Probablemente, en un primer momento fue más eficaz y fácilmente comprensible la versión de restablecimiento del orden godo; pero, a pesar de que la hemos visto subsistir y hasta expandirse al final de la Edad Media, fue con todo mucho mayor la influencia de la versión de Hispania que la del goticismo. Tal vez el cambio se ligue también, en este aspecto, a la obra de los grandes historiadores del XIII, y concretamente a la del Toledano, a pesar de darse en ellos el momento de plenitud del esquema neo-gótico. Observemos que el Tudense une ya, en su "De excellentia Hispaniae", a motivos godos, un legado de carácter romano. Mientras, con anterioridad, el recuerdo de Roma en España se había borrado, el Tudense lo renueva, aunque sea escasamente, refiriendo lo de "Hispania Romae dedit imperatores strenuos", que hace pensar en la lectura de laudes clásicos y que tantas veces se repetirá. Pero es el To-

---

(106) P. Cabanelas, "Juan de Segovia y el problema islámico"; Madrid, 1952; pág. 304.

ledano el que construye sistemáticamente todo un pasado común y con
él proporciona una base de comunidad hispánica más antigua y larga que
la de los godos. También esta genial innovación del arzobispo don Rodrigo maduró y se expandió por la Península, hasta el extremo de que en
el siglo xv al poeta catalán Pere Martínez, en carta al príncipe de Viana
consolándole de su prisión, le bastará con decir "la ciutat hercúlea" para
designar Barcelona (107). La magna obra que Juan Margarit acomete
en su "Paralipomenon Hispaniae" es precisamente la de exponer y valorar
esas antiguas capas de comunidad hispánica, demostrando que su antigüedad es mayor que la de otra alguna, "cuius preclara antiquitas nulli
provinciarum non modo Europae verum nec totius orbis cedit" (108).
Su historia es un hilo continuo "de Hispanorum gestis", por cuya razón,
para él, ni es necesario ni procedente recurrir al mito godo, porque basta
con que la recuperación contra los moros se haga a nombre de España
—"Quoniam si ab ipsa apellatur Hispania, ipsius provintiae pene omne
imperium apud nos sit necesse est" (109).

La aparición de esa capa antigua de comunidad pre-gótica produjo,
en una de las obras que, sin embargo, acogían también el mito neo-gótico
—en la Crónica mandada componer por Alfonso X— un fenómeno interesante. La expresión "nuestro latín", tan repetida por Alfonso X, en esa
"Primera Crónica General", pero sobre todo en la "General Estoria", no
sólo se refiere a la lengua, sino a un sentimiento total de apropiación
e identificación con el mundo latino. Esa asimilación produce un giro de
pensamiento como éste: "nos los latinos dezimos en el lenguaje de Castilla" (110). Conocido es, y no hace falta que nos detengamos en expo-
nerlo —lo que por otra parte quedaría fuera de nuestros límites—, el
desarrollo que, bajo la influencia humanista, alcanzará entre nosotros la
idea de la "herencia romana".

Lo cierto es que de la conciencia de ese sólido estrato de comunidad
antigua que el Toledano ha sacado a luz y el Gerundense ha desenvuelto plenamente, deriva un cambio de actitud. Vagad exalta a los reyes

---

(107) "Obras"; Barcelona, 1946; pág. 96 y nota correspondiente del editor,
Martín de Riquer; pág. 146.

(108) Ed. cit., dedicatoria a los Reyes Católicos. Ver P. Fita, "El Gerundense y la España primitiva", disc. de recepción en la R. A. de la H., 1879.

(109) Ed. cit.; pág. 7-8.

(110) Ver Solalinde, "La expresión *nuestro latín* en la *General Estoria* de
Alfonso el Sabio", en "Homenatge a Rubió y Lluch", I; "Estudis Universitaris
Catalans", 1936. XXI, págs. 133 y ss. Muntaner, en cambio, llamará latinos a
sicilianos y otros italianos para diferenciarlos de catalanes y aragoneses; ver su
"Crónica", II, págs. 32-33; III, pág. 29 y V, pág. 68.

de la fábula, "tan naturales de Hespaña", y exhorta a los españoles a "aprovecharse algo más de sus antigüedades illustres y asentar primeros sus propios tan altos y esclareçidos reyes que vencen la Persia, la Judea y ahún Roma" (111). No se conforma ni siquiera con la consabida tradición de Hércules y va a buscar el honor de los orígenes más atrás y en pretendidos personajes naturales de la tierra. Mas todo ello no elimina en Vagad la persistencia de vestigios de la tesis goticista que ya señalamos. Sin embargo, esta nueva actitud acaba levantándose contra la tradición neo-gótica. Su manifestación rotunda, además de las que en grado de insinuación hemos visto ya, se halla en Fernández de Enciso, quien advierte a Carlos V que yerran los que para su loor le dicen venir de los godos, siendo así que viene de reyes naturales de España, cuya gente es mejor que la goda, puesto que ganaron lo que aquéllos perdieron (112). Con ello, el esquema de historia gótica queda eliminado: la presencia de los godos en España es un mero episodio, y la Reconquista es obra de los propios hispanos, que recuperaron la España perdida por aquéllos. Sin embargo, en los siglos XVI y XVII el mito goticista se difunde y se convierte en un elemento retórico que cultivan escritores de toda clase (113) y que altera las condiciones en que el otro mito de los clásicos influye en nuestro Renacimiento.

Aún cabe señalar, en la formación y largo desenvolvimiento de la tradición gótica, un nuevo aspecto, de la decisiva influencia en nuestra historia. El hecho de que, desde San Isidoro hasta Sánchez de Arévalo, se repita una y otra vez que Suintila obtuvo la monarquía de España, unido a la creencia en que se está de ser herederos de esos godos que de tal manera dominaron en toda la Península, da lugar a que se mantenga durante siglos la idea de una monarquía o "regnum Hispaniae", por detrás de la división en reinos particulares. De las condiciones en que se llega a una articulación de ese concepto unitario del reino de España con el sistema de pluralidad de reyes nos vamos a ocupar a continuación.

---

(111) "Crónica", prólogo primero; folios XII-XIV, sin numerar.

(112) "Suma de geographia", folio XXV, en 3.ª ed. de Sevilla, 1546.

(113) Ver Clavería, "Reflejos del goticismo español en la fraseología del siglo de oro", en "Homenaje a Dámaso Alonso", Madrid, 1960.

CAPITULO VIII

REINOS Y REYES DE ESPAÑA

Al final de la Edad Media, moviéndose dentro de la órbita de la tradición goda, Sánchez de Arévalo escribía lo siguiente: "Inclyti gotthi monarchiam omnium Hispaniarum obtinuerunt...; post dictum Pelagium in diversa regna divisa est Hispaniae monarchia" (1). Este interesante giro de pensamiento en virtud del cual se nos presenta a una unidad, que no se funda, sino que se alcanza, como algo que, por lo menos en grado de posibilidad, existe previamente, y después, una unidad que no se destruye, sino que se fragmenta —semejante a la "unidad compuesta" de la escolástica (2) —es la visión medieval de nuestra Historia. No añadamos nosotros una tercera fase en el desenvolvimiento de aquella idea, afirmando la existencia del anhelo de que esa unidad se recomponga como una unidad simple, porque eso sería poner más de la cuenta.

Por ahora, reduzcámonos a observar cómo de esa manera de pensar se derivaba una forma de expresión que con la mayor frecuencia se encuentra en crónicas y diplomas extranjeros y peninsulares: "Reges Hispaniae", "Reges Hispanici", fórmula que no tiene correspondencia con ninguna parecida en el resto de Europa. Ahora bien, para que sea posible que esa expresión surja es necesario que no se dejen de tener en cuenta los dos aspectos de la situación a que Sánchez de Arévalo hacía referencia: de un lado, la pluralidad de reyes constituidos sobre una diversidad de partes; de otro, esa variedad de reyes y territorios constituyéndose sobre lo que antes era un solo ámbito con un rey único. También en Francia, por ejemplo, había existido una análoga pluralidad de reyes. Se trataba, en ese caso, de tierras tan ligadas, de hecho o en el pensamiento de escritores medievales, a la tradición gala, que el nombre mismo de Galia se reserva o es monopolizado por alguna de esas partes —así sucede no

---

(1) "Hisp. Illust.", I; págs. 131-132.
(2) Santo Tomás, "Summa Theologica", 1.ª, q. XI, 1.º y 2.º

solamente en el Sur romanizado, sino en la misma Lorena (3)—. Y, sin embargo, estos reyes o príncipes lo son siempre y nada más, de Francia, de Aquitania, de Provenza, de Borgoña, de Lorena, de Arles, sin que nunca, al conjunto de ellos se les llame "Reges Galliae", ni mucho menos, "Reges Franciae". La tierra de un rey queda fuera de la de otro; el poder de un rey, por ser superior en la escala de la organización política, no se une con el de otro. Naturalmente, el fenómeno de la diversidad de reyes no alcanza nunca la amplitud con que se presenta y mantiene entre nosotros; pero esta diferencia, si sólo lo fuera de grado, no explicaría el hecho de que con referencia a las tierras hoy francesas, en las que la tradición había mantenido el concepto de las Galias, no se den normalmente ejemplos de denominación análoga a la que, con referencia a España, es tan frecuente (4).

La respuesta fácil a la interrogación que plantea la mencionada fórmula consiste en afirmar que el vocablo España tiene en esa ocasión un valor geográfico. Así es, ciertamente; pero esto no hace más que ahondar el problema, no resolverlo, porque, ¿cuál es, en tal caso, la extraña condición de una entidad geográfica capaz de dar origen a un hecho tan singular? Los dos conceptos que en la expresión "Reges Hispaniae" se unen, toman, por esa sola circunstancia, un aspecto problemático: por una parte, ¿qué es esa España capaz de aproximar, de forma tal que aparezcan constituyendo un grupo, a quienes sobre ella poseen una jurisdicción real?; pero, por otra parte, ¿cuál es la condición de esos reyes que se pueden presentar tan emparentados? Indudablemente, la entrega, en una u otra forma, en mayor o menor grado, de cada uno de ellos, singularmente, a la empresa de la lucha contra el sarraceno y reconquista de la tierra, o, cuando menos, la inserción de todos ellos en una situación histórica común, derivada de lo anterior, pueden ser la causa del fenómeno de parentesco. Pensando probablemente en las varias conquistas recientes hechas en di-

---

(3) Havet, "Lettres de Gerbert". París, 1889; pág. 34, nota 7.

(4) Se encuentra, sí, la expresión "reges Franchorum"; pero ésta tiene otro sentido del que luego hablaremos. Hallamos también la fórmula "principes Galliarum", señalada por Flach ("Les origines de l'ancienne France"), t. III. "La renaissance de l'Etat. La royauté et le principat". París, 1904; pág. 415). Este autor sostiene que esa frase designa, durante los siglos x y xi, al grupo de los altos señores, verdaderos "pares Francorum", entre los cuales se comprende el mismo rey, aunque no deje de tener cierta preeminencia en cuanto que es representante de la "nación" o grupo étnico de los francos. Halphen contestó a esta interpretación acentuando la superioridad del único "rex Franciae" ("La royauté française du xi siècle", en el vol. del autor "A travers l'histoire du moyen Age". París, 1950; págs. 226 y ss.).

versos puntos de la Península, Lucas de Tuy escribe lleno de entusiasmo: "Pugnant Hispani Reges pro fide et ubique vincunt" (5). Contemplando otro momento no tan favorable sobre el mismo permanente horizonte, el monje autor de los *Annales Reineri*, dice, refiriéndose al año 1196: "Reges Hyspaniae cum Sarracenis treugas accipiunt" (6).

Pero la causa de un hecho no se confunde con el hecho mismo. Y si conocemos la causa, o una de las causas, de que los reyes peninsulares se ofrezcan en tan estrecha relación que se les pueda designar globalmente, no por eso tenemos que dejar de preguntarnos sobre la naturaleza de ese vínculo que les une, tal como se constituye ante la conciencia de la época. Además, muchas veces la fórmula aparece empleada con independencia de las circunstancias originadas por el dominio árabe en la Península, como cuando Jaime II se sirve de ella en relación con un problema de la relación vasallática (7), o Muntaner la emplea al hacer una advertencia sobre la relación política general de "naturaleza", o en el "Cantar de Rodrigo" aparece con ocasión de una reacción conjunta frente al extranjero que podrá no ser cierta de hecho, pero que no por eso es menos real para el autor del poema y para la sociedad que lo escuchaba.

Fuera de España se dice que una tierra tiene un rey, o también que un rey lo es sobre varias tierras; pero entre nosotros parece como si varios reyes lo fueran de una tierra a la vez. Y esto da muy específicas características al concepto de España, y no menos al concepto de rey, cuando éste se nos ofrece proyectado sobre un fondo de tan particular condición. Sobre esta última cuestión vamos a ocuparnos en el presente capítulo: del concepto de rey, y paralelamente de reino, a que se llega en nuestra Edad Media, por la circunstancia de que ese rey, con otros varios, forma parte de los "reyes de España", y su reino, correlativamente, de los "reinos de España".

La determinación del valor de esa expresión, cuyo análisis intentaremos aquí desbrozar, nos ayudará, por otra parte, a entender muchos de los más propios y peculiares fenómenos de la vida política de nuestra Edad Media, en la cual los títulos europeos, respectivamente, de duques y ducados, de marqueses y marquesados, y, por lo menos hasta cierta época, los de condes y condados, son escasísimos o desconocidos, y en cambio pululan en todo momento los de reyes y reinos. Desde luego, la exposición que sigue no pretende ser una completa y sistemática doctrina de

---

(5) "Hisp. Illust.", IV; pág. 113.

(6) M. G. H. Scriptores, XVI; pág. 652, cit. por M. Pidal, "El Imperio hispánico y los cinco reinos".

(7) Puede verse en Salavert, art. cit., pág. 312.

la institución real en la Edad Media. Atendemos a algunos aspectos nuevos que no habían sido puestos de relieve hasta ahora y que son los que se relacionan con el tema central de nuestra investigación y nos servimos de fuentes que no son las que había manejado habitualmente la Historia de las instituciones. A nosotros nos interesa más directamente lo que se podía pensar que fuese un rey, que lo que efectivamente era— aunque para lo segundo haya que tener más en cuenta lo primero de lo que usualmente se hace. Para esos aspectos del problema, creemos que probablemente las fuentes más adecuadas son obras literarias, crónicas y diplomas que reflejan actos de la vida cotidiana. El análisis de estos documentos y su interpretación articulada nos lleva a proponer en las páginas que siguen, un esquema de nuestra Edad Media, en los aspectos que tratamos, que se aparta bastante del que corrientemente se acepta.

De hecho, el instrumento que las circunstancias impusieron para llevar a cabo la tarea de reconquista del suelo peninsular fue el del establecimiento de una pluralidad de reinos. De cómo pudo darse un sentimiento adverso a este sistema de organización plural de los reinos o de división del antiguo ámbito hispánico en zonas separadas de jurisdicción de varios reyes, nos informan varios testimonios a patir del xiii. La llamada "Crónica latina de los reyes de Castilla", con referencia específica a la última separación de León y Castilla, se lamenta de que Alfonso VII "divisit siquidem regnum suum permittente Deo proper peccata hominum duobus filiis suis" y "post hanc autem infelicem divisionem" murió el rey de regreso de una expedición contra los moros, continuándose la separación hasta Fernando III, en cuyo tiempo el autor no olvida de advertir "Unita sunt ergo duo regna in persona Regis nostri que in morte imperatoris fueraint separata" (8). Que un sentimiento parecido, sólo que de más amplio alcance, se daba en el Toledano, lo podemos apreciar al comenzar la lectura del conocido prólogo a su *Historia Arabum:* "Quae calamitatum acervus Hispania dispendia sit perpes..." (9). Por otro lado, y con carácter mucho más vivo, la *Primera Crónica General* atribuye sin ambages al método de división de los reinos de España el retraso en dar término a la Reconquista: el rey Alfonso y sus colaboradores consideran que en la tarea de recobrar los cristianos la tierra que por por los africanos les fuera arrebatada es evidente "el danno que vino en ella por partir los regnos, porque se non pudo cobrar tan aina" (10). Y cuando, más tarde, Juan I piense, como medida para resolver las difi-

---

(8) Ed. Cirot, Burdeos, 1913; págs. 27, 28 y 135.
(9) "Hisp. Illust.", II; pág. 162.
(10) "Prim, Cron. General"; ed. M. Pidal; pág. 4.

cultades con que tropieza, en un nuevo posible reparto, los de su Consejo le recuerdan los males de toda partición de reinos, como puede comprobarse "por corónicas e libros de los fechos de España" (11). Es interesante tener en cuenta, en relación con el episodio anterior, que en las crónicas del Canciller López de Ayala, y concretamente en la dedicada a Juan I, el vocablo España tiene siempre un sentido de totalidad, sin que se asimile, en ningún caso, con el reino leonés-castellano, lo que nos da el ámbito al que se estimaba extendida la experiencia que aducen los consejeros del rey.

Sin embargo, la "divisio regnorum" es un sistema, si no querido, por lo menos aceptado y que se mantiene de tal forma que se da, a la vez, una variedad de reinos y pluralidad de reyes con la conservación de una conciencia de unidad del que concomitantemente se llama "Regnum Hispaniae". Luego nos ocuparemos de este segundo aspecto que hace referencia al problema indicado de cómo la subsistencia del concepto de España, en la forma en que esto se da en nuestros siglos medievales, altera los conceptos de "rey" y de "reino". Ahora vamos a ver cómo la división del poder real podía no ser esencial y necesariamente una causa de fragmentación irreparable del todo español. Es más, durante siglos, nadie piensa, o tal vez muy pocos, en reunir los reinos hispánicos, en restablecer efectivamente la "Monarquía hispánica"; pero esta situación de división de reinos no resulta incompatible con el sentimiento de comunidad de los hispanos y con el concepto de Hispania —con todo el contenido histórico y, por consiguiente, político, que ese concepto lleva en sí.

Las circunstancias en que se produjo la liquidación del imperio carolingio en Francia, a partir de la muerte de Carlos el Calvo, cuando este mismo remedo de emperador, antes de emprender el viaje a Italia, había dispuesto en la Asamblea de Quiercy la conversión en hereditarios de todos los beneficios, dio lugar a un fenómeno que es, casi exactamente, lo contrario de lo que en España sucedía y seguiría sucediendo en la época del feudalismo. En Francia quedó siempre una sombra, al menos, de poder real unitario sobre el territorio reunido por los grandes reyes anteriores. De esta manera ducados, condados y demás señoríos no fueron nunca considerados aisladamente como bases sobre las que se alzaba la cúspide de poder de sus señores respectivos, con independencia plena del poder real. En ciertas fórmulas de acatamiento honorífico y en la realización, muy de tarde en tarde, de algunos actos de homenaje, se mostraba mortecina e ineficaz, pero superviviente, la idea del poder real único sobre aquéllos. Por el contrario, el sentimiento de unidad del ámbito terri-

---

(11) "B. A. E.", vol. LXVIII, pág. 126.

torial había desaparecido por completo. La conciencia de la Galia, tal como operaba todavía en Gregorio de Tours (12), se pierde por completo, y así puede verse en Richer, para quien las tres Galias carecen de cualquier lazo común (13). Tal vez el cambio de nombre fuera un factor que acentuase esa transformación, aunque ya el hecho de que tal cambio se produjera tan radicalmente, constituía una clara manifestación de que también en el fondo algo había cambiado. No hay más Francia que la que domina, más o menos nominalmente, el rey que lleva ese título (14). Y nada sorprendería más a un borgoñón, o a un provenzal, o a un tolosano del siglo XI que la manera rotunda de llamarlos franceses los historiadores de nuestros tiempos. Frente a esto, en España el caso es completamente inverso. No se olvida, pero deja de tener actualidad por completo (salvo en una fase que luego veremos), la idea de un rey, de un rey único en España. En cambio, subsiste fuertemente la conciencia de España, con absoluta independencia de que un rey o varios reyes puedan existir o no existir en el espacio de la misma. La independencia del sentimiento unitario de España respecto a que exista o no una unidad de poder político es un hecho peculiar de nuestra historia, y tal vez sólo en Italia se produzca algo parecido. El naufragio de la realeza visigoda con la invasión árabe dio lugar a que en cualquiera de los intrincados nudos montañosos del Norte se suscitara —según el expresivo verbo que más de una vez emplean nuestros documentos de la época— un príncipe que se atribuye con la mayor facilidad el título de rey, o que, en cualquier caso, define su función como ejercicio de una potestad real. La imagen es la de un poder real fragmentado y diseminado que rebrota por doquier en la Península. Y el caso extremo es el de que esta pluralidad de la realeza relativiza de tal modo su concepto que en más de una ocasión los reyes se superponen, mientras subsiste en cambio vigorosamente la idea de Hispania, cuyas consecuencias políticas son cada vez más importantes a medida que nuestra Edad Media avanza, y cuyas consecuencias culturales —en el orden jurídico, artístico, religioso, literario— fueron en todo momento decisivas.

EL CONCEPTO DE REINO EN NUESTRA EDAD MEDIA

La Historia del pensamiento político no se ha planteado con suficiente amplitud qué es eso de un rey en nuestra Edad Media. Siguiendo el

---

(12) Ver mi art. "Sobre el concepto de Monarquía en la Edad Media española", en "Estudios dedicados a Menéndez Pidal", volumen V; Madrid, 1954.

(13) "Historia franchorum"; ed. ci., vol. I, págs. 6 y ss.

(14) Sobre la base del inmediato dominio del rey, parece distinguir Ger-

tipo de problemas generales en Europa (en cierta medida también haría falta plantearse qué es un rey medieval fuera de España) (15), se tratan los temas de poder temporal y poder espiritual, Imperio y reyes exentos, vasallos y siervos, libertades y franquicias, etc., etc., todos los cuales son, sin duda alguna, problemas imprescindibles de estudiar también entre nosotros, como en el resto de los países occidentales. Pero hay, además, materias peculiares de nuestra situación, como, entre otras, las que se refieren a la muy particular figura del rey en nuestros reinos y al concepto de estos reinos mismos, cuyo proceso de separación y reunión tiene tan privativo aspecto.

En realidad, ¿qué experiencia de la función real podían tener los españoles de los siglos VIII y IX? Es en estos siglos, dominados por una necesidad de improvisación de recursos para resolver las dificultades de su existencia y por una escasez de medios para lograrlo, cuando comienza el desarrollo de lo que luego serán, aunque con las transformaciones del tiempo, nuestros reyes medievales.

Dejando aparte la misteriosa posibilidad del recuerdo, más o menos ciego, de una organización políticosocial primitiva, del tipo del despotismo oriental, cuya existencia se afirma hoy, aunque precisamente en una parte de la Península que quedó sustraída a los cristianos, y no considerando tampoco el caso, por lejano e inoperante, de esos "reguli" ocasionales, constituidos sobre los pueblos iberos y celtas, de que hablan los historiadores antiguos y cuyas semejanzas con la situación medieval sólo pueden ser objeto de juegos de ingenio, la verdad es que la experiencia "monárquica" o, mejor, real, de los españoles que se negaron a someterse al invasor y tuvieron que procurarse una organización política propia no podía ser más escasísima. Fuera de ella quedaba forzosamente el tiempo de dominio de Roma, por dos razones —porque el poder romano no fue nunca un poder real y porque, respecto a él, los españoles no eran más que una parte lejana, situación que daba un carácter radicalmente distinto a la relación de sujeción política.

No se disponía, pues, de otra cosa en aquel inaugural siglo VIII, que del antecedente visigodo, vacilante, lleno de turbación, de una realeza mediatizada por la Iglesia y la nobleza, y en definitiva, tan poco eficaz. Naturalmente, la consabida afirmación de un restablecimiento del "ordo gotthorum" en el *palatio,* es decir, en la institución real, no tiene un valor

---

berto la "Frantia" de la "Gallia", en su epístola núm. 37 (pág. 38 de la ed. de Havet, ya citada).

(15) Ver Mitteis, "Der Staat des hohen Mittlalters". Weimar, 1933; en especial para su aguda comparación de Inglaterra y el Continente; págs. 166 y ss.

históricamente exacto. A la tesis de Sánchez Albornoz de que en el orden de los hechos la imagen de una restauración de la monarquía visigoda en Covadonga no es exacta, se corresponde una negación paralela en la esfera del pensamiento político que inspira la instauración de un rey, no ya sólo en el momento originario de Pelayo, sino en Alfonso II y sus continuadores. Barrau-Dihigo señala como diferencia principal entre el sistema de la realeza visigoda que se estima restaurar y el sistema efectivo de la realeza asturiana el hecho de que esta última es desde el primer momento hereditaria (16). Con más rigurosa investigación, Sánchez Albornoz retrasa hasta el siglo x el establecimiento de este principio sucesorio (17). A nuestro objeto basta con poder decir que el principio de herencia, aunque impreciso y vacilante y aunque sufra al empezar más de una prueba en contra, con todo existe como tendencia, y su consecuencia más importante, en relación al gobierno que con él se instaura, es la de haber fortalecido la posición del rey y haber rebajado el papel de la nobleza y la Iglesia. Cabe preguntarse si esto no era más godo, más germánico, que el método de la elección, puesto que aplicaba el principio de la familia como medio de transmisión de poder y de las funciones públicas (17 bis). De ahí que se dé el fenómeno, tan propio también del mundo carolingio, de la colaboración de la familia en el reino y sus empresas.

Hasta mediados del siglo xii, es decir, hasta la muerte de Alfonso VII —fecha en la que tiene lugar un cambio importante, aunque no desaparezcan por ello de golpe las características anteriores— el análisis de los documentos españoles nos proporciona, a través de sus secas fórmulas, algunos datos para llegar a determinar el concepto vigente del reino, en tanto que función ejercida por un rey, es decir, el concepto de reinar en tanto que es lo que hace un rey.

Reinar es, según esto, ejercer una serie de facultades de imperio, alguna de las cuales, con nuestra mentalidad de hoy, las consideraríamos jurídicoprivadas, sobre un territorio determinado —determinado, sí, pero cuya concreta definición no es esencial—. Es decir, que hace falta un territorio para que en él se apliquen aquellas facultades, pero que, como tal base territorial puede variar, porque no es necesario en cambio que al poder de un rey dado corresponda un espacio cierto.

---

(16) Barrau-Dihigo, "Recherches sur l'histoire politique du Royaume asturien (718-910)". París, 1921; págs. 214 y ss.

(17) "La sucesión al trono en los reinos de León y Castilla", en "Bol. de la Academia Argentina de Letras", XIV, 1945; págs. 35 y ss.

(17 bis) Por otra parte, elección y herencia no se contraponen al modo moderno. Ver sobre el tema mi artículo "El pensamiento político español del año 400 al 1300", en Cahiers d'Histoire mondiale", 1958, núm. IV-4.

Tres problemas principales se plantean en relación con los conceptos de rey y reino a quien toma en consideración los datos que pueden entresacarse de nuestros diplomas medievales, confirmados por referencias ocasionales de nuestras crónicas: A), diversidad y mutabilidad territorial del título de rey en cada caso; B), pluralidad y simultaneidad de reyes; C), variabilidad y divisibilidad del contenido de la función real.

DIVERSIDAD Y MUTABILIDAD TERRITORIAL DEL TITULO DE REY

Nuestros reyes, y con ellos los condes que reinan (luego nos ocuparemos de este otro problema) no están constituidos sobre territorios fijos o sobre permanentes grupos humanos. Las expresiones que podrían ser equivalentes a las de "rex francorum", "rex aquitanorum", "rex longobardorum", "rex saxonum", "rex anglorum", no se dan entre nosotros. Existen rarísimas excepciones en las que el título se constituye sobre un étnico. Sabido es el caso de algunos reyes navarros que se dicen reinar sobre los pamploneses: así, "Ego, Garcia Ranimiriz, Dei gratia Pampilonensium rex" (18). También uso semejante se da en alguno de los reyes aragoneses, como en Alfonso I, "Aragonensium et Pampilonensium sive Ripacorcensium rex", según se llama en su testamento, o como en un curioso ejemplo de Alfonso II, en el que se dice "rex Aragonensium et Comes Barchinonensium pariterque Bisuldunensium" (19), aunque en estos casos no es un grupo, sino una pluralidad de ellos los que prestan sus nombres para formar el título del rey y, entre ellos, alguno tan poco caracterizado en su individualidad como el de los de la tierra o condado de Besalú. En todo caso, los grupos no aparecen reunidos por una condición intrínseca, sino por el hecho de que sus componentes coinciden en ser habitantes de una tierra, que es la que da nombre a aquél y no viceversa, al contrario de lo que sucedió con francos, lombardos, etcétera.

Sólo tarde, con Fernando II y Alfonso VIII, se encuentra con alguna reiteración la fórmula "rex hispaniorum" que antes se empleó raramente en algún diploma pontificio o que en algún caso, muy excepcionalmente —así en la "Silense"— se aplica a antiguos reyes; pero aún entonces su

---

(18) "Cartulaire de Saint Sernin de Toulouse", año 1126, doc. núm. 677. Otras veces, en cambio, el mismo García se llama "rex in Navarra"; ídem, núm. 668, año 1137.

(19) Villanueva, "Viaje", XV, ap. XXXV; pág. 281.

uso nunca llega a ser frecuente. Creo que esto comprueba una vez más la conservación del sentimiento común hispánico. Todos los de la Península son españoles y no se puede llamar rey de ellos el que lo es de una pequeña porción. El hecho de que a los mozárabes, como a los cristianos del Norte, se les siga llamando "hispani", impide que se establezca como título el de "rex hispanorum". Por otra parte, el régimen de separación y aislamiento de los reinos peninsulares pudo haber llevado y debió llevar, si ese régimen hubiera sido efectivamente de tal disyunción fundamental, a producir nuevas fórmulas que hicieran uso de los étnicos correspondientes a las gentes de estos reinos particulares en la titulación de sus príncipes respectivos, y sin embargo tampoco acontece así.

En nuestros diplomas medievales, detrás del título de rey es lo corriente colocar una larga lista de nombres geográficos. Al principio ni siquiera sucede esto. En los primeros siglos, y esto puede confirmarse abundantemente cogiendo cualquier cartulario, por ejemplo, el de San Vicente de Oviedo, que contenga escrituras del período astur, al rey se le da el título de tal, sin ningún otro aditamento (no digo que esto sea exclusivo, sino muy frecuente), como si la referencia a un territorio no fuese esencial (20). Luego, la indicación territorial se hace obligada; pero nunca es fija, de modo que en los documentos no solamente de reyes sucesivos, sino de un mismo rey, es variable.

En la historia francesa sucede lo contrario. La dependencia más o menos formularia o efectiva respecto al rey es lo que hace que una tierra sea Francia, de tal manera que el título de los reyes, bien se use el corónimo Francia o el étnico francos, es siempre el mismo, con rarísimas excepciones, como en algún diploma de Carlos el Calvo.

En Inglaterra, la forma originaria de "rex Angliae" o "Britanniae", o "Albionis", es reemplazada más tarde por otras en las que aparecen recogidos los nombres de los dominios continentales de sus reyes, junto al de la tierra principal, pero dominios que son siempre señoríos territoriales considerables y ya constituidos, dotados de sustantividad, y entre los cuales se da a modo de una unión personal en un mismo rey, la cual permanece durante mucho tiempo estable y da lugar a que la titulación se repita a través de varios reyes: Enrique II, en 1154, se dice "rey Angliae et dux Normanie et Aquitanie et Comes Andegavie"; el rey Juan, en 1199, se titula de análoga manera; Enrique III, en 1227, añade a lo ante-

---

(20) El hecho fue ya observado por Barrau-Dihigo; ob. cit., pág. 222, nota 4.

rior, "dominus Hibernie"; Eduardo II, en 1312, conserva la misma fórmula (21).

En España sucede diferentemente. Se reina sobre un espacio variable y no esencialmente o necesariamente ligado al título del rey, de manera que apenas hay dos documentos —por lo menos hasta el siglo XIII— en los que se repita la misma enumeración geográfica. La lista de nombres de ciudades y villas que en las colecciones diplomáticas de nuestros reyes medievales aparecen mencionadas como referencia territorial de sus títulos, apenas si dejaría fuera algunos de los poblados que se encontraban en el Norte peninsular dominado por los cristianos.

Se reina sobre lugares, no sobre gentes, ni sobre países en los que un nexo esencial se dé entre tierra y persona. Se citan unas puras referencias espaciales, de forma tal, como llevamos dicho, que rara vez se repite la misma indicación —y este es un fenómeno realmente extraordinario y que muestra sensiblemente la movilidad y ausencia de compenetración entre el poder político del rey, en cuanto tal, y su ámbito. A veces se menciona un espacio que tiene, o lo ha venido a tener modernamente, un relativo valor de totalidad y, sin embargo, no impide esto que subsistan referencias geográficas aisladas, que a veces no son más que partes reducidas de entidades territoriales más amplias, las cuales también, y al mismo tiempo, son mencionadas. Así, Alfonso I aparece como reinante, en un mismo diploma, en Aragón, Pamplona, Sobrarbe, Ribagorza, y aún añade Tudela, Huesca, Arán, Nájera, etc. (22). En Navarra, García Ramírez figura "regnante me Dei gratia, in Pampilona, in Alava, et Bizcala in Tuela et in Zaragoza" (23). Sancho el Sabio como "regnante me Dei gratia rege in Navarra, in Pampilona, in Estela et in Tutela" (24). Pero para reducir esta lista, que sería inacabable, vamos a limitarnos al caso extremo de Alfonso VII que, si fue capaz de lanzar su magna pretensión de "imperator totius Hispaniae", ofrece, sin embargo, curiosísimos ejemplos de variedad geográfica en su titulación. Refiriéndonos a una sola colección, rica en diplomas suyos y de su tiempo, la de la iglesia de San Vicente de Oviedo, encontramos, junto a aquellos textos que emplean sólo con variantes de grafía la expresión "in totam Hispaniam" (25), otros muchos en donde se echa mano de la más variada y abundante nomenclatura geográfica

(21) Wigram, "Cartulary of Frideswide", Oxford, 1895; docs. núms. 29, 40, 48 a 50, 72, etc.

(22) Lacarra, ob. cit., doc. núm. 102, año 1106.

(23) "Cartulaire de Saint Sernin", núm. 677, año 1126.

(24) Lacarra, ob. cit., núm. 262, año 1157.

(25) "Cartulario de San Vicente de Oviedo", núm. 212, de 1147; 220, 221, 222 de 1148; 228 de 1150; 230 de 1151.

para decir a las gentes cuál es el ámbito de su poder: "in Toleto et in Legione et in Zaragoza", "in Legione et in Toleto et in totas suas provincias", "in Legione, Toleto, et Cordoba". "in Toleto, Legione, Saragocia, Nájera, Castilla, Galletia, Baecia, Almeria", "in Legione et in Almaria", "Almaria, Baeza, Toleto et Legione", "Legione, Toleto, Saragoza, Baecia et Almaria", "in Legione et Toleto et Cerasaugusta", etc. etc. (26), y así se siguen barajando las más diversas combinaciones geográficas.

Con la desaparición de Alfonso VII coincide el comienzo de una nueva fase caracterizada por la penetración de un pensamiento político que tiende a las formas modernas. Pero también este proceso es lento, y aunque el auge del romanismo en el aspecto jurídico del poder, la constitución de un pensamiento autónomo del mundo natural por obra del aristotelismo y la difusión del saber, incluso entre los legos, transmitido por las Universidades que entonces aparecen, facilitan el desarrollo de la nueva época y la dotan de comienzos muy claros, sin embargo, hay que reconocer que ciertos fenómenos políticos siguen observándose y coexisten con las nuevas manifestaciones del vigoroso poder monárquico que avanza por todas partes.

Todavía Fernando II, por ejemplo, que se llama de ordinario rey de León, Galicia y Extremadura, sustituirá a veces la mención de un reino entero por la de una ciudad —así "In Legione et in Sancto Jacobo rege" (27)—, desconociendo el valor de "cuerpo" o "universitas", dicho con terminología de la época, que la tierra de un reino puede alcanzar. De ello es buen ejemplo un diploma de Alfonso VI, como emperador, "regnante in cives Toletane et Legione, et in aliis multis", de la Abadía de Santa Juliana (28). Estas ciudades que se mencionan junto con territorios amplios, o son de las que dan más lustre a sus posesiones o recuerdan algún éxito de conquista reciente, o aparecen citadas por cualquier otro motivo. Y así continúa durante mucho tiempo ese sistema de titulación plural de nuestros reyes. Fernando III, cuando ya los diplomas se redactan en romance, con todo el cambio de mentalidad que esto supone, entre otras formas, usa ésta: rey "en León, en Castilla, en Galizia, en Sevilla, en Toledo, en Córdoba, en Murcia y en Jahen" (29), lo que podemos

(26) Números 204 y 205 de 1144; 216 de 1147; 218 de 1148; 224, 225 y 227 de 1149; 231 y 232 de 1151; 233 de 1152; 234 de 1153; 236 y 237 de 1154, etcétera.

(27) "Cart. San Vicente de Oviedo", núm. 267, año 1162.

(28) "Libor de Regla" o "Cartulario de Santillana del Mar", núm. LXII, año 1103.

(29) "Cartulario del Monasterio de Vega", núm. 98, año 1251.

observar no sólo en diplomas, sino en textos cronísticos (30). Es este un sistema que llegará hasta nuestros Reyes Católicos, en primer lugar por el peso de la tradición, tan eficaz siempre en nuestra vida social y política, y en segundo lugar porque hasta entonces, o mejor dicho, hasta después de los Reyes Católicos, no se terminará el estado de poder parcial creciente y, en consecuencia, no de una totalidad, sino de fragmentos de la misma, cuya conquista honoríficamente cada rey puede hacer lucir en sus títulos.

Nos hemos referido antes a algunas fórmulas de reyes de Aragón, y especialmente de Alfonso I el Batallador. Hay que advertir que después de este rey en Aragón aparece una cierta novedad que le llega del lado de Cataluña, al unirse con ésta, puesto que en los condados catalanes se había seguido una práctica en algo diferente. En Cataluña no se había usado, de conformidad con lo que hemos visto en la parte occidental de España, y aún menos, si cabe, ningún nombre de grupo, no pudiéndose señalar en contrario ni siquiera las escasas excepciones que antes observamos —el de "comes Barchinonensis" es muy tardío y no tiene propiamente un valor de grupo. Se había usado desde muy temprana fecha el nombre de la forma política establecida, para designar la tierra —"comitatus barchinonensis", "urgellensis", "bisuldunensis", etc.—, y por esta misma razón, puesta a la inversa, las tierras o ámbitos espaciales de sus condes se habían llamado con un nombre que se refería a una cierta entidad más definida y fija. De esta manera, eran habitualmente sus príncipes, condes de Barcelona, de Urgel, de Conflent, etc. A veces, es cierto, unos títulos de tierras constituidas como espacio de un poder condal desaparecían —así Gerona, Vallespir, Ausona, Ampurias—, otras surgían de nuevo —como Pallars, desprendido de Ribagorza, etc.—. Pero todos estos nombres indicaban unas ciertas demarcaciones dotadas de relativo carácter estable, de modo que los títulos de los príncipes, en este sentido, tienen una continuidad mayor. Sin embargo, no hay que extremar esta conclusión, que permite tan sólo afirmar una diferencia de grado, nunca de fondo. Por lo pronto se dio también en Cataluña, en algunos casos, la tendencia a incorporar al título las tierras recién conquistadas, con variada calidad jurídicopolítica. Ramón Berenguer IV se llama "Marchis de Tortosa et dux de Lerida" o "Illerde atque Derthose marchio" (31), además de los títulos habituales, fórmula que conserva su hijo Alfonso II que,

---

(30) "Anales Toledanos, II"; ed. cit., págs. 405 y 408. El "Chronicón Conimbrigense" ("Esp. Sag.", XXIIII, pág. 340-341), da, en Portugal, la fórmula: "Rex Portugaliae et Algarbii".

(31) "Llibre Blanch de Santes Creus", docs. núms. 42, 50 y 90.

además de rey de Aragón, de Sobrarbe, de Ribagorza, etc., se hace llamar "Marchio Derthose et Ilerde" (32). Pero en Cataluña-Aragón hay una fórmula normal "Dei gratia regis Aragoniae, Comitis Barchinonae et Marchionis Provinciae"— que se repite constantemente; con todo, va cambiando al ensancharse el reino, o mejor el dominio real, y así Jaime I es "rex Aragonum, Maioricarum et Valencia, comes Barchinone et Urgelli et dominus Montespesulani" (33); Jaime II, "rex Aragonum, Valentiae et Murciae ac Comes Barchinone" (34); Con Pedro IV, "rex Aragonum, Valencie, Maioricarum, Sardinie et Corsice, comesque Barchinone, Rossilionis et Ceritanie" (35), fórmula que con el rey Martín, conservándose idéntica, aparece vertida al romance (36). Hemos dicho, sí, que una cierta estabilidad, aunque siempre sobre una base plural, se observa en Cataluña y Aragón, mas contra esta afirmación nuestra, los "Gesta Comitum Barchinonensium" —que habían asegurado en otro lugar la unificación de los condados bajo el imperio del de Barcelona— dicen del rey Pedro II, hijo de Alfonso II, que al morir este último "regnum Aragonense et comitatum Barchinonensem, Bisillunensem, Cerritanensem, Rossillionensem ac Pallarensem ad regendum suscepit" (37). Cabría pensar que se trata de espacios de alguna mayor entidad, o sea, de condados, que, como tales, subsisten y no simplemente de ciudades y villas. Sin embargo, hay diplomas de Ramón Berenguer IV con esta fórmula: "Dominante Dei gratia Raimundus comes Barchinonensis et princeps in Aragone et in Superarbe et in Ricacurça et in tota Barchinona atque in Provença et in Dertusa simulque in Çaragoça seu in Tarazona sive in Calataiube" (38).

Como se ve, tanto aquí como en la parte occidental, la diferencia no es sustantiva, sino de grado y aun muy relativa. También en diplomas de Alfonso VIII podemos encontrar, como único título, el de "rex Castelle", con bastante frecuencia (39). En las crónicas de la Baja Edad Media tal es la manera habitual de titular a los reyes, salvo cuando se insertan do-

---

(32) "Cartulario de Roda", docs. de los años 1165 y 1169; págs. 128 y 129.

(33) "Cartulario de San Cugat", núm. 1371, año 1241; los ejemplos del mismo tipo son innumerables.

(34) Villanueva, "Viaje", vol. XVI, apéndices IV, V y VI; págs. 199, 200 y 207.

(35) Rubió y Lluch, "Documents", I; pág. 131.

(36) Rubió y Lluch, ob. cit., II; pág. 386.

(37) Ed. cit., pág. 15 (corresponde al texto de la redacción primitiva).

(38) Lacarra, "Documentos", 2.ª serie, núm. 251, año 1149; núm. 257, año 1154, y otros varios.

(39) "Cartulario de San Salvador de Oña", ed. cit., núms. 246, 247, 253, 258, etc.

cumentos oficiales. En éstos se sigue el sistema de pluralidad de títulos; pero aun así se ofrece la novedad de que la lista de los mismos se fija, repitiéndose la misma una vez tras otra. Por otra parte, es sabido que la unificación de los condados castellanos se alcanza antes que la de los condados catalanes. Pero una y otra no constituyen objeción decisiva a nuestra tesis. Si varios reyes se dan en un reino, varias tierras se reúnen bajo un príncipe. Ni que decir tiene que lo singular de nuestra historia es lo primero, pero para entender cumplidamente el caso es necesario analizar en qué especiales circunstancias se da lo segundo.

El poder no hace un todo de las partes a que se aplica en la vida política medieval de la Península. Desde luego, como en todas partes, el poder político ejerce también aquí una acción configuradora enérgica, pero nunca tan profunda como en otra tierras. Hay grupos que se mantienen o que se constituyen con independencia de la acción del poder y con frecuencia nos encontramos con un mismo poder sobre varios grupos que no se funden por obra de aquél. Creo que este aspecto negativo de la cuestión se explica si se tiene en cuenta que ese hecho presenta por su otra cara un aspecto positivo. Esos centros de poder político que existen sobre la Península no configuran sus respectivas áreas como un todo, por la razón de que una cierta totalidad existe previamente: está detrás o en la base de toda nuestra vida política medieval y se da en la forma del sentimiento de Hispania. Creo que es absolutamente indispensable para entender nuestra Edad Media partir de ese principio de fragmentariedad, si se me permite el neologismo, en virtud del cual las tierras de los cristianos aparecen como partes, y aparecen así porque el todo es el objeto que en el sistema de los reinos particulares se organiza. Sólo ello explica satisfactoriamente la extraña situación de profunda solidaridad y de propia particularidad que se da en los reyes peninsulares y que con un sentido sin par en Europa, dio lugar a la expresión, una y otra vez repetida, de "reges Hispaniae".

PLURALIDAD Y SIMULTANEIDAD DE REYES

Nuestros reyes no logran constituir propiamente y en un sentido unitario, reinos suyos, porque son reyes de tierras que juegan el papel de apoyo territorial del poder, sin que lo definan esencialmente. Por eso también pueden coexistir y hasta superponerse, porque son príncipes que ejercen unas facultades sobre una parte de espacio, variable más o menos, dentro del ámbito tradicional del "regnum Hispaniae". Son reyes de territorios parcelados, que ellos mismos a su vez pueden parcelar, sin que por eso se destruya el ámbito unitario en que se insertan. No queremos violentar la interpretación de unas palabras del Toledano, pero no deja de llamar la atención que éste, refiriéndose a las consecuencias del reparto de su reino por Fernando I, diga que el hijo mayor, Sancho II, se lanzó a atacar a sus hermanos, no porque viera su reino disminuido, sino "quia omnis potestas impatiens est consortis" (40), como queriendo ver que la herencia de Fernando I no era tanto una división de reinos, como una situación de potestad compartida. Esa frase del Toledano es un verso de la "Farsalia" de Lucano que, a través de un largo proceso, vino a transformarse en un refrán. Lucano la aplica al caso de los príncipes asociados en un mismo gobierno. Como verdaderos "socii in regno", según la expresión que en ellos mismos se encuentra, entendieron nuestros historiadores medievales las divisiones territoriales de los reinos peninsulares, como reunión de reyes en un mismo reino o como reyes asociados, que siempre acaban mal, porque el poder no admite compañía (40 bis).

Se ha señalado un origen extranjero en la aplicación de este sistema, introducido por conducto de la dinastía navarra (41). Hay, como el propio Menéndez Pidal señala, un cierto antecedente en el caso de los hijos de Alfonso III, muy oscuro, sin duda, y en el que además la presencia de la famosa reina Jimena, de procedencia extrahispánica— reina tan denostada por nuestros cronistas—, permitiría afirmar también el carácter extraño del procedimiento de reparto de reinos. Pero no cabe duda que el sentido patrimonial del reino que estos repartos manifiestan toma un agudo y especial carácter entre nosotros. Por de pronto, así como Carlomagno mismo distribuyó entre sus hijos la Cristiandad que había constituido bajo el dominio de los francos, sin pensar que esto atacara la unidad del imperio franco, de una manera no igual, claro está, pero sí parecida, son los reyes, precisamente, que a través de nuestras páginas hemos visto y seguiremos viendo como los más plenos representantes de la tesis total hispánica, los que dividen el reino entre sus hijos y sucesores: Alfonso III, Sancho el Mayor, Fernando I, Alfonso el Batallador --en cierta forma--, Alfonso VII, Jaime I, etc. Hay que suponer que ellos entienden que esas parcelas nuevas, como parcelas son también en definitiva sus posesiones, si en un momento se separan, en otro volverán a integrarse, tal vez en combinaciones distintas, sobre ese inalcanzado fondo de España, sobre el cual,

---

(40) "Hisp. Illust.", II; pág. 101.

(40 bis) Ver mi artículo "Cómo se forma un refrán. Un tópico medieval sobre la división de reinos", en Rev. de A. B. y M.; LXVIII, 1960, págs. 5 y ss.

(41) Menéndez Pidal, "La España del Cid", I, págs. 112-114. Sobre el caso de Alfonso III, íd., íd., págs. 112, nota 3; y sobre otros repartos concomitantes, íd. pág. 157.

en cualquier caso, tres, cuatro o cinco reyes no hacen más que ejercer una función o ministerio sobre una parte de la tierra. Lejos del concepto corporativo, orgánico, del reino, que en Europa empieza tan tempranamente a constituirse, nuestros reyes no entienden lo que distribuyen entre sus hijos, sino como una tierra que en cada caso delimitan de manera distinta. Todavía en fecha muy avanzada, la "Crónica de Alfonso XI" refiere un hecho interesante: los regentes constituidos en la minoridad de dicho rey —los cuales ejercen un poder que, si es en comisión y no originario, no deja de ser imagen directa del de aquél y más en la época en que el hecho se sitúa —están a punto de romper entre sí, y para evitar la desavenencia se propone, y en ello llegan a ponerse de acuerdo, no que participen todos colegiadamente en la función, sino que cada uno ejerza su jurisdicción en las villas que lo tomaron como tal regente (42). Luego enfocaremos este mismo problema desde otro punto de vista y llegaremos a resultados análogos.

En documentos y crónicas medievales se dice con frecuencia que el hijo sucede al rey su padre "inregno et terris", o bien se emplea alguna otra fórmula de valor equivalente. Cuando Sancho III Garcés distribuye su reino, según la expresión que hoy utilizamos y cuyo sentido en la época es muy diferente del actual, el rey declara: "dono de terra mea" (43). Hay fórmulas tan expresivas como la que en alguna ocasión emplea la reina Urraca, reinante "in Toletula et in Legione et in alia plura terra" (44). Cuando, hallándose en Castilla Alfonso el Batallador, aparece en escena, ya rey, Alfonso VII, cuenta la "Crónica latina" que aquél, porque pensó que las gentes no guerrearían "contra legitimum terre dominum, relicto regno recessit in terram suam" (45).

Así sucede que las relaciones de propiedad sobre las tierras y su transmisión familiar sean un factor decisivo en las movedizas jurisdicciones políticas de nuestra alta Edad Media. De aquí el hecho de que tantas "tierras", o en la zona catalana "pagos", se conviertan en base de una pretensión de independencia, cuando al hecho de la posesión de las mismas se une la conciencia de haberlas obtenido por el personal esfuerzo, en el que se comprende siempre la ayuda de los propios, familiares y conmílites "sociis", como en el caso, que ya citamos, de Bernardo de

---

(42) "B. A. E.", vol. LXVI; págs. 176-177 y 194-195.
(43) "Colección diplomática de San Juan de la Peña", doc. núm. 41.
(44) "Cart. del Monasterio de Vega", núm. 27, año 1112.
(45) Ed. Cirot, pág. 24. Reino significa manifiestamente aquí, como más adelante veremos, el haz de facultades que integran un poder real, no la base corporativamente constituida a la que aquél se aplica.

Ribagorza, o en el más avanzado en fecha de aquel señor aragonés, García Aznar, que en 1057, en tierras al sur de Boltaña, sostiene estar exento de toda sujeción política respecto a otros príncipes, tanto cristianos como paganos (46). Todavía, en el último tercio del siglo XII, se repite esta actitud en la pretensión del señor de Albarracín, el caballero navarro Pedro Ruiz de Azagra, quien no se reconoce vasallo más que de Santa María, en cuyo nombre ha rescatado la tierra al poder del infiel. Y así respondiendo también en esto a lejanos antecedentes que nos son ya conocidos, busca el reconocimiento implícito de su posición, en la jerarquía, autónomamente entendida, de la Iglesia hispánica, representada en esta ocasión por el arzobispo de Toledo, Cerebruno —frente a los obispos de Pamplona y Zaragoza, que se apoyan en la Sede romana—, de quien solicita la consagración de un obispo de Albarracín (47).

Ciertamente, la relación familiar con la tierra como base del poder político es un fenómeno común a toda Europa. En la sociedad feudal, las relaciones de familia, que no son propiamente de naturaleza feudal, conservan una importancia grande (48). Por consiguiente, al señalar la presencia y la fuerza de aquéllas en España no queremos decir que esté en ello la peculiaridad de nuestra Historia, sino en un especial matiz que en la materia se da.

En España las relaciones con la tierra y con la familia no dejan a salvo la esfera de la potestad política suprema. La situación cambia, claro está, a partir del siglo XIII, con la penetración del romanismo; pero las reminiscencias de la antigua concepción son tan fuertes que llegarán hasta el final de la Edad Media, y la pugna entre ambas concepciones se traducirá en el turbulento régimen señorial de nuestra baja Edad Media.

Como ejemplo de en qué forma la relación familiar con la tierra constituye la base de la vida política medieval, porque nuestros príncipes no poseen un reino estable, sino un espacio cambiable (sobre el ámbito total en que todos se comprenden) nada superior al testimonio de la que Abadal ha llamado "Crónica de Alaón II". Allí se ve cómo las tierras de los condados de Pallars, Ribagorza, Sobrarbe —y no olvidemos que se trata entonces de principados independientes— se unen y separan, se distribuyen por unos u otros límites, en atención a razones fami-

---

(46) M. Pidal, "La España del Cid", I; pág. 99, nota 4.

(47) Lacarra, "El rey Lobo de Murcia y el señorío de Albarracín", en "Estudios dedicados a Menéndez Pidal, vol. III; págs. 520 y ss.

(48) Ver Marc Bloch, "La société féodale. La formation des liens de dépendence". París, 1939; págs. 208 y ss.

liares, de modo que de éstas deriva toda jurisdicción política, civil y hasta eclesiástica, en la medida en que éstas se pueden diferenciar (49). Y tal característica del régimen feudal se presenta en España, en nuestra opinión, más acentuadamente que en parte alguna, porque a uno y otro lado de los límites circunstanciales hasta los que extiende el poder de nuestros reyes, se dan las mismas gentes, las cuales se ocupan en la misma empresa, partiendo de la misma situación. Cuando fuera, los reinos aparecen ya solidificados y fijos, entre nosotros se conserva ese anacronismo de la indeterminación espacial, o mejor, de la falta de apropiación recíproca entre el rey y su cuerpo social. Sólo así se comprende el estupendo caso que cuenta Sánchez de Valladolid: El rey Sancho IV hace prender a la señora de Molina porque, estando convenido el casamiento de una hija de ésta con don Alfonso de Aragón, "non perdiese el rey a Molina, que era del su señorío" (50). Naturalmente, relaciones privadas —herencia, matrimonio, compra-venta, etc.— modifican también fuera de España el "quantum" del poder territorial que un rey posee; pero la naturaleza del mismo sigue siendo idéntica y, por ende, normalmente su título no se altera. Entre nosotros el cambio afecta a la cualidad de rey que a aquél corresponde. La "Crónica de Alfonso XI" cuenta que éste compró a una señora que lo poseía el señorío de Vizcaya, "et dende adelante llamose el Rey grand tiempo en sus cartas Señor de Vizcaya et de Molina" (51).

Tal vez la fórmula sea un poco extremada, pero no sería del todo inexacto decir que nuestros reyes medievales no son reyes de un reino, sino de un espacio. De aquí que se recurra con frecuencia en nuestros documentos a determinar la base territorial de uno u otro rey por la referencia de sus límites geográficos. Bien entendido, estos confines no tienen ninguna precisión administrativa más o menos moderna, porque no responden al concepto de frontera, el cual no aparecerá hasta el advenimiento de la forma del Estado moderno; son tan sólo indicación material de un ámbito, no línea de separación de otro Estado, mención de límites que en nuestros diplomas está inspirada de ordinario en el deseo de hacer ostentación de una gran amplitud de poder. Pero hasta tal punto no son límites fijos de un reino —es decir, una línea que lo separe de los otros reinos circundantes, creando alrededor de ella los problemas modernos propios del contacto con un Estado extranjero—

(49) Pub. por Valls Taberner, "Una antigua relació histórica ribagorçana" en "Estudis Universitaris Catalans", XII; págs. 458, 460.
(50) "Crónica de Sancho IV", B. A. E., LXVI; pág. 74.
(51) "B. A. E.", vol. LXVI; pág. 203.

que habitualmente, también aquí, cada vez que una mención de confines aparece, suele ser distinta de todas las anteriores y posteriores, incluso de aquellas que hacen referencia al mismo rey. Y esto sucede así, no solamente porque el poder territorial de nuestros príncipes reconquistadores es un poder, en marcha o en crecimiento —aunque ésta pueda ser la razón última del fenómeno—, sino por esa movilidad constitutiva de la concepción de la realeza en nuestro medievo. Sancho Garcés III se presenta como imperante "de Zamora usque in Barcinona et cuncta Guasconia" (52), o se titula rey "de finibus Ripacorça usque in Astorika" (53). Pedro I de Aragón aparece mencionado así: "regnante Petro Sans rex de Ibru usque illos Nolgens" (54). Alfonso I, reintegrado a su reino propio, lo define en estos términos: "de Bilforato usque Murella", "de Barbastro usque Vilforato" (55), y al suscribir el Fuero de Calatayud afirma que reina "de Bilforado usque ad Pallares et de Baiona usque in Regalis Montes" (56); en otro lugar nos referimos a un pasaje, en el mismo sentido, de la "Crónica de Alfonso VII".

Con la introducción del régimen corporativo de base territorial, este aspecto de nuestros reinos va cambiando y adquieren más sólida configuración aquellos que se mantienen en nuestra baja Edad Media. La misma palabra "tierra" pasa a designar el ámbito concreto y caracterizado en que se asienta un poder político y la comunidad a la que pertenece (57). La más rica expresión doctrinal de esta nueva fase se encuentra en Las Partidas, y en Cataluña las Conmemoraçions de Pere Albert presentan sobre esa nueva base la figura del "princep de la terra" (58). Pero si atende-

---

(52) "Col. dipl. de San Juan de la Peña", ed. de Magallón, doc. núm. 37, pág. 125. Sobre esta posición del navarro, ver Pérez de Urbel, "Sancho el Mayor de Navarra", cap. VI y ss., págs. 78 y ss.

(53) Pérez de Urbel, ob. cit., doc. núm. LXXXII del apéndice II, año 1035.

(54) Del Arco, "Referencias a acontecimientos históricos en las datas de documentos aragoneses", en "Estudios de Edad Media de la Corona de Aragón", vol. III; pág. 308.

(55) Lacarra, "Documentos sobre repoblación del valle del Ebro", 2.ª serie, núm. 152, año 1129; 157, de 1129; 171, de 1135, etc.

(56) Publicado por Ramos Loscertales en A. H. D. E., I, 1924; pág. 415.

(57) En tal sentido se aplica, incluso, a la región de los bienaventurados: "del vocablo terra manifest es que signifique la gloria eternal", por aquello de Isaías (LX), los justos, "in perpetuum hereditabunt terram (Jerónimo de San José, "Disputación contra los judíos", en Villanueva, "Viaje", XV; pág. 342).

(58) "Conmemoracions", ed. cit., pág. 184 y otras muchas. Ver mi estudio: "El régimen político territorial en la obra de Pere Albert", en "Album H. M. Cam", II, Lovaina, 1962.

mos a la obra historiográfica de Alfonso X, comprenderemos que ese reino sustantivo de *Las Partidas* está abierto a la más amplia comunidad de los reinos hispánicos, cuya historia el rey quiere componer conjuntamente (59-60).

Indudablemente, a través del largo proceso de los siglos medievales se van constituyendo determinadas regiones o zonas como entidades dotadas de una existencia política propia. Se les llaman reinos, condados, etcétera. Aparecen mencionados con sus propios nombres (Galicia, León, Castilla, Pamplona, Aragón, los diversos condados catalanes, etc., etc.), que en su mayor parte son corónimos formados "post-invasionem". En virtud de qué estas entidades territoriales se constituyen como tales es un problema que no abordan, como es de suponer, nuestros escritores medievales. Hay, sin embargo, uno de ellos que llega a tocar la cuestión. Nos referimos a Eiximenis, quien se encuentra con que, bajo la corona del rey aragonés, un nuevo país se ha formado, distinto de Cataluña y Aragón: Valencia. ¿Por qué Valencia es un nuevo reino con su propio pueblo diferente de los otros que gobierna el rey de Aragón? "Car com sia vengut e eixit, per la maior partida, de Catalunya, e li sia al costat empero no es nomena poble catalá, ans per especial privilegi ha propri nom e es nomena poble Valenciá" (61).

En cierta forma Eiximenis tiene razón. Es, en el caso considerado, un privilegio especial, es decir, una ley particular, basada en la decisión singular del rey, otorgando a la nueva tierra una constitución análoga a la de las otras dos partes, lo que hace de aquélla un reino y de sus habitantes un pueblo. La fuerza configuradora que el poder político tiene es innegable y en ocasiones incontrastable; pero, repitámoslo aquí, la acción de ese factor es relativa, y desde luego no lo explica todo. En España no se da nunca una correlación exacta entre esas entidades particulares y el espacio en el que impera un rey. Es cierto que muchas de ellas deben su existencia a que en tiempos anteriores tuvieron un rey propio o un príncipe independiente, como León o como Ribagorza; pero otras, en cambio, existen porque desde antes aparecen ya dotadas de ese carácter

---

(59) Sobre la concepción no castellana exclusivamente, sino hispánica, que Alfonso X desarrolla y su sentido prenacional, ha insistido en diversos estudios M. Pidal.

(60) Por otra parte, es normal esa diversidad de planos, en el régimen político estamental (ver Lousse, "La société d'ancien régime", Lovaina, 1952). Sólo que entre nosotros toma un aspecto peculiar, al aparecer como un plano superior ese de la comunidad de los "reinos de España".

(61) "Regiment de la cosa publica", Barcelona. Els nostres classics, 1927; págs. 22 a 35.

de entidades territoriales, con cierta sustantividad, como Galicia. Otras tienen esa misma condición, sin haber constituido nunca la base de un principado cristiano autónomo, como Extremadura o como Murcia. Y otras, finalmente, han tenido hasta un rey propio —aunque no haya sido independiente, como no lo fue nunca el de Galicia, por ejemplo—, y, sin embargo, no han llegado a formar un territorio caracterizado, como la tierra de Viguera y Nájera, o perdieron después esa condición, como Sobrarbe. Tampoco cabe pensar en una herencia del tiempo de la dominación árabe, porque si casos como Valencia, Sevilla o Jaén nos harían pensar en ello, otros, como los de Tortosa y Denia, lo contradicen. El proceso de formación y en su día de consolidación de estos reinos es talmente autónomo respecto a la acción del poder político, que en un momento dado, porque los extremeños están molestos con los castellanos, el rey único de unos y otros tiene que disponer que acudan a Cortes separadamente: los primeros, con los de León, en Medina del Campo; los segundos, en Valladolid (62).

Es decir, la acción configuradora del poder de un rey o príncipe independiente es, entre nosotros, escasa. En nuestra Edad Media hay que tener presente un plano de particularismo distinto del particularismo que nos ofrecen los distintos reyes, y que se constituye y evoluciona con independencia de este segundo plano. De una manera bien sensible nos hace patente la existencia de esos dos planos el "Cantar de Rodrigo". "Cinco son los reinados de España", nos hace saber el "Cantar", y, en correspondencia con ello, nos da luego la alentadora noticia: "Los cinco reys d'España todos juntados son". Y sin embargo, de uno de estos reyes, del de Castilla, lo que no obsta para que le llame "rey de España", ha dicho antes:

> El rey cuando lo oyó, enbió por todos sus reynados
> Portogalesses et Galitzianos, Leonesses et Asturianos
> Et Extremadura con Castellanos (63).

lo que hace, sólo para un único rey, seis reinos. Nuestros príncipes medievales no lograron nunca fundir en un "corpus" o "universitas", compacto y unitariamente concebido y organizado, como sucede en otras partes, cualquiera que fuese el grado que de hecho se alcanzara, el territorio sobre el que imperan. Aparecen siempre como reyes a lo sumo de uno o varios núcleos, y a la vez de un espacio, más o menos indeterminado, que desdibuja en la realidad los hechos y, en el orden de las

---

(62) "Crónica de Alfonso XI", ed. cit., pág. 182.
(63) B. A. E., vol. XVI; pág. 658.

ideas, la entidad "reino" como cuerpo único y tendente a la uniformidad. He aquí cómo Jaime I define su esfera de poder, al dirigir una decisión suya a todos: "per omnia loca regnorum, terrarum et dominacionis nostre" (64). Tal vez la constante incorporación de tierras a los dominios de nuestros reyes, en virtud de su acción reconquistadora, fuera la causa de este hecho. De aquí que sus reinos no sean nunca "cuerpos", sino "tierras", con partes en diferente estado de coagulación política. No es una simple manera de decir, ni menos aún una mera expresión ocasional la de Alfonso II de Aragón cuando habla de "in omni regno meo et in omnibus provintis meis" (65), o cuando en una crónica castellana leemos, "en los regnos de Castilla e de Leon e señorios e tierras súbditas al rey de Castilla" (66). Hasta cuando el orden real tiende a institucionalizarse más firmemente, se conserva, sin embargo, esa doble perspectiva; y así, la "Crónica de Alfonso XI", al enumerar los reinos y señoríos de este rey que acuden a su llamamiento a Cortes, dice que se encuentran o "que eran en la corona de sus regnos"; fórmula dualista —unidad institucional de la corona, pluralidad de reinos— que se reitera en otros lugares de la "Crónica", la cual, por otra parte, conoce también, como plano diferente, el de los "regnos de España" (67). Exactamente, las mismas circunstancias se dan en el poema de Alfonso XI (68).

Detrás de ello está como contrapeso —advirtámoslo aquí, aunque sea de pasada—, el sentimiento de España y el constante y fijo concepto del "regnum Hispaniae", de que nos ocuparemos en el capítulo siguiente. De esta manera, en el ejemplo del "Cantar de Rodrigo" se da la circunstancia, que no cabe olvidar, de que, al doble pluralismo de los cinco reyes y de los reinos de cada rey particular, se une el sentimiento de que cada uno de esos reyes es rey de España, de que a ésta se dirige la injusta pretensión extranjera, de que es el honor de España el que está en juego, de que a esa amenaza responden todos sus reyes juntos y que la alegría del triunfo es España quien la siente.

Sobre ese fondo hispánico, los reyes imperan sobre espacios fragmentarios, movedizos y variables. Es más, aun cuando alguno de esos territorios, sobre los que aparecen constituidos como reyes, adquiera una

---

(64) "Cartulario de San Cugat", núm. 1.371, año 1241.

(65) "Llibre Blanch de Santes Creus", núm. 163, año 1173.

(66) "Crónica de Juan I", B. A. E., LXVIII, pág. 119.

(67) "B. A. E.", vol. LXVII, págs. 220, 221, 222, 264; en la pág. 191; "los regnos del señorío del Rey", lo que no es óbice para hablar en el mismo lugar de "los fechos del regno".

(68) También en él se dan "los Reyes de España" (estrofa 1.799) y los "reinos" del rey de Castilla; B. A. E., vol. LVII; pág. 531.

propia consistencia y un carácter entitativo, el poder sobre él no se ejerce a título de esa peculiar condición, no se asimilan recíprocamente poder y territorio con su comunidad, sino que son cosas diferentes su cualidad de entidad territorial definida y su posición como espacio en el que domina un príncipe. Así sucede especialmente con Cataluña, cuyo nombre no figurará nunca en el título de sus condes o reyes. El poder de estos últimos no es propiamente un poder catalán, sino barcelonés, o, si se quiere, barcelonés, urgelense, pallarense, etc. Por eso se dice que "Cathalunya es nom de terreny; Barcelona es lo titol de la senyoria" (69).

De todas formas, como llevamos dicho, existe un proceso de consolidación de ciertos núcleos de mayor extensión, en el interior de los cuales, a su vez, se configuran grupos humanos designados por un étnico común. Algunos de ellos vienen de la tradición pre-islámica —astures, gallegos, pamploneses—, y se han conservado en todo momento; otros son posteriores al comienzo de la Reconquista —castellanos, aragoneses, catalanes—. Estos últimos casos son los más interesantes.

Ellos nos dicen que va constituyéndose entre los componentes de esos nuevos grupos un lazo particular que, en forma quebradiza y vacilante, el pensamiento de la época formula en el concepto de "naturaleza". Hace falta que un día se lleve a cabo un estudio a fondo de este concepto, en el que aquí no nos podemos detener (70). Advirtamos tan sólo que si, en un momento dado, la relación de sujeción política general de un rey con los que por pertenecer al país en que aquél impera son sus súbditos, no fue suficiente —entre otros motivos porque esa misma idea de "país" llegó a oscurecerse— y, en consecuencia, hubo que recurrir al refuerzo de la relación vasallática, fenómeno que acontece, como es sabido, al empezar los carolingios; en cambio, más tarde, y sobre todo desde el siglo XIII, aquel vínculo de sujeción general vuelve a reafirmarse en la llamada relación de naturaleza. Al contenido económico-jurídico, que principalmente se da en el nexo feudal de beneficio-vasallaje, se une el netamente político de los que son señores y súbditos naturales. La yuxtaposición de ambas relaciones como bases del deber de obediencia al rey aparece en un texto en que se hace argumentar al rey Alfonso X, frente a los vasallos de los señores que le son rebeldes, de la siguiente manera: "la razón del vasallaje que han de vos es por los dineros que vos dieron, de los que el Rey dio a ellos e si por estos dineros avedes a

---

(69) Turell, "Recort"; pág. 130.

(70) Beneyto ha dedicado al tema breves párrafos en "Los orígenes de la ciencia política en España". Madrid, 1949; págs. 270 y 271, en donde se recoge una muy valiosa cita de "Las Partidas" (4, 24, 2).

fazer servicio, allí avedes a servir donde aviene el aver que vos fue dado, mayormente a vuestro señor natural" (71).

Claro que sería un grave error suponer que este nexo político de naturaleza tiene la consistencia del vínculo nacional que hoy consideramos formado supraindividualmente por un legado de tradición, cultura, raza, etc., etc. Es en la época una relación frágil, de base indefinida y también movible. Dentro de ella se desarrolla el procedimiento feudal del desnaturamiento, tan frecuentemente presentado en nuestras crónicas del final de la Edad Media. Pero, lo que es más interesante, hasta puede desaparecer tal vínculo, con carácter general, en virtud, por ejemplo, de una decisión del príncipe que lo suprima. De esta manera, cuando en las negociaciones de Anagni Jaime II abandona sus pretensiones sicilianas, los "Gesta Comitum" dicen: "Dominus rex noster absolvit omnes homines regni Siciliae a fidelitate et homagio et naturalitate" (72); procedimiento normal, dentro de lo que se entendía por relación de naturaleza, según nos confirma un diploma, de fecha algo anterior a la primera redacción de los "Gesta", puesto que en él, un señor, al ceder a otro unos castillos, declara: "Absolvo homines predictorum castrorum a fide et naturalitate quibus mihi tenetur" (73).

Esta inestable posición de la "naturaleza", se agrava entre nosotros por el exorbitante régimen señorial en que se vive en la Península durante los siglos XIV y XV. Pero, además, su desarrollo entre los distintos grupos a que antes aludimos viene siempre matizado por una circunstancia muy específica de nuestra situación, y que me atrevo a formular como subsistencia de un sentimiento de comunidad, es·decir, de naturaleza hispánica (74).

Es de interés grande observar que aquellos grupos a que aludíamos no se forman en relación con un poder propio y exclusivo, cuya acción configuradora se ejerza sobre cada uno de ellos. En los espacios que en cada caso rigen nuestros príncipes medievales, cuajan no uno, sino varios de esos grupos, de modo tal que cada rey es señor natural de diferentes grupos o pueblos, los cuales no se distinguen entre sí por tener reyes diferentes, sino que su peculiaridad se desenvuelve autónomamente respecto a las distintas esferas de poder. Refiriéndose a la época de Alfonso VIII y a la concentración que se prepara para la campaña que

---

(71) "Crónica de Alfonso X", B. A. E., LXVI; pág. 29.

(72) Texto de la redacción definitiva; pág. 107.

(73) "Llibre Blanch de Santes Creus", núm. 391, año 1229.

(74) En el capítulo siguiente nos ocuparemos de este aspecto del vínculo de naturaleza.

culmina en Las Navas, encontramos en la "Primera Crónica General": "Los de fuera de Castilla, como aragoneses, leoneses, gallegos, portugualeses et asturianos" (75), y si bien, en ese momento, los de León tenían rey propio, no podía servir esto de base para distinguirlos de los de Asturias y Galicia, que no lo tenían, siendo de observar, además, que la discriminación que se hace de tales grupos coloca a éstos entre sí, en el mismo plano que a los de aragoneses y portugueses.

Si la formación de estos grupos y de los señoríos territoriales, más o menos correspondientes, no negaba, sino que postulaba el concepto global de Hispania, hay que estimar que el mantenimiento de la referencia a esa pluralidad de partes, en la titulación de los reyes de España, a partir del siglo XVI, no tiene otra significación política que la que, en su día, le atribuyera Saavedra Fajardo: "Lo sonoro de los títulos de Estado, adquiridos y heredados, o atribuidos a la persona del príncipe, descubren su grandeza" (75 bis).

VARIABILIDAD Y DIVISIBILIDAD DE LA FUNCION REAL

Al aspecto que hasta aquí hemos expuesto del rey y del reinar en su proyección territorial, se corresponde, en cuanto al contenido del poder, una no menos particular condición de los que en nuestra Edad Media se llaman reyes. También aquí se da un momento, coincidente cronológicamente con el que señalamos antes en relación al primer problema, es decir, entre fines del siglo XII y comienzos del XIII, en que la situación empieza a cambiar por obra de los mismos factores que antes indicamos, y sin que tampoco en este nuevo aspecto dejen de subsistir algunos de los peculiares fenómenos de la época anterior. Advirtamos, finalmente, que si el análisis de lado territorial del reinar nos ha permitido interpretar con algún sentido la simultaneidad de reyes en ámbitos movibles y abiertos, por tanto, parciales, ahora trataremos de explicarnos el hecho insólito que se produce, sobre todo, en León, Castilla y Navarra, de la pululación de reyes en un mismo ámbito.

Este fenómeno de la pluralidad de reyes no es de carácter feudal. El régimen feudal suponía, desde luego, una pluralidad de señoríos sobre un mismo territorio, con derechos en principio repartidos, aunque

---

(75) Ed. cit., pág. 694.

(75 bis) "Idea de un príncipe político cristiano", en "Obras Completas" ed. de González Palencia, Aguilar, Madrid, pág. 315.

muchas veces, de hechos, concurrentes. Sin embargo, se trata de otra cosa. En el feudalismo caben un rey, señores de grado diferente, vavasores, siervos, organizados piramidalmente sobre una misma base territorial. El Occidente feudal había construido, incluso, la figura de un rey de reyes, y a este personaje, único e irrepetible, le había llamado emperador; pero aparte de algún caso de penetración en España de esta fórmula europea, se da entre nosotros un fenómeno que no puede reducirse al sistema emperador-reyes.

Conocido era también, desde tiempos de Roma, el caso de reyes o príncipes asociados, y en la Península se produce un ejemplo así en Cataluña con los condes hermanos Ramón Berenguer II Cap. d'Estopa y Berenguer Ramón II el Fratricida. A lo que nosotros nos referimos es al hecho de los que aparecen simplemente como reyes parciales junto a otros reyes.

El primer caso que aparece como extraño, en este aspecto, es el de Leovigildo, que no es propiamente asociado al trono por su hermano Liuva, sino a quien le es atribuido un fragmento del territorio por éste, con título de rey. Lo cuenta, como es sabido, el Biclarense: "Leovigildus germanus Liwani regis superstite fratre inregnum citerioris Hispaniae constituitur" (76). También en San Isidoro, aunque menos explícitamente, se observa la extrañeza del caso: "Non solum succesorem, sed et participem regni sui constituit" (77). Su posición debió quedar en un grado especial de relación y subordinación respecto al rey principal, puesto que el hecho no se registra como una verdadera división de la "provintia gothorum", y lo recibido debió de tener, anticipadamente, el carácter de una de esas "hereditates" de nuestro sistema medieval. Al propio Juan de Biclaro le parecía singular lo hecho, y por eso recalca, extrañado, "en vida de su hermano" —"superstite fratre"—. También Hermenegildo, y luego Recaredo, debieron tener, en el reinado de su padre, una posición análoga.

Ya en nuestra Edad Media, los hijos de Alfonso III coexisten como reyes sobre varias partes de la tierra, sin que pueda considerarse que en torno a cada uno de ellos, se configurara un reino (78). La unión de la tierra galaico-astur-leonesa sigue siendo la misma, y hasta muchos asuntos corren conjuntamente. Es más, una cierta relación de subordinación de los reyes menores al rey de León, tenido como principal seguramente,

---

(76) Ed. Alvarez Rubiano, III, 4; pág. 18.

(77) "Hist. Goth.", ed. de Mommsen, "Chronica minora", II, pág. 286.

(78) Ver Menéndez Pidal, "El imperio hispánico y los cinco reinos"; páginas 36 y ss.

debió de existir, y, en apoyo de esta tesis, Sáez aduce un hecho en extremo curioso: Ordoño II, que desde 910 era rey de Galicia, empieza solamente a computar su reinado desde el momento en que asciende al trono de León. Cuando los hijos de Ordoño recuperan el solio de su padre, se reparten la tierra, y sobre sus correspondientes lotes serán también reyes. Uno de ellos, Sancho, que no es precisamente el que recoge la tierra principal leonesa, se hace designar, con enfáticas fórmulas, "ego Sancius, predicti serenissimi principis domni Hordonii genitus, dum Deo adiuvante in eodem sepenominato loco apostolico sceptrum acciperem regni". "Es muy posible —sostiene Sáez— que Sancho y Ramiro reconocieron a Alfonso cierta prioridad en su condición de rey de León, ciudad que se consideraba como capital del reino desde Alfonso III. Por lo menos, es un hecho cierto que Alfonso IV figura como rey en varios documentos otorgados por su hermano Sancho en Galicia" (79). Lo extraordinario para nosotros, sobre el punto de qué es la institución real, es que se trata de reyes ocasionales, cuyas tierras no constituyen nunca cuerpo con ellos, que aparecen y desaparecen en un lugar y otro, separándose y fundiéndose de nuevo sus posesiones con la tierra principal, sin que ello tenga nada de excepcional o fuera de lo común, en cuyos ámbitos respectivos los otros reyes penetran, se mueven y hasta actúan familiarmente, incluso con una promiscuidad en los asuntos imposible de hallar fuera de la Península, entre reinos diferentes. Es curioso lo que relata el documento de 27 de diciembre de 927 (80), en el que todo se pasa "in presentia principum domni Santii et domni Adefonsi", y ambos, Sancho y Alfonso, son dos reyes. Esto es muy peculiar de nuestra Edad Media, y no se da fuera en el feudalismo europeo.

Si cabe, mucho después de la sucesión de Alfonso III, el fenómeno se acentúa. Dejemos de lado el caso de Doña Urraca y su hijo Alfonso Raimúndez, que responde más bien al caso de reyes asociados —aunque se define en alguna ocasión un reparto de tierras: "regina in Legione et in Castella et fillio illius Adefonsus rex in Toleto" dicen algunas cartas (81). A partir de ese momento se ofrecen, precisamente, los ejemplos más curiosos. Un documento de Alfonso VII, ya emperador, lo confirman, además de la emperatriz Berenguela, "rex Sanctius", "rex Fredenandus",

---

(79) Ver E. Sáez, "Notas y documentos sobre Sancho Ordóñez, rey de Galicia", en "Cuadernos de Historia de España", Buenos Aires, 1949; pág. 45. El documento que líneas antes hemos citado se publica íntegro, con los demás que se conservan del mismo rey, en las págs. 80-82.

(80) Publicado por Sáez en ob. cit., núm. 4 del apéndice.

(81) "Cartulario del Monasterio de Vega", núms. 29 y 30; año 1119.

"regina Constancia", "regina Urraca" (82). Otras veces es su hermana la infanta Sancha, la que aparece con el mismo emperador —"cum fratre suo regnante" (83)—. Sola o con su hermano, firma frecuentemente esta infanta: "ego Sancia regina" (84) y la misma fórmula emplea la hija de aquél, "Urraka regina" (85). Uno de los documentos del Monasterio de Vega emplea la siguiente fórmula bien completa: "imperante domno Adefonso imperatore cum domna Rica imperatrice Uxore sua; domna Sancia infantissa cum fratre suo regnante; Sancius, rex similiter; Fernandus, rex similiter" (86). No es que se trate de llamar reina honoríficamente a una infanta, sino que se la llama infanta y se la considera reinando nada menos que con *su hermano*, el emperador. Y, efectivamente, esta doña Sancha y su sobrina Urraca son reinas en un territorio "Infante domna Sanxa regnante in Gozone", o también "Sancia regnante in Gozone et in Pravia vel in Candamo", dicen sendos diplomas de la serie de la iglesia de San Vicente (87): "Urraka regina in Asturias", o "Asturis dominante (otros "regnante") regina domna Urracha" (88), o ya —aquí se emplea una palabra que define jurídicamente la situación— "regina domna Urraca tenente Asturias" (89), fórmula que se repite en diplomas después de muerto su padre y cuando su hermano Fernando II es ya rey de León. En algunos de éstos aparece casada la infanta, conservando su título —"Alvaro Roderici cum uxore sua regina Urraca Asturias imperante" (90). En cambio, de quienes les sucedieron en esa jurisdicción sobre la tierra asturiana se dice luego: "Tenente Asturias de rege et regina", o "tenente Siero de rege", o "tenente in pignus de rege Asturias" (91). Es de advertir cómo insistentemente en estos últimos casos se precisa que se posee la tenencia por el rey, mientras que esta circunstancia se omitía en las ocasiones en que aquélla la ocupaba una persona con título real. Con Fernando II de León se llama a la vez rey su hijo Alfonso (luego Alfonso IX), en años en que todavía la hermana de aquél, Urraca, lleva

---

(82) "Cartulario del Monasterio de Vega", núm. 7 del apénd.; año 1144.
(83) Idem, íd., núms. 45, 46, 47, año 1150, y núm. 50 de 1151.
(84) "Cart. de San Vicente de Oviedo", núms. 232, de 1151 y 233, de 1152.
(85) Idem, íd., núm. 235, de 1154.
(86) Núm. 51, año 1153.
(87) Núms. 236, año 1154, y 245, año 1157.
(88) Núms. 237, 238, 239, de 1154, y 242, de 1155, del mismo "Cartulario de Sen Vicente".
(89) "Cart. de Monast. de Vega", núm. 15 del ap., año 1153.
(90) "Cart. San Vicente de Oviedo", núm. 275, año 1163.
(91) Idem, íd., núms. 287, año 1172; 297 bis, año 1177; 313, año 1191, etc.

el título real de Asturias (92). Es sumamente interesante la fórmula que aparece en el privilegio otorgado por Sancho III al Concejo de Baró: "Regnante rege Sanchio in Toleto et in tota Castella. Rege don Fernando in Legione et in Galicia. Regina dona Urraka in Oveto" (93). Aquí se insinúa todo lo que hay de común en las partes y de particular en el reinar.

Ramos Loscertales explica esta curiosa situación de la siguiente manera: Sobre el llamado "honor regalis" o bienes particulares del rey se constituían las "hereditates" de hijos no primogénitos. García I de Pamplona introdujo la novedad de establecer aquélla sobre un "territorium" del reino. Se mantenía, sin embargo, la integración de estas partes en la unidad territorial de poder del rey, que asumía el primogénito, aunque se les diera a los otros miembros heredados de la familia real el título de "rex" o de "regulus", a pesar de lo cual no eran más que simples "tenentes", no verdaderos "domini". Parece que la cesión del condado de Aragón a Ramiro, y probablemente la del condado de Castilla a Fernando, al morir Sancho III de Navarra se hizo originariamente en esta forma (94). Observa el P. Pérez de Urbel que los hijos de Sancho el Mayor, así Ramiro y García, llevan en vida de su padre el título de "reguli" (95). Efectivamente, en algún diploma, tras la confirmación y suscripción por Sancho Garcés, aparecen confirmándolo también, después de la reina Urraca, los hijos de ambos (García, Ramiro y Gonzalo), titulándose cada uno de ellos, después del nombre y de la invocación de Cristo, "regulus" (96). Magallón, que publicó el documento, cita con este motivo otros instrumentos del Cartulario de San Salvador de Leire y del de la Colegiata de Logroño, con la misma fórmula (97). Estos no son casos análogos al rey "heredado", que puso en claro Ramos Loscertales, pero coinciden en la pluralización y, por ende, relativización del título real. Esto de llamarse reyes los hijos e hijas de los reyes —y no sólo siquiera el primogénito— tendrá larga continuación, como demuestran los datos que antes hemos dado. El origen navarro de este tema, incluso en la segunda mitad del siglo x, parece reforzarse con las investigaciones de Ubieto sobre los llamados reyes de Viguera. En relación con éstos se da en Navarra el caso de reyes subordinados, el primero de los cuales sería, efectivamente, Ra-

---

(92) Idem, íd., núms. 292 y 294, año 1175, y 298, año 1178.

(93) "Cartulario de Santo Toribio de Liébana", núm. 107, año 1157.

(94) "La sucesión de Alfonso VI", en A. H. D. E., 1936-1941, XIII, páginas 75 y ss.

(95) "Historia del condado de Castilla", II; pág. 993.

(96) "Col. diplom. de San Juan de la Peña", dipl. núm. XVIII.

(97) Ob. cit., pág. 71.

miro, hijo de García Sánchez I, hermano de padre de Sancho García II Abarca, para el cual el territorio de Viguera se constituye como una "haereditas". A Ramiro se le llamará *rex* "in Vecharia et Leza", y hasta en algunos documentos, y en la misma "Albeldense", se le pone al nivel de su hermano, el rey principal (98). A los datos reunidos por Ubieto, añadamos la interesante fórmula de datación del Fuero de Cirueña, en la que se citan los reyes de León y Navarra "et sub eius imperio Rex Ranemirus in Vekaria" (99), de donde resulta clara y públicamente reconocida la posición de subordinación. La trivialización del título real da en Navarra la expresión de "rex creatus" con que se designa al rey menor de edad, sujeto a un tutor, a quien también se le llama rey (100). En diploma de San Juan de la Peña encontramos en el texto esta mención: "rege Scemeno Garsianes et suo creato domno Garsea, filio de rege Sancio Garsianes"; fórmula que se repite en la datación, afirmándose en ella más netamente el carácter reinante de ambos. Flach, que no logró penetrar en las peculiaridades de nuestra Edad Media, se sintió desorientado ante esta fórmula del "rex creatus", que se encuentra, y por ello era ya de antiguo conocida, en escrituras citadas por Moret. No advirtió aquél que, precisamente, su significación se aclaraba ya, aludiendo al propio Moret, en el *Glossarium* de Du Cange, quien en la palabra "creare" comenta: "Huc referri potest vox creatus quam Moretus Alumnus vertit in Antiquit, Navarrae". Lo extraño en esta fórmula no es que se llame "rex" al "creatus", que es precisamente el titular, sino al otro, al tutor, que es tan sólo un tipo de regente, de la misma manera que hemos visto se daba también, más tarde, a hermanos y hermanas, a hijos e hijas, tanto en relación "intervivos" como "mortis causa".

Ahora bien: esta relativización del título real, dada la forma extrema en que se manifiesta en estos ejemplos navarros y en los casos antes citados de los reyes leoneses-castellanos, procedentes de línea navarra, debió de ser muy anterior y hasta cierto punto independiente del procedimiento de herencia que Ramos Loscertales señalaba. Este procedimiento, dentro del pensamiento europeo de la realeza hubiera llevado a la constitución de ducados, condados, etc., a algo análogo, desde el punto de vista jurídico-político, a lo que representaba entre nosotros la fundación del infantazgo de Covarrubias. Pero no a la atribución de una cualidad real, lo cual es por su propia esencia singular. Que esto último, en cam-

---

(98)   Ubieto, "Monarcas navarros olvidados: los reyes de Viguera", en "Hispania". Madrid, 1950, X, XXXVIII; págs. 1-24.

(99)   "B. R. A. H.", XXIX, 1896; pág. 350.

(100)   Moret, "Investigaciones históricas de las antigüedades del reyno de Navarra". Pamplona, 1766; págs. 272, 461 y 564.

bio, tuviera lugar en nuestra Edad Media, sólo se explica por la manera de entender en ella el concepto de "rey", tan típicamente hispánica en su pluralización. Es más, y teniendo en cuenta el dato referente a la historia astur-leonesa, respecto a ese fenómeno cabe hablar, no de un origen navarro, sino de un origen hispánico común, puesto que se observa ya el mismo hecho, como sabemos, en el momento de los tres hijos de Alfonso III, y también respecto al primo de éstos Alfonso Froilaz, quien, cuando el trono lo ocupaba Alfonso IV, se seguía llamando rey de un rincón de la tierra asturiana, sin que pueda interpretarse como una pretensión de desmembración e independencia (101).

Todo ello supone que la figura del rey no se constituye, entre nosotros, forzosamente, como un poder único. De la misma manera que en el espacio común de España hay varios reyes en una muy especial posición de independencia y conexión, en cada compartimento puede haber diversos reyes en una, muy particular también, relación de autonomía y subordinación.

Los reyes de fuera no eran supremos, o, como sólo mucho más tarde se dirá, soberanos, porque tenían sobre sí al emperador. Los de España, porque entre ellos mismos podían tener nexos que los hacían superponerse unos a otros en formas diferentes y variables, o simplemente coexistir, sin una articulación definida. En cartularios de la zona occidental de la Península, por ejemplo, en la tantas veces citada colección de San Vicente de Oviedo, hay muchos diplomas correspondientes a la etapa de separación de León y Castilla, a raíz de la división de Alfonso VII, que se fechan por los reyes que reinan en ambas partes y aun en alguna ocasión se les reúne bajo la fórmula "regibus... in Hispania" (102) —reyes en España: la demarcación particular de cada uno, movediza y transitoria, tiene menos importancia.

Sólo a partir del siglo XIII, los principados españoles, fortalecidos desde el punto de vista del poder por una concepción nueva, adquieren una firmeza en virtud de la cual llegarán hasta el final siendo relativamente los mismos, sin que esto quiera decir, como puede comprobarse por las fechas de algunos de los datos citados o que a continuación citaremos, que la particularidad señalada hasta aquí, en los fenómenos que nos permite observar nuestra historia, desaparezca.

Llegados a esta altura, hemos de plantearnos otro problema que pertenece también al círculo de los que sugiere la expresión "reges vel prin-

---

(101) Sáez, ob. cit., págs. 43-44.

(102) Doc. núm. 247, del año 1158; se refiere a los reyes Sancho III y Fernando II, de Castilla y León, respectivamente.

cipes Hispaniae", enfocada desde el ángulo visual en que nos hallamos colocados ahora, es decir, en relación con el aspecto de la pluralidad de príncipes: me refiero al del título condal de Barcelona.

Desde fines del siglo XI, el conde de Barcelona ha logrado, bajo su supremacía, una coordinación unificadora de los condados catalanes, según reconocía —revelando con ello una clara conciencia del hecho— el redactor anónimo de los "Gesta comitum" (103). Y sin embargo, tanto el que señorea a los demás, como los que sufren su autoridad, todos siguen siendo condes, llamándose condes, sin que el alto señor de Barcelona se sienta empujado a tomar un título que formalmente enuncie su superioridad. Condes de condes, reyes de reyes, son fenómenos paralelos, y más todavía si tenemos en cuenta que, a su vez, ser conde, en ciertos casos, podía suponer la posesión de una potestad real.

Con una ligereza injustificable, alguien ha dicho que la conservación del título condal por los príncipes barceloneses es una prueba de persistencia de un sentimiento de dependencia respecto a la monarquía franca. Sabemos que, desde las últimas décadas del siglo X no queda de ese sentimiento ni la más tenue sombra (103 bis) y siendo ello así, ¿por qué los condes de Barcelona no pretenden nunca titularse reyes? Aun dejando de lado toda la radical falsedad que en la tesis a que nos hemos referido se da, sería suficiente para negarse a admitir esa explicación el hecho de que cuando llega un momento en que el príncipe que manda en Barcelona y en las tierras catalanas es un rey, su relación con éstas sigue expresándose con el título condal. Con un titubeo en las fórmulas, que denuncia por su parte la típica confusión española en esta esfera de relaciones, Ramón Berenguer IV, que aparece habitualmente como "príncipe" a la cabeza del reino de Aragón, se proyecta alguna vez como conde en la cúspide del mismo: un conde encabezando un reino —se titula "Barchinonensium comiti Aragonisque comiti", en el diploma de infeudación del castro de Vernet (104).

Dentro de la relativización del concepto de rey y de la ausencia de jerarquía, como llevamos expuesto, un conde por el título, puede ser rey por la función y por la posición que en su ámbito asume. Los títulos personales son independientes de la función y ésta y aquéllos de la tierra en donde

---

(103)   Texto de la redacción latina definitiva; pág. 32; "omnes comitatus sub Barchinonensis comitatus imperio".

(103 bis)   Calmette se asombraba de que un pequeño conde de Pallars usurpara facultades reales en el siglo IX ("El feudalisme...", pág. 220). Sin embargo, Alart sostiene que en esa época los condes pirenaicos han absorbido los poderes regalianos ("Priviléges...", págs. 14 y 15).

(104)   "Liber Feudorum Maior", núm. 804; año 1159.

se ejerce la potestad: un conde reina, y se reina sobre un condado. **Para** darnos cuenta de cómo se presenta este hecho, aunque sea adelantando el proceso a que nos vamos a referir, fijémonos, por vía de ejemplo, en la fórmula de datación del Fuero de Selgua, de 1169 (Alfonso II, primer rey propietario de Cataluña y Aragón): "Regnante domino Ildefonso Aragonensium regi, Barchinonensium comiti, in Aragon et in Barchinona atque in Provincia" (105). Es decir, Alfonso, rey y conde, reina por igual en tres ámbitos —un reino, un condado, un marquesado—, y su función es independiente del título.

En rigor, los condes de Barcelona habían afirmado siempre una potestad real, haciendo abstracción del título. Hay, sin embargo, un diploma de Ramón Berenguer I en el que se le llama "comite et regis de Barchinona" (106). Presentado, cerca de cien años después, en un juicio ante Ramón Berenguer IV, se le tacha de apócrifo "quia vocabit se regem Barchinone, cum non esset nec locus regalis" (107). No era tierra real, pero no por eso sus condes dejaban de ser reyes de la tierra. Entre los variados títulos de *dux, princeps, marchio,* etc., usados por los condes barceloneses, Soldevila añade excepcionalmente el de rey, en el caso de la donación del castillo de Barberá por Ramón Berenguer I a Armengol III de Urgel, en el que el propio conde se llama "rex" (108). La Condesa Almodis de Barcelona es llamada con reiteración "regina" por el reyezuelo de Denia (108 bis). En la Provenza, durante la dominación de los condes de la casa de Barcelona, son llamadas reinas dos condesas casadas con dos condes de Tolosa (109). A pesar de esto no deja de ser cierto que los condes de Barcelona no se llaman reyes, aunque declaren que su función es reinar.

La impresión y vaguedad que se da en todas partes entre nosotros, nos la confirma el "Fragmentum historicum" del cartulario de Alaón, llamado por Abadal "Crónica de Alaón renovada", en la que, ya en fecha muy avanzada, se da nombre indistintamente de conde y rey a Sancho

(105) Publicado por Ubieto Arteta en "Estudios de Edad Media de la Corona de Aragón", I; pág. 336.

(106) "Liber Feudorum Maior", núm. 252; año 1067.

(107) "Liber Feudorum Maior", núm. 253; año 1157.

(108) Soldevila (F.), "Historia de Catalunya". Barcelona, 1934, I; pág. 69.

(108 bis) Valls Taverner, "Notes per a la historia de la familia comtal de Barcelona", en "Recull de documents i estudis", 1923, pág. 215.

(109) Núm. 55 y 335 bis de los documentos de Ramón Berenguer V, años 1221 y 1241, en Benoit, "Recueil des actes des Comtes de Provence appartenant a la Maison de Bacelone", vol. II. Mónaco, 1925.

García de Castilla y en cambio se llama conde a Ramiro I de Aragón (110). No solamente un rey se presenta como tal sobre un condado —"regnante Sancio rex in comitatum Ripachurzensem" (111)—, sino que reina también el conde y, cualquiera que sea el título, la tierra, en cuanto condado, es objeto de una potestad equiparable a la del reino —esto es, insisto en ello, una situación típicamente hispánica—. Del lado de Castilla, dejando aparte la pretendida escritura del año 763, en la que aparece "regnante Ruderico in Castella" (112) porque ha sido discutida, la colección diplomática de San Pedro de Arlanza nos ofrece valiosos ejemplos: "rege Ranimiro in Legione et comites domnos Fredenandos regnante unuscuiusque in sua regione", dice una escritura del 969, y con más precisa palabra otra del mismo año, "Ramiro rex et comite Fredinando in regnis suis", fórmula que parece estereotiparse en dicha colección —"regnante rex Ranemiro in Leyone et comite Garcia in regni sui" (990), y más tarde, "rex Adefonso et comite Garcia in regnis suis" (1026), "rex Vermudo et Fredinando comes in regnis suis" (1037) (113). Y si bien es cierto que desde muy temprana fecha, parece dibujarse en Castilla una tendencia al reino, que al final de la etapa condal viene a expresarse en el epitafio del desdichado "infante García", en su sepulcro de San Isidoro de León, donde se dice de él, "qui venit in Legionem ut acciperet regnum" (114), el mismo fenómeno se observa en todos los restantes condados nórdicos. Citaremos aún otros testimonios referentes a García Fernández, el segundo conde independiente de Castilla, en los que se manifiesta muy estrecha la concordancia con textos del lado oriental de la Península. En 994 se afirma "regnante comite Garcia Fredinandiz in Castella", en 972 se equipara al leonés, "regnante Garsea comes et Ava comitissa, nos iam dictos in Castellam et rex Ordonio in Legione", y en esta última fecha expresa su propia condición real de la más plena manera cuando declara donar con su esposa la condesa Ava unos bienes en

---

(110) Publicado por Serrano y Sanz en "Noticias y documentos históricos del Condado de Ribagorza". Madrid, 1912; págs. 56-62.

(111) Doc. de la iglesia de Serraduy, año 1018, citado por Abadal, en "La sede ribagorzana de Roda"; pág. 53.

(112) "Becerro gótico de Cardeña", introducción, pág. XXIX, y Pérez de Urbel, "Historia del Condado de Castilla", I; págs. 196 y ss.

(113) "Cartulario de San Pedro de Arlanza", publ. por Dm. L. Serrano, pág. 50, nota I y docs. núms. XX, XXIII, XXV, XXVI y XXVIII.

(114) Ver M. Pidal, "El 'romanz del infant García' y Sancho de Navarra antiemperador", en pág. 90.

Granadera, entre otras razones "per huius nostri regalis glorie titulum" (115).

Paralelamente a estos ejemplos que acabamos de citar, en el resto de España encontramos otros muchos, incluso en condados en los que su fuerza política efectiva no alcanza nunca a los de Castilla o Barcelona, pero en donde la posición del conde tiene el mismo valor jurídico-político en relación con sus tierras. En el lado oriental de Ribagorza hallamos un "regnante Guillelmo comite" (1010), o un "regnante in Paliarensis Remon comite" (1015) o "Regnante Raimundo comite" (1026) (116). Pero en estas tierras orientales se llega a alguna declaración tan franca del valor del título condal en el sentido que exponemos que nos permite reducirnos a ella, sin necesidad de más pruebas. Se trata, por un lado, del acta de donación en 1107 por Bernardo, conde de Besalú, en el caso de morir sin hijo varón, a Ramón Berenguer III, de Barcelona, de su condado, con todo cuanto le pertenece y que en alguna manera sea propio de la regia postestad —"quoe regiae potestati quocumque modo debent congruere" (117). Tengamos en cuenta por otra parte que en los *Usatges* la potestad del príncipe de la tierra aparece, incluso en el núcleo primitivo de aquéllos, como una potestad real, hasta el extremo de que la base de legitimidad que da valor positivo a ese cuerpo legal es la de que, como ya vimos, los condes son los titulares de la potestad real de dar leyes definida en el Fuero Juzgo. En la zona del Pirineo oriental hay condes que se atribuyen la condición de la "maiestas".

Llega un momento en que el príncipe catalán, como había acontecido antes con el castellano, tiene, y aun en más cumplida forma, la posibilidad de llamarse rey, en primer lugar de Aragón; en segundo lugar, puesto que personalmente era rey y su potestad sobre Cataluña era de condición real, sobre Cataluña misma, cosa que indudablemente había ya pensado Ramón Berenguer I. Y, sin embargo, el primero que reúne bajo su señorío las tierras catalanoaragonesas no toma título de rey, ni con referencia a unas ni a otras; y los que le siguen, si se llaman reyes de Aragón, conservarán siempre su título de condes de Barcelona. En el primer caso, es decir, respecto a Ramón Berenguer IV, Kehr hace derivar la actitud de éste, llamándose simplemente "princeps" de Aragón, de la conducta

---

(115) "Becerro de Cardeña", núms. CCLXIV, CCCXXXI y CCCLXXI.

(116) P. de Urbel, "Sancho el Mayor", apéndice III, núms. XXI, XXXVI LXIV. Ver también Serrano Sanz, ob. cit., págs. 395 y ss., en donde se publican los documentos del conde Guillermo Isárnez, con la fórmula "regnante" y uno de ellos en estos expresivos términos: "regnante super nos G⁰ Comite" (doc. núm. V del año 1008).

(117) "Marca Hispánica", núm. 338, col. 1231.

observada por la Sede romana. Según Kehr, la curia de Roma no acep-
tó el incumplimiento del testamento de Alfonso el Batallador, quien dejaba sus reinos a las Ordenes militares, disposición que los aragoneses re-
chazaron, haciendo ocupar el trono al hermano de aquél, Ramiro II el
Monje, así como también los navarros, quienes separándose de aquéllos hicieron rey a García Ramírez el Restaurador (118). En consecuencia, la Curia no reconoció los derechos de la hija de Ramiro ni de su esposo Ramón
Berenguer IV, al que consideró meramente como príncipe y no "rex" de
Aragón. De la misma manera y hasta Sancho VII, trató simplemente como
"dux" al rey de Navarra (118 bis). Pero aparte del hecho de que Navarra, durante más de medio siglo antes, o sea, desde la muerte de Sancho
el de Peñalén, se había convertido en un condado, y aparte de la dificultad de comprensión que para la Curia y para todos, más allá del Pirineo,
presentaba la peculiar imprecisión de los reyes españoles, hay que tener
en cuenta que el título de "dux" se utiliza por reyes hispánicos en más
de una ocasión y hasta muy tarde (tal es el caso de Fernando II de León).
Es más de Fernando II de León hay un diploma en el que, como si le
pareciera trivial y escasa la figura del rey, expresa, como contenido de la
misma —contenido que realza y da efectividad a su título real— su autoridad de "princeps" y "dux": "Ego rex Fredenandus, Legionis et Gallecie
princeps et dux" (119).

Respecto al caso del príncipe catalanoaragonés, no cabe duda de que,
en todo caso, la Curia no actuó en discordancia con la práctica peninsular. Y si en algún momento se discutió a aquél el título real, como protesta ante la solución que se había dado a la sucesión de Alfonso I, ya
desde 1140 y 1141 los maestres de las respectivas Ordenes interesadas
en el asunto habían renunciado sus derechos en el príncipe catalán, como
dice uno de los diplomas extendidos sobre el tema: "Ut regia dignitate
et regio nomine deinceps sublimeris" (120), actos de concesión que fueron confirmados años después por el Papado (121). Sin embargo, demostrando que no estaba en ello la razón del caso, Ramón Berenguer no se
llama nunca rey, con tan firme decisión que, dentro del vacilante sistema español, las Crónicas se ven en la necesidad de explicarse un hecho

---

(118)   Sobre la significación política del hecho ver F. Balaguer "La Chronica
Adefonsi Imperatoris y la elevación de Ramiro II al trono aragonés". Zaragoza, 1956.

(118 bis)   "El Papado y los reinos de Navarra y Aragón", en "Estudios de
Edad Media de la Corona de Aragón", II; págs. 163 y ss.

(119)   "Cart. de San Vicente de Oviedo"; núm. 256, año 1159.

(120)   "Liber Feudorum Maior", núms. 10, 11 y 12.

(121)   "Liber Feudorum Maior", núm. 13, año 1158.

tan constante. "Aragonenses enim noluerunt quod se intitularet regem Aragonum", dice la "Crónica Pinatense" (122), mientras que Desclot da una explicación más amplia y que da razón no solamente de que no se llamara rey de Aragón, sino de que ni él ni sus sucesores se llamaran reyes de Cataluña. Indudablemente, la fecha de la Crónica de Desclot queda muy apartada del hecho, pero revela cómo la conciencia de la época trató de resolver esa dificultad. Según Desclot, Ramón Berenguer se adelantó a declarar que no quería ser llamado rey al casarse con la heredera de Aragón, porque siendo uno de los primeros condes del mundo, pasaría a ser de los menores reyes (123). Al cambio se le atribuía un mero carácter formal, sin afectar a la sustancia del poder. Con todo, Ramón Berenguer IV, en relación a unas y otras de sus tierras, usa las fórmulas "imperante" y "dominante", que, contra lo que parece sostener Kehr, son las empleadas por los reyes y príncipes que tienden más manifiestamente a una exaltación de su poder. De todas formas, se sirve del "regnante" con suma frecuencia, y tanto en relación con las tierras que posee por herencia paterna, como con las que ha adquirido por matrimonio: "regnante comite Barchinonensis in Barcelona et in Aragone et in Ripacorcia et in Superarvi" (124). Una vez más, vemos al conde de Barcelona reinando sobre un condado y sobre tierras reales que enuncia detrás de las de éste (124 bis).

Sobre la condición real del condado de Barcelona aduciremos otro dato: cuando los catalanes, levantados contra Juan II de Aragón, se dirigen a Pedro de Portugal, lo toman como rey, no como conde, y el infante portugués, en consecuencia, se llama "lo Rey" y firma "Rex Petrus". Si bien en ello puede haber una repercusión del título real aragonés, que se pretende también para el nuevo príncipe, lo interesante es ver que son los catalanes los que aparecen como dispensadores del "derecho del rei-

---

(122) Ed. cit., pág. 123.

(123) "Crónica", vol. II; pág. 17.

(124) Lacarra, "Documentos", 2.ª serie, núm. 222, año 1141, y también análogamente, núms. 204, 205 y otros muchos.

(124 bis) Reducir el problema de la posición de R. Berenguer IV a una cuestión de técnica constitucional, sosteniendo que era "princeps" en tanto que simple "baiulus" del reino aragonés, me parece una solución francamente insuficiente. El título de "princeps" expresa una altísima posición de poder que muchas veces no es de rey, porque quiere ser más que rey. El orgulloso Alfonso VI, la usa alguna vez, como la había utilizado Carlomagno y antes los primeros emperadores romanos.

no", según el mismo príncipe reconoce: "et cathalani... nos in regem ac dominum proclamaverint" (125).

En contrario sentido, tenemos un caso interesante. Si desde tiempo antiguo Galicia ofreció un carácter de reino y fue una de las tierras cuyo dominio dio lugar a que se hablara de los "reinos" del rey de León y Castilla, vemos que, no obstante ello, se atribuye a un conde con mera jurisdicción condal: "Comes magnus domnus Regimondus in provintie Galletie", se dice en un diploma del año 1101 (126), en donde, tal vez por parecer un tanto escandaloso un proceder contrario, a lo que se le llama constantemente reino, se le da el nombre indeterminado de provincia —título de reino que conservará, sin embargo, la tierra gallega en todo momento—. Si sobre un condado se reina, sobre un reino puede no haber más que una autoridad condal. Nuestros reinos medievales son simples ámbitos territoriales y tanto se relativizará el nombre que en el "Poema de Fernán González" encontraremos la expresión "reino arzobispal" (127).

No es necesario, en problemas de este tipo, ir a explicar la solución como resultado de una actitud de la Curia, la cual, por otra parte, daba a la infanta Teresa el título de reina de Portugal antes de que apareciera en diplomas portugueses (128). Hay que reconocer, en cambio, que nos hallamos ante un hecho que entronca perfectamente con la línea de las concepciones políticas tradicionales. Contra la tesis de Kehr se revela también un dato en el que, además, podemos nuevamente comprobar lo que de extraño tiene la situación española. El abad de San Ponce de Tomeras, personaje que es tan fiel instrumento de la política eclesiástica, data en un documento suyo: "regnante R. Berengario in Aragone et in Superarbio et in Ripacurcia et in Barchinona" (129). Ese abad de Tomeras, o por lo menos, el escriba, probablemente extranjero, que redactó su documento, ve a dicho príncipe como alguien que reina y le suprime incluso el título de "comes", seguramente porque no comprende bien cómo ese título pudiera conjugarse con el resto de la frase.

El condado de Barcelona aparece de esta manera como en una situación típicamente hispánica. Si por un lado la conservación del título puede

---

(125)   Ver Martínez Ferrando, "Pere de Portugal, rei dels catalans". Barcelona, 1936; en especial, doc. núm. 7 del apéndice.

(126)   "Cart. de San Vicente de Oviedo", núm. 123, año 1101.

(127)   Ed. A. Zamora, verso 124 b.

(128)   "Historia Compostelana; trad. castellana del P. Suárez y notas del P. Campelo; Santiago de Compostela, 1950; pág. 344, nota 1.

(129)   Balaguer, "Notas documentales sobre el reinado de Ramiro II", en "Estudios de Edad Media de la Corona de Aragón", III; pág. 52.

responder al fenómeno general del sentimiento de honor que de toda tradición emana, su situación jurídicopolítica se liga a la evolución de los conceptos políticos en España, que llega a una desorganización de los principios feudales —si tomamos el punto de vista de lo que es propiamente la organización feudal— mucho más acentuada que en el resto de Europa. En el feudalismo europeo, en sus momentos de mayor plenitud, se había dado un lazo indisoluble de correspondencia entre las personas y las tierras, cuyos respectivos estatutos son paralelos. Como observa Lousse, "los clérigos, a título individual o colectivo, poseen las tierras en alodio o en *mainmorte*, los nobles en feudos, los villanos libres en censos, los siervos en tenencia servil"; pero llega un momento en el que la condición de las tierras se fija y consolida de manera incambiable y la misma suerte corre el estatuto de las personas. Entonces se produce una independización de la condición de las personas, que, en cualquier caso, conservan la suya propia, y de las tierras, que guardan también el carácter que les pertenece a ellas mismas. Y un hombre libre puede poseer tierra que no lo es —"tenure vile ne rend pas l'home vilain"— y quien no es noble puede poseer un feudo. "El estatuto de las personas y el de los bienes, termina Lousse, indisolublemente ligados en el origen, se disocian bajo la presión de las circunstancias por capas sucesivas de evolución" (130). Pero en España la disyunción es mucho más honda, porque se da con frecuencia una falta de correspondencia, según todo lo que llevamos dicho, entre título, tierra y función que marchan por separado y, en un momento dado, se fijan independientemente entre sí. Pero además esta situación alcanza, como hemos visto, la esfera de la realeza.

Caracteriza, pues, la situación española una indeterminación y ausencia de jerarquía que, si en parte responde a aspectos generales del feudalismo europeo, en otra parte ofrece matices muy peculiares.

En un extraño revoltijo de potestades, la "Historia Compostelana" cuenta que preso Gelmírez por traición del conde Arias, "Reges, Principes, Duces, Marchiones honoris sui primatum usurpare nitebantur" (131). A veces esa pululación de reyes se pretende ver fabulosamente proyectada hacia afuera, como cuando en el "Poema de Fernán González" leemos: "Mató y de franceses ıreyes e potestades" (verso 134). En los últimos años del siglo XIV, el canciller López de Ayala escribía en su "Rimado de Palacio":

---

(130) Lousse, "La societé d'ancien régime". Lovaina, 1943; págs. 114-115.
(131) Flórez, "Esp. Sagr.", XX; pág. 364.

Los reyes e los principes e los emperadores,
Los duques, e los condes e los otros sennores,
Goviernan las sus tierras con los sus moradores (132).

Tomadas aisladamente estas palabras pueden decir poco; vistas después del complejo proceso cuyo análisis precede, valen bien por una programática versión del sentido de los hechos de nuestra historia medieval que hemos tratado de interpretar. Volvamos a repetir cuál es ese sentido: la indeterminación del concepto de rey que, en definitiva, al igual que los otros señores, gobierna una tierra, cualquiera que sea de hecho su preponderancia. Tocamos aquí el tercer aspecto del problema que empezamos enunciando: el poder real como indiferenciado y diseminado en relación a su contenido. Cuanto hasta aquí llevamos ya dicho puede ser aducido en demostración de esas características. Pero, aunque sea brevemente, conviene que afrontemos la cuestión de manera más directa.

Es sabido que en el régimen feudal europeo, el poder real no aparece definitivamente como una construcción jurídicamente compacta y continua. Siempre se dan enclaves, no sólo territoriales, sino jurídicopolíticos, en virtud de los cuales ciertos señores ejercen facultades jurisdiccionales que en principio corresponden a la realeza. Tal es el caso, consabido y universal, del régimen de "inmunidad". Pero la autoridad real guarda siempre, por lo menos teóricamente, un núcleo central y principal de poder, de modo que si no es así, se produce la disgregación o separación del ámbito donde gobierna el señor que ha usurpado o conseguido en cesión un poder que es incompatible con el del rey. En España probablemente de hecho la situación era análoga: es a saber, el rey principal guardaba siempre una superioridad, quizás incluso más firme y efectiva que fuera, entre otras razones, por su, de ordinario, mayor fuerza económica. Pero mientras más allá de los Pirineos, en el orden del pensamiento político, había seguido siempre en pie una concepción jerarquizada, en virtud de la cual rey sólo lo era el superior y no los otros señores —duques, condes, marqueses, etc.—, en España no era así y se podía ser rey aun cuando en el haz de facultades que integraban el poder de éste faltaran algunas importantes, bien porque se hubieran perdido, bien porque no se hubieran alcanzado —en cualquiera de los casos podían titularse reyes—. Y de este modo, ese haz de atribuciones reales, dentro de la relatividad y de la falta de orden jerárquico propias del concepto de realeza, se podía disgregar o reunir, en mayor o menor parte, circunstancialmente.

Propiamente no se trata de agregación o disgregación, en el sentido

---

(132) "B. A. E.", LVII, est. 233; pág. 432.

de recabar o ceder una facultad determinada —la acuñación de moneda, la jurisdicción criminal en casos graves, etc., etc.—. Ello es lo que se traduce en el ya citado régimen de privilegios e inmunidades, al que corresponde lo que se dispone en una cláusula de un documento de Fernando I y doña Sancha: "Et vetamus de ipsos monasterios merinos et iudices atque sayones per aliquam devictum aut pro aliqua facinora" (133), inhibiendo esos lugares de la jurisdicción real. Esto es cosa universalmente conocida. En cambio, en nuestro caso, se disgrega o recompone el ser de rey, de modo que donde había un rey haya varios y viceversa. Situación ésta que puede darse porque el rey no reclama un reino en el sentido de entidad fija y definida —ni como territorio, ni como grupo étnico.

Se dirá que el concepto de reino como entidad corporativa, de base territorial, es obra del romanismo. Pero desde el siglo XI se estudia e influye activamente en el pensamiento europeo el romanismo. En España no es que la corriente romanista no penetre e influya, sino que su acción se produce en plano diferente: por un lado, en el del concepto del "regnum Hispaniae"; por otro, en el de determinadas entidades territoriales —los que se llamarán "reinos" de León, de Castilla, de Aragón, de Valencia o principado de Cataluña—; pero de modo tal, que la formulación corporativa de estos principados se alcanzará en época en que ya no tienen un rey exclusivo, si es que alguna vez lo tuvieron, y entonces sucede el curioso fenómeno de que no será, en cambio, el dominio entero de cada uno de estos reyes lo que forme un "corpus", sino que ese dominio estará formado por varios "corpora".

Entre nosotros se encuentra, a veces, empleada la palabra, ciertamente, en el sentido de la Europa germánica, como conjunto de vasallos o séquito militar del rey. Así, en los "Anales toledanos primeros": "Estando el rey Don Alfonso e el Infant don Fernando con todo su regno en la Sierra de Sant Vicent..." (134). Con el mismo sentido aparece en un verso (núm. 968) del "Cantar de Rodrigo": "Cavalguen vuestros reynos, e non sean en tardarlo". Pero, de ordinario, cuando en fuentes españolas se habla de reino como de algo que hace relación a un rey, entiendo que se hace referencia a su potestad, el poder real (134 bis). De esta manera interpreto el testamento tan interesante de Alfonso el Batallador: "totum regnum meum concedo, dominatum quoque quem habeo in tota terra regni mei principatum quoque et ius quod habeo in omnibus hominibus terre mee".

---

(133) "Libro de Regla" o "Cartulario de Santillana", núm. 61.

(134) "Esp. Sagr.", XXIII; pág. 395.

(134 bis) "Regnum" en el sentido de poder del príncipe se encuentra en los "Comentarios" de Julio César; I, III y IX; II, I.

Es decir, que el "totum regnum" no es ningún cuerpo, ni una base territorial, sino una doble relación de *dominio* sobre tierras y *principado* sobre hombres. Esta concepción de un poder conexo sobre hombres y tierras en Alfonso I, es un testimonio interesantísimo de la tesis de Mitteis acerca de que el feudalismo, al articular esos dos aspectos de la potestad política, separándose en esto del proceso de la Antigüedad, preparó las condiciones para un sistema moderno del poder. Y más adelante sigue diciendo el rey: "Hoc modo totum tribuo et concedo Sepulchro Christi et Ospitali Pauperum et Templo Domini ut ipsi habeant et possideant per tres justas et equales partes" (135). Con esto indudablemente el rey no entiende escindir una entidad históricamente constituida en tres. Ni una sola mención se hace a lo que ya se llama normalmente Aragón. Lo único que sucederá es que donde había un rey habría ahora como tres, pero sin que esto altere sustancialmente la base geográficosocial, y que esas tres potestades se aplicarán a un solo reino territorial, porque como no hay una relación entre potestad y ámbito, de tipo necesario, y cada uno evoluciona un poco por su cuenta, no hay tampoco razón para que los cambios en un aspecto afecten fundamentalmente al otro.

EL PROBLEMA DEL LLAMADO REPARTO DE REINOS

En consecuencia, lo que llamamos repartos del reino son repartos de la potestad real, que muy escasamente repercuten, en nuestra Historia, sobre la evolución de las tierras y de los grupos. Esos repartos se explican, en cierto modo, por la difusión de la concepción patrimonial del reino en un momento dado; pero no es ello razón suficiente y una vez más hay que hacer apelación al particular matiz con que una idea europea se presenta en nuestra Edad Media. Indudablemente, esa concepción patrimonialista que formula la relación rey-reino como un derecho de propiedad, penetra y se difunde con la expansión de la dinastía navarra en los reinos peninsulares. Se refleja en muchos ejemplos, como en algunos diplomas de doña Urraca en los que se dice: "regnante eadem Regina in honore patris sui" (136). Pero esto no basta a explicar nuestro caso, porque más allá de los Pirineos esa concepción de la realeza no impidió que, sobre el vínculo jurídico de propiedad, el rey apareciese como singular e irrepetible y el reino fijo y entitativo, por cuya razón los repartos desaparecen

(135) "Liber Feudorum Maior", núm. 6, año 1131.
(136) "Libro de Regla", núms. 12 y 68.

desde muy pronto. Con una limitación del derecho de propiedad, como en otro aspecto podía darse en las tierras sujetas al régimen de mayorazgo, el rey no puede hacer otros propietarios de su "honor" real. Los reyes de fuera no pueden hacer reyes porque no pueden hacer reinos. Como caso extremo se prevé en Europa un procedimiento excepcional para la creación de un título real, que teóricamente constituye un derecho extraordinario del Emperador. Nuestros reyes, en cambio, hacen reyes porque para ello no necesitan hacer reinos, ya que sin éstos o sobre uno solo de éstos puede haber varios reyes. Carlos el Temerario, el poderoso señor de Borgoña, solicita del Emperador Federico III el título de rey sobre sus estados, y al no serle concedido, no se atreve a tomarlo, en contraste bien marcado con el proceder del variable grupo de los "reges Hispaniae".

Naturalmente, estos reyes, recíprocamente involucrados, ejercen una realeza cuyo contenido varía según la parte que a los otros corresponde. Siempre, en Europa, hay un contenido diferente de la potestad real, en el sentido de que el conjunto de constituciones, privilegios y franquicias que cada rey ha de guardar a sus vasallos difiere de unos a otros casos. A ello alude el ya citado testamento de Alfonso I cuando advierte que ese poder real que concede ha de ser entendido "cum tali lege et consuetudine, quale pater meus et frater meus et ego actenus habuimus et habere debimus". Pero fuera de esta determinación de límites, el contenido es el mismo (me refiero especialmente a los reyes ingleses y franceses). En cambio, en los reinos de nuestra Edad Media se es más o menos rey. Y esto no se da solamente en relación a esos reyes internos que hemos visto antes pulular en los diplomas, sino a los más permanentes. El rey de León sobre los otros reinos peninsulares, el de Navarra sobre principados desde Barcelona a Castilla, el de Aragón sobre Navarra, etc., adquieren derechos de superioridad en un momento dado, que en otro momento desaparecen, sin que cambie la situación de unos y otros. Por esa razón, mientras en el tratado de Corbeil el rey francés, con estupendo anacronismo, quiere dejar resueltos jurídicamente derechos que desde hace siglos carecen de toda eficacia práctica, en el tratado de Cazorla se modifica la situación de reyes hispánicos, sin hacer referencia siquiera al estatuto que apenas unos años antes se había establecido entre ellos en Tudillén. Es tan impreciso, por arriba y por abajo, el concepto de rey que esas modificaciones no constituyen una sustancial alteración de su contenido.

Dan una versión interesante de esa manera de ver el poder real, una serie de textos que entresacamos de la *Historia Compostelana*. Según ella, en las negociaciones para llegar a una avenencia entre doña Urraca y su hijo Alfonso Raimundez, se trata de determinar "quantum Regni quisqui sibi haberet" (137) —y estos "quanta" de poder que llegan a tener una proyección territorial, no amenazan la totalidad del "regnum", o mejor dicho, no se hace cuestión de ella—. Se afirma que los obispos compostelanos la "regiam potestatem a Regibus habebant", porque los reyes habían dado a Santiago la "Regii juris potestatem" (138). Del rey se tiene, no un ducado o condado, sino un reino y hasta con un régimen de inmunidad: el obispo compostelano respecto al rey "nullum Regi servitium de Regno quod ab illo tenere debebat" (139). En el homenaje que los señores gallegos prestan a Gelmírez, promovido por la reina, se promete tenerle "hunc Dominum, hunc Patronum, hunc Regem, hunc Principem, salva fidelitate reginae" (140). Y finalmente, la propia reina "facit Episcopo pactum... ut habeat Episcopum patronum et quasi dominum" (141). Naturalmente, hay una gran exageración en todo esto, para enaltecer la figura del inquieto arzobispo cuya biografía se cuenta; pero ello no empece para que reconozcamos la realidad de estas formas de pensamiento en cuanto tales.

Esta situación, indudablemente confusa, que hemos tratado por lo menos de señalar, corresponde, no sólo a los ejemplos anteriores al siglo XIII que llevamos citados, sino que se conserva como reminiscencia en la segunda época, y a ello se debería esa manera, tan peninsular, de intromisión de unos reyes en los negocios de los otros, dentro de esa solidaridad hispánica, que consideramos principal factor de relativización del poder real y que tiene su manifestación práctica en la forma familiar en que unos reyes andan por tierras de los otros —desde Enrique II de Castilla a Juan II de Aragón.

Es, precisamente, la segunda fase de la Edad Media la que nos ha dejado en sus Crónicas, más ricamente desarrolladas que las del período anterior, ejemplos de esa versión pluralista de la concepción real. La "Crónica de Enrique II" da noticia de cómo a su hija doña Juana el rey le dio la villa de Urueña "con todas las rentas e pechos e derechos e con el señorío real e mero e mixto imperio" (142). Y aunque esto es más que un simple caso de inmunidad, por lo menos en la manera de verlo el cronista —porque la inmunidad exime del señorío real, pero no otorga un señorío real—, hay otros ejemplos más elocuentes.

Todavía el obispo Barrientos, en su "Refundición", cuenta que a los

---

(137) Flórez, "Esp. Sagr.", XX, pág. 224.
(138) Idem, íd., pág. 253.
(139) Idem, íd., pág. 445.
(140) Idem, íd., pág. 314.
(141) Idem, íd., pág. 207.
(142) "B. A. E.", LXVIII, pág. 41.

moros de Guadix que quieren someterse a Juan II, éste les promete tenerlos por "súbditos y naturales y darles rey" (143). Advertimos que lo extraño del caso —con serlo tanto— no es propiamente darles rey, sino que en esa forma precisamente se entienda que se constituyen en súbditos naturales del otro rey superior. Pero el más estupendo es el episodio que cuenta el infante don Juan Manuel, refiriéndose a los tratos entablados con Jaime I para casar a la hija de éste, doña Constanza, con el turbulento hermano del rey de Castilla, don Enrique. Objeta el rey de Aragón, ante esta propuesta, verse en la dificultad, para acceder a ello, de haber prometido a su mujer no casar a esa hija sino con rey. "Et por esto enderezó Don Enrique a Niebla, que era reino de moros, et cercola, et teniendola por tomada enviolo decir al rey de Aragon que pues reino habia, quel diese su hija, segund le prometiera". Pero he aquí que, cuando su otra hija, la reina de Castilla, se dirige a su padre para deshacer ese plan, de nuevo el rey Jaime se encuentra embarazado y "non sabia que facer contra pleito que pusiera Don Enrique, pues habia cobrado el reino de Niebla" (144). Como estos mismos ejemplos nos inducen a pensar, las condiciones de hecho en que se desenvolvió la Reconquista constituyeron también un factor, o una de las causas, del fenómeno político que hemos expuesto, en el que cabe ver un reflejo de lo que pasaba en la zona árabe. Pero esto explica tan sólo una cara del hecho. Del otro lado, hay que tener en cuenta la subsistencia, en tan singulares condiciones, del sentimiento hispánico que, en la medida en que existió sobre los diversos reinos particulares, desvaneció entre ellos los trazos que los dibujaban y que los diferenciaban mutuamente.

Después de trazado el panorama que precede, es necesario que hagamos una observación. Nada de lo dicho se opone a que de hecho esos reyes peninsulares posean un poder muy superior al que prácticamente puedan ejercer reyes extranjeros. Es más, en esa supremacía efectiva de nuestros reyes reside el fundamento del déficit de feudalismo que en nuestros reinos se da: es decir, la causa de que la estructura política de la sociedad no haya estado determinada por las relaciones de tipo feudal. Pero esa supremacía no se traduce en una organización formal monárquica, la cual, en cambio, puede darse en otras partes —aunque luego el efectivo poder del supremo titular de la misma sea mínimo. Esa supremacía con que positivamente pueden actuar nuestros reyes, no está montada sobre una concepción de la realeza, sino sobre circunstancias de hecho, las

---

(143) Ed. cit., pág. 201.

(144) "Tratado... sobre las armas que fueron dadas a su padre"; B. A. E., LI; pág. 260.

cuales han sido agudamente explicadas por Sánchez Albornoz. Nuestros reyes, en virtud de las constantes adquisiciones de tierra que llevan a cabo por su esfuerzo de reconquista, son más ricos que ningún señor, y por medio de nuevos repartos, están en condiciones de crear nuevos grupos de señores que, a favor de los reyes, contrarresten el poder de los que ya eran ricos (145). Cuando la situación cambia, se desbordan, al final de la Edad Media, los excesos señoriales, porque entonces, terminada prácticamente la Reconquista, no hay más tierras a distribuir. A ese momento pertenece aquella formidable advertencia del infante don Juan Manuel a su hijo: "porque los reys son mas onrados que otros omnes, por el estado que Dios les dio, devedes siempre facerles onra de palabra... mas quanto en las obras, devedes pasar con ellos commo con vuestros vezinos" (146), lo cual no constituye una pretensión de independencia, como la que, en un momento dado, puede abrigar un duque de Borgoña, sino un desconocimiento de la idea europea de rey, no viendo en éste más que una formal superioridad, en una esfera honorífica, no de poder y jurisdicción. Y por eso no entiende don Juan Manuel, para sustentar esa pretensión, apoyarse, a su vez, en reino orgánicamente concebido, en un "corpus" político, sino en una cantidad de tierra, claro está que sin una delimitación constitutiva, formal, respecto a la del rey (147).

EL VINCULO DE SOLIDARIDAD POLITICA DE LOS "REYES DE ESPAÑA"

Así como, lejos de ser el feudalismo, según la interpretación habitual, un factor de descomposición, fue más bien un sistema de unidad logrado por medio de una completa red de relaciones de vasallaje, en virtud de la cual, se hizo posible mantener una conexión en el interior de los grandes espacios políticos, tesis que Hintze, con clarísima intuición de los he-

---

(145) "España y Francia. Causas de su diferenciación política en la Edad Media", en "Revista de Occidente", año 1923, núm. VI; págs. 294 y ss., en especial pág. 313.

(146) "Libro infinido", estudio y ed. de J. M. Blecua, Granada, 1952, pág. 35. Añade el infante: "Sabet que el vuestro estado e de vuestros fijos herederos que más se allega a la manera de los reis, que a la manera de los ricos omnes". Id., pág. 37.

(147) Ob. cit., pág. 37; "Podedes yr del reyno de Navarra fasta el reyno de Granada que cada noche posedes en villa cercada o en castiellos de los que yo he".

chos, ha sostenido (148), de la misma manera la solución de la pluralidad de los reinos hispánicos representó, por detrás de su aparente incoherencia, un procedimiento para salvar las reservas de comunidad hispánica, en una fase en la que apenas si había posibilidad de que fueran conservadas. No hemos de enfocar tal situación de la alta Edad Media, que, en proceso de transformación llega hasta el siglo xv, con categorías de hoy, ni cabe juzgar que no se alcanzaran entonces resultados, sólo posibles de conseguir con medios modernos, inexistentes en la época. Como advierte Hintze, no había un poder capaz de regir directamente amplios espacios, en una época de tráfico reducido y economía de trueque. En Europa, la solución fue el feudalismo, articulación de un ideal universalista, fundado en una comunidad de fe y de cultura, con el hecho de que la vida social quedara reducido a muy estrechos límites (149). En España, por las mayores reservas del poder real y de la economía dineraria (150), el feudalismo, entendido, no como conjunto de instituciones, sino como organización política de la sociedad, no pudo prosperar. Y su función de coordinación se consiguió precisamente a través de ese sistema de diversidad de reinos, que no acaban nunca de ser propiamente reinos, con reyes que no dominan sobre una "universitas" política propia, sino que, tomados en su pluralidad, rigen el amplio espacio de Hispania. Para ellos, esa condición de ser "reges Hispaniae" no es un accidente de lugar, sino elemento esencial, sustancia del poder político que poseen.

Ello explica que estos reyes, que por separado no alcanzan una delimitación clara de su poder y de la proyección territorial-humana del mismo, juntos, sin embargo, forman un grupo claramente definido y fijo: los reyes de España. Y cabe decir, incluso, que la expresión se va estabilizando y generalizando a medida que el tiempo avanza. La hallamos ya en diplomas reales, en Crónicas y en textos literarios. La expresión se encuentra primero en documentos de la Curia pontificia: así en epístolas de Gregorio VII, cuando escribe a varios reyes peninsulares a la vez, o en su carta de 1081, al exaltar la gloria de Alfonso VI, "super omnes Hispaniae regis" (151). Son los "reyes de España" y también los "reinos

---

(148) "Staat und Verfassung", Leipzig; pág. 77.

(149) Ob. cit.; pág. 108.

(150) García de Valdeavellano, "Economía natural y monetaria en León y Castilla durante los siglos IX, X y XI", en "Moneda y Crédito", núm. 10, septiembre 1944; págs. 28-46.

(151) Ver nota 57 del capítulo II. Que desde el primer momento ello responde a la visión de cada uno de los reyes proyectados en el conjunto que les es común se ve en doc. del mismo Gregorio VII dirigido al Obispo de Jaca,

de España", de obras y documentos que ha citado Menéndez Pidal (152), y de muchas más. En el *Poema de Mio Cid* (153), en los Anales Toledanos (154), en Lucas de Tuy (155), en el Toledano (156), en Alfonso el Sabio (157), en el *Poema de Alfonso XI* (158), en la Crónica de este mismo rey (159), en el *Cantar de Rodrigo* (160), en Alonso de Cartagena (161), en la *Crónica de Juan II* por su Halconero (162), en la *Crónica del Condestable Iranzo* (163), en Sánchez de Arévalo (164), en Hernan-

---

García, en 1084-1085, en el que dice Pedro I pagó su tributo a San Pedro, "prius in Ispania". Ver Kehr, "Cuándo y cómo se hizo Aragón feudatario de la Santa Sede", en "Estudios de Edad Media de la Corona de Aragón", vol. I, pág. 315.

(152) Menéndez Pidal ("El Imperio hispánico y los cinco reinos", págs. 214 y ss.; "La España del Cid", pág. 643) se reduce a los casos en que se mencionan los "cinco reinos", señalando lo que en ello hay de fórmula establecida y común, que se emplea con significación equivalente a la de "toda España", cualquiera que sea el número de reinos existentes de hecho en cada momento. Para nuestro objeto la cuestión del número e incluso de que se hable de reyes o reinos es indiferente. En Lope se encuentra todavía una mención de la fórmula comentada por M. Pidal: España "en cinco antiguos reinos se divide" ("La hermosura de Angélica", X).

(153) V. 3724. Esta es, dejando aparte el antecedente sin interés de la "Crónica Silense", la primera mención que aparece en fuentes españolas y nótese que no ligada al tema de la lucha contra el sarraceno, sino al de la solidaridad familiar de los reyes hispánicos, que es el aspecto principal de la cuestión.

(154) Flórez, "Esp. Sagr.", XXIII; pág. 396.

(155) "Hisp. Illust.", IV, pág. 108; "Quia tunc Reges Hispaniae in unam concordiam convenerunt"; pág. 112: "Hispaniae Regibus"; pág. 113; "Regna Hispaniae", "Hispani Reges", etc.

(156) Si en el prólogo a "De rebus Hispaniae" se refiere al "Hispanorum regum origo", en el texto de la obra no emplea más que una vez la fórmula "Reges Hispaniae", pág. 101, y en la ocasión de las Navas cita singularmente a los reyes y sólo dice, sin más, los "tres Reges" (pág. 133). También se halla en el prólogo a la "Historia Arabum" ("Hisp. Illust.", pág. 162), mención que recoge Menéndez Pidal, "El Imperio hispánico", pág. 214.

(157) "Primera Crónica General", pág. 702, etc.

(158) "B. A. E.", LVII, pág. 531.

(159) "B. A. E.", LXVI, pág. 221.

(160) Ed. cit., versos 726, 747 y 786.

(161) "Allegationes...", págs. 301-302.

(162) Ed. cit., pág. 23.

(163) Ed. cit., pág. 339.

(164) "Hisp. Illustr.", I, pág. 129. Ver. M. Pidal, "El Imperio hispánico", pág. 217.

do del Pulgar (165), en otros muchos casos se nos dan ejemplos de tan peculiar fórmula. Son t a m b i é n los de la primera gran C r ó n i c a catalana, los *Gesta Comitum Barcinonensium,* que no solamente habla, en la versión latina definitiva, de Ramón Berenguer I "inter alios principes Hispaniae", sino que emplea ya, en su redacción latina primitiva, la consabida fórmula "omnes reges Hispaniae" (166). Esta expresión es común a las "cuatro perlas" de la historiografía catalana: aparece en la *Crónica de Jaime I* (167), en la de Desclot (168), en la de Muntaner (169), en la de Pedro IV (170). La hallamos también en la Pinatense (171), en Tomich (172) y por tanto en Turell (173). Se sirve también de ella el príncipe de Viana (174).

La expresión a que nos referimos es conocida de los mismos reyes que, como podemos ver en un documento de Jaime II, al que volveremos a referirnos en el capítulo último, se sienten implicados y comprendidos en el grupo, no sólo por una vaga relación moral, sino por una precisa situación jurídica común. Es comprensible así la anécdota que cuenta Tomich, en la cual la apelación por Ramón Berenguer IV a un idéntico sentir de los príncipes hispánicos, si se vieran colocados ante un caso igual al que a él se le ofrece, no tenemos por qué suponer que sea un mero recurso literario del historiador citado: un noble a quien dicho conde ha desterrado de sus dominios se le presenta, contraviniendo su prohibición, para proponerle el casamiento con la heredera de Aragón y, ante tal embajada, el conde disipa los temores que el caballero abriga por las consecuencias de su desobediencia. Como en tantas otras ocasiones importantes hacen otros historiadores, Tomich presenta el pensamiento del conde catalán, en esa circunstancia, proyectándose sobre toda España, y sólo sobre España, con la viva conciencia de una comunidad de situación entre todos los reyes hispánicos: "yo no se rey ni senyor en Hispanya que no

---

(165) "Glosa a las coplas de Mingo Revulgo", en el vol. del autor "Letras", ed. de Domínguez Bordona. Madrid, 1929; pág. 227.

(166) Ed. cit., págs. 32 y 14, respectivamente.

(167) Vol. II, pág. 188: "Los cinch regnes d'Espanya".

(168) Vol. II, págs. 29, 37, etc.: "El tres reys d'Espanya".

(169) III, pág. 22.

(170) Ed. Pagés, pág. 233.

(171) Ed. cit., pág. 133.

(172) Folio XXXIII: "Los Reyes de Hispanya... los dits quatre Reys".

(173) "Recort", pág. 137. Aunque dependiente de la anterior, esta cita es menos interesante que aquélla.

(174) "Crónica de Navarra", págs. 113-114; "El rey de Castilla e los otros reyes de España".

li poguesseu be venir davant" (175). En la misma órbita se mueve el rey Juan II de Castilla —y a nuestro objeto es indiferente que el hecho que se le atribuye sea cierto o que lo haya pensado así su cronista—, cuando, para deshacerse de una falsa imputación, dispuso "como se diesen cartas para todos los reinos de España e para el Papa e los cardenales" (176), poniendo de relieve en qué ámbito juzgaba interesado su prestigio y, por ende, cuál es el vínculo moral que une a esos reinos y a los reyes que los poseen.

Si en los casos de empleo de la expresión en documentos de la Curia pontificia o en anotaciones de cronistas y analistas extranjeros, cabe pensar en la aparente proximidad que hace ver entre esos reyes la lejana perspectiva desde la que se les contempla, este argumento carece en absoluto de sentido en los incontables casos en que la misma fórmula se emplea por mozárabes, castellanos, aragoneses y catalanes, entre los cuales aquélla surgió espontáneamente y con independencia de su uso en el extranjero. Son los propios interesados, los hispanos mismos, los que tienen conciencia, antes que nadie, de ese peculiar grupo que forman sus reyes y príncipes. Conciencia, además, mucho más profunda del hecho, que la que pueden acreditar los testimonios de ultrapuertos, ya que entre esos españoles se dan casos mucho más intensos e intencionados en el empleo de la expresión "reges Hispaniae".

Hay, por otra parte, unas gentes muy próximas a esos hispanos, próximas y emparentadas, no sólo por la geografía, sino por la historia, por la cultura, por la lengua, gentes que han andado mezcladas entre los españoles. Son las del hoy Mediodía francés. Entre ellos se ha suscitado un tipo de escritor y poeta que en España, tanto en Aragón-Cataluña como en León y Castilla, ha tenido una gran aceptación: el trovador. Pues bien, en esa poesía trovadoresca se encuentra también la fórmula que nos viene ocupando, en formas muy expresivas y valiosas. Pero es más, empleando o no la consabida frase, lo que entre los trovadores se encuentra, sobre todo, es el vivo y constante sentimiento de solidaridad y de fraterno lazo de unión que entre los reyes españoles existe. Lo ven así esos trovadores y, ello es aún más interesante, algún testimonio suyo nos permite intuir que ese sentimiento lo atribuyeron los trovadores a los mismos reyes.

Peire Vidal, tan ligado al medio español que, de cuarenta y cinco canciones suyas que se conservan, aproximadamente en la mitad (comprendida en ella la última composición suya que se conoce, escrita desde Malta en viaje a Tierra Santa), hace en una u otra forma alusión a España;

---

(175) "Histories", folio XXX; repetido en Turell, pág. 127.
(176) "Crónica" del Halconero; pág. 23.

tan amigo del rey aragonés, a quien recuerda "lai en Espanha", se refiere "als quatre reis d'Espanha", habla "dels reis d'Espanha", y no precisamente como enunciando una mera circunstancia de emplazamiento físico. Prefiere esos reyes a todos, nos dice en una ocasión, y en denuesto de Felipe Augusto confiesa esa preferencia:

> Ab mi n'es Aragos
> E Castell e Leos.

Van, pues, unidos, para Peire Vidal, en un hondo sentimiento humano, esos tres reyes de Aragón, León y Castilla, que son los tres Alfonsos —II, IX y VIII, respectivamente (177)—. En forma diferente, pero con un sentir análogo de la vinculación que entre esos reyes de España se da, cualesquiera que en un momento dado sean esos príncipes, Marcabrú, al anunciar su propósito de dirigirse a España, dedica su composición "Al prim comens de l'ivernail" al rey de Castilla y cree obligado saludar en ella no solamente a este rey, sino también al de Portugal y al conde de Barcelona. La entera y cálida visión hispánica de Marcabrú ha sido estudiada por Boissonnade (178). Es especialmente curioso el caso de Bertrán de Born, quien enemigo de Alfonso II, le envía un violento sirventesio y le pide irónicamente lo haga aprender y cantar por Navarra y Castilla —"fassa chantar —mon sirventés al rei navar —e per Castela l'extenda (179). ¿Por qué había de ser esa difusión de la ofensa por Castilla y Navarra lo que especialmente podía escocer al rey aragonés? La serie de referencias, de sentido equivalente a las que van hechas, podría ser fácilmente alargada. Algunas otras vimos ya en la primera parte de este libro (180). Añadiremos otra, nada más; esta vez de un trovador propiamente catalán, del mismo vértice pirenaico. Cerveri de Gerona escribe un poema político: "Lo vers dels tres reis". Es un elogio de tres reyes, conjuntamente, a los que ve unidos en un mismo o muy parecido carácter, en los que encomia unos mismos valores, a los que se dirige y de los que habla como a quie-

---

(177) Hoepffner, "L'Espagne dans la vie et dans l'oeuvre du trouvadour Peire Vidal", en "Mélanges", 1945, II. "Etudes littéraires". Publicaciones de la Universidad de Estrasburgo. París, 1946; págs. 38 y ss.

(178) Ver su artículo, "Les personnages et les événements de l'histoire d'Allemagne, de France et d'Espagne dans l'oeuvre de Marcabrú (1129-1150), ya mencionado; la cita en la pág. 233.

(179) Hoepffner, ob. cit., pág. 49, y Riquer, "La lírica de los trovadores", I, págs. 415 y 422.

(180) Algún dato de interés en Roncaglia, "I due sirventesi di Marcabruno ad Alfonso VII", en "Cultura neolatina", X, 1950, separata del fasc. 2-3.

nes están muy íntimamente unidos (181). ¿Quiénes son estos tres reyes que han de ser vistos tan próximos en algo esencial, para que tenga sentido hablar, entre tantos otros, de ellos tres a la vez y sólo de ellos tres?: Alfonso el Sabio de Castilla, Pedro el Grande de Aragón y Jaime II de Mallorca:

> "Un bo vers vuyll novelament bastir
> del tres rics reys c'an molt gran seynoria:
> l'us es le rey per cuy Castela es guia,
> e'l reys cuy tayn Aragons per regir
> e'l rey Jacmes."

Una observación hemos de hacer que se desprende de los textos que acabamos de citar y que podría ser confirmada por otros: el número de reyes puede variar; puede cambiar también la mención singular, en cada caso, de los que, de entre ellos, se encuentran situados en los extremos de un costado o de otro —Portugal, Mallorca—; pero no se altera nunca la referencia, que bien podemos llamar central, constituida por los reyes catalano-aragoneses y castellanos, los cuales de esa manera integran el núcleo básico en el que se apoya la unidad que el grupo forma.

Sólo sobre la base de un sentimiento análogo a este que hemos tratado de poner de relieve en tantos ejemplos, se explica, en la esfera de la vida real de los súbditos de unos y otros reyes hispánicos, el hecho de la facilidad con que personas grandes y chicas o con que villas y ciudades, en momentos de revuelta o de disconformidad, deciden pasar y de hecho pasen de la obediencia de un rey a la de otro y vuelvan a la del primero, siempre exclusivamente dentro de los reyes peninsulares. Cuando en la minoridad de Alfonso XI es estragada la tierra por las banderías de sus tutores, cuenta la "Crónica" que "con estas maneras muchas de las gentes del regno desamparaban heredades et los logares en que vivían et fueron a poblar a regnos de Aragon et de Portogal" (182). En la esfera de los caballeros, el fenómeno es tan frecuente y conocido que no es necesario dar datos concretos; bastará con que remitamos globalmente a todas nuestras crónicas de la Baja Edad Media. Y respecto a ciudades y villas, es especialmente representativo el caso de Requena y otros lugares vecinos, a que se refiere la "Crónica de Enrique II" por el Canciller Ayala. Pero el más elocuente de todos, en este orden de hechos, es el de los barceloneses, que, insubordinados contra su señor natural, el rey de Aragón Juan II, ofrecen el principado, primero al rey de Castilla, y declinada

---

(181) Riquer, "Aspectos de la lírica de Cerverí de Girona", en "Anales del Instituto de Estudios Gerundenses", I, 1946; págs. 33 y ss.

(182) Ed. cit.; pág. 197.

por el débil Enrique IV la oferta, al infante don Pedro de Portugal (183), tan ligado a su vez a Castilla, que es uno de los valiosos escritores en lengua castellana del siglo xv. Con análogo sentido se nos ofrece el estupendo fenómeno de la pujanza y selección del bando aragonés en Castilla, sobre lo cual el hermoso testimonio del cronista Bernáldez es tan conocido (184), y ello a pesar de que los castellanos y leoneses, desde la época de la "Silense" han sido, en cambio, tan susceptibles frente al extranjero.

Esa doméstica intromisión con que los de un reino actúan en otro, está en una ocasión a punto de producir una pelea armada, porque el rey aragonés no puede quedar indiferente ante los acontecimientos castellanos. Los que quieren evitar la violencia de la guerra, no apelan, según el cronista que refiere el hecho, a la común condición y obligación de cristianos, ni a otro orden de intereses superiores, sino a los que derivan del sentimiento hispánico. Aferrándose a éste, piden al rey "que non quisiese nin diese lugar que tanto mal viniese en España, ca si la batalla se diese aquel día, sería toda destruida, como de lo mejor de los tres reynos della allí estoviese. Pensándolo así, cuenta el cronista que el infante don Enrique de Aragón, reclamaba del Adelantado de Castilla don Pedro Manrique: "ved si hay algund remedio por que España non peresca en el día de hoy" (184 bis). Y en el caso de estas guerras, que nunca fueron más que escaramuzas, los cronistas tienen mucho cuidado de echar la culpa a uno u otro rey y de hacer constar el disgusto con que sus súbditos les siguen.

La vinculación que ese sentimiento, en tan diferentes aspectos y medios, nos hace patente, es tan honda, y tan próxima la relación que engendra, constituida sobre tal base de parentesco general, que lo acontecido en un reino particular se estima influyente en todos los demás. Es interesante, a este respecto, la opinión que muestra el autor de "El Victorial", al escribir "cuando murió el rey don Fernando (I de Aragón) murió el temor e enfermó la justicia en la mayor parte de España" (185). Esto nos permite interpretar que cuando las crónicas hablan de la paz que reinó con Alfonso VI o de los disturbios que con Alfonso el Batallador acontecieron en España, no tenemos por qué identificar esta España con el reino leonés-castellano, porque se parte de la idea de que lo que de un rey

---

(183) "Crónica de Enrique IV", en B. A. E., LXX; págs. 122 y ss. Ver Martínez Ferrando, ob. cit.

(184) "Historia de los Reyes Católicos", en B. A. E., vol. LXX, pág. 574.

(184 bis) "Crónica de don Alvaro de Luna", ed. de Carriazo. Madrid, páginas 79-80.

(185) Ed. cit., pág. 319.

hispánico viene, puede alcanzar a España entera. La frase que en la crónica del Condestable Iranzo encontramos, análoga a tantas otras en muy diversas fuentes, en la que se dice "en todos los reinos de España y fuera dellos" (186) denuncia una efectiva y neta dualidad de perspectivas.

En todas las capas sociales y también en todas las tierras peninsulares, como expresión inmediata del íntimo vínculo que las une, aparece, según prueban el contenido y la procedencia de los diversos textos que hemos citado, la fórmula "Reges Hispaniae" o una consideración del grupo de estos reyes en forma tal que su valor es equivalente. En los propios reyes la conciencia de ese lazo se fortalece por el lado de la estrechísima unión de sangre que entre ellos se da. Es este un aspecto esencial en la historia de nuestra Edad Media que Menéndez Pidal ha señalado, pero que habitualmente ha venido siendo desatendido y aun tergiversado en manuales y escritos diversos. De ello deriva lo que el ilustre maestro ha llamado "la solidaridad dinástica de los cinco reinos", la idea de la cual ha mostrado cómo actúa decisivamente, incluso en el caso de algunas infantas (187).

Este profundo vínculo influye desde muy pronto y sobre todos los principados españoles. Recordemos el caso del conde de Urgel Armengol, llamado el Castellano, por su madre, procedencia que crea tan estrecha relación con Castilla por parte de los condes de ese apartado principado y que hace que los "Gesta comitum" hablen del especial amor que a ese conde profesó Alfonso VII (188). Pero antes que éste y otros muchos casos, por su fecha y por su interés, merece ser citado el ejemplo del conde castellano Sancho García (995-1017), una de las más admirables figuras de nuestra historia medieval. El conde Sancho, "el de los buenos fueros", quien a causa de la medida que le valió el epíteto, es autor principal, a través de los siglos, de la estructura de nuestra sociedad y del carácter de nuestro pueblo, antes que los condes de Barcelona y de Urgel entró en Córdoba a la muerte de Almanzor, ayudó con un ejército al conde de Ribagorza a recobrar la tierra, según cuenta la Crónica de Alaón, y casó a sus hijas con un rey de León (Vermudo III), un rey de Navarra (Sancho III el Mayor) y con un conde de Barcelona (Berenguer I el Curvo).

Con las hijas de Sancho García, con la hermana de Vermudo III, con los hijos de Sancho el Mayor, con la hija de Ramón Berenguer III el

---

(186)   Ed. cit., pág. 339.

(187)   "El imperio hispánico"; pág. 201.

(188)   Ed. cit., pág. 34.

Grande (189), con las de Ramiro II, Jaime I, Pedro IV de Aragón, con tantos y tantos casos más, se teje una inextricable red de relaciones dinásticas que refuerzan la comunidad, en otros muchos aspectos, de los príncipes españoles, relaciones a las que, como en los casos indicados por Menéndez Pidal, los interesados van con la más firme decisión, con una satisfacción que no se arredra ante inconvenientes de consanguinidad o de otra clase.

Recordemos el particular contento, el orgullo con que Pedro IV de Aragón se expresa sobre el casamiento de su hija con Enrique II de Castilla y el que su nieto haya sido jurado heredero de ese reino (190). Después de cinco siglos de reiterados, constantes cruzamientos de esta naturaleza, las crónicas del siglo XV dan noticia, con gran contentamiento, de una situación paralela a aquella que supo crear Sancho García, sólo que más eficaz que ésta en sus resultados, forzosamente, por venir detrás de ella y de otras muchas semejantes. En cierto grado, esas crónicas del siglo XV nos permiten contemplar a Fernando I de Aragón como una prefigura de rey único de España —y así debió de verlo la conciencia de la época—. Fernán Pérez de Guzmán escribe, y el obispo Barrientos reprodujo textualmente la frase: "E asy sus fijos e fijas deste rrey de Aragon poseyeron todos los quatro reinos de España" (191).

Que este profundo lazo dinástico es puesto de relieve en la época y altamente valorado, nos lo demuestran unos versos de Fernán Pérez de Guzmán:

> De Navarra subcedieron
> a Castilla los que oy son
> nobles reyes de Aragón:
> desta línea descendieron.
> Los castellanos ovieron
> a su fijo don Fernando;
> al que, en Aragón reinando,
> don Ramiro le dixieron.

---

(189) Con admiración dicen los "Gesta Comitum": "Filiam suam Ildefonso imperatori Toletano in matrimonio copularet, de qua nobilissima et copiosa ac imperialis proles manavit"; pág. 8 y 37. Esa prole fue la que poseyó los reinos de Castilla y de León.

(190) "Crónica de Pedro IV"; ed. Pagés; pág. 399.

(191) "Generaciones y semblanzas"; ed. de D. Bordona; Madrid, 1941; pág. 29. Barrientos, ed. cit., pág. 23.

> Gran razón es que se lea
> e relate por fazaña.
> que si en los reinos de España
> el menor Navarra sea,
> esle gran gloria que vea
> quien de su generación
> a Castilla e Aragón
> las impere y las posea.

Esto que, con evidente justicia, Pérez de Guzmán afirmaba en elogio de Navarra y de sus reyes (192), con no menos sólidas razones podría repetirse de cualquiera de los principados hispánicos. Pero no es suficiente con que nos reduzcamos a esta mera constatación de hecho. Es necesario tener en cuenta, con rigurosa conciencia histórica, todo lo que la relación dinástica supone en los siglos medievales, la profunda unidad que el lazo familiar crea entre quienes son vinculados por él.

Hemos de referirnos a un texto que tiene un inestimable valor para aclararnos el último punto y con ello la interna trama política de nuestra historia medieval. El emperador de Constantinopla, Basilio I, había echado en cara al carolingio Luis II que no siendo más que rey de una pequeña parte, no tenía por qué llamarse enfáticamente "rex franchorum". Luis II contesta al que titula "imperator novae Romae", en estos términos: "Porro de eo, quod dicis, non in tota nos Francia imperare, accipe, frater, breve responsum. In tota nempe imperamus Francia, quia non procul dubio retinemus, quod illi retinent, cum quibus una caro et sanguis sumus hac unus per Dominum spiritus" (193). Luis II podía, por consiguiente, con perfecto rigor, con pleno derecho, llamarse rey de toda Francia, puesto que todas las partes de Francia estaban en poder de quienes con él formaban una indisoluble unidad —"Cum quibus una caro et sanguis sumus"—. Y no cabe duda de que, por muy honda que fuera la evolución política de la Edad Media, en este punto del valor político del lazo familiar, el Medievo entero, hasta su término, está mucho más cerca del antecedente carolingio que de la Edad Moderna, en la que los "intereses de Estado" se han superpuesto y han aniquilado la unidad política de la familia. En el límite entre esas dos épocas históricas sabido es con

---

(192) "Loores de los claros varones de España", estrofas 189-190; ed. de Foulché Delbosc, en "Cancionero castellano del siglo xv"; N. B. A. E., vol. I, pág. 728.

(193) M. G. H.: "Epistolae", VII; "Epistolae Karolini Aevi", V; páginas 388-389. La carta citada es del año 871.

qué decisiva fuerza actúa todavía el sentimiento de la unidad familiar en Carlos V.

Una carne y una sangre; también una radical unidad es la de los príncipes hispánicos. No somos nosotros los que hacemos por nuestra cuenta tal afirmación. La hallamos en uno de los más bellos textos, tal vez en el más bello de todos los que nuestra Edad Media nos haya legado como ejemplo de la expresión "Reges Hispaniae", aquel en que esta fórmula alcanza su máxima tensión política. Ese texto pertenece a la "Crónica" de Muntaner: "si aquest quatre reis que ell nomenà, d'Espanya, qui son una carn e una sang, se tenguessen ensems, poc dubtaren e prearen tot l'altre poder del mon" (194).

Unidad fundamental es, pues, aquella en la que descansa la expresión "Reges vel principes Hispaniae", no de mera circunstancia geográfica, ni aun histórica. Muntaner la reduce a términos de absoluto, porque no dice siquiera que son "de una carne y de una sangre", sino que "son una carne y una sangre". Ella se coloca frente a todo lo demás, porque todo lo demás es extranjero, de modo tal que la visión de la unidad de los reyes hispánicos reduce a su vez a unidad polémica el resto del mundo, que es lo otro, lo que queda fuera. De ahí, unidad final: unir el poder de nuestros reyes juntos para someter "tot l'altre poder del mon". Esta de Ramón Muntaner es probablemente la primera pretensión de un dominio universal de España en nuestra Historia, mucho antes de los Reyes Católicos, mucho antes de Carlos V.

Esa reunión de poder de los reyes hispanos había sido una realidad en muchas de las fases principales y más afortunadas de la guerra de Reconquista, como recordamos en el lugar oportuno. Pero no sólo había sido una realidad, sino que ésta había sido y era interpretada en tal sentido por los historiadores medievales. Si, refiriéndonos una vez más al episodio de las Navas, el "Chronicón Dertusense I", que es una fuente provenzal, ignora ese aspecto del tema (195), la exaltación hispánica se da en todas las crónicas castellanas y catalanas. La versión del Toledano se tiene muy presente por todos, y cuando alguna vez, en determinados puntos, el relato se aparta de esta fuente, suele ser para acentuar más el carácter hispánico de la acción.

En los "Gesta Comitum" la presión almohade tiene por causa los celos del rey de Marruecos por los éxitos militares de Pedro II, por lo que

---

(194) Fasc. III, pág. 22.

(195) Villanueva, "Viaje", V, pág. 234. Es también excepción la "Crónica" de Fr. García de Eugui, que olvida incluso la participación de los navarros y de su rey; ver folios 153 y ss.

manda hacer guerra contra "ipse regi et omnibus aliis regibus Hispaniae" (196), a lo que la redacción llamada "definitiva" de esta "Crónica" añade que la razón de unirse los reyes españoles, aparte del deseo de abatir a los sarracenos, estuvo en que el rey Pedro "fuit in magna amicitia cum nobili Ildefonso rege Castellae" (197), explicación que repite la "Crónica Pinatense" (198). Para Desclot el asunto de Ubeda o de las Navas es propio del rey de Castilla y "els altres reys d'Espanya". Son "els tres reys d'Espanya", los que, sólo ellos y juntos los tres, corren con la empresa, correspondiendo al rey de Aragón una acción decisiva, de acuerdo con lo que también afirma el Toledano. Y aunque esos reyes pidieron ayuda fuera, este recurso fue baldío y la llegada a destiempo de algunos extranjeros sirve a Desclot de pretexto para ironizar despiadadamente sobre ellos (199). Y como un momento de plenitud hispánica se recoge en Tomich, según quien los caballeros y nobles catalanes marchan rápidamente a reunirse en Ubeda "ha hon tots los Reys de Hispany eran" (200). Esta línea interpretativa llega al final en los mismos términos, como puede verse en Diego de Valera (201) y en cuantos se ocupan del tema.

Lo que, entre otras muchas ocasiones había sido eminentemente una realidad en las Navas, llenando de admiración al autor de la "Crónica latina"; lo que constituía la gran esperanza de Muntaner, aparece en Desclot como imagen de una posibilidad admirable; cuenta el cronista una estratagema de Pedro III, en su guerra con los franceses, mediante la cual consigue dar tal impresión del número y poder de sus tropas, "que —dice Desclot— semblava que totes les osts d'Espanya hi fossen" (202); pero con esto el análisis del fondo hispánico nos lleva a un aspecto nuevo, por detrás del plano de la pluralidad de reyes.

---

(196)   Texto de la red. primera; ed. cit., pág. 17.
(197)   Id., pág. 52.
(198)   Ed. cit., pág. 139.
(199)   "Crónica", vol. II, págs. 29 y ss.
(200)   "Histories", folio XXXIII.
(201)   "Crónica de España", parte IV, cap. CIX, sin numeración de folios.
(202)   "Crónica", vol. IV, pág. 132.

CAPITULO IX

EL PRINCIPADO HISPANICO Y SUS MODALIDADES.
LA IDEA DEL "REGNUM HISPANIAE"

En medio de la diversidad de principados que con título real, condal, etcétera, existen en el marco de la Península durante la Edad Media, se da una expresión de conjunto que sin duda alguna, resulta un tanto enigmática. Me refiero a la fórmula tan insistentemente usada de "regnum Hispaniae". Hoy se nos aparece como perfectamente claro que los documentos hablen del reino de León, de Pamplona, de Aragón, de Castilla, de los condados de Barcelona, de Castilla, de Navarra, etc., según las épocas a que aquéllos pertenecen. Si el llamado "regnum Hispaniae" se asimilara a uno de esos reinos particulares, por ejemplo, al de León, cosa que alguna vez sucede, aunque muchas menos de las que se cree, no habría problema. Pero ¿qué sentido tiene que se hable, en otro caso, del reino de España, teniéndose al mismo tiempo cumplida noticia de cómo la tierra española está descoyuntada en una pluralidad de jurisdicciones políticas?

Ciertamente, el fenómeno no es privativo de España. Más o menos, se observa en países europeos, donde se da también una fase de desfiguración de las antiguas provincias o diócesis romanas, en el interior de las cuales había empezado a desarrollarse un sentimiento de continuidad que no por eso desaparece. Eminentemente, el hecho se manifiesta en Italia, dividida, por abajo, en una pluralidad de principados, y, por arriba, inserta como parte en una organización más amplia. Pero ni el imperio, ni los principados, impidieron que subsistiera un innegable sentimiento del "regnum italicum", que se observa incluso en aquellos que defienden ahincadamente el universalismo del Sacro Imperio, porque, ni aun en pensadores del tipo de Dante, hallamos una correlación exacta y necesaria entre sentimiento de comunidad e idea de la organización (1).

En los límites de los siglos v y vi, Juan de Biclaro, obispo de Gerona, dio cuenta en su "Historia" de una experiencia política nueva, que abarcó toda la Península ibérica, destinada a alcanzar un largo futuro, complejo y grandioso: reunión de España bajo el poder de un solo príncipe, Leovigildo. Era éste un hecho realmente inédito, puesto que nada tenía que ver con la situación de una provincia romana, como parte que recibe la acción política de un poder que, por ser total y tener su centro fuera, le es forzosamente extraño. En ese momento en que, según hemos visto en otro lugar, el Biclarense contempla que toda España "in regno et potestate Leovigildi concurrit", ha pasado a ser ella ámbito y sustentación de un poder propio, es decir, un reino, una entidad política unitaria y sustantiva a la que se le han llegado a atribuir caracteres pre-estatales (Torres López).

Es cierto que, en primer lugar, la geografía, ciertas condiciones étnicas y, en relación con ellas, algunas formas políticas de mando y obediencia que tal vez en las gentes de la Península se habían dado anteriormente, hicieron posible que el ámbito entero de aquélla fuera estimado muy pronto como poseedor de condiciones especialmente adecuadas para sustentar un mando o principado único y propio. A este respecto, es curiosa la cita de Posidonio que en alguna ocasión ha hecho Schulten, quien relaciona también con la misma idea los intentos frustados de Sertorio e incluso Pompeyo (2). Pero lo cierto es que fueron los visigodos los que llevaron a realización plena esa intuición inicial y que ellos son verdaderamente los creadores del concepto político de España, creación que iba a gozar de una muy singular fortuna y cuya fuerza real se com-

---

(1) Landogna, "Imperium e regnum italicum nel pensiero di Dante", en *II Giornale Dantesco, abril-junio* 1926, XXIX, 2, págs. 97 y ss. Según este autor, hasta 1039, el "rex italicus" cuenta sus años de reinado en forma diferente al Emperador, y aunque después esa distinción formal desaparezca, no se extingue el sentimiento de particularidad. Sobre éste y sobre la entidad autónoma y suficiente de Italia, entendida como sede principal del Imperio, han insistido d'Ancona, Zingarelli, Ercole, etc. Flori ha acentuado el lado de aceptación del Imperio ("Dell'idea imperiale di Dante", Bolonia, 1921; págs. 71 y ss.), aunque, reconociendo el factor de la italianidad, con un sentido histórico-cultural. A conclusiones análogas ha llegado Mattei en relación a Petrarca, con su idea del "corpus italicum", al que exalta —y ya hablamos del valor que se puede dar a estos laudes— como "del mondo la più bella parti" ("Il sentimento politico del Petrarca", Florencia, 1944; págs. 35 y ss.).

(2) "Sertorio", Barcelona, 1949; págs. 111 y ss.

prueba al verla soportar la experiencia, tan dramáticamente adversa, de la Reconquista.

El Biclarense se había anticipado a los hechos al atribuir a Leovigildo la unión de toda España bajo su poder real. Quedaba una zona todavía en manos de bizantinos o "romanos". Pocos años después del Biclarense, otro rey, Suintila, fue quien acabó por expulsar esos elementos extraños. Y San Isidoro saluda así su empresa de dar término al dominio total de la Península: "Totius Spaniae intra oceani fretum monarchiam regni primus idem potitus" (3). Esta noticia atraviesa toda la Edad Media, desde la Crónica mozárabe del 754 hasta los historiadores generales de la época humanista (4). Aunque la razón para ello no sea otra que el mero hecho de que San Isidoro es la fuente común, a que se acude siempre cuando se quiere trazar una síntesis de historia de los godos —a San Isidoro, directamente, o a otros que han bebido en él, como Lucas de Tuy o Jiménez de Rada—, lo cierto es que por la repetición constante de esa frase isidoriana se constituye en la Edad Media española, sobre la base del recuerdo de un rey que efectivamente poseyó la monarquía de España, una serie de conceptos que juegan un papel importante, sobre todo por el final que alcanzan, pero que, además, son en todo momento influyentes: me refiero a los conceptos del "principatum Hispaniae", "regnum Hispaniae", "monarchia Hispaniae". Es muy posible que sin el antecedente real de Suintila, sin la fórmula isidoriana y su conservación durante siglos, ese factor de un transfondo de unidad política no se hubiera dado, o en todo caso, se hubiera manifestado de otra forma y probablemente no desde el origen.

De esta manera, España aparece como la palabra que designa un ámbito que es base sustentadora de un posible título unitario, y, por debajo de él, de una existencia política común, o mejor, conjunta, solidaria. Desde la "Albeldense" aparece ya ese activo recuerdo, que se fijará, sobre la misma fórmula isidoriana, en Lucas de Tuy, y aun al final de la Edad Media la conserva Alonso de Cartagena, que enlaza con él toda la historia posterior: "Iste (Suíntilla) fuit primus monarcha hispaniarum et continuata est monarchia..." (5). Y la versión al romance del Tudense da carta de naturaleza a la fórmula, en lengua vulgar: "monarchia del

---

(3) Ed. Mommsen, pág. 292.

(4) Ver mi artículo "Sobre el concepto de monarquía en la Edad Media española", en "Estudios dedicados a Menéndez Pidal", V. Madrid, 1954; páginas 401 y ss.

(5) "Allegationes", ed. cit., pág. 301.

reino de Espanya" (6). Insistimos en esta conservación de la fórmula, porque, como indicamos antes, de ella nace un juego de conceptos políticos que tiene gran interés en nuestra Edad Media, para entender con precisión el concepto político de España.

Por de pronto, lo que de ella surge es la idea de que la totalidad de España es ámbito adecuado de un poder y en cierta forma lo postula, porque se conserva latentemente, como una entidad unitaria para un señorío real. Dejando aparte los casos de reyes que pretenden hacer valer sobre toda ella su poder —casos de los que nos ocuparemos más adelante y con los que pueden también relacionarse los títulos de "dominator" o "subiugator" de Hispania a que ya nos referimos —esta manera de ver pasa incluso a la literatura, dentro y fuera de España (un fuera muy próximo, claro está). De este modo, España designa una esfera susceptible de reunirse bajo un mando y se usa en casos ponderativos. En la "Chanson de Roland" se dice ya:

> *Tres toute Espagne en fief lui donnerez* (verso 137).
> *Et toute Espagne tiendra par votre don* (verso 226).

Es curioso ver esa idea convertida en tópico de obras literarias, ajenas a toda intención política: Bernart de Ventadorn dice que no confesará su amor aunque sepa que al instante

> "...en fos tot'Espanha mia" (7)

y en la primitiva manifestación lírica castellana, la "Razón feita de amor", la amante canta

> "...más amaría contigo estar
> que toda Espanna mandar" (8).

La visión de España como esfera de un poder da lugar al concepto del principado sobre ella. En general, "principatum" tiene un sentido de preeminencia, al que puede dársele un mero valor relativo, como cuando en la "Historia compostelana" se habla de "Consules aliosque in Hispania principatum tenentes" (9); o un valor absoluto. A este último responde

---

(6) Ed. de Puyol, Madrid, 1926; pág. 196. La "Primera Crónica General", página 273, había dicho tan sólo "fue sennor de Espanna enteramientre" y hacía referencia al "regno de España.

(7) Riquer, "La lírica de los trovadores", I, pág. 253.

(8) Ed. Menéndez Pidal, "Revue Hispanique", 1905; núm. XII; pág. 602.

(9) Ed. cit., pág. 115.

el uso del título de "princeps" por nuestros reyes medievales de más alta pretensión, en cuyo caso se alude a un efectivo predominio que constituye al que lo tiene, directamente sobre otros o, por comparación con ellos, sobre un fondo común, real y positivamente, en superior. Ya en la "Crónica mozárabe" aparece, aunque con referencia a los musulmanes, la idea del "principatum Spanie" (10). Alfonso VI en el Fuero de Nájera afirma que en "Yspanie principatus tenens" (11). La redacción latina definitiva de los "Gesta Comitum Barcinonensium", atribuye el principado a Ramón Berenguer I, quien "inter alios Hispaniae principes super Agarenos habuit principatum" (12). Este principado puede convertirse, de preeminencia política y fundamentalmente político-militar, en una organización jurídica, es decir, puede institucionalizarse, y así, Alonso de Cartagena, recordando una vez más el antecedente godo, en que tal situación llegó a ser alcanzada, se refiere a cuando el "principatus hispaniae fuit monarchia" (13).

Los ejemplos que acabamos de aducir revelan, y el material de que a continuación nos serviremos confirma, la existencia de la idea de España, de toda España, como objeto de un dominio político. Esa idea que hemos visto latente en la "Crónica mozárabe", durante las primeras décadas de la invasión sarracena, debió de reavivarse desde los primeros éxitos de la Reconquista. En las viejísimas anotaciones del "Chronicon Iriense" se llama a Alfonso II "Hispaniae rex" (14). Por lo menos consta que Alfonso III usó alguna vez del mismo título como, por ejemplo, en su famosa carta al clero y pueblo de Tours, sobre el asunto de adquisición de una corona imperial que se le había propuesto (15). Y en la misma línea se encuentra el sentimiento de esperanza con que la "Crónica profética" anuncia que Alfonso III "in omni Spanie predicetur regnaturus" (16). Un lapso de tiempo relativamente largo media entre estos primeros casos de empleo del título "rey de España" y los que abundantemente se producirán en los siglos XI y XII. Sin duda, no responde a un conocimiento auténtico de estos antecedentes y, en consecuencia a la necesidad de darles una explicación, la afirmación que en el siglo XV hace Diego de Valera

---

(10) Chronica minora, II, pág. 359.
(11) Ed. por V. de la Fuente, en B. R. A. H., 1877, I, pág. 287.
(12)   Ed. cit., pág. 32.
(13) "Allegationes...", pág. 312.
(14) Esp. Sagrada, XX, pág. 602.
(15) Ver M. Pidal, "El Imperio hispánico", págs. 29 y sigs.
16) Ed. Gómez Moreno, pág. 623.

de que los reyes leoneses tuvieron que abandonar esa manera de titularse, al ser derrotados por los moros.

Pero lo cierto es que la·presión sarracena, imponiendo a los principados cristianos un carácter fluctuante y fragmentado, y a su vez, la enérgica conservación de la tradición hispana que aquélla no puede vencer, dan lugar a una situación de doble cara, en la que propiamente el "rex Hispaniae" no puede existir, pero subsiste, en cambio, el "regnum Hispaniae", nivel histórico alcanzado en un cierto momento y que, latente o presente, continuará ya existiendo. Esta manera de ver consigue llegar a una formulación expresa, precisamente al terminar la Edad Media, en el escritor que quizá puede tomarse como más claro exponente de nuestro siglo XV: Rodrigo Sánchez de Arévalo. Al acometer este autor la empresa de componer un historia de España, nos dice que va a ocuparse "de antiquissimis initiis monarquiae et principatus Hispaniae et quanto tempore per unum regem aut monarcham vel per plures et per quos gubernata fuerit" (17). El giro de pensamiento con que Sánchez de Arévalo interpreta nuestra historia es claro: la monarquía y principado de España está ahí, en cualquier caso, una y la misma en su ser permanente, y circunstancialmente la vamos a ver gobernada por uno solo o por un grupo de reyes. Tal es el concepto que en la Edad Media vamos a encontrar del "regnum" de España.

Recordemos el caso de Carlomagno distribuyendo el "regnum franchorum" entre sus hijos, doble aspecto de diversidad y unidad que se repite en actos similares practicados por los carolingios. En sentido territorial el "regnum" designa una tierra que por la acción de factores diferentes en cada caso, por causa de una situación que se considera tradicional, como sucede con el "regnum italicum"; por la determinación histórica de haber alcanzado precedentemente una unidad, como en el caso de España: o por la relación familiar entre los que señorean la tierra, como en el caso del "reino de los francos", etc., aparece como dotada de un vínculo de unidad. Este sentido unitario no se opone, ni a su vez resulta quebrantado, por la existencia en ese espacio de una pluralidad de reyes o príncipes. Cada uno de estos reyes o señores posee una autonomía plena respecto a los demás, forma de independencia que, negando una subordinación jerarquizada de unos a otros, no supone jamás, claro está, la situación de insuperable soberanía con que modernamente se ha configurado la independencia de un Estado frente a los demás. Los reyes que coexisten en el territorio más amplio de un "regnum", con pluralidad

(17) Hisp. Illust., I, pág. 130.

de señoríos, permanecen cada uno con su autosuficiencia; pero hay un vínculo sobre ellos, del que deriva una cierta solidaridad, una relación de parentesco que los aproxima entre sí y los separa de los demás. De esta manera, desde fuera mismo se tiene conciencia de lo peculiar de ese conglomerado, que es común a todas sus partes y que produce en los documentos medievales ese aparente contrasentido —sólo parece contradictorio para nuestra mentalidad, hecha al tipo de Estado soberano nacional, a la moderna— de hablar de un "regnum" con pluralidad de reyes. "Rex" y "regnum" no son absolutamente correlativos, como vimos al ocuparnos del concepto político de reino, como esfera del poder de un rey. Territorialmente entendido, el "regnum", y por tanto, en nuestro caso concreto, ese "regnum Hispaniae", es un espacio dotado de una forma de vida política común o emparentada, sobre el que uno o varios príncipes ejercen su potestad real.

Terminado el siglo x, el rey Vermudo II encabeza una donación suya al monasterio de San Pelayo de Oviedo, con esta extraña fórmula: "Ideoque ego seppe dictus Veremudus rex dum possideret regnum Spanie et regeret universas urbes et provincias usque finibus terre, perveni in provincia Asturiense et dum sederem in regno meo et in solio patris mei sub Dei adiutorio" (18). Si, al estilo de Barrau-Dihigo, lo insólito de este encabezamiento nos llevara a lanzar contra el diploma en cuestión una sospecha de inautenticidad, el problema no quedaría eliminado, porque en tal caso nos encontraríamos que, si no el propio rey Vermudo el Gotoso, en 996, alguien, unas décadas después, había sido capaz de formular una distinción que nos arriesgamos a interpretar así: de un lado, el reino de España, respecto al que se enuncia una vaga pretensión de posesión y al que se liga una referencia a su amplitud notoriamente grande, aludiéndole como a una extensión total; de otro lado, el reino propio, particularizado en la provincia asturiense, del que se reclama un nexo concreto de dominio político, expresado en una enérgica frase de sentido antropomórfico —el rey aparece firmemente sentado en el solio suyo—, y se añade, además, el sólido vínculo que supone proceder de herencia paterna.

Desde el primer momento, pues, el reino de España presenta una extraña figura de un ámbito que cobija varios reinos parciales. En aquel reino total es muy escaso y aun inexistente el contenido jurisdicional, aunque en alguna ocasión haya llegado a adquirir cierta consistencia, mientras que en los reinos parciales se da aquél con pleno vigor, por lo

---

(18) "Cartulario del Monasterio de Vega", doc. núm. uno del apéndice, año 996.

menos en relación a la época. ¿Quiere esto decir que se trate, respecto al primero, de una mera expresión geográfica como la de "terra Hispaniae", sin más que una estricta significación física? En el Concilio de León, 1020, bajo Alfonso V, se dice haberse reunido "omnes pontifices, abbates et obtimates regni Hyspaniae". El de Coyanza, en 1050, bajo Fernando I, emplea en la misma oportunidad, la fórmula "in Hispania": y así algunos otros (19). Pero, en cualquier caso, ¿qué peculiar matiz añade a esa "tierra de España" el que se llame reino? La solución negativa que, de acuerdo con la interpretación habitual, se pudiera dar a esta cuestión, no es tema que no quepa discutir y cuando nos hayamos enfrentado con otros ejemplos que vamos a analizar en las páginas que siguen, veremos que la concepción de España como una entidad política total es algo más que la de un mero soporte geográfico de una pluralidad de reinos separados entre sí. Es cierto que Alonso de Cartagena reconoce con toda claridad que "dicimus namque regnum Hispaniae, vel Franciae, cum de terris illis loquimur" (20). Ahora bien, aparte de que ese fenómeno es tardío, como el propio autor que lo enuncia, el solo hecho de que se confiese que por extensión, en casos similares a los citados, se puede llamar reino a la tierra, indica hasta qué punto ésta se contempla como un todo político, porque ya hemos dicho que, a partir del siglo XIII, tierra toma el sentido de un espacio político concreto y caracterizado.

Gregorio VII, y elegimos especialmente este ejemplo por tratarse de uno de los más claros e influyentes representantes del pensamiento jurídico-político medieval, con motivo de la cruzada que prepara en tierra oriental española, escribe en 30 de abril de 1073, a "ombinus principibus in terram Hyspanie proficisci", y les habla del "regnum Hyspanie", considerándolo todo él sometido a una misma condición jurídica: ser propiedad de la Iglesia de Roma, a la que pertenecen todas las tierras que se puedan conquistar (21). De nuevo, en carta de 19 de marzo de 1074, dirigida esta vez a los reyes Alfonso VI de Castilla y Sancho IV de Navarra, "regibus Hyspanie a paribus", vuelve a hablar del "regnum Hyspaniae", y a reclamar sobre todo él el derecho de la Iglesia, nacido de la evangelización por los siete obispos enviados de Roma por San Pedro (22). Y tres años después, 28 de junio de 1077, se dirige finalmente a "regibus, comitibus cæterisque principibus Hyspanie", y, por un lado,

(19) "Cortes de los antiguos reinos de León y Castilla", vol. I.
(20) "Anacephaleosis", ed. de Granada, 1545, fol. XCIV.
(21) Gaspar, "Register Gregor VII", en M. G. H., "Epistolae Selectae", vol. II, fascículo I, pág. 11.
(22) Gaspar, ob. cit., pág. 93.

pone de manifiesto lo que de común existencia y situación espiritual entiende que se da en ese lejano ámbito, cuando, al recordar a todos aquellos príncipes de España que la Iglesia es cabeza y madre de todas las gentes, por ordenación de Cristo, les exhorta a emplear su poder no para humana pompa, sino en honor y servicio del rey eterno y les reitera —y en esto, por otro lado, aparece lo que había de unidad fundamental en la tierra a cuyos señores se dirigía— que el "regnum Hyspanie ex antiquis constitutionibus beato Petro et sancti Romane ecclesie in jus et proprietatem esse traditum" (23).

Gobernado por un conjunto de príncipes, el reino de España no es menos uno, y hasta en términos de derecho se define de la misma manera todo él, en su posición respecto a Roma, aunque sus legados tengan que tratar con esos reyes y príncipes, separadamente, de la misma cuestión. Y así vemos que si, en el caso que nos ocupaba, las pretensiones pontificias fallan en relación a Castilla, tienen en cambio un resultado favorable sobre Aragón, y no sólo sobre Aragón, sino sobre el pequeño y limítrofe condado de Besalú, cuyo conde acepta también reconocerse "miles Sancti Petri", pagando una importante cantidad a la curia romana, lo que, entre otras cosas, nos dice cuál era la extensión que daba el Pontificado a sus pretensiones sobre ese "reino de España" (24).

En la "Historia Compostelana" se reitera la expresión "Hispaniae regnum", y la hallamos usada en las partes en que la obra se ocupa de los reinados de Alfonso VI y de su hija Urraca (25). Ello mismo nos revela lo que vamos a ver a continuación insistentemente: la conexión entre la idea del "Reino de España" y la idea medieval del imperio. En los reyes castellano-leoneses de la dinastía navarra, como después en diversos testimonios aislados que iremos viendo, la idea del "reino de España" se expresa con frecuencia en la fórmula del "imperio de España".

Esta idea de que por medio del "Imperio" se actualiza el "reino de España" tiene manifestaciones tan claras como la que descubrimos en la fórmula de datación de una escritura de permuta del Cartulario de Santillana: "Adefonsus Imperator Spaniarum Regni regnante in cives Toletane et Legione et in aliis multis" (26). "Reino de España", "Imperio de España", "monarquía de España", son expresiones, con matices dife-

---

(23) Gaspar, ob. cit., págs. 343-347.

(24) Kehr, en "Estudis Universitaris Catalans", XIII, 2; 1928; págs. 293 y siguientes.

(25) Esp. Sagrada, XX, págs. 7, 115, 140, 155, 225, 262, etc.

(26) "Libro de regla", núm. LXII, año 1103 (?). La misma fórmula en "Car. del Mon. de Vega", núm. 4, del ap., año 1102.

renciadores, que veremos desprenderse, en las páginas que siguen, de un mismo concepto fundamental: España, como totalidad de un ámbito de poder que de hecho ha existido en determinados momentos y en potencia existe siempre, determinando esencialmente la posición de los que en ella ejercen el principado.

LA IDEA IMPERIAL HISPANICA. SUS DISTINTAS FASES

Necesitamos, pues, hacernos cuestión de la idea de imperio de la tradición hispánica, convertida en pieza esencial para la interpretación de nuestra Edad Media, desde que renovado modernamente el tema, Menéndez Pidal lo hizo objeto del desarrollo magistral que es conocido. No tratamos de participar en la polémica mantenida por ilustres investigadores sobre esta materia, sino colaborar en el trabajo de aquéllos, enfocándola desde un punto de vista diferente del que por lo general se ha tomado, y más que al aspecto de la existencia, tan discutida, del imperio leonés, atenderemos al problema de la idea imperial, expresada en los ya numerosos textos de crónicas y diplomas que han sido reunidos y en otros varios que aportamos aquí de nuevo. Partiremos del nivel alcanzado por la investigación merced a los trabajos del egregio maestro Menéndez Pidal, cuyos resultados han sido reunidos y sistematizados en su obra, ya tantas veces citada, sobre "El Imperio hispánico y los cinco reinos"; la monografía de Sánchez-Candeira, tan meticulosamente construída, sobre "El regnum-imperium leonés hasta 1037" (27), y la última versión del agudo estudio consagrado al tema por García Gallo. "El imperio medieval español" (28). En torno a estos tres estudios de conjunto, giran los que han escrito algunos otros historiadores, de cuyas aportaciones parciales daremos cuenta siguiendo el hilo de nuestra exposición (29). Prescindiremos en ésta de todo lo que sea enumeración y clasificación del material a observar, puesto que, con perfecto rigor, esto está hecho en las tres obras fundamentales a que nos hemos referido.

Hemos de partir de un hecho incontrovertido: aproximadamente cin-

---

(27) Madrid, C. S. C., 1951.

(28) Inserto, en nueva versión, en el vol. "Historia de España. Estudios publicados en la revista *Albor*", Madrid, 1953; págs. 108 y sigs.

(29) Ver bibliografía sobre el tema en el estudio citado de García Gallo. Y añádase el trabajo de Hüffer "Die mittel alterliche spanische kaiseridee", en "Estudios dedicados a Menéndez Pidal", V. Madrid, 1954, págs. 361-395.

cuenta textos, de carácter diplomático en su mayor parte, y algunos, más tardíos, de carácter cronístico, llaman emperadores a los reyes de León anteriores a Fernando I. Indudablemente, son una mínima parte en relación a los que les dan simplemente el título de reyes. Aun suponiendo que muchos de los documentos que emplean la fórmula imperial se hayan perdido, más serán también los perdidos entre los que solamente ofrecen el título real; por tanto, lógicamente, la proporción, en caso de una mejor conservación de los archivos, hay que suponer que hubiera sido aproximadamente la misma. Ahora bien, aunque relativamente reducido su número, esos documentos, con el nombre —no digamos por ahora título— de emperador, son suficientes para que r e s u l t e innegable que responden a la existencia de una idea imperial, cualquiera que ésta sea, y no a un simple capricho cancilleresco de algún escriba aislado. Es decir, existe en León, y en un momento dado, el hecho trasciende las fronteras leonesas y aun castellanas, una idea imperial que hay que explicar, porque basta el dato considerado para probarnos que ese término de "imperator" no viene de la lectura ocasional y del remedo de una obra o de un diploma extraños. Precisemos el dato en cuestión en los exactos términos con que lo hace Sánchez-Candeira: "Ante estas noticias, aportadas por crónicas y documentos, nadie podrá dudar de que en verdad fueron aplicados a los reyes leoneses los títulos de *imperator, rex magnus, princeps magnus* y *basileus*, y de que en alguna ocasión hacen uso de ellos los propios soberanos de León para designar a sus padres e incluso para hacer referencia a sí mismos en el texto de sus diplomas. Pero en cambio no encontramos ni una sola carta real en la que se emplee el título de *imperator* en la *intitulatio* o en la *suscriptio*" (30). En estas palabras se recogen, de una parte, la tesis de Menéndez Pidal que ve en la pretensión imperial de los reyes de León un hecho seguro del que hay que partir para interpretar nuestra historia medieval, y, de otra parte, una importante observación de García Gallo, según la cual hay que tener en cuenta que la palabra emperador no es usada como título propio que esos reyes se den, sino que se encuentra tan sólo en documentos privados y en documentos reales, referida a reyes anteriores, no al que como rey presente suscribe el documento, y cuando, en rara excepción se aplica a éste, se encuentran en el texto, en la parte enunciativa del mismo, no en las fórmulas que le dan fuerza legal.

En esa forma que acabamos de decir, el problema arranca de Alfonso III. En tres diplomas de Ordoño II se llama éste "filius Adefonsi magni

---

(30) Ob. cit., pág. 17.

imperatoris" (31). Uniendo a esta interesante novedad cancilleresca el testimonio que antes recogimos de la "Crónica Profética" y el título de "Hispaniae rex" con que el mismo Alfonso III se designa en su carta al clero y pueblo de Tours, y apoyando el conjunto de estos datos en la preocupación política de dicho rey, sobre todo con ccasión del surgimiento del reino de Pamplona, Menéndez Pidal hace arrancar de Alfonso III su tesis del Imperio Hispánico. Este Imperio supondría la superioridad efectiva, por lo menos en la pretensión, del rey de León sobre los restantes príncipes peninsulares y la jefatura político-militar de la empresa de la Reconquista, de modo tal que el título de emperador que vemos aparecer en ese momento y que no se interrumpirá hasta la segunda mitad del siglo XII, correspondería a un concreto contenido institucional de Imperio. Sánchez Candeira, en el momento en que apareció afiliado a esta doctrina, añadió que a esa estructura política del reino leonés correspondería la fórmula "regnum-imperium" con que es designado el dominio de tales emperadores leoneses.

Hay en esto algo evidente; por de pronto, que de Alfonso III hay que hacer partir una nueva manera de entender la posición del rey astur-leonés. No pueden confundirse en un sentido único los diferentes casos de empleo de la palabra emperador que han sido aducidos en contra de la tesis de Menéndez Pidal. Esos condes de Castilla o de Galicia que se llaman también emperadores (32), esos gobernadores comarcales que aparecen llamados "imperatores terrae" (33), son indudablemente casos de empleo de la misma palabra con muy diferente significación. Es evidente que el concepto de "magnus imperator" que Ordoño II aplica a su padre, en un momento, además, en que existe un innegable propósito de exaltación de la realeza, no puede asimilarse, ni emparentarse siquiera, con el concepto de "imperator" que revela el uso de la misma palabra en esos otros casos. "Estamos, pues, dice con razón Menéndez Pidal, en presencia de un sen-

---

(31)   Ver, en el ap. documental de la obra de Sánchez Candeira, núms. 4, 5 y 6.

(32)   Sobre el caso del conde castellano García Fernández, ver García Gallo, obra citada, págs. 118 y sigs. Sobre el de los condes gallegos, íd. íd., y Sánchez Albornoz, "El tributum quadragesimale. Supervivencias fiscales romanas en Galicia", en "Mélanges Halphen", París, 1951; págs. 645 y sigs.

(33)   Ver comentario al estudio de García Gallo por Merea, en "Bol. da Fac. de Dir. de la Univ. de Coimbra", XXII, 1946; págs. 177 y sigs. Además de las citas de documentos publicados por Berganza, que se utilizan en este aspecto, hay que tener en cuenta que la fórmula del "imperator tertie", que aparece en casi todos los diplomas del cartulario de Santillana, hay que leerla sin duda "imperator terrae" y se ve allí claro que, en los casos en que se emplea, se trata de señores comarcales.

cillo y vulgar caso de distinción gramatical" (34). Se trata del uso simultáneo de una palabra con acepciones diferentes. La circunstancia de que al emplearse respecto a los reyes, vaya acompañada muchas veces de adjetivos como "magnus", "gloriossisimus", "serenissimus", etc., etc., es suficiente para mostrar que no puede equipararse, en su signifiación, a la de los otros casos aducidos.

Todavía, en relación con Alfonso III, han sido utilizados en la polémica dos diplomas según los cuales aquél se habría atribuído a sí mismo el título de "imperator Hispaniae". En general, se consideran como falsos (35) y se estiman confeccionados a fines del xi o comienzos del xii. Unos años después, hallamos, procedente también del rincón gallego, otro interesante recuerdo del carácter imperial del mismo rey, que hasta ahora creo que no ha sido recogido. Se encuentra en las primeras páginas de la "Historia Compostelana". Al hablarse en ella del Obispo Sisnando, se dice que amplió este prelado y volvió a consagrar la iglesia de Santiago, bajo el señor Alfonso "Sanctissimi imperatoris" y su mujer, la reina Jimena (36). Estos datos nos hacen suponer que en la vieja tierra occidental del reino neogótico astur-leonés, por la que Alfonso III había andado victoriosamente, había quedado viva la impresión de que con ese rey, una nueva manera de autoridad real se había manifestado. Conocido es un fenómeno análogo en relación con su mujer, la reina Jimena, reina que, por sus novedades en la manera de entender la potestad política, es tan denostada en nuestras crónicas. Y aunque esas mismas crónicas dejen aparte al rey, a ese respecto, es lógico suponer que alguna influencia llegara hasta él del lado de esa princesa pirenaica, próxima en sus ideas a la corriente de pensamiento político del mundo carolingio.

CONFRONTACION CON LA CONCEPCION IMPERIAL
EN OTRAS REGIONES EUROPEAS

En Alfonso III, indudablemente, alumbra una nueva idea política, una idea imperial. Mas, ¿cómo definir ésta? Sánchez Candeira, muy acertadamente, parte de considerar la idea imperial que se nos ofrece en Europa, teniendo en cuenta que, contra lo que algunos historiadores solían afirmar tópicamente hace algunos decenios, es manifiesta la intensidad de relacio-

---

(34) Ob. cit., págs. 18.
(35) Sánchez Candeira, ap., núms. 1 y 2.
(36) Esp. Sagrada, XX, pág. 10.

nes de toda índole que el reino astur-leonés mantenía en los siglos IX y X, con gentes y tierras del norte de los Pirineos. Frente a la tesis con que ha intervenido en la polémica Levy-Provençal, contra la que el propio Sánchez-Candeira levantó una objeción definitiva (37), hay que admitir que el título imperial surge en León en conexión inmediata con el mundo carolingio. Ahora bien, en relación con la imagen del llamado Imperio carolingio que, con este propósito de comparación, suele trazarse, hay que hacer, a nuestro entender, dos rectificaciones importantes. Refiérense una y otra a la exagerada manera de presentar el Imperio de Carlomagno y de los carolingios, refiriéndolo, antes de hora, al modelo imperial otónico en su momento de plenitud. Máximemente incurrió en esta tendencia a anticipar la figura del Sacro Imperio, E. Mayer, quien correlativamente adelantó también a los tiempos de Alfonso III y sus continuadores, un problema político que sólo surge en Europa siglos después. Efectivamente, Mayer interpretó el título de emperador leonés como pretensión de libertad o exención respecto al Imperio europeo, fórmula política cuya aparición es muy posterior; de ella nos volveremos a ocupar más adelante.

La imagen del Imperio carolingio, con la que se pone en relación la figura del "imperator" leonés, debe ser corregida en lo que respecta a la doble atribución de un excesivo contenido institucional y de un impropio, o cuando menos, extremado carácter universal. Según esta manera de ver, a rectificar en parte, el acto de la Navidad del año 800 supondría la renovación con plena eficacia de una tradición romana inmediata —inmediata en tanto que conservada viva hasta ese momento—, interpretada en el sentido de un emperador universal.

Frente a esta interpretación de la idea imperial europea, en los siglos IX y X, en el sentido de una jurisdicción "totius orbis", determinada por el valor unívoco que la palabra "imperator" podía poseer según el antecedente romano, cabe objetar otros sentidos que eran no menos posibles. García Gallo ha acertado a señalar, en conexión con otros usos del término "imperator" que antes vimos, la presencia de una significación de la palabra que viene también de la tradición romana y que había sido recogida por San Isidoro en sus "Etimologías": caudillo o general militarmente victorioso. No cabe objetar que San Isidoro recoja con ello una lejana fórmula, de antiguo extinguida en su tiempo y recordada por él como un mero dato erudito. Su empleo, actual todavía en el siglo V, aparece testimoniado en Orosio, quien llama al general cartaginés Asdrúbal "imperator

---

(37) Levi-Provençal, "Histoire de l'Espagne musulmane", I, 1944; pág. 358; Sánchez Candeira, ob. cit., pág. 49.

Poenorum" o "imperator Carthaginem" (38), a la vez que, como sucederá en todo momento, usa de la palabra "imperium", en la acepción relativa de una potestad militar.—"Scipio... imperium in Hispaniam proconsulare sortitus" (39). Pero, es más: en pleno ámbito del Imperio europeo y por un cronista oficial de esos emperadores germánicos, Widukind, se emplea el término "imperator" como el de príncipe victorioso, aclamado por el ejército—. Con referencia a Otón el Grande, escribe: "Triumpho celebri rex factus gloriosus ab exercitu pater patriae imperatorque appellatus est", y la misma idea ha aplicado antes aludiendo a Enrique I (40). Entre nosotros, la mención en las "Genealogías" navarras de los dos reyes contemporáneos, Ordoño II y Sancho Garcés I, como emperadores, tendría probablemente esa significación (41), y esta misma sería también la que encerraría el párrafo de la "Crónica Silense", en la que de García Sánchez III se dice "in omni bello strenui militis et boni imperatori" (42), párrafo textualmente reproducido más tarde por el Tudense (43). Respondiendo a la misma línea del concepto "imperator", al final de la Edad Media, Canals llama a Escipión "emperador e capitá de tota la host" (44).

Hemos señalado la permanencia de este valor relativo y parcial del concepto de "imperator", no para relacionarlo directamente con el caso de los reyes leoneses, sino para rechazar el planteamiento del tema de la idea imperial carolingia en el sentido habitual. No puede sostenerse, sobre la autoridad de Calmette, que para el hombre medieval anterior a Carlomagno, el emperador es el jefe supremo de un Estado cristiano-universal, tal como se había dado en el bajo Imperio a partir de Constantino (45).

---

(38) IV, 16, 13 y IV, 18, 20; ed. cit., págs. 126 y 131.

(39) IV, 18, 1; pág. 129.

(40) "Rerum Gestarum saxonicarum". Ver Erdmann, ob. cit., pág. 45. La referencia a Enrique I dice: "pater patrie, rerum dominus imperatorque ab exercitu appellatus"; la fórmula "dominus rerum", si se dice el emperador, o "domina rerum", si se aplica a Roma, se encuentra en escritores de la baja Antigüedad; así en Casiodoro.

(41) Lacarra. "Textos navarros del Códice de Roda", págs. 236-237.

(42) Ed. de Santos Coco, pág. 70.

(43) Hisp. Illust., IV, pág. 92.

(44) "Scipio e Anibal", Barcelona, 1935; pág. 62.

(45) Sánchez Candeira —pág. 21—. Este malogrado investigador intentó en cierto modo la confrontación de la idea europea con la hispánica. Pero no cabe pensar que de la coronación en Roma de Carlomagno, a la de Carlos V en Bolonia, la imagen del Imperio europeo sea una y la misma. En los siglos IX y X hay varias corrientes discrepantes, incluso en distintas fases de un mismo prin-

Por un lado, Orosio y San Isidoro prueban la subsistencia de una línea conceptual diferente. Por otro lado, al ser desalojado el ya agotado concepto jurídico-político del "Imperium", por el histórico-cultural de Romanía, dentro de éste se desarrolla pujante un sentimiento político particularista, del que no sóio dan pruebas las capas dominadoras pertenecientes a los pueblos germánicos instalados en las viejas provincias occidentales del Imperio, sino escritores de estas mismas que entroncan con las poblaciones indígenas anteriormente romanizadas. Ese particularismo es aceptado y exaltado por unos y otros. Y hay que conceder que puede darse en la época, muy en contra de la pretendida subsistencia de un Imperio cristiano-universal, una tendencia imperial ligada a ese relativismo de los nuevos pueblos. Que, por ejemplo, entre los visigodos no se halle ninguna manifestación de la idea imperial, en un sentido particular y relativo, como pretende Gibert, no es cosa tan clara (46). La pretensión política de Ataulfo, tal como la refiere Orosio —de la cual hemos hecho ya mención en otros lugares—, el uso del título de "Flavius" por los reyes visigodos en España —hecho reconocido en nuestro siglo XVII, dándosele el valor de una fórmula imperial—, y, finalmente, la apropiación de los emblemas del emperador bizantino por Leovigildo, son datos suficientes para suponer lo contrario. Por otra parte, la fórmula del "Rex magnus" o del "Rex regum" es conocida entre los visigodos (46 bis). Por tanto, lo que el europeo del siglo IX recibe como herencia inmediata es un sentimiento político particularista, con el que se hacen compatibles determinadas fórmulas imperiales de carácter relativo, parcial

Volvamos a referirnos al acto del 25 de diciembre del 800. Ni las ceremonias de Roma tenían una fuerza expansiva capaz de cambiar radicalmente la situación política en que se hallaban los diferentes pueblos europeos, ni exactamente lo hecho en Roma suponía la fundación de una jurisdicción universal. El nuevo emperador tiene, sí, deberes universales en relación con la protección de la Iglesia, en el orden militar, y con la defensa y propagación de la fe. Cabe decir que su universalidad no es propia u originaria, sino de segundo grado, derivada de la universalidad

cipe. Foltz ("L'idée d'Empire en Occident du Ve au XIVe siècle", París, 1953) ha hecho hábilmente una exposición de esas tendencias sirviéndose de los materiales e investigaciones de Erdmann y Schramm. Tampoco la idea imperial hispánica puede tomarse en un sentido unívoco desde el siglo IX al XII.

(46) Comentario crítico al libro de M. Pidal "El Imperio hispánico y los cinco reinos", en *Arbor*, XVIII, 63, 1951; pág. 440.

(46 bis) Un himno del Breviario visigodo publicado por Migne (Patrol, latine, LXXXV, 917 c), comienza con este verso: "Inclite Rex magne regum".

de la Iglesia, a cuyo servicio se constituye, razón por la cual durante los siglos IX y X la Iglesia tiende a dirigir y aun a regir el Imperio (47). Pero nada de ello se opone ni nadie pretende en ese momento negar la autoridad de los reyes particulares, ni someterla jurídicamente al nuevo emperador. Esto vendrá más tarde. En esa alta Edad Media, la fórmula del Imperio cristiano es la invención genial de algunas mentes de eclesiásticos para tratar de resolver el drama de las invasiones que vive el pueblo cristiano. Es cierto que algunos eclesiásticos, en Roma o en la Corte franca, emplean la expresión "plebs" o "populus Christi", y aun hablan del "totius populo chistiano" con referencia al pueblo del Imperio. Tal vez el hispano San Agobardo es el que más se adelanta en la concepción futura de la unidad política del pueblo cristiano. Pero tengamos en cuenta que, si no en San Agobardo, en otros muchos casos se trata de expresiones hiperbólicas, puesto que a veces leemos que ese "totum" del pueblo de Cristo se hallaba presente en una asamblea, en un concilio, en la consagración de una Iglesia, etcétera, etcétera, casos en los que ese todo, evidentemente, significa la totalidad relativa de un ámbito parcial. Pero es más: aun refiriéndonos a los testimonios más extremados y puros de la idea de Cristiandad, como en el citado San Agobardo, los cuales no pueden tomarse como expresión del espíritu general de la época, tendremos que, de ese emperador del pueblo cristiano, entendido en sentido absoluto, la jurisdicción será única y universal en relación al papel que le corresponde junto a la Iglesia, pero no en cuanto superior jurídico-político de otros poderes, aspecto que hasta mucho después no se elaborará teóricamente.

Mas esta posición del Emperador responde tan sólo a la actitud doctrinal de algunos eclesiásticos, no siempre bien entendida por el propio Carlomagno y menos por sus sucesores. No cabe, por otra parte, exagerar, como hemos dicho, la fuerza expansiva de esta idea, lanzada en Roma. Hay que observar que en los documentos de los titulados emperadores francos, no se ofrece una pretensión de superioridad sobre los otros reyes, fuera del ámbito de conquistas prácticamente realizadas por Carlomagno —mientras que la pugna con el Pontificado aparece muy tempranamente (48). Es más, cuando los cronistas, apologetas de los príncipes francos, quieren exaltar la irradiación de su autoridad sobre otros príncipes —tal el caso de Eginardo respecto a Alfonso II de Asturias—, no acuden a la

(47)   Ver Arquillière, "L'augustinisme politique", París, 1934.

(48)   Sobre la reacción de Carlomagno frente al sentido de la coronación de la Navidad del año 800, ver Foltz, ob. cit., págs. 31 y sigs.

idea del Emperador universal, que les es absolutamente desconocida, sino a términos propios de la relación feudal.

Si observamos la formulación oficial más clara del orden político carolingio, la "divisio imperii" del año 817, encontraremos que en ella es casi indefinible la conexión entre el emperador y los reyes francos; pero, sobre todo, y ello es lo más interesante a nuestro objeto, no hay la menor referencia a una jurisdicción imperial sobre reyes cristianos ajenos, y todo se reduce, exclusivamente, al conjunto del "regnum franchorum". Recordemos el documento citado en el capítulo anterior, de Luis II, dirigido al emperador de Bizancio en tono polémico. Era indudablemente una ocasión adecuada para echar mano de esa pretendida idea universal de Imperio. Y, sin embargo, ese carolingio no piensa más que en la conexión con sus parientes, merced a la común condición de reyes francos.

En la corte franca no se da propiamente, ni en los documentos oficiales ni en la línea de la política práctica, la idea de un emperador cristiano-universal superior, en virtud de una relación jerárquica organizada, sobre los otros reyes, si no es sobre los restantes reyes carolingios constituídos sobre los mismos francos o sobre los demás pueblos conquistados. Aparte queda la relación con la Iglesia, como nuevo Emperador romano. Junto a esto cabe ver una línea de relativismo imperial que se revela en la orientación de Carlomagno, después del año 800, deslizándose del plano eclesiástico del Imperio romano al del Imperio franco (48 bis) y manteniendo su título real, propio. Este título, establecido en 801, separándose de la imagen de la Coronación en Roma, dice: "Serenissimus augustus a Deo coronatus magnus et pacificus imperator Romanum gubernans imperium qui et per misericordiam Dei rex Francorum et Langobardorum" (49). Y después de este momento se va acentuando cada vez más el alejamiento de la idea imperial eclesiástico-romana. Así se ve en casos como el del capitular de Carlos el Calvo, en 844, titulándose "Imperator franchorum et aquitanorum" (50). Y tengamos, finalmente,

---

(48 bis) Foltz, ob. cit., pág. 34.

(49) Sobre el sentido directivo y no de dominio político, que se asume respecto al Imperio romano renovado, ver Classen, "Romanum gubernans imperium", en "Zeitsrichft für Rechtsgeschichte", G. A., 1950.

(50) El valor relativo, diferente de la tradición romana, de esta fórmula, ha sido señalado por Stengel, "Kaisertitel und Souveränitätsidee", en "Deutsches Archiv für Geschichte des Mittelalters", III, Weimar, 1939. Sobre la distinción de francos y aquitanos, como base de su imperio, ver los diplomas de Carlos el Calvo publicados por Lot y Teissier, "Recueil des actes de Charles le Chauve", núms. 184, 187, 188, 190, etc.

en cuenta que lo que no llega a alcanzarse con Carlomagno, lo que va decayendo cada vez más de Carlomagno a Carlos el Calvo, esa pretendida idea imperial universal, no es ya más que inoperante y generalmente incomprendido remedo de la misma, después de Carlos el Calvo, hasta llegar a los mezquinos representantes de esta idea en tiempos de Alfonso III, como oportunamente ha recordado monseñor López Ortiz (51).

Detrás de esa idea imperial suscitada en Roma y que no llega a ser entendida, ¿qué contenido institucional podía darse? En la interpretación del valor imperial del título leonés se ha jugado con la cuestión de la existencia o inexistencia de una estructura organizada, poniendo este aspecto en relación con el Imperio carolingio. Y también en esto hay que rectificar la imagen del Imperio europeo. Nos reduciremos a recoger las conclusiones a que llegó en este punto Halphen: El Imperio carolingio se resintió, a lo largo de su historia, de una confusión originaria, y ni Carlomagno ni sus consejeros llegaron a tener una idea precisa de la empresa a realizar. "Nunca llegó a adquirir clara conciencia de las necesidades surgidas del estado de cosas que había sido creado, y todo hace suponer que lo consideró como provisional y ligado a su persona". Y más adelante añade: "Las vacilaciones del principio continuaron hasta el 840, para terminar pronto, a partir del tratado de Verdún, en una liquidación en apariencia definitiva. Pero arruinado territorialmente, el Imperio se mantiene, después de esa fecha, en el plano espiritual y moral, como una realidad viva. La autoridad personal de los príncipes que llevan el título imperial cuenta en adelante menos que la idea que encarnan: la de la unidad del Occidente cristiano. No cabe asombrarse, pues, de que la Iglesia recoja de las débiles manos de los carolingios la dirección de esta comunidad ideal que constituyen unos pueblos, convertidos en políticamente extraños los unos a los otros, pero que permanecerán solidarios en cuanto a la religión y a la civilización" (52).

Si tal es el correlato europeo de una posible concepción imperial leonesa, no parece que pueda fundarse ésta en una respuesta directa al principio imperial carolingio, ni en el sentido de Mayer, ni en el de una pretensión de superioridad institucionalmente organizada sobre un ámbito relativamente total, concebido como algo aparte del "totum" político europeo. Y, sin embargo, queda un resto que no cabe ignorar, constituído por las diversas fórmulas usadas en esas más de cincuenta referencias de

---

(51)   Las ideas imperiales en el Medievo español, en la revista *Escorial*, Madrid, 1942; VI, págs. 45 y ss.

(52)   "Charlemagne et l'empire carolingien", París, 1949; págs. 497 y sigs.

diplomas y crónicas que antes mencionamos. Queda, cualquiera que ella sea, una incuestionable idea imperial que en esos textos, más o menos confusamente, se expresa. No cabe duda de que cuando los reyes de León son llamados "imperatores" no se emplea esa palabra en el mismo sentido que se dice de un funcionario fiscal o de un señor comarcal. El "magnus imperator", el "rex magnus", el "basileus", no es ni el "comes imperator" ni el "imperator terrae". Stengel habla de una idea autónoma, que él considera germánica, de "imperator", sin contenido de universalidad, de modo que no solamente en Bizancio o en el Oeste carolingio, sino en espacios reducidos —en contraposición a una pretensión de vigencia ilimitada —se ha dado históricamente el título imperial. Stengel, considerándolos como sorprendentes, descubre dos ejemplos de esta línea en los mismos países en los que rigió el principio imperial carolingio y otónico: Uno es el ya aludido de Carlos el Calvo; otro de Luis el Germánico, "rex vel imperator totius Germaniae Rhetorumque et antiquae Franciae necnon Saxoniae, Thuringiae, Norici, Pannoriarum atque omnium septentrionalium nationum" (53). En la misma corriente aparecen comprendidos los casos de los reyes ingleses. Alrededor del año 700, Adamnanus, en su "Vita S. Columbae", presenta al rey anglosajón de Nortumbria como aquél príncipe que "totius Britannie imperator a deo ordinatus est" (54). Y si este ejemplo es anterior a Carlomagno, también durante el reinado de éste, en los de sus sucesores y hasta a lo largo de todo el siglo x, continúa el uso de dicho título, que en el xi emplea todavía Knut el Grande (55). Finalmente, en la misma dirección pluralista y limitada, se inserta, según Stengel, la modalidad leonesa.

A pesar del antecedente inglés del año 700, creo que esa concepción imperial limitada, o mejor dicho, sin pretensión de universalidad, viene también directamente de la experiencia de Carlomagno. Si ese texto de Adamnanus de Hy es auténtico, habrá que decir que por lo menos el fenómeno carolingio es el que suscita la expansión del título imperial y lo convierte en algo que, en la Historia del pensamiento, hay que tomar cuenta. Es decir, esa corriente deriva de imitación del modo carolingio, mal interpretado en parte, claro está, como sucede siempre en el caso de las influencias políticas de unos sistemas sobre otros (como la Constitución

---

(53) Etengel, ob. cit., págs. 6 y 50.

(54) Erdmann, ob. cit., págs. 7 y 8.

(55) Jollife: "The constitutional history of medieval England", Londres, 1937, págs. 100 y sigs., en donde estudia la realización de la idea del "reino británico", según la fórmula del "imperium Britanniae".

americana fue una errónea interpretación del modelo inglés, en un momento dado).

Carlomagno y sus continuadores no han sido siempre y necesariamente vistos coetáneamente como señores de un Imperio cristiano-universal, con jurisdicción superior sobre todos los príncipes, ni como nuevos emperadores romanos, constituidos en brazo secular de la Iglesia. La imagen de aquéllos que se expandió fue, más bien, la de emperadores en tanto que príncipes de varios pueblos. En escritores de la baja Antigüedad (Claudiano, Sidonio Apolinar, Casiodoro) se hace referencia al caso de la reunión de una pluralidad de reinos que componen un imperio y su príncipe único es llamado emperador (56). Tal vez, respondiendo a un último nexo con el sentido que nos confirmó Orosio, se estimó su gloria imperial como la de aquellos que habían logrado dominar sobre una diversidad de gentes o pueblos. Y, efectivamente, observemos que en una de las epístolas dirigida a Carlomagno, entre 792 y 793, por los obispos españoles, sobre la cuestión del adopcionismo, se le llama a aquél "diversarum gentium principi" (57). Es cierto que la posible data del documento es anterior a diciembre de 800; pero la coronación en Roma, en esta última fecha, sin repercusión más allá del círculo inmediato al rey franco, no cambió la situación. Tengamos en cuenta que, a mediados del siglo X, para el "Cronicón Iriense", al que no sólo le es conocida la existencia de Carlomagno, sino su gloria, al señalar la fabulosa entrevista con él de Alfonso el Casto, le tiene no como un emperador universal, sino como "magnus", "rex magnus", rey sobre otros, por cuanto que es rey de reyes (58). En Asturias no debió ser conocida la renovación del Imperio por fuentes de origen eclesiástico y romano, sino por fuentes del lado franco. Del conocimiento de una de ellas, Eginardo, hay pruebas fehacientes y he aquí cómo ve Eginardo la figura de Carlomagno: "Karoli magni atque ortodoxi imperatoris, qui regnum Francorum nobiliter ampliavit —tal era, según aquél, el título que se grabó en su tumba (59)—. Recordemos que, además, según Eginardo, el rey Carlos, en tiempos del Papa León, "Imperatoris et augusti nomen accepit", títulos que levantaron la envidia de los "Romanis imperatoribus" —así los llama el autor (59 bis).

En el concepto antiguo de "gens", cada grupo tenía propiamente su

---

(56) Ver Erdmann, ob. cit., pág. 12. En Jolliffe, ob. cit., pág. 102, se cita un texto referente al rey Eodred, de análogo sentido.

(57) M. G. H., "Concilia Aevi Karolini", 1-2; pág. 120.

(58) Ver nota 13 de este capítulo.

(59) Ed. cit., de Halphen, pág. 88.

(59 bis) Idem, íd., pág. 80.

jefe, su rey o reyezuelo. Al aparecer alguien que absorbía el principado sobre diferentes grupos, adquiría una figura relevante y superior, en cuanto que "rex diversarum gentium": es la figura del "imperator". Reconociendo esa peculiaridad de un grupo diferente de los francos, constituyó Carlomagno a su hijo Luis en rey de los aquitanos —hasta tal extremo que este príncipe aparecía, ante sus súbditos, vestido a la usanza vasca—, conservando el padre una posición superior sobre el nuevo rey. El sistema se sigue, en principio, con los emperadores siguientes: Luis el Piadoso y Carlos el Calvo. Y de esta manera se consolida la imagen imperial del "rex regum". ¿No asumiría en su tiempo Leovigildo los emblemas imperiales bizantinos por haber dado la condición de reyes, sujetos a su autoridad, a sus dos hijos? También el análisis de los ejemplos ingleses nos lleva a la fórmula del "imperator regum", "rex regum" (60).

"REX MAGNUS" O REY DE REYES

Sobre la base de los antecedentes que quedan señalados y en especial del testimonio mozárabe de los obispos adopcionistas, si añadimos la circunstancia de que, más o menos por la fueza, Alfonso III fue rey sobre sus hijos, reyes también, podemos llegar a considerar, como probable razón de que fuera llamado emperador por su hijo la de que así, sirviéndose del modelo carolingio, recordaba Ordoño II la condición real alcanzada por él y sus hermanos en tiempo de su padre y reconocía, con filial respeto y exaltación del solio leonés, la conservación por Alfonso de su título de rey superior. Que en todo esto el modelo carolingio actúa de inspirador, en la forma en que parece fue interpretado en España, se confirma con el uso de la palabra "magnus" y sobre todo el aparecer ésta formando parte de los títulos de "rex magnus" y de "princeps magnus" También en Inglaterra el "rex magnus" es un rey "inter omnes reges" (61). De una u otra forma, estos títulos van también conferidos a los mismos reyes que son d e s i g n a d o s como "imperatores". Es un problema la manera como nuestros reyes, hasta el siglo xi, utilizan especialmente el título de "princeps". Esta no es o c a s i ó n oportuna para entrar en el análisis del tema. Advirtamos, sin embargo, que Eginardo cuenta en su biografía del Emperador, que en la basílica de Aquisgrán,

---

(60)   Stengel, págs. 4-6. Ver sobre el caso de estos emperadores británicos mi art. citado en la nota cuatro de este capítulo.

(61)   Erdmann, pág. 7.

con letras rojas, había una inscripción glorificadora de su fundador, en cuyo último verso se leía: "Karollus princeps". Según es frecuente en la obra de Eginardo, el pasaje es una transposición de otro de Suetonio, como señala Halphen, en el que es de interés observar que el papel de la palabra "Princeps" en Eginardo corresponde al del título imperial "Caesar" en el historiador de Augusto (62). Todavía el obispo don Pelayo, interpolando la Crónica de Sampiro, habla del emperador franco, "Caroli Principis Magnis" (63). El título de "princeps", así como el de "imperator", vienen a nuestros reyes de fuentes carolingias y, a través de ellas, de una tradición clásica.

Nuestros reyes, o mejor, aquellos que dan a nuestros reyes el título de emperadores, se mueven en los límites de una visión parcial del ejemplo carolingio, en la forma en que circunstancialmente penetró éste entre nosotros. De él toman una serie de adjetivos con que acrecentar el brillo del título empleado, quizá para distinguirlo de otras acepciones posibles. Vemos así empleados "gloriossisimus", "serenissimus", "magnus", etc. En cambio, sin duda porque no figuraba entre los datos conocidos, ignoran totalmente el de "augustus", que por tradición es el más comúnmente unido a "imperator". Los reyes francos, por el contrario, que procedían según inspiración directa del modelo romano, es el que con más frecuencia se atribuyen. Hasta aquéllos que no tienen más que título de "rex" se llaman augustos (63 bis).

Rey de reyes o rey de varios pueblos y, por ende, emperador —"imperator regum et nationum", dice también un documento del rey inglés Athelstan, del año 930 ó 934—, el rey astur-leonés aparecía gobernando sobre grupos diversos. Dada la imprecisa conciencia del hombre medieval sobre la condición de pueblo o grupo, no necesitamos exigir hoy, para admitir que esa diversidad se diera, una caracterización definida de tales grupos o naciones. Bástenos recordar que, en documentos citados a través de nuestras páginas, hemos hallado menciones de astures y cántabros, astures y cristianos, gallegos y astures, gallegos e hispanos, astures y castellanos, etc. Ahora bien, la condición imperial atribuída a los reyes astur-leoneses, ¿postulaba una diversidad limitada a estas gentes comprendidas en el interior de su reino o se extendía a una pretensión de superioridad sobre los demás reyes y príncipes peninsulares? Según la tesis del maestro Menéndez Pidal, el título imperial leonés, que él considera netamente

---

(62)   Ed. cit., págs. 92 y 93.

(63)   Sánchez Candeira, pág. 37.

(63 bis)   Halphen y Lot, "Recuil des actes de Lothaire et Louis V", introd.; página XXV.

como título y, por tanto, esencialmente diferente de otros casos en que la palabra emperador aparece como mero apelativo, lleva consigo una declaración de superioridad sobre toda España, o mejor, sobre todos los príncipes hispánicos. Uniendo la expresión de una voluntad de reconquista total de la Península que se encuentra en la Crónica Albeldense y que ya nos es conocida, la esperanza de un restablecimiento del reino de España que se anuncia en la Crónica Profética, el título de "Hispaniae rex" con que el mismo Alfonso III se designa en la epístola al clero y pueblo de Tours, las preocupaciones de predominio sobre el nuevo reino navarro que en su acción política revela dicho rey, y relacionando todos estos aspectos con la aparición del título imperial de que algunos se sirven para formular la nueva posición del poder real que indudablemente se alcanza con aquél, Menéndez Pidal sostiene que ese título imperial es la expresión jurídico-política de una superioridad jerárquica proyectada sobre toda España y traducida en una concreta estructura institucional.

Es incuestionable la preocupación hispánica en la política de Alfonso III, es también un resultado claramente establecido el del valor de superioridad, en el sentido de rey de reyes, que si no como título siempre, si como calidad, se reconoce en el rey de León. Pero es difícil de dilucidar, sobre la base del estado actual de las fuentes conocidas, la precisa articulación entre esas dos caras del problema. En todo caso, constituye una hipótesis adecuada para explicar muchas de las complejas cuestiones que Menéndez Pidal plantea sobre la vida política de nuestros principados medievales, sobre todo, en lo que se refiere a las relaciones entre ellos. Claro que algunas de estas relaciones se explican también por nexos de carácter feudal, sin necesidad de apelar a una jerarquía imperial, puesto que son relaciones de superioridad que en un momento dado se dan entre príncipes hispánicos distintos del rey-emperador leonés, como sucede con ciertos pactos, incluso entre condados catalanes, para reparto de tierras de reconquista, o determinadas situaciones, como la derivada del juramento de fidelidad que el rey de Navarra, Sancho IV, presta al pequeño rey de Aragón, Ramiro I, por el castillo de Sangüesa y otras villas (64). Pero el problema de este tipo de vinculaciones que, respecto a los reyes castellano-leoneses, adquieren reyes y condes del resto de España y del Mediodía francés, nos lleva a otra fase en el desarrollo del concepto imperial hispánico.

Antes de entrar en el nuevo sentido con que dicho concepto se matiza, advirtamos que en términos análogos a los hasta aquí expuestos continúa subsistiendo hasta la derrota de Vermudo III, la denominación de empe-

---

(64) "Liber Feudorum Maior", doc. núm. uno.

radores dada a los reyes de León, sin más novedad que el breve episodio
de un caso nuevo de imitación, análogo en su carácter al que suscitara
el modelo carolingio. Nos referimos a Ramiro III y sus títulos bizantinos. Es de interés el dato que aporta monseñor López Ortiz: la presencia
de una embajada de Bizancio que por aquéllas fechas se encuentra en
España (65). Vemos, pues, que la noticia, posiblemente por ese vehículo
llegada a León, produce un fenómeno imitativo, de la misma condición
que el que causó la probable penetración anterior de la obra de Eginardo.
También, y en forma semejante, el título de "basileus" entra en Inglaterra
por las mismas fechas. Por lo demás, fenómenos de imitación del modelo
bizantino se dan en la esfera del Imperio germánico, como en los ámbitos
en que rigieron las ideas imperiales parciales de Britania y España. Si
Justiniano II usa (fines del siglo VII) el título "Dominus Justinianus servus Christi" (66), también Oton III, sobre 998, se llama "servus Chisti",
"servus Dei", "servus apostolorum" (67), y en León, aparte de que Ramiro II, en un diploma de 946, se dice (y el caso parece una corrupción
del texto) "rex servorum Dei" (68), Ordoño III usó de la fórmula "servorum Domini servus", en lo que Erdmann ve un paralelo con Otón III
(69). Estos datos, por sí minúsculos, refuerzan, sin embargo, la pretensión
de los reyes astur-leoneses de presentarse según el modelo de los grandes
príncipes de fuera...

Las fechas de los ejemplos que acabamos de recoger están comprendidas en el siglo X, época en que la idea imperial sufre un fuerte eclipse
en Europa, del cual sólo saldrá merced a la renovación otónica. Es en
ese siglo X en el que tienen lugar las manifestaciones de la modalidad
imperial leonesa a que nos hemos venido refiriendo, puesto que incluso
las pertinentes a Alfonso III se contienen, como dijimos, en documentos
de su hijo Ordoño II, posteriores al 900. Pero en todos los diplomas y
textos cronísticos en los que los reyes siguientes, desde Ramiro II a Vermudo III, son calificados de Emperadores se omite toda referencia a la
idea hispánica y tampoco hay otro tipo de documentos en que ésta, con
independencia de la fórmula imperial, se contenga expresamente imputada
a tales reyes, al contrario de lo que sucedía con Alfonso III. Respecto a

---

(65)   Art. cit., pág. 59.

(66)   Ver Grabar, "L'Empereur dans l'art bizantin", París, 1936; pág. 19

(67)   Ver Schamm, "Kaiser, Rom und Renovatio", Leipzig, 1929; págs. 135
y siguientes.

(68)   "Cart. del Mon. de Vega", dipl. núm. 2.

(69)   Ob. cit., pág. 34, nota tres. En todo caso, sería al revés: Ordoño III
reina entre 951 y 956, Otón III entre 983 y 1002.

estos otros príncipes llamados emperadores, no cabe más que rastrear una cierta preocupación hispánica en algunos de sus hechos singulares. Ahora bien, lo que sí se observa es una consolidación y reconocimiento de su calidad imperial, creo que en el sentido de "imperator nationum". Recordemos que, en el área del Imperio germánico, Regino de Prüm, no menos que el analista de Fulda y que el monje Notker de San Gal, siguen concibiendo el Imperio como una jurisdicción de "diversarum gentium regnorumque", como dice el primero de los tres (70). También en el occidente peninsular hay una pluralidad de reinos, y si tenemos en cuenta que, al rey de esa tierra, por ejemplo Alfonso V, se le llama en las crónicas rey de Asturias y de Galicia, ello explica que en 1023 el famoso obispo Oliba, al escribir a Sancho el Mayor, aludiendo a ese rey de León le designe, omitiendo por innecesario su nombre, como "rex imperator" (71). En discrepancia con el uso que de este importantísimo documento se ha hecho, entiendo que esta epístola del ilustre abad-obispo nos ha de llevar más bien a pensar que el título leonés había perdido el valor hispánico que hipotéticamente podemos atribuirle en su momento originario. Si tenemos presentes las pretensiones políticas efectivas de Sancho Garcés III, los títulos de que usa y los términos con que define más de una vez su reino, podemos suponer que su íntimo colaborador Oliba, en la ocasión en que le escribe pidiéndole que ayude a la obra de Ripoll, si le llama "rex ibericus" lo hace para glorificarle, proyectándole a él y no a otro, sobre el ámbito hispánico —tal vez movido, entre otras razones, por la esperanza de que el rey se sintiera solidario de la fama de un monasterio catalán: "Domino et venerabili Santio regi iberico" (72). Por otra parte, hemos visto que el uso del nombre Iberia subsiste en medios cultos eclesiásticos, con el mismo sentido que Hispania.

En los siglos IX y X, diplomas ingleses permiten añadir un tercer aspecto a la concepción imperial restringida de que nos venimos ocupando. Hemos visto hasta aquí dos elementos: una diversidad de grupos o de reyes, una instancia superior de un rey de reyes o "rex magnus". Falta la totalidad relativa de un orbe: el orbe británico —"totius Britaniae orbis gubernator", se dice de algunos de esos emperadores británicos (73). Esta

---

(70)   Erdmann, ob. cit., págs. 29 y 30.

(71)   Sánchez Condeira, ap., núm. 43; y Pérez de Urbel, "Sancho el Mayor, de Navarra", Madrid, 1950; pág. 110.

(72)   Sobre este documento, Beer, "Los manuscritos...", en B. R. A. B. I., de Barcelona, X, enero-abril de 1910, pág. 254.

(73)   Birch, "Cartularium Saxonicum", Londres, 1865. Ver Erdmann, páginas 40 y ss.

modalidad imperial inglesa, hace tiempo conocida, empezó siendo interpretada como una pretensión hacia fuera, y contra esta tesis de Freeman ("History of Norman Conquest", I, III, 4), Bryce redujo el hecho a la influencia de la retórica imperial europea sobre los secretarios reales y a la idea de que un trono imperial es aquel que se apoya sobre varios reyes o altos príncipes, pretendiendo "reclamar sobre todas las naciones de su isla, pero sin derecho legal, una superioridad parecida a la que el emperador romano reivindicaba sobre los reinos de la Cristiandad (73 bis). Era ésta una solución que no podía satisfacer, porque no explica suficientemente el hecho, como sucede con alguno de los intentos hechos sobre la modalidad hispánica. Los elementos reunidos por Jolliffe (74), completados después por Erdmann, y la posibilidad de interpretar su conjunto en la línea de la concepción imperial relativa o particularizada a un orbe, hacen posible articular hoy la tesis que queda expuesta, tesis que, a continuación, cuando encontremos el título imperial referido, constantemente y formalmente, al ámbito hispánico, veremos que es también aplicable al caso de España.

LAS NUEVAS CONDICIONES POLITICAS CREADAS POR SANCHO III DE NAVARRA

Llegamos con ello a la fase en que el problema del título imperial se plantea en relación con una de esas figuras clave de nuestra historia: Sancho III de Navarra. De este rey hay tres tipos de documentos que hemos de tomar en consideración: aquéllos en que da el título de emperador a Bermudo III, aquéllos que liga su título de rey al nombre de España y aquéllos en que se titula emperador a sí mismo. De Sancho III se conservan dos diplomas (1028-1032), con sendas donaciones al Monasterio de San Juan de la Peña, encabezados con la fórmula "Ego, Sancius, rex", en los cuales se mencionan en la datación, junto al rey otorgante, otros nombres de príncipes (los condes de Barcelona y Gascuña), "et imperator domnus Veremudios in Galletia". Parece que, aun reconociéndole el título que por una tradición ya secular corresponde a Vermudo, el rey navarro, al servirse de una versión geográfica que en otro lugar hemos visto atestiguada hasta muy avanzada fecha, pretende arrinconar

---

(73 bis) "Le Saint Empire Romain-Germanique", París 1890; pág. 185.
(74) "The constitutional history of medieval England", Londres, 1937; páginas 101 y siguientes.

a Vermudo en la parte occidental y, sobre la base de la distinción entre Galicia e Hispania, reclamar para sí la suprema potestad sobre el ámbito hispánico. Aproximadamente por las mismas fechas de estos documentos, hay otros del mismo rey èn los que define geográficamente la extensión de su reino: "...de Zamora usque in Barchinona et in cuneta Guasconia imperante" (75). Este diploma es de 1033 y de 1030 y 1033 son también, respectivamente, otros dos del mismo Sancho, con el título "rex Dei gratia Hispaniarum" (76).

Probablemente, frente a la primera solución encontrada por Sancho de confinar al emperador Vermudo en el rincón gallego y reclamar para sí el principado hispánico, en los años de 1030 a 1033, a que corresponden los documentos que acabamos de citar, madura en él una idea nueva: arrebatar a Vermudo el título por el procedimiento de arrancarle la sede tradicional de su reino, León, "imperiale culmine", según la ha llamado en alguna ocasión (77). Y efectivamente, en 10 de enero de 1034 entra en la capital, que ocupa pacíficamente. Dos días después, en la misma ciudad de León, confirma un documento, como ha hecho observar Menéndez Pidal (78), en el que se titula "Serenissimus princeps magnus", que en la tradición carolingia y europea equivale a emperador. Esto, más algunas menciones de su "regnum-imperium", o simplemente de su "imperium" (casos, estos últimos, carentes de interés) y la famosa moneda suya acuñada en Nájera con la leyenda "Imperator", es cuanto se conserva como recuerdo directo de su título imperial (79).

A pesar de esta escasez de documentos podemos llegar a algunas conclusiones que no parecen aventuradas en relación con su concepción imperial. Sancho III renueva la influencia del modelo carolingio, conocido en España, usando él mismo el título de "Princeps magnus", creando una pluralidad de reyes en vida suya con el reparto de sus reinos y acuñando moneda imperial. Extiende, como ningún otro hasta entonces, su preocupación política sobre toda la España cristiana, haciéndose superior

---

(75) Sánchez Candeira, ap. núms. 55 y 56; y Menéndez Pidal, ob. cit., página 74.

(76) "Cart. de San Salvador de Oña", núms. 19 y 26.

(77) Donación al monasterio de San Fructuoso, en 1032. El texto en Pérez de Urbel, extractado, pero conservando la datación entera; ob. cit., núm. LXVIII del apartado II.

(78) M. Pidal, ob. cit., pág. 66.

(79) Recuérdese, además, el doc. falsificado que recoge M. Pidal, ob. cit., página 68, quien le atribuye un gran interés en la historia de las instituciones. En todo caso, la falsificación parece estar hecha unas décadas después de la muerte del rey.

sobre sus príncipes, incluyendo los condados orientales y sirviéndose de colaboradores de todas las tierras peninsulares —entre los cuales, junto al partido de sus amigos y parientes en León, se cuenta en Cataluña no sólo el obispo Oliba, sino también otra importante figura, Poncio, antes monje de Ripoll y abad de Tabérnoles, luego obispo de Oviedo y más tarde de Palencia (80). Parece, pues, resultado firme que Sancho el Mayor, sirviéndose del molde tradicional del título imperial leonés, renovándolo según la misma inspiración carolingia que le dio vida, trata de insuflarle una ancha idea hispánica que, en el caso improbable de haber existido como núcleo de la fórmula del "imperator magnus" en Alfonso III, se hallaba a comienzos del siglo XI en estado desfalleciente.

Distinto problema es el de si, en la manera de entender esa totalidad de Hispania, la idea de Sancho el Mayor difería radicalmente del programa neogótico del reino de León. "Forzoso es —dice Menéndez Pidal—, que la idea imperial neogótica desarrollada por los Alfonsos y los Ramiros, al ser acogida en una mente pirenaica, se habrá de hallar muy alejada de como la concibieron los antiguos asturianos y leoneses"; y más adelante: "Así la figura del antiemperador vascón aparece bajo aspecto grandioso en cuanto ella abre para la historia de España las puertas hacia lo que se llama la baja Edad Media. Seguro impulsor de la vida nacional hacia nuevas orientaciones, fue a la vez audaz despreciador de tradicionales realidades; fue, hablando a lo moderno, el primero de los "europeizadores" en España (81). Cabe decir que su fórmula sería la de mirar a Europa desde una radical posición española. En definitiva es el primer actualizador conocido, entre los reyes, de la idea política de Hispania.

La fórmula astur-leonesa de los siglos IX y X había agotado sus posibilidades. La Reconquista y la idea de totalidad hispánica no se habían olvidado, pero aquélla, casi desde los tiempos de Alfonso III, no había

---

(80) Sánchez Candeira, "El obispado de Oviedo entre 976 y 1035", en "Estudios dedicados a Menéndez Pidal", III, págs. 622 y sigs. Es interesante la utilización de estos eclesiásticos de la zona catalana. Abadal ("La sede ribagorzana...", ya citada, pág. 69) habla del monje de Ripoll, Salomón, consagrado obispo de Roda, para servir el designio de Sancho Ramírez de fortalecer la independencia de aquella sede. Y recordemos también al obispo Paterno, en tiempos de Alfonso VI, y, sobre todo, al ilustre arzobispo de Tarragona, San Olegario, quien según la "Historia Compostellana" (lib. III, cap. 14, "Esp Sagr." XX, pág. 497), con Gelmírez y el propio rey Alfonso VII, preparan, en el concilio de Carrión de 1130, cuanto atañe a la Iglesia y al "Hispani regni" También este San Olegario interviene en los acuerdos entre las iglesias de Tarazona y Tudela (Ver Lacarra, "La iglesia de Tudela...", pág. 423).

(81) M. Pidal, ob. cit., pág. 60 y 78-79.

dado un paso decisivo. En medio de un aislamiento mortecino, el reino de León era cada vez menos eficaz en su acción peninsular. Sancho el Mayor infunde nueva savia en su organismo y nueva y brillante fase dependerá de su decisiva acción, al trasladar —la iniciativa del hecho es suya— el centro de gravedad hacia la parte oriental leonesa, en donde se había fraguado la nueva fuerza del condado de Castilla. Pero, además Sancho el Mayor —ya que el lejano e inseguro antecedente de Alfonso III quedó sin continuidad— es el que inaugura en nuestra historia el título de "rey de España", que sus sucesores repetirán hasta hacerlo habitual durante dos siglos. Frente a esto, la circunstancia de que él renovara el sistema de reparto de las tierras entre sus hijos no puede ser aducida, porque esos repartos, después de lo que en el capítulo anterior hemos tratado de explicar, sabemos que no contradicen el concepto unitario del "regnum Hispaniae" que Sancho III, al invocarlo bajo su título de rey, hace madurar definitivamente. El —y junto a él habría que citar a su suegro, el conde de Castilla, Sancho García— es el primero en abrir los reinos del Occidente a los condados orientales de la Península y viceversa. El inserta políticamente en la órbita hispánica tierras y condados diseminados por la cadena pirenaica. Y él, como ningún otro antes, da a su título de "rex Hispaniae" un contenido de real eficacia: "...de Zamora usque in Barchinona".

Por estas razones, sin duda, nuestras crónicas de la Baja Edad Media, no muy abundantes ciertamente en recuerdos de la tradición imperial española, tienen en cuenta cuál fue la posición de este rey Sancho, para llamarle "Imperator". Tal es la manera que tiene de designarle la Crónica Pinatense, la cual intenta dar una explicación del caso, en un texto conocido y frecuentemente citado: "Propter latitudinem terrarum quas possidebat et quibus dominabatur, fecit se nominari Imperatorem" (82). Menéndez Pidal comenta de esta Crónica: "Muy mal informada como está sobre el origen y extensión de los dominios de este rey, da una explicación arbitraria para la significación del título por él usado con tanta enumeración de territorios (83). En el fondo, la de esta Crónica es la consabida explicación del "imperator nationum", puesto que "tierras" es concepto equivalente con frecuencia a grupos, tomando el continente por el contenido. Pero, de todos modos, no era bastante y, en cambio, en la Cataluña de la primera mitad del xv, se sabía algo más de Sancho el Mayor. Turell escribió de él que reunió tantos reinos peninsulares, por derecho propio o de su mujer, que "fou intitulat emperador de Spanya"

---

(82) Ed. de Ximénez Embún, pág. 39.
(83) Ob. cit., pág. 68.

(84). Esta noticia llega a conocimiento del Príncipe de Viana, según el cual, dicho rey por haber poseído Navarra, Castilla y Aragón, es llamado "emperador de España" (85). Estos dos últimos datos que hasta ahora nadie había tomado en consideración completan la imagen de Sancho III como emperador.

Añadamos, finalmente, que de este rey Sancho, como consecuencia necesaria y confirmadora, a su vez, de la significación de aquél, derivan aquellos reyes de Castilla, Fernando I, Alfonso VI y Alfonso VII, así como, por otra parte, el aragonés Alfonso I, que representan uno de los más hermosos momentos de plenitud hispánica en nuestra Edad Media. En él madura el concepto del "regnum" de España que alcanzará una formulación jurídica precisa y una estructura institucional positiva en la nueva fase que presenta el título imperial. Pero antes de ocuparnos de esto, atenderemos a un aspecto nuevo que este título ofrece en el momento del primero de estos reyes, Fernando el Magno.

Los documentos en torno a este rey se atienen a los caracteres consabidos. Destaca, sin embargo, el reiterado reconocimiento de su condición imperial por su hermano, el rey de Aragón (86), pero referido ahora el título a León y Castilla. Quizá la más interesante novedad sea la extensión, en un caso, del título en cuestión a la reina Sancha, "regina imperatrix", con lo que evidentemente la palabra emperador no designa la condición personal de aquel a quien se aplica, sino que parece adquirir un claro valor institucional al referirse a la pareja reinante.

Con Fernando I la relación entre los reinos peninsulares se intensifica y se prepara la reanudación de la política de Reconquista. Con él la acción real se ejerce, con un interés primordial, sobre un campo nuevo, la cultura, y queda en nuestros historiadores como paradigmático el programa pedagógico que el rey aplica a la educación de sus hijos (87). Ocupándose de este tema, la "Crónica Silense" ofrece una de las primeras tipificaciones de un hábito considerado como costumbre propia de los hispanos: el rey, entre otras cosas, se empleó en hacer aprender a sus hijos "more hispanorum aequos cursare". La misma Crónica, contando cómo es obedecido Fernando por el rey moro de Sevilla, alude a los "iussa imperii" (88), con lo que el contenido jurídico-político de su autoridad parece

(84) "Record", pág. 64.
(85) Ed. cit., págs. 55, 60 y 61.
(86) M. Pidal, ob. cit., pág. 86.
(87) Ver mi art. "La formación de la conciencia estamental de los letrados" en "Revista de Estudios Políticos", núm. 70, págs. 53 y ss.
(88) M. Pidal, ob. cit., pág. 87 y ss., en donde se recogen los restantes documentos referentes a este rey.

adquirir más neto rigor. Junto a la conocida mención del "Imperator fortissimus" con que se le alude en el "Cronicón Complutense", señalemos otro dato significativo: el Toledano le designa de una forma emparentada con la de emperador, pero que añade a ésta la noción de un más pleno poder político-militar, *monarca*. Pero, como por la razón que acabamos de indicar, el monarca no es una instancia directiva sobre otros poderes, sino una potestad directa y efectiva sobre un amplio ámbito en el que domina con exclusividad, el Toledano tiene que echar mano de un concepto político-territorial en cuyos límites amplios poder presentar el dominio pleno de un príncipe de tal condición; por eso Fernando fue hecho, según él, "Monarchus Hispaniae ulterioris, scilicet Galletiae, Asturiarum, Legionis et Castellae, Anagari et Iberi" (89). Desde luego, este rey don Fernando, cuyo nombre inaugura la etapa cidiana en nuestros historiadores y poetas, quedó reconocido en la línea de los "reyes de España". Y así, del final de su reinado es un diploma en el que, recogiendo, no la idea imperial leonesa, sino la idea hispánica, con título real, se escribe, "regnante Fredinando rex in omni Spania" (90). Ello da fundamento a lo que afirmarán los historiadores. La "Primera Crónica General" considera que, tras sus conquistas, "fue después sennor de Espanna por su esfuerço et bondad de sí" (91). El "Cronicón de Cardeña II", en la primera mitad del siglo xiv, dice de él: "Este fue muy aventurado e fue Senor de España" (92). También, a fines de la misma centuria o comienzos de la siguiente, el "Cantar de Rodrigo" (93) repite el mismo concepto: "*Diósele luego Navarra et Aragón del otro cabo. —Desde ally se llamo señor de España fasta en Santiago*" y en el mismo texto, en el episodio de la arenga del rey a los suyos, antes de emprender la batalla contra los de ultrapuertos, leemos este bello verso: "*Varones, ¿qué me fizo rey señor de España? la mesura de vosotros fijos dalgo.*"

En ese momento, según el cantar, don Fernando va acompañado de aquellos a los que conjuntamente el poema llama, como ya vimos, "reyes de España". Juega aquí, pues, la idea del "principatus Hispaniae" tan constante en nuestra Edad Media, que unas veces se estima actualizado y otras latente, según los tiempos.

---

(89) "Hisp. Illust.", II, pág. 99.

(90) "Becerro gótico de Cardeña", núm. LXXVI, año 1064.

(91) Ed. Menéndez Pidal, N. B. A. E., pág. 483.

(92) "Esp. Sagrada", XXIII, pág. 377.

(93) B. A. E., vol XVI, pág. 653, y, 222-223.

LA FORMULA DEL "REX IMPERATOR IN REGNO SUO": PAR DE EMPERADOR

En relación con Fernando I se viene planteando la cuestión de la autenticidad que pueda atribuirse a la réplica victoriosa que, alentado por el Cid, dio este rey a las pretensiones de sumisión de España por parte del Pontificado y del Imperio germánico. Las posibles fuentes en que pudiera apoyarse el relato conocido de Mariana no existen. Quedan sólo los relatos juglarescos de las "Mocedades del Cid", que fueron prosificados en la "Crónica de 1344" y refundidos en el "Cantar de Rodrigo". Pero ni por su naturaleza ni por su fecha, esos relatos pueden dar fe.

Ahora bien, en la época de Fernando I esa protesta es ya posible y, con ella, es admisible en principio que el título imperial adquiera un nuevo sentido, como pretensión de exención respecto al Imperio romano-germánico. Es sabido que esa pretensión de libertad o "exención de Imperio" se expresa en otros reinos europeos acudiendo a la fórmula de equiparar la figura de uno u otro rey a la del emperador: "Rex est imperator in regno suo". Y esta es exactamente la significación de la frase "par de Emperador" que se encuentra en la Crónica de 1344 y también en el "Cantar de Rodrigo": "el buen rey don Fernando par fue de emperador". En este aspecto, la fábula de las "Mocedades del Cid" se mantiene en la línea del pensamiento político europeo: uno de los más importantes escritos franceses en defensa de la causa real contra las pretensiones del Pontificado y el Imperio, en tiempo de Felipe el Bello, la llamada "Quaestio in utramque partem" (según Rivière, de 1302), dice que el rey de Francia es "*par imperatori* quantum ad libertatem suae iurisdictionis" (94). La frase "par de emperador", no es, por tanto, vestigio, en trance de desaparecer, de una remota y ya no comprendida tradición imperial española. La frase quedó como tópico, llegando a perder su propio sentido —en tal forma se encuentra todavía en Alvarez de Villasandino (94 bis). Pero en su momento originario y como versión textual de las palabras de la "Questio" citada, es expresión rigurosa de la idea de exención de Imperio, tal como se da en la temática política europea del siglo XIV. Ahora bien, ¿qué puede haber de cierto en que esa idea de exención se impute a Fernando I, según fuentes basadas en relatos originariamente poéticos y tardíos?

---

(94) Ver J. Rivière, "Le problème de l'Eglise et de l'Ftat au temps de Philippe le Bel". París, 1926; pág. 426.

(94 bis) "Cancionero Cast. siglo XV", II, pág. 347.

Conocida de tiempo atrás en Baldo y reputada, en consecuencia, muy moderna, esta solución jurídica de equiparación entre rey exento y emperador fue hallada y estudiada por Gierke en Bartolo, y por Woolf en Oldrado de Ponte (1335). Ercole señaló su origen francés al encontrarla en el obispo de Mende, Guillermo Durand (1303). Un año antes se halla ya en la mencionada "Quaestio in utramque partem", exactamente en la forma aforística que quedará establecida en adelante, que es la misma que hemos dado —aunque en ese momento inicial referida sólo al rey francés: "...rege Franciae qui imperator est in regno suo". Todavía Calasso descubrió la misma fórmula en el jurista siciliano Marino de Caramanico. Y hoy, si no de la forma aforística conocida, sí del principio que entraña, su origen se ha fijado en el canonista Allanus. Animados por este gradual retroceso de la fecha de origen de tal frase, podemos esperar la aparición de nuevos eslabones que aproximen el comienzo de esa interesante cadena al tiempo de Fernando I. Por lo pronto, podemos observar que ya en 1208, o tal vez antes, Allanus considera que la "divisio regnorum", introducida en su época por el "ius gentium" y aprobada por el Papa, supone que todo rey o príncipe libre "unuscuisque enim tantum iuris habet in regno suo quantum imperator in imperio" (95); es decir, que cuando va a empezar el siglo XIII es ya práctica universal o establecida como segunda naturaleza por el "ius gentium", la de equiparación de ciertos reyes al emperador. Constan, por otra parte, documentalmente, a partir del año de la muerte de Fernando I, las pretensiones pontificales e imperiales sobre los reinos hispánicos. Probablemente eran éstas conocidas de años atrás, desde el momento en que Alejandro II intensifica las relaciones con la Península y el envío de legados pontificios "in Hispania" se sucede. El enérgico tono polémico de la "Crónica Silense" nos lleva a admitir la existencia, en unas décadas anteriores a la composición de la obra, de un exacerbado estado de espíritu contra determinadas actitudes de ultrapuertos. Todo ello ambientaría y haría posible que Fernando I pretendiera declararse exento de la jurisdicción imperial y acudiera para hacerlo a la fórmula que efectivamente vemos empleada después por otros reyes, titulándose emperador en el sentido de igual, en su jurisdicción propia, al emperador, esto es, par de emperador.

Ahora bien, todos estos datos que nos permiten comprobar una fuerte reacción interna, por lo menos en León y Castilla, nos llevan también a colocarla en el último tercio del siglo XI, es decir, poco después de la muerte de Fernando I y en los primeros años del reinado de Alfonso VI.

---

(95) Rivière, ob. cit., pág. 428.

Hoy por hoy, es en los años a que se extiende este último reinado en los que hemos de situar el arranque de una nueva fase en la cuestión del título imperial. Observemos, sin embargo, que en la primera parte del reinado de Alfonso VI, cuando es rey de León, antes de su destierro, la cuestión sigue planteada en los mismos términos imprecisos y de difícil valoración que hemos visto darse en la vieja tradición leonesa. Es este un aspecto que merece ser tomado en consideración para marcar mejor la diferencia con lo que luego acontece. Entre los documentos, de mayor o menor interés, pertinentes al caso, tenemos dos diplomas del Cartulario de Arlanza, datados con la fórmula "rex Sancio Castella regnante, Adefonso Legione imperante" (96); en un diploma particular de cesión de bienes, en 1068, se dice "regnante principe nostro domno Adefonso... nobilissimi imperatoris" (97). Otros dos, de la misma colección diplomática que el anterior, se refieren al "regnum et imperii Adefonso principis in Legione", en el año 1071 (98). Y a este mismo año corresponde el documento del rey García de Galicia, citado por Menéndez Pidal, en el que Alfonso confirma como "legionensis imperii rex et magnificus triunfator" (99). Son las características de siempre, con la misma ausencia habitual de proyección o referencia a España.

LA ETAPA DE LOS EMPERADORES DE ESPAÑA. ALFONSO VI

Días después tan sólo de haber sido exaltado al trono de León y Castilla, tras la muerte de su hermano, Alfonso VI, según los datos reunidos por M. Pidal, se llamará "rey de España": "Ego Adefonsus princeps et rex Hispaniae" (17 de noviembre de 1072). Los casos de intitulación que responden a este tipo se multiplican rápidamente: "Hispaniae rex", "totius Hispaniae rex", "Hispaniarum rex" (100). Esta proyección hispánica de su poder superior pasa a ser formulada utilizando el título imperial, con una novedad decisiva respecto al concepto político que el hecho entraña: ahora es el rey mismo el que se llama emperador, en la

---

(96) "Cart. de Arlanza", núms. LXX y LXXII.

(97) "Cart. del Mon. de Vega", núm. 9 del año 1068.

(98) "Cart. del Mon. de Vega", docs. núms. 13 y 14.

(99) "España del Cid", I, pág. 186.

(100) M. Pidal, "El Imperio hispánico...", pág. 99; título cuya generalización, dice este autor, me inclino a creer no fuese innovada ahora, sino recogida del pensamiento que había dirigido toda la vida del rey asesinado" (se refiere a Sancho II).

intitulación o suscripción de documentos propios, o en la confirmación de escrituras ajenas. Esa "intitulación imperial en primera persona" aparece comprobada hasta ahora inicialmente en 26 de marzo de 1077 : "Ego Adefonsus imperator totius Hispaniae". Lo que la idea imperial española puede ser alcanza, sin duda, en ese momento, su plenitud.

Llegados a ese nivel histórico, ¿cuál es el contenido ·de esa idea imperial? Los estudios magistrales dedicados a este rey por Menéndez Pidal, nos permiten reducirnos a aceptar los resultados establecidos por él, acerca de la dirección ejercida por Alfonso VI sobre la acción política y militar y la reorganización eclesiástica de los principados hispánicos. Y si, después de Sagrajas, su predominio sobre los príncipes musulmanes fue anulado, su imperio sobre los cristianos continuó con igual firmeza y pudo ser heredado por sus continuadores. Sobre cada una de las manifestaciones de esa potestad superior puede hacerse y se ha hecho la siguiente crítica : que no es necesario acudir a una jurisdicción imperial para explicar las relaciones entre reyes peninsulares de que en cada caso se trata y que relaciones de ese tipo se dan entre otros príncipes, ninguno de los cuales tiene carácter de emperador. Pero es difícil reunir un cuadro de conjunto que revele una superioridad jurídico-política comparable a la de Alfonso VI. En su amplitud y en su efectividad, el cuadro de manifestaciones de poder superior que puede trazarse en torno a la figura de ese rey no es igualado ni siquiera por ningún titular del Sacro Imperio romano-germánico.

Pero lo que hay que observar sobre todo, es que esas relaciones de superioridad, aunque singularmente podamos explicarlas como relaciones de vasallaje o de cualquier otra condición, en la época misma del rey no son vistas como vínculos personales con el rey, cualquiera que sea la tierra y naturaleza del señor, sino como hilos de una red relativamente total, por pertenencia a la cual se explican, y que se define por el nombre de España o hispanos.

Ciertamente que son numerosísimos los documentos en los que no aparece ni el título imperial ni la referencia a España, documentos que son enteramente ajenos a ambos temas y a cada uno de ellos por separado. Algunos contienen una mención de extrema vaguedad (101). Otros se reducen a una alusión de valor meramente particular (102).

---

(101)   Del tipo del diploma del Monasterio de Vega, de 1082, que dice tan sólo "Adefonsus rex imperat regnum" ("Cart. Mont. Vega", núm. 20).

(102)   Por ejemplo, "Adefonsus rex in Toleto", en 1088 ("Cart. Monst. Vega", núm. 21); "imperante rex domno Adefonso in Toleto et in Legione",

Las fechas de estos documentos, como vemos, se corresponden con las de aquellos en los que se dan las fórmulas de más exaltada titulación imperial. Irregularidades de este tipo se ven en todas partes y en todos los lugares, incluso en aquellas partes de Europa en las que se da una organización más normal. Claro que entre nosotros se produce el fenómeno en forma tan acentuada que precisamente en ello nos hemos basado en el capítulo anterior, para sostener que el fluctuante concepto de reino que allí hemos analizado se da en todas las ocasiones, incluso coincidiendo con las más acentuadas formas de totalidad hispánica.

Lo que en cambio, a nuestro parecer, no tiene nada de particular es que, en 1079, 1081, 1082, 1087, etc., no sólo en diplomas del tipo de los que acabamos de citar, sino en aquellos otros que hacen referencia a España, aparezca el título de rey, no el de emperador, mucho después de que éste haya sido utilizado en otros varios casos. Hay que tener en cuenta que el emperador sigue siendo rey; es más: sustancialmente es un rey. El emperador no es sino un rey colocado en especial posición para restablecer sobre una pluralidad de tierras, reinos o reyes, en un ámbito dotado de una cierta unidad, la "ordinatio ad unum" (103). De aquí que en muchos casos se yuxtaponga al título de rey el de emperador: "nutu Dei rex et imperator totius Ispanie", en 1079 (104); "res et totius Hispaniae imperator", en 1097, y análogamente en 1098 (105). En definitiva, esta es una práctica cancilleresca que en Europa ha llegado hasta nuestros días. En último término, tiene razón Aben Jaldun en su conocida interpretación del título imperial en el sentido de "rey de reyes" (106), sólo que ahora, con Alfonso VI, esa superioridad rotundamente se aplica a un espacio delimitado y total y esa aplicación se despliega en un contenido concreto y, aunque sea con imprecisión, hasta cierto punto institucionalizado.

Por primera vez ahora, ese espacio, definido, sin lugar a dudas, por

en 1086; "regnante rex Antefonso in Toleto et in Legione", en 1092; "regnante rex Adefonsus in Legionense civitas et in Toletola", en 1098; "regnante rex Adefonsus in Legione et in Toleto", en 1103, 1107, 1108, etc., etc. ("Cart. de San Vicente de Oviedo", núms. 100, 109, 119, 125, 132.)

(103) Kantorowicz, "The King's two bodies", Princeton, 1957.

(104) "Cart. de S. Vic. de Oviedo", núm. 80.

(105) "Cart. de S. Salv. de Oña", núms. 109 y 110.

(106) Cit. por Dozy, "Recherches...", I, pág. 105, y recogido por M. Pidal, "La España del Cid", I, pág. 263.

su propio nombre geográfico, recibe el nombre de imperio. A veces, la mención del ámbito geográfico aparece clara, rotunda, aunque sin ninguna calificación especial, a no ser la que se deriva de la calificación personal del que en aquél impera: así, "rex Adefonsus in omni Spania" o "in tota Spania" (107). Pero otras veces título y ámbito van en estricta correspondencia, aunque sigan siendo más, cuantitativamente, los ejemplos de pluralismo geográfico del tipo de los que vimos en el capítulo anterior.

Hasta entonces las menciones de un "imperium" e incluso de un "regnum-imperium" hacen referencia a la potestad del príncipe; pero ahora, cuando leemos "imperium Hispaniae" o "imperium Toletanus" no podemos abrigar dudas acerca del sentido de la expresión. La conquista de Toledo da lugar a que ese imperio se presente como restauración del que los visigodos alcanzaron; pero, en todo caso, aquellas dos denominaciones del imperio de Alfonso VI, son equivalentes e intercambiables. En 1095, presentándose en la intitulación de un documento como "Dei gratia Toletani imperii rex et magnificus triunphator", en la suscripción se titula "tocius Ispanie imperator (108), e inversamente, en 1103, hallamos estas otras fórmulas: "Ego Adefonsus Dei gratia totius Ispanie imperator...", y después, "Adefonsus Dei gratia imperii Toletani rex" (109). Bien por la expresa mención del nombre de España, o, lo que da lo mismo, de las Españas, bien por el recuerdo del pretérito momento de unidad política peninsular que simbolizaba el nombre de Toledo, la idea de la totalidad hispánica, como marco del imperio alcanzado por Alfonso, se da en ambas fórmulas. Y esa idea también encuentra expresión en el caso del "imperator super omnes Spanie nationes" (110), título que no es más que una curiosa exacta reproducción de un lejano antecedente europeo; en rigor, esa fórmula "super omnes Hispaniae nationes" no es más que nueva versión de la vieja idea del "princeps diversarum gentium", circunscrita a los límites particulares y precisos de la totalidad de España.

---

(107) "Becerro gót. de Cardeña", núm. LXXXIV, año 1079; y núm. CCLVI año 1075.

(108) "Cartulaire de Saint Victor de Marseille", doc. núm. 829; firman con el rey la reina Berta, "Tolletani imperii regina", sus yernos borgoñones, sus hijas, el arzobispo don Bernardo y los altos personajes del séquito, entre ellos Alvar Haniz al Chaid.

(109) "Cartulario de S. Salv. de Oña", núm. 116; igual, núm. 121, de 1105.

(110) M. Pidal, ob. cit., págs. 104-105. El doc. de 1088 se halla también copiado en el "Cartulario de San Víctor de Marsella", ed. cit. núm. 828.

A mi modo de ver, seguimos dentro de la concepción imperial europea no universalista, no eclesiástico-romana, tal como se muestra en los documentos ingleses, agregándose ahora, entre nosotros, ese otro elemento de la referencia a un espacio entendido como totalidad relativa. Sin embargo, y a pesar de que la fórmula "super omnes nationes..." se halla ya en textos ingleses, de los publicados por Stenzel; creo que la fuente de la modalidad española sigue estando preferentemente en la conservación del modelo carolingio. Se ha citado muchas veces que, en dos ocasiones, la "Crónica Silense" llama a Alfonso VI "orthodoxus Imperator", pero no se ha reparado en que éste es exactamente título que en Eginardo aparece atribuído a Carlomagno, como hemos visto páginas atrás —modelo carolingio, pues, tomado de la versión de las fuentes francas, no romano-eclesiásticas. Y lo nuevo ahora está en la referencia a un ámbito, con una concepción plural de los grandes espacios políticos— grandes, en relación a los pequeños principados feudales (110 bis).

En el acta de consagración del Obispo de Roda, Raimundo Dálmata o Ramón Dalmau, tantas veces recordada, cuya fecha (1078), es anterior a la conquista de Toledo, y, por tanto, al mayor momento de gloria político-militar de Alfonso VI, se contiene esta fórmula final: "Richardo cardinali et legati S. R. E. constituente et d. Sancio Pampilonensium et Aragonensium ac Ripacorcensium rege annuente et clero populoque acclamante, Heinrico imperante Romanis, Philippo Francis Aldefonso Hispanis" (111). Sobre este texto cabe que hagamos una observación nueva: en ese acto en el que toman parte dos personajes que son hechuras de Gregorio VII, el Obispo San Raimundo y el Cardenal-legado Ricardo de San Víctor, participantes en la ideología unificadora y jerarquizadora del citado Pontífice, se reconocen y distinguen tres grupos y tres ámbitos de poder, equiparados: romanos, francos, hispanos. Alfonso es cabeza del último, que con él adquiere el valor de una comunidad políticamente activa y actual.

La fuerza de este programa hispánico en la época de Alfonso VI es

---

(110 bis)   En una escritura de donación entre particulares, en 1109, se llama a Enrique de Portugal "imperator Portugalense", y a su hijo Alfonso, reinante en esa fecha "princeps" (Merea, art. cit., pág. 177, nota 1). Parece un caso de penetración del precedente modelo leonés, inspirado en el propósito de configurar como una totalidad aparte la "terra portogalense".

(111)   Cit. por Kehr, "El Papado y los reinos de Navarra y Aragón hasta mediados del siglo XII", "Estudios de Edad Media de la Corona de Aragón, II, página 117.

tal, que esa Hispania sobre la que se proyecta su potestad imperial o esa comunidad de los hispanos que como emperador encabeza —"lux et clypeus Hispanis", le llamará·la "Historia Compostelana" (112)—, llegan a expresarse en la forma de una entidad constituída, sustantiva, permanente. Es el "regnum" de España, con ese nuevo valor territorial e institucional que. en casos determinados va adquiriendo la palabra, cuando va unida al nombre de una tierra. Vimos al empezar este capítulo que el Papa Gregorio VII, al postular los derechos de la Iglesia sobre la Península, define el ámbito al que extiende su pretensión, como el "regnum Hispaniae" desde Besalú hasta el límite occidental, concibiendo unido ese espacio y sujeto, en consecuencia, a una misma y general posición jurídica. Sospechamos que con Fernando I y con Alfonso VI, el empleo del título imperial signifique en parte una reivindicación de exención frente a las manifestaciones de superioridad imperial o pontifical. Y si, como Menéndez Pidal supone, la adición del concepto territorial "Hispania", al título de rey o de emperador, en forma hasta entonces no usada, responde a que, como réplica a la postura de Roma, era .más apremiante que nunca el afirmar la independencia y la unidad total del reino hispánico" (113), cabe ver en la actualización del concepto de "regnum Hispaniae" en Alfonso VI y sus vasallos, una respuesta a la Curia romana, en estricta correspondencia al concepto de que ésta se había servido. Mucho más enérgica que la de "super omnes Hispaniae nationes" es la fórmula que hallamos en algunos otros diplomas alusivos a ese "reino hispánico": "Adefonsus imperator Spaniarum regni" (114). La misma idea aparece en la introducción del Fuero de León (115).

Tiene especial interés este tipo de documentos en los que, a la unidad del título, se corresponde la unidad objetiva, apoyada sobre sí misma, del ámbito del poder; como cuando se dice "regnante rege Adeffonsso in omni regno Hyspanie" o "in Toleto, et in Legione et in omni regno Ispanie", y en un testamento de 1100, que se conserva escrito en romance: "Regnant el rey don Alffonsso en Toledo e en tod el regno de Espanna..." (116). El llamado por Flórez "Cronicón del códice de la Historia Compostelana" hace este bien fundado comentario del rey: "Fuit autem Adefonsus Rex vir illustris et magnae potentiae, et quasi magni

---

(112) "Esp. Sagr.", XX, pág. 96.
(113) Ob. cit., pág. 102.
(114) Ver nota 26 de este capítulo.
(115) Vázquez de Parga, "El Fuero de León. Notas y avances de edición crítica, en A. H. D. E., 1944, pág. 23.
(116) "Col. dipl. de S. Salv. de Oña", núms. 84,85, 113 y 128.

concilii Angelus, et Catholicus, qui per sapientiam et strenuitatem suam totum Hispaniarum Regnum suo iure subjugavit" (117).

Alfonso aparece como emperador de algo que, independientemente de la referencia personal a un titular, es, de por sí, el "reino" de las Españas. Este giro de pensamiento es de la más pura tradición isidoriana, tal vez renovada por la conquista de Toledo. A nuestro modo de ver constituye la trama fundamental del pensamiento político de España en la Edad Media. Presente o latente, ese "regnum Hispaniae" o ese "imperio de España", constituye la perspectiva de fondo de nuestro medievo.

ALFONSO EL BATALLADOR: LA DEFINITIVA HISPANIZACION DEL TITULO

Durante la etapa de doña Urraca y Alfonso I de Aragón, esa idea se acentúa y afirma con algún matiz interesante para su ulterior desarrollo. Desdichada, pero no infructuosa, la unión matrimonial fracasó en sus designios inmediatos, pero la intensificación de relaciones que trajo consigo difundió y dio sentido político al sentimiento hispánico. Renan ha escrito algo perfectamente aplicable al caso: "L'oubli, et je dirai même l'erreur historique, sont un facteur essentiel de la création d'une nation... L'essence d'une nation est que tous les individus aient beaucoup de choses en commun et aussi que tous aient oublié bien de choses". La aproximación entre los vasallos de los varios reinos, fundidos en la obediencia a una pareja real, como nueva experiencia histórica, no quedó aniquilada por la situación de discordia en que el experimento terminó y la prueba es que los bandos que se oponen entre sí no se corresponden estrictamente con los límites de los reinos. En todo caso quedó, como resto positivo, el hecho de que aquella fusión fuera posible, olvidadas las discusiones que produjera.

Ya al final de la Edad Media, el cronista Fray García de Eugui, atribuye a Alfonso VI el plan del segundo matrimonio de su hija, celebrado tras la muerte de aquél (118). Dos estudios de Ramos Loscertales (119),

---

(117) "Esp. Sagr.", XXIII, pág. 528.

(118) "Crónica", folio 142.

(119) "La sucesión de Alfonso VI", en A. H. D. E., XIII, 1956-1941; pp. 56 y siguientes.

y Menéndez Pidal (120), permiten atribuir a Alfonso VI la idea de la unión de los reinos, al proyectar el casamiento de su hija con el rey de Aragón. No sin motivo, desde el más famoso monasterio catalán, el monje que redactó las secas anotaciones del "Cronicón Rivipullense", sabiendo muy bien que él mismo escribía desde España, señalaba en el año 1109 la muerte de "Aldephonsus rex Ispaniae". Este título, al que Alfonso ha dado indudablemente una vigorosa intención política, va a ser usado insistentemente por la pareja real que le sucede, imbuídos del mismo pensamiento, pero incapaces de superar con él sus pasiones o de vencer el partido borgoñón que se apoya en altos eclesiásticos, no sólo extraños, como el arzobispo don Bernardo o el obispo Pedro de Agen, sino peninsulares, como el intrigante Gelmírez, que invocan para separarlos el consabido impedimento de consanguinidad.

En 1110, la reina aparece titulándose así: "Ego Urraka. Domini dispensatione tocius Ispanie imperatrix" y en la suscripción del mismo documento "tocius Ispanie Regina" (121). Es el año en que Urraca conduce un ejército castellano-leonés en ayuda de su marido, que asedia Zaragoza. Lo normal, en la documentación de doña Urraca, es el título de reina, aunque es frecuentísimo el uso de su proyección sobre España, con empleo o no del adverbio "toda": "regina Ispaniae" (122) o "totius Ispanie Regina" (123) —o reiterando la referencia a la unidad objetiva del reino: "regnante Urraka regina... in Ispania regno" (124). En 1114, un curioso documento dice "regnante regina Orraka in Spaniensis" (125). Desde 1110 a 1125, se la llama, pues, constantemente "regina Ispanie". El "Cronicón del códice compostelano" dice de ella que "totius Regnum Hispaniae obtinuit" (126). No en esta ocasión, mas sí en tantas otras en que frases análogas se escriben en la misma "Historia Compostelana" se aprecia aquella tendencia a limitar ese reino de España a la parte occidental. Sin embargo, para una exacta estimación del hecho hemos de tener en cuenta

---

(120) "Sobre un tratado de paz entre el Batallador y Alfonso VII", en B. R. A. H., t. CXI, 1942; págs. 115 y ss.

(121) "Cart. San Vic. de Oviedo", núm. 137.

(122) "Col. dipl. Oña", núms. 136, 149, 155, años 1111, 1121 y 1125.

(123) "Libro de regla", o "Cart. de Santillana", núms. IX y LIII, del año 1111; o también reina per omnen Ispaniam", en 1110 y "regina Urraca imperante Ispania", en 1113, "Cart. del Mon. de Vega", núms. 26 y 28.

(124) "Cart. S. Vic. de Oviedo", núm. 143, año 1114.

(125) Ibídem, núm. 142.

(126) "Esp. Sag". XXIII, pág. 328.

lo que sucede del lado del rey Alfonso I, "imperator totius Ispanie", "rex et imperator Ispanie" (127).

Aparte de los que acabamos de ver, los diplomas de Alfonso el Batallador, o de particulares que se refieren a él, ofrecen muy diversos tipos, que son hoy fácilmente observables merced a las excelentes series documentales publicadas por Lacarra, y otras colecciones. Por de pronto, en el "Cartulario de Roda" aparece algún documento con estricta titulación castellana o castellano-leonesa: "regnante Antfosse imperatore in Castella" (128) o "regnante Ild. serenissimo rege in Toleto. Legione et Castella" (129), hasta el punto de que cabe sospechar si habría que corregir la fecha para referirlos a Alfonso VII, del que hacen mención en forma semejante, otros documentos aragoneses. En otros casos, Alfonso aparece como "imperator" de diversas tierras, entre las cuales Castilla se cita en primer lugar y detrás los dominios de la parte oriental: así en el Fuero de Sangüesa (1114) o en diplomas de 1116 "regnante... in Toleto et in Castella, in Pampilonia et in Aragone, in Superarbi vel Ripacurcia" (130) y no cabe pensar que esto suceda sólo en los años de unión matrimonial con doña Urraca, puesto que, por las fechas ya indicadas, vemos se observa la misma práctica mucho después de la separación. Con el mismo sentido hallamos, en 1124, "Imperator Castelle necnon rex Aragonie et Navarre" y, en 1125, "imperator in Castella et Aragone et Pampilona in Superarbi et Ripacurça" (131). En otras ocasiones Castilla aparece también, pero detrás de los territorios aragoneses y navarros: "regnante imperatore Anfurso in Aragone et in Pampilonia et in Castella" (132), y en diploma real de 1127 se vuelve a citar a Castilla en la misma forma, en la cual, en años sucesivos, insisten otros numerosos documentos, en gran parte de los cuales sólo se contiene el título de "rex" (133). Mientras que, en fechas que coinciden o se intercalan entre las de los documentos a que acabamos

---

(127) Lacarra, "Documentos...", 1.ª serie, núm. 1 y 21.

(128) "Cartulario de Roda", ed. preparada por Yela Utrilla, Lérida; doc. de fecha imprecisa, entre 1105 (?)-1126, pág. 112.

(129) "Cartulario de Roda", pág. 73.

(130) Lacarra, "La formación de las familias de fueros navarros", A. H. D. E., X, 1933, págs. 203-273; y "Documentos...", 2.ª serie, núms. 109-110, 117 y 119, que van de 1116 a 1124.

(131) Lacarra, "Documentos...", 1.ª serie, núms. 30 y 41.

(132) Balaguer, "Notas sobre los mozárabes oscenses", en "Estudios de la Edad Media de la Corona de Aragón", II, págs. 410 y 412.

(133) Lacarra, "Documentos...", 2.ª serie, núm. 132 y núms. 139 a 146, de 1128, 153 y 154, de 1129, 174, de 1133 y 3.ª serie, núms. 311, 314, 319, 320, 324, 329, que van de los años de 1124 a 1131.

de referirnos, hay otros muchos que, empleando el título imperial, lo proyectan solamente sobre los reinos orientales, como tratando de desprenderlo de una necesaria vinculación castellano-leonesa. Ya desde 1110 tenemos un diploma en que se presenta el Batallador como emperador reinante "in Aragone et in Pampilona sive Superarbi atque in ripacurcia" (134). En el Fuero de Puente la Reina (1122) a esas cuatro tierras, se añaden Zaragoza, Tudela y toda Extremadura (135). En 1126 se titula "christianissimo ac serenissimo imperatore Ildefonso in Oscha, et Cesaraugusta et Pampilona. Superarbio et Ripacurza" (136). Más aún, en 1118, hallamos "domnus Adefonsus ymperator Cesaraugustam" (137), igual a otro de 1129, "Adelfonsus imperator in Zaragoza" (138). A veces parece que el título imperial pretende desprenderse de toda concreta relación con unas tierras u otras, como cuando en escritura de donación otorgada por el propio rey en 1122, se llama "Ego autem Adefonsus. Dei gratia imperatoris, regnante me in Castella et in Aragon et in Pampalona...", etc. (139).

Menéndez Pidal ha señalado un paulatino abandono del título imperial por Alfonso el Batallador, desde el momento en que, casado con doña Urraca, gobierna en León y Castilla, no como rey consorte, sino como propietario, y usa plenamente el título imperial, hasta su muerte. Según sus datos, hasta la mayor edad de Alfonso VII, entre 1114 y 1123, encuentra cinco casos con título de "rex" y dieciséis con el de "imperator"; hasta que Alfonso VII recaba para sí el título, entre 1124 y 1125, dieciséis y siete respectivamente; hasta la muerte del Batallador, veintisiete y tres (140). Es probable que los datos estadísticos se modifiquen con el conocimiento de mayor número de escrituras referentes a este rey, pero cabe esperar que la proporción no se altere, porque parece ser un resultado seguro el de la gradual cesión del título imperial. En este caso tendría razón la "Crónica Pinatense", la cual, después de decir que Alfonso, tras sus muchas conquistas y repoblaciones, "fuit vocatus Imperator Ispaniae", asegura que, después de abandonar los reinos occidentales y en especial, de haber cedido Castilla a Alfonso VII, "deinde noluit quod vocaretur Imperator

---

(134) Lacarra, ibídem, núm. 107.

(135) Lacarra, "La formación de las familias de fueros navarros", loc. cit.

(136) Lacarra, "Documentos...", 2.ª serie, 131.

(137) Ob. cit., núm. 111.

(138) Ob. cit., 1.ª serie, núm. 60; y Balaguer, ob. cit., pág. 405.

(139) Ob. cit., 3.ª serie, núm. 307.

(140) "Sobre un tratado de paz entre Alfonso el Batallador y Alfonso VII", ya cit., págs. 115 y ss.

nisi rey Aragonum, Pampilone et Navarrae" (141). Indudablemente, el cronista interpretaba de esa manera el hecho que observaba en los diplomas, de la progresiva disminución estadística del título hasta llegar a su extinción.

Tenemos, con lo visto hasta aquí, que la mención de unos u otros reinos peninsulares, ciudades y tierras, en Alfonso I es independiente de los títulos real o imperial que en cada caso usa y también independiente de las fechas de los documentos, salvo que ni Toledo, ni León, se citan en los más modernos. En circunstancias análogas, se usa en sus diplomas el nombre de España, que aparece ligado tanto al título de rey como al de emperador, en muy diferentes fechas y, además, o bien como mención única o bien acompañada de cualquier otra referencia geográfica. El "regnum" o el "imperium" de España tiene en sus títulos particular relieve. A la fórmula del "rex et Imperator Ispaniae" (142), siguen otras de muy similar significación (143), entre las que descuellan las del tipo "totius in Hispania imperator" (144).

Esto nos lleva a pensar que Alfonso I de Aragón, lleva al extremo el proceso de hispanización del título imperial y, a su vez, de actualización del "regnum" de España. Por otra parte, al independizar esa idea de la tradición castellano-leonesa, se llega a la doble consecuencia de que el título imperial corresponde a aquél que desde cualquier parte de España llegue a alcanzar el dominio de ésta, y de que el rey castellano-leonés, si no posee ese dominio total, no puede ser tenido como emperador. Pero, además, Alfonso I da a esa idea imperial un contenido de pleno poder, real y positivamente ejercido. A una enunciación así equivale la insólita fór-

---

(141) Ed. cit., págs. 65 y 76, respectivamente.

(142) Ver nota 127 de este capítulo.

(143) Por ejemplos, en 1117, "regnante rex Adefonso in Castella et in Aragona et in tota Ispania" (Cart. de San Pedro de Arlanza, núm. LXXXVIII; ver en nota 1 de la pág. 165 de este "Cartulario" otras fórmulas del tiempo del Batallador en Castilla); en 1125, "regnante Ildefonso rege in Hispania et in Cesaraugusta" (Lacarra, "Documentos...", 1.ª serie, núm. 41); hasta llegar, en 1134, a "rex in Aragone et in Pampilona, et in Ripacorza et in Aran et in Ispania" (Idem, íd., 3.ª serie, núm. 333).

(144) Lacarra, "Documentos...", 2.ª serie. núm. 124. Otros ejemplos: en 1120, "Ildefonso rege in Spania" ("Cartulaire de S. Sernin de Toulouse", número 20 del apéndice); en 1124, "regnante Aldefonso in Spania" o "rege in Ispania" (Lacarra, "Documentos", 1.ª serie, núm. 33, 40); o todavía en el mismo año "regnante rege Adefonso in Ispania" (Lacarra, íd., 3.ª serie, núm. 316), y también "Dei gratia Ispanic imperator in provintiis" (Lacarra, "Mandatos reales aragoneses del siglo XII", en "Est. de Edad Media de la Cor. de Aragón", II, pág. 426).

mula de un diploma suyo, año de 1110: "Adefonsus, totus Hiberiae monarchia tenens..." (145). El poder sobre toda España, cuya posesión se postula aquí, supone una plena efectividad, que va implícita en la idea de monarquía.

ALFONSO VII. LA POSICION DE LOS CONDES BARCELONESES. EL IMPERIO COMO POTESTAD SUPERIOR SOBRE UN ORBE POLITICO RELATIVO

Por haber alcanzado una potestad sobre los principalos hispánicos de esa naturaleza, Alfonso VII asumirá el título imperial. Todo nos hace pensar que la nueva interpretación, debida, a nuestro entender, a Alfonso de Aragón, va a imponerse a la conciencia de los siglos posteriores. Prueba de ello es que, después de Alfonso VII, a nadie que no se encuentre en tal situación se le dará el título de emperador, ni nadie se lo atribuirá. Sin embargo, hay los datos suficientes para que podamos sostener que, durante todo lo que resta de la Edad Media, la idea no se olvida, sino que lo que sucede es que no se considera que haya rey cuya potestad sobre España requiera ser formulada con el título de emperador, después de desaparecido Alfonso VII. Con éste llega a su plenitud el sentido de la fase que representa en nuestra historia su nombre, precedido de los de los otros dos Alfonsos —el Batallador y el Conquistador de Toledo—. Y ese sentido es, eminentemente, el de la maduración definitiva del sentimiento político de España. Nada de lo que antes se pueda encontrar en esa línea es comparable a lo que en la época de esos tres reyes se da y, en consecuencia, a lo que después seguirá dándose. Porque si bien es cierto que, tras Alfonso VII, la aparente fachada del título imperial desaparece, queda bien firme la inexorable realidad política de España, cuya efectiva presencia en el pensamiento de los reyes y de sus cronistas es indudable, y todo aquel que quiera entender sinceramente ese pensamiento tiene que contar con ese plano de la realidad política peninsular.

Antes de detenernos a considerar con más detenimiento el significado de Alfonso VII, recogeremos unos datos en relación con los condes catalanes que corresponden a la época de los grandes reyes hispánicos que hemos visto. No vamos ahora a detenernos en las muchas y bien elocuentes muestras de interdependencia y colaboración de nuestros príncipes que la época ofrece y de las que el maestro M. Pidal trazó un bien

---

(145) Publicado por Ramos Loscertales, ob. cit., pág. 66.

dibujado cuadro (146). Nos referimos tan sólo a la apelación al nombre de España. Ciertamente, el brillo y el poder alcanzados por los reyes Alfonso VI y Alfonso el Batallador, no puede ser igualado por los condes barceloneses. Observemos que, sin embargo, en la esfera de los hechos, el nuevo carácter de recuperación militar de tierras que la Reconquista ofrece en el lado occidental, lo adquiere también en las fronteras del condado. Amenazada por el poder de los cristianos en las fechas de la conquista de Toledo, la otra gran metrópoli visigoda, Tarragona, caerá en poder de aquéllos unos años después. De este modo, Toledo, Zaragoza, Tarragona, son frutos, para los cristianos, de una misma situación histórica, en la cual, por encima de lo que, en el orden de los hechos, pueda haber de común, se da un estado de espíritu tan emparentado, como el que revela el dato de que la leyenda épica del Cid sea una colaboración catalano-aragonesa-castellana.

Los condes barceloneses no pretenden tanto como rivalizar con los reyes occidentales, pero no dejan de recordar su participación en la tarea hispánica. Sin duda, el propósito de hacer constar su derecho y su presencia política en el ámbito total de España, lleva a Ramón Berenguer III, casado con la hija del Cid y padre de la mujer de Alfonso VII, a titularse de esta manera: "Raimundus Dei gratia Barchinonensis et Hispaniarum marchio" (147). Advirtamos que ese título no hace referencia a la pretendida Marca Hispánica, a la que no se refieren nunca los condes catalanes, y menos podía hacerlo este tercer Ramón Berenguer; no es título de gobierno fronterizo, sino de principado, y así se afirma también el mismo en relación con Barcelona; no alude, con un extemporáneo cultismo, a la España citerior, como demuestra el plural —tan usado también en la cancillería de los Alfonsos VI y VII; y, por la misma razón, no puede reducirse a la acepción de tierra de moros, ya que, además, es tierra que domina de la misma manera que Barcelona. Balari, que conoció uno de los ejemplos que hemos citado de ese título, sostuvo que se llamaba así, porque no era soberano de toda Cataluña (148), cosa sin sentido, puesto que Cataluña es un corónimo que, como Balari sabía, en esas fechas todavía no existe, y siendo, como país, un resultado de la Reconquista, no había en cualquier momento más Cataluña, con nombre o sin él, que la tierra poseída por cada uno de los condes que se sucedieron. Por eso insisto en que esa titulación de Ramón Berenguer III no

---

(146) Ob. cit., págs. 117-130.
(147) "Liber Feudorum Maior", núm. 245, año 1118; también ver en Villanueva, XIII, otro del año 1117, que recoge Balari.
(148) Ob. cit., pág. 32.

puede tener más sentido que el de hacer constar su presencia y su parte
en el ámbito hispánico. No deja de tener su valor el hecho de que tal
titulación surja, por primera vez, precisamente en la época en que el
nombre de España es tan usado por los reyes de Castilla y de Aragón.
Aunque geográficamente el término "Hispaniarum" se aplicara a la tierra tarraconense, el sentido político del hecho no se alteraría.

Todavía más apretado por la efectiva hegemonía política y superioridad feudal de Alfonso VII, Ramón Berenguer IV sentirá también el afán
de proyectarse sobre ese fondo hispánico, común a todos. El valor netamente jurídico que la posición de Alfonso VII ha adquirido, no permitirá
a aquél introducir fácilmente su pretensión en un título de poder, pero
sí en un título de honor, en lo que hasta ahora no creo haya reparado
nadie, y de aquí que se llame "gloriossisimi nitoris Ispanie" (149).

Volvamos ahora a ocuparnos de Alfonso VII. En principio, los diplomas y textos que aluden a este rey son iguales, en su significación, a los
que hasta aquí hemos hallado en sus más próximos antecesores. Los hay
en los que la palabra "imperator" va seguida de la enumeración de una
pluralidad de tierras, cuyos nombres se barajan sin orden fijo, de modo
que el de León queda colocado en lugares diferentes y a veces hasta desaparece (150).

Se suprime el nombre de León y la referencia a Castilla se reduce
al mínimo en algún caso (151). En los documentos aragoneses es normal
la mención de Zaragoza (152) y excepcionalmente, en escritura de venta
de unas casas en esa ciudad, se data así: "Regnante Ildefonso imperatore

(149) Villanueva, "Viaje", V., págs. 253 y ss., donación al monasterio de
Flabemont, en 1149, es decir, en vida de su cuñado el emperador. La fórmula
completa dice: "Dom. R. Berengarii, comitis Barch, regnique principis Arago-
nensis et gloriossisimi nitoris Ispaniae".

(150) Recordemos algunos ejemplos concretos: "Ad. imperatore imperante
in Toleti, in Legione, in Saragoza, Naiara, Castella, Gallicia", en 1135 ("Cart.
Monast. Vega", núm. 38); o, en el mismo año, "in Tolleto, Saragoza, Legione,
Nazara, Castella, Gallizia" ("Cart. de San Pedro de Arlanza", núm. XCVII);
en ocasiones, la mención se reduce a León: "regnante rex imperator in Legione
Adefonsus", en 1136 y 1141 ("Cart. de San Vicente de Oviedo", núms. 187, 193,
194), o a León y Toledo (Ibídem, núms. 195 a 198, de 1141), o simplemente a
Castilla (Lacarra, "Documentos", 2.ª serie, núm. 248, de 1148).

(151) Diploma de 1142: "In Toleto et in Saragoça et in Galletia et in Na-
gera et in Burgis" ("Col. dipl. de S. Salvador de Oña", núm. 183).

(152) "Rex de Leon senior in Zaragoza", o "rex Adefonsus imperator de
Lione in Çaragoça, ambos de 1135 (Lacarra, "Documentos", 2.ª serie, números 186 y 188); en documentos del propio rey: "regnante me Dei Gratia im-

in Galissia et in Cesar Augusta" (153). Aparte quedan los casos en que se le menciona sólo como "imperator" o "rex imperator", sin decir de dónde (154). A veces, incluso en documentos aragoneses, aparece el título imperial reducido especialmente a Castilla (155).

Junto a esto están los casos, incomparablemente más numerosos que en ninguno de los reyes que le preceden, en que se llama emperador de España. A veces, este nombre se une al de una tierra particular, como vimos en otros lugares de este libro. Pero son muchos, desde luego, muchos más los que hasta entonces se han podido ver, los que no contienen otra referencia que la de España, sobre cuyo conjunto, como rey a veces y con más frecuencia como emperador, se proyecta su poder: "Regnante rex Adefonsus in Spania" (156), dicen algunos diplomas de 1134, mientras en fecha anterior (1131 a 1133) se encuentra ya la fórmula: "Dei gratio Ispanie imperator (157), y con posterioridad (1142, 1147, 1155), la de "imperante rex Adefonso... totius Yspanie" (158). En un

---

perator in Lione et in Toleto et in Çaragoça", en 1135, o "in Lione et in Toleto et in Soria et in Calataiub et in Alaon", en 1136; lista a la que, en otro documento del mismo año, se añade Zaragoza (Ibídem, núms. 190, 196, 197).

(153) Ibídem, núm. 201.

(154) Ibídem, núms. 189 y 192; Cart. S. Víc. Oviedo", núms. 190 y 203.

(155) Lacarra, "Documentos...", 3.ª serie, números 352, 353 y 354. Ibídem, números 379 y 351, respectivamente. En el último se dice: "in anno quando rex Garsias pacificavit se cum imperatore Castellie et comite Barchinonense". Tengamos en cuenta que esta aparente relativización se daba ya en el caso de Alfonso VI, llamado igualmente "imperator Castelle", en el memorial sobre la contienda entre los obispos de Jaca-Huesca, D. García de Aragón, y de Roda-Barbastro, documento posterior en algunas décadas a los hechos (publ. por Kehr. "Cómo y cuándo se hizo Aragón feudatario de la Santa Sede", en "Estudios de Edad Media de la Corona de Aragón", I, pág. 322). Pero observemos que esa misma particularidad castellana no impedía el reconocimiento de la superioridad, en su caso, como se deduce del siguiente texto de un diploma aragonés: "in illo anno quod rex Castelle dedit potestatem Comiti Barchinonensi de terras de Zaragoza" (publ. por Del Arco, "Referencias a acontecimientos históricos en las datas de documentos aragoneses", en "Est. de Edad Media de la Corona de Aragón", III, pág. 341).

(156) "Cartulario de San Vicente de Oviedo", núms. 182 y 183, del año 1134, posteriores a la coronación imperial.

(157) En el mismo Cartulario, núms. 173, 175, 177 y 179; los primeros, anteriores a la coronación. También es anterior el del "Cart. del Mon. de Vega", número 51, año 1123; posterior es, en cambio, el núm. 37 del 1133.

(158) Ibídem, núms. 119, 212, 240. Otros casos análogos en Lacarra, "Documentos...", 3.ª serie, núms. 330 y 363.

documento aragonés importante, como el de la confirmación, en 1136, de la Cofradía de Belchite, se titula "Hyspanie imperator" (159). Y en los documentos que reflejan sus relaciones con el conde de Barcelona, hallamos estos datos: en la concordia de Carrión, en 1141, se le llama "imperator Ispanie"; en el Tratado de Tudellén, de 1151, se le llama "illustrem Ildefonsus imperatorem Ispanie"; y en nuevo acuerdo, en Lérida, 1156, se le titula "Ispaniarum imperatorem" (160). En medio de estas fechas queda en Castilla la del Fuero de Pancorbo, en donde la fórmula del encabezamiento, que podemos considerar como normal, "totius Hispaniae imperator", se convierte, en la suscripción, en la de "per totam Hispania" (161), expresión que remite, pudiéramos decir que plásticamente, a la visión entera del reino de España.

Por las relaciones de superioridad mantenidas con el príncipe de Aragón y conde de Barcelona, con el rey de Navarra, con otros señores hispánicos, entre ellos el conde de la lejana tierra de Urgel, el imperio de España de Alfonso VII que, para ser tal, según las ideas de la época, tenía que extenderse a toda la Península en su parte cristiana, y ser efectivo, sabemos que positivamente reunía ambas condiciones. En una escritura de donación de su hijo Sancho, en 1152, al monasterio de Arlanza, se dice: "rex Sancius fuit armatus in Valadolid, imperante Adefonso imperatore... comes Barchinonensis tunc temporis vasallus imperatoris et rex Sancius de Navarra", mención repetida en diploma del mismo rey de 1154, en la que se titula "imperator Hispaniae" (162). No una imprecisa dominación sobre varias tierras o reyes, como sucedía en algunos casos anteriores, sino una concreta y cierta hegemonía, jurídicamente formulada mediante el concepto de vasallaje, una superioridad formal de poder sobre los restantes príncipes hispánicos, es la causa que da calidad y título imperial a Alfonso VII, según la historiografía posterior, que considera el suyo como imperio de España. La manera según la cual un texto tan próximo a los acontecimientos como es la "Chronica Adefonsi Imperatoris", concibe los hechos, es una prueba decisiva de nuestro aserto (163).

Para esta Crónica tras el título imperial de Alfonso VII está el cuadro del "reino de España", como correlato histórico e institucional de la au-

---

(159) Publ. por Rassow, A. H. D. E., 1926, t. III, págs. 220-221.

(160) "Liber Feudorum Maior", núms. 28, 29 y 30. Otro ejemplo del uso del plural, en "Cart. del Mon. de Vega", núm. 38, de 1135.

(161) Publ. por Dom Luciano Serrano, "Fueros y privilegios del Consejo de Pancorbo", en A. H. D. E., X, 1933; pág. 325.

(162) "Cart. S. Pedro de Arlanza", núms. CVIII y CIX.

(163) Ed. de Sánchez Belda, págs. 51 y ss.

toridad del emperador. Esa correspondencia entre emperador y reino de España se da en diplomas de la época: recordemos aquél que, en 1137, dice: "Regnum Yspaniae Adefonso obtinente" (164). Reino en el que hay varios príncipes, según el sistema que ya nos es conocido, y entre los cuales uno asume, en esa fase concreta, la hegemonía. Así, entre los documentos de Ramón Berenguer IV se establece el tipo de datación simultánea de la siguiente forma: "Regnante illo comite Raimundo in Aragon et Barcilona. Adefonsus imperator in Castella. Garcia rex in Pampilona" (165).

Lo cierto es que la conciencia de la época, en la cual, como la "Crónica Silense" y la "Historia Compostelana" prueban, quedaba el testimonio de precedentes momentos imperiales (Alfonso III, Alfonso VI), debió ver el imperio de Alfonso VII como algo dotado de características muy especiales y vigorosas. Nos induce a pensarlo así el hecho de que por antonomasia, a Alfonso VII, inmediatamente después de muerto, se le llama "el emperador", sin necesidad de otras determinaciones. Reyes anteriores se habían llamado hijos del emperador Alonso, del emperador Fernando, etc.; Sancho III se llama solamente "filius imperatoris". En el grupo de diplomas referentes al priorato de Artajona, entre los que se encuentran los más de los pocos que se conservan correspondientes al reinado de Sancho III, figuran varios con la fórmula "rex Sancius filius imperatoris", y hasta hay uno que dice en la datación "in anno quando obbit rex Sancius filius imperatoris" (166). Este mismo hecho se da en textos cronísticos. Sancho y Fernando son llamados, cada uno de por sí, "hijo del emperador", en el "Cronicón Burgense", los "Anales Compostelanos", los cronicones "Conimbricense" y de "Cardeña", los "Anales Toledanos" (167). Por otra parte, la condición imperial de Alfonso VII es cosa cuyo conocimiento se expande por toda la Península, en forma que no guarda comparación posible con ningún otro caso. El "Cronicón Conimbrigense I", lo llama "Imperator Spaniae" al dar cuenta de su muerte en 1157 (168); el "Cronicón Rivipullense", con el mismo motivo, le titula "imperator Yspaniarum" (169), el "Crinocón Dertusense II", fe-

(164) "Cart. de San Vicente de Oviedo", núm. 189.

(165) Lacarra, 3.ª serie, núms. 352, 353 y 354, de 1144; 2.ª serie, núms. 248, de 1148, etcétera.

(166) "Cart. de S. Sernin de Toulouse", núms. 626, 631, 639; otros dicen: "Filius imperatoris Castellani", 625-637, etcétera.

(167) Flórez, "Esp. Sag.", XXIII, págs. 309, 322, 330, 378, 388-389, 392 y 394.

(168) "Esp. Sag.", XXIII, pág. 330.

(169) Villanueva, "Viaje", V., pág. 248.

chando la misma noticia por la era y por el año de la Encarnación, le nombra como "imperator Castellae et totius Ispaniae" (170). Al mismo tiempo, otras fuentes, olvidándose o negándose a reconocer lo que de preeminencia hispánica había en su título, le confieren un carácter imperial reducido, pero sin dejar de insistir en éste. Si para el "Fuero Viejo de Castilla" es "el emperador don Alfonso de Castilla", para los "Annales Compostellani" es el "Imperator Legionensis" (171); para el "Cronicón Villarense" es, en dos ocasiones, el "emperador de Castilla" (172); para los "Gesta Comitum", el "imperator Toletanus" o el "magnus imperator Castellae" (173), y de la misma manera aparece mencionado dentro y fuera de su tierra en los "Anales Toledanos" (174), en la "Crónica" de Desclot (175), o en la de Fray García de Euguí (176). De una u otra forma, el recuerdo del título imperial de Alfonso VII quedó grabado indeleblemente hasta nuestros días.

Todo ello es suficiente para hacernos comprender que algo nuevo hubo en este caso. En tres aspectos supongo que debió darse esa diferencia. Por de pronto, en el ceremonial, Lucas de Tuy, ocupándose de esto, escribió que se hizo coronar "secundum legem Dei et consuetudinem regnum priorum" (177). Basta, sin embargo, leer la Crónica particular de este emperador para convencerse de que no fue precisamente al uso de sus predecesores como éste fue coronado, sino que el acto revistió no acostumbrada solemnidad, y podemos inferir que el rey mismo y sus súbditos le dieron un valor formal nuevo. Ciertamente que la coronación en León debió tener una trascendencia singular entre los reyes peninsulares, desde mucho antes. Los hay que son ya reyes, concretamente de Castilla, y no se dice que fueron coronados hasta después de haber entrado en León. Así lo cuenta el obispo don Pelayo, de Fernando I: "Et accepit ibi coronam", y lo vuelve a repetir de Sancho II: "Tunc Sancius rex cepit regnum Fratris sui Adefonsi regis et imposuit sibi in Legione coronam"

(170) Villanueva, vol. cit., pág. 239.

(171) "Esp. Sag.", XXIII, pág. 321.

(172) Ed. de Serrano Sanz, ya cit. págs. 209 y 210.

(173) Ed. cit., págs. 8 y 39; págs. 13 y 46.

(174) "Esp. Sag.", XXIII, pág. 410.

(175) Vol. II, págs. 5 y 6.

(176) Folio 144, v.

(177) "Hisp. Illust.", IV, pág. 103. En la bibliografía, ya tan abundante, sobre la idea imperial hispánica, Beneyto ha señalado el interés de esta frase ("España y el problema de Europa". Madrid, 1942; págs. 56 y sigs.).

(178). En relación con esto se encontraría el fundamento de esa preeminencia que canta el "Poema de Almería":

"Haec tenet Hispani totius culmina regni" (179)

preeminencia reconocida aun en fuentes catalanas del final de la Edad Media; pero que, precisamente, cuanto más tradicional sea, menos basta para explicar el hecho, considerado desde los mismos contemporáneos como·insólito, de la coronación imperial de Alfonso VII. Estimo que estaba en lo cierto Alonso de Cartagena al señalar su singularidad (180). Al hecho de esta coronación, una fuente anterior a Cartagena y al Tudense, la "Crónica latina", ligaba la circunstancia de que "per universum orbem nominatus est imperator" (181), y tenía razón en esto último, puesto que, como ha recogido, en relación con el precedente testimonio, Menéndez Pidal, ese imperio de Alfonso VII trascendió a crónicas y documentos europeos (182). Este último dato confirma nuestra hipótesis de que algo diferente se dio en ese imperio, y añadamos que esa diferencia debió de manifestarse también en la relación del mismo con la figura del Imperio germánico. Alfonso VII debió de buscar una más estrecha semejanza con éste. Es posible que las formalidades de la coronación respondieran ya a ello. Un dato no aducido hasta ahora fortalece nuestra tesis. Según la "Historia Compostelana", Alfonso VII fue consagrado canónigo de la catedral de Santiago (183). Es conocido el carácter de ministerio eclesiástico que el emperador germánico asume, aunque entre quienes han estudiado este aspecto, no llego a encontrar la mención de acto equivalente al que la "Historia Compostelana" registra (184); pero Alonso de Santa Cruz, al ocuparse de la coronación de Carlos V cuenta que los emperadores se hacían antes canónigos en la iglesia de Santa María en Tres Torres, quitada la vestimenta real y tomado un roquete, ceremonia a la

---

(178) Ed. de Sánchez Alonso, pág. 78.

(179) Estrofa 65; ed. de Sánchez Belda, en ap. a su cit., ed. de la "Crónica del Emperador", pág. 169. Todavía en el "Cantar de Rodrigo" leemos: "Sabedes que León es cabeza de todos los rreynados" (v. 239).

(180) "Anacephaleosis", ed. cit., fol. CXIX.

(181) Ed. Cirot, pág. 26.

(182) Ob. cit., págs. 172 y ss.

(183) Libro II, cap. 87; "Esp. Sag.", XX, pág. 458.

(184) Ver Jemolo, "Il carattere quasi-sacerdotale del Imperatore", en "Il Filangieri", 1919, XLIV; págs. 473-493. Y también, Martini, "Regale sacerdotium", Roma, 1938.

que alude también Sandoval (185). Cabe, pues, suponer que el acto de Alfonso VII responda a un caso concreto de inspiración en el modelo europeo. A ello correspondería también la atribución de una cualidad mayestática, que en principio sólo correspondía al emperador romano-germánico y que, por primera vez, Alfonso VII habría tratado de obtener. En la citada concordia entre él y Ramón Berenguer IV, se dice —y creo que se trata de la primera aplicación de ese tratamiento cuasi divino a reyes españoles— "et quia placuit excellentisime maiestati domini imperatoris" (186).

Pero esto nos lleva ya al tercer nuevo aspecto en la posición de Alfonso VII: el concreto contenido de su potestad imperial. El proceso de hegemonía que Triepel veía iniciado en nuestra historia medieval con Fernando I —y que, tal vez, se da ya antes—, ahora, tras la coronación de Alfonso VII, alcanza una manifestación externa con hechos concretos. Triepel llegó a una intuición de gran valor: con Alfonso VII el vínculo feudal se convierte en el instrumento de una hegemonía sobre Navarra y Cataluña (187). Esta intuición ha sido desarrollada por Mitteis. Según éste, el predominio leonés-castellano se sirve de formas feudales. El Imperio hispánico que aparece como fase previa del reino nacional, al establecerse sobre un contenido institucionalizado de relaciones de vasallaje, confirmaría en nuestro caso —y en correspondencia, como en algún lugar asegura Mitteis, con la historia política de Inglaterra—, la ley de que donde el feudalismo se desarrolla de parte del poder, se llega pronto a una forma pre-moderna, mediante la utilización de medios feudales para la superación del feudalismo (188). Al convertir feudalmente en vasallos a los otros príncipes hispánicos, dice, con razón, el "Toledano "post haec rediens Legionem imposuit sibi Imperii diadema et vocatus fuit deinceps Imperator" (189). Esa red de relaciones vasalláticas con los otros príncipes —que en crónicas y diplomas se mencionan tantas veces— constituyó a Alfonso VII en cabeza del Imperio de España, que era ya una noción extra, o mejor, suprafeudal. Pero el completo cuadro de lo que este Imperio significa se halla reflejado de la más cumplida manera en la "Primera Crónica General": "Et desque les conto por corte lo que auie fecho de

---

(185) A. de Santa Cruz, "Crónica del Emperador Carlos V". Madrid, R. A. H.; vol. III, pág. 85; "Historia de la vida y hechos del Emperador Carlos V". Pamplona, 1614, vol. I, pág. 368 y ss.

(186) Lérida, 1156; "Liber Feudorum Maior", núm. 30.

(187) "Die Hegemonie", Stuttgart, 1943, págs. 507.

(188) "Der Staat des hohen Mittelalters", Weimar, 1953; págs. 181-182, 418, 490.

(189) "Hisp. Illust.", II, pág. 116.

Aragon, como auie ganada toda la tierra dell Ebro aca, et la diera al rey de Aragon en tierra que la touiesse del, et se tornara so uassallo, yl fiziera pleycto et omenage de guardargelo lealmientre, dond traye buen recabdo de escriptos que auie entrel rey de Aragon et ell sobre aquell fecho; et pues que ueno con sus altos omnes et sus prelados a departir, et uio como era rey et sennor destos tres regnos: Castiella, Leon et Aragon —ca pues que el rey de Aragon su uasallo era, el regno tal era como suyo— demandoles alli si ternien por bien, de "rey de las Espannas" quel llamauan, de mudarse este nombre et llamarse "emperador". Los prelados et los rycos omnes et toda la corte, ueyendo como el rey mouie buenas razones et derechas, et que entendie muy bien tod el fecho de lo que dizie, plogoles ende mucho, et dixieron que les plazie mucho de lo que dizie, et lo tenien por bien; et dixieronle et conseiaronle que se coronasse alli luego, et de y adelante que se llamasse emperador de Espanna" (190).

En este pasaje están efectivamente recogidos los tres elementos esenciales: conjunto de relaciones vasalláticas; pluralidad de reinos de los que se es señor; ámbito unitario superior que esa diversidad compone. Se trata de un "orbe" político, con carácter relativo, de un universo o de una totalidad. Es, manifiestamente, la misma idea de los emperadores de aquel "orbe británico", que, procedente ya de los historiadores antiguos, como ha señalado Erdmann, se repite en los documentos medievales (191). Hispania aparece también como un concepto dotado de los mismos caracteres, como hemos visto a lo largo de nuestras páginas. Encuentro un diploma, del mismo año de la muerte de Alfonso VII, en el que se titula "Imperator Aldefonsus in Toleto et in Legione et in tota Urbe Spania" (192). Pienso ante él que pueda tratarse de una corrupción del texto y que debiera leerse probablemente "in toto orbe Hispaniae" que es fórmula usada correlativamente, como ya vimos, en Inglaterra.

Por la razón de que el Imperio está, por su propia naturaleza, fundado en una diversidad de reinos, pueden éstos separarse y efectivamente Alfonso VII los distribuye entre sus dos hijos, sin atender, una vez más, a vincular en uno de ellos el título imperial. Bastante fuerte era la conexión que dejaba establecida la idea superior de España, de la que sus sucesores, cada uno de ellos y los dos juntos, se llamarán reyes, reyes di-

(190) Ed. cit., pág. 654.

(191) Ob. cit., págs. 8-9 (con interesantes textos de Plinio, Floro, S. Isidoro, Beda), y pág. 40.

(192) "Libro de regla", o "Cart. de Santillana", núm. XV, año 1157. Los errores de lectura que en ocasiones ofrece la edición de este Cartulario son bien evidentes.

versos del reino de España, que comprende también otros más, es a saber, ese conjunto de los "reyes de España" cuya mención precisamente ahora empieza, como dijimos, a hacerse frecuente: reyes del reino de España, que tal es la fórmula que expresaría el concepto, tal como el propio Fernando II parece enunciarlo, empezando un diploma suyo, en el que se titula "legionensis sceptri rex", con estas palabras, dichas en época en que el culto de Santiago abarca ya a toda la Península: "Qui regnum Hyspaniae conservari et dilatari desiderant, consilium illis est, ut hyspanorum certum et specialem patronum beatissimum Jacobum studeant habere propitium" (193). Pocos años después de esta fecha, el rey catalano-aragonés Alfonso II llevará a cabo su viaje, de doble carácter político-religioso, a la Sede del Apóstol, episodio que, tras el estudio publicado por Ubieto, resulta incontrovertible como hecho y claro en su sentido (194). Esa su significación, de un rotundo carácter hispánico, estaba ya atestiguada en los "Gesta Comitum Barcinonensium", en donde la narración del acontecimiento da lugar a que se escriba, una vez más, la solidaria fórmula "omnes reges Hispaniae" (195).

Fuera de la Península, todavía en algún caso que M. Pidal ha citado, se conserva el título imperial: Alfonso VIII es saludado por el trovador Peire Vidal como "lo reis emperaires" y Castilla es llamada por el mismo la región imperial (196). El trovador lenguadociano Perdigón, con referencia al mismo rey, habla de sus "faitz d'emperador (196 bis). A partir de la muerte de Alfonso VII, se ha señalado la total extinción de la idea imperial hispánica y en ello han estado de acuerdo Menéndez Pidal y García Gallo. No cabe duda de que el fenómeno imperial que hasta aquí, en sus distintas fases, hemos estudiado, desaparece, con las características que son propias de cada uno de los momentos considerados. Hay algún ejemplo aislado, sin embargo, de algo semejante a lo que acontecía con el título de emperador, antes de Sancho el Mayor: lo hallamos atribuido por un rey a un antecesor suyo y sin proyectarlo sobre España. Un diploma de Fernando III, en 1231, llama a Fernando II "imperatore et rege domi-

---

(193) Publ. por Millares, "La Cancillería real de León y Castilla", A. H. D. E., 1926, vol. III, pág. 261.

(194) "La peregrinación de Alfonso II de Aragón a Santiago de Compostela", en "Estudios de Edad Media de la Corona de Aragón", V, págs. 438-452.

(195) Redacción latina primitiva, ed. cit. pág. 14.

(196) Ver Hoepffer, "P. V. et l'Espagne", ya citado, págs. 40-41, etc. Otros datos en M. Pidal, "La España del Cid", II, pág. 687.

(196 bis) Cit. por M. Pidal, "Poesía juglaresca…", 2.ª ed., pág. 123.

no Ferrando avo meo" (197), diploma confirmado en otro de Alfonso X, en 1269 (198). La idea imperial era conocida, pero nadie intentó atribuirse la posición que en ella se reconocía. Huffer, Menéndez Pidal, García Gallo, mencionan el interesantísimo testimonio de Alfonso X, según el cual su padre, apremiado por los suyos para que se coronase emperador, consideró "que non era en tiempo de lo fazer" (199).

LA CONCEPCION IMPERIAL DE ALFONSO X

Creo que estas últimas palabras de Alfonso X, expresan perfectamente la situación: la idea era conocida, quedaba, incluso, como latente la posibilidad de realizarla, pero no había ningún rey en condiciones de alcanzarla. Por de pronto, advirtamos que los recuerdos que del tiempo en que esa idea estuvo vigente fueron conservados, son algo más numerosos de lo que se ha venido diciendo. Es sabido de nuestros historiadores de la Baja Edad Media, que existió un emperador, Alfonso VII; pero ellos saben también que lo fue Alfonso VI. Según el que Villanueva llamó "Alterum Chronicon Rotense", en "anno MCVIIII obiit Illefonsus Imperator" (200). Según el Tudense, este Alfonso, después de haber conquistado Toledo, "ad tantum devenit gloriam ut Imperatorem Hispaniae faceret se vocari" (201). Según el Toledano, en privilegios para iglesias y personas —el Toledano ha visto los archivos— Alfonso "imperatorem Hesperiae se vocabat", noticia que recoge en dos pasajes (202). La "Primera Crónica General" afirma que "mandose llamar "rey de Espanna", segund cuentan las estorias a logares; et aún más, dizen que le llamaron "emperador" (203).

El rey historiador que ordenó esa Crónica General sabía, pues, que

(197) Laguzzi, "Cinco documentos lucenses", en "Cuadernos de historia de España", III, pág. 190.

(198) "Algunos documentos reales leoneses", en "Cuadernos de historia de España", I y II, págs. 374.

(199) "Setenario", ed. de Vanderford, Buenos Aires, 1945; pág. 22.

(200) Villanueva, "Viaje", XV, pág. 335.

(201) "Hisp. Illust.", IV, pág. 101.

(202) "Hisp. Illust.", II, págs. 109 y 111. El hecho de que entre los documentos de Alfonso VI aducidos por M. Pidal (ob. cit., pág. 107), figure uno en el que dos veces se titula "Esperiae imperator", comprueba lo afirmado por el Toledano.

(203) Ed. cit., pág. 643.

en dos ocasiones había habido sendos emperadores en España, conocía también el hecho de que a su padre, Fernando III, se le había planteado la cuestión de coronarse como tal. Sobradamente tenía noticia del Imperio germánico, del que no sólo había sido candidato, sino emperador electo; del que no sólo tenía constancia prácticamente, sino del que conocía su fundamento doctrinal. Ahora bien, de ese fondo doctrinal, el elemento más importante, precisamente, el que hacía referencia al universalismo cristiano-romano del Imperio, ha quedado convertido en los escritores españoles que, como Alfonso X o el infante don Juan Manuel, conocen la teoría, en una reminiscencia inerte, en un factor inoperante. También en la "Crónica" particular de dicho rey, escrita por Sánchez de Valladolid, se dice que fue elegido "emperador de Alemania", sin la menor resonancia del pretendido carácter universal de ese Imperio (204). En los "Cronicones" de Cardeña I y II, el ofrecimiento del Imperio a Alfonso X es una cuestión de los alemanes, entorpecida por una maquinación de Roma (205). En el complicado proceso de las pretensiones del rey a la corona imperial se le ve maniobrar en Italia con sus partidarios gibelinos, según un cálculo en el que aquel carácter casi sacerdotal del Imperio no cuenta para nada, como no cuenta tampoco para sus contrincantes (206). Entre los documentos utilizados por Ballesteros sobre esta materia, hay uno que, a la vez que explica una fase de relativa despreocupación de Alfonso en sus aspiraciones, revela la concepción particularizada que, en el fondo, tenía el rey castellano acerca del Imperio. Se trata de una carta suya al obispo de Cuenca, en 1264. En ella el rey declara haber consultado con su vasallo el rey de Granada la conveniencia de insistir en sus demandas sobre el Imperio europeo, a lo que el rey moro contestó ofreciéndole que "el nos ayudarie et nos mostrarie commo oviessemos muy mayor et meior Imperio que aquel". Este otro Imperio es el que pudiera fundarse con la conquista de Ceuta y tierras del Norte de Africa (207). Esto nos muestra cómo, para don Alfonso, Imperio es, en definitiva, dominio sobre extensas tierras, el cual constituye a aquel que lo posee, en un rey magno, en un rey de reyes. Recordemos que la "Crónica" particular del rey Alfonso le atribuye precisamente esa ambición: "este rey don Alfonso avia voluntad de aver reyes por vasallos" (208).

---

(204) B. A. E., vol. LXVI, pág. 13.

(205) Flórez, "Esp. Sag.", XXIII, págs. 374 y 379; el segundo asegura: "oviera a ser Emperador, si non por la fuerza quel fizo la Iglesia".

(206) Ver A. Ballesteros, "Alfonso X, emperador electo de Alemania", discurso de recepción en la R. A. H. Madrid, 1918.

(207) Ballesteros, ob. cit., pág. 72.

(208) Ed. cit., pág. 11.

Ahora bien, cierto es que don Alfonso tuvo por vasallos reyes y altos príncipes. En su escritura de confirmación de bienes al monasterio del Cister, firman tres reyes moros vasallos y los vizcondes de Bearn y Limoges (209). En privilegio dado a Toledo, firman estos mismos, con el conde de Flandes, los duques de Borgoña y Lorena, etc. (210). Sin duda, Alfonso X estuvo en tan buena o mejor posición, en este aspecto, que cualquiera de sus antecesores para reclamar un título imperial como el que algunos de éstos habían ostentado. El conocía esa tradición, como nos lo demuestra el pasaje del "Setenario" a que antes aludimos. ¿Por qué, en consecuencia, no se atrevió a pretender lo que su padre no se había considerado en condiciones de hacer? Se ha dicho, como razón, que en la época no existe más idea de Imperio que la del germánico. Sin embargo, tenemos que para el rey castellano y, en general, para toda la España de su tiempo, ese Imperio europeo se ha particularizado —señalemos que la "Partida Segunda" se basa en la equiparación jurídica del rey a la potestad imperial, como "emperador en su reino"—, tenemos por otra parte que el propio rey tiene conocimiento de la tradición imperial hispánica, que le ha tentado la aventura de fundar un Imperio africano, y, finalmente, consta la voluntad imperial de don Alfonso de ser rey de reyes. Creo que, por todo ello, a la razón apuntada antes hay que añadir otras que refuercen el fundamento de ese abandono. Es posible que el deseo de no perjudicar su posición respecto al Imperio europeo, apareciendo como titular de otro, ayudara a esa inhibición. Pero encuentro que otra causa debió también tener su parte. La pluralidad de reyes, como base para una calidad imperial, no era suficiente. Hacía falta que esa diversidad compusiera un todo relativo, un orbe particular, y éste, desde la etapa Alfonso VI-Alfonso I-Alfonso VII, no podía ser más que España. Y Alfonso el Sabio tenía muy clara idea de lo que España significaba y de cuál era su ámbito, lo que le hacía, a su vez, comprender que su hegemonía sobre ella no era tal que pudiera ser afirmada en un título, tanto más cuanto que, lejos de tener un predominio peninsular, en más de una ocasión había tenido que depender militarmente de las fuerzas de su poderoso suegro, Jaime I de Aragón.

Los cronistas catalano-aragoneses narran los episodios del paso del rey castellano por tierras del reino de Aragón, cuando se dirige a la entrevista con el Papa. No sólo los hechos que en tal ocasión se cuentan, sino el tono de la narración, muestran una relación de familiaridad que denota ese fondo común hispánico. Esos cronistas saben a qué iba don

(209) Publ. en "Cuadernos de historia de España", núm. I-II, pág. 379.
(210) Ballesteros, ob. cit., págs. 69-70.

Alfonso: a tratar con el Papa, dice Desclot, del "fet del imperi" (211). Pero hay uno de ellos, Muntaner, que altera la noticia. Según éste, el motivo de la entrevista fue "per ço com cuidava ésser emperador d'Espanya" (212). Nada hace sospechar que fuera ésta una solución de recambio que llevara don Alfonso a Beaucaire. Es posible que no se trate más que de una confusión del cronista; pero algún documento aportado por Hüffer nos hace sospechar pueda haber un fondo de realidad en todo ello (213). Todavía algunas veces se le recordará como emperador; así, al final de la "Crónica" de Sancho IV (214), y en Cortes de Zamora, en la avanzada fecha de 1432 (215).

En cualquier caso, la frase de Muntaner es un dato que denuncia en las gentes el estado latente de la idea imperial hispánica. Aisladamente, este dato no significaría apenas nada. Algo más supone, si recordamos que los historiadores catalanes conocen la existencia de precedentes emperadores de Hispania —así, en la "Crónica Pinatense", en Tomich, en Turell. Y además, son otras varias las alusiones que en nuestra baja Edad Media descubrimos al "imperio de España", es decir, a España como posibilidad de un poder unitario, o mejor, total, sobre sus diversos reinos, la cual ha sido más o menos plenamente actualizada en diferentes momentos por diversos reyes. Pero ningún texto ofrece un testimonio tan claro de esta subsistencia, en estado de posibilidad, realizable en cualquier momento, de la idea imperial hispánica, entendida como articulación del doble plano de diversidad de los reinos y totalidad constituida sobre ellos, como un pasaje de la "Crónica de Pedro IV de Aragón", en el que se cuenta que algunos magnates castellanos tientan a su rey contra el aragonés. Leemos en la Crónica: "Seredes rey de Castilla e d'Aragon e, si place a Dios, aprés, emperador d'Espanya" (216). Esto es, sólo se podía ser emperador de España después de asegurarse efectivamente la supremacía sobre Castilla y Aragón. Idea del "imperio de España" que tópicamente, y ello prueba su amplia difusión, se encuentra también en el "Cantar de Rodrigo": "Sy quieres ser emperador de España, darte he la corona de grado" (v. 1065).

(211) Vol. III, pág. 12.
(212) Fasc. I, pág. 61.
(213) Art. cit., en "Estudios dedicados a Menéndez Pidal", V, págs. 383-384.
(214) B. A. E., t. LXVI, pág. 90.
(215) "Cortes de los antiguos reinos de León y Castilla", t. III, pág. 146.
(216) Ed. de A. Pagés, ya cit., pág. 386.

SUPERVIVENCIA DE LA IDEA IMPERIAL HISPANICA.
LA MONARQUIA DE LOS REINOS DE ESPAÑA

Creo que estos datos, más los que encontraremos en la segunda mitad del xv, de los que nos ocuparemos después, nos permiten afirmar que la idea imperial hispánica ni se olvida, ni menos es ignorada; pero, como la más precisa técnica jurídico-política que el romanismo ha traído consigo reclama un mayor rigor en estas materias, nadie se considera en condiciones de pretender una hegemonía que, con contenido institucional o sin él, llegue a postularse en un título de emperador de España. Existe, sí, el título de rey de España o equivalente. Sobre el arco de triunfo del Castel Nuovo de Nápoles podemos aún leer hoy una inscripción, en capitales romanas, con el nombre y títulos de Alfonso V de Aragón: "Alfonsus Rex Hispanus Siculus Italicus Pius Clemens Invictus". En Castilla, algunos escritores dan a su rey el título de rey de España: "Muy alto príncipe, glorioso, excelente y magnífico Rey de España...", es el tratamiento con que se dirige a él Rodríguez de la Cámara (217), y el frecuente uso de formas análogas en "El Laberinto", de Juan de Mena, es sobradamente conocido (218). Pero estos y otros muchos que les siguen, no dan a esas palabras más que el valor de una hipérbole. Sin embargo, no puede negarse que, aparte de los poetas, existen otros casos —así en crónicas del xv— en los que parece se pretende asimilar el título de rey de España al de León y Castilla; mas no como una significación de totalidad, puesto que vemos llamar también España a las tierras del rey de Aragón, sí, en cambio, expresando en ello una condición del rey principal. El hecho puede comprobarse ya en la "Primera Crónica General", con referencia a Alfonso VIII. Según ésta, el rey leonés-castellano puede llamarse rey de España, no porque sea el único rey de ella, sino porque es el primero. Tomich dice que el que procede de Pelayo es "lo primer titol de rey de Hispanya, Leo e Castella". Es decir, que el de León y Castilla es el primer título entre los reyes de España. Que tal es el sentido de la frase se comprueba con la transformación que ésta sufre en Turell: "lo primer titol de Spanya" (219). Para los historiadores ca-

---

(217) "Siervo libre de amor", en el vol. de "Obras", del autor Soc. de Bibliófilos Españoles, pág. 56.
(218) Ed. de Blécua, Madrid, 1943.
(219) Tomich, "Historires...", folio VII; Turell, Recort, pág. 58.

talanes que acabamos de citar, ese honor de primer rey español venía de haberse anticipado Pelayo en el movimiento reconquistador. Alonso de Cartagena, transformando este hecho en una neta relación jurídica, entendía que el rey leonés-castellano, respecto a la totalidad de España, aparecía, por haber asumido en los comienzos de la Reconquista la herencia goda, como titular en quien "totum ius universitatis hispaniarum remansit" (220), principio que tiene, según él, una validez general para resolver los problemas de la organización política en el interior de la Península, como lo demuestra el uso que de la máxima hace en algún caso concreto. A este respecto, es el también jurista, historiador y alto eclesiástico, Rodrigo Sánchez de Arévalo, quien da la formulación más clara de esa pretensión jurídica de la Corona de León y Castilla en relación con España, llegando a la consecuencia del uso del título total que es el problema que ahora nos interesa. El reino de León y Castilla es el primero y principal y, por ende, del que derivan todos los demás: "Primum quidem atque principale Hispaniae regnum illud est quod hodie Castellae et Legionis vocatur, quod centrum Hispaniae est et a quo caeterorum regnorum reges usque in hodiernum diem derivati sunt" (221). Además, de las seis provincias de España (esto ayuda a comprobar la continuidad en él del concepto tradicional del "reino de España"), el reino leonés-castellano posee cuatro. Por todas estas razones y algunas otras secundarias, para Sánchez de Arévalo es claro que jurídicamente en León y Castilla reside el título y la condición de los "regum Hispaniae" (222).

Pero esta titulación de honor no es reconocida ni por los reyes ni por las gentes de los otros reinos, ni es acogida por los propios reyes castellanos, porque existe la insuperable dificultad de que son demasiado fuertes para que puedan ser contrariados, de una parte, el sentimiento de la totalidad de España, la cual no corresponde a ninguno de esos reyes en particular, y de otra, los nexos que la común pertenencia al todo hispánico crea entre cuantos se hallan comprendidos en su esfera. Dentro de ese todo puede darse una preeminencia honorífica, sin valor jurídico, formulada en términos literarios, una preeminencia que no puede alcanzar la dignidad imperial, porque no lleva consigo una hegemonía política, pero que viene, en el fondo, de la misma raíz de aquélla. Y ese fondo se advierte, con clara conciencia del caso, en Rodríguez de la Cámara, cuando, aludiendo a la reina de Castilla, hija del de Antequera, dice "aquesta es la hermana de las tres reales coronas, e reyna de la quarta, mas sobe-

---

(220) "Allegationes...", pág. 312.
(221) "Hisp. Illust.", I, pág. 129.
(222) "Hisp. Illust.", I, pág. 139.

rana, de los reynos de España, que mas verdaderamente imperatriz llamar devria" (223).

El desarrollo de los reinos peninsulares y especialmente del reino aragonés echa abajo el sistema imperial llevado a máximo desarrollo por Alfonso VII. Pero esto no quiere decir que haya desaparecido, sino que, al contrario, se intensifica grandemente el sistema de los "reyes de España", cada uno de los cuales es rey de su reino y todos a la vez lo son del "regnum Hispaniae". Por eso, todos tienen, en principio una posición política y hasta jurídica igual y solidaria. Igual, como muestra esa fórmula de mención conjunta de tales reyes, que ya nos es conocida, la cual, aparte de los ejemplos que en el capítulo anterior vimos, se encuentra empleada incluso con un estricto valor en derecho, como cuando López de Segovia escribe que los reyes "qui non recognoscint superiorem de facto ut rex Francie vel reges Hispaniae possint indicere bellum prope" (224). Solidaria porque, aparte de los muchos casos que de hecho se dan y a los que nos hemos ya referido en otros lugares de este libro, nos encontramos con manifestaciones de un valor concreto y positivo, como el del tratado de alianza, en 1204, entre los condes de Tolosa, de Provenza y el rey de Aragón, en el cual cada uno de los tres excluye de los casos de mutua ayuda aquellos que sean contra otros determinados príncipes, que, para el rey de Aragón, con su cuñado el rey de Hungría, su hermano el conde de Provenza y el rey de Castilla (225). Son varios los casos de análogo sentido, como aquel que ya nos es conocido, en que Jaime II excluye, en supuesto semejante, al "rey compostelano". De este rey aragonés tenemos un interesante testimonio de su manera de entender políticamente la solidaridad hispánica y los deberes conjuntos que de ella derivan para el cuerpo, para la comunidad de los reyes de España. En el capítulo siguiente, al estudiar el problema de la llamada "consuetudo Hispaniae", veremos cómo este rey piensa que hay normas jurídicas precisas que le obligan a él y a los demás "reges Hispaniae", desconocidas, en cambio, fuera de la órbita de éstos. Fijémonos ahora en la carta que, en 17 de agosto de 1311, escribe al rey de Castilla, Fernando IV, pidiéndole que, con el rey de Portugal, estudien la común actitud a tomar en el asunto de los Templarios, a fin de que el bloque que forman sea visto y estimado como tal en Roma:

_____

(223) "Triunfo de las donas", en vol. cit. de "Obras", pág. 122.

(224) "De la Confederación de Príncipes y de la guerra y de los guerreros". Edición facsímil del texto latino y versión castellana de Antón Moreno, Madrid, 1931; pág. L. El texto citado pertenece a la segunda obra comprendida en el volumen: "De bello et bellatoribus".

(225) Benoist, "Receueil des actes des comtes de Provence appartenant à la maison de Barcelone", doc. núm. 32, año 1204.

"Enguissa quel papa et toda la corte conoscha que en esto et en otras cosas el fecho de vos et del rey de Portugal et nuestro es todo uno" (226).
España, pues, es una obligación común, una exigencia normativa que se
impone a todos sus reyes y que, en un momento dado, recae sobre cualquiera de ellos que se encuentre en especial situación. Al año siguiente
de la carta anterior, 1312, Jaime II escribe a sus enviados en la Corte Pontificia que suspendan o aminoren sus esfuerzos en la cuestión de Cerdeña,
porque, muerto el rey castellano y presentándose una etapa de regencia
de un rey menor en Castilla, tiene que hallarse desembarazado de otras
preocupaciones, para atender a su obligación hispánica, "ut clare conspi-
cimus nobis incumbet Yspaniem totum honus" (227). El rey confiesa que
tendrá que hacerse cargo de la dirección política del todo, que sobre sus
hombros va a pesar la total carga de España. Recordando esta situación,
escribirá algo más tarde el cronista Muntaner que este rey "havia tota
Espanya a son manament" (228).

España aparece, en consecuencia, como un ámbito de poder, regido
solidariamente por varios reyes, cuya condición de tales resulta esencialmente afectada por esa situación —o también por uno o por varios, bajo la
hegemonía de uno de ellos—. En cualquier caso, es un ámbito que se
ofrece unitariamente en un segundo plano y que, en mayor o menor grado,
puede actualizarse y de hecho se ha actualizado en diversas ocasiones. En
la Baja Edad Media, la conciencia de ese ámbito total se expresa en una
fórmula de muy preciso valor jurídico-político: la "monarquía de España". De este concepto que, en consecuencia, considero como un transfondo
necesario para entender nuestra Baja Edad Media, me he ocupado en otro
lugar (229). Me remito a los textos que allí reúno y a la interpretación de
los mismos que en ese estudio intento. España es el espacio para la
realidad o la posibilidad de un poder monárquico, y puesto que éste ha
existido en alguna ocasión de hecho, sigue existiendo latentemente en
cualquier momento. Estimo que, sobre ese fondo, hay que valorar los
testimonios referentes a Jaime II que hemos visto. Para entenderlo así
observemos que a él parece dirigida la carta, publicada por Finke, que,
en 1312, escribe un religioso, advirtiendo que a lo que aspira la casa de

---

(226) Villanueva, "Viaje", V, págs. 206 y 225.

(227) Citado por Salavert, "La isla de Cerdeña y la política internacional
de Jaime II de Aragón", en la revista "Hispania", Madrid, 1950, X, número
XXXIX, pág. 265.

(228) Crónica, V, 60.

(229) Ver nota 4 de este capítulo.

Francia, en su enemiga contra Aragón, es "ad obtinendum videlicet in Ispania monarchiam" (230).

Recordemos que para Sánchez Arévalo la historia de España es la historia de esa monarquía gobernada, según los tiempos, por uno o por varios reyes; que para Alonso de Cartagena de su existencia se deducen consecuencias jurídicas concretas, como las que él alega ante el Concilio: las Islas Canarias pertenecieron y, por tanto, pertenecen "ad monarchiam Hispanie cum sint eius partes"; que para Diego de Valera es la meta que espera a Fernando e Isabel: "Avreis —les dice—, la monarchia de todas las Españas y rreformays la silla Ymperial de la ynclita sangre de los godos donde venis, que de tantos tiempos acá está esparzida e derramada" (231).

En el texto que acabamos de citar de Diego de Valera, se unen las dos líneas de la idea de monarquía de España y de imperio de España, cuya subsistencia, en la Baja Edad Media, hemos podido comprobar. Ambas ideas son, en el aspecto que aquí nos interesa, equivalentes. Por eso, al haber unos efectivos "monarcas" de España, de nuevo surgirá el título imperial hispánico, que no había sido olvidado. En carta de noviembre de 1494, dando cuenta al rey Fernando de la muerte del marqués de Oristán, en el castillo de Játiva, se le dan los títulos de "molt alt e poderós princip rey señor nuestro e Señor emperador de España" (232), título que se repite en algunas cartas de consejeros de los reyes (233).

Estos dos ejemplos son testimonio de una manera de ver propia de la época, que probablemente se manifestaría en mucho más casos análogos. Pero lo interesante es comprobar que ese fenómeno de reaparición del título imperial se da como fruto natural de una situación política, que comienza apenas se vislumbra la unión de los reinos de España. Se ve ya en la literatura profética que se concentra en torno al Trastámara aragonés, el futuro Fernando II (234). Morel-Fatio cita dos curiosísimos documentos: el poema barcelonés de 1473 y la obra del jurista de Peralada, Pedro Azemar. Ambas prueban un entusiasmo, embebido de profetismo, en el que las más populares y exaltadas profesías del final de la Edad Media se ponen al servicio de esa causa política. Y de que esta manera de ver es la propia del ambiente nos asegura un dato erudito que aporta el propio

---

(230) El texto de la carta puede verse en Finke, "Acta Aragonensia", volumen III, número 109.

(231) Ver mi art. "Sobre el concepto de monarquía...", pág. 414.

(232) Espinosa Navarro, "Saitabi", núms. 9 y 10, 1943.

(233) Cit. por Cirac en su comunicación al V Congreso de Historia de la Corona de Aragón. Zaragoza, octubre de 1952.

(234) Bohigas, "Profecíes catalanes dels segles XIV i XV", en "Bulletí de la Biblioteca de Catalunya", Barcelona, 1925; págs. 24 y ss.

Morel-Fatio: el poema de 1473 se conserva en un manuscrito que contiene otras obras catalanas representativas, de Bernat Metge, de Pere Torroella, y está escrito en castellano, como es sabido, de la misma mano que las obras en catalán de estos últimos (235). Pues bien, en ese Poema se canta, inmediatamente antes de que Don Fernando y doña Isabel ciñan su primera corona real

> "Qu'estan esperando los rreynos d'Espanya
> Senyor noblescido de gran perfecçion"
>
> (Versos 10-11.)

Pocos años después, cuando el fruto de la unión matrimonial comienza a recogerse, desde dentro de un mismo clima de espiritualidad profética, en Castilla el bachiller Palma, en una obra en la que se aplica a la situación de España la profecía de Daniel y se usa de la imagen de la liberación de Jerusalén, escribirá: "Agora alçad los ojos, tended los rreynos, ensanchad la tierra, derrocad los valles, tirad los puertos, pasad las lindes e mojones. ¡Quién vido a Espanna, un rreyno, un prinçipado tan grande! ¡Qué unión maravillosa! ¡Qué sacramento tan grande!" (236). De esa unión sacramental que Palma no reduce al matrimonio de los reyes, sino que proyecta sobre la fusión de los reinos, saldrá "el deseado de las gentes, príncipe de las Espannas, que avrá rreyno duradero, grande, que no será disipado, e todos los rreynos d'Espanna en un rreyno veverán, con aumento e felicitad prospera de los pueblos siçientes d'Espanna" (237).

Esta unión aparece, y este es un aspecto esencial de la cuestión, como definitiva: los reinos españoles no volverán a ser disipados. Se trata del final de un proceso que no volverá atrás, por consiguiente. Lo unido no son las personas, sino los reinos, el poder que los encabeza, entendido no como algo poseído en un momento dado por unas personas concretas que desaparecerán, sino como algo institucionalizado y que se conserva a través de los titulares que se suceden: "Este ayuntamiento, dirá Pedro Azemar, non solamente del matrimonio, antes de la señoría y poderío" (238). Considerando de la misma manera el fin conseguido, Fr. Iñigo de Mendoza, se dirige al Altísimo, dándole gracias, porque

> "...Soldaste las quebraduras
> de nuestros reynos de España" (239).

---

(235) Morel-Fatio, "Poème barcelonais de l'an 1473" en Romania, XI, 1882, págs. 333 y ss.

(236) "Divina retribución", ed. Bibliófilos Españoles, Madrid, pág. 77.

(237) Ob. cit., pág. 79.

(238) En el fragmento reproducido por Morel Fatio, art. cit., pág. 340.

(239) "Cancionero castellano del siglo xv", N. B. A. E., publicado por Fouché-Delbosc, vol. I, pág. 63.

Esta y no otra era la esperanza de los propios reyes que, en Cortes de Toledo de 1480, enfocan la cuestión de las consecuencias internas que del hecho deben desprenderse: "Pues por la gracia de Dios, los nuestros reynos de Castilla e de León e de Aragón son unidos e tenemos esperanza que por su piedad de aquí adelante estarán en unión e permanesceran en nuestra corona real, que ansí es razón que todos los naturales dellos se traten e comuniquen en sus tratos e fazimientos" (240). Acaso los mismos súbditos ¿no veían el problema de la misma manera? ¿Acaso no era necesaria una esperanza igual en los jurados de Valencia, por ejemplo, para que pudieran pensar que, en virtud de ese nuevo estado, iban a cesar ya los males de luchas, que ellos aprecian claramente como intestinas, en España?

Una seria objeción a la tesis que acabamos de exponer parece ser un pasaje de la "Crónica de los Reyes Católicos", de Fernando del Pulgar, que se ha citado más de una vez: "Platicosa asymismo en el Consejo del Rey e de la Reyna cómo se devian yntitular; y como quiera que los votos de algunos de su Consejo eran que se yntitulasen reyes e señores de España, pues subçediendo en aquellos reynos del rey de Aragón eran señores de toda la mayor parte della, pero determinaron de no lo hacer e yntitularonse en todas sus cartas en esta manera" —que es la de la conocida lista de señoríos (241).

Creo que si se examina fríamente el texto precedente, en conexión con todos los antecedentes de la situación a que responde y no se pierde de vista el momento histórico en que se produce el hecho que en él se narra, se comprenderá con facilidad que ese gesto de los Reyes Católicos tiene un valor programático: no se pueden llamar reyes de España porque no lo son de toda, sino de una parte, aunque sea la mayor, lo que crea en ellos la obligación de completarla. Que el tema se suscite al reunirse las coronas de Aragón y Castilla, y antes de la conquista de Granada y anexión de Navarra, prueba hasta qué extremo el reino de España abarcaba aquellos dos; pero que los reyes piensan que abarca todavía más y su actitud presagia su esfuerzo por reunir también las partes que aún se encuentran desgajadas de ese tronco. Es más, ni Navarra, ni Granada, ni el Rosellón —cuya condición hispánica defendía el obispo gerundense Juan Margarit— llegarían a sumar esa totalidad, unidas a Castilla y Aragón. La política africanista de los Reyes Católicos permite suponer que en "toda España" se comprendía también, como había sostenido Alonso de Cartagena y se repetiría en otras negociaciones diplo-

---

(240) Cortes, IV, pág. 185.
(241) Publicada por Carriazo, Madrid, 1943; vol. I, pág. 369.

máticas, la Mauritania Tingitana. Pero lo cierto es que los Reyes Católicos debieron tener conciencia, como la tenía manifiestamente su secretario y cronista Pulgar, de que eran tan sólo reyes en un espacio "que es toda la mayor parte de las Españas, según que adelante será recontado" (242). La concordancia de esta frase con la que aparece en el pasaje a que antes nos referimos, pone en claro la unidad de pensamiento en los dos momentos de la Crónica: reyes de la mayor parte, pero no de toda.

Y aun es posible que la relación con Portugal, tan vidriosa en varios aspectos durante los Reyes Católicos, jugara aquí algún papel. Alberto Pimenta recoge una referencia, que considera infundada, a una reclamación del rey don Manuel de Portugal, contra don Fernando el Católico, por hacerse llamar éste rey de España (243). Según Pimenta, el uso de la voz "Hispania", y sobre todo del étnico "hispanus", en el XV y XVI portugués no tiene más significación que responder al prurito humanista de latinizar los nombres. Lo cierto es que, sin embargo, aparece también usada en romance la palabra "español", y en este caso la tendencia humanista al uso de las voces que proceden del latín clásico, no juega. Nunca, indudablemente, el nexo de comunidad había sido tan fuerte en relación con la tierra portuguesa, como con el resto de la Península; pero, con todo, y desde fuera de ésta, todavía a fines del XVI se juzgaba así la situación: Portugal, "a toujours fait branche au tronc d'Espagne ou pour mieux dire s'est mostré com'un petit rameau sorty de la branche de Galice que le tronc d'Espagne portoit" (244).

Vale la pena constatar qué estupendo efecto de exaltación el hecho de la unión, realizado o aun simplemente esperado, produce en todas partes. Si el Bachiller Palma, después de la batalla de Toro, augura que "los reyes de las Espannas del universo ayan monarchia" (245), mucho antes de que se inicie el curso favorable de los acontecimientos, cuando no se tiene más base que el matrimonio de ambos príncipes, es tanto lo que, con ilusión mística, se espera de ellos, que el anónimo autor del poema barcelonés de 1473, canta de don Fernando:

"Aquel que del mundo se espera monarca" (verso 8).

Mucho antes de que, con Carlos V, penetre entre nosotros la tradición imperial, mucho antes de la situación derivada de este hecho, la cual

---

(242) Ob. cit., pág. 3.
(243) Ver su nota "Rei das Espanhas", en el vol. "Idade Media", páginas 285 y siguientes.
(244) La Popelinière, "Les trois mondes", París, 1582, folio 41 del libro I.
(245) Ed. cit., pág. 80.

encontró su expresión literaria en el conocido soneto de Hernando de Acuña, ese anónimo poeta catalán apostaba toda su gran esperanza a la figura del rey Fernando:

> "Un Dios en el cielo, un rey en la tierra
> se deve por todas las gentes temer" (versos 95-96).

Y ese rey iba a ser el que refundiera todas las partes de España. Luego, cuando esa unión esté dada en la persona única de un solo rey, Vagad considerará propio "que hoy tenga España el cetro y regimiento del mundo" (246).

Acudiendo a obras históricas, literarias, poéticas, del último cuarto del siglo XV y del primero del XVI, podríamos centuplicar los ejemplos de significación análoga a los testimonios que acabamos de recoger. Aunque sistemáticamente no haya sido nunca estudiado, el fenómeno de exaltación a que responde toda esa literatura es sobradamente conocido. No necesitamos, pues, insistir en acumular pruebas acerca de él, y de esa manera evitaremos a nuestro estudio un final demasiado wagneriano, cuya retórica, no puesta por nosotros, sino por el gusto literario de los escritores de la época, podría, no obstante, alterar ante el lector el plano de objetividad en que nos hemos querido colocar.

Ante ese fenómeno de proyección de la totalidad de España hacia fuera, que se inicia con Alfonso el Sabio y Ramón Muntaner, que alcanza su mayor tensión en la generación de los Reyes Católicos, nos reduciremos a una breve observación. Ese estado de espíritu no se explicaría al día siguiente de la creación de una nueva entidad histórica o del establecimiento de una organización política o "reino" que fundiera en nueva comunidad a los grupos sobre los que se extendiera el poder en ella constituido. Una situación así sólo puede comprenderse como reacción a otra anterior, de signo diferente, o más bien, opuesto. Sólo entonces cabe ese colosal disparo de una voluntad de poder, de honor, de grandeza. La primera fase, o negativa, de ese proceso, la encontramos en los mismos escritores del XV. Testimonio poco menos que insuperable es el de Juan Margarit: en él se nos revela ese sentimiento de opresión, visto, además, o atribuido a toda la comunidad hispánica, y sus propias palabras denuncian esa exaltación de grandeza con que se proyecta aquél hacia adelante. Enaltece el obispo Margarit el momento de poner punto final al dominio peninsular de los musulmanes, que durante siglos dio lugar "in magnum regnum Hispaniae tam opprobium quam iacturam".

---

(246) Crónica, folio VII.

Basta con que esa oprobiosa desgracia en que se hallaba, haya sido vencida, para que ese "regnum" que latía en nuestra conciencia medieval, se exalte como el "gran reino de España". Sólo entendida la situación como una vuelta o una recuperación, se explican los sentimientos que despertó (247). En las Cortes de La Coruña, de 1520, el licenciado Pedro Ruiz de la Mota, celebrando el advenimiento del rey español a la dignidad imperial, exclamaba: "Agora es vuelta a España la gloria de Spaña" (248). Sin embargo, no hay que olvidar que ese renacimiento de la idea imperial en nuestro siglo XVI, no se produce en conexión con el antecedente medieval, sino, de una parte, en relación con la idea del Sacro Imperio, tan ajena a nuestra tradición, y de otra parte, por influjo del humanismo que renueva el mito de los romanos. Si en nuestra Edad Media es conocido el caso de los emperadores que España dio a Roma, como puede comprobarse en el Tudense y en Gil de Zamora, entre otros (249), y sin embargo, no se relaciona con ello el título imperial de nuestros reyes, en el siglo XVI se conoce la existencia de este título, pero no se toma, en ningún caso, como antecedente de la nueva posición alcanzada. Garibay, por ejemplo, tiene muy precisas noticias del título de emperadores que llevaron reyes españoles medievales —cita los casos de Sancho el Mayor, Fernando I, Alfonso VI, Alfonso el Batallador— (al que con mucha propiedad llama Alfonso VII) y Alfonso VII que, por la razón anterior, pasa a ser Alfonso VIII (250). Pero ni él relaciona esto con Carlos V, ni tampoco, años más tarde, López Madera, que interpreta este título como una declaración de exención, en el sentido de la citada fórmula "rex est imperator in regno suo", condición, eso sí, que abarca solidariamente a toda España.

---

(247)　Es frecuente que se enuncie en la época la unión realizada por Fernando e Isabel, no como algo en relación con los reinos existentes, sino con la permanente tradición antigua de Hispania. "Utriusque Hispaniae citerioris et ulterioris unionem fecistis", dice el propio Margarit (ob. cit., pág. 7); y Pedro Mártir escribe: "Hispania est ulterior citeriori adjuncta" (Legatio Babilonica", página 143, Valladolid, 1947. Hay que descontar en esto cuanto corresponde al gusto humanista; pero no hay que olvidar que esa tradición romana que los humanistas elogian es un factor decisivo en nuestra Edad Media. Hay que tener presente que la imagen, en cualquier caso, no es de unidades que se suman, sino de miembros que se recomponen: "Hispaniae membra dissipata in unum prope corpus rediere" (Nebrija, "Artem litterariam..."), ed. de 1503, final del prólogo, en hoja sin numerar.

(248)　"Cortes de los antiguos reinos de León y Castilla", vol. IV, páginas 293, y siguientes.

(249)　"De preconiis Hispaniae", ed. cit., págs. 62 y ss.

(250)　"Compendio Historial", ed. de 1571, fol. III del prólogo.

CAPITULO X

"HISPANUS VIR". SU TEMPRANA CARACTERIZACION

Al contrario de lo que aconteció en otros países en los que, a raíz de la invasión de los pueblos germánicos, el nombre de éstos desplazó las denominaciones procedentes de los anteriores pobladores, en España el antiguo étnico "hispanos" se mantuvo firmemente en competencia con los que correspondían a los grupos de invasores, y terminó por imponerse a todos éstos. Si durante algún tiempo, la expresión "gens gothorum" designó el conglomerado humano de la Península, aunque nunca con exclusividad, y si entre elementos eclesiásticos impregnados de cultura antigua aparece alguna vez mencionada la "hespera turba", para la Edad Media, habitualmente, quien procede de nuestra Península es un "hispano" y como "Hispani" se conocen cuantos en el recinto total de aquélla habitan y son cristianos. Esto nos obliga a hacernos cuestión del concepto de Hispania, como lugar del que los hispanos toman "nación".

Lo que Orosio afirma de Trajano al designarle como "genere Hispanus", o de Teodosio, al llamarle "Hispanus vir" (1), lo que el "Liber Pontificalis" dice de un Papa del siglo IV, Dámaso, calificándole de "natione spanus", noticia que conoce muy bien Lucas de Tuy, y que recoge en su afán de acumular glorias hispánicas (2), es frase que se repite insistentemente en documentos de toda clase y de todas partes durante la Edad Media. Si la "Crónica de Moissac" o los "Anales Einhardi", llaman también al obispo de Urgel, Félix, "natione Hispanus", lo que Abadal interpreta como prueba de su procedencia catalana (3), la misma denominación de "Hispanos" se da, como probamos en otros lugar, a cuantos proceden del sur de los Pirineos, en el nutrido grupo de diplomas carolingios referentes a la colonización de aquéllos, primeramente en los yermos de Septimania y después en "esa porción de España", que fue asolada por los caudillos de la frontera franca.

La palabra hispanos está empleada, evidentemente, en el sentido de

---

(1) Hist. adv. paganos, VII-12, 1, pág. 252 y VII-34, 2, pág. 281.
(2) Hisp. Illust., IV, pág. 2.
(3) "La batalla del adopcionismo", págs. 69 y sigs.

nación, como una y otra vez dicen los documentos; pero es absolutamente necesario —de lo contrario el error sería gravísimo— advertir en qué sentido hay que tomar ese término de nación. Nación es un grupo humano que se contempla como una multitud reunida, y en tal sentido dotada de una cierta unidad formal, bajo un aspecto determinado y sólo bajo ese aspecto. Por tanto, los que forman nación desde un punto de vista, no lo forman bajo un enfoque diferente, apareciendo en este segundo caso reagrupados en otra distinta distribución de naciones. La constitución de éstas es, en consecuencia, variable y arbitraria, puesto que depende del criterio con que en cada ocasión se contemple una masa humana. Lo más común es que para agrupar a las gentes en naciones se adopte el punto de vista de su procedencia o generación, respondiendo más o menos vagamente al origen etimológico de la palabra. Este es el valor normal del vocablo, cuando en la baja Edad Media se hace de frecuente empleo y, por esa razón, en los textos castellanos se usa muchas veces como equivalente la palabra "generación" —"en la generación de estos vuestros reinos", dice la Crónica del Halconero (4). Pero incluso esa procedencia no siempre tiene carácter genético; se estima unas veces en un sentido territorial, como otras en el racial, y dado que a su vez, los conceptos de territorio y raza son muy imprecisos y vacilantes, el concepto de nación, aun en el caso más estricto de que quiera significar gentes de un origen común, es muy incierto. Un conjunto de individuos puede, según esto, formar parte de varias naciones, conforme a los diferentes criterios de agrupación que se sigan y hasta cuando se haya limitado ese criterio al aspecto puramente territorial, unas veces se les reúne por pertenecer a una ciudad, otras a una comarca, otras a un país y todavía cabe verlos puntos con otros como parte de las gentes que habitan un espacio más amplio.

No hay absurdo mayor que hablar de nacionalidades, no ya solamente en los siglos de la alta Edad Media, sino en los primeros siglos de la Edad Moderna. Por mínimo rigor terminológico que se exija, no es admisible referirse políticamente a la nación —nunca a nacionalidad, que es un término preciso de muy específico valor jurídico— hasta la Revolución Francesa (5), y por consiguiente, no hay por qué hacer aspavientos de que en uno o en otro lugar concreto no se dé una idea nacional que no existe sobre el planeta en todos los siglos medievales, ni hay por qué tampoco, porque ello va contra la seriedad de la Historia, pretender in-

---

(4) Ed. Carriazo, pág. 331.

(5) Ver Vossler, "L'idea di nazione dal Rousseau al Ranke", Florencia, 1949.

suflar en la palabra nación antes de hora un significado político que no tiene (6).

Por eso, el término nación no aparece nunca relacionado con un poder político, en una conexión de apropiación recíproca entre éste y aquélla. En algunos muy antiguos documentos ingleses, a los que nos referimos .en el capítulo anterior, y, entre nosotros, en algunas suscripciones de diplomas de Alfonso VI se usa, en plural, la expresión "nationes" —"omnes nationes"—. Esas "naciones", sobre las que se llama emperador Alfonso VI, pueden significar las de los cristianos, judíos y sarracenos y su mención equivale en ese caso a la conocida pretensión del mismo rey de titularse emperador de las "dos religiones", o bien significa naciones o grupos territoriales, sin específica calificación política en ningún caso.

Es cierto que la imagen de un rey gobernando sobre su pueblo es antigua. De ella nos da una hermosa versión el Biclarense refiriéndose al reinado de Leovigildo: vencidos los tiranos y usurpadores de España, "propia cum plebe resedit" (7). Pero precisamente esa imagen se nos da relacionada con el estado de la monarquía visigoda después que Leovigildo sometiera a su poder, en guerra victoriosa, los suevos del rincón gallego, es decir, en el momento en que la idea territorial de Hispania se impone en la política de Leovigildo a la idea del pueblo godo. De todas formas, en la época visigoda, tal como resulta del testimonio de los historiadores coetáneos —y a ellos corresponde entre los merovingios un interesante pasaje de Gregorio de Tours que hemos citado en otros lugar—, se da una situación mucho más moderna de lo que veremos más tarde.

En un documento asturiano del año 818, se dice: et insistente in populo domno Adefonso in Asturias" (8). Aparecer descansando sobre un pueblo es un aspecto esencial de la realeza, así como de las elevadas potestades eclesiásticas. La función del pueblo en la introducción de nuevos reyes u obispos, por vía de aclamación, o tácitamente, de no contradicción, es un factor de legitimación del poder. Esto no tiene, claro está, un valor de aceptación, sino de reconocimiento, y el sentido doctrinal de ese requisito aparece puesto de manifiesto en un pasaje de la "Crónica lati-

---

(6)   Ver un resumen de la polémica en torno a este tema en Sestan "Stato e Nazione nell'alto Medievo", Nápoles, 1952; capt. I, págs. 11-44, y la bibliografía que allí se cita. También, Sánchez Agesta, "El concepto histórico-político de nación", en "Revista general de legislación y jurisprudencia", núm. 170, 1941; págs. 535 y sigs.

(7)   Ed. cit. de Alvarez Rubiano, pág. 25.

(8)   Publ. por Sánchez Albornoz, en "Documentos del reino de Asturias", C. H. E., I-II, pág. 335.

na de los Reyes de Castilla" (9). Pero el pueblo que así interviene en el reconocimiento de sus príncipes no es una comunidad políticamente caracterizada, de cuyo seno emane, precisamente por estar vinculada comunitariamente a ella, la autoridad, sino un grupo humano indeterminado cuyo papel es ser base del poder, pero sin que la voluntad de aquél justifique éste, ni se dé entre ambos una relación esencial. Ese grupo humano es, a lo sumo, una parte o porción del pueblo cristiano, que puede ser igual a cualquiera otra, y se encuentra determinado tan sólo por la circunstancia de habitar en una tierra, pero sin que tierra, pueblo y poder se den en una conexión necesaria de comunidad. Todo lo más, como hemos dicho, son partes comprendidas globalmente en el "populus Christi". Ese pueblo, pues, ni es la vieja "gens", ni tampoco un grupo de tipo más o menos pre-nacional. Es, tan sólo, la población de la tierra. Y exactamente de esa forma es definido en un diploma de Vermudo II, en el que al declarar que reina sin contradicción de nadie, se refiere al "omni populo terre" y a cuantas gentes se encuentran en los confines de la tierra de su reino (10).

Sin embargo, desde muy temprana fecha, se da el fenómeno de que determinados grupos humanos aparezcan dotados de caracteres propios, definidos como grupos de un comportamiento regular y conocido, precisamente en vitud de esa comunidad de carácter en que sus miembros se hallan insertos. Sobradamente conocidos son los textos de la historiografía antigua en los que aparecen cualificados colectivamente los pueblos peninsulares, textos que entresacó y reunió en uno de sus más bellos estudios Menéndez Pidal (11). Mencionaremos especialmente un testimonio poco conocido y de gran interés, porque en él no sólo se enumeran, señalando sus caracteres peculiares, los grandes grupos étnicos que se reúnen en el Imperio romano, sino que esas generalizaciones se dan como algo conocido y frecuentemente citado en tiempos del que lo escribe. Nos referimos al escritor siciliano Firmico Materno, quien, entre los años 334 y 337, se refiere de esa forma a escitas, itálicos, galos, griegos, africanos "et Hispani elata iactanciae animositati praeposteri" (12). En general, estas primeras caracterizaciones se limitan al aspecto bélico, como cuando Orosio habla de las "ferocissimas gallorum gentes" (13). Máximo interés

---

(9) Ed. Cirol, pág. 93.

(10) Pub. por Barrau-Dihigo, "Notes et documents sur l'histoire du royaume de Leon, I, Chartes royales léonaises", Revue Hispanique, X, 1903, pág. 427, documento número XXXI, año 986.

(11) "Historia de España", dirigida por M. Pidal, vol. II, prólogo.

(12) Citado por Sestan, pág. 53, nota nueve.

(13) IV, 3; pág. 123.

ofrece el intento de definir a una serie de grupos por la virtud o el defecto más relevante en ellos, que se recoge en el Códice vigilano de la "Al beldense" (14). Una fiel reproducción de este texto se encuentra en un manuscrito del jurista barcelonés Homobonus, en el siglo XI (15). Mommsen, al hacer la edición de aquel códice de la Albeldense, publicó unos interesantes fragmentos constituidos por listas más largas y desenvueltas, en una de las cuales llega a presentarse una doble serie de vicios y virtudes, caracterizadora de los numerosos grupos que enumera. Allí, en el capítulo "De vitiis gentium", se menciona la "violentia hispanorum", y en el capítulo "De bonis naturis gentium", se señala la "hispanorum argutia" (16). Pero lo que no se da nunca hasta muy avanzada la Edad Media, aproximadamente hasta fines del siglo XIII y aun entonces muy relativamente, es la unión entre el pueblo, como grupo caracterizado y fijo, y poder político. No es nuestro objeto seguir el desarrollo de este proceso, cuyo final no se alcanza hasta los tiempos modernos, sino mostrar esa fase primera en la que la indudable presencia de pueblos que se manifiestan como comunidades de origen y de carácter muy tempranamente, no postula la consecuencia de que aparezcan a la vez como bases de poderes políticos propios y autónomos.

Como pertenecientes a un grupo humano que tiene una procedencia común y, en cierto grado, un común carácter, hay que entender la expresión "hispani". Afortunadamente, tenemos una abundante documentación, una gran cantidad de documentos carolingios, que, como ya vimos, nos hablan de esos españoles y nos permiten empezar por ellos, desde tan lejana fecha, el análisis del concepto de hispanos y, en estricta correspondencia, el de la Hispania de donde vienen. De esa manera, España no sólo es un espacio geográfico, sino el ámbito de un grupo humano. Este aparece reunido bajo un cierto aspecto. ¿Es éste solamente el de hallarse o haberse hallado en una porción de tierra físicamente determinada y nada más? No puede creerse así. Desde muy pronto, se suscita entre los que se consideran pertenecientes a una tierra y entre ésta y esos mismos que la habitan, una concreta relación que, si no se formula en la esfera de la organización política, por las peculiares circunstancias en que ésta se da durante la Edad Media, no deja de tener un contenido cultural humano, que precisamente en España es especialmente rico.

---

(14) Ed. del P. Flórez, "Esp. Sag.", vol. XIII, pág. 434.

(15) Valls Taberner, "*El Liber judicum popularis,* de Homobonus de Barcelona", en A. H. D. E., t. II, 1925, págs. 200-212.

(16) Chronica minora, II, págs. 389-390: allí se habla también de la gula de los galos, la vanagloria de los lombardos, la ferocidad de los francos, la ira de los britanos, etcétera.

Por esta última razón, en el conglomerado carolingio, desde que penetran en el espacio ajeno de las Galias los primeros hispanos que huyen de la invasión de los árabes, aparecen —a pesar de las muchas razones de parentesco que con los de Septimania pueden tener— como pertenecientes esos hispanos a un grupo diferente y caracterizado. El reconocimiento de esa su específica modalidad de grupo singularizado lo encontramos reiterada y largamente —y decimos largamente porque por lo menos dura desde los alrededores del 750 hasta fines del siglo x, fecha del último diploma conservado que a ellos se refiere.

Es éste un hecho que nos proporciona la extraordinaria experiencia de contemplar cómo unas gentes, a pesar de hallarse desplazadas —y, por lo tanto, reducidas al mínimo las circunstancias territoriales— e incrustadas en medio de otras, acogidas a un poder nuevo, que manifiestamente no es el propio, se ofrecen, sin embargo, a sus coetáneos como un grupo o nación. En esos capitulares francos, los hispanos se presentan como poseedores de un derecho propio, como dotados de armamento y modos bélicos peculiares, y como gentes que practican usos agrícolas privativos.

EL SENTIMIENTO DE COMUNIDAD DE LOS ESPAÑOLES

En el momento de maduración europea, que es el final del siglo xi y comienzo del xii, momento en que cuajan y comienzan a desarrollarse los factores históricos que llevarán a las formas de vida nueva en tantos aspectos, aparece entre esos hispanos, o mejor tal vez, reaparece en ellos un sentimiento que se liga a esa conciencia de grupo, conciencia que el nombre que llevan, juntamente con otras causas, ha despertado lentamente en ellos. Reverdece en términos muy parecidos, el patriotismo de Prudencio, conexo por un lado a la comunidad humana de los que se conocen por el mismo nombre de hispanos y, por otra, al sentimiento de superioridad que suscita el saberse unidos en la religión verdadera del cristianismo. En una obra que espera todavía su debida estimación en una Historia de la literatura latina medieval española, un escritor barcelonés que el P. Fita estudió, Renallo gramático, siente el orgullo de la gente que ha habitado su tierra, de sus antecesores —elemento fundamental del patriotismo—, ante los progresos que el cristianismo hizo en España y que inquietó a sus injustos dominadores, los romanos. Con intranquilidad ven éstos el alto valor a que aquellas gentes ascienden y ello es señalado con satisfacción por quien, a doble título de hispano y cristiano, se considera ligado a aquéllos: "Videbat quod nunquam viderat, de partibus scilicet occiduis solem justitiae oriri. Videbat iam currum solis super Hispaniam, videbat iam Hispanos radios solis portantes" (17). La obra de Renallo se considera escrita alrededor de 1106. También en los comienzos del XII, la última crónica del período leonés, la "Historia silense", responde a la misma actitud patriótica, que toma una dirección francamente polémica. Este violento tono polémico es réplica a las exageraciones de un propagandista oficial carolingio, Eginhardo, al que responde e imita el Silense. De imitación de aquél, en un punto concreto, deriva la mención en el Silense de un modo español de cabalgar —"more Yspanorum equos cursare" (18)—. Por otra parte, ante una de las acciones más importantes de la solidaridad político-militar de los reinos peninsulares, el ataque conjunto a Almería, el poema en el que la empresa se canta, exaltó el anhelo de guerra contra los sarracenos de la "plebe Hispanorum" (19). El cronista borgoñón Glaber habla de un "hispanorum more" (20). Si en el manuscrito de la Albeldense a que antes hicimos referencia se habla de los godos —"forcia gothorum"— pero no de los hispanos, en los manuscritos ingleses dados a conocer por Mommsen, se caracteriza positiva y negativamente los hispanos en la forma que ya vimos.

Ese mismo sentido de totalidad puede ser recordado en la época por los coetáneos que leían los manuscritos de la llamada "División de Vamba", en cabeza de los cuales —así en la versión de la "Compilación Najerense"— se habla del "populus hispanus" (21), y ese texto no era tomado, al modo de hoy, como una pieza arqueológica, sino como una norma viva y vigente de la sociedad peninsular, hasta los límites del Rosellón catalán. Pueblo hispano en el que se advierte por todos una comunidad de origen; pero, además, como demuestran los testimonios aportados y eminentemente el del gramático Renallo y el del Silense, una comunidad de valores y de carácter. De esta manera, a fines del XII, el oficio litúrgico de San Raimundo, en la catedral de Roda, se referirá —y es secun-

---

(17) "Vita vel Passio Sanctae Eulalie", en Flórez, "España Sagrada", XXIX, página 380.

(18) Ed. cit., pág. 68. Este punto concreto de la relación entre la "Crónica Silense" y la "Vita Karoli", no aparece señalado en el minucioso cuadro de influencia de la segunda respecto a la primera que trazó Gómez Moreno en su "Introducción a la Crónica Silense".

(19) "Poema de Almería", publicado por Sánchez Belda, en apéndice a su edición de la "Chronica Adephonsi Imperatoris", Madrid, 1952, pág. 168.

(20) "Historiae", ed. de Prou, París, 1886; pág. 62.

(21) Vázquez de Parga, "La División de Vamba", ap. II.

dario que en este caso sea con un criterio adverso— a los "mores Hispaniarum" (22).

En todo momento y en todas partes, a aquellos que viven en el recinto peninsular, o hasta en sus proximidades, considerándolos como a un grupo, se les llama hispanos. Dante, aunque con equivocada noticia, dice que son "hispani" los que emplean la partícula "oc" para afirmar; también Petrarca distinguirá, entre otros pueblos, a los "Gallis, Theutonis et Hispanis" (23). Es de observar que el "Liber Pontificalis" que en distintos lugares cita el nombre de España hablando de reyes y de sus reinos, en forma tal que de ordinario el nombre de aquélla va acompañado de la mención de algunas de sus partes —diferentes en cada caso—, cuando se refiere en una ocasión a grupos humanos o "naciones", entonces aparece para todo el recinto peninsular, el nombre único y total de Hispania —al Concilio de Constanza asistieron "per nationes videlicet Italicam, Gallicam, Germanicam, Hispanicam, Anglicam" (24).

Con el propósito de apropiarse, de incluir en la propia comunidad figuras cuyo valor acrece el de los demás, la expresión "natione hispanus" se sigue aplicando —así en el Tudense, quien hispaniza al mismo Aristóteles (25)—. De este hábito deriva un uso onomástico. Es conocido Gonsalvus Hispanus, maestro del gran Duns Scoto, y más aún Petrus Hispanus, autor, entre otras, de obras de Lógica y comentarios aristotélicos muy difundidos. Vicentius Hispanus y Laurentius Hispanus son nombres de interesantes canonistas. Los dos Johannis Hispanus, juristas, son el uno compostelano y el otro aragonés. La lista de estos nombres podría alargarse indefinidamente. También la expresión "de Hispania", o en forma romanceada "de Espagna", con esta misma o análoga grafía, empleada para señalar a personajes que proceden de ella, se convierte a su vez en nombre personal. En una escritura de venta de unas casas en Tarazona, en 1139, figura como testigo un Ramón Espagna (26). De la misma manera es nombrado un individuo en la Toulouse de fines del XII y comienzos del XIII, Peire de Espanna (27). El canciller López de Ayala habla de un Arnal de España, senescal de Carcassonne por el rey de Francia (28).

---

(22) Villanueva, "Viaje", XV, pág. 326.
(23) "Epistolae", XI, 8.
(24) Ed. cit. de Duchesne, vol. II; pág. 514.
(25) "Hisp. Illus.", IV, págs. 2 y 37.
(26) Lacarra, "Documentos", 2.ª serie, núm. 207.
(27) Martin-Chabot, "Mesaventures d'un toulousain "donat" de Saint-Sernin", Mélanges Halphen, págs. 501 y ss.
(28) "Crónica del rey Don Pedro I", B. A. E., LXVI, pág. 575.

Del estudio que Aebischer ha dedicado a la formación del étnico "español", si su tesis puede dar lugar a toda clase de reparos, queda una cosa firmemente establecida: el testimonio de una constante conciencia de la singularidad del grupo humano que se encuentra al otro lado de los Pirineos, manifestada en tantos y tan tempranos ejemplos del uso del nombre "español" en el Mediodía lenguadociano —tantos que Aebischer cree encontrar en ellos el origen de la palabra (29). Como los carolingios llamaron "hispani" a los peninsulares, se sigue, siglos después, nombrando a los que llegan o proceden del sur de forma que alude a su lugar de origen. De aquí el uso de la voz románica "español" como nombre de persona, bien como nombre propio o de familia, de cuyo fenómeno el estudio que acabamos de citar recoge numerosos casos.

Pero no tendría interés multiplicar estas referencias. Tiénelo en extremo, sin embargo, una de ellas, debida al gran obispo Alonso de Cartagena. Aludiendo a los países que, con ocasión del gran cisma, siguieron al Papa Clemente, enumera Hispania, Portugalia y Gallia, distinguiendo y separando del primero el segundo; y en cambio, advertimos que en el ámbito de Hispania queda la zona oriental, con sus reinos particulares, no sólo cuando leemos en él que Benedicto XIII, según la consabida frase, era "natione Hispanus", sino más claramente cuando, ocupándose de Calixto III, vuelve a decir que éste es "natione Hispanus de regno Valentiae" (30).

Con innegable fundamento, y respondiendo claramente a la reclamación de su condición hispánica por los reinos orientales de la Península, de lo que las mismas palabras que vamos a citar constituyen una prueba, Alonso de Palencia —uno de los grandes artífices del reinado de los Reyes Católicos—, escribía, dirigiéndose a los barceloneses: "Yo soy español de la más extendida España, ca vosotros los catalanes con razón poseedes nombre de españoles" (31).

Para comprender la justa razón de lo que Alonso de Palencia afirmaba, nada mejor que analizar la Crónica de Desclot. Recoge Desclot la bella leyenda del Conde de Barcelona que va a Alemania a librar, en duelo judicial, a la emperatriz, de la calumnia con que ha sido ofendida. Cuenta el cronista que al presentarse aquél ante el emperador dice de sí: "Senyor, yo són un cavaler d'Espanya". No trata con ello de encubrir o

---

(29) Ver su estudio "El étnico *español*", en el vol "Estudios de toponimia y lexicografía románicas", Barcelona, 1948; págs. 15 y sigs.

(30) "Anacephaleosis", ed. 1545, folios CXIX CXX y CXXIV.

(31) "Tratado del triunfo militar", ed. de Fabé, en "Colección de libros raros y curiosos", pág. 36.

disimular su personalidad, porque, desplegando ésta ante la emperatriz, Desclot le hace decir al príncipe catalán: "Yo son I chomte d'Espanya que apela hom lo chomte de Barcelona". Muchos comentarios cabría hacer sobre cuál es la parte sustantiva de la personalidad del conde, hacia fuera o más allá del ámbito español. Pero no es necesario entretenernos nosotros en ello, puesto que el propio Desclot pone el comentario en boca del emperador, quien refiriéndose al conde y su acompañante, dice de ellos que son "cavalers d'Espanya, de la terra de Catalunya" (32). Queda aquí claro que la comunidad, el grupo humano a que se pertenece, y en aspecto tan esencial como es en la época el ser de caballero para quien lo posee, se designa con el nombre de España, y Cataluña es el nombre de una tierra particular de aquélla, un fragmento del ámbito a que se extiende tal comunidad —luego veremos comprobada esta interpretación por otros elocuentes datos.

Pero no es esto todo, con ser mucho. Todavía Desclot nos ofrece otro punto de mayor interés. Se refiere a las andanzas de Enrique de Castilla, el infante hermano de Alfonso el Sabio, que, rebelde contra éste, abandonó su reino y, pasando por Aragón, se encaminó a Túnez, donde estuvo, como muchos catalanes y aragoneses, al servicio de su rey mahometano. Al empezar en Italia la guerra entre Conrandino y Carlos de Anjou, el infante Enrique, como todos los catalanes —y con ellos está el sentimiento gibelino del cronista que narra el hecho— se puso de parte del primero, al que ayudó "ab CCC cavalés espanyols". Tres veces usa la palabra español, con este mismo motivo, Desclot, y las tres se le han escapado a Aebischer en el estudio sobre el tema, a que ya nos hemos referido. Pues bien, es evidente que esos caballeros españoles son caballeros de toda España, o mejor dicho, castellanos y catalanes. Que había castellanos es evidente, puesto que lo era el propio jefe; pero que con la expresión se comprende también a los catalanes es innegable, porque aparte de que de lo contrario Desclot diría normalmente de Castilla —a la que no atribuye nunca el nombre exclusivo de España entre las muchas veces que emplea este último—, es bien sabido que lo que en Túnez había sobre todo y en posición predominante, eran caballeros catalanes (33), así como en la Italia del Sur, y sólo a base de ellos, podían haber sido reclutados esos trescientos caballeros que acompañaban al infante. Ellos constituyeron, bajo las órdenes del mismo, "la host dels espanyols", presente en la batalla, sin que se hable aparte de los catalanes, los cuales absolutamente en tal ocasión no podían faltar. Y efectivamente, y este argumento es el

---

(32)   Vol. II, págs. 50, 52 y 53.
(33)   Ver la nota de Coll Alentorn a la pág. 60 del vol. III.

más decisivo, al describir Desclot el orden de batalla de las tropas, enumera sus partes exhaustivamente de esta manera: "E ordonà ses batales e donà a N'Anric de Castela ab los cavalers espanyols la devantera: e los pisans e els toscans cavalers agren la segona escala: e los romans la terça; e Corralí ab les alemanys foren en la reregarda" (34): catalanes y castellanos tienen para un escritor tan representativo como Desclot, un solo nombre, "espanyols".

Este episodio de las luchas catalano-aragonesas y principalmente catalanas, contra los angevinos en Italia, fue ocasión de manifestarse en los historiadores un sentimiento de solidaridad del grupo, al que se oponen en el mismo plano otros grupos diferentes. Y en esa solidaridad de grupo, para la ayuda o para la pugna, se ve incluido el propio Papa. Los "Gesta Comitum Barcinonensium", en su redacción definitiva, al comentar la injusticia de la entrada de franceses en Cataluña contra el rey Pedro III, con motivo de su condena por el Papa Martín, señala en éste, como dato de parcialidad, su condición de origen: "Gallicus natione" —condición que se estima tan fuerte que ni al mismo Papa se le considera libre de ella (35). Muntaner, como posterior que es, es aún más terminante y duro: "E açò es esdevengut per lo papa, qui és francés; e aixi creegats, con es de la nació del rei Carles que ell li darà tota favor e tota ajuda" (36). ¿Contra quién le dará esa ayuda? ¿Quiénes son los que tiene enfrente? Muntaner cuenta que viendo llegar, con temeridad asombrosa, unos navíos con tropas catalano-aragonesas, el de Anjou se maravilla de su audacia y tiénelos por locos: "¡E que folla gent es aquesta, que aixi van morir a ben vista! Bé es la paraula que dix lo savi: que tot lo seny d'Espanya es en testa de cavalls; que les gents no n'han gens, e los cavalls d'Espanya son pus assenats e mellors que cavalls qui e'l món sien" (37). Son, pues, gentes de España, pero de una España que no es puro espacio geográfico al que aquéllos pertenecen, sino una comunidad humana tan honda que sus componentes ofrecen unas mismas cualidades. Muntaner nos da la prueba de cómo a una comunidad de origen se añade, suscitada por aquélla, una comunidad de carácter.

Gran número de veces es empleada la palabra "españoles" por un escritor de la segunda mitad del xiv, que también Aebischer olvidó en su estudio: Eximenis. Sobre el pensamiento de este autor en relación a un tema inmediato al que nos interesa, se publicó hace años un trabajo del

---

(34) Vol. II, pág. 173-175.
(35) Ed. Cit., págs. 76 y sigs.
(36) III. p. 21.
(37) Vol. II, pág. 13.

P. Martín de Barcelona, cuyas conclusiones son absolutamente insostenibles (38). Probablemente, y es lo primero que debemos advertir respecto a la obra de Eiximenis, no hay otro autor medieval, salvo Alfonso X, que emplee mayor número de veces la palabra en cuestión. Es necesario llegar a historiadores de fines del xv, es decir, posteriores en un siglo o más, tales como Valera, Pulgar, Carbonell, etc., para encontrar superada francamente la frecuencia con que las palabras España y españoles aparecen en la obra de Eiximenis.

El P. Martí de Barcelona sostuvo, con innegable precipitación, que para Eiximenis se da una normal y plena identificación entre españoles y castellanos, aparte de los cuales quedan los catalanes. No es esta la impresión que de la lectura de la obra del famoso franciscano había sacado poco antes otro especialista en ella, el P. Nolasco del Molar (39). Y, efectivamente, dos consideraciones, a nuestro entender muy claras en resultados, se oponen a la tesis del primero. Es cierto que Eiximenis habla alguna vez sobre un mismo punto de españoles y catalanes. Pero, en primer lugar, también otras veces señala a los castellanos como grupo particularizado; en segundo lugar, al hacer la comparación con otros pueblos —franceses, italianos, ingleses, alemanes— se refiere en muchas ocasiones sólo a los españoles, y no cabe pensar se haya olvidado en esos casos de la existencia de los catalanes, o que no encuentre en ellos nada que decir, sino que manifiestamente estima haberlos incluido en el grupo conjunto de aquéllos. Cuando dice "els franceses e espanyols que no traten les dones així agudament com los romans e italians", indudablemente es ése el caso. Este párrafo que acabamos de transcribir nos revela, además, otro aspecto que hay que tener en cuenta: el uso frecuente, como un recurso retórico, de citar el todo y la parte —"romans" e "italians" están en esa relación, como algunas veces "catalans" y "espanols". Se podrá argüir, aunque en toda la obra de Eiximenis, es rarísimo ejemplo, que atribuye distinta calificación en la manera de comer a unos y otros (40); pero se trata de esa vacilante relación de todo y parte de que tantos ejemplos se podrían sacar, si el carácter obvio del fenómeno no lo hiciera innecesario. ¿Acaso el propio Eiiximenis, que ha elogiado las maneras de los catalanes, no dice de Tarragona que es ciudad "mal poblada e de simple gent e grosera"? Y no cabe duda que se trata para el autor también de catalanes, los cuales llegan

---

(38) "Catalunya vista por Fra Francesc Eximenis", en "Estudis Franciscans", 1934, volumen 46; págs. 79 y 97.

(39) "Un altre volum d'Eximenis", en "Estudis Franciscans", 1932, volumen 44; pág. 413.

(40) Ver Martí de Barcelona, loc. cit.

hasta el "costat" de Valencia. No puede ser que para Eiximenis tenga una significación diferente de la que hemos dicho, el término españoles tan usado por él, sin perjuicio de que, en alguna excepcional ocasión pueda señalarse en sus palabras un matiz impreciso, imputable a la impropiedad frecuente en la lengua literaria medieval. Pero sí para Eiximenis, reiteradamente, Barcelona es una ciudad de España y, en consecuencia, el concepto de ésta se revela abrazando la totalidad peninsular, no es posible indudablemente que un étnico tan directa e inmediatamente derivado de aquel nombre de país, tenga una significación que no se corresponda paralelamente a la de éste. Ya vimos en capítulo anterior que las Cortes de Valladolid, de 1518, hablaban de castellanos y españoles. Ni hay que pensar por esto que el castellano se sienta fuera del grupo de los españoles, ni tampoco cosa parecida cuando leamos en Eiximenis "catalanes y españoles", tanto más cuanto que el contexto desmiente de ordinario esa pretendida exclusión.

Tal vez no haya en nuestra literatura medieval una expresión más clara de solidaridad en el destino histórico de los españoles todos que aquella que nos legó el anónimo autor del "Flos Mundi". ¿Qué es lo que el autor confiesa que le llevó a escribir de historia? Hay quienes desde fuera de España, nos dice, han escrito magistralmente de los hechos pasados, "mas perço com aquests no son estats spanyols, no an curat de texir la ystoria de Spanya, sino superficialmente, yo empero, qui son spanyol, texiré e reglaré la dita istoria, contemporant uns feyts ab altres, tan com ma industria sostenir porà (41). El acicate, pues, de su sentimiento hispánico es el que mueve la pluma del autor del "Flos Mundi", quien, por otra parte, encuentra muy normal que desatiendan la historia de España los que son ajenos al vínculo de solidaridad sobre cuya tierra esa historia se teje.

Al llegar al final de la Edad Media, el antiquísimo grupo de los "hispani", sigue presente en la Historia. No son solamente los que habitan un lugar. Nunca la denominación de un grupo de gentes, si tiene un puro valor geográfico, ha podido tener tan extraordinaria fortuna. Por eso, a través de las notas que hemos recogido, hemos visto apreciarse que una serie de notas características se les aplicaban conjuntamente, que bastaba el nombre que en común llevaban para distinguirlos en la relación o en la acción militar con y contra otros pueblos, que una misma naturaleza les colocaba en una igual situación de obligación política, que una sola y común historia los fundía, sin perjuicio de las reagrupaciones interiores que pue-

---

(41) Massó Torrents, "Historiografía de Catalunya", pág. 580.

dan hacerse, variables según el punto de vista desde el que se les contemple, pero siempre superadas por la unidad de un destino histórico que el catalán anónimo que escribió el "Flos Mundi" enunció así: ser español.

LA RELACION POLITICA DE NATURALEZA

A fines del siglo xv —uno de los más bellos siglos de nuestra historia—, el cronista Díaz Games lanza la expresión "la nación de España" (42). El aragonés Fabricio Vagad ha escrito también "la nación de acá de España" (43), distinguiéndola de la de Nápoles, aunque puedan tener los mismos reyes. No pongamos, sin embargo, más de la cuenta. No contaremos esas frases como antecedentes del concepto de nación a la moderna. Traducen, con carácter general, la expresión anterior, de valor meramente individual, "natione Hispanus". Pero no por eso dejan de revelar todo el denso contenido de comunidad hispánica, que ahora podemos advertir mejor al contemplarlo como situación general en que se encuentra un grupo humano, sin perjuicio de las "naciones" particulares que dentro de él se singularicen.

De estas "naciones" o de esta particular relación de naturaleza que se da en el interior de cada uno de los grupos peninsulares se encuentran reiteradas, frecuentes alusiones en toda clase de documentos literarios y diplomáticos. Esto es bien sabido, y de ordinario es lo único que ha llamado la atención y que ha sido tenido en cuenta, al considerar la situación política de los reinos españoles medievales. Pero también, en este aspecto, no ver otra cosa es reducirse a una cara de la cuestión, aquella que por ser más superficial es más fácilmente comprobable. Hay que confesar que limitado el problema a estos términos, se puede resolver sin esfuerzo alguno, en perfecta armonía con lo que acontece fuera. Desde el siglo XIII alcanza un apreciable grado de consolidación la fórmula "un reino-una naturaleza". Sin embargo, importa tener presente aquí, una vez más, la constante advertencia del maestro Menéndez Pidal. También en esta materia la existencia histórica de los españoles se muestra cargada de una fortísima dosis de peculiaridad, como la de cada región europea, y para llegar a una adecuada interpretación de aquélla, hay que matizar convenientemente los esquemas conceptuales que se ajustan a la concreta situación de uno u otro de los países de más allá de los Pirineos.

En los dos últimos siglos medievales evidentemente la relación de

---

(42)   "El Victorial o Crónica de Don Pedro Niño", ed. Carriazo, pág. 348.
(43)   Crónica, fol. CLXIX.

naturaleza o nación se ha consolidado firmemente. Se la ve incluso dominando en el orden eclesiástico, en principio ajeno a esta determinación política. Recordemos el caso, al que acabamos de referirnos, de algunas crónicas catalanas que atribuyen la parcialidad del Pontificado en las guerras de Sicilia contra el aragonés a la circunstancia de que el Papa era francés. En la "Crónica de Alfonso XI" leemos que durante su reinado, el Papa pensó en hacer "algún Cardenal de los naturales del regno de Castilla" para que pudiera ayudarle mejor a calmar las desavenencias internas de aquel reino (44). Nada añade el cronista a esta noticia, que no despierta en él comentario alguno. Frente a esto, en una ocasión que tiene de análoga con la anterior el hecho de tratarse de la designación de un Cardenal, súbdito en este caos del rey aragonés, éste, Pedro IV, comunica la noticia a jurados y prohombres de villas en estos términos de satisfacción: "car jassia que y hagués cardenal d'Espanya, tota vegada era Castellá" (45). Indudablemente el rey de Aragón celebra con mayor gozo tener un propio súbdito por Cardenal, pero la misma frase en que así se expresa, pone bien de manifiesto hasta qué grado no sólo no era indiferente, sino algo ya altamente estimable para el rey, y el rey supone que también para los demás, tener un Cardenal de Castilla. Esta frase nos revela, por de pronto, la neta concepción de España como totalidad, y manifiestamente que, en cualquier caso, para el rey no era lo mismo que existiera un cardenal castellano que otros cardenales italianos o franceses. Y efectivamente, en el orden de los hechos, las obras del titulado cardenal de España, alcanzaban a todos los peninsulares. El rey Juan I escribe al arzobispo de Tarragona interesándose por que se conceda una beca a un recomendado suyo en el "Colegio de los españoles" que en Bolonia había sido fundado por el Cardenal Albornoz, por el "cardinalis Ispanie" (46). Siendo obra de un cardenal de España para los españoles, el rey claramente entendía que era también para los suyos.

Como en la esfera del poder real y de la configuración de los reinos, también en este aspecto de la relación de naturaleza como base del vínculo de sujeción política, se da el doble plano de la pluralidad intrapeninsular y de la comunidad hispánica. Con razón Alfonso XI advierte a unos caballeros que "Como que ellos eran del regno de Portogal, pero que los portogaleses naturaleza avían con los reyes de Castilla" (47); y si recorremos la Crónica de donde tomamos estas palabras y comprobamos con cuánta

---

(44) B. A. E., LXVI, pág. 213.
(45) Rubio y Lluc, "Documents...", I, pág. 181, año 1357.
(46) Rubio y Lluc, "Documents...", II, pág. 328.
(47) "Crónica de Alfonso XI", B. A. E., vol. LXVI, pág. 225.

mayor proximidad el rey castellano tenía las cosas y las gentes del reino de Aragón, con cuyo rey le unía estrecho parentesco y, según la misma Crónica, sincero amor, comprenderemos cuál sería su sentimiento en relación con los catalano-aragoneses. Pero, con anterioridad a este y a los restantes datos que hemos citado, es en la "Primera Crónica General" en la que hallamos el rotundo reconocimiento de esos dos planos cuya existencia afirmamos. Allí se dice de un caballero que era "natural de Espanna et castellano de llinnage" (48).

Eete último texto de la Crónica mandada componer por Alfonso X y otros de la misma obra que son expresión de un parejo sentimiento, nacen de la magna ocasión de las Navas de Tolosa. Refiriéndose también a ésta, los "Anales Toledanos I" dicen: "ayuntaronse grandes gientes de toda España e de toda ultra puertos" (49). Los "Anales Toledanos II" hablan de que ayudan en otra ocasión al rey de León, "todos los Freyres de España e grandes gientes de España" (50), y el valor de la palabra España en estos textos nos lo da una anotación diferente de los primeros Anales mencionados: "Ficieron cruzada los Freyres de las Ordenes de España con las gientes del rey de Castiella e del Rey de León e de los otros regnos..." (51).

En esta esfera de cuestiones, Muntaner nos ha dejado una valiosa declaración. Volvamos a referirnos a ese momento grave en que un rey ajeno, con sus tropas extranjeras, amenaza con una guerra, que se anuncia enconada, el territorio catalán. Ante ese peligro, Pedro III bloqueó de tal manera la frontera que el ejército francés no puede pasarla, cuando el abad, extraño de nación, de un monasterio vecino a Argelés se presenta al rey de Francia y le señala los pasos ignorados y sin vigilancia por los que sus tropas podrían entrar en Cataluña. Y ante este hecho, comenta Muntaner: "los senyors d'Espanya farien gran saviesa que en llur terra no soferissen que haqués prelat si llur natural no era" (52). Muntaner, ante esta situación tan grave, tan dramática, no pretende dar una máxima general, aplicable en abstracto a un problema de la existencia política, válida para cualquier caso. Tampoco puede limitarse a los intereses privativos del reino catalano-aragonés, que son los únicamente, al parecer, puestos en juego en esa ocasión. Ante la gravedad vital del hecho, su pensamiento va a la totalidad de España. Y revela con ello la

---

(48) Ed. cit., pág. 696.
(49) "Esp. Sagr.", XXIII, pág. 396.
(50) "Esp. Sagr.",XXIII, pág. 406.
(51) Ed. cit., pág. 400.
(52) "Crónica", fase IV, pág. 14.

existencia de un segundo plano, en el que se dan los problemas más decisivos —ya lo vimos en el capítulo anterior cuando se trataba nada menos que de dominar el resto del mundo—, constituido por una relación política natural en toda España.

En la Crónica de Enríquez del Castillo se habla de "la gente de las Españas" (53). Refiriéndose a los catalano-aragoneses, el marqués de Santillana los señala como los que se encuentran en la tierra hispánica, que se extiende "fasta las montañas —que parten los galos de la nuestra gente". Por esta circunstancia, porque es nuestra gente, la gente suya, Santillana canta en solemne poema la triste jornada de la isla de Ponza y dice que en la fragorosa batalla "la gente de España —llamava ¡Aragón!" (54).

"Nuestra gente", "la gente de España"; nuestra gente de España. Aquel lejano apelativo "de Hispania" con que algunos, como el abad de Montserrat, Cesario, el que quiso ser arzobispo acudiendo a Santiago, se hacían llamar al traspasar los Pirineos en el remoto siglo IX, se ha interiorizado ahora, al terminar la Edad Media, en el grupo de gentes al que se aplica y ha pasado a expresar cuanto les es común en su existencia histórica conjunta, solidaria.

Tal es la situación de que parten las generaciones inmediatamente anteriores al reinado de los Reyes Católicos. Es habitual presentar el advenimiento de estos reyes como causa y no como efecto de un nivel histórico. Este nivel se da incluso en quienes, sobre su triste sacrificio, tenía que construirse la obra de aquéllos. En la "Crónica" del Príncipe de Viana es normal la referencia a los "españoles", como los que pertenecen a toda España, mientras que se interpreta como una oposición al "extranjero" el hecho de no querer ser gobernados los navarros por alguien de allende los Puertos (55). Recordemos con qué interés Alonso de Palencia señalaba la común condición española de catalanes y castellanos. De la misma manera, cuando se ocupa de las guerras por el Rosellón entre el rey de Francia y la gente del rey de Aragón, para Diego de Valera esta última son siempre los españoles, y su partido, claro está, el partido del propio historiador que narra estos hechos. Todavía la unión de los reinos no se ha realizado; todavía don Fernando no es rey aragonés, ni tampoco castellano, y ya para Valera, en esa guerra del Rosellón, sus tropas —en las que, con una predominante parte de catalanes y aragoneses,

---

(53) B. A. E., LXVIII, pág. 145.

(54) "Comedieta de Ponza", en "Cancionero Castellano del siglo XV", recopilado por Foulché-Delbosc, N. B. A. E., estrofas 42 y 70.

(55) Ed. de 1843, pág. 139 y sigs.

había un considerable contingente de castellanos— son los españoles y España la que en esa circunstancia se expone (56).

También naturaleza obliga. La relación política de naturaleza, efectivamente, obliga a los que pelean y al historiador que, siendo de la misma "nación", como sentía Valera, narra los hechos; obliga al que, sin combatir, incluso siendo eclesiástico, con su acción puede favorecer o perjudicar al propio bando, como entendía Muntaner, y a esa obligación de naturaleza apelaba el autor del "Flos Mundi" para hacernos comprender por qué se sentía llevado a escribir de historia de España.

LOS MODOS DE VIDA DE LOS ESPAÑOLES

Ese lazo de solidaridad se expresa globalmente en el concepto de reconquista, tal como lo hemos expuesto, y se desenvuelve en múltiples aspectos. Ni podemos tratar aquí de dar el sistema de una antropología cultural del español medieval, ni siquiera es posible intentar un inventario de todo aquello que es común, que es obra conjunta del pueblo hispano en la Edad Media. De todos modos, recopilando los resultados obtenidos en el análisis de los variados aspectos de la vida peninsular medieval que hemos ido tocando a lo largo de nuestras páginas, llegaríamos a componer una lista de cierta extensión. Otros muchos puntos, claro está, podrían someterse a una prueba análoga: formas de vida, hábitos, facultades, ideas, que desbordan el campo de la existencia política.

Al tratar de la idea de Reconquista vimos la difusión por la Península de formas de vida y de criterios axiológicos comunes, derivados de la lucha conjunta contra el sarraceno. Esto lleva a suscitar incluso formas concretas de la profesión militar que derivan del estado bélico de la lucha contra el moro. Es conocido, como fenómeno propiamente catalanoaragonés el caso de las tropas almogávares. Análogo en sus condiciones militares y de vida social es en Castilla el grupo de los "golfines". De éstos se habla en la "Crónica de Alfonso X" (57), y de unos y otros, como fenómenos concomitantes en Cataluña-Aragón y León-Castilla, se hace referencia en la "Crónica de Desclot" (58). La "Crónica latina" menciona —y tal vez es la primera referencia cronística que se hace de ellos— unos almogávares en el terreno intermedio del reino de Murcia (59), en

---

(56) "Memorial de diversas hazañas", ed. Carriazo, págs. 253 y 258-260.
(57) B. A. E., LXVI, págs., 59.
(58) Vol. III, pág. 63.
(59) Ed. cit., pág. 122.

el que hubo tan importante colonización catalana. Casi al mismo tiempo, Lucas de Tuy nos da la definición de lo que estas tropas son: "Eo tempore quidam Catholici viri strenui de frontaria Maurorum, qui Almugaveres vocantur, collecta suorum multitudine de nocte terram Sarracenorum furtive ingressi sunt" (60). La "Crónica de Fernando IV" alude a los "almogavares e a otros omes de guerra" que ayudaban a la reina María en la minoridad del rey (61), y la "Crónica de Alfonso XI" nos los presenta como una dura tropa de choque en el ejército del rey sobre Gibraltar (62).

Desde estas rudas formas militares a delicados estilos poéticos o atractivas modas femeninas, contra las que tronaba el franciscano Eiximenis (63), hay una constante interpretación de usos y de formas de vida, que denota el común fondo humano sobre el que esos hechos se dan. ¿Qué es lo que el anónimo autor de la "Chanson de Sainte Foy" le hizo calificar su obra de "razó espanesca"? (64). Alfarich, especialista en historia del sentimiento religioso, sostiene que, por su tema, por varios detalles que muestran a lo largo del poema una estrecha relación con las cosas de España, por estar concebido pensando en los españoles, hay que situar la canción en la España cristiana y con más precisión en país catalán. "El autor traduce con su fe y esperanza íntimas las de todo un pueblo con el que se encuentra unísono y del cual es como un eco sonoro" (65). Desde el punto de vista filológico, Hoepffner completa el análisis anterior y, con retorcida y alambicada argumentación llega a la conclusión siguiente: "Calificar de "espanesca" una leyenda que nada tiene de española, no sería posible más que ante un público él mismo español". De este modo, el poeta anunciaba a sus auditores que el tema que iba a tratar delante de ellos era un tema suyo, una leyenda expandida en su propio país y en las regiones vecinas (66). Termina situándola en la Cataluña septentrional, en el Rosellón o en la Cerdeña, según confirma el estudio de la lengua en que está escrita. Para nosotros indiferente es que, como Alfarich y Hoepffner sostienen, la palabra "razón"

---

(60) "Hisp. Illust.", IV, págs. 115-116. Se refiere al reinado de Fernando III, año 1235.

(61) B. A. E., vol. LXVI, pág. 104.

(62) B. A. E., vol. LXVI, págs. 253 y 342.

(63) Ver el art. cit. del P. Martí de Barcelona, pág. 90.

(64) "Canzon audi q'es bella'n tresca | Que fo de razo espanesca | Non fo de paraulla grezesca | Ne de lengua serrazinesca" (v. 14-17).

(65) "La Chanson de Sainte Foy", vol. II, ed. de la Universidad de Estrasburgo, París, 1926, págs. 10 y 176.

(66) "La Chanson de Sainte Foy", ídem íd., t. I, págs. 207-208.

aluda al argumento, tema u objeto de la leyenda, o que, como Rajna piensa (67), haya que suponer que se refiere más bien a la forma (68). Lo cierto es que, en cualquier caso, la palabra "española" da expresión a un sentimiento de comunidad humana, que el análisis del fondo del poema le ha permitido a Alfarich señalar.

Sólo esta idea de España como ámbito de un grupo humano, de una comunidad, puede explicar un interesante fenómeno, cuya iniciación es muy temprana, cuyo desarrollo abarca toda la Edad Media, creciendo en intensidad a medida que los siglos pasan. España aparece de esta manera como un fondo sobre el que se proyectan las más variadas comparaciones. El primer ejemplo, incipiente, escasamente significativo todavía, lo descubrimos en la "Crónica del obispo don Sebastián", o redacción segunda de la originaria "Crónica de Alfonso III". En ella, al hacer el elogio de los edificios ramirenses ("sola calce et lapide constructa") se advierte "si aliquis aedificium consimilare voluerit, in Spania non inveniet" (69). Indudablemente esta es una idea culta, erudita, en la que resuena la herencia romana, como cuando, haciendo alusión a un hecho moral, no artístico, refiriéndose a un rumor que le atañe, Claudio de Turín (otro hispano del tiempo carolingio), escribía que aquél se había difundido "per omnes Gallias usque ad fines Spanie" (70), o, como vemos también en escrito del abad de San Martín del Canigó, en el que comunica la muerte de un conde de Cerdaña, y en sus palabras exalta la fama que alcanzó en el mundo mientras vivió, "quod noverunt Italia, Gallia et Hispania".

También en este aspecto la idea erudita de Hispania se va cargando cada vez más de una fuerte tensión humana. Para que reiteradamente (con mucha más frecuencia que sobre otros fondos: el mundo, la cristiandad, los diversos reinos peninsulares), se comparen sobre esa base común hispánica, fama, virtud, valor, hermosura, riqueza, honor, etc., etcétera, es necesario que se dé el sentimiento de un fondo homogéneo, sin el cual la comparación no es posible. Si se toma como ámbito de com-

---

(67) "La patria e la data della Santa Fede di Agen", en "Mélanges Chabaneau", "Romanische Forschungen", XXIII, Erlangen, 1907; pp. 472.

(68) Corrigiendo el criterio de excesiva antigüedad con que antes se la fechaba, se considera hoy que la "Canción de Santa Fe" es obra compuesta sobre 1060. El reciente descubrimiento de la existencia de una poesía española conservada fragmentariamente, pero en su propia lengua, en poemas arábigo y judeo-españoles, puede fortalecer la tesis de Rajna.

(69) Ed. del P. García Villada, pág. 79.

(70) M. G. H., "Epistolae Karolini aevi", II, "Claudii Taurinensis Episcopi Epistolae", núm. XII, pág. 610.

paración el mundo o la cristiandad, ello es posible en la medida en que existe de común una condición humana o una cualidad de cristianos. De la misma manera, sólo que con mayor frecuencia, se encuentra la referencia al fondo hispánico. También en muchas ocasiones esto tiene un mero carácter de tópico —aunque indudablemente para que un lugar común se constituya hace falta que en un momento dado haya calado hondo. Pero, además, con referencia a ese ámbito de España es normal hallar los ejemplos de más fuerza ponderativa y más intencionados.

Desde muy temprana fecha hallamos que Juan Diácono, en su "Vita Sancti Froylani" asegura que de los fundadores del cenobio de Viseo, "cum ejus fama totam peragraret Hispaniam", llegó su renombre a los oídos del rey Alfonso (71). España, pues, es el diapasón en que resuenan y se ensanchan famas, rumores, noticias, desde muy pronto, lo que supone que se considera que en ella habitan gentes interesadas por los mismos temas. De las calamidades que pasa en un momento dado la iglesia de Santiago, el autor de la Compostelana advierte que por "Hispaniarum angulus iam nullus ignorat" (72). Es, por consiguiente, natural que el "Carmen" latino en honor del Cid, se exprese así:

Unde per cunctas Ispanie partes,
celebre nomen ejus inter omnes
reges habetur, pariter timentes
munus solventes (73).

Y esta fama del Cid es prueba de la real comunidad hispánica en ese aspecto: el "Carmen" latino, escrito en vida del héroe, es catalán, como sospechó Milá y Fontanals —de hacia las fronteras de Lérida, según ha precisado Menéndez Pidal; el "Poema" se escribe en Medinaceli, en tierras fronterizas de moros y aragoneses"; y la "Historia Roderici" se debe a un clérigo de Zaragoza, probablemente mozárabe, que acompañaba al héroe (74).

Cada vez se va generalizando más y adquiriendo matices nuevos aquella tan vieja práctica. Sin seguir un curso cronológico monótono e innecesario y renunciando a repetir las abundantes citas reunidas, empezando por el "Poema del Cid", pero sobre todo de los escritores de los siglos XIV y XV, por María Rosa Lida, daremos algunos ejemplos que, geográficamente o por su peculiar matiz, tienen un interés especial. Así, en la

---

(71) Risco, "Esp. Sagr", XXXIV, pág. 424.

(72) "Esp. Sagr.", XX, págs. 26 y 554.

(73) Ed. de Menéndez Pidal, en "La España del Cid", II; en especial página 892.

(74) Menéndez Pidal, "La España del Cid", II; en especial págs. 889 y 911.

carta de hermandad para la defensa de Barbastro, en 1138, vemos calificar a ésta de "civitas quae una fuit olim ex melioribus Hispaniae" (75). También del monasterio de Ripoll, se dice "caput et specimen universe esse meruit Esperie" (76). Este es siempre un término próximo, y como alusivo a una especial situación familiar, que se combina con otros más genéricos: Pedro III pide al Papa una especial concesión a Poblet, "quod inter alia nedum Ispanie imo totius mundi, monasteria reputatur solemne" (77).

Es natural que, si a los reyes de España se les contempla como un grupo, con una particular conexión entre ellos, surja la comparación, y así la hallamos en uno de los primeros escritores que emplean la conocida expresión "reges Hispaniae", en Lucas de Tuy, quien como superlativa alabanza de Alfonso VI dice que en gloria "trascendit Hispaniae reges", y de Alfonso VII asegura que "non fuit in Hispania qui posset resistere illi" (78). Luego veremos, citadas en otros lugares por el específico matiz que encierran, más ejemplos de menciones análogas. Recordemos que los "Gesta Comitum Barcinonensium", para exaltar el alto principado de Ramón Berenguer I, lo proyectan "inter alios principes Hispaniae" (79). Ramón Berenguer IV, según Tomich, contesta al vasallo que, desterrado antes por el conde, teme presentarse ante él, aun siendo para proponerle el casamiento con la heredera de Aragón: "Yo no se rey ni senyor en Hispanya que no li poguesseu be venir davant", reconociendo un nuevo aspecto común, en el grupo de esos príncipes hispánicos.

Fuera de la órbita de la realeza, en la "Primera Crónica General", hay comparaciones del tipo de ésta: "mas noble de quantos otros monasterios en Espanna a" (80). Indudablemente como tópico, sigue manteniéndose la expresión, cuando en un mismo capítulo la "Crónica de Alfonso X" repite tres veces la mención a España como fondo sobre el que se comparan honores y mercedes (81), o cuando de un personaje se dice en la "Crónica de Alfonso XI" que "era el más poderoso ome de España que Señor oviese" (82), o López de Ayala nos advierte de una señora que

(75)   Villanueva, "Viaje", XV, pág. 377.
(76)   "Cart. de Saint Victor de Marseille"; cit. por Beer, "Los manuscritos...", pág. 299.
(77)   Rubió y Lluch, "Documents", II, pág. 253.
(78)   "Hisp. Illust.", IV, págs. 102-105.
(79)   Ed. cit., pág. 32.
(80)   Ed. cit., pág. 685.
(81)   B. A. E., vol LXVI, pág. 25 y 26 (cap. XXX).
(82)   B. A. E., vol. cit., pág. 192.

era la "mayor heredada que se fallaba en España" (83), o Eiximenis exalta a Barcelona como "molt major lum de tota Spanya" y más populosa que "altra ciutat de Spanya" (84), o a los valencianos como "poble especial e elet entre los altres de tota Spanya" (85), o cuando las "Crónicas" de don Alvaro de Luna, de Juan II por el Halconero o la "Refundición" de ésta por el obispo Barrientos, ponderan la casa edificada por el condestable en Escalona como "la mejor" o "la más especial que habia en España" (86), o en "El Victorial" se acude a decir "como ninguna de las reinas de toda España", o de un marino que era el mejor y más cierto "de toda España" (87), y en la "Crónica del condestable don Lucas de Iranzo" se exalta análogamente un caso de hermosura (88). Valiosos son los ejemplos que descubrimos en la "Crónica" de Muntaner. De un caballero dice Muntaner que "fo dels mellors barons e dels pus honrats d'Espanya" (89). Este caballero era Jaime de Jérica, yerno de Roger de Lauria, y sabido es que los señores de Jérica solían ser amigos y, en más de una ocasión, colaboradores militares de los reyes de Castilla, y de uno de ellos cuenta la "Crónica de Alfonso XI" que fue el amparador de la hermana de este rey, y reina de Aragón, la castellana doña Leonor. Y de otro personaje, Bernat de Sarriá, distinguido en Sicilia, afirma Muntaner que era "lo pus llarg de cor que cavaler que anc fos en Espanya" (90), lo que muestra hasta qué punto, aun en tierras extrañas, la comunidad humana a que se pertenece y en la que están implicados la valía y el honor del caballero sigue siendo España (91). Turell dice del caballero ampurdanés, cuya ciencia militar es requerida en Las Navas, que "era lo más experimentat de toda Espanya" (92). Esta manera de ver llega incluso

---

(83) B. A. E., vol. LXVIII, "Crónica de Enrique III", pág. 162.

(84) P. Martí de Barcelona, art. cit., pág. 79 y sigs.

(85) "Regiment de la cosa pública", ed. de Barcelona, 1927, pág. 22 y ss.

(86) Ver págs. 152, 254 221 de las respectivas ediciones de Carriazo. De esta famosa casa dice Lampérez que se trata de una residencia señorial del tipo desdoblado, castillo-palacio, en la que la planta y la estructura militar circundante abrigan una construcción residencial con netas características de arquitectura urbana. En cuanto a su estilo, especialmente en la parte de palacio, ofrece la yuxtaposición de elementos góticos tardíos y mudéjares: "Arquitectura civil española", t. I, págs. 240, 272 y sigs.

(87) Ed. Carriazo, págs. 100, 303, 348, etcétera.

(88) Ed. Carriazo, pág. 113.

(89) Vol. I, pág. 48.

(90) Vol. V, pág. 6.

(91) Vol. V, págs. 15, 58, 66, 75.

(92) "Recort", pág. 138.

a manifestarse en casos en los que resulta interesante comprobar cómo ese ámbito hispánico es la perspectiva habitual y común. Un escritor humanista catalán, Antonio Canals, al dedicar al cardenal de Santa Sabina, don Jaime, administrador del obispado de Valencia, su traducción del "Valerio Máximo", elogiando su cultura le dice saber que ese libro le es "más familiar que hom que yo sapia en Espanya" (93). Y así hasta llegar a fórmulas perfectamente baladíes, como cuando Alonso Maldonado, biógrafo del estupendo Alonso de Monroy, escribe, sin fundamento alguno, "cuarenta años sostuvo la guerra en la provincia de León y Extremadura, que fueron las mayores que hubo en toda España" (94).

Insisto en que aun en su mera forma de tópico la expresión tiene un valor y denota la persistencia de una situación histórica, de una compleja y permanente red de relaciones de toda clase, que se dan en el ámbito hispánico y que lo han convertido en ese fondo homogéneo de que hablábamos. Si, por ejemplo, una hija de Jaime II, por cuyas venas corría sangre castellana a causa de tantos entronques matrimoniales, se casa con el hijo del rey de Castilla, si otra se casa con don Juan, hijo del infante don Manuel, si un hermano de ambas es arzobispo de Toledo, nada de extraño tiene que al hablar del estado de otros hijos del mismo rey aragonés, Muntaner se refiera al ámbito total de España y nos diga que el segundo hijo, Alfonso, casó "con una de les plus gentils dones d'Espanya", y que otra hija, la última, fue prioresa de Sigena, que es una de las más honradas órdenes de España (95-96). Y si los hijos de doña Leonor, viuda de Fernando de Antequera, eran reyes o reinas de todos los reinos peninsulares, es cosa bien fundada que el Halconero diga de ella que "era la más generosa que había en España" (97).

Junto a casos en que la materia se nos ofrece como lugar común, en otros se nos muestra el vivo sentimiento a que responde el hecho. Filón especialmente rico en unos y otros ejemplos —que por esa razón consideramos aparte— es la "Crónica de Jaime I". Si para elogiar superlativamente la virtud real de su padre, Jaime I dice de él, siguiendo el conocido hábito, que "fou lo més franch Rey que hi haja hagut a Espanya" (98), o en otra ocasión elogia unas tropas como "de les mellors d'Espanya" (99), le vemos que, al alcanzar la conquista de Mallorca, su pensa-

---

(93) "Llibre anomenat Valeri Máximo", Barcelona, 1914, pág. 13.

(94) "Hechos del Maestre de Alcántara don Alonso de Monroy", ed. preparada por Rodríguez Moñino, Madrid, 1935, pág. 25.

(95-96) Crónica, VIII, págs. 60-62.

(97) Ed. cit., pág. 56.

(98) Vol. I, pág. 15.

(99) Vol. I, pág. 32.

miento va a esa totalidad hispánica, y el rey se enorgullece de haber conseguido "Regne dins en mar, ço que encara cap Rey d'Espanya no pogué acabar" (100). El rey trata de convencer en Barcelona a los suyos para que acudan en ayuda del rey de Castilla y para moverlos a ello se sirve de un recurso de solidaridad y emulación: Cataluña no puede faltar porque es "lo millor regne d'Espanya" (101). Aquí vemos en estado vivo y operante un sentimiento que precisamente por haber obtenido originariamente esa doble cualidad, puede llegar a engendrar posteriormente un tópico. (En esta forma hallamos más tarde la frase, por ejemplo en la "Crónica" del Príncipe de Viana: "e lleva tanta ventaja este regno de Navarra a los otros regnos de España" (102). Todavía nos proporciona la "Crónica de Jaime I" algunos otros ejemplos de interés: de un noble de su tierra que estima en alta medida el rey, dice que "es dels alts homens d'Espanya per llinatge y per noblesa" (103), y de un consejero de la condesa de Urgel afirma que es "dels més sabis homens d'Espanya" (104). Cualidades del más puro valor personal, humano, se someten al mismo procedimiento ponderativo; pero no es esto lo que importa observar en los dos ejemplos anteriores, sino que en ellos hemos de ver revelada una situación en la que se funda aquel procedimiento: esos altos linajes, esa nobleza sobre la cual se hace la comparación, esos hombres señalados por su saber, por encima de los cuales el personaje al que va dirigida la alabanza destaca, son de España. Es decir, que todas las manifestaciones de ese modo de pensar que hemos visto, son posibles por la patente existencia del fondo homogéneo de que al empezar hablábamos. Hay unos altos linajes de España, hay sabios españoles, hay toda una capa humana común, sobre la cual es posible descollar.

Casi no hay texto escrito en los reinos hispánicos durante los siglos XIV y XV que no acuda a ese procedimiento de proyección sobre la totalidad de España. A los muchos que van ya mencionados cabría añadir muchos más; pero no hace falta seguir, aunque la comprobación estadística es aquí importante. Fijémonos tan sólo unos instantes más en algún pasaje referente a la esfera de los caballeros. De la hueste que marcha hacia el Sur y que triunfaría en Las Navas, la "Crónica latina de los Reyes de Castilla" comenta "numquam tot et talia arma ferrea in Hispaniis visa fuerat" (105). Antes, ya la "Chronica Adefonsi Imperatoris" ce-

(100) Vol. I, pág. 131.
(101) Vol. II, pág. 135.
(102) Ed. cit., pág. 9.
(103) Vol. II, pág. 95.
(104) Vol. I, pág. 50.
(105) Ed. Cirot, pág. 65.

lebra el brillo y el decoro de España, reunidos sus príncipes y caballeros, con motivo de la boda del rey García de Navarra en la corte castellana (106). Cuenta por otra parte, Lucas de Tuy que cuando el rey de Francia, bajo pretexto de un viaje a Santiago, se dirigió a Castilla para indagar lo que hubiere de cierto en los rumores que le habían llegado acerca del origen de su esposa, hija de Alfonso VII el emperador, éste, conocedor del hecho, "praecepit Regi Navarrae et comiti Barchinonae ut omnem gloriam Hispaniae exhiberent ei" (107). Si hay una gloria, un honor, un valor conjuntos, en el que todos participan, es posible comparar sobre ese fondo la parte de cada uno, y de esa comparación resulta a su vez un fortalecimiento del que a todos une. Es un bello testimonio el que de este hecho nos ofrece la "Crónica de Jaime I", completando así el sentido que en ella poníamos antes de manifiesto: el rey aragonés pide ante el Papa la cruzada a Tierra Santa, y al salir de la entrevista, en la que se ha ofrecido para la empresa, exclama ante los suyos: "Avuy es honrada tota Espanya" (108). El honor de uno es el de todos, porque todos tienen un honor común y forman, por ende, una unidad, una comunidad. Si el sentimiento de honor es, sociológicamente, la más viva manifestación de una situación de comunidad, esas palabras de Jaime I son la más rotunda afirmación de la comunidad de los hispanos. Otros muchos testimonios de significado parejo hemos citado a lo largo de nuestras páginas y quédanos aún por recoger otro que no es menos claro e intenso que el que acabamos de recoger. Cuenta Desclot que en la guerra contra los franceses, los barones catalanes hacen saber a Pedro III, en un momento de impaciencia, su deseo de luchar y no quedar inactivos, como mercaderes, en las ciudades, por lo que sería "ahontada e menyspreada tota la cavalleria d'Aspanya". Sería quitar fuerza al vigoroso sentimiento que se expresa en esta frase, si quisiéramos penetrar ahora en el análisis de todo el denso fondo de comunidad que hace falta para que pudiera llegar a ser escrita (109).

El mismo Desclot, en su "Crónica", al hablar de esa guerra de los franceses contra Pedro III, cuenta que el rey de Francia envió un mensaje que no fue atendido, al vizconde de Cardona, defensor de Gerona, proponiéndole que, si se pasaba a su bando, lo haría "lo mayor hom e lo pus honrat que fos en Spanya després del rey" (110). Es curioso observar, una vez más, un caso de paralelismo en el pensamiento, a ambos lados

---

(106) Ed. de Sánchez Belda, ya cit., pág. 71.
(107) "Hisp. Illust.", IV, pág. 105.
(108) Vol. II, pág. 226.
(109) Vol. V, pág. 55.
(110) Vol. V, pág. 41.

de la Península: aparte de la frase de la "Crónica de Alfonso XI", casi igual a la de Desclot, que citamos antes, don Juan Manuel dice a su hijo que "non ha home en España de mayor grado que vos sinon el rey" (111). Y esa forma de pensamiento no aparece en Desclot por influencia de una fuente, de un documento o narración extraña, de que se haya servido. Sólo en el mismo volumen de la edición reciente de su obra, de la que nos servimos, encontramos estos otros casos: de un personaje que asegura que era bueno y experto, "si bo n'avia ni spert en Spanya" (112); al rey le hace decir en otra ocasión que "si bon cavaller ni enfortit ha en Spanya" es Ramón de Moncada, etc., etc. (113). Con el mismo carácter reiterativo aparece esta manera de pensar en el infante don Juan Manuel cuando exalta el honor de su linaje —"yo en España non vos fallo amigo en egual grado" (114). Añadiremos un interesante documento en el que se nos revela esa conciencia de una situación hispánica general, en el orden eclesiástico. Se trata del acta de un sínodo del obispado de Tortosa, en 1278, en la cual se recoge la "constitutio" dictada por Egidio, cardenal de San Cosme y Damián, "cum prelatis et aliis viris discretis Hispaniae apud sedem apostolicam constituti", y en ella se establecen penas contra un cierto pestífero morbo "tam in clerum Hispaniae infamiam inducentem" (115). Es tan íntimamente solidario el grupo de los españoles en esta esfera, como en cualquiera otra, que un vicio que haya que corregir atañe a todos, como a todos, contrariamente, enaltece una gloria que por hispánica les es común: tal los méritos de Santo Domingo, como reconoce el infante don Juan Manuel: "Ruego et pido —escribe éste— a los frailes de la provincia de España, que pues que Sancto Domingo que fizo esta orden fué de Castilla, et por reverencia del (el) prior provincial de España es el más honrado por de toda la orden, et en todo el mundo tienen que Castilla fué cabeza et comienzo de la órden, que rueguen a Dios que trabajen cuanto pudieren porque la provincia de España adelante en sciencia et en buenas vidas et en servicio de Dios et aprovechamiento de la orden et de las gentes" (116). La articulación de la serie de pensamientos que expone aquí don Juan Manuel no puede ser más interesante: las virtudes de una persona singular, por el hecho de ser castellano y español, son merecimientos de Castilla y "honran" a

---

(111) "El Libro de los Castigos", B. A. E., LI, pág. 269.

(112) Vol. V, pág. 81.

(113) Vol. V, pág. 139; íd. pág. 164.

(114) "El libro de los Castigos", pág. 269, c. 2.ª; "Tratado... sobre las armas que fueron dadas a su padre", B. A. E., LI, pág. 262.

(115) Villanueva, "Viaje", V, pág. 284 y ss.

(116) "Libro de los Fraires Predicadores", B. A. E., LI, pág. 367.

toda España; por detrás queda, como un fondo sobre el que esa privilegiada situación se proyecta, la referencia a "todo el mundo", y de aquélla toma ocasión el autor para formular su aspiración de que España —y no sólo una parte como Castilla, por destacada que en este caso sea—, adquiera un aventajamiento sobre todos, en algo tan netamente humano como la ciencia, la moral, la religión: se trata, pues, del adelantamiento de una comunidad humana, solidaria en sus valores, cuyo concepto se expresa con el nombre de España. En un caso análogo, esto es, ante el reconocimiento de la santidad de Vicente Ferrer, el castellano Marqués de Santillana, exclama: "gozóse España con esta jornada".

Hemos visto, pues, a los hispanos, como una comunidad de origen o nación, como una comunidad de carácter, como ámbito moral unitario sobre el que se proyectan las más variadas calidades humanas, como una comunidad de honor, altísima, exigente y acatada. Era de esperar que ello engendrara como consecuencia una común opinión. Hallámosla reconocida y aducida como testimonio que obliga —diferenciada, además, como fundada independientemente, del plano de los reinos particulares. En un documento dirigido por altos señores al rey Juan II de Castilla, que recoge en su Crónica el Halconero, se denuncian los males que ha acarreado la gestión del Condestable don Alvaro de Luna, causa de lamentables vicios, "lo cual advierten aquéllos, fué siempre denostado en España, en especial en la generación de estos vuestros reinos" (117).

Es esta común opinión, cuyo testimonio puede honrar o denostar a alguien en todo el ámbito peninsular, el plano necesario para que ese tipo de fenómenos que venimos observando se produzca y adquiera su sentido. Esos fenómenos, como hemos visto, se originan eminentemente en el orden de la realeza y de las relaciones señoriales, pero no faltan tampoco en otras esferas, como algunos de los textos citados nos confirman.

Todos estos testimonios, y en especial aquéllos, tan firmes, tan vehementes que revelan la existencia de un sentimiento de honor conjunto, entrañan forzosamente la conciencia de un deber común, cuyo cumplimiento o incumplimiento honra o acarrea el desprecio para aquel que así se comporta y para el grupo entero con el que solidariamente se liga. Por tanto, supone la existencia de una manera normal y establecida de conducirse, a la que se está obligado, a la que muy acertadamente se le llama en numerosos textos medievales, "costumbre de España".

Nos hemos encontrado ya con alusiones a usos y hábitos de los españoles, a caracteres comunes que, en cuanto tales, fundan ese tipo general

---

(117) Ed. cit., pág. 331.

de comportamiento, ese "mos" hispánico. Pero en el problema concreto a que ahora nos referimos, tenemos que habérnoslas con una manera habitual de compostarse más rigurosa y definida, por cuanto es, incluso prácticamente, exigible, bien por medios morales o bien por procedimientos propiamente jurídicos. Se trata de la llamada "consuetudo Hispaniae".

EL PROBLEMA DE LA "CONSUETUDO HISPANIAE"

Una de las formas en que se nos ofrece con mayor reiteración la palabra España, sobre todo en la segunda mitad de la Edad Media, y tanto en diplomas como en relatos históricos y textos legales, es la de los casos en que aparece inserta en la frase, "según costumbre de España". Excepcionalmente, hallamos que la expresión "costumbre" o "uso de España" —también se emplea, aunque con mucha menos frecuencia, de esta segunda forma—, puede aplicarse a un comportamiento habitual o cuando menos tenido por el que escribe como habitual en no importa qué materia. Si Lucas de Tuy califica de "more hispánico" el servirse de un refrán en romance castellano, alusivo a la derrota de Almanzor y famoso aún en nuestros días (118), el Toledano también escribe que "more Hispanico" era llamado el monasterio fundado por el conde Sancho, aludiéndose con ello a la pseudo etimología de un nombre de lugar, Oña (119). "Costumbre de España" considera el canciller López de Ayala en su "Crónica" de Pedro el Cruel a la de datar por la que llama era de César (120), adelantada, como es sabido, treinta y ocho años sobre la cristiana. El uso de esa Era había sido general en el lado occidental de la Península. El "Chronicon Burgense", en un a modo de prólogo, y los "Annales Compostellani", en sus primeras líneas, definen lo que la Era representa, tal como se la encuentra, "apud hispanos" (121). También la primera historiografía de tierra catalana se sirve de ella hasta fecha avanzada. Se encuentra efectivamente empleada en el "Chronicon Rivipullense", en el "Necrologio de Roda", en el "Chronicon Rotense", en el "Chronicon Dertusense II", bien en todas sus anotaciones o en parte al menos, y a la vez que la era de Cristo. El canciller Ayala se equivoca creyendo que en su tiempo se sigue empleando aún en todo el ámbito peninsular, cuando ya ha desaparecido totalmente en las regiones del Levante espa-

(118) "Hisp. Illust.", IV, pág. 88.
(119) "Hisp. Illust", II, pág. 83.
(120) "Crónica de Pedro I", B. A. E., LXVI, pags. 403 y 411.
(121) "España Sagrada", XIII, págs. 307 y 317.

ñol y aun en las de Poniente ha sido abandonada. Pero López de Ayala creía, sin duda, lo contrario y de ahí que se mantenga con la misma opinión en otras obras suyas, como en la "Crónica del rey Juan I", en la que, al datar el comienzo de este reinado, vuelve a servirse del año de la Encarnación y del de la era de César, "segund costumbre de España" (122). De esta práctica intenta dar nuestro gran cronista una explicación, probablemente porque el hecho le resulta un tanto insólito. Según él, "fincó en costumbre en España de ser así llamados los tiempos", por el señorío que tuvo sobre toda ella Octavio Augusto, que fué quien dispuso esa manera de contar, "e porque España era una provincia de las que así le obedescieron" (123).

Pero el gran interés histórico que el tema de la "Consuetudo Hispaniae" posee, se revela propiamente en el orden jurídico. La costumbre de España es, en los textos medievales, ante todo y sobre todo una fuente de derecho. Es una norma jurídica consuetudinaria por lo general, o por lo menos que se transmite consuetudinariamente a partir de un momento dado. Ese carácter eminentemente jurídico da lugar a la expresión, también frecuente, según "costumbre y fuero de España", que veremos aparecer en algunos de los textos que después citaremos.

En este aspecto jurídico, Abadal llevó a cabo un magnífico estudio del tema, interesado por el gran número de ocasiones en que la fórmula "consuetudo Hispaniae" aparece mencionada en textos catalanes. Su trabajo se publicó hace ya cuarenta años y se impone revisar sus conclusiones, forzosamente, a pesar del rigor con que en aquella fecha desarrolló su investigación (124).

Se reducía Abadal a analizar el fenómeno en el ámbito catalán estricto. Según él, la insuficiencia de los "Usatges" en la cuestión de la tenencia de castillos y, en general, en la materia de relaciones entre señores y vasallos, dio lugar al desarrollo, por el doble conducto de la práctica judicial y de los comentaristas, de un derecho consuetudinario en Cataluña, que en el siglo XIII grana en un grupo de normas, normas a las que se les da conjuntamente el nombre de "consuetudines Cathaloniae". Pero en 1336, un documento de Pedro IV, referente a la tenencia de su castillo de Odena, texto que Abadal reproduce y al que confiere importancia

---

(122) "Crónica de Juan I", B. A. E., LXVIII, págs. 65 y 144.
(123) "Crónica de Pedro I", pág. 411.
(124) "Las Partidas a Catalunya", en "Estudis Universitaris Catalans", número VI, 1912, págs. 13-37 y 159-180; núm. VII, págs. 118-162 (este último contienen la edición crítica del texto de la traducción catalana del tít. XVIII de la Partida II).

grande, introduce en la materia un derecho nuevo: la "consuetudo Hispaniae".

¿En qué consistía esta costumbre? Para Abadal la contestación es clara: llamábase así al título XVIII de la Partida II, de cuya traducción al catalán hoy se conservan varios manuscritos, pertenecientes al siglo xv, en los cuales a ese cuerpo legal se le llama expresamente "les costums de Espanya". El propio rey Martín llama a ésta, a la que designa con la fórmula consabida de "costumbre d'Espanya", la "ley del Emperador feta sobre los castillos", demostrando palmariamente la identificación de esa costumbre con el citado fragmento de las Partidas. Abadal sostiene que en los diez años inmediatamente anteriores a la fecha del documento de Pedro IV a que nos hemos referido, muchos castillos que enumera, estarían ya sometidos a este derecho, el cual se conservaría, con mayor o menor intensidad, hasta el fin de la época feudal.

Según Abadal, tal estado derivaría de un movimiento doctrinal jurídico que se superpuso al fondo consuetudinario catalán y en relación con el cual estarían las traducciones catalanas de otros fragmentos más extensos de las Partidas (1ª, 2.ª, 7.ª), cuyos manuscritos se conservan hoy, o cuya existencia nos es conocida, por ser citadas en documentos de la época. Generalmente, el desarrollo y aplicación de esta legislación alfonsina en Cataluña, viene de parte de la Casa real, buscando el fortalecimiento del poder del rey frente a los señores. Representa, como la influencia romanista en general, un instrumento para facilitar el paso del régimen feudal al renacimiento político que trajo consigo el absolutismo monárquico. De este modo, durante los siglos xiv y xv se dieron en Cataluña dos tendencias discrepantes, una a seguir el sistema tradicional y otra que prefería el derecho alfonsino, de cuya diferencia testimonia el documento del rey Martín en 1398, en el cual concede el rey el castillo de Belleguarda "ad consuetudinem Cathalonie et non Ispanie".

La investigación de Abadal presentaba el tema de la "Consuetudo Hispaniae" como un hecho producido en el ámbito catalán, que tiene lugar entrado el siglo xiv, que se refiere a las obligaciones militares de las relaciones vasalláticas y que consiste en aplicar a esta materia la legislación alfonsina de un fragmento, de un título de la Partida Segunda, naciendo de la tendencia de los reyes aragoneses y muy particularmente de Pedro IV, a fortalecer su poder frente a la tradición feudal catalana.

Sin embargo, Abadal añadía en su estudio algo de lo que hemos de partir. Al hacerse cuestión de por qué se dio a ese nuevo derecho el nombre de "costumbre de España", piensa que ello fue debido al uso reiterado en "Las Partidas" de la expresión "segunt fuero antiguo de España", frase que se tomó textualmente y como referencia a un fondo común del que las normas procedían.

De hecho, ese fondo jurídico común existió siempre, y en este sentido su presencia constituyó uno de los hondos e importantes aspectos del legado visigodo en España. No tiene por qué ocuparnos ya aquí lo que representa en esta esfera la observancia del Fuero Juzgo, cosa a la que ya nos referimos en otro lugar de este libro. Pero es, sí, importante a nuestro objeto destacar la conciencia, por de pronto, de una lejana base jurídica común en todo el ámbito hispánico. "Fuero Despanna antiguamente en tiempo de los godos fué todo uno", dice el "Espéculo" (125). Y aún más tarde, el Fuero General de Navarra empieza diciendo: "Fué primerament establido por fuero en España..." (126). Respondiendo a la misma idea, aunque señalando con ella el caso particular de una extraña preeminencia real, Turell puede escribir palabras como éstas: "Antiguament en Spanya era de costum..." (127).

Indudablemente, estos textos que acabamos de citar hacen referencia a un pasado lejano, que, sobre todo en las palabras transcritas de Turell, aparece muy debilitado, pero hay que estimarlas no aisladamente, sino en relación con lo que a continuación será dicho. Ese mismo Turell poco antes habíase referido al rey Sancho III de Navarra, al que reiteradamente llama "Emperador de Spanya", y cuenta de él que hizo leyes en Castilla, como en sus otros reinos, sobre caballería, guerras, tenencia de castillos —es decir, sobre la materia propia de lo que en la Cataluña del tiempo de Turell era la "consuetudo Hispaniae"—, "les cuals són nomenades leys de Spanya: per aquest foren principiades" (128). Si la obra legislativa de Sancho de Navarra, al que ve proyectado imperialmente sobre la totalidad de España, lleva para Turell el nombre de esas normas que coetáneamente tienen vigor en su tierra, y si ve en ellas un proceso de creación jurídica que continúa —Sancho el emperador no hizo más que darles principio—, podemos muy bien concluir que Turell nos muestra que ese fondo jurídico común es algo vivo, que sigue produciéndose y renovándose en su tiempo.

---

(125) "Espéculo", 5, 5, 1; en "Los Códigos españoles concordados y anotados", vol. VI; pág. 143.

(126) Ed. de Ilarregui y Lapuerta, Pamplona, 1869; pág. 2.

(127) "Recort", ed. cit., pág. 67.

(128) Ob. cit., pág. 64 y 65. Es interesante recoger la nota que el moderno editor del "Recort", Bagué, pone a este pasaje y de la cual resalta que la parte del texto a que nos referimos es una interpolación original del autor, desarrollando en un sentido propio, que es el que hemos tratado de recoger, dos líneas insustanciales de la obra de Tomich, a la que de ordinario sigue y copia.

La existencia reconocida de ese fondo jurídico perteneciente a toda España es el que dio lugar sin duda, considerándolo como algo permanente y, en consecuencia, actual en todo momento, a la curiosa expresión que se encuentra en documentos y obras medievales de Cataluña, "leys de España". Hemos visto que la usa Turell, llamando así a unas normas del rey navarro que Tomich englobaba en la denominación única de "furs". Sin embargo, es cierto que esa expresión se aplica en general a las "Partidas". Pedro IV, que buscaba en alguna ocasión con gran interés los tres volúmenes en que las "Partidas" estaban escritas, las llama así: "les lleys d'Espanya" (129). Esto no quiere decir que sea algo que se da exclusivamente en relación a la magna obra alfonsina, sino que, por la repercusión tan extensa e influyente que esa obra tuvo, vino a simbolizar, sobre cualquier otro antecedente, ese sustrato general de la vida jurídica en la Península entera. Por eso, con las "Partidas" sucede un fenómeno sumamente curioso: que se las ve proyectadas sobre la totalidad de España, desprendidas del ámbito parcial de su autor castellano. De esta manera, Juan Pedro Ferrer, en su "Sumari de batalla ha ultransa", cita la "segona Partida de Spanya", y aun, testimoniando más claramente el hecho que destacamos, escribe "el rey don Alfonso de Castilla, el Xe, en la Setena Partida de Spanya" (130). Tan hispánico es el carácter que a las "Partidas" se atribuye, que su influencia acompaña, fuera de la Península, a la de unos u otros grupos de españoles —y de ese modo, por obra de los catalano-aragoneses, penetran y dejan una huella duradera en Cerdeña y Nápoles (131). En consecuencia, no puede negarse que en un momento dado las "Partidas" signifiquen, por excelencia, la "consuetudo Hispaniae"; aunque creemos también que no puede reducirse a ello el fenómeno que ahora consideramos.

Hay un texto, sumamente interesante, del Fuero de Navarra que demuestra cómo existía ese sentimiento de la generalidad de ciertas normas jurídicas sobre toda España. Ese texto, con referencia a un punto del derecho de infanzonía, se refiere a una regla de la que no sólo advierte que liga a todo rey de España, sino enumera exhaustivamente todas las partes del entero conjunto hispánico en que se aplica: "Es fuero de infanzones fijosdalgo que ningún rey de Espanya non deve dar juyzio fuera de Cort, ni en su Cort, a menos que no ayan alcalde et III de sus richos ombres o mas entroa VII, et que sean de la tierra en que fueren: si en Navarra,

---

(129) Rubió, "Documents", I, pág. 206.
(130) Publicada esta obra por Bohigas, en el vol. "Tractats de cavalleria": las citas en las págs. 161 y 174, respectivamente.
(131) Leicht, "Storia del Diritto", I, "Le Fonti", Milán, 1947; pág. 40.

navarros; si en Castieylla, casteylanos, si en Aragón, aragoneses, si en
Catalloyna, catalanes, si en León, leoneses, si en Portogal, portogaleses,
si en Oltra puertos, segúnt la tierra" (132).

A medida que se debilitaba la herencia común de la legislación visigoda —cuya unidad sobre toda España, cualquiera que fuese en el orden
de los hechos su realidad, no se perdió nunca como idea en la esfera del
pensamiento—, precisamente, en materias en las que ese legado godo se
consideraba unánimemente como insuficiente, fue naciendo una serie de
prácticas, en uno y otro lado de la Península, que se expandió sobre toda
ella. No de otra manera se explica la rápida interpenetración de ciertas
influencias, algunas de las cuales se dan en tan breve plazo que obligan
a pensar en una base común sobre la que aquéllas se dan y se asimilan
tan pronto. Hay una relación recíproca de las leyes y usos sobre caballería, sobre duelos, retos y desafíos, sobre tenencias y otras obligaciones
militares, entre textos catalanes y castellanos, que por su repetición y
proximidad temporal hacen pensar en un suelo dispuesto para esa germinación paralela. Si el catalán "Libellus de batalla facienda" influye en
el Fuero Real y, a través de éste, en "Las Partidas", éstas penetran a su
vez en las obras de Pedro IV, de Pedro Juan Ferrer, de Bernabé Asam,
en todas las cuales se las llama a aquéllas "d'Espanya", mostrándonos
cómo son acogidas como pertenecientes a todo el ámbito hispánico (133).
En cuanto a la rapidez con que el hecho de la relación se produce, tengamos en cuenta que el libro "De batalla facienda", se escribe no antes
de 1251 y aparece ya emparentando con el Fuero Real castellano de 1255.
Por lo menos, las semejanzas son grandes entre ambos textos (134). Esta
conclusión a que llega el erudito editor del primero, Bohigas, fuerza a
pensar o que la relación era tan íntima y el ambiente tan similar que pudo prender en seguida la influencia o que, de no existir ésta de modo
directo, tenía que existir una base común de la que ambos nacieron, siendo irrelevante a estos efectos que esa base provenga de la penetración,
en un momento dado, de ideas extranjeras. La concomitancia de este último hecho en ambos lados, tendría valor suficiente para nuestra tesis.

A la conciencia de esa base, más que a esta misma, ya que desde el
punto de vista de la historia del pensamiento, la primera es la que nos
interesa, se ligaría la idea de la "consuetudo Hispaniae". Según esta idea,

(132) Tít. I, libro II.
(133) Ver Siegfried Bosch, "Les partides y els textos catalans didàctics sobre
cavalleria", en "Homenatge a Rubió y Lluch", "Estudis Universitaris Catalans";
volumen XXII, 1936; págs. 655-680.
(134) Bohigas, "Tractats", estudio preliminar, pág. 27.

en España, en toda España, existió y sigue existiendo un proceso vivo de formación de normas jurídicas que son válidas en todas las partes de aquélla. Hemos visto en Turell y en el Fuero de Navarra testimoniada la idea de ese proceso. Pero existe, además, un texto que nos ofrece en "status nascens" esa común costumbre hispánica. La "Historia Gottica" o "De rebus Hispaniae", del arzobispo Jiménez de Rada, nos permite asistir hoy al espectáculo de cómo toma vida en un caso particular la "costumbre de España". El episodio pertenece al reinado de Alfonso el Batallador. Cuenta el Toledano cómo, al separarse, hostilmente enemistados, el rey Alfonso y su mujer, la reina Urraca, el conde castellano Pedro Ansúrez devuelve a la reina los castillos y las tierras que en Castilla tenía por el rey de Aragón, y se va a entregar a éste por haberle quebrantado el homenaje que por aquellos castillos le prestara. Por consejo de los suyos, Alfonso el Batallador, en un primer momento airado y dispuesto a castigarle, le perdona y le hace algunas mercedes. Y dice la "Historia" del Toledano: "cuius factum Hispani adhuc hodie imitantur" (135). Aquí tenemos, pues, documentado el nacimiento en la conciencia de la época, cualquiera que fuese la exactitud del dato en la realidad, de una de esas "consuetudines Hispaniae", como caso particular de un proceder jurídico común.

Es interesante observar que en los mismos términos en que el episodio mencionado es relatado por los historiadores, incluso con el detalle de ponerse la soga al cuello, la norma en cuestión aparece recogida en la ley II, título II, libro I del "Fuero Viejo de Castilla". En el texto de la misma se cuenta un hecho análogo al del conde Ansúrez, referido a Ruy Sánchez de Navarra, quien se vio situado en posición paralela a la de aquél, entre el rey de Navarra, su señor natural, y el rey de Aragón, al que había prestado homenaje por los castillos que el primero había dado en rehenes al segundo.

Esta consecuencia jurídica que, como una práctica normal o consuetudinaria, seguida desde mediados del siglo XII, presenta el arzobispo don Rodrigo, quien debía ser experto en materia de relaciones vasalláticas, no se encuentra mencionada en la historiografía castellana anterior a la "Historia Gotica", aunque se ocupe del episodio del conde Ansúrez —así no se recoge en la "Crónica latina" (136)—, ni tampoco se conserva en las fuentes posteriores al Toledano, que, directa o indirectamente, se sirven todas de él. Recoge, en cambio, tal referencia —y cabría suponer

---

(135) "Hisp. Illust.", II, pág. 112.
(136) Puede comprobarse la ausencia del dato en las págs. 23-24 de la edición Cirot, que es el lugar en que correspondería ser recogido.

que con especial interés— la historiografía catalana. Aparece, en forma muy relevante, consignada la formación de esa norma consuetudinaria hispánica, considerándola expresamente como tal, en la "Crónica de San Juan de la Peña", o "Cróniques dels reys d'Aragó e comtes de Barcelona". A pesar de su carácter resumido, en esa "Crónica" se narra detalladamente el episodio del conde Ansúrez y se repite la noticia de la consecuencia que, de lo hecho en tal circunstancia, se derivó para todo el ámbito hispánico: "unde in Ispania quomodo similis casus contigeret, usitatur simili modo" (137).

Esta "Crónica" responde, como es bien sabido, a la inspiración directa e inmediata del rey Pedro IV, a quien hemos visto tan ligado al desarrollo de la "consuetudo Hispaniae" en Cataluña, y la coincidencia no deja de tener un cierto interés. La versión catalana hoy conservada de la Pinatense recoge el tema y comenta "e aço's usa encara en Espanya a aquells a qui semblat feyt se esdevé" (138). No hace falta advertir que, en las diferentes versiones de la Pinatense, la palabra España no tiene más significado que el normal. Por su parte, la versión aragonesa repite el mismo comentario: "de donde en España, cuando acontece un caso semejante se resuelve del mismo modo" (139). Y del lado navarro, el obispo de Bayona, Fr. García Eugui, que se refiere también al mismo incidente, al dar cuenta de la solución que se le dio, dice que ese juicio como norma "vino oy en día en espanya" (140). Ciertamente, el relato del obispo Eugui parece inspirarse, en este punto, de la Pinatense, aunque con la independencia que demuestra la transformación que la frase, como se ve, ha sufrido. Pero el autor creyó de interés conservar la noticia sobre la nueva costumbre establecida, cosa que en cambio no consideró necesario el maestre Fernández de Heredia, en cuya narración no queda ni rastro de aquélla, a pesar de contar también entre sus fuentes con la "Historia" que originó la serie.

Creo que lo que llevamos dicho es suficiente para atraernos a la idea de que la "costumbre de España" en Cataluña y Castilla, Navarra y Aragón, hace alusión a una base más amplia que la estricta aplicación de un título de la "Partida II", que fue introducido en la práctica de las relaciones señoriales en tierra catalana por obra de Pedro IV. Hace referencia

---

(137) "Crónica de San Juan de la Peña", ed. cit. cap. XIX, pág. 70.

(138) "Croniques del reys d'Aragó e Comtes de Barcelona", Biblioteca Universitaria de Barcelona, ms. núm. 1811; cap. XV, folio 21 v. (la numeración de los folios es moderna).

(139) Ed. cit., págs. 70-71.

(140) Crónica, B. N., ms. 1524; folio 144.

a un fondo consuetudinario, en amplio sentido, que se da o se considera que se da en toda España. Parece que puede tenerse como una prueba definitiva de ello el hecho de que la fórmula aparezca en Cataluña —luego veremos que también en Castilla— con anterioridad a la obra legislativa de Pedro IV. En un documento publicado recientemente, a otros fines, por Salavert, encuentro esta interesante referencia a nuestro tema: el rey Jaime II, en las negociaciones preliminares del Tratado de Anagni, pide que en el acuerdo con los franceses se haga constar que no podrá considerarse en adelante que él haya faltado a la paz que va a estipularse si, una vez establecida aquélla, algunos caballeros suyos realizan actos hostiles contra la otra parte: "propter hoc non possit dici nec intelligi quod dictus dominus Jacobus venerit contra pacem, cum asserant fore consuetudinem Ispanie generalem quod prefatus dominus Jacobus et ceteri reges Ispanie hoc non possint nobilibus et militibus inhibere" (141). Este documento es de 1295, treinta años anterior, por lo menos, a los que en su día recogió Abadal, e independiente forzosamente de la penetración de las "Partidas". Pero esa invocación, además, se presenta sin ningún carácter de novedad, ni por su contenido, ni por su expresión, de modo tal que muestra que a fines del XIII la fórmula "consuetudo Ispanie" era considerada como familiar y como bien conocida ya de atrás, por los negociadores catalano-aragoneses del rey Jaime II.

Este interesantísimo texto nos comprueba, finalmente, que la costumbre de España aparece como una norma común a todas las tierras hispánicas y que por ella se siente ligado el rey de Aragón, como considera también ligados a los restantes reyes de España. No cabe, pues, pensar que se llama "costumbre de España" por el mero hecho de proceder de una tierra que se llama así, sino por aplicarse a toda una tierra que recibe ese nombre, cosa que también se desprende del estudio de Abadal y que ratifica nuestras conclusiones de la primera parte de este libro, en este nuevo aspecto de la vida jurídica. También en este último caso, como sostenía Abadal en relación a los documentos por él publicados, el contenido de la "Consuetudo Hispaniae" se refiere a las relaciones militares del rey con sus nobles y caballeros.

Pero otra consecuencia discrepante de las conclusiones del autor a que nos acabamos de referir, y que confirma la tesis nuestra de la independencia y mayor amplitud del fenómeno que estudiamos respecto a la re-

---

(141) Acta notarial de los acuerdos entre Francia y Aragón, publicada como apéndice documental núm. XVII por Salavert. "El Tratado de Anagni y la expansión mediterránea de la Corona de Aragón", en "Estudios de Edad Media de la Corona de Aragón", vol. V, pág. 312.

cepción de la legislación alfonsina, es que, dada la fecha en que cabe suponer que la fórmula aparece en Aragón-Cataluña (mediado el XIII) no puede venir tampoco la frase con que se la designa del ejemplo de las "Partidas", porque puede muy bien ser anterior.

Esta opinión que acabamos de emitir se refuerza si tenemos en cuenta el dato que nos proporciona la "Crónica" de Desclot. Su reciente editor, Coll y Alentorn, que ha estudiado minuciosamente la "Crónica" y que en la excelente introducción con que encabeza su edición nos ofrece los últimos resultados en relación con el problema de la fecha de la obra de Desclot, la considera escrita entre 1286 y 1295 (142). Pues bien, en esa época, Desclot cuenta que el lugarteniente del castillo de Albarracín por don Juan Núñez, al verse herido y sentirse morir, siendo atacada la plaza por el rey de Aragón, Pedro III, "prega els cavalers e als hòmens de valor qui eren en la ciutat e e'l castel, que steguessen a custuma d'Espanya" (143). Coll, aceptando la interpretación corriente, apostilla en nota al pie, que la frase hace referencia a las prescripciones de las "Partidas" de Alfonso el Sabio. Creo que esto es ir demasiado rápido, porque no sólo la fecha del hecho narrado, sino la de la obra en que se relata, es demasiado inmediata, en cualquier caso, a las "Partidas" para que Desclot acoja la fórmula de manera tan familiar y como cosa conocida, y para que se hubiera constituído ya el hábito, en tierra catalana, de llamar a esa parte de la obra alfonsina —terminada apenas unos años antes—, de manera que parece tan común en el último cuarto del XIII. Todo ello, insisto, referido no ya a que el castellano de Albarracín pronunciara o no las palabras que Desclot le atribuye, sino simplemente a que éste las acogiera sin extrañeza ninguna por su novedad. Por otra parte, si el dato de Desclot es cierto, éste, y, en cualquier caso, la patente invocación de Jaime II, probarían, si queremos seguir identificando la "costumbre de España" con las "Partidas", una fulminante aceptación general y vigencia efectiva de aquéllas en el territorio catalano-aragonés, que no alcanzaron en Castilla. Y aun quedaría, según el testimonio de Jaime II, un problema a resolver: ¿por qué estima el rey aragonés que ni él ni ninguno de los reyes de España puede apartarse, ni siquiera a ninguno de ellos puede pedírsele que se aparte, de esa costumbre hispánica?

Indudablemente, la frase "consuetudo Hispaniae" y sus equivalentes en lengua vulgar tenían ya curso habitual en toda la Península, cuando Desclot la empleó. Aludo taxativamente al empleo, con un neto valor jurídico, de la fórmula a que nos venimos refiriendo. No conozco, cierta-

(142) Vol. I, pág. 123.
(143) Ob. cit.; vol. IV, pág. 34.

mente, ningún caso anterior, en Cataluña, a los que ya he mencionado: pero, con características análogas a los que nos ofrece su uso en textos catalanes, aparece en Castilla en la segunda mitad del siglo XII. En documento de Alfonso VIII dirigido al rey Enrique III de Inglaterra, se dice que el rey Sancho de Aragón tuvo ciertas plazas navarras por el rey de Castilla, "secundum consuetudinem Hispaniae" (144). Gramaticalmente y jurídicamente, la frase es idéntica a las que nos hemos encontrado en Cataluña: es una "costumbre de España" que se refiere a tenencia de plazas en el aspecto militar. Faltan muchas décadas para que las Partidas se redacten y la existencia del fenómeno jurídico que estudiamos queda plenamente documentada.

Finalmente, es interesante constatar el perfecto paralelismo con que la fórmula en cuestión se mantiene por el lado catalán y el castellano, hasta las postrimerías de la Edad Media. A los diversos textos citados por Abadal, respecto a su presencia continúa en Cataluña, añadamos alguno que demuestre cómo su uso no se reduce a una moda notarial o de cancillería. De Pedro IV no sólo sus escritos jurídicos, sino su propia Crónica recoge que el rey, al recibir el homenaje del capitán de Colliure, dispone que tenga "lo castell a costum d'Espanya" (145). Pero es más curioso encontrarnos en las "Cobles fetes per don Diego de Guzmán", del poeta y religioso Pere Martínez, con un verso en el que se dice: "Si lo castell es segons fur d'Espanya" (146).

En Castilla la longevidad de la fórmula es grande. Después de atestiguado su temprano uso en tiempos de Alfonso VIII, como hemos visto, y aparte los sobradamente conocidos ejemplos de las "Partidas", su empleo sigue siendo constante. El canciller Ayala cuando habla de ciertos puntos del Derecho feudal —proclamaciones, desafíos, actos de desnaturalización, de vasallaje, etc.—, suele decir, "según costumbre de España", "según fuero y costumbre de España" (147). En la primera mitad del siglo XV, en las famosas "Alegaciones" del obispo Alonso de Cartagena, ante el Concilio de Basilea, en las que constantemente se refiere al rey y al reino de Castilla, recuerda que Enrique II concedió el dominio de alguna de las islas Canarias a sus conquistadores "morem Hispanie", en la forma

---

(144) Fragmentariamente recogido por Ubieto en su monografía "Homenaje de Aragón a Castilla por el Condado de Navarra", en "Estudios de Edad Media de la Corona de Aragón", vol III, pág. 9, nota 7.

(145) Ed. cit., pág. 202.

(146) "Obres de Pere Martínez", ed. de Martín de Riquer, Barcelona, 1946; página 135.

(147) "Crónica de Juan I", B. A. E., vol. LXVIII, pág. 65, etcétera.

que corresponde a aquellos que "habent dominium aliquarum terrarum in hispania" (148). En las grandes Crónicas del xv se repite una y otra vez esa forma de expresión: "a fuero y costumbre de España", "según fuero y antigua costumbre de España" escribe con reiteración el cronista del Condestable Iranzo (149), dejándonos un eco ,al llamar a esa costumbre "antigua", del sentimiento de ese fondo común del que tal costumbre general se cree que arranca; "según fuero e costumbre de España", dice también el Halconero de Juan II y recoge en su "Refundición" el obispo don Lope Barrientos (150). En esta época en que tan insistentemente aparece, en términos idénticos a los que se dan en Cataluña, lo que sí resulta evidente es que de ordinario con esa fórmula se hace alusión a la misma materia: las obligaciones jurídico-militares, nacidas de la relación de vasallaje.

Queda también de manifiesto que nunca se confunde la "costumbre de España" con otras normas de validez territorial limitada. Ya vimos en un documento del rey don Martín, recogido por Abadal, la distinción entre costumbre de España y costumbre de Cataluña. También esta última se distingue de la "consuetudo comitatus Barchinone", de que habla ya en 1190 un diploma expedido en Fraga (151). Valls Taberner publicó un texto, tal vez atribuíble a Pedro Albert y de fecha correspondiente a la segunda mitad del xiii, de una compilación de las "Consuetudines Barchinone" (152). Este mismo Pedro Albert en sus "Conmemoraciones" recogió frecuentemente la que llama "costum" o "costum general" de Cataluña (153). También en las fuentes castellanas se hace distinción equivalente. Y en la "Crónica latina" leemos que un señor aduce frente al rey tener la plaza por heredad propia, "secundum forum castelle" (154). Es notable, como particular localización de un uso, la cita que en la Crónica del Condestable Iranzo se hace "según la costumbre del Andalucía" (155). Pero unas líneas de la "Crónica" del Halconero nos dan la más rotunda prueba de la distinción que se opera: en carta de Juan II que se inserta

---

(148) "Allegationes...", ed. cit. pág. 296.

(149) "Crónica del Condestable Miguel Lucas de Iranzo", ed. de Carriazo. Madrid, Calpe; págs. 13, 232, 299, 341, 412.

(150) "Crónica del Halconero de Juan II", ed. de Carriazo, págs. 312, 328.

(151) "Liber Feudorum Maior", doc. núm. 87.

(152) "Un articulat inedit de Consuetuds de Barcelona", en E. U. C., XIII, 1928; páginas 525 y sigs.

(153) La obra ha sido publicada por Rovira Armengol, en un vol., junto con los "Usatges", de la col. "Els Nostres Clasics". Barcelona, 1933.

(154) Ed. cit., pág. 140.

(155) Ob. cit., pág. 113.

en el texto de la Crónica, se citan "las leyes e ordenamientos de mis reinos e costumbres de España e derecho común" (156). Se reconocen aquí tres ámbitos territoriales de validez de normas jurídicas que son propios de tres clases de éstas: las particulares de los reinos de Castilla, las generales de España y las universales —por lo menos para el universo cristiano— del derecho romano.

En la misma Crónica del Halconero se cuenta que el almirante de Castilla y el Adelantado Pedro Manrique escribieron al rey presentándole una violenta reclamación contra don Alvaro, y que al hacerlo se acogían a esa norma jurídica consuetudinaria general, excusando, basados en ella, su petición, "la cual en Spaña non pudo ser más justa de vasallos a su señor" (157).

Estas últimas palabras nos llevan a insistir sobre el problema del contenido de este derecho consuetudinario. De todos los textos que hemos podido aducir queda en claro que, por de pronto, ese contenido se refiere a tenencia de castillos y plazas y aún más ampliamente de tierras; se extiende, como en el documento de Jaime II, a obligaciones y derechos de carácter m i l i t a r en la relación vasallática, y aun en el Halconero parece ampliarse a aspectos más generales de la misma. No es esta materia propia del Derecho común, y hasta según lo que en algún caso concreto se dice —vuelvo a referirme al acuerdo de Jaime II—, no parece que la solución aportada a estos problemas del régimen feudal por tal "costumbre" pueda considerarse manifestación de la tendencia, imbuída de romanismo, a fortalecer el poder real. Ahora bien, si pensamos que en toda nuestra Edad Media, junto a influencias del Derecho romano, del Derecho canónico y aun de ciertas supervivencias indígenas de carácter local, subsiste fuertemente una herencia de germanismo, derivada de la práctica jurídica de los visigodos —no ciertamente de su romanizado Fuero Juzgo— herencia que, después de estar soterrada durante siglos, da en fueros y "costums" su fruto más peculiar, cabría pensar que esa "consuetudo Hispaniae", considerada siempre como cosa que viene de antiguo, representaría —probablemente más en la idea que en la realidad positiva— un conjunto consuetudinario, común a toda la Península, en materia de beneficios, que pudiera entroncar con precedentes del régimen pre-feudal hispano-godo, cuya existencia ha puesto de relieve Sánchez Albornoz. Este mismo historiador ha señalado la presencia en la Edad Media de vestigios conservados de ese prefeudalismo visigodo, como lo muestra el hecho del

---

(156) Ob. cit., pág. 351.
(157) Ob. cit., págs. 257 y 263; recogido este episodio por Barrientos, página 224.

empleo, para designar el feudo en León y Castilla, de la voz "prestimonium", usada en análogo sentido, para designar una forma pre-feudal de beneficio, en tiempo de los godos (158). Existen varios diplomas asturleoneses que acreditan el empleo de esa palabra en aquella zona, como es sabido, y en Castilla, donde, según ha demostrado García de Valdeavellano, penetra después el término "beneficio" como equivalente de prestimonio (159). No conozco directamente ningún ejemplo igual en tierra catalana. Pero en el "Du Cange" se citan unas constituciones del capítulo de la Iglesia de Barcelona, en 1423, en las cuales se hace uso de la palabra "praestimonium", en el sentido de beneficio eclesiástico, dato que no se encuentra en otras partes y cuya presencia en Cataluña sólo puede explicarse por un desplazamiento semántico de la palabra, a partir de su primitiva significación en toda España. Ello constituye un claro indicio de que la misma palabra fue usada antes en su acepción general. En tal caso, tendrían un particular valor las conocidas palabras del canon V del Concilio de Burgos de 1117: "in feudum quod in Ispania prestimonium vocant" (160). En el caso de que se confirmase por investigaciones posteriores lo que aquí presentamos sólo como una sugerencia, se pondría de manifiesto una dosis de desarrollo autónomo que ofrecerían en común las modalidades del feudalismo ibérico.

Sobre esto daremos solamente un dato interesante: en León se había constituído como práctica formal de la "commendatio" feudal la de besar el vasallo la mano del señor, diferentemente del procedimiento ultrapirenaico de colocar el encomendado sus manos entre las del superior. De esta ceremonia del beso, dice la "Primera Crónica General": "assi como es costumbre en Espanna" (161). También en un documento de homenaje al vizconde de Cardona, los que se le subordinan le besan la mano: "osculando manus vestras" (162).

Pero queda todavía otro posible aspecto de esa "costumbre hispánica" que hemos de señalar. Se refiere al tema de la sucesión real, en el que el reconocimiento de la herencia femenina constituyó una efectiva diferenciación de todos los reinos y principados peninsulares, frente a otros siste-

---

(158) Ver de dicho autor, "El stipendium hispano-godo y los orígenes del beneficio pre-feudal". Buenos Aires, 1947, págs. 132 y ss. y "En torno a los orígenes del feudalismo", I, págs. 174 y ss. y III, págs. 274 y ss.

(159) "Beneficio y prestimonio. Los documentos castellanos que equiparan ambos términos", C. H. E., núm. IX, 1948, págs. 154 y ss.

(160) S. Albornoz, "Orígenes", III, pág. 280.

(161) Ed. cit., pág. 470.

(162) Alart, "Priviléges", pág. 126.

mas de ultrapuertos. López de Ayala refiere que los embajadores enviados en cierta ocasión por el Rey de Navarra al de Castilla, tratando de la cuestión del derecho de s u c e s i ó n real en su tierra, adujeron la norma de la herencia femenina, "segund costumbre de España" (163). Por otra parte, se lee en el Fuero General de Navarra que el derecho a la corona, como diríamos hoy, de los reyes de aquel reino y la manera en derecho de alzarlos viene de lo que "fue primeramente establecido por Fuero en Espanya" (164). Todavía en Cortes de Valladolid de 1506, al jurar a doña Juana y don Felipe, se fundamenta el acto en realizarse "segund las leyes e antiguas costumbres destos reynos de España" y "segund costumbre de Espanna" (165). En esto no se hace referencia, probablemente, más que al hecho de que en toda España no se aplicaba, contra lo que acontecía en otras partes, la ley Sálica, diferenciación que aparece viva en las fechas que acabamos de indicar. También en este caso parece aludirse a un fondo jurídico peculiar de nuestros reinos y común a todos ellos.

Estos últimos ejemplos descubren, en forma mortecina e inerte, algo que en los textos de los siglos XIII a XV hallamos en todo su vigor. Estos textos, y, eminentemente, el contenido en la carta de Jaime II, revelan el sentimiento de que hay leyes y costumbres que por el solo hecho de ser de España, obligan a todos, incluso a todos sus príncipes. Mucho queda por analizar en este problema. Pero, en relación a nuestro tema del concepto de España, lo dicho es suficiente para considerarnos autorizados a afirmar que, también en la esfera de la vida jurídica, España representa un ámbito de comunidad.

---

(163) "Crónica de Juan I", ed. cit., pag. 137.
(164) Título I, libro I.
(165) "Cortes de los antiguos reinos de León y Castilla", vol. IV, páginas 220-221.

OBSERVACION FINAL

Hoy no constituye novedad, en ningún caso, afirmar, como un seguro resultado conseguido por la investigación histórico-política, la tesis de que la idea de nación no existe hasta las útimas décadas del sigo XVIII y de que sólo a partir de esas fechas se propaga entre los pueblos europeos, alcanzando a la mayoría de sus individuos un sentimiento nacional (1).

Pero si esa típica forma de comunidad política que es la nación ni existe propiamente ni, en consecuencia, actúa en la Historia de Europa hasta un momento dado, muy próximo a nosotros, muy moderno, es necesario, una vez sentado lo anterior, añadir que con ello no quiere decirse que no hayan existido antes otras formas políticas de vida en común: otras formas cuyo principio de fusión y cuya capacidad de obrar han presentado una intensidad que difícilmente se puede dejar de reconocer.

Se ha señalado que hasta 1539 no penetra en la lengua francesa la palabra «patrie», y se cita el caso de un escritor, Charles Fontaine, que critica al Du Bellay, en 1549, el empleo de tal neologismo, en lugar del término «pays», autorizado por la tradición. Sospecho que una más amplia investigación sobre las fuentes francesas modificaría estas conclusiones a que Aular llegó (2). En España, el sustantivo patria se usa con bastante anterioridad y con innegable valor político: Fernán Pérez de Guzmán, en sus «Generaciones y semblanzas» (1450-1455) enuncia como deber de los caballeros virtuosos «exerçitarse en lealtad de sus reyes, en defensión de la patria o buena amistad de sus amigos» (3). No se trata de una sin-

---

(1) Khon, «Historia del nacionalismo»; trad. española, Méjico, 1949.
(2) «Le patriotisme français de la Renaissance a la Revolution», París, 1921.
(3) Ed. cit., pág. 7. Aún existen algunos ejemplos anteriores, si bien no de significación tan clara, de los que nos ocuparemos en otra ocasión.

gularísima, suprema e incondicional exigencia de fidelidad ésta de defender la patria. Colocada al lado de la obligación de lealtad al rey, ambas resultan equiparadas. El exclusivismo con que el sentimiento nacional aparece y que constituye una de sus características no se da hasta más tarde. Lo que sí cabe preguntarse, en relación al texto de Pérez de Guzmán, es si esos dos deberes del caballero no se dan inescindiblemente fundidos y no constituyendo, en rigor, más que un solo vínculo.

No tratamos de acometer de lleno el problema de la calificación de esas entidades políticas que existen desde muy pronto sobre el suelo europeo. Como otros elementos de la tradición clásica, el patriotismo subsiste y se reelabora en el seno de los diferentes grupos humanos durante la Edad Media. Que llegue o no a postular la necesidad de una organización política, propia e independiente, es otra cuestión que creo que en todas partes, salvo excepciones individuales rarísimas, habría que resolver negativamente. Pero creo también que no se puede hacer cabalmente la historia de ningún país europeo sin contar con ese sólido trasfondo de comunidad.

No sólo en la época tan impropiamente llamaaa de descomposición feudal, sino en otras muchas, se ha manifestado en Europa, ciertamente, una tendencia al pluralismo y a la fragmentación. Acaso una mente política tan aguda como Burke, ¿no veía en la Revolución francesa la amenaza gravísima e inminente de una desmembración del país? Sin embargo, en esa ocasión, el sentimiento de las gentes, lanzando, en la batalla de Valmy, el grito, hasta entonces nunca oído, de «¡Vive la nation!», superaría el peligro que se cernía sobre ellas y afianzaría la unidad en grado hasta entonces no igualado; de la misma manera, también las consecuencias pluralistas de las guerras de Religión, de las disensiones señoriales, de los movimientos comunales, de las invasiones, fueron vencidas por la firmeza de los lazos comunitarios, que, aunque en formas tal vez diferentes, se mantuvieron en los siglos medievales.

Tan hondos son esos lazos, que el hombre de la Edad Media no puede entender el territorio, concretamente uno u otro territorio, como concepto de una mera extensión física, independiente de las gentes que en él habitan. Tierra y hombres van íntimamente unidos, y esto que Vidal de la Blanche, según vimos páginas atrás, aseguraba del hombre antiguo es no menos cierto del hombre medieval. Una estupenda inadecuación histórica lleva a atribuir a cualquier tipo de escritor en el Medievo, conceptos geográficos abstractos. La concepción del territorio como fragmento de un espacio abstracto y absoluto no podrá difundirse en Europa hasta que no lo haga posible la generalización de los supuestos de la física newtoniana. De ahí que en la literatura medieval las menciones de «tierras» vayan tan frecuentemente unidas a elogio o censura. Tierra es, en esos casos, un espacio concreto, cualitativo, unido a sus habitantes. (El concepto de espacio es un concepto histórico, una mera interpretación mental que el hombre ensaya y que, por esa razón, cambia de una época a otra. No tiene sentido, por tanto, atribuir a la Edad Media una interpretación que no dará sus primeros pasos hasta que se formule el concepto de extensión de la filosofía cartesiana.)

«Mout es bona terr'Espanha»: cuando Peire Vidal canta de esa manera a la tierra, sabe muy bien que se refiere a sus reyes, sus caballeros, sus gentes. A éstos, vistos en tanto que moradores en común de la Península y no sólo a su territorio, entendido como una abstracción, imposible de concebir en la cultura medieval, es a lo que se llama España. Por eso, a lo largo de estas páginas, una y otra vez, nos hemos encontrado con su nombre, usado para designar un ámbito en que se dan tantos y tan fundamentales aspectos de la vida humana.

DATE DUE